Rechtsgrundsätze

der

neuesten Entscheidungen

des

Königlichen Ober-Tribunals.

Geordnet

nach dem Systeme der Gesetzbücher

und herausgegeben

von

Theodor Striethorst,

Kammergerichts-Rath.

Dritter Band.

Berlin.

Verlag von J. Guttentag.

1862.

Eduard Haenel's Buchdruckerei in Berlin.

Vorwort.

Der dritte Band der Rechtsgrundsätze umfaßt die in den sechszehn Bänden des 1. 2. 3. und 4. Jahrgangs der Neuen Folge des Archivs für Rechtsfälle niedergelegte Praxis des Ober-Tribunals in den Jahren 1857 bis 1861 nebst einigen älteren Entscheidungen. In diesem Bande ist demnach ein ganzer Jahrgang des Archivs mehr zur Berücksichtigung gekommen, als in dem ersten (zweite Ausgabe) und dem zweiten Bande. Der reichere Inhalt dieses dritten Bandes und die dadurch gebotene größere Uebersicht der Ober-Tribunals-Praxis wird für das spätere Erscheinen des ersteren Ersatz gewähren.

Berlin, im Juli 1862.

Theodor Striethorst.

Inhalts-Anzeige.

Allgemeines Landrecht.

Publikations-Patent vom 5. Februar 1794.

§ 7. Gewohnheitsrecht und Observanzen:

A. Begriff und Bildung einer Gewohnheit und Observanz:
— überhaupt.

Rechtsgr. 1. — I. Senat. 19. Dezember 1859. (XXXVI. 93.)

Der Begriff eines Herkommens umfaßt nicht den früheren rechtlichen d. h. gesetzlichen Zustand; vielmehr kann eine Gewohnheit, ein Herkommen, sich immer nur da bilden, wo gegen oder außerhalb des Gesetzes Handlungen ausgeführt worden sind.

— insbesondere einer Observanz als Gewohnheitsrecht und als Ausfluß der autonomischen Rechtsetzung.

Rechtsgr. 2. — I. Senat. 28. September 1857. (XXVII. 71.)

Die Observanz wird in dem Sinne eines Gewohnheitsrechts durch das Rechtsbewußtsein der Klasse von Personen, für die sie sich gebildet hat, in dem Sinne des Ausflusses der autonomischen Rechtsetzung dagegen durch die stillschweigende Uebereinkunft der Interessenten über die zu beobachtende Norm bedingt.

B. Einfluß eines Rechtsirrthums der Handelnden auf die Bildung der Observanz.

Rechtsgr. 3. — I. Senat. 28. September 1857. (XXVII. 71.)

Der Bildung einer rechtsgültigen Observanz steht ein Rechtsirrthum der Handelnden nicht entgegen.

C. Nachweis eines Gewohnheitsrechts. — Vergl. A. L. R. Einl. § 6.

Rechtsgr. 4. — I. Senat. 28. September 1857. (XXVII. 71.)

Zum Nachweise eines Gewohnheitsrechts sind frühere richterliche Entscheidungen ein geeignetes Beweismittel.

D. Entstehung und Nachweis einer Observanz unter Grundbesitzern, als einer bestimmten Klasse von Personen. — Vergl. A. L. R. Einl. §§ 3. 4., I. 2. §§ 122. ff., 7. § 107., II. 11. § 937.

Rechtsgr. 5. — I. Senat. 17. April 1857. (XXV. 60.)

Zur Begründung einer Observanz unter bestimmten Klassen von Personen als Grundbesitzern, — z. B. Schulzen oder Bauern, — bedarf es des Nachweises nicht, daß dieselbe Leistung bei jedem einzelnen dieser Grundstücke, — jedem Schulzen- oder Bauernhofe, — von mehreren Besitzern desselben stattgefunden habe.

Siehe auch Rechtsgrundsätze 669. 698. 748. (A. L. R. II. 2. § 484., 7. § 72., 11. §§ 710. 937.)

§ 8. Siehe Rechtsgrundsatz 1668. (Gesetz vom 9. Mai 1855 § 1.)

§ 17. Anwendung der Gesetze in Betreff der Verjährung; Einfluß des Wohnungswechsels:

A. des Beschädigers auf die Dauer der Schadensklage aus einer unerlaubten Handlung. — Vergl. A. L. R. I. 6. § 54.; Gesetz vom 31. März 1838 § 7.

Rechtsgr. 6. — I. Senat. 8. Februar 1861. (XXXIX. 355.)

Wird die beschädigende Handlung an einem Orte zugefügt, wo Gemeines Recht gilt, so beginnt dennoch, wenn der Beschädiger nach einem Orte in Preußen verzieht, wo das Allgem. Landrecht gilt, von diesem Augenblicke der Lauf der kürzeren Verjährung des § 54. I. 6. des Allg. Landrechts.

B. der Parteien auf die Dauer der Klagbarkeit vertragsmäßiger Forderungen. — Vergl. A. L. R. Einl. § 23., I. 9. §§ 568. ff.; Gesetz vom 31. März 1838 § 1. No. 1.

Rechtsgr. 7. — IV. Senat. 15. Dezember 1859. (XXXVI. 90.)

Es ist nach Preußischem Rechte nicht anzuerkennen, daß die Frage nach der Dauer der Klagbarkeit vertragsmäßiger

Forderungen unabhängig von dem Wohnungswechsel der Parteien auf Grund derjenigen Gesetzgebung zu entscheiden sei, nach welcher der Vertrag selbst zu beurtheilen ist.*

Siehe auch Rechtsgrundsatz 15. (A. L. R. Einleitung § 23.)

Einleitung.

§§ **1. 2.** Siehe Rechtsgrundsatz 1327. (Bergordnung vom 1. September 1559 Art. 9.)

§§ **3. 4.** Siehe Rechtsgrundsätze 5. 698. 748. 756. (A. L. R. Publ. Patent vom 5. Februar 1794 § 7., II. 7. § 72., **11.** §§ 710. 937.)

§ **6.** Berücksichtigung der Meinung der Rechtslehrer.

Rechtsgr. 8. — Senat für Strafsachen I. 25. Juni 1858. (XXX. 138.)

Der § 6. der Einleitung zum Allgem. Landrecht, wonach auf Meinungen der Rechtslehrer keine Rücksicht genommen werden soll, bezieht sich nicht auf ausländische Gesetze; vielmehr haben an sich glaubhafte Zeugnisse ausländischer Rechtsverständigen über die in ihrem Vaterlande geltenden Gesetze denselben Anspruch auf richterliche Berücksichtigung, wie die Aussagen von Zeugen über irgend eine andere Thatsache.

Siehe auch Rechtsgrundsatz 4. (A. L. R. Publ. Pat. vom 5. Februar 1794 § 7.)

§§ **10. 15.** Publikation der Gesetze; nichtpublizirte Königliche Verwaltungs-Instruktionen. — Vergl. Verordnungen No. 1. vom 27. Oktober 1810, 28. März 1811 und 24. Juli 1826; Gesetz vom 3. April 1846.

Rechtsgr. 9. — I. Senat. 22. Februar 1858. (XXIX. 149.)

Die in nicht publizirten Kabinets-Ordern enthaltenen Verwaltungs-Instruktionen können als Norm für die richterliche Entscheidung nicht betrachtet werden.**

* Vergl. Bd. 2. S. 6. No. 14. und S. 7. No. 14. 15. dieser Rechtsgrundsätze.
** Vergl. Bd. 2. S. 3. No. 6. dieser Rechtsgrundsätze.

§ **14**. Siehe Rechtsgrundsätze 47. 1668. (A. L. R. I. **3**. § 42; Gesetz vom 9. Mai 1855 § 1.)

§ **15**. Siehe Rechtsgrundsatz 9. (§ 10. dieser Einleitung.)

§ **21**. Siehe Rechtsgrundsätze 758. 1373. (A. L. R. II. **11**. §§ 1180 ff.; Reglement vom 15. September 1798 § 1.)

§§ **23**. ff. Gebiet für die Geltung des Rechts des Staates:

A. Anwendung der Gesetze des Domizils eines Minderjährigen in Betreff seiner Vertretung.

Rechtsgr. **10**. — V. Senat. 11. Mai 1858. (XXVIII. 300.)

Die Frage, in welcher Weise ein Minderjähriger vertreten wird, ist, als zu dessen persönlichem Status gehörig, lediglich nach den Gesetzen seines Domizils, nicht nach denen des Klageortes, zu entscheiden.

B. Anwendung der Gesetze des Wohnorts der Eheleute in Betreff der Vertragsfähigkeit der Ehefrau, Dritten gegenüber. — Vergl. A. L. R. II. **1**. §§ 350. 496.

Rechtsgr. **11**. — III. Senat. 19. Dezember 1859. (XXXVI. 108.)

Rücksichtlich der Frage, ob die Ehefrau ohne Beitritt ihres Ehemannes mit einem Dritten gültig kontrahiren kann, und ob dieser Vertrag für sie diesem Dritten gegenüber verpflichtend ist, kommen nicht die Gesetze des ersten, sondern die Gesetze des jedesmaligen Wohnsitzes der Eheleute zur Anwendung.

C. Anwendung der Gesetze des Wohn- und Klageortes in Betreff der Zulässigkeit der Ehescheidung. — Vergl. A. L. R. II. **1**. §§ 668. ff.

Rechtsgr. **12**. — I. Senat. 24. Juni 1859. (XXXIV. 99.)

Die Zulässigkeit der Ehescheidung ist nicht nach den Gesetzen des Ortes, wo die Ehe geschlossen worden, sondern nach denen des Wohn- beziehungsweise Klageortes zu beurtheilen.

D. Ausländisches Urtheil über die Trennung einer in Preußen von Preußischen Unterthanen geschlossenen Ehe. — Vergl. A. L. R. II. **1**. § 679.

Rechtsgr. 13. — I. Senat. 30. November 1860. (XXXIX. 242.)

Das Erkenntniß eines ausländischen Richters über die Trennung einer von Preußischen Unterthanen in Preußen geschlossenen Ehe kann auch in Preußen Rechtskraft erlangen.

E. Ausschließung der Anwendung der §§ 9. und 13. des Gesetzes vom 24. April 1854 auf die im Auslande geschwängerte und im Inlande aus der Schwängerung klagende Ausländerin. — Vergl. Gesetz vom 24. April 1854 §§ 9. 13.

Rechtsgr. 14. — I. Senat. 4. Oktober 1858. (XXIX. 355.)

Der Preuße, der eine Ausländerin im Auslande schwängert, kann ihrer im Inlande angestellten Klage die §§ 9. und 13. des Gesetzes vom 24. April 1854 nicht entgegenstellen.

F. Beurtheilung der Rechte eines unehelichen Kindes gegen den Erzeuger bei Veränderung des Wohnsitzes der Mutter nach stattgefundener Schwängerung. — Vergl. A. L. R. II. 2. § 640.

— im Allgemeinen. — Vergl. A. L. R. Publ. Pat. vom 5. Februar 1794 § 17.; Code Napoléon Art. 340; Dig. 1. 5. Lex 19. 26.; Nov. 89 Cap. 12. §§ 4. 6.; Cap. 5. in fine X 4. 7.

Rechtsgr. 15. — Plenarbeschluß. 1. Februar 1858. (XXVIII. 300.)

Das Recht eines unehelichen Kindes gegen seinen Vater auf Alimente wird in dem Falle, wo die Mutter des Kindes bei dessen Geburt den Wohnsitz, welchen sie zur Zeit ihrer präsumtiven Schwängerung inne gehabt, aufgegeben hatte, nach dem Gesetze ihres Domizils zur Zeit der Schwängerung beurtheilt.

— insbesondere bei einem Dienstverhältnisse der Mutter. — Vergl. Kabinetsorders No. 1365. vom 4. Juli 1832 No. 2. 3. und vom 5. Dezember 1835:

a) Bedingung der Geltung der vorbezeichneten Kabinetsorders für die Anwendung der Gesetze des Wohnsitzes der in Dienstverhältnissen stehenden Mutter zur Zeit der Schwängerung. — Vergl. A. L. R. II. 2. § 60.; A. G. O. I. 2. §§ 13. 18. 21.

Rechtsgr. 16. — I. Senat. 12. September 1859. (XXXV. 41.)

Der Grundsatz: daß unter dem Wohnsitz der Mutter zur Zeit der Schwängerung, nach dessen Gesetzen die Rechte deren unehelichen Kindes gegen den Erzeuger zu beurtheilen sind, bei Dienstboten der Ort des dauernden Aufenthalts der Mutter zur Zeit der Schwängerung zu verstehen sei, — findet nur dann Anwendung, wenn an dem Orte, wo die Schwängerung stattfand und die Geschwächte diente, die Kabinetsorders vom 4. Juli 1832 und 5. Dezember 1835 Gesetzeskraft haben.

b) Begriff dieses Wohnsitzes der Mutter.

Rechtsgr. 17. — I. Senat. 15. April 1859. (XXXIII. 139.)

Hinsichtlich der Frage, ob und welche Rechte einem unehelichen Kinde gegen seinen Erzeuger aus der Erzeugung entstehen, sind zwar die Gesetze des Orts zur Anwendung zu bringen, an welchem die Mutter des Kindes zur Zeit der Erzeugung desselben ihren Wohnsitz gehabt hat; doch kommt es hierbei rücksichtlich einer in Dienstverhältnissen stehenden minderjährigen oder großjährigen Mutter, welche sich in väterlicher Gewalt befindet, nicht sowohl auf den Wohnsitz im streng rechtlichen Sinne, als vielmehr darauf an, ob dieselbe an dem Orte der Schwängerung während der Schwängerungszeit einen dauernden Aufenthalt gehabt hat.

G. Beurtheilung der Zulässigkeit der Vindikation entwendeter Sachen, insbesondere gestohlener Werthpapiere auf jeden Inhaber, nach den Gesetzen des Wohnortes deren Besitzers. — Vergl. A. L. R. I. 15. § 1.

Rechtsgr. 18. — III. Senat. 27. April 1860. (XXXVII. 211.)

Die Zulässigkeit der Vindikation entwendeter Sachen, insbesondere gestohlener Werthpapiere auf jeden Inhaber, ist nach den Gesetzen des Wohnortes des verklagten Besitzers derselben zu beurtheilen.

Siehe auch Rechtsgrundsatz 7. (A. L. R. Publikations-Patent vom 5. Februar 1794 § 17.)

§§ **32**. **34**. Form der Handlungen; Wirkung eines im Auslande über das Eigenthum eines dortigen Grundstücks gerichtlich geschlossenen, von den Parteien nicht unterschriebenen Vertrages rücksichtlich inländischer Pertinenzien. — Vergl. A. L. R. I. **5**. §§ 4. 5. 41. ff. 105. 115-117. 135., **10**. § 15., **11**. §§ 78. ff. 83. 164., **21**. §§ 231-233.; A. G. O. II. **1**. § 3., **2**. §§ 45. ff.; Dig. **19**. **1**. Lex 17. § 2., Lex 52. § 3., **32**. 3. Lex 91. § 3.; Gesetz vom 23. April 1821.

Rechtsgr. **19**. -- III. Senat. 22. Juni 1857. (XXV. 232.)

Ein im Auslande über das Eigenthum eines Grundstücks nach gemeinrechtlichem Gebrauch ohne Unterschrift der Kontrahenten gerichtlich errichteter Vertrag ist nicht blos rücksichtlich des im Auslande belegenen Hauptguts, sondern auch rücksichtlich der in Preußen belegenen, im Vertrage nicht besonders genannten Pertinenzien formgültig und reicht eben deshalb aus, zugleich mit der Hauptsache auch das Eigenthum dieser Pertinenzien auf den Erwerber zu übertragen.

§§ **49**. **50**. Anwendung des Allg. Landrechts in Fällen der Geltung eines ausländischen Rechts. — Vergl. A. G. O. I. **10**. §§ 53. 54.

Rechtsgr. **20**. — IV. Senat. 11. Oktober 1860. (XXXVIII. 308.)

a) Die Bestimmung des § 49. der Einleitung zum Allg. Landrecht findet auch auf den Fall Anwendung, in welchem es sich um Anwendung eines dem Richter nicht bekannten ausländischen Gesetzes handelt.*

b) Der Kläger braucht daher seinen Anspruch nicht nach dem zur Anwendung kommenden ausländischen Rechte zu substanziiren, vielmehr ist es Sache derjenigen Partei, die sich auf ausländisches Recht und Gesetz beruft, dem Richter den Beweis zu führen, daß und inwiefern die Gesetze des Auslandes Abweichendes von den Preußischen Landesgesetzen bestimmen.

Siehe auch Rechtsgrundsatz 289. (A. L. R. I. **11**. § 109.)

§§ **54**. ff. Siehe Rechtsgrundsätze 23. 1231. (§ 75. dieser Einleitung; Westpreußisches Provinzialrecht § 71.)

* Vergl. dagegen Bd. I. S. 311. No. 855. dieser Rechtsgrundsätze.

§ **59.** Siehe Rechtsgrundsatz **1373.** (Reglement vom **15.** September **1798** § **1.**)

§ **74.** Siehe Rechtsgrundsatz **1231.** (Westpreußisches Provinzialrecht § **71.**)

§ **75.** Aufopferung der besonderen Rechte und Vortheile einzelner Mitglieder des Staats zum Wohle des gemeinen Wesens.

A. Bau-Erlaubnißschein unter der nicht angenommenen Bedingung der unentgeltlichen Abtretung einer bestimmten Grundfläche an den Fiskus. — Vergl. A. L. R. I. **4.** §§ **100.** ff.

Rechtsgr. **21.** — II. Senat. 15. September 1859. (XXXV. 60.)

Der Bauherr, welcher, unter Widerspruch gegen die in dem polizeilichen Bau-Erlaubnißschein enthaltene Bedingung der unentgeltlichen Abtretung einer bestimmten Grundfläche an den Fiskus im Interesse des Allgemeinen, den Bau ausgeführt hat, kann zu dieser unentgeltlichen Abtretung nicht genöthigt werden.

B. In Betreff der von der Polizeibehörde verweigerten Erlaubniß zur Wiederbebauung einer Stelle. — Vergl. A. L. R. I. **8.** §§ **31. 66.** ff.

Rechtsgr. **22.** -- II. Senat. 15. Oktober 1857. (XXVI. 269.)

Die von der Polizeibehörde verweigerte Erlaubniß zur Wiederbebauung einer Stelle, auf welcher bereits ein Gebäude mit polizeilicher Erlaubniß errichtet gewesen, ist als eine zum Wohl des gemeinen Wesens erfolgende Einschränkung des Privat-Eigenthums zu betrachten, die für den Besitzer der Baustelle einen Entschädigungs-Anspruch gemäß § 75. der Einleitung und § 31. I. 8. des Allg. Landrechts begründet.

C. In Betreff der von den Deichverbänden aus dem Vorlande zum Deichbau entnommenen Erde, insbesondere in Hinsicht des Ober-Oderbruchs. — Vergl. A. L. R. Einleitung §§ **54.** ff., I. **6.** § **10.**; Deichordnung für das Ober-Oderbruch vom **23.** Juni **1717** Kap. **3.**; Gesetz vom **28.** Januar **1848** § **20.**; Allgemeine Bestimmungen vom **14.** November **1853** § **21.**

Rechtsgr. **23.** — III. Senat. 28. November 1859. (XXXV. 315.)

Deichverbände können weder nach dem Gemeinen Rechte

noch nach dem Allgemeinen Landrechte die unentgeltliche Gestattung der Entnahme von Erde aus dem Vorlande zu den Deichbauten verlangen. — Dasselbe gilt auch nach der Deich-Ordnung des Ober-Oderbruchs.*

D. In Betreff des Pächters des expropriirten Grundstücks. — Vergl. A. L. R. I. 11. §§ 8-11.

Rechtsgr. **24.** — III. Senat. 16. März 1860. (XXXVII. 99.)

Der Expropriant des Grundstücks eines verpachteten Gutes ist, wenn er nicht schon dem Expropriaten die dem Pächter zugefügten Nachtheile in der Benutzung erstattet hat, verpflichtet, den Ersatz dieser Nachtheile an den Pächter unmittelbar zu leisten.

E. Person des bei der Expropriation zur Entschädigung Verpflichteten. Vergl. A. L. R. II. **15.** § 5.; Gesetz vom **11.** Mai **1842** § **4.**

Rechtsgr. **25.** — II. Senat. 14. Juli 1859. (XXXIV. 180.)

Wer im einzelnen Falle die Entschädigung wegen der Expropriation nach § 75. der Einleitung zum Allg. Landrecht zu leisten hat, hängt davon ab, in wessen Interesse die Expropriation erfolgt, ob insbesondere deren Nutzen dem Staate in seiner Gesammtheit, oder innerhalb desselben bestimmten Kreisen oder Personen zu Gute kommt.

Siehe auch Rechtsgrundsätze 772. 1231. 1628. (A. L. R. II. 15. § 5.; Westpreußisches Provinzialrecht § 71.; Gesetz No. 3256. vom 11. März 1850 § 6. Litt. b.)

§ **79.** Siehe Rechtsgrundsatz 1408. (Berliner Statut vom 2. März 1820 § 36.)

§ **86.** Siehe Rechtsgrundsatz 444. (A. L. R. I. **16.** § 178.)

§§ **88.** ff. Siehe Rechtsgrundsätze 205. 210. 352. 486. 487. 681. 1025. 1393. 1665. (A. L. R. I. **8.** §§ 26. 102., **11.** § 1113., **17.** § 151., II. **3.** § **14.**; A. G. O. I. **2.** § 167.; Vorfluth-Edikt vom 15. November 1811 § 15.; Gesetz vom **24.** April 1854 § 20.)

§ **91.** Ausübung eines geringeren statt des zuständigen größeren Rechts; — Natur dieser Vorschrift. — Vergl. Verordnung vom **14.** Dezember **1833** § **4.** No. **1.**

* Vergl. dagegen Rechtsgrundsatz 1231. (Westpreußisches Provinzialrecht § 71.)

Rechtsgr. **26.** — I. Senat. 11. Februar 1859. (XXXII. 237.)

Die Bestimmung des § 91. der Einleitung zum Allgem. Landrecht, nach welcher „das Recht zum Größeren und Mehreren das Recht zum Geringeren oder Wenigeren gleicher Art in sich schließt," enthält einen Rechtsgrundsatz.

Siehe auch Rechtsgrundsätze 192. 210. 1070. (A. L. R. I. **7.** § 150., **8.** § 102.; A. G. O. I. **10.** § 310.)

§§ **93. 94.** Ausübung der Rechte zum Nachtheile eines Anderen:

A. Beweislast des Grundeigenthümers hinsichtlich der Existenz des ihm bei der Expropriation von der Eisenbahngesellschaft entzogenen oder geschmälerten Rechtes. — Vergl. A. L. R. I. **2.** § **114.**, **11.** §§ 8-**11.**; Eisenbahngesetz vom 3. November 1838 § **11.**

Rechtsgr. **27.** — III. Senat. 14. Februar 1859. (XXXII. 245.)

Der Grundeigenthümer, welcher eine Eisenbahngesellschaft nach stattgefundener Expropriation auf Entschädigung des außerordentlichen Werthes in Anspruch nimmt, muß die Existenz des angeblich entzogenen oder geschmälerten, ihm aber bestrittenen wirklichen Rechts beweisen; der bloße Beweis der bis dahin stattgefundenen Ausübung dieses Rechts seitens des Grundeigenthümers ist nicht ausreichend.

B. Verbindlichkeit des Eigenthümers einer gewerblichen Anlage, insbesondere von Koaksöfen, zum Ersatze des durch Veränderung der Luftschicht des Nachbars demselben verursachten Schadens. — Vergl. A. L. R. I. **3.** § 4., **6.** §§ 1. 2. 8-10.; Dig. **8.** 5. Lex 8. § 5.

Rechtsgr. **28.** — II. Senat. 4. Januar 1859. (XXXII. 90.)

a) Die zum Eigenthum eines Grundstücks gehörige Luftschicht über demselben darf durch die Anlage des Nachbars keine Veränderung erleiden, welche den natürlichen Gebrauch desselben hindert oder schmälert, ohne daß es darauf ankommt, ob das Hineinbringen für den Gesichts- und Tastsinn substanziell faßlich ist, oder nicht.

Der Nachbar ist daher nicht befugt, jene Luftschicht durch eine künstliche Anlage mit dergleichen Gasarten und Miasmen zu erfüllen oder ihre Temparatur in dieser Art zu verändern.

b) Daher begründet die Anlage von Koaksöfen, wenn die durch dieselben erzeugte Hitze den Feldfrüchten auf dem Grundstücke des Nachbars schadet, die Verbindlichkeit zum Schadensersatz, ohne daß es auf eine besondere Verschuldung des Eigenthümers der Koaksöfen bei deren Anlage ankommt.

Siehe auch Rechtsgrundsätze 205. 210. (A. L. R. Einleitung § 88., I. 8. §§ 26. 102.)

§§ **95-98.** Kollision der Rechte; Majoritätsbeschluß der Besitzer der an einem Teiche belegenen, zur Benutzung der Wassermasse gleichmäßig berechtigten Hammerwerke hinsichtlich eines Turnus in dem Betrieb der Werke bei kleinem Wasser. — Vergl. A. L. R. I. **17.** §§ **4. 11.**

Rechtsgr. **29.** — III. Senat. 1. Mai 1857. (XXVI. 29.)

Reicht das Wasser eines Teiches bei kleinem Wasser zu dem gleichzeitigen Betriebe der an demselben belegenen Hammerwerke nicht aus, so ist die Verpflichtung der einzelnen Besitzer derselben, sich dem Beschlusse der Mehrheit auf Einführung eines Turnus in dem Betriebe dieser Werke zu unterwerfen, nach den gesetzlichen Vorschriften der §§ 95–98. der Einleitung zum Allgem. Landrechte über die Kollision der Rechte zu beurtheilen.

Siehe auch Rechtsgrundsätze 236. 352. (A. L. R. I. **9.** § 187, **11.** § 1113.)

§ **99.** Siehe Rechtsgrundsatz 40. (A. L. R. I. **2.** § 107.)

§ **102.** Siehe Rechtsgrundsätze 626. 648. (A. L. R. II. **1.** § 648, **2.** § 179.)

§ **108.** Siehe Rechtsgrundsätze 40. 269. 569-572. 578. 579. (A. L. R. I. **2.** § 107., **9.** § 613., **22.** §§ 13. 43.)

Theil I.

Titel 1. Von Personen und deren Rechten überhaupt.

§§ **27. 28.** Partieller Wahnsinn. — Vergl. A. L. R. II. **18.** §§ **12-13.**

Rechtsgr. 30. — I. Senat. 27. Februar 1860. (XXXVI. 284.)

Auch der nur partiell Wahnsinnige ist als ein des Gebrauches seiner Vernunft und der Fähigkeit, frei zu handeln, Beraubter zu betrachten.

§ 30. Vermögens-Verminderung des Verschwenders.

Rechtsgr. 31. — I. Senat. 11. Januar 1858. (XXIX. 20.)

Eine Verminderung des Vermögens im Sinne des § 30. I. 1. des Allgem. Landrechts ist auch dann vorhanden, wenn der ohne Zuthun des Provokaten in der Folge entstandene beträchtliche Mehrwerth seines Vermögens durch Aufnahme von Schulden wieder absorbirt worden ist.

Titel 2. Von Sachen und deren Rechten überhaupt.

§§ 1. ff. Siehe Rechtsgrundsätze 569—572. (A. L. R. I. 22. § 13.)

§ 4. Substanz der Sache; Ausbeute eines Bergwerks als Substanz desselben. — Vergl. §§ 109. 110. dieses Titels.

Rechtsgr. 32. — III. Senat. 20. November 1857. (XXVII. 149.)

Die Ausbeute eines Bergwerks gehört zur Substanz des Bergwerks-Eigenthums.

Siehe auch Rechtsgrundsatz 277. (A. L. R. I. 11. § 1.)

§ 10. Siehe Rechtsgrundsatz 557. (A. L. R. I. 21. § 629.)

§§ 32. ff. Inbegriff von Sachen und Rechten; Feststellung des Begriffes eines Waldes hinsichtlich eines bestimmten Grundstücks. — Vergl. A. L. R. I. 2. §§ 105. 107. 108., 7. §§ 48. 49. 53. 58. 59., 20. §§ 15. 443—445.; Verordnung vom 14. Dezember 1833. § 9. No. 2.; Deklaration vom 6. April 1839. Art. 3.

Rechtsgr. 33. — III. Senat. 14. Juni 1858. (XXX. 106.)

Die Frage, ob mit Bäumen bestandene Parzellen im konkreten Falle als Inbegriff von Sachen einem Walde gleich zu stellen sind, steht in so genauem Zusammenhange mit der Beurtheilung der thatsächlichen Verhältnisse, daß die Feststellung des Richters, welcher darin einen Inbegriff von Sachen gefunden hat, nicht mit der Rüge eines rechtsgrundsätzlichen Verstoßes angefochten werden kann.

§§ **34. 35.** Verlassenschaft; Verwaltung des Nachlasses Seitens des Benefizialerben in Betreff eines zum Nachlasse gehörigen Handelsgeschäftes. — Vergl. A. L. R. I. **5.** § 270., **9.** §§ 350. 422., 11. § 221.

Rechtgr. **34.** — IV. Senat. 22. September 1860. (XXXIX. 71.)

Der Benefizialerbe, welcher behufs Fortführung eines ererbten Handelsgeschäfts neue Kaufverträge abschließt, vollzieht nicht Akte der Nachlaßverwaltung, sondern verpflichtet sich persönlich.

Siehe auch Rechtsgrundsatz 380. (A. L. R. I. **12.** § 656.)

§ **41.** Siehe Rechtsgrundsätze 569—572. (A. L. R. I. **22.** § 13.)

§ **42.** Pertinenzstücke; Begriff derselben:

A. Zubehör einer Kirche. — Vergl. A. L. R. I. **2.** §§ 44. 105., II. **11.** §§ 584. 720. 731. 740.

Rechtsgr. **35.** — I. Senat. 12. März 1858. (XXIX. 222.)

Die Orgel einer Kirche ist ein Zubehör derselben.

B. Zubehör eines Gerichtsgebäudes. — Vergl. §§ 46. 75. 79. dieses Titels.

Rechtsgr. **36.** — I. Senat. 5. März 1858. (XXIX. 182.)

Das Gerichts-Inventar gehört nicht zu den gesetzlichen Pertinenzien eines Gerichtsgebäudes.

Siehe auch Rechtsgrundsätze 741. 1400. 1441. (A. L. R. II. **11.** § 584.; Deklaration vom 29. Mai 1816 Art. 76.; Verordnung vom 8. August 1832.)

§ **44.** Entstehung der Pertinenz-Eigenschaft eines in einem anderen Gerichtsbezirke belegenen Grundstücks. — Vergl. Allgem. Hyp.-Ordnung I. § 34. ff.

Rechtsgr. **37.** — III. Senat. 9. November 1860. (XXXIX. 195.)

Durch die Vermerkung der Zuschlagung eines wenngleich in einem anderen Gerichtsbezirke belegenen und auf einem besonderen Folium in dem Hypothekenbuche eingetragenen Grundstücks als Pertinenzstück zu einem anderen Grundstück im Hypothekenbuch wird die Pertinenz-Eigenschaft nicht erst bewirkt, sondern kund gethan und konstatirt.

Siehe auch Rechtsgrundſ. 35. 741. (A. L. R. I. **2.** § 42., II. **11.** § 584.)

§ **45**. Siehe Rechtsgrundsatz **1441**. (Verordnung vom 8. August 1832.)

§ **46**. Siehe Rechtsgrundsatz **36**. (§ **42**. dieses Titels.)

§ **48**. Pertinenz-Eigenschaft der gutsherrlichen Rechte, insbesondere auf Robothgärtnerstellen in Schlesien.

Rechtsgr. **38**. — III. Senat. 14. März 1859. (XXXII. 337.)

Das gutsherrliche Recht an einem Bauernhofe, insbesondere auch an einer Robothgärtnerstelle in Schlesien, die von demselben zu leistenden Dienste und Prästationen, sind als ein bloßes Zubehör, nicht als ein Theil der Substanz des berechtigten Gutes anzusehen.

Siehe auch Rechtsgrundsatz 523. (A. L. R. I. **20**. § 443.)

§§ **75**. **79**. Siehe Rechtsgrundsatz **36**. (§ **42**. dieses Titels.)

§ **105**. Siehe Rechtsgrundsätze 33. 35. 524. 741. (A. L. R. I. **2**. §§ 32. 42., **20**. § 454., II. **11**. § 584.)

§ **107**. Erwerbung des Besitzes an den Pertinenzstücken eines Gutes: A. in Betreff des in dem unvollständigen Besitze eines Dritten befindlichen Pertinenzstücks. — Vergl. A. L. R. I. **7**. §§ 52-54. 66.

Rechtsgr. **39**. — II. Senat. 13. November 1860. (XL. 40.)

Mit der Besitznehmung von dem Hauptgute wird auch der Besitz des in dem unvollständigen Besitze eines Dritten befindlichen Pertinenzstückes erworben.

B. Berechtigung zur Ausübung der einem Hofe zustehenden Waldstreuberechtigung nach erfolgter Parzellirung des Hofes. — Vergl. A. L. R. Einl. §§ 99. 108., **19**. §§ 21-25.; Deklaration vom 29. Mai 1816. Art. 96.

Rechtsgr. **40**. — II. Senat. 9. März 1858. (XXIX. 197.)

a) Die einem Hofe als einer Einheit zustehende und daher an sich untheilbare Waldstreuberechtigung verbleibt weder ohne Weiteres auch den Erwerbern der daraus abgezweigten Parzellen zur ferneren faktischen Ausübung, beziehungsweise geht nicht ohne Weiteres antheilig auf dieselben über, noch auch tritt ohne Weiteres eine Gemeinsamkeit des Besitzes aller Parzellenbesitzer ein; vielmehr kann die auf dem wirthschaftlichen Bedürfnisse des Hofes beruhende und in demselben bedingte Streunutzung ohne den Bestand des Hofes als eines Ganzen nicht ausgeübt werden.

b) Die Zulässigkeit der ferneren Ausübung ist, dem Eigenthümer des belasteten Waldes gegenüber, nach dem Akte der Dismembration selbst, nach dem Inhalte der desfalls abgeschlossenen Verträge, sowie darnach zu beurtheilen, in welchen Schranken sich dieselbe gehalten hat, oder aber weithin ausgedehnt ist.*

Siehe auch Rechtsgrundsätze 33. 269. 279. 569-572. (A. L. R. I. **2.** § 32., **9.** § 3., **11.** § 1., **22.** § 13.)

§ **108.** Siehe Rechtsgrundsatz 33. (§ **32.** dieses Titels.)

§ **109.** Siehe Rechtsgrundsatz 32. (§ **4.** dieses Titels.)

§ **110.** Begriff der Nutzungen und Früchte einer Sache. — Vergl. A. L. R. I. **9.** § 220., **11.** § 803.

Rechtsgr. **41.** — III. Senat. 17. Februar 1860. (XXXVI. 235.)

a) Unter den „Nutzungen" einer Sache sind sowohl die aus der Sache selbst nach dem Laufe der Natur entstehenden Früchte, als auch die für ein ausstehendes Kapital aufkommenden Zinsen zu verstehen.

b) Zinsen eines Kapitals sind zu den „Früchten" im Sinne des Allgem. Landrechts nicht zu rechnen.**

Siehe auch Rechtsgrundsatz 32. (§ **4.** dieses Titels.)

§ **111.** Siehe Rechtsgrundsätze 269. 279. (A. L. R. I. **9.** § 613., **11.** § 1.)

§ **114.** Feststellung der Entschädigungssumme bei der Expropriation eines Grundstücks, insbesondere in Betreff der Eisenbahngesellschaften. — Vergl. A. L. R. I. **11.** §§ 8-11.

A. Maaßstab für die Bestimmung des zu vergütenden außerordentlichen Werthes. - Vergl. Gesetz vom 3. November 1838. § **11.**

Rechtsgr. **42.** — III. Senat. 27. Februar 1860. (XXXVI. 289.)

Die von der Eisenbahngesellschaft für expropriirte Grundstücke dem Eigenthümer zu gewährende Expropriationssumme ist nicht nach dem Maaßstabe, nach welchem sie dieselben bei Anlage der Eisenbahn verwerthen kann, sondern lediglich nach

* Vergl. Bd. 1. (zweite Ausg.) S. 12. No. 33. dieser Rechtsgrundsätze.
** Vergl. dagegen Entscheidungen Bd. 1. S. 340.

dem außerordentlichen Werth zu bestimmen, welchen sie für den bisherigen Eigenthümer gehabt haben.

B. Feststellung des außerordentlichen Werthes der expropriirten Theile eines Grundstücks. — Vergl. Gesetz vom 3. November 1838 § 11-15.

— in Betreff der Anlegung von Schlagbäumen, Einfriedigungen und neuen Wegen.

Rechtsgr. 43. — III. Senat. 18. November 1859. (XXXV. 284.)

Zu dem außerordentlichen Werthe der expropriirten Theile eines Grundstücks, eines Gutes, gehört, wenn durch deren Expropriation der bisherige Eigenthümer nach wirthschaftlichen Grundsätzen genöthigt wird, die Benutzung der ihm gebliebenen Theile durch Anlagen von Wegen, Schlagbäumen und Einfriedigungen zu sichern. Daher ist der durch Sachverständige festzusetzende Betrag der Kosten der Herstellung und Unterhaltung solcher nach wirthschaftlichen Grundsätzen nothwendigen Anlagen ein Theil des außerordentlichen Werthes der expropriirten Theile.

— in Betreff anderer Wirthschaftserschwernisse.

Rechtsgr. 44. — III. Senat. 31. Januar 1859. (XXXII. 181.)

Eine Entschädigung in Betreff des außerordentlichen Werthes bei Expropriation von Grundstücken zu Eisenbahn-Anlagen ist auch zu gewähren:

1. wegen der statt des bisherigen Weges über die expropriirten Grundstücke entstandenen Umwege;
2. wegen der durch die Expropriation bewirkten Zerstückelung nicht expropriirter Grundstücke;
3. wegen der durch die Expropriation herbeigeführten Erschwerung der Beaufsichtigung anderer Grundstücke;
4. wegen der durch die Expropriation nöthig gewordenen Haltung eines besonderen Hirten;
5. wegen der zur Bewältigung der durch die Eisenbahn her-

beigeführten Steigerung bei der angelegten Ueberfahrt über die Bahn erforderlichen größeren Pferdekraft;

6. wegen der Verwendung von Grund und Boden zu einem nothwendig gewordenen neuen Wege.

Siehe auch Rechtsgrundsatz 27. (A. L. R. Einl. § 93.)

§ **116**. Bestimmung des Werthes einer Sache; Ermittelung des Annahmepreises des von der Wittwe Einem der Kinder zu übertragenden Nachlaßgrundstückes. — Vergl. A. L. R. I. **17**. § 90.

Rechtsgr. **45**. — I. Senat. 21. Oktober 1859. (XXXV. 183.)

Wenn das Nachlaßgrundstück in dem Erbrezesse zwar der Wittwe des Erblassers für einen bestimmten Preis übertragen, jedoch zugleich festgesetzt ist, daß dasselbe der Familie des Erblassers erhalten und daher zu einer bestimmten Zeit Einem der Kinder gegen einen dann von demselben mit der Wittwe zu vereinbarenden Annahmepreis zum Eigenthum überlassen werden solle, so ist dieser Annahmepreis bei mangelnder Einigung durch eine gerichtliche Taxe festzustellen.

Siehe auch Rechtsgrundsatz 279. (A. L. R. I. **11**. § 1.)

§§ **120**. **121**. Siehe Rechtsgrundsatz 131. (A. L. R. I. **5**. § 360.)

§§ **122**. ff. Siehe Rechtsgrundsatz 5. (A. L. R. Publikations-Patent vom 5. Februar 1794. § 7.)

§ **125**. Siehe Rechtsgrundsätze 563. 566. (A. L. R. I. **22**. § 13.)

§ **126**. Siehe Rechtsgrundsätze 503. 529. 781. 1146. 1359. (A. L. R. I. **19**. § 1., **20**. § 521., II. **16**. § 106.; A. G. O. II. **6**. § 15.; Patent vom 22. Mai 1815. § 3.)

§ **127**. Siehe Rechtsgrundsatz 781. (A. L. R. II. **16**. § 106.)

§ **131**. Siehe Rechtsgrundsatz 503. (A. L. R. I. **19**. § 1.)

§§ **134**. **136**. Nichtbegründung der Dinglichkeit der Zehntpflichtigkeit durch bloßes Anerkenntniß seitens des Verpflichteten. — Vergl. A. L. R. I. **19**. §§ 2. 5. 6., **20**. § 6-11.; Allg. Hypotheken-Ordnung I. § 49.

Rechtsgr. **46**. — I. Senat. 4. Juli 1859. (XXXIV. 127.)

Die bloße Erklärung des Vorbesitzers des Grundstücks, daß dasselbe zehntflichtig sei, begründet für sich allein, ohne hinzutretende Eintragung in das Hypothekenbuch, kein dingliches Recht.

§ **135**. Siehe Rechtsgrundsätze **46**. **503**. (A. L. R. I. **2**. § **134**., **19**. § **1**.)

§ **136**. Siehe Rechtsgrundsätze **46**. **517**. (A. L. R. I. **2**. § **134**., **20**. § **408**.

§ **137**. Siehe Rechtsgrundsätze **563**. (A. L. R. I. **22**. § **13**.)

Titel 3. Von Handlungen und den daraus entstehenden Rechten.

§ **4**. Siehe Rechtsgrundsatz **28**. (A. L. R. Einl. § **93**.)

§§ **13**. **16**. **18**. Siehe Rechtsgrundsatz **1646**. (Gesetz vom 5. Juni 1852. § 1.)

§ **35**. Siehe Rechtsgrundsätze **182**. **799**. (A. L. R. I. **7**. § **96**., II. **16**. § **154**.)

§ **41**. Siehe Rechtsgrundsatz **1377**. (Städteordnung vom **19**. November 1808. § **189**.)

§ **42**. Form der Handlungen; Anfechtung von Rechtshandlungen zahlungsunfähiger Schuldner. — Vergl. A. L. R. Einl. § **14**.; Gesetze vom **26**. April **1835**. §§ **1**. ff. und **9**. Mai **1855**. §§ **1**. ff.

Rechtsgr. **47**. — IV. Senat. 11. Februar 1858. (XXIX. 95.)

Die Regeln über die Anfechtung von Rechtsgeschäften gehören dem materiellen Rechte an, weshalb die Gültigkeit und resp. Anfechtbarkeit derselben lediglich nach den zur Zeit ihrer Entstehung gültigen Gesetzen zu beurtheilen ist.

Siehe auch Rechtsgrundsatz **1668**. (Gesetz vom **9**. Mai **1855**. § **1**.)

Titel 4. Von Willenserklärungen.

§ **1**. Siehe Rechtsgrundsätze **53**. **65**. **142**. (A. L. R. I. **4**. § **27**., **5**. §§ **1**. **408**.)

§ **3**. Siehe Rechtsgrundsatz **53**. (§ **27**. dieses Titels.)

§ **5**. Gegenstände der Willenserklärung; Verträge gegen die Gewerbefreiheit. — Vergl. Kabinetsorder vom **19**. April **1813**.

Rechtsgr. **48**. — III. Senat. 17. September 1860. (XXXIX. 59.)

Verträge, durch welche sich Jemand verpflichtet, Anderen

gewisse Gewerbshandlungen während eines längeren oder kürzeren Zeitraumes gegen einen im Voraus verabredeten Preis zu gewähren, verstoßen nicht gegen die Gewerbefreiheit.

Siehe auch Rechtsgrundsatz 566. (A. L. R. I. 22. § 13.)

§ 6. Siehe Rechtsgrundsatz 63. (§ 136. dieses Titels.)

§ 7. Verpflichtung zu Handlungen gegen die Ehrbarkeit; bedungene Belohnung für das Freiwerben. — Vergl. A. L. R. I. 5. § 39.

Rechtgr. 49. — IV. Senat. 22. September 1859. (XXXV. 90.)

a) Die Beantwortung der Frage: ob eine Handlung oder eine Leistung zu den im § 7. I. 4. des Allg. Landrechts gedachten, die Ehrbarkeit beleidigenden gehöre, — ist thatsächlicher Natur.

b) Ein Vertrag, durch welchen für das Zustandebringen einer Heirath mit einer bestimmten Person eine Belohnung versprochen wird, ist nicht gegen die guten Sitten und daher auch nicht gegen die Ehrbarkeit.

Siehe auch Rechtsgrundsatz 63. (§ 136 dieses Titels.)

§ 10. Siehe Rechtsgrundsatz 378. (A. L. R. I. 12. § 646.)

§ 15. Sachen außer Verkehr; testamentarische Beschränkungen des Erben. – Vergl. A. L. R. II. 2. §§ 398. 419. 424. 429.

Rechtsgr. 50. — III. Senat. 6. Juli 1859. (XXXV. 28.)

a) Ein Erblasser, der weder den Erben, noch deren Gläubigern irgendwie verpflichtet ist, kann gültiger Weise bestimmen, daß die eingesetzten Erben weder direkt noch indirekt, durch kontrahirte Schulden, seiner Absicht zuwider über das Erbtheil verfügen, dasselbe belasten und durch ihre Handlungen, seinem Zweck entgegen, nicht zu der eigenen Sustentation, sondern zu anderen Bestimmungen verwenden.

b) Daher kann der Testator bestimmen, daß die nicht abgehobenen, jährlich zur Theilung zu bringenden Revenüen-Antheile, sowie das Nutzungs- und Stiftungsrecht selbst, dem Arrestschlag und der Exekution seitens der Gläubiger der Erben nicht unterworfen sein sollen.

§ **19**. Voraussetzung der Kenntniß des Inhalts des Hypothekenbuchs: A. mit Rücksicht auf den Inhalt des Hypothekenscheins. — Vergl. Allg. Hyp.-Ordnung II. § **301**.

Rechtsgr. **51**. — II. Senat. 20. September 1859. (XXXV. 78.)

Es kann Niemanden eine andere Kenntniß des Hypothekenbuchs zugemuthet werden, als der ihm vom Hypothekenrichter zugefertigte Hypothekenschein darthut.

B. mit Rücksicht auf die Art der geschehenen Eintragung. — Vergl. A. L. R. I. **19**. § 4., **20**. § 503., II. **10**. § **91**.

Rechtsgr. **52**. — III. Senat. 11. Juli 1859. (XXXVII. 24.)

Daraus, daß zwei Posten unter fortlaufenden Nummern durch dieselbe Verfügung im Hypothekenbuch eingetragen sind, ist eine rechtliche Fiktion für den bösen Glauben des Inhabers der zweiten Post noch nicht zu entnehmen.

Siehe auch Rechtsgrundsätze **295**. **510**. (A. L. R. I. **11**. § 183., **20**. § 54.)

§ **27**. Persönliche Willens-Fähigkeit; Ungültigkeit der Willenserklärung eines nicht bevormundeten Blödsinnigen; Bereicherung eines Dritten durch diese Willenserklärung. — Vergl. §§ **1**. **3**. dieses Titels.

Rechtsgr. **53**. — IV. Senat. 10. Mai 1859; III. Senat. 19. Dezember 1859. (XXXV. 16., XXXVI. 105.)

a) Ist Jemand, der erst später unter Vormundschaft genommen ist, erweislich schon bei Abgabe einer früheren Willenserklärung thatsächlich blödsinnig gewesen, so ist diese Willenserklärung nichtig.

b) Die Gewißheit des thatsächlichen Blödsinns zur Zeit der Willenserklärung hat bei dem Vorhandensein der übrigen Erfordernisse des § 27. I. 4. des A. L. R., außer der Nichtigkeit der Willenserklärung, ferner zur Folge, daß Derjenige, für den dieselbe wirksam sein soll, bis zum Beweise des Gegentheils als ein solcher angesehen wird, der hierbei betrüglich gehandelt hat.

§§ **33-40. 43.** Freiheit des Willens; Wirkung einer durch drohende Gefahr veranlaßten und einer durch Drohung erzwungenen Willenserklärung.

Rechtsgr. **54.** — II. Senat. 3. Dezember 1857. (**XXVIII. 122.**)

a) Die Bestimmung des § 43. I. 4. des Allg. Landrechts, — nach welcher eine Willenserklärung dadurch, daß eine drohende Gefahr zu derselben blos Anlaß gegeben hat, noch nicht entkräftet wird, — findet nur da Anwendung, wo eine Kausal-Verbindung zwischen der Willenserklärung und den Handlungen des Promissars, oder eines Dritten zu seinen Gunsten, nicht ersichtlich ist.

b) Haben dagegen Drohungen des Promissars oder eines Dritten die Willenserklärung des Promittenten bewirkt, so können nur die §§ 33-40. I. 4. des Allg. Landrechts zur Anwendung kommen. In diesem Falle ist insbesondere bei Drohungen, welche nicht unmittelbar Leben, Gesundheit, Freiheit oder Ehre betreffen, nach Beschaffenheit des angedrohten Uebels an sich, und nach dem Verhältnisse desselben zu dem Gegenstande der Erklärung von dem Richter vernünftig zu beurtheilen: ob dadurch die Willensäußerung wirklich erzwungen worden ist.

§§ **52. 54.** Siehe Rechtsgrundsätze 55. **564.** (A. L. R. I. **4.** § 57., **22.** § 13.

§ **57.** Gewisser Wille; Begriff einer ausdrücklichen Willenserklärung. — Vergl. § **52.** dieses Titels.

Rechtsgr. **55.** — IV. Senat. 21. September 1858. (**XXX. 248.**)

Eine ausdrückliche Willenserklärung ist nicht blos in dem Falle, wenn die Absicht des Erklärenden in allen ihren Wirkungen und Folgen mit bestimmten Worten ausgedrückt wird, sondern überhaupt dann vorhanden, wenn aus dem Inhalte der Erklärung, aus den Worten oder anderen deutlichen Zeichen, der ernste und gewisse Wille deutlich erhellet.

Siehe auch Rechtsgrundsätze **564. 883. 1406.** (A. L. R. I. **22.** § **13.**; A. D. W. O. Art. **21.**; Verordnung Nr. **430.** vom **20.** Juni **1817** § **170.**)

§ **58**. Siehe Rechtsgrundsatz 373. (A. L. R. I. **12**. § 612.)

§ **60**. Siehe Rechtsgrundsatz 564 (A. L. R. I. **22**. § 13.)

§ **61**. Siehe Rechtsgrundsätze 325. 653. (A. L. R. I. **11**. § 395., II. **2**. § 218.)

§§ **65**. ff. Auslegung der Willenserklärungen; Uebertragung und Uebernahme eines Bauerhofes, Zeitpunkt der Auskehrung der Abfindungen der Geschwister und des Hofesübernehmers.

Rechtsgr. **56**. — I. Senat. 6. November 1857. (XXVIII. 68.)

a) Unter dem Uebertrage und der Uebernahme eines Bauerhofes, als vollendeter Thatsache, ist nach dem gewöhnlichen Sprachgebrauche nicht der Zeitpunkt der übertragenen Proprietät oder der Uebereignung unter Vorbehalt des vollständigen Nießbrauchs, sondern der Zeitpunkt der vollständigen Uebertragung des Eigenthums, einschließlich der Nutzungen und der Herrschaft auf dem Hofe, vorbehaltlich etwa einer dem Uebertragenden zu gewährenden Leibzucht, zu verstehen.

b) Daher sind von dem Uebernehmer des Hofes die nach bewirkter Uebernahme zufolge testamentarischer Anordnung oder vertragsmäßiger Bestimmung den Geschwistern auszukehrenden Abfindungen erst nach erfolgter Uebernahme der Nutzungen und der Herrschaft auf dem Hofe fällig.

Siehe auch Rechtsgrundsatz 1460. (Verordnung vom 14. Dezember 1833. § 4. No. 1.)

§§ **67**. **69**. Sprachgebrauch; Unkenntniß des Sprachgebrauches am Orte des Vertragsabschlusses seitens des Erklärenden.

Rechtsgr. **57**. — IV. Senat. 20. April 1858. (XXIX. 265.)

Bei Abschluß eines Vertrages ist der Erklärende nicht verpflichtet, dem Andern von dem an dem Orte des Vertragsabschlusses hinsichtlich des Gegenstandes desselben herrschenden besonderen Sprachgebrauche ausdrücklich Kenntniß zu geben; vielmehr hat es der letztere seiner eigenen Unkunde zuzuschreiben, wenn er der Willenserklärung einen anderen Sinn beilegt, als es der Sprachgebrauch des Ortes mit sich bringt.

§ **70.** Siehe Rechtsgrundsatz 1460. (Verordnung vom 14. Dezember 1833. § 4. No. 1.)

§ **71.** Siehe Rechtsgrundsätze 83. 1460. (A. L. R. I. **5.** § 127.; Verordnung vom 14. Dezember 1833. § 4. No. 1.)

§§ **75.** ff. Siehe Rechtsgrundsätze 84. 284. 333. 483. (A. L. R. I. **5.** § 127., **11.** §§ 59. ff. 485., **17.** § 111.)

§§ **84-90.** Siehe Rechtsgrundsatz 129. (A. L. R. I. **5.** § 358.)

§§ **91. 92.** Anfechtung eines Rechtsgeschäftes wegen Trunkenheit.

Rechtsgr. **58.** — I. Senat. 20. Februar 1860. (XXXVI. 238.)

Im Fall des in dem § 91. I. 4. des Allg. Landrechts gedachten geringeren Grades der Trunkenheit ist nicht ohne Weiteres zu vermuthen, daß der die Trunkenheit vorschützende Kontrahent sich in Bezug auf das Geschäft, und namentlich in Bezug auf die Essentialien des Geschäfts geirrt habe. Es kann aber Derjenige, welcher den Erklärenden in diesen Zustand versetzt hat, im Falle der gerichtlichen Anzeige binnen acht Tagen aus den in diesem Zustande abgegebenen Erklärungen keine Rechte erlangen.

§ **94.** Siehe Rechtsgrundsätze 263. (A. L. R. I. **9.** § 562.)

§§ **100. 101.** Bedingungen bei Willenserklärungen:

A. Abhängigkeit eines Rechts von dem Ausfall des gutachtlichen Ermessens eines Dritten. — Vergl. A. L. R. I. **4.** §§ 105. 114. 119., **5.** § 72., **11.** §§ 13. ff. 48.; A. G. O. I. **2.** § 167.; Inst. **3.** 23. § 1., **24.** § 1.; Dig. **17.** 2. Lex. 76. ff.

Rechtsgr. **59.** — IV. Senat. 24. September 1857. (XXVII. 60.)

Sind in einem Vertrage gewisse Rechte und Verbindlichkeiten lediglich von dem Ausfall des gutachtlichen Ermessens eines Dritten abhängig gemacht, so ist hierin die Vereinbarung einer Bedingung enthalten.

B. Präklusivfrist bei Versicherungsverträgen. — Vergl. A. L. R. I. **9.** § 500.

Rechtsgr. **60.** — IV. Senat. 5. Juni 1860. (XXXVIII. 34.)

Die Bestimmung in einem Versicherungsvertrage, insbesondere in dem Statute der Lebensversicherungs-Gesellschaft Iduna: daß der Versicherte oder dessen Rechtsnachfolger in einer Präklusivfrist von sechs Monaten nach Insinuation der seitens der Gesellschafts-Direktion erlassenen, den Anspruch zurückweisenden Verfügung bei Verlust aller Ansprüche Klage anzustellen gehalten sei, — enthält eine Bedingung für den Eintritt der Verpflichtung der Versicherungsgesellschaft, nicht aber die Anordnung einer Verjährung.

Siehe auch Rechtsgrundsatz 21. (A. L. R. Einl. § 75.)

§§ **102. 103.** Siehe Rechtsgrundsätze 21. 1171. (A. L. R. Einl. § 75.; Konkursordnung vom 8. Mai 1855. §. 96. No. 3.)

§§ **105. 106.** Hinderniß des Eintritts der Bedingung und der Zeitbestimmung bei Willenserklärungen.

Rechtsgr. **61.** — IV. Senat. 28. Januar 1858. (XXVII. 255.)

Die §§ 105. und 106. I. 4. des Allg. Landrechts setzen eine eigennützige, eine gerade auf Schmälerung des Rechts des Anderen gerichtete Absicht voraus, welche darin allein nicht gefunden werden kann, daß die Kontrahenten denjenigen Vertrag aufheben, von welchem das bedingte Recht eines Dritten abhängig ist.

Siehe auch Rechtsgrundsatz 59. (§ 100 dieses Titels.)

§§ **114.** ff. **145.** ff. **153. 154. 158.** Auflösende Bedingung, Bewegungsgrund und Endzweck; Entschädigungspflicht des Bauholzberechtigten bei kontraktswidriger Verwendung des vom Fiskus zum Bau gelieferten Holzes; Ermittelung des Betrages dieses Schadens. — Vergl. A. L. R. I. **5.** §§ 277. 285. 286. 360., **6.** §§ 83. 84. 92., **7.** § 225.

Rechtsgr. **62.** — II. Senat. 17. November 1857. (XXVII. 137.)

a) Der Empfänger einer vertragsmäßigen Leistung muß wegen Nichterfüllung des Endzweckes dieser Leistung den Leistenden entschädigen.

b) Wenn daher das vom Fiskus dem Bauholzberechtigten zum Baue oder sonst dem Empfänger zu einem bestimmten Zwecke gelieferte Holz nicht diesem Zwecke gemäß verwendet ist, so muß der Bauholzberechtigte oder sonstige Empfänger dem Fiskus das volle Interesse vergüten, ohne Rücksicht darauf, ob der letzte Zweck der Verwendung mit anderm Material sogar besser erreicht worden ist.

c) In einem solchen Falle hat der Bauholzberechtigte das Recht auf das Empfangene verloren, und es steht dem Fiskus frei, für seine Schadensforderung auch andere Preise, als die vertragsmäßigen, gleichviel, auf welcher Grundlage die letzteren beruht haben, nachzuweisen. Namentlich ist in dieser Beziehung die Annahme gerechtfertigt, daß, wenn der Fiskus das Holz mit dem andern gleichzeitig zum Verkauf geschlagenen veräußert hätte, er dieselben Preise erhalten haben würde, welche bei der Lizitation für gleichartiges Holz bezahlt sind.

Siehe auch Rechtsgrundsatz 59. (§ 100. dieses Titels.)

§§ **133. 134.** Siehe Rechtsgrundsatz **474.** (A. L. R. I. **17.** § 10.)

§ **136.** Unerlaubte Bedingungen; Zuwendung eines Vortheiles im väterlichen Testamente auf den Fall einer richterlichen Trennung der Ehe des Sohnes. — Vergl. A. L. R. I. **4.** §§ 6. 7., **12.** § 63.

Rechtsgr. **63.** — I. Senat. 30. November 1860. (**XXXIX. 242.**)

Die Bestimmung des väterlichen Testaments, daß der Sohn während dessen bestehender Ehe nur die Nutzungen seiner Erbportion erhalten, die Substanz dagegen auf die Kinder übergehen; daß aber für den Fall, daß der Sohn von seiner Ehefrau durch richterlichen Ausspruch geschieden oder dieselbe überleben würde, die Wirkungen der Substitution gänzlich aufhören, und die väterliche Erbportion sein freies Eigenthum werden solle, — enthält keine unzulässige oder die guten Sitten verletzende Bedingung.

Siehe auch Rechtsgrundsatz 378. (A. L. R. I. **12.** § **646.**)

§ **145.** Siehe Rechtsgrundsatz 62. (§ **114.** dieses Titels.)

§ **146.** ff. Siehe Rechtsgrundsatz 283. (A. L. R. I. **11.** § 30.)

§§ **152.** ff. Zweck einer Willenserklärung; Begriff des Zweckes, zu welchem Etwas gegeben ist.

Rechtsgr. **64.** — IV. Senat. 8. März 1860. (**XXXVII. 85.**)

Der Zweck im Sinne der §§ 152. ff. I. 4. des Allg.

Landrechts hat zwar den Vortheil des Empfangenden zum Gegenstande, setzt aber voraus, daß ihm die Verpflichtung zur Erfüllung dieses Zweckes von dem Gebenden auferlegt werde.

§§ **153. 154. 158.** Siehe Rechtsgrundsätze **62. 64.** (§§ **114. 152.** dieses Titels.)

§ **166.** Siehe Rechtsgrundsatz **61.** (§ **105** dieses Titels.)

Titel 5. Von Verträgen.

§§ **1.** ff. Beurtheilung der rechtlichen Natur eines Vertrages. — Vergl. A. L. R. I. **4.** § **1.**

Rechtsgr. **65.** — III. Senat. 19. Dezember 1859. (XXXVI. 99.)

In welche Gattung von Verträgen ein geschlossener Vertrag falle, ist von dem Richter nach dem ganzen Inhalte des Vertrages zu beurtheilen, ohne daß er an die desfallsigen Erklärungen der Kontrahenten gebunden ist.

Siehe auch Rechtsgrundsätze **142. 1423.** (§ 408. dieses Titels; Gesetz No. 939. vom 21. April 1825. § 15.)

§ **4.** Siehe Rechtsgrundsatz **19.** (A. L. R. Einl. § 32.)

§ **5.** Begriff eines Gelübdes.

Rechtsgr. **66.** — III. Senat. 4. Februar 1861. (XL. 229.)

Der § 5. I. 5. des Allgem. Landrechts, — nach welchem bloße Gelübde nach bürgerlichen Gesetzen keine Gültigkeit haben, — ist auf Klostergelübde nicht zu beziehen.

Siehe auch Rechtsgrundsatz **19.** (A. L. R. Einl. § 32.)

§§ **10.** ff.* Persönliche Vertragsfähigkeit; Lästige Verträge der Ehefrauen mit einem Dritten; Genehmigung des Vertrages eines Handlungsunfähigen über ein gewagtes Geschäft, insbesondere in Betreff des gemeinschaftlichen Spielens eines Lotterieloofes. — Vergl. A. L. R. I. **13.** § 159., **17.** § 53. 171., II. **1.** §§ 320. ff.; Inst. **1. 21.** pr., **3.** 19. § 9.; Dig. **19.** 1. Lex. 13. § 29., **26.** 8. Lex. 9. pr.

Rechtsgr. **67.** — IV. Senat. 28. Juni 1860. (XXXVIII. 85.)

a) Auch Derjenige, welcher mit einer Ehefrau kontrahirt hat, kann von dem Vertrage nicht eher zurücktreten, als bis der Ehemann oder sein gesetzlicher Vertreter sich darüber erklärt hat oder die ihm von dem andern Theile zu dieser Erklärung gestellte Frist hat verstreichen lassen.

b) Bei gewagten Geschäften kann der Vertrag, welcher mit einem Handlungsunfähigen geschlossen ist, auch nach der Zeit, in welcher die Entscheidung des Wagnisses eingetreten ist, von dem Vertreter des Handlungsunfähigen gültig genehmigt werden.

c) Hat daher Jemand mit einer Ehefrau einen mündlichen Vertrag über das gemeinschaftliche Spielen eines Lotterielooses geschlossen und in Folge dessen das Loos bezahlt, so ist derselbe verpflichtet, den Antheil der Ehefrau an dem erhobenen Gewinne herauszugeben, wenngleich ihr Vertreter den Vertrag erst nach eingetretenem Glücksfall genehmigt hat.

Siehe auch Rechtsgrundsätze 68. 850. (§ 21. dieses Titels; Allgem. Deutsche Wechsel-Ordnung Art. 1.)

§ **21.** Relative Handlungsfähigkeit des Pflegebefohlenen. — Vergl. §§ **10. 11.** dieses Titels.

Rechtsgr. **68.** — IV. Senat. 22. September 1860. (XXXVIII. 238.)

Der Hinzutritt der vormundschaftsgerichtlichen Genehmigung ist zur Herbeiführung der relativen Handlungsfähigkeit des Pflegebefohlenen nach § 21. I. 5. des Allg. Landrechts in der Regel nicht erforderlich.

Siehe auch Rechtsgrundsatz 850. (Allg. Deutsche Wechsel-Ordnung Art. 1.)

§§ **37. 38.** Anfechtung des von einem Großjährigen abgegebenen Anerkenntnisses einer während dessen Minderjährigkeit kontrahirten Schuld. — Vergl. A. L. R. I. **13.** §§ 273. 274.; Konkurs-Ordnung § **102.** No. **2.**, § **103.** No. **3.**

Rechtsgr. **69.** — IV. Senat. 10. März 1859. (XXXIII. 56.)

a) Das von einem Großjährigen abgegebene Anerkenntniß einer während seiner Minderjährigkeit kontrahirten Schuld gehört nicht zu den der Anfechtung seitens der Gläubiger unterliegenden freigebigen Verfügungen oder Schenkungen des Gemeinschuldners.

b. Das von einem Großjährigen über eine während seiner Minderjährigkeit von ihm kontrahirte Schuld ausgestellte Wechsel-Accept bewirkt zugleich ein rechtsgültiges Anerkenntniß dieser Schuld.

Siehe auch Rechtsgrundsatz 644. (A. L. R. II. **2.** § 137.)

§ **39.** Siehe Rechtsgrundsätze 49. 566. (A. L. R. I. **4.** § 7., **22.** § 13.)

§§ **40.** ff. Siehe Rechtsgrundsätze 19. 239. (A. L. R. Einl. § 32., I. **11.** § 139.)

§§ **43-49.** Siehe Rechtsgrundsatz 637. (A. L. R. II. **1.** § 811.)

§ **68.** Siehe Rechtsgrundsatz 603. (A. L. R. II. **1.** § 175.)

§ **71.** Siehe Rechtsgrundsatz 380. (A. L. R. I. **12.** § 656.)

§ **72.** Siehe Rechtsgrundsatz 59. (A. L. R. I. **4.** § 100.)

§§ **74-77.** Verträge über den Vortheil eines Dritten:

A. Seitens des Mannes zum Vortheile seiner künftigen Ehefrau. — Vergl. A. L. R. II. **1.** §§ 185. 186. 205. ff. 631-633.

Rechtsgr. **70.** — II. Senat. 25. Februar 1858. (XXVII. 295.)

Bedingt sich ein unverheiratheter Mann in dem über sein Grundstück mit einem Dritten geschlossenen Kaufvertrage für seine künftige, demnächst ihn überlebende Ehefrau ein Ausgedinge, so wird mit Schließung der Ehe und dem Tode des Ehemannes der Hofwirth der Ehefrau gegenüber gebunden, ohne daß diese dem Vertrage beizutreten braucht.

B. Seitens des Vaters zum Vortheile seiner Kinder.

Rechtsgr. **71.** — III. Senat. 28. Juni 1858. (XXX. 150.)

Der Plenarbeschluß vom 25. August 1846 ist nicht auf den Fall zu beschränken, wenn die Abfindung aus dem Annahmepreise durch den V a t e r für ein anderes seiner Kinder stipulirt wird. Namentlich kann auch von der Großmutter zu Gunsten ihrer Enkelin, die nach den Regeln der Intestat-Erbfolge ihre dereinstige Erbin ist, eine solche Abfindung ohne Zuziehung derselben oder ihres Vaters mit rechtlicher Wirksamkeit vorbedungen werden.

C. Nachträgliche Abänderung der in einem Gutsüberlassungsvertrage enthaltenen Festsetzung der Abfindung eines nicht zugezogenen Kindes des Uebertragenden. — Vergl. A. L. R. I. **16.** §§ **274.** ff.

Rechtsgr. 72. — I. Senat. 22. Mai 1857. (XXV. 127.)

Die von den Eltern in dem mit einem ihrer Kinder geschlossenen Gutsüberlassungs-Vertrag für ein anderes Kind bedungene Abfindung kann vor dem Beitritt des letzteren zu diesem Vertrage von den Hauptparteien willkürlich abgeändert werden.

D. Unzulässigkeit des einseitigen Widerrufs der zum Vortheile eines Dritten getroffenen Bestimmungen eines zweiseitigen lästigen Vertrages. — Vergl. A. L. R. I. **5.** §§ 270. 385. 391. 392., **13.** § 159., **16.** §§ 31. 32.

Rechtsgr. 73. — I. Senat. 25. Juni 1858. (XXX. 122.)

Die in einem zweiseitigen, lästigen Vertrage zum Besten dritter, dem Vertrage nicht beigetretener Personen enthaltenen Bestimmungen kann der eine Kontrahent wider den Willen des andern Kontrahenten nicht einseitig widerrufen.

Daher kann der Letztere auf den Grund des von dem Ersteren ausgegangenen einseitigen Widerrufs jener Kontraktsbestimmungen nicht verpflichtet werden, die von dem Widerrufenden anderen Personen zugewendeten Summen an diese oder an den Widerrufenden selbst, beziehungsweise an dessen Erben, zu bezahlen.

Siehe auch Rechtsgrundsätze 183. 1395. (A. L. R. I. 7. § 124.; Patent vom 22. Mai 1815. § 3.)

§§ **79. 80.** Siehe Rechtsgrundsatz 76. (§ 90. dieses Titels.)

§ **81.** Annahme eines Versprechens durch Handlungen.

Rechtsgr. 74. — III. Senat. 20. November 1857. (XXVII. 145.)

Wenn die Bedingung der Vertrags-Offerte durch den andern Kontrahenten erfüllt ist, so ist der Vertrag als durch stillschweigende Annahme im Sinne des § 81. I. 5. des Allg. Landrechts zu Stande gekommen zu betrachten.

§ **82**. Siehe Rechtsgrundsatz 107. (§ 185. dieses Titels.)
§§ **90**. ff. **102**. ff. Annahme eines Versprechens innerhalb der bestimmten Frist:

A. Zuverlässigkeit der Mittheilung über die Genehmigung des unter Vorbehalt dieser Genehmigung abgeschlossenen Vertrages.

Rechtsgr. 75. — III. Senat. 21. Oktober 1859. (XXXIV. 330.)

a) Der Antragende kann von dem Antrage auch dann zurücktreten, wenn der Andere die Annahme zwar innerhalb der bestimmten Erklärungsfrist erklärt hat, diese Erklärung aber nicht innerhalb dieser Frist zur Kenntniß des Antragenden gelangt ist.

b) Derjenige, welcher unter Vorbehalt der Genehmigung von Seiten des andern Theils binnen bestimmter Frist einen Vertrag geschlossen hat, kann verlangen, daß ihm diese Genehmigung innerhalb der bestimmten Frist mit vollständiger Zuverlässigkeit mitgetheilt werde.

B. Rücktritt des Antragenden von der Vertragsofferte nach Ablauf der Erklärungsfrist. — Vergl. §§ 79. 80. dieses Titels.

Rechtsgr. 76. — IV. Senat. 21. Juni 1860. (XXXVII. 302.)

a) Ist die rechtzeitig seitens des Promissars abgegebene Erklärung über die Annahme einer Vertrags-Offerte nicht innerhalb der ausbedungenen oder gesetzlichen Frist dem Antragenden zugegangen, so ist Letzterer an seine Offerte nicht gebunden, und daher ein Vertrag nicht zu Stande gekommen.

b) Diese Regel findet auch dann Anwendung, wenn die rechtzeitig abgegebene Erklärung des Promissars dem Antragenden ohne Verschulden des Ersteren nicht innerhalb jener Fristen (§§ 90. ff. a. a. O.) zugegangen ist.

§ **105**. Siehe Rechtsgrundsatz 19. (A. L. R. Einl. § 32.)
§§ **109**. ff. Erledigung der gesetzlichen Form eines Vertrages durch Vollziehung der Urkunde durch den Territorial-Landesherrn selbst.

Rechtsgr. 77. — II. Senat. 29. September 1857. (XXVII. 82.)

Durch die von dem Territorialherrn selbst erfolgte Vollziehung einer Urkunde ist die gesetzliche Form derselben, nach welcher der Vertrag bei Strafe der Nichtigkeit von der Domänen-Kammer verfertigt und konfirmirt werden soll, für gewahrt zu erachten.

Siehe auch Rechtsgrundsatz 1377. (Städteordnung vom 19. November 1808. § 189.)

§ **111**. Anwendung der Gesetze hinsichtlich der Form der Verträge; Klage aus einer ungestempelten, in England ausgestellten Charte-partie. — Vergl. Englische Stempelakte des 5. und 6. Regierungs-Jahres von Wilhelm und Maria, Kap. 21., und Parlamentsakte des 5. und 6. Regierungs-Jahres der Königin Viktoria, Kap. 79.

Rechtsgr. 78. — IV. Senat. 19. Mai 1857. (XXVI. 45.)

Einer Chartepartie, der wegen des mangelnden Stempelpapiers vor Englischen Gerichten jede Gültigkeit abzusprechen ist, steht dieser Mangel vor Preußischen Gerichten nicht entgegen.

Siehe auch Rechtsgrundsatz 1310. (Cod. 4. 35. Lex. 22.)

§ **115**. Siehe Rechtsgrundsatz 19. (A. L. R. Einl. § 32.)

§ **116**. Siehe Rechtsgrundsätze 19. 109. 145. 866. 883. (A. L. R. Einl. § 32., I. 5. §§ 185. 424.; Allg. Deutsche Wechsel-Ordnung Art. 4. No. 5., Art. 21.)

§ **117**. Siehe Rechtsgrundsatz 19. (A. L. R. Einl. § 32.)

§ **119**. Siehe Rechtsgrundsatz 883. (Allg. Deutsche Wechsel-Ordnung Art. 21.)

§ **120**. Siehe Rechtsgrundsatz 145. (§ 424. dieses Titels.)

§§ **127-129**. Mündliche Nebenabreden bei schriftlichen Verträgen: A. Mündliche Verabredung eines anderen Rechtsgeschäfts.

Rechtsgr. 79. — III. Senat. 18. Januar 1858. (XXIX. 26.)

Wenn unter den Parteien ein ganz anderes Rechtsgeschäft, als der Wortlaut des schriftlichen Vertrages ergiebt, mündlich verabredet worden ist, so ist dies keine nach den §§ 127. ff. I. 5. des Allg. Landrechts unverbindliche Nebenabrede.

B. Mündliche Abreden zur Auslegung des schriftlichen Vertrages.

Rechtsgr. 80. — III. Senat. 3. Dezember 1858. (XXXI. 301.)

Mündliche Abreden neben dem schriftlichen Vertrage, welche zur Auslegung einer in dem letzteren enthaltenen unklaren und undeutlichen Willenserklärung dienen, sind keine mündlichen Nebenabreden im Sinne des § 128. I. 5. des Allgem. Landrechts.

C. Mündliche Vereinbarung gegen den wesentlichen Inhalt des schriftlichen Vertrages.

Rechtsgr. 81. — IV. Senat. 6. Mai 1858. (XXIX. 283.)

Eine unter den Kontrahenten getroffene, ihre Willensmeinung enthaltende Vereinbarung, welche dem Inhalte der schriftlichen Urkunde entgegenläuft und denselben als einen solchen darstellt, den der Aussteller in seinem ganzen Bestande nicht ernstlich gewollt hat, gehört nicht unter die Nebenbestimmungen der §§ 128. 129. I. 5. des Allgem. Landrechts.

D. Gesetzlicher Uebergang der unbeweglichen Pertinenzstücke auf den Adjudikatar bei entgegengesetzter Erklärung des Richters in dem Lizitations-Termin. — Vergl. § 155. dieses Titels; A. G. O. I. 52. Anh. § 407. zu § 60.

Rechtsgr. 82. — III. Senat. 6. Januar 1859. (XXXV. 358.)

Die von dem lizitirenden Richter im Lizitationstermine mündlich gemachte Erklärung, daß bestimmte unbewegliche Pertinenzien, welche weder in der Taxe, noch in dem Patent aufgeführt sind, nicht mit subhastirt würden, ist ohne Einfluß auf die gesetzlichen Rechte des Adjudikatars.

E. Mündliches Versprechen des Verkäufers in Betreff der Vertretung der Größe des verkauften Grundstücks. — Vergl. A. L. R. I. 4. § 71., 11. §§ 212. 214.

Rechtsgr. 83. — III. Senat. 3. Dezember 1858. (XXXI. 301.)

Das mündliche Versprechen des Verkäufers, die in dem schriftlichen Vertrage angegebene Größe des verkauften Grundstücks vertreten zu wollen, ist keine mündliche Nebenabredung im Sinne des § 128. I. 5. des Allg. Landrechts.

F. Mündliche Versicherung des Verkäufers eines Bergwerksantheils hinsichtlich der Größe der zu beleihenden Grube. — Vergl. A. L. R. I. 4. § 75.

Rechtsgr. 84. — III. Senat. 3. Dezember 1858. (XXXI. 304.)

Die mündliche Versicherung des Verkäufers eines Bergwerksantheils, die Beleihung der in dem schriftlichen Vertrage der Größe nach nicht näher bezeichneten Grube werde in einer Fundgrube und 1200 Maaßen erfolgen, betrifft keine bloße mündliche Nebenabrede, sondern ein wesentliches Erforderniß des Kaufvertrages — den Gegenstand desselben.

Daher entkräftet ein hierdurch veranlaßter Irrthum des Käufers seine Willenserklärung.

G. Mündliche Abreden wegen Auflösung des Kaufvertrages bei Hervortretung etwaiger Fehler der verkauften Sache. — Vergl. § 147. dieses Titels.

Rechtsgr. 85. — IV. Senat. 17. und 22. Februar 1859. (XXXII. 265.)

Die Abrede bei dem Abschlusse eines Kaufvertrages: „daß der Kauf rückgängig werden solle, wenn sich binnen 8 Tagen ein Fehler an der Sache, z. B. dem gekauften Pferde, zeigen sollte", — betrifft keine bloße Nebenabrede im Sinne der §§ 127–129. 147. I. 5. des Allg. Landrechts, sondern eine wesentliche, in die Beschaffenheit der Sache gesetzte Bedingung des Bestehenbleibens des Vertrages.

H. Mündlicher Vorbehalt einer Fahrwegsgerechtigkeit über das veräußerte Grundstück. — Vergl. § 135. dieses Titels.

Rechtsgr. 86. — II. Senat. 7. Oktober 1858. (XXXII. 43.)

Die bei Abschließung des schriftlichen Vertrages über die Veräußerung eines Grundstücks mündlich getroffene Vereinbarung, daß dem Veräußerer eine Fahrgerechtigkeit über das veräußerte Grundstück vorbehalten sein solle, ist als mündliche Nebenabrede ohne rechtliche Wirkung.

Es ändert hierin Nichts, wenngleich bis dahin ein Fahrweg zur Ausübung dieser Fahrgerechtigkeit bestanden hat und als solcher benutzt worden ist.

I. Mündliche Nebenabrede der Anrechnung des Werths des unentgeltlich überlassenen Grundstücks auf den künftigen Erbtheil des Uebernehmers.

Rechtsgr. 87. — I. Senat. 11. März 1859. (XXXIV. 20.)

Die vor und bei Abschluß eines schriftlichen Vertrages, durch welchen die Eltern ihrer Tochter ein Grundstück ohne irgend ein Entgeld überlassen, mündlich getroffene Abrede, die Tochter solle sich den Werth des Grundstücks auf ihr künftiges Erbtheil anrechnen lassen, enthält eine mündliche Nebenabrede im Sinne des § 128. I. 5. des Allgemeinen Landrechts.

K. Mündliche Abrede der Abfindung des Käufers durch das ihm verkaufte Grundstück von dem dereinstigen Nachlasse des Verkäufers. — Vergl. A. L. R. I. 5. §§ 156. 265., 11. § 74.

Rechtsgr. 88. — I. Senat. 30. September 1859. (XXXIV. 285.)

Die bei Abschluß eines Kaufvertrages mündlich getroffene, in dem Vertrag übergangene Abrede:

Der Käufer solle durch die Abtretung des Grundstücks wegen aller Ansprüche an den dereinstigen Nachlaß seiner Eltern abgefunden sein,

berechtigt den überlassenden Vater zu dem alternativ gestellten Antrag: der Käufer solle anerkennen, daß ihm am Nachlaß der Mutter kein Erbrecht zustehe, oder das Grundstück zurückgewähren.

Siehe auch Rechtsgrundsätze 96. 283. 312. (A. L. R. I. 5. § 146., 11. §§ 30. 340.

§§ 131. ff. Schriftform der Verträge über mehr als 50 Thlr.; mangelnde causa debendi in einer Schuldverschreibung.

Rechtsgr. 89. — IV. Senat. 27. Oktober 1857. (XXVI. 315.)

Die in der Schuldverschreibung gänzlich mangelnde causa

debendi kann nicht durch den Beweis der mündlichen Vereinbarung einer solchen ersetzt werden. Ein derartiger Beweis ergiebt eben nur eine mündliche Vereinbarung. Der an und für sich schriftlich aufzunehmende Vertrag ist somit in einem wesentlichen Punkt nicht schriftlich und daher nicht klagbar.

Siehe auch Rechtsgrundsätze 92. 414. 641. 948. 1295. (A. L. R. I. **5.** § 135., **14.** § 215., II. **2.** § 125.; Allgem. Deutsche Wechsel-Ordnung Art. 82.; Code Napoléon art. 1131.)

§ **134.** Schriftform bei Entsagungen und Verzichtleistungen; Form der Abtretung der in dem Gutsüberlassungsvertrag vorbehaltenen Regierung des Gutes. — Vergl. A. L. R. I. **16.** § 381.

Rechtsgr. **90.** — III. Senat. 13. Dezember 1858. (XXXI. 327.)

Die spätere mündliche und thatsächliche Abtretung der in dem Gutsüberlassungsvertrage von dem Uebertragenden sich vorbehaltenen Regierung des Guts enthält keine gültige Entsagung dieses Regierungsrechts.

Siehe auch Rechtsgrundsätze 92. 449. (A. L. R. I. **5.** § 135., **16.** § 235.)

§ **135.** Schriftform bei Verträgen über Grundgerechtigkeiten:

A. Errichtung einer Grundgerechtigkeit durch mündlichen Vertrag. — Vergl. A. L. R. I. **22.** § 13.

Rechtsgr. **91.** — II. Senat. 2. Dezember 1858. (XXXI. 298.)

Die durch mündlichen Vertrag gegen eine Gegenleistung bestellte, durch äußere Anlagen erkennbare Grundgerechtigkeit ist, wenn das belastete Grundstück nach Erfüllung jenes Vertrages an einen Dritten veräußert wird, für rechtlich bestehend zu erachten.

B. Nicht-Erwerb einer Grundgerechtigkeit durch solche mit mündlicher Einwilligung des Eigenthümers des zu belastenden Grundstückes getroffene Einrichtungen, in Folge deren die Ausübung der Gerechtigkeit allein möglich ist. — Vergl. §§ 131. 134. dieses Titels.

Rechtsgr. **92**. — II. Senat. 10. Juni 1858. (XXX. 84.)

Zur Erwerbung einer Grundgerechtigkeit genügt nicht, daß der zu Berechtigende mit mündlicher Einwilligung des Andern Einrichtungen getroffen hat, in Folge deren es ihm nur möglich war, die Grundgerechtigkeit auszuüben.

Siehe auch Rechtsgrundsätze 19. 86. 564. 576. (A. L. R. Einl. § 32., I. **5**. § 127., **22**. §§ 13. 43.)

§ **142**. Siehe Rechtsgrundsatz 107. (§ 185. dieses Titels.)

§§ **146**. **147**. Unnöthigkeit der Schriftform der sogleich erfüllten Verträge über bewegliche Sachen, wengleich über mehr als 50 Thlr.:

A. Aufhebung eines schriftlichen Vertrages durch einen von beiden Seiten erfüllten mündlichen Vertrag. — Vergl. §§ 385-388. dieses Titels.

Rechtsgr. **93**. — IV. Senat. 14. Mai 1857. (XXVI. 42.)

Auch durch einen von beiden Seiten erfüllten mündlichen Vertrag kann ein, von einer oder der anderen Seite bereits erfüllter schriftlicher Vertrag wieder aufgehoben werden, ohne daß es der Kassation des über den schriftlichen Vertrag errichteten Instruments bedarf.

B. Begriff der „sofortigen" Erfüllung.

Rechtsgr. **94**. — IV. Senat. 25. Oktober 1859. (XXXVI. 194.)

Zur Genügung der Bedingung des § 146. I. 5. des Allgem. Landrechts:

Wenn ein Vertrag über bewegliche Sachen von beiden Theilen sogleich erfüllt wird,

ist nicht erforderlich, daß die Erfüllung genau mit dem Abschlusse des Vertrages zusammenfalle; es reicht vielmehr im Allgemeinen hin, daß das „Abmachen" des Geschäfts in eine Zeit vor der Anfechtung des Vertrages fällt.

C. Unentbehrlichkeit der Schriftform bei nicht ganz abgemachten Geschäften.

Rechtsgr. **95**. — III. Senat. 20. Oktober 1857. (XXVIII. 6.)

Der § 146. I. 5. des Allgem. Landrechts, — nach welchem ein über bewegliche Sachen von beiden Theilen sogleich erfüllter Vertrag wegen Mangels der Schriftform nicht angefochten werden kann, — setzt ein ganz abgemachtes Geschäft voraus und findet daher keine Anwendung, wenn ein Theil des vereinbarten Preises nicht sofort berichtigt, sondern gestundet worden ist.

D. Wirkung mündlicher Nebenabreden, z. B. des Erlasses der Gewährleistung bei dem Pferdehandel, nach abgemachtem Geschäfte. — Vergl. A. L. R. I. 5. §§ 127. ff. 317. ff. 348., 11. Anhang § 14. zu § 204., 16. § 387.

Rechtsgr. 96. — IV. Senat. 8. Oktober 1857; 30. Juni 1859. (XXVI. 265.; XXXIV. 113.)

Das Abkommen bei einem Vertrage wegen Erlasses der Gewährleistung, z. B. für etwaige Fehler des verkauften Pferdes, enthält weder eine bloße Nebenabrede, noch eine Entsagung, sondern eine wesentliche Bestimmung des Vertrags. — Daher findet nach abgemachtem Geschäft vermöge jenes Abkommens ein Anspruch wegen etwaiger Gewährsmängel nicht statt.

Siehe auch Rechtsgrundsätze 85. 97. 98. 286. 449. 948. (A. L. R. I. 5. §§ 127. 155. 156. 235., 11. § 72., 16. § 235.; Allg. Deutsche Wechsel-Ordnung Art. 82.)

§§ 149. 151. Siehe Rechtsgrundsatz 710. (A. L. R. II. 8. § 597.)

§ 155. Rücktritt von einem schriftlichen, in Betreff des wahren Preises jedoch nur mündlich geschlossenen, noch nicht von beiden Theilen erfüllten Vertrages, insbesondere eines Kaufvertrages. — Vergl. A. L. R. I. 5. § 146., 11. § 72. 74.

Rechtsgr. 97. — III. Senat. 2. Oktober 1857. (XXVIII. 6.)

Der Grundsatz:

daß bei schriftlich zu errichtenden, aber nur mündlich geschlossenen, noch nicht von beiden Seiten erfüllten Verträgen jeder Kontrahent zurücktreten und das Gegebene zurückfordern kann,

findet auch auf solche schriftliche Verträge Anwendung, bei welchen der wahre Preis nur mündlich verabredet worden, und gilt diese Regel auch bei Kaufverträgen über ein Grundstück.

Siehe auch Rechtsgrundsätze 82. 286. 414. 711. (A. L. R. I. 5. § 127., 11. § 72., 14. § 215., II. 8. § 647.)

§ 156. Rechtliche Folgen der unterbliebenen schriftlichen Abfassung des Vertrages:

A. Erfüllung eines in Betreff des wahren Kaufpreises nur mündlich, im Uebrigen aber schriftlich abgeschlossenen Kaufvertrages über ein Grundstück. — Vergl. A. L. R. I. 5. § 146., 11. §§ 72. 74.

Rechtsgr. 98. — III. Senat. 2. Oktober 1857. (XXVIII. 7.)

Ist ein formell gültiger Kaufvertrag über ein Grundstück, wobei der wahre Preis nur mündlich verabredet worden, im Wesentlichen von beiden Theilen erfüllt, so darf Keiner derselben mehr das Recht zum Rücktritt vom Vertrage geltend machen.

B. Rückforderung des Gegebenen bei einem von Mehreren mit dem Empfänger wider das Gesetz nur mündlich geschlossenen Vertrage. — Vergl. § 161. dieses Titels.

Rechtsgr. 99. — III. Senat. 18. September 1857. (XXVI. 193.)

Das Rückforderungsrecht aus einem wider das Gesetz nur mündlich geschlossenen Vertrage steht dem Geber zu, wenngleich er in Gemeinschaft mit einem Dritten dem Empfänger gegenüber kontrahirt hat.

C. Zahlung des Darlehns für Rechnung des Darlehnssuchers an einen Dritten. — Vergl. A. L. R. I. 5. § 165., 14. § 215.

Rechtsgr. 100. — IV. Senat. 17. November 1859. (XXXV. 277.)

Zahlt der Darlehnsgeber auf Anweisung und für Rechnung seines Schuldners die begehrte Darlehns-Summe einem Dritten, so kann der Schuldner die Einrede der nicht erhaltenen Valuta oder den Mangel der schriftlichen Form nicht vorschützen.

Siehe auch Rechtsgrundsätze 88. 104. 414. 711. 948. (A. L. R. I. 5. §§ 127. 165., 14. § 215., II. 8. § 647.; Allgem. Deutsche Wechsel-Ordnung Art. 82.)

§ **157.** Siehe Rechtsgrundsatz 104. (§ 165. dieses Titels.)

§ **161.** Begründung der Rückforderungsklage aus formlosen Verträgen.

Rechtsgr. **101.** — III. Senat. 6. Januar 1860. (XXXVI. 133.)

Die Rückforderungsklage aus dem § 161. I. 5. des Allgem. Landrechts wird, ohne daß es auf den Nachweis des Eigenthums ankommt, durch das bloße, in Folge des unförmlichen Vertrages geschehene Hingeben der Sache begründet.

Siehe auch Rechtsgrundsatz 99. (§ 156 dieses Titels.)

§ **165.** Vergütung der auf Grund eines mündlichen Vertrages geleisteten Handlungen:

A. Anwendbarkeit der Vorschrift des § 165 auch auf Unterlassungen.

Rechtsgr. **102.** — IV. Senat. 10. Februar 1859. (XXXII. 234.)

Der § 165. I. 5. des Allgem. Landrechts, — nach welchem bei einem mündlichen Vertrage über Handlungen nach geschehener Leistung der Handlung deren Vergütung der mündlichen Abrede gemäß erfolgen muß, — ist auch auf Unterlassungen anwendbar.

B. Voraussetzung der Rechtsfähigkeit der Kontrahenten.

Rechtsgr. **103.** — IV. Senat. 20. Oktober 1857. (XXVI. 296.)

Der § 165. I. 5. des Allgem. Landrechts, betreffend die Vergütung geleisteter Handlungen nach der mündlichen Abrede, setzt Kontrahenten voraus, welche für sich selbst rechtsfähig sind.

C. Anderweiter Entschädigungsanspruch, außer der mündlich bedungenen Gegenleistung, insbesondere auf Zögerungszinsen von der für die Heirath einer bestimmten Person mündlich bedungenen Mitgift. — Vergl. A. L. R. I. **5.** §§ 156 ff. **168.**, **11.** §§ **845. 848.**

Rechtsgr. **104.** — I. Senat. 6. Juni 1859. (XXXIV. 68. 69.)

a) Ist ein mündlicher Vertrag über Handlungen von der einen Seite durch Leistung der Handlung erfüllt worden, so ist derselbe zwar die mündlich vereinbarte Gegenleistung einzuklagen berechtigt; er kann aber einen sonstigen Entschädigungsanspruch, namentlich auf Entrichtung von Verzugszinsen, nicht geltend machen.

b) Daher kann Derjenige, welcher in Folge mündlicher Verabredung mit einem Dritten eine bestimmte Person geheirathet hat, zwar die Zahlung der als Gegenleistung von dem Dritten mündlich versprochenen Mitgift verlangen; er kann jedoch die Zahlung von Zögerungs-Zinsen nicht, und zwar auch dann nicht beanspruchen, wenn die Mitgift bis zu einem bestimmten Tage gezahlt werden sollte, aber nicht gezahlt worden ist.

Vergl. auch Rechtsgrundsätze **100. 322. 383. 414.** (A. L. R. I. **5.** § 156., **11.** §§ 393., **13.** § 9., **14.** § 215.)

§§ **172. 175.** und Anhang § 5. zu § 178. Verträge der des Schreibens und Lesens unkundigen Personen; Begriff der Lesens-Unkunde. — Vergl. A. G. O. I. **10.** Anhang §§ 68-73. zu § 19., II. **2.** Anh. § 421. zu § 17.

Rechtsgr. **105.** — IV. Senat. 25. März 1858. (XXVIII. 209.)

Auch Derjenige ist als Analphabet zu betrachten, der Geschriebenes nicht lesen kann.

Siehe auch Rechtsgrundsätze **106. 108.** (§§ 179. und 185. dieses Titels.)

§ **179.** Form des Vertrages bei unvollständiger Kenntniß der fremden Sprache, in welcher derselbe abgefaßt ist. — Vergl. § 172. dieses Titels.

Rechtsgr. **106.** — IV. Senat. 4. Februar 1858. (XXVII. 265.)

Der § 179. I. 5. des Allg. Landrechts setzt gänzliche Unkunde der fremden Sprache, in welcher das Instrument abgefaßt ist, voraus und findet daher auf den Fall einer unvollständigen Kenntniß keine Anwendung.

§ **185.** ff. Verstärkung der Verträge durch Anerkenntniß:
A. Schriftliche Verträge ohne vorherige mündliche Willenserklärung. — Vergl. §§ **82. 142** dieses Titels.

Rechtsgr. **107.** — IV. Senat. 22. Mai 1860. (XXXVII. 242.)

Zur rechtlichen Wirkung einer schriftlichen Vertrags-

Urkunde ist eine vorausgegangene mündliche Willens-Aeußerung des Ausstellers nicht immer erforderlich, namentlich dann nicht, wenn der Aussteller sofort schriftlich Das bewilligt, was der andere Theil verlangt hat.

B. Wirkung der von dem schreibensunerfahrenen Kontrahenten unterkreuzten, von dem andern Kontrahenten aber unterschriebenen Vertragsurkunde, insbesondere eines außergerichtlichen Erbpachtsvertrages. — Vergl. § 172. dieses Titels; Ablöse-Gesetz vom 2. März 1850 § 2. No. 2.

Rechtsgr. 108. — II. Senat. 9. Juli 1859. (XXXIV. 161.)

Wenn ein Vertrag, welcher zu seiner Rechtsgültigkeit der schriftlichen Abfassung bedarf, nur von dem einen Kontrahenten unterschrieben, von dem andern, des Lesens und Schreibens unkundigen Kontrahenten dagegen blos mit Kreuzen unterzeichnet ist, und deshalb für den Letzteren keine verbindliche Kraft hat; so kann der Erstere sich auf diese mangelhafte Vollziehung des Vertrages nicht berufen und von demselben ohne Weiteres nicht zurücktreten. Er hat nur das Recht, von dem anderen Kontrahenten zu verlangen, daß dieser entweder ebenfalls den Vertrag in rechtsgültiger Form vollziehe, oder sich die gänzliche Aufhebung gefallen lasse.

Dieser Grundsatz findet auch auf Erbpachts-Verträge Anwendung, und schließt daher diese mangelhafte Form der Urkunde nach erfolgter Erfüllung des Vertrages durch Uebergabe des Grundstücks und Zahlung des Zinses die Anwendbarkeit des Ablöse-Gesetzes vom 2. März 1850 nicht aus.

C. Unterlassene Auswechselung der von jedem Kontrahenten unterschriebenen Vertrags-Exemplare aus Irrthum. — Vergl. § 116. dieses Titels.

Rechtsgr. 109. — IV. Senat. 16. Oktober 1860. (XXXVIII. 315.)

Behält bei geschlossenem zweiseitigen Vertrage statt der Auswechselung jeder Kontrahent das von ihm unterschriebene Exemplar, so ist weder ein schriftlicher Vertrag zu Stande gekommen, noch ein wirksames schriftliches Anerkenntniß vorhanden, mag dies Behalten immerhin aus Irrthum und gegen die von beiden Theilen gewollte Absicht der Aushändigung geschehen sein.

D. Erforderniß hinsichtlich des Anerkenntnisses einer bestehenden Reallast, insbesondere der Abgabe an Erbrenten. — Vergl. A. L. R. II. **18**. § 600., Reichspolizei-Ordnung von 1530 Tit. **26**. § 8.

Rechtsgr. **110**. — II. Senat. 28. September 1858. (XXX. 282.)

a) Das Anerkenntniß der auf einem Grundstücke haftenden Reallast seitens des Grundeigenthümers ist, außer dem Falle eines Prozesses, nur dann geeignet, dieselbe festzustellen, wenn in dem Anerkenntnisse zugleich das der Reallast zu Grunde liegende Rechtsverhältniß bezeichnet ist.

b) Das Anerkenntniß einer auf dem Grundstücke haftenden, in gewissen Quantitäten und Sorten Getreide bestehenden, jährlichen Abgabe an „Erbrenten" enthält eine genügende Bezeichnung des dieser Abgabe zu Grunde liegenden Rechts-Verhältnisses und ist daher rechtsverbindlich.

Siehe auch Rechtsgrundsätze **1423**. **1377**. (Städte-Ordnung vom 19. November 1808 § 189.; Gesetz No. 939. vom 21. April 1825 § 21.)

§ **199**. Siehe Rechtsgrundsatz 669. (A. L. R. II. **2**. § 484.)

§§ **247**. **248**. **267**. **268**. Ort der Erfüllung der Verträge, insbesondere Ort der Zahlung des Wohnungs-Miethzinses in der Stadt Berlin. — Vergl. A. L. R. I. **11**. § 93.

Rechtsgr. **111**. — III. Senat. 17. Juni 1859. (XXXIII. 311.)

In Berlin ist die Zahlung des Miethszinses für die gemiethete Wohnung nach der regelmäßigen Natur des Geschäfts und der Absicht der Kontrahenten in demjenigen Hause zu leisten, in welchem die gemiethete Wohnung belegen ist.

Es ist daher Sache des Vermiethers, in dem Miethsvertrage die Zahlung an einem andern Orte ausdrücklich zu bedingen.

§§ **252.** ff. Siehe Rechtsgrundsatz 1460. (Verordnung vom 14. Dezember 1833 § 4. No. 1.)

§ **260.** Siehe Rechtsgrundsatz 169. (A. L. R. I. 7. § 70.)

§ **263.** Siehe Rechtsgrundsatz 1460. (Verordnung vom 14. Dezember 1833 § 4. No. 1.)

§ **265.** Uebergangene Verabredungen eines mündlichen Abkommens über Handlungen in dem später schriftlich errichteten Vertrage.

Rechtsgr. **112.** — IV. Senat. 11. September 1860. (XXXIX. 40.)

Ist an Stelle eines mündlichen Abkommens über Handlungen nach deren Leistung ein schriftlicher Vertrag errichtet worden, so sind die in dem letzteren übergangenen mündlichen Verabredungen für aufgehoben zu erachten, selbst wenn in dem schriftlichen Vertrage des mündlichen Abkommens keiner Erwähnung geschehen ist.

Siehe auch Rechtsgrundsätze 88. 1460. (§ 127. dieses Titels; Verordnung vom 14. Dezember 1833 § 4. No. 1.)

§§ **266-268.** Siehe Rechtsgrundsätze 111. 169. (A. L. R. I. **5.** § 247., **7.** § 70.)

§ **270.** Siehe Rechtsgrundsätze 34. 73. 130. 139. 308. 726. 1366. (A. L. R. I. **2.** § 34., **5.** §§ 74. 360. 393., **11.** § 222., II. **8.** § 2459.; Kabinetsorder vom 16. Dezember 1775.)

§ **271.** Siehe Rechtsgrundsätze 134. 299. 307. 308. 350. 1296. (A. L. R. I. **5.** § 360., **11.** §§ 192. 222. 946.; Dig. **13.** 3. Lex 4.)

§§ **273. 275.** Siehe Rechtsgrundsatz 131. (§ 360. dieses Titels.)

§§ **277.** ff. Siehe Rechtsgrundsätze 62. 726. 1380. (A. L. R. I. **4.** § 114., II. **8.** § 2459.; Gesinde-Ordnung vom 8. November 1810 § 101.)

§§ **285.** ff. Vergütung des Interesses bei Verträgen wegen begangener Versehen:

A. Gewährsleistung wegen erfolgter Amortisation der von einem Bankier gekauften Werthpapiere. — Vergl. A. L. R. I. **5.** §§ 320. 323. 329. ff., **6.** §§ 1. ff.

Rechtsgr. **113.** — IV. Senat. 17. März 1859. (XXXIII. 64.)

Ein Bankier, welcher nicht davon Kenntniß nimmt, daß von ihm verkaufte Werthpapiere zur Amortisation aufgerufen sind, befindet sich in grobem Versehen.

Ein Bankier, welcher ohne weitere Prüfung solche Aktien

kauft und bei dem Aufgebotsverfahren weder sich selbst meldet, noch seinen Abnehmer dazu veranlaßt, befindet sich ebenfalls in grobem Versehen.

Dieses sein Versehen hat die Präklusion zur Folge und ist von ihm zu vertreten.

B. Schadensersatz wegen eines Versehens bei dem Handel mit Rübsamen. — Vergl. §§ 320 ff. dieses Titels.

Rechtsgr. 114. — IV. Senat. 8. Januar 1861. (XL. 123.)

Der Kaufmann, welcher den vom Käufer bestellten Saamen von weißen Zuckerrüben nicht selbst produzirt, und demselben statt dieses Saamens Saamen von rothen Rüben liefert, ist für den bei der Erndte entstehenden Schaden nur dann verantwortlich, wenn ihm ein Versehen besonders nachgewiesen wird.

C. Schadensersatz rücksichtlich der entzogenen freien Station bei unberechtigter Entlassung eines Gutsverwalters. — Vergl. A. L. R. I. 6. §§ 1. 5. 6.

Rechtsgr. 115. — III. Senat. 9. Juli 1860. (XXXVIII. 135.)

a) Zu dem vollen Interesse, welches der Gutseigenthümer dem Verwalter wegen unberechtigter Aufhebung des Vertrages zu vergüten hat, gehört die Entschädigung für die demselben als Gegenleistung zugesicherte, aber entzogene freie Station auch dann, wenn ein Dritter dem Verwalter nach seiner Entlassung den Unterhalt aus Freigebigkeit unentgeltlich gewährt hat.

b) Zur Ermittelung des Betrages dieses Entschädigungs-Anspruchs genügt der Antritt des Sachverständigen-Beweises über den Werth des entzogenen Rechtes.

Siehe auch Rechtsgrundsätze 62. 121. 133. 134. 148. 150. 287. 1296. 1475. (A. L. R. I. 4. § 114., 5. §§ 320. 360., 6. §§ 10. 18., 11. § 83.; Exekutions-Verordnung vom 4. März 1834 § 9.; Dig. 13. 3. Lex 4.)

§§ 292. ff. Konventionalstrafe als Vergütung des Interesses bei Verträgen:

A. Cession einer noch nicht verwirkten Konventionalstrafe; Vorbehalt derselben bei Cession des Hauptrechts. — Vergl. §§ **306.** ff. dieses Titels.

Rechtsgr. **116.** — III. Senat. 11. Dezember 1857 und 19. Februar 1858. (XXX. 11.)

Die für den Fall der Nichterfüllung oder nicht gehöriger Erfüllung einer vertragsmäßigen Verbindlichkeit vorbedungene Konventionalstrafe ist vor ihrer Verwirkung ein von dem Hauptrecht nicht trennbares Nebenrecht. Dieselbe kann daher vor ihrer Verwirkung von dem Berechtigten als ein selbstständiges Recht weder an einen Dritten cedirt, noch auch, unter Cession des Hauptrechts, vorbehalten werden.

B. Verzugszinsen von der Kapitalforderung und der Konventionalstrafe seit der Klagebehändigung. — Vergl. A. L. R. I. **5.** §§ **299-302.**, **11.** 825. 826. 868., **16.** §§ 67. 71., II. **20.** §§ 1284. 1288.; Strafgesetzbuch § 263.

Rechtsgr. **117.** — III. Senat. 11. September 1857. (XXVII. 4.)

Wenn in dem Kaufvertrage für den Fall der nicht pünktlichen Zahlung des Kaufgeldes eine Konventionalstrafe verabredet ist, so können bei verzögerter Zahlung Verzugszinsen seit der Insinuation der Klage sowohl von der Hauptforderung, als auch von der Konventionalstrafe gefordert werden, und unterliegt die letztere nicht den Bestimmungen der Verbotsgesetze über unerlaubten Zinswucher.

§§ **299.** ff. Siehe Rechtsgrundsatz **117.** (§ **292** dieses Titels.)

§ **301.** Beweislast in Betreff der Einrede des Uebermaaßes der Konventionalstrafe. — Vergl. Einführungsgesetz vom **14.** April **1851** Art. 9., Strafgesetzbuch vom **14.** April **1851** § **263.**

Rechtsgr. **118.** — III. Senat. 15. Mai 1857. (XXVII. 32.)

a) Es ist Sache des auf Zahlung der Konventionalstrafe in Anspruch genommenen Verpflichteten, die von ihm erhobene Einrede, daß die Konventionalstrafe den doppelten Betrag des Interesses des Berechtigten übersteige, zu beweisen.

b) Hieran ist durch das Strafgesetzbuch vom 14. April 1851 Nichts geändert.

Siehe auch Rechtsgrundsätze 117. 1373. (§ 292. dieses Titels; Reglement vom 15. September 1798 § 2. No. 4.)

§ **302**. Siehe Rechtsgrundsatz 117. (§ 292 dieses Titels.)

§§ **305-307**. Verzicht auf die verwirkte Konventionalstrafe durch vorbehaltlose Annahme der verzögerten Leistung; Verwirkung der bestellten Kaution als Konventionalstrafe.

Rechtsgr. 119. — III. Senat. 24. September 1858. (XXX. 258.)

a) Der Berechtigte, welcher sein Recht auf die verwirkte Konventionalstrafe erhalten will, muß dem aus der Annahme der späteren Erfüllung der verzögerten Leistung zu folgernden Verzicht durch ausdrücklichen Vorbehalt entgegentreten. Dies gilt auch von dem Falle, wenn nach der Verabredung der Parteien die dem Berechtigten bestellte Kaution bei verzögerter Erfüllung als Konventionalstrafe verfallen soll.

b) Der § 307. I. 5. des Allgem. Landrechts ist in allen Fällen anwendbar, wo die Konventionalstrafe noch nicht gefordert ist.

Siehe auch Rechtsgrundsätze 116. 548. (A. L. R. I. 5. § 292., 21. § 298.)

§ **317**. Gewährleistung bei Verträgen, insbesondere wegen der Dämpfigkeit des Einen von zwei für einen gemeinschaftlichen Preis angekauften Pferden. — Vergl. A. L. R. I. 5. §§ 326. 328. 341. 342., 11. §§ 169. ff. 173.

Rechtsgr. 120. — IV. Senat. 11. Februar 1858. (XXIX. 88.)

Wenn zwei Pferde zusammen für einen für dieselben gemeinschaftlich festgesetzten Preis verkauft sind, und hiernächst Eins derselben dämpfig befunden, ohne daß dadurch der vertragsmäßige Gebrauch des andern gehindert wird, so ist der Käufer zwar nicht berechtigt, vom ganzen Vertrage zurückzutreten; wohl aber kann er Schadloshaltung und zu dem Ende entweder Vergütung des Minderwerthes des fehlerhaften Pferdes, oder dessen Zurücknahme gegen Erstattung des Kaufwerthes desselben als eines gesunden Pferdes, verlangen.

Siehe auch Rechtsgrundsätze 96. 287. (A. L. R. I. **5**. § **146.**, **11.** § **82.**)

§ **319.** Siehe Rechtsgrundsatz 299. (A. L. R. **I. 11.** § **192.**)

§ **320.** Verjährung der Kontraktsklage auf Entschädigung wegen Gewährsmängel. — Vergl. §§ 285-291. 343-345. dieses Titels.

Rechtsgr. **121.** — IV. Senat. 17. Februar 1859. (**XXXII.** 268.)

Der § 320. I. 5. des Allgem. Landrechts, — nach welchem der Geber, wenn an ihm die Schuld liegt, daß der Empfänger sich der gegebenen Sache nach der Natur und dem Inhalte des Vertrages nicht bedienen kann, den Empfänger schadlos halten muß, — unterwirft die Entschädigungsklage der §§ 285–291. a. a. O. nicht der kürzeren Verjährung der §§ 343. und 344. und der in dem § 345. a. a. O. bestimmten Wirkung ihres Ablaufes.

Siehe auch Rechtsgrundsätze 113. 114. (§ 285 dieses Titels.)

§ **323.** Siehe Rechtsgrundsatz **113.** (§ 285 dieses Titels.)

§§ **325-328.** Gewährleistung wegen fehlender vorbedungener Eigenschaften:

A. Voraussetzung dieser Kontraktsklage auf Erfüllung.

Rechtsgr. **122.** — IV. Senat. 24. April 1860. (**XXXVII.** 187.)

Die Kontraktsklage auf Erfüllung nach § 325. I. 5. des Allg. Landrechts setzt voraus, daß der Vertrag in einer bestimmten Beziehung durch Gewährung der Sache noch nicht erfüllt worden ist, und daß das an dieser Erfüllung Fehlende noch nachgeleistet werden kann.

B. Begründung der Wandelklage beim Pferdehandel wegen Dämpfigkeit des Pferdes. — Vergl. A. L. R. I. **16.** §§ **15. 16.**; **Dig. 21. 1. Lex 23.** § **7.**

Rechtsgr. **123.** — IV. Senat. 23. Juni 1859. (**XXXIV.** 82.)

Zur Begründung der Wandelklage des Empfängers der Sache wegen Fehler derselben, z. B. des Käufers eines dämpfigen Pferdes, reicht es hin, wenn der Empfänger zur Rückgabe des Empfangenen in dem früheren Zustande nur zur Zeit der Rücktritts-Erklärung im Stande ist; spätere zufällige Veränderungen und selbst der spätere zufällige Untergang der Sache stehen dieser Klage nicht im Wege.

Siehe auch Rechtsgrundsätze **120. 306. 348. 349.** (A. L. R. I. **5.** § **317.**, **11.** §§ **222. 925. 932.**)

§§ **329.** ff. Siehe Rechtsgrundsatz **113.** (§ 285 dieses Titels.)

§ **331.** Minderungsklage bei völliger Werthlosigkeit der empfangenen Sache, insbesondere wegen erfolgter Tödtung eines rotzkranken Pferdes.

Rechtsgr. **124.** — IV. Senat. 20. März 1860. (**XXXVII. 129.**)

Die Minderungsklage wegen fehlender stillschweigend vorausgesetzter Eigenschaften der empfangenen Sache findet auch im Falle völliger Werthlosigkeit derselben und zwar auf Höhe des vollen Werthes statt, welcher der mit jenen Eigenschaften versehenen Sache, z. B. einem wegen Rotzkrankheit getödteten Pferde im Falle der Freiheit von der Rotzkrankheit, beigewohnt haben würde.

§§ **333.** ff. Siehe Rechtsgrundsatz **297.** (A. L. R. I. **11.** § **184.**)

§ **337.** Anspruch des Käufers eines hiernächst dämpfig befundenen Pferdes auf Erstattung der Fütterungskosten. — Vergl. A. L. R. I. **7.** §§ **204.** ff. **212. 218.**, **11.** § **198.**

Rechtsgr. **125.** — IV. Senat. 16. Juli 1857. (**XXVI. 126.**)

Der Käufer eines hiernächst dämpfig befundenen Pferdes kann nach Wiederauflösung des Vertrages — abgesehen von einem etwaigen Anspruch auf Entschädigung wegen eines schuldbaren Versehens des Verkäufers — seine zur Ernährung des Pferdes aufgewendeten Fütterungskosten nur dann erstattet verlangen, wenn entweder während der Besitzzeit des Käufers, oder aber bei der Wiedererlangung des Pferdes seitens des Verkäufers dem letzteren ein Vortheil zu Theil geworden ist. — Ein solcher Vortheil ist in der bloßen

Wiedererlangung des Pferdes in einem nicht verbesserten Zustande nicht enthalten.

Siehe auch Rechtsgrundsatz 1301. (Dig. **21. 1.** Lex **4.** § **3.**)

§§ **339-342.** Gewährleistung bei einem Inbegriff von Sachen. Siehe Rechtsgrundsätze **120. 287.** (A. L. R. I. **5.** § **317.**, **11.** § **83.**)

§§ **343-345.** Verjährung des Rechts auf Gewährleistung:

A. Anwendung der kurzen Verjährungsfristen der Gewährsmängelklage auf den Fall der besonderen vertragsmäßigen Feststellung der desfallsigen Rechte und Pflichten der Kontrahenten.

Rechtsgr. **126.** — IV. Senat. 28. Oktober 1858. **(XXXI. 86.)**

Die Anwendung der in den §§ 343. 344. I. 5. des Allg. Landrechts angeordneten kürzeren Fristen der Verjährung der Gewährsmängelklage ist dadurch nicht ausgeschlossen, daß die gesetzlichen Bestimmungen der §§ 325. bis 328. a. a. O. über die bei der Gewährleistung wegen fehlender Eigenschaften eintretenden Rechte und Pflichten der Kontrahenten durch ein besonderes Uebereinkommen festgestellt worden sind.

B. Anwendung dieser kurzen Verjährungsfristen auch auf die Einrede der Verletzung über die Hälfte. — Vergl. A. L. R. I. **11.** §§ **65. 68.**

Rechtsgr. **127.** — IV. Senat. 19. Juli 1859. **(XXXIV. 219.)**

a) Auch die Einrede der Verletzung über die Hälfte verjährt innerhalb der Frist des § 343. I. 5. des Allgem. Landrechts.

b) Der Lauf dieser Verjährung beginnt von dem Tage der wirklichen Empfangnahme der Waare durch den Käufer.

C. Verjährungsfristen des Käufers amortisirter, von einem Bankier gekaufter Werthpapiere, insbesondere im Falle der Unterbrechung der Verjährung durch Litisdenunziation.

Rechtsgr. **128.** — IV. Senat. 17. März 1859. **(XXXIII. 65.)**

Jeder Gewährs-Anspruch des Käufers amortisirter Aktien verjährt sechs Monate nach dem Empfang der Aktien, resp.

drei Monate nach der von dem Aufgebot und der Amortisation erlangten Kenntniß.

Diese dreimonatliche Frist, wenn durch Litisdenunziation unterbrochen, beginnt von Neuem ihren Lauf von der Insinuation des demnächst rechtskräftig gewordenen Urtheils des Vorprozesses und spätestens vom Tage seiner Rechtskraft.

Siehe auch Rechtsgrundsätze **121**. **261**. **348**. (A. L. R. I. **5**. § **320**., **9**. § 558., **11**. § 925.)

§ **348**. Siehe Rechtsgrundsatz **96**. (§ **146**. dieses Titels.)

§ **358**. Betrügliche Verleitung zu einem die Willenserklärung entkräftenden Irrthume (Dolus civilis). — Vergl. A. L. R. I. **4**. §§ 84-90.

Rechtsgr. **129**. — III. Senat. 17. Februar 1860. (XXXVI. 226.)

Der dolus civilis kann auch durch wissentliche Verheimlichung von Thatsachen begangen werden, sofern ersichtlich der andere Kontrahent sich darüber im Irrthum befand, der erste Kontrahent aber wußte oder nach den Umständen annehmen mußte, daß sie auf dessen Willensbestimmung von unzweifelhaftem Einfluß sein könnten.

§§ **360**. ff. Aufhebung der Verträge wegen Unmöglichkeit der Erfüllung:

A. wegen Zahlungsunfähigkeit des Verpflichteten. — Vergl. A. L. R. I. **5**. §§ 270. 373. 393., **11**. § 231.

Rechtsgr. **130**. — III. Senat. 31. Mai 1858. (XXVII. 372.)

Die Zahlungsunfähigkeit des Verpflichteten steht der Unmöglichkeit der Erfüllung nicht gleich und berechtigt den andern Kontrahenten nicht zur Klage auf Aufhebung des Kontrakts.

B. Zeitkaufsverträge und Lieferungsverträge über vertretbare, börsen- und marktgängige Waaren:

— Vertretbarkeit und Marktgängigkeit der nach Probe verkauften Waare. — Vergl. A. L. R. I. **2**. §§ 120. 121., **5**. §§ 273. 275.

Rechtsgr. 131. — IV. Senat. 16. Oktober 1860. (XXXIX. 99.)

Der Umstand, daß das auf Lieferung zu einer bestimmten Zeit verkaufte Getreide nach Probe verkauft worden ist, schließt den Begriff der Vertretbarkeit und Marktgängigkeit der Waare, und mithin die rechtliche Natur des Vertrages als eines Differenzgeschäftes nicht aus.

— Zeitkaufsvertrag bei Festsetzung der Lieferungszeit auf den Tag des Vertragsabschlusses.

Rechtsgr. 132. — IV. Senat. 15. Juli 1858. (XXVIII. 356.)

Die Bestimmung eines Kaufvertrages über vertretbare, börsen- und marktgängige Waaren, daß dieselben noch an dem Tage des Vertragsabschlusses zu liefern seien, benimmt diesem Vertrage nicht die Natur eines Zeitkaufs-Vertrages.

C. Anspruch des Lieferanten auf Entschädigung wegen verweigerter Annahme der angeschafften Waare bei deren demnächstigen Wiederverkauf vor Ablauf der Lieferungsfrist. — Vergl. A. L. R. I. 5. §§ 285. 286., 16. § 199.

Rechtsgr. 133. — IV. Senat. 10. November 1857. (XXVII. 103.)

Der Lieferant, welcher vor Ablauf der Lieferungsfrist die bereits angeschaffte Waare wieder verkauft, weil der andere Kontrahent die Annahme überhaupt verweigert hat, geht dadurch weder seines Rechtes verlustig, von dem letzteren wegen dessen einseitigen Rücktrittes Entschädigung zu fordern, noch wird er dadurch selbst zur Entschädigung des Andern verpflichtet.

D. Differenzberechnung nach dem Marktpreise am Tage nach dem Lieferungstage. — Vergl. §§ 271. 285. dieses Titels.

Rechtsgr. 134. — IV. Senat. 15. Juli 1858. (XXVIII. 356.)

Wenn der die Vertrags-Erfüllung Verweigernde durch zu späte Erklärung die Möglichkeit eines noch am Lieferungstage zu bewirkenden An- beziehungsweise Verkaufs der bedungenen Waare vereitelt hat, so ist nicht der Marktpreis des Lieferungs-, sondern der des darauf folgenden Tages der Differenzberechnung zum Grunde zu legen.*

Siehe auch Rechtsgrundsätze 62. 139. 334. 396-399. 726. 1296. (A. L. R. I. 4. § 114., 5. 393., 11. § 602., 13. § 65., II. 8. § 2459.; Dig. 13. 3. Lex 4.)

§§ 364. ff. Aufhebung eines Vertrags wegen durch Zufall entstandener Unmöglichkeit der Erfüllung, insbesondere bei einem Kompromisse wegen Verweigerung des Schiedsspruches seitens der Schiedsrichter. Vergl. A. G. O. I. 2. §§ 167. ff.

Rechtsgr. 135. — IV. Senat. 7. Dezember 1849. (XXVII. 162.)

Das Kompromiß wird dadurch, daß der Schiedsrichter nicht zum Spruch vermocht werden kann, aufgehoben.

Siehe auch Rechtsgrundsätze 150. 334. 555. (A. L. R. I. 6. § 18., 11. § 602., 21. § 420.)

§ 373. Siehe Rechtsgrundsatz 131. (§ 360. dieses Titels.)

§ 378. Siehe Rechtsgrundsätze 691. 1380. (A. L. R. II. 5. § 177.; Gesinde-Ordnung vom 8. November 1810 § 101.)

§§ 385. ff. Aufhebung eines Vertrages durch wechselseitige Einwilligung; Kassation der Vertragsurkunde, nicht auch des Schlußscheines.

Rechtsgr. 136. — IV. Senat. 22. Oktober 1857. (XXVIII. 49.)

Der § 387. I. 5. des Allgem. Landrechts setzt eine von beiden Theilen vollzogene schriftliche Vertrags-Urkunde voraus. Daher bedarf es zur Aufhebung eines mündlichen, von dem einen Theile schriftlich anerkannten und noch von keinem Theile erfüllten Vertrages außer der wechselseitigen Einwilligung nicht noch der Kassation dieses einseitigen schriftlichen Anerkenntnisses, z. B. des über das Handelsgeschäft ausgestellten Schlußscheins.

Siehe auch Rechtsgrundsätze 73. 93. 514. 711. (A. L. R. I. 5. §§ 74. 146., 20. § 253., II. 8. § 647.)

§ 389. Form der Aufhebung gerichtlicher Verträge.

Rechtsgr. 137. — I. Senat. 22. Mai 1857. (XXV. 127.)

Zur Aufhebung eines gerichtlich geschlossenen Ver-

* Vergl. dagegen Bd. 2. S. 33. No. 84., S. 34. No. 87. und S. 35. No. 88. dieser Rechtsgrundsätze.

trages bedarf es nur dann der gerichtlichen Form, wenn derselbe nach gesetzlicher Vorschrift gerichtlich geschlossen werden mußte.

§§ **391. 392.** Siehe Rechtsgrundsatz 73. (§ 74. dieses Titels.)

§ **393.** Rücktritt von dem Vertrage wegen Nichterfüllung desselben seitens des anderen Kontrahenten:

A. wegen Nichterfüllung zur bestimmten Zeit bei einem Kaufvertrage über ein Grundstück.

Rechtsgr. **138.** — III. Senat. 27. Mai 1859. (XXXIV. 57.)

Der § 393. I. 5. des Allgem. Landrechts ist nicht anwendbar, wenn aus dem Inhalt des über ein Grundstück geschlossenen Vertrages selbst hervorgeht, daß die Parteien gerade vorzugsweise darauf Gewicht gelegt haben, daß die Erfüllung zu einer bestimmten Zeit erfolge.

B. wegen Nichtlieferung der Kaufmannswaaren zur bestimmten Zeit. — Vergl. §§ 270. 394. dieses Titels.

Rechtsgr. **139.** — IV. Senat. 20. Dezember 1859. (XXXVI. 120.)

Ein Kaufmann ist nicht verpflichtet, die ihm bis zu einem bestimmten Zeitpunkte versprochenen Waaren auch in dem Falle später anzunehmen und mit dem ausbedungenen Preise zu bezahlen, wenn dieselben nach Verlauf der vertragsmäßigen Zeit überhaupt keinen Werth mehr für ihn haben, oder in ihrem Preise gesunken sind.

C. wegen Rücktritts des anderen Kontrahenten bei einem Zeitkaufsvertrage über vertretbare, börsen- und marktgängige Waaren.

Rechtsgr. **140.** — IV. Senat. 14. April 1859. (XXXIII. 132.)

Die Erklärung des Zeitkäufers, der am Stichtage seinen Rücktritt erklärt, braucht nicht erst wieder mit einer Aufforderung des Verkäufers, die Sache doch abzunehmen, beantwortet zu werden.

Siehe auch Rechtsgrundsatz 130. (§ 360. dieses Titels.)

§§ **408-410.** Rücktritt von einem Vertrage über Handlungen:

A. Rücktritt von einem Vertrage über kontinuärlich zu leistenden

Handlungen, z. B. einem Dienstvertrage, und von einem Vertrage über das Verschaffen einer Sache. — Vergl. A. L. R. I. **11.** §§ **984.** ff.

Rechtsgr. **141.** — IV. Senat. 31. Januar 1861. (XL. 222.)

Die wesentliche Bedeutung des § 408. I. 5. des Allg. Landrechts, — betreffend das Recht zum Rücktritte von einem Vertrage über Handlungen wegen behaupteter nicht gehöriger Erfüllung des Vertrages, — tritt dann hervor, wenn die zu leistenden Handlungen in einer Kontinuität, z. B. beim Dienstvertrage, bestehen. — Handelt es sich dagegen um das Verschaffen einer Sache, so steht nach erfolgter Lieferung dem Empfänger — außer den Fällen nicht zeitig genug geschehener Lieferung oder wegen veränderter Umstände — das Recht nicht zu, wegen Fehlerhaftigkeit der Sache ohne Untersuchung der Richtigkeit derselben sich von dem Vertrage loszusagen und den Geber auf eine Entschädigungsklage zu verweisen.

B. Feststellung der rechtlichen Natur des Vertrages als eines Vertrages über Handlungen, insbesondere bei einem Uebertragsvertrage. — Vergl. A. L. R. I. **4.** § **1.**, **5.** § **1.**, **11.** § 878.

Rechtsgr. **142.** — III. Senat. 19. Dezember 1859. (XXXVI. 99.)

a) Ob ein Vertrag im Sinne des § 408. I. 5. des Allgem. Landrechts Handlungen zu seinem Hauptgegenstande habe, ist von dem Richter nach dem ganzen Inhalte des Vertrages zu beurtheilen, ohne an die desfallsigen Erklärungen der Kontrahenten gebunden zu sein.

b) Diese Regel gilt insbesondere auch bei Uebertragsverträgen, nach welchen von dem Uebernehmer liebreiche Pflege zu gewähren ist.

C. Rücktritt von einem auf eine bestimmte Zeit unter Vorbehalt einer nur zu bestimmten Zeitpunkten zulässigen Kündigung geschlossenen Vertrage.

Rechtsgr. **143.** — IV. Senat. 23. März 1858. (XXVIII. 204.)

Das Rücktrittsrecht zu jeder Zeit nach den §§ 408. bis

410. I. 5. des Allgem. Landrechts würd dadurch allein nicht ausgeschlossen, daß der Vertrag für eine bestimmte Zeit mit Vorbehalt einer nur zu bestimmten Zeitpunkten zulässigen Kündigung geschlossen ist.

Siehe auch Rechtsgrundsätze 345. 690. 1380. (A. L. R. I. 11. § 877., II. 5. § 177.; Gesinde-Ordnung vom 8. November 1810 § 101.)

§§ 424. ff. Korrealverträge:

A. Hinfälligkeit eines Korrealvertrags wegen Nichtmitwirkung und nicht gehöriger Vertretung eines angeblichen Mitkontrahenten.

Rechtsgr. 144. — IV. Senat. 19. März 1861. (XL. 352.)

Hat bei dem Abschlusse eines Vertrages, durch welchen zwei Personen einem Dritten gegenüber Rechte und Pflichten überkommen sollen, die Eine jener beiden Personen weder persönlich mitgewirkt noch auch in gesetzlicher Weise einen Vertreter gehabt, so hat dies die gänzliche Hinfälligkeit des Vertrages zur Folge.

B. Passive Korreal-Obligation, z. B. aus einem von Eheleuten gemeinschaftlich geschlossenen Kaufvertrage, mit Rücksicht auf die Unfähigkeit des einen Mitkontrahenten. - Vergl. §§ 116. 120. 130. 437. 446. dieses Titels.

Rechtsgr. 145. — III. Senat. 18. Juni 1860. (XXXVIII. 51.)

a) Haben Mehrere durch Vertrag gemeinschaftlich sich den Berechtigten verpflichtet, so kann der von dem Letzteren auf Erfüllung des Vertrages solidarisch in Anspruch genommene Mitverpflichtete, welcher die Vertrags-Urkunde unterschrieben hat, nicht einwenden, sein schreibensunerfahrener Mitkontrahent habe den Vertrag nicht in vorgeschriebener Form vollzogen, — wenigstens alsdann nicht, wenn dem Mitverpflichteten die Schreibensunkunde des Mitkontrahenten bekannt war.

b) Daher kann, wenn Eheleute gemeinschaftlich gekauft haben, und der Kaufvertrag von dem Ehemann unterschrieben, von der schreibensunerfahrenen Ehefrau aber nur unterkreuzt ist, dennoch der Ehemann von dem Verkäufer auf Zahlung des Kaufgeldes solidarisch in Anspruch genommen werden.

Siehe auch Rechtsgrundsätze **445. 525. 642. 942. 1110. 1494.** (A. L. R. I. **16.** § 193., **20.** § 468., II. **2.** § 126.; A. D. W. O. Art. 82.; A. G. O. I. **27.** § 45.; Gesetz vom 31. März 1838 § 1. No. 7.)

§ **435.** Siehe Rechtsgrundsatz 479. (A. L. R. I. **17.** § 53.)

§§ **438-440.** Siehe Rechtsgrundsätze 642. 1494. (A. L. R. II. **2.** § 126.; Gesetz vom 31. März 1838 § 1. No. 7.)

§§ **443. 445.** Siehe Rechtsgrundsatz 525. (A. L. R. I. **20.** § 468.)

§ **446.** Siehe Rechtsgrundsatz 145. (§ **424.** dieses Titels.)

§§ **450-453.** Aktive Korreal-Obligation:

A. Form des Vertrages.

Rechtsgr. **146.** — III. Senat. 18. September 1857. (XXVI. 194.)

Die §§ 450—453. I. 5. des Allgem. Landrechts setzen voraus, daß der Vertrag in rechtsgültiger Form errichtet worden ist.

B. Solidarische Verhaftung der gemeinschaftlichen Empfänger der auf den Grund eines Vertrages erfolgten Zahlung einer Nichtschuld. — Vergl. A. L. R. I. **16.** § 178.)

Rechtsgr. **147.** — IV. Senat. 5. Mai 1857. (XXV. 97.)

Haben die mehreren zum Empfang einer Zahlung auf Grund eines Vertrages gemeinschaftlich Berechtigten die Zahlung gemeinschaftlich erhoben, so sind sie, wenn sich hinterher findet, daß sie eine Nichtschuld erhoben haben, zur Rückzahlung der empfangenen Summe solidarisch verpflichtet — ohne Rücksicht darauf, wie sie das erhobene Geld später unter sich vertheilt haben.

Titel 6. Von den Pflichten und Rechten, die aus unerlaubten Handlungen entstehen.

§§ **1.** ff. Siehe Rechtsgrundsätze 28. 113. 114. 211. 217. (A. L. R. Einleitung § 93., **5.** § 285., **8.** §§ 102. 128.)

§ **7.** Siehe Rechtsgrundsätze 211. 217. 1475. (A. L. R. I. **8.** §§ 102. 128.; Exekutions-Verordnung vom 4. März 1834 § 9.)

§§ **8. 9.** Siehe Rechtsgrundsätze 28. 205. 210. 211. (A. L. R. Einl. § 93., I. **8.** §§ 26. 102.)

§§ **10. 11.** Schadensersatz aus Verträgen. — Vergl. A. L. R. I. **5.** §§ **285.** ff.

Rechtsgr. **148.** — I. Senat. 22. Juni 1860. (XXXVII. 310.)

Die Verpflichtung zum Schadensersatz ist bei Verträgen aus den §§ 10. und 11. I. 6. des Allg. Landrechts nicht herzuleiten.

Siehe auch Rechtsgrundsätze 23. 28. 205. 210. **211. 752. 1392. 1475. 1646.** (A. L. R. Einleitung §§ 75. 93., I. **8.** §§ **26. 102.**, II. **11.** § **804.**; Vorfluths-Edikt vom 15. November **1811** § **10.**; Exekutions-Verordnung vom 4. März 1834 § **9.**; Postgesetz vom 5. Juni **1852** § **1.**)

§ **11.** Siehe Rechtsgrundsätze 205. 210. 211. 1646. (A. L. R. I. **8.** §§ **26. 102.**; Postgesetz vom 5. Juni 1852 § **1.**)

§ **12.** Verpflichtung zum Schadensersatz wegen unterlassener Herstellung und Instandhaltung eines Wassergrabens. — Vergl. §§ **18-21.** dieses Titels; A. G. O. I. **13.** § 28.

Rechtsgr. **149.** — III. Senat. 25. Mai und 3. Juli **1857.** (XXVI. 79.)

Wenn der zur Räumung und zur Erhaltung eines Wassergrabens in gutem Stande Verurtheilte dieser Verpflichtung nicht gehörig nachgekommen, und hauptsächlich durch die Mangelhaftigkeit dieses Grabens eine Ueberschwemmung der Grundstücke des Berechtigten herbeigeführt ist, so ist ersterer verpflichtet, dem letzteren allen durch die Ueberschwemmung verursachten Schaden zu erstatten, wofern er nicht nachzuweisen vermag, daß und in welchem Umfange bei der Ueberschwemmung die mitgewirkt habenden anderen Umstände, z. B. ungewöhnlich starke Regengüsse, für sich allein einen selbstständigen Schaden veranlaßt haben würden.

§ **16.** Siehe Rechtsgrundsätze 205. 210. 1646. (A. L. R. I. **8.** §§ **26. 102.**; Postgesetz vom 5. Juni **1852** § **1.**)

§ **18-21.** Einfluß der Mitverschuldung des, bei Erfüllung eines Vertrages entstandenen, Schadens seitens des Beschädigten auf die Verbindlichkeit des Beschädigers, insbesondere auch eines Kunst- und Sachverständigen, zum Schadensersatz. — Vergl. A. L. R. I. **5.** §§ **285.** ff. **364.** ff.

Rechtsgr. **150.** — IV. Senat. 4. Februar 1858. (**XXIX. 54.**)

a) Die Vorschriften der §§ 18–21. I. 6. des Allgem. Landrechts, — betreffend die Ausschließung und Beschränkung der Verbindlichkeit des Beschädigers zum Schadensersatz bei eintretender Mitverschuldung des Beschädigten, — finden auch auf Verträge Anwendung.

b) Die Vorschrift des § 289. I. 5. des Allgem. Landrechts steht der Anwendbarkeit der §§ 19. ff. I. 6. des Allgem. Landrechts auf Kunst- und Sachverständige nicht entgegen.

Siehe auch Rechtsgrundsätze 149. 732. (A. L. R. I. **6.** § 12., II. **10.** § 88.)

§ **26.** Verpflichtung einer Korporation zum Schadensersatz wegen Nichterfüllung ihrer gesetzlichen Obliegenheiten. — Vergl. A. L. R. II. **6.** § 82.

Rechtsgr. **151.** — I. Senat. 13. November 1857. (**XXVII. 128.**)

Eine Gesellschaft, welche die ihr gesetzlich obliegenden Verpflichtungen nicht erfüllt hat, wird durch ihre Eigenschaft als Korporation von der Verbindlichkeit, den so Beschädigten im Civilprozeß Schadensersatz zu leisten, nicht befreit.

Siehe auch Rechtsgrundsätze **1499. 1646.** (Gesetz vom 3. November 1838 § 25.; Postgesetz vom 5. Juni 1852 § 1.)

§§ **29. 30.** Solidarische Verhaftung des Diebes und des Hehlers zum Schadensersatz.

Rechtsgr. **152.** — I. Senat. 2. November 1860. (**XXXVIII. 348.**)

Dieb und Hehler sind für die Entschädigung des Bestohlenen solidarisch verhaftet.

Siehe auch Rechtsgrundsätze 158. 497. (A. L. R. I. **6.** § 73., **18.** § 577.)

§§ **36.** ff. Siehe Rechtsgrundsätze 205. 210. 211. (A. L. R. I. **8.** §§ 26. 102.)

§§ **45.** ff. Siehe Rechtsgrundsatz 153. (§ 53. dieses Titels.)

§ **53.** Vertretungspflicht bei Verträgen mit gedungenen Arbeitern und beim Entreprisevertrag. — Vergl. A. L. R. I. **6.** §§ **45.** ff., **11.** § 897., **13.** § 36.

Rechtsgr. 153. — I. Senat. 22. Februar 1861. (XXXIX. 360.)

Die Vorschrift des § 53. I. 6. des Allgem. Landrechts in Betreff der Haftbarkeit des Machtgebers für den durch einen untüchtigen Bevollmächtigten verursachten Schaden ist auf den Fall des eigentlichen Mandats nicht zu beschränken, sondern auch auf die Vertretungspflicht des Dingenden von Handarbeitern und bei einem Entreprisevertrag anwendbar. Das vom Gesetzgeber gewählte Wort: „Auftrag" ist nicht in dem streng technischen Sinne von Vollmacht zu verstehen, sondern allgemeiner im Gegensatz vom Befehl eines Vorgesetzten genommen.

Siehe auch Rechtsgrundsatz 158. (§ 73. dieses Titels.)

§ 54. Dreijährige Verjährung der Klage auf Schadensersatz:

A. Begriff der Wissenschaft des Beschädigten von dem Dasein und dem Urheber des Schadens.

Rechtsgr. 154. — I. Senat. 22. Juni 1857. (XXV. 236.)

Die Anwendbarkeit des § 54. I. 6. des Allgem. Landrechts setzt die zur Substanziirung einer Klage genügende, also vollständige Kenntniß des Beschädigten von dem Dasein und dem Urheber des Schadens voraus.

B. Verjährung der Ansprüche des Adjudikatars gegen den Bergbautreibenden auf Entschädigung wegen Wasser-Entziehung. — Vergl. A. L. R. I. 9. § 545., 11. § 342.; A. G. O. I. 52. § 61.

Rechtsgr. 155. — III. Senat. 18. April 1859. (XXXIII. 149.)

Der Lauf der Verjährung der Ansprüche des Adjudikatars eines durch Wasser-Entziehung beim Bergbau beschädigten Grundstücks gegen den Bergbautreibenden auf Entschädigung beginnt mit dem Tage der Publikation der Adjudikatoria.

C. Verjährung der Civilklage gegen den Dieb. — Vergl. A. L. R. I. 7. §§ 240-242., 13. §§ 265-273., 15. §§ 11-15., II. 20. §§ 17. 1116. 1117. 1244.; Deklaration vom 31. März 1838.

Rechtsgr. 156. — III. Senat. 9. Dezember 1859. (XXXV. 324.)

Der Dieb, auch der minorenne, ist selbst nach Ablauf

der im § 54. I. 6. des Allg. Landrechts bestimmten dreijährigen Verjährungsfrist nicht nur zur Zurückgabe der gestohlenen Sachen, sondern auch zur Erstattung ihres vollen Werthes verpflichtet.

D. Verjährung des Entschädigungs-Anspruchs des Bergbautreibenden wegen eines demselben von der Eisenbahngesellschaft bei Anlegung der Bahn entzogenen Nutzungsrechts. — Vergl. A. L. R. I. **11.** §§ 8-11.; Deklaration vom **31.** März **1838**; Eisenbahngesetz vom 3. November **1838** § **11.**

Rechtsgr. **157.** — **III.** Senat. 3. November 1854. (XXXV. 105.)

Der Entschädigungs-Anspruch des Bergbautreibenden wegen einer demselben von der Eisenbahngesellschaft bei Anlegung der Bahn entzogenen Nutzungsrechts an dem von der Bahn eingenommenen Grund und Boden unterliegt nicht der kurzen Verjährung des § 54. I. 6. des Allgem. Landrechts.

Siehe auch Rechtsgrundsatz 6. (Publikations-Patent vom 5. Februar **1794** § **17.**)

§ **73.** Anspruch des Beschädigten auf Erstattung des durch von Natur unschädliche Thiere verursachten Schadens. — Vergl. § **53.** dieses Titels.

Rechtsgr. **158.** — **I.** Senat. 6. Juli 1857. (XXV. 323.)

Der § 73. I. 6. des Allgem. Landrechts setzt eine Verschuldung des Eigenthümers voraus, welche da nicht vorhanden ist, wo er sich tüchtiger Personen zur Aufsicht des betreffenden Thieres bedient hat.

§ **79.** Siehe Rechtsgrundsatz **159.** (§ **111.** dieses Titels.)
§§ **83. 84. 92.** Siehe Rechtsgrundsatz 62. (A. L. R. **I. 4.** § **114.**)
§ **111.** Anspruch des Beschädigten auf Erstattung der Kur- und Heilungskosten. — Vergl. § **79.** dieses Titels.

Rechtsgr. **159.** — **I.** Senat. 31. Januar 1859. (XXXII. 190.)

Das Recht des Beschädigten auf Ersatz der Kur- und Heilungskosten schließt den Anspruch desselben auf Befreiung von seinen Verbindlichkeiten wegen der noch nicht gezahlten Kur- und Heilungskosten nicht aus.

§ **112**. Anspruch des Beschädigten aus dem Bauer- und gemeinen Bürgerstande auf Schmerzensgelder. — Vergl. Verfassungs-Urkunde vom 31. Januar 1850 Art. 4.

Rechtsgr. **160**. — I. Senat. 31. Januar 1859. (XXXII. 190.)

Der § 112. I. 6. des Allgem. Landrechts, — betreffend den Anspruch auf Schmerzensgelder der Personen vom Bauer- oder gemeinen Bürgerstande, — ist durch Art. 4. der Verfassungs-Urkunde nicht aufgehoben worden.

Titel 7. Vom Gewahrsam und Besitz.

§§ **1**. ff. Siehe Rechtsgrundsätze 183. 187. 1116. (§§ 124. 150. dieses Titels; A. G. O. I. **31**. § 1.)

§ **5**. Siehe Rechtsgrundsätze 183. 546. (A. L. R. I. **7**. § **124**., **21**. § 187.)

§ **9**. Siehe Rechtsgrundsatz 546. (A. L. R. I. **21**. § 187.)

§ **10**. ff. Siehe Rechtsgrundsatz 424. (A. L. R. I. **15**. Anhang § 49. zu § 19.)

§§ **13**. **14**. Siehe Rechtsgrundsätze 267. 271. 424. 425. (A. L. R. I. **9**. §§ 591. 628., **15**. Anhang § 49. zu § 19.)

§§ **15**. ff. Unredlicher Besitzer:

A. in Betreff angekaufter Werthpapiere auf jeden Inhaber. — Vergl. A. L. R. I. **15**. §§ 18. 19. 47.

Rechtsgr. **161**. — III. Senat. 27. April 1860. (XXXVII. 212.)

a) Der allgemeine Grundsatz des § 15. I. 7. des Allg. Landrechts:

daß, wer schon zur Zeit der Erwerbung des Besitzes bei der Anwendung eines gewöhnlichen Grades von Aufmerksamkeit Ursache hatte, an der Gültigkeit seines Besitztitels (d. h. bei mittelbarer Erwerbung daran, daß er rechtmäßig von seinem Autor erwerben könne) zu zweifeln, und sich dennoch ohne weitere Untersuchung den Besitz zueignet, bei einer in der Folge sich offenbarenden Unrechtmäßigkeit desselben einem unredlichen Besitzer gleich geachtet wird,

findet auch auf den Erwerb der auf jeden Inhaber lautenden Werthpapiere Anwendung.

b) Die besonderen Vorschriften der §§ 18. 19. I. 15. des Allgem. Landrechts können auf Werthpapiere auf jeden Inhaber nicht dieselbe allgemeine Anwendung, wie auf andere Sachen, finden, vielmehr entscheidet in jedem einzelnen Falle das freie Ermessen des Richters über die Frage in Betreff des Mangels des gewöhnlichen Grades von Aufmerksamkeit bei dem Erwerb dieser Werthpapiere.

c) Insbesondere unterliegt es in jedem einzelnen Falle nach den obwaltenden Umständen freier Beurtheilung des Richters: ob in dem Ankaufe von Werthpapieren auf jeden Inhaber, zu welchen die laufenden Zinskoupons fehlen, ein solcher Mangel an Aufmerksamkeit zu finden sei.

B. in Betreff des Erwerbes verbriefter, mit dem Blankogiro eines Dritten versehener Forderungen. — Vergl. A. L. R. I. **11.** §§ 381. 393. 394., **15.** §§ 17. 25. 26.; A. G. O. I. **10.** § 113.

Rechtsgr. **162.** — III. Senat. 18. Juni 1860. (XXXVII. 288.)

Derjenige, welcher von dem angeblichen Cessionar eine Forderung unter Aushändigung der mit dem Blankogiro des Eigenthümers versehenen Schuld-Urkunde erwirbt, ohne sich durch Erkundigung bei dem Letzteren von der Richtigkeit der behaupteten mündlichen Vereinbarung der Eigenthums-Uebertragung Gewißheit zu verschaffen, verabsäumt die ihm obliegende gewöhnliche Aufmerksamkeit und ist deshalb, bei der sich ergebenden Unrechtmäßigkeit des Titels jenes angeblichen Cessionars, einem unredlichen Besitzer gleich zu achten.

Siehe auch Rechtsgrundsätze 203. 267. 424. 425. (A. L. R. I. 7. § 175., **9.** § 591., **15.** Anhang § 49. zu § 19., § 34.)

§§ **26.** ff. Besitzerwerb für Korporationen und Gemeinden:

A. Im Allgemeinen. — Vergl. A. L. R. I. **7.** §§ 32. 34. 35. 45., II. **6.** §§ 86. 114. 137. 147.

Rechtsgr. 163. — II. Senat. 12. Oktober 1858. (XXXI. 41.)

Die Besitz-Erwerbung für eine Korporation oder Gemeinde kann auch durch die Gesammtheit oder Mehrheit ihrer Mitglieder geschehen.

B. Mangelnder guter Glaube eines Magistrats bei Erwerbung einer Hypothekenforderung. — Vergl. A. L. R. I. **20**. §§ **423**. **424**.

Rechtsgr. 164. — III. Senat. 24. September 1860. (XL. 15.)

Der Magistrat kann sich auf einen in gutem Glauben erfolgten Erwerb der ihm im Wege der Exekution überwiesenen Hypothekenforderung seines Schuldners nicht berufen, wenn der cedirte Schuldner seinen Widerspruch gegen diese Forderung zu den Magistrats-Akten angezeigt hatte, und das desfallsige Schriftstück bei gehöriger Geschäfts-Einrichtung im Kollegio zum Vortrag kommen und danach demselben bekannt werden mußte.

§ **40**. Siehe Rechtsgrundsatz 187. (§ 150. dieses Titels.)

§ **45**. Besitzerwerb durch die Handlung eines Dritten; Erwerb und Verlust des Besitzes einer Viehtriebgerechtigkeit durch den Hirten eines Gutes. — Vergl. A. L. R. I. **7**. §§ **86**. **127**., **9**. §§ **601**. **611**.

Rechtsgr. 165. — II. Senat. 8. Februar 1859. (XXXII. 199.)

a) Der zu dem Geschäfte des Austreibens und Weidens des Viehs von dem Gutsbesitzer angenommene Hirt ist berechtigt, im Bereiche seiner Dienstgeschäfte für den Ersteren Besitzhandlungen vorzunehmen und kann demnach für denselben auch ohne dessen Vorwissen Besitz erwerben und verlieren.

b) Daher wird die Verjährung einer Viehtriebsgerechtigkeit auf Seiten des Gutsbesitzers durch das von dem Besitzer des dienenden Grundstücks an des Ersteren Hirten erlassene Verbot der Ausübung dieser Gerechtigkeit und deren demnächstige Unterlassung seitens des Hirten unterbrochen, wenngleich Letzterer seinem Dienstherrn von dem ergangenen Verbote keine Mittheilung gemacht hat.

Siehe auch Rechtsgrundsätze 163. 183. 562. (A. L. R. I. **7**. §§ **26**. **124**., **22**. § **12**.)

§§. **46. 47.** Sondereigenthum an einzelnen Theilen eines Gebäudes; Verjährung des gemeinschaftlichen Eigenthums nach realer Theilung desselben. — Vergl. A. L. R. I. **9.** §§ 613. 625.

Rechtsgr. **166.** — III. Senat. 17. Februar 1860. (XXXVI. 231.)

a) Einem Sonder-Eigenthum an einzelnen Theilen eines Gebäudes steht der Begriff und die rechtliche Natur des Eigenthums nicht entgegen.

b) Hat eine reale Theilung des zu ideellen Antheilen gemeinschaftlichen Eigenthums, z. B. einer Scheune, stattgefunden, so erlangt dieselbe, ohne daß es des Nachweises eines formellen Titels bedarf, durch Verjährung in dreißig Jahren Gültigkeit.

§§ **48. 49.** Siehe Rechtsgrundsätze 33. 167. 171. (A. L. R. I. **2.** § 32., **7.** §§ 50. 78.)

§§ **50. 51.** Besitzergreifung. — Vergl. §§ **48. 49.** 59. 63-65. dieses Titels.

Rechtsgr. **167.** — IV. Senat. 23. Juni 1857. (XXVI. 71.)

Unter der nach den §§ 50. und 51. I. 7. des Allgem. Landrechts zur Besitz-Ergreifung erforderlichen respektive ausreichenden Handlung ist eine von dem neuen Besitzer vorgenommene Handlung zu verstehen.

Siehe auch Rechtsgrundsatz **1116.** (A. G. O. I. **31.** § 1.)

§§ **52.** ff. Siehe Rechtsgrundsatz 39. (A. L. R. I. **2.** § 107.)

§§ **58. 70-73.** Anerkenntniß der erfolgten Uebergabe. — Vergl. A. G. O. I. **10.** § 88b.

Rechtsgr. **168.** — III. Senat. 28. September 1860. (XXXVIII. 260.)

Die Erklärung, daß die Uebergabe erfolgt sei, kann als Zugeständniß der erfolgten Tradition im Sinne des § 88b. I. 10. der Allgem. Gerichts-Ordnung dann nicht aufgefaßt werden, wenn der faktische Zustand dem Inhalt dieses Zugeständnisses widerspricht und damit dessen Wirksamkeit beseitigt.*

* Vergl. die Anmerkung Bd. 38. S. 260. des Archivs für Rechtsfälle.

§§ **66.** ff. Siehe Rechtsgrundsätze **39. 183.** (A. L. R. I. **2.** § **107.**, **7.** § **124.**)

§§ **70.** ff. Uebergabe durch bloße Willenserklärung. Constitutum possessorium durch Abschluß eines Zeitpachtsvertrages des ehemals erblichen Kolonatsbesitzers mit dem Gutsherrn, insbesondere bei Leibgewinngütern im ehemaligen Großherzogthum Berg. — Vergl. A. L. R. I. **5.** §§ **260. 266-268.**, **9.** §§ **579. 591. 625. 628.**; Bergisches Dekret vom 13. September 1811 Art. 5.; Kabinetsorders vom 5. Mai 1815 und 21. April 1825; Gesetz No. 939. vom 21. April 1825 §§ 15. 22. 91.

Rechtsgr. **169.** — II. Senat. 4. Oktober 1860. (XL. 19.)

a) Die Frage: ob der Abschluß eines Pachtvertrages des ehemals erblichen Kolonen mit dem Gutsherrn ein, dem Letzteren den vollständigen Besitz, d. h. die Usukapions-Berechtigung begründenden Eigenthumsbesitz übertragendes constitutum possessorium enthalte, ist durch die besondere Lage eines jeden Falles bedingt.*

b) Ein solches constitutum possessorium wird durch den, während der Dauer der durch die Kabinets-Order vom 5. Mai 1815 angeordneten Suspension der gutsherrlich-bäuerlichen Prozesse, in Form der früheren Leibgewinnverträge von dem Besitzer eines Leibgewinngutes mit dem Gutsherrn abgeschlossenen Pachtvertrag nicht begründet.

§§ **71. 73.** Siehe Rechtsgrundsatz **1423.** (Gesetz No. **939.** vom **21.** April 1825 § 15.)

§ **77.** Erwerb des Besitzers einer bestehenden Grundgerechtigkeit. — Vergl. §§ 52. 78. dieses Titels.

Rechtsgr. **170.** — III. Senat. 22. Januar 1860. (XXXVII. 34.)

Der Besitz einer Grundgerechtigkeit wird zugleich mit dem Besitze des Grundstücks erworben.

Siehe auch Rechtsgrundsatz 545. (A. L. R. I. **21.** § 187.)

§§ **78. 79.** Erwerb des Besitzes von Rechten:

A. des Besitzes des Rechts zur Aushängung eines Firmenschildes an

* Vergl. dagegen Bd. 2. S. 42. No. 105. dieser Rechtsgrundsätze.

der Frontwand eines Hauses. — Vergl. §§ 48. 81. 82. dieses Titels.

Rechtsgr. 171. — III. Senat. 21. September 1860. (XXXVIII. 227.)

Durch die Aushängung eines Firmenschildes an der Frontwand eines Hauses wird der Besitz des Rechtes zu diesem Aushang und daher auch das Recht auf possessorischen Schutz erworben.

B. Erwerb des Besitzes des Bergwerkseigenthums an dem Grubenfelde.

Rechtsgr. 172. — III. Senat. 1. Dezember 1858. (XXXII. 63.)

Dadurch, daß der mit einem bestimmten, durch Vermessung abgegrenzten Grubenfelde beliehene Bergwerks-Eigenthümer den Bau in demselben beginnt, ergreift derselbe Besitz von seinem Rechte in dem vollen Umfange, in welchem es ihm verliehen und durch die Vermessung abgegrenzt worden ist; dies gilt auch hinsichtlich des auf Grund einer Zumuthung beliehenen neuen Feldes. — Der so ergriffene Besitz ist daher nicht auf den Raum beschränkt, welchen die Baue einnehmen, und welcher durch die Berggebäude, Schächte und Strecken erkennbar geworden ist.

Siehe auch Rechtsgrundsätze 196. 545. 1116. (A. L. R. I. 7. § 150., 21. § 187.; A. G. O. I. 31. § 1.)

§ 80. Erwerbung des Besitzes eines affirmativen Rechts, insbesondere Ersitzung des Rechts einer Dorfgemeinde gegen den Besitzer eines Grundstückes auf unentgeltliche Verwaltung des Schulzenamtes. — Vergl. A. L. R. I. 9. § 625.

Rechtsgr. 173. — II. Senat. 8. März 1859. (XXXIII. 51.)

Zur Verjährung durch Rechtsbesitz (juris quasi possessio) ist, außer der Leistung der Handlung seitens des zu Verpflichtenden während der Verjährungsfrist, ein besonderes Fordern dieser Leistung nicht erforderlich.

Daher genügt zur Erwerbung des Rechts einer Dorfgemeinde, von dem Besitzer eines Grundstücks die unentgeltliche Verwaltung des Schulzenamtes zu verlangen, die unentgeltliche Verwaltung dieses Amtes durch den Grundstücksbesitzer während 30 Jahren.

§§ **81.** ff. Erwerbung des Besitzes eines negativen Rechts:
A. Kundgebung des Rechtswillens (animus juris) des Handelnden. — Vergl. §§ **107. 108.** dieses Titels.)
— Im Allgemeinen; Erheblichkeit des Nachweises des Rechtswillens (animus juris).

Rechtgr. **174**. — II. Senat. 1. Dezember 1857. (XXVII. 179.)

Zur Erwerbung des Besitzes von Rechten ist die Kundgebung des Rechtswillens (animus juris) des Handelnden erforderlich.

— Insbesondere bei Erwerbung des Besitzes einer Grundgerechtigkeit. — Vergl. A. L. R. I. **22.** §§ **12. 14.**
a) ältere Ansicht: Erheblichkeit des Nachweises des Rechtswillens.

Rechtsgr. **175**. — II. Senat. 1. Dezember 1857. (XXXII. 179.)

Zur Erwerbung des Besitzes, insbesondere auch einer Grundgerechtigkeit, ist die Kundgebung des Rechtswillens (animus juris) erforderlich. Daher ist in jedem einzelnen Falle die Erörterung und Entscheidung der Frage nicht ausgeschlossen, ob aus den Umständen, welche die der Besitz-Ergreifung und Verjährung zum Grunde gelegten Handlungen begleiten, oder aus der Natur dieser Handlungen selbst, der Mangel des animus juris erhelle.

b) neuere Ansicht: Unerheblichkeit des Nachweises des Rechtswillens.

Rechtsgr. **176**. — II. Senat. 12. Oktober 1858. (XXXI. 41.)

Zum Beweise der Erwerbung einer Grundgerechtigkeit durch Verjährung ist, außer und neben den allgemeinen Erfordernissen der Verjährung, ein besonderer Nachweis, daß der Besitzer des berechtigten Grundstücks die streitige Befugniß als ein wirkliches Recht, und nicht vermöge einer bloßen Vergünstigung in Besitz genommen habe, nicht erforderlich.

B. Möglichkeit des Widerspruchs. Erlangte Kenntniß von der vorgenommenen Besitzhandlung. — Vergl. §§ 99. 100. 107. 128. dieses Titels.

Rechtsgr. 177. — III. Senat. 19. Februar 1858. (XXIX. 143.)

Eine nicht zur Kenntniß des Betheiligten gelangte und darum auch zur Möglichkeit des Widerspruches nicht gediehene Handlung erscheint nicht geeignet, den Erwerb des Besitzes eines negativen Rechtes zu begründen.

C. Besitzerwerb einzelner Grundgerechtigkeiten:

— auf Nichtausübung eines Rechtes der natürlichen Freiheit des benachbarten Grundbesitzers, insbesondere hinsichtlich der Errichtung eines Gebäudes. — Vergl. A. L. R. I. 9. §§ 505. ff.

Rechtsgr. 178. — III. Senat. 15. November 1858. XXXII. 57.)

Hat der Grundeigenthümer seine natürliche Freiheit, auf seinem Grundstücke ein Gebäude zu errichten, bisher nicht ausgeübt, so kann der benachbarte Grundeigenthümer, in Ermangelung eines besonders erworbenen Untersagungsrechts, daraus keinen Besitz, und mithin auch keinen Anspruch auf possessorischen Schutz herleiten.

— auf Nichtöffnung der Schütze des Mühlengrabens des benachbarten Mühlenbesitzers bis zu einer gewissen Höhe des Wasserstandes.

Rechtsgr. 179. — III. Senat. 10. Juli 1857. (XXVI. 107.)

Das Recht des Besitzers einer Mühle, daß der Besitzer einer andern, an demselben Flusse belegenen Mühle dulde, daß die Schütze zu der das Wasser seiner Mühle zuführenden Rinne so lange geschlossen werde, als der Wasserstand nicht eine gewisse Höhe übersteigt, — ist seinem Wesen nach ein negatives im Sinne des § 81. I. 7. des Allgem. Landrechts.

— auf Abführung des Wassers mittelst eines Grabens über ein fremdes Grundstück.

Rechtsgr. 180. — III. Senat. 25. September 1857. (XXVII. 64.)

Zum Erwerbe des Besitzes des Rechts, das Wasser

mittelst eines Grabens über ein fremdes Grundstück abzuführen, ist erforderlich, daß der Besitz-Erwerber diesen Abfluß in und durch das Grundstück ohne Widerspruch des Besitzers desselben bewirkt habe.

— auf Beibehaltung des bisherigen Laufes des auf dem Grundstücke des Nachbars sich ansammelnden wilden Wassers. — Vergl. §§ 86. 87. dieses Titels.

Rechtsgr. **181**. — III. Senat. 25. November 1859. (XXXV. 311.)

Zur Erwerbung des Besitzes des Rechts, zu verlangen, daß der Lauf des auf dem Grundstücke des Nachbars sich sammelnden wilden Wassers in der bisherigen Weise auch ferner belassen werde, bedarf es der Erwerbung eines Untersagungsrechts.

Siehe auch Rechtsgrundsätze **171**. **315**. **1116**. (A. L. R. I. **7**. § 78., **11**. § 342.; A. G. O. I. **31**. § 1.)

§§ **86**. **87**. Siehe Rechtsgrundsätze **165**. **181**. **228**. (A. L. R. I. **7**. §§ **45**. **81**., **8**. § **142**.)

§§ **96**. **97**. Fehler der Besitzergreifung; vorzugsweise Benutzung des Flußwassers seitens des einen Mühlenbesitzers gegenüber dem Besitzer der an der anderen Seite des Flusses gelegenen Mühle. — Vergl. A. L. R. **I**. **8**. § 35., **17**. § **16**.

Rechtsgr. **182**. — III. Senat. 10. Juli 1857. (XXVI. 107.)

Wenn zwei Mühlen an demselben Flusse sich gegenüber liegen, so können Handlungen, welche der Besitzer der einen Mühle zu dem Zwecke vornimmt, um den Wasserbedarf derselben vorzugsweise zu berücksichtigen und nur das überflüssige Wasser der anderen Mühle zuzuwenden, für unerlaubte, einen rechtmäßigen Besitz und die Verjährung zu begründen ungeeignete, nicht erachtet werden.

§§ **99**. **100**. Siehe Rechtsgrundsätze **177**. **251**. **256**. (A. L. R. **I**. **7**. § 81., **9**. §§ 521. 531.)

§ **104**. Siehe Rechtsgrundsätze **251**. **256**. (A. L. R. **I**. **9**. §§ **521**. **531**.)

§ **106**. Siehe Rechtsgrundsatz 238. (A. L. R. I. **9**. § **327**.)

§§ **107**. **108**. Siehe Rechtsgrundsätze **5**. **174**. **177**. **562**. **698**. (A. L. R.

Publikationspatent vom 4. Februar 1794. § 7., I. **7.** §§ 45. 81., **22.** § 12., II. **7.** § 72.)

§§ **111.** ff. Siehe Rechtsgrundsätze 183. 187. 269. 315. 569-572. 1227. (A. L. R. I. 7. §§ 124. 146., **9.** § 613., **11.** § 342., **22.** § 13.; Allg. Hypotheken-Ordnung II. § 100.

§§ **115.** ff. Siehe Rechtsgrundsätze 203. 425. (A. L. R. I. **7.** § 175., **15.** § 34.)

§§ **124.** ff. Fortsetzung des Besitzes des vollständigen Besitzers durch den unvollständigen Besitzer, insbesondere durch den Pächter einer Schafhütungsgerechtigkeit. — Vergl. A. L. R. I. **5.** § 75., **7.** §§ 1. 5. 45. 66. ff. 112. 113. 130. 137., **9.** §§ 597. ff. 627., **13.** § 122., **21.** § 98., **22.** §§ 80. ff.

Rechtsgr. **183.** — II. Senat. 14. Juni 1857. (XXVI. 116.)

Der Rechtsgrundsatz:

die Handlungen des Pächters eines Grundstücks, welche sich auf Erhaltung oder Fortsetzung des Besitzes von Rechten dieses Grundstücks beziehen, kommen bei der erwerbenden Verjährung dem Eigenthümer zu statten, ohne daß es dazu eines besondern Auftrags oder einer speziellen Anweisung desselben bedarf,

findet auch auf die Handlungen des Pächters einer Grundgerechtigkeit, z. B. der Schafhütungs-Gerechtigkeit, Anwendung.

Siehe auch Rechtsgrundsätze 165. 270. 1227. (A. L. R. I. **7.** § 45., **9.** § 627.; Allgem. Hypotheken-Ordnung II. § 100.)

§ **128.** Siehe Rechtsgrundsatz 177. (§ **81.** dieses Titels.)

§ **130.** Verlust des Besitzes diskontinuirlicher Rechte. — Vergl. A. L. R. I. **9.** §§ 649. ff.

Rechtsgr. **184.** — III. Senat. 22. Januar 1860. (XXXVII. 35.)

a) Der Besitz solcher diskontinuirlicher Rechte, welche so beschaffen sind, daß die Ausübung nicht völlig von der Willkür des Berechtigten abhängt, sondern nur bei gewissen, durch andere Umstände herbeigeführten Gelegenheiten geschehen kann, geht durch nicht gerechtfertigte Nichtbenutzung einer Gelegenheit verloren.

b) Der Besitz solcher diskontinuirlicher Rechte dagegen,

deren Ausübung ganz von der Willkür des Berechtigten, nicht aber von gewissen, außerhalb derselben befindlichen Umständen abhängt, z. B. Wegegerechtigkeiten, wird durch jeweilige Nichtausübung nicht verloren.

Siehe auch Rechtsgrundsätze 183. 187. (§§ 124. 150. dieses Titels.)

§§ **134-136.** Siehe Rechtsgrundsatz **193.** (§ **150.** dieses Titels.)

§ **137.** Klagerecht des Inhabers gegen den Dieb und Hehler auf Entschädigung in Stelle der entwendeten und hiernächst untergegangenen Sache. — Vergl. A. L. R. I. 7. § **162.**, **15.** §§ 14. 15.; Dig. **13.** 1. Lex 8., **44.** 7. Lex. 35.

Rechtsgr. 185. — I. Senat. 2. November 1860. (XXXVIII. 347.)

a) Der Inhaber ist, im Falle der Unmöglichkeit der Wiedererlangung der Gewahrsam der ihm entwendeten Sache, berechtigt, wegen der ihm dadurch zugefügten Beschädigung von dem Diebe und Hehler Entschädigung in die Stelle der ihm entwendeten und hiernächst untergegangenen Sache zu beanspruchen.

b) Diese Entschädigung umfaßt den Werth der untergegangenen Sache und des sonst erwachsenen Schadens.

Siehe auch Rechtsgrundsatz 183. (§ **124.** dieses Titels.)

§§ **146-149.** Wiederherstellung des durch Gewalt oder List, heimlich oder bittweise entnommenen oder gestörten Besitzes; Aktivlegitimation des einen Mitbesitzers gegen den andern Mitbesitzer.

Rechtsgr. 186. — III. Senat. 13. Mai 1859. (XXXIV. 48.)

Ein Mitbesitzer kann gegen den anderen Mitbesitzer die Possessorienklage anstellen, wenn er dadurch Schutz gegen die gänzliche Ausschließung seines Mitbesitzes zu erlangen sucht.

§ **150.** Besitzstörung:

— Aktivlegitimation:

A. Berechtigung des Erben und des Singular-Successors zur Possessorienklage. — Vergl. A. L. R. I. **7.** §§ **1. 4. 40.** ff. **111. 113. 130.**; A. G. O. I. **31.** § **1.**

Rechtsgr. 187. — III. Senat. 22. Januar 1860. (XXXVII. 34.)

a) Die Possessorienklage des Erben findet wegen Störungen des Besitzes, welche vor seiner Besitznahme der Erbschaft vorgekommen sind, nicht statt.

b) Dem Singularsuccessor unter Lebenden steht dagegen die Possessorienklage wegen Störung des Besitzes seines Autors insofern zu, als überhaupt in Folge der Uebertragung des von dem Autor ausgeübten Rechts das physische Vermögen des Successors, darüber mit Ausschließung Anderer zu verfügen, fortdauert.

— Besitzstörende Handlung:

B. Absicht der Störung des Besitzes. — Vergl. A. G. O. I. **31.** §§ 1-3.

Rechtsgr. **188.** — III. Senat. 12. Oktober 1860. (XL. 29.)

Die Besitzstörungs-Klage ist unzulässig, wenn bei der äußerlich störenden Behandlung der Sache nach den vorliegenden Umständen nicht die Absicht vorwaltete, den Besitz zu stören.*

Rechtsgr. **189.** — III. Senat. 24. Februar 1860. (XXXVII. 58.)

Die von dem Kirchenvorstande behufs Beseitigung der Verunstaltung der Kirche geschehene Aufstellung einer neuen Kirchenbank an Stelle der im Uebrigen gleichbeschaffenen, von dem Berechtigten bisher benutzten alten Kirchenbank enthält keine Störung des Besitzes des Berechtigten.

C. Ausfluß der besitzstörenden Handlung aus einem Rechte. — Vergl. A. G. O. I. **31.** §§ 4. 14.

Rechtsgr. **190.** — III. Senat. 5. Dezember 1860. (XL. 78.)

Im Possessorienprozeß ist auch das Recht zum Besitze dann zur Erörterung zu ziehen, wenn die als störend bezeichnete Handlung als Ausfluß eines Rechts sich darstellt, und Kläger das entgegenstehende Untersagungsrecht nicht erworben hat.**

* Vergl. dagegen das Nachwort Bd. 6. S. 297. des Archivs für Rechtsfälle.
** Vergl. dagegen die Anmerkung Band 40. Seite 79. und das Nachwort von Strohn Bd. 40. S. 359. ff. des Archivs für Rechtsfälle.

Rechtsgr. 191. — III. Senat. 30. Januar 1860. (XXXVI. 198.)

Nur der unbefugte Eingriff in das Eigenthum eines Anderen gilt für eine Besitzstörung im Sinne des § 150. I. 7. des Allg. Landrechts, während eine Handlung, welche sich als der Ausfluß eines Rechts darstellt, nicht als Besitzstörung anzusehen ist.*

D. Besitzstörungsklage des Eigenthümers wegen einzelner im Eigenthum liegenden Rechte, z. B. des Rechts, das Grundstück zu befahren. — Vergl. A. L. R. Einl. § 91.

Rechtsgr. 192. — III. Senat. 19. Oktober 1860. (XL. 34.)

a) Der Eigenthümer kann auch wegen Störung eines einzelnen im Eigenthume liegendes Rechts die Besitzstörungsklage erheben, ohne dieselbe auf den gesammten, also auch auf den nicht beeinträchtigten, Theil seines Sachbesitzes zu erstrecken.

b) Daher kann der Eigenthümer des Grundstücks die Besitzstörungsklage auch auf Schutz im Besitz des Rechts, das Grundstück zu befahren, richten.

E. Besitzstörungsklage des Grundeigenthümers gegen den persönlichen Nutzungsberechtigten. — Vergl. A. L. R. I. 7. §§ 134-136. 154.; A. G. O. I. 31. § 1.

Rechtsgr. 193. — III. Senat. 30. März 1860. (XXXVII. 135.)

a) Ein Streit über die Grenzen der Befugnisse des Eigenthümers eines Grundstücks und des Nutzungsberechtigten kann auch dann nicht im Possessorien-, sondern nur im Petitorienprozesse entschieden werden, wenn das Nutzungsrecht zu den Dienst-Emolumenten des Berechtigten gehört.

b) Hat der Nutzungsberechtigte jedoch einen gegen die an sich zulässige Einschränkung seitens des Eigenthümers gerichteten Besitz erworben, so ist der Possessorienprozeß zulässig.

F. Besitzstörungsklage des Grundeigenthümers gegen den Servitutberechtigten. — Vergl. § 151. dieses Titels.

* Vergl. auch Bd. 2. S. 341. No. 938. dieser Rechtsgrundsätze, und dagegen die Abhandlung von Strohn Bd. 18. S. 359. ff. des Archivs für Rechtsfälle.

Rechtsgr. 194. — III. Senat. 15. November 1858. (XXXII. 57.)

Der Streit über die Grenzen der Befugnisse, welche einerseits dem Eigenthümer, andererseits dem Servitutberechtigten zustehen, kann nicht im Possessorien-, sondern nur im Petitorienprozeß entschieden werden.

G. Des Ufernachbars durch Erhöhung der Schützen. — Vergl. A. L. R. II. 15. §§ 233. 234.; Gesetz vom 28. Februar 1843 §§ 1. 6.

Rechtsgr. 195. — III. Senat. 13. Mai 1859. (XXXIII. 208.)

Die bloße Erhöhung der Schützen seitens des einen Ufernachbars enthält noch keine Störung des Besitzes des andern in der Benutzung des Flußwassers, z. B. zum Treiben eines Hammerwerks; dieselbe tritt vielmehr in diesem Falle erst dann ein, wenn jene Erhöhung zugleich das Treiben des Hammerwerks hindert, erschwert oder gar unmöglich macht.

H. Besitzstörungsklage des Bergbautreibenden gegen den Grundeigenthümer. — Vergl. A. L. R. I. 7. § 79., II. 16. §§ 141. 154. 155. 162.

Rechtsgr. 196. — III. Senat. 1. Dezember 1858. (XXXII. 63.)

a) Der Fund bildet, bei regelmäßigem Gang des Unternehmens, den ersten Akt der Besitzergreifung des später durch die Beleihung und Vermessung bestimmten Feldes. Daher ist der beliehene Finder in den durch die Vermessung bezeichneten Grenzen seines Feldes Besitzer des Rechts auf Gewinnung der darin befindlichen, den Gegenstand der Beleihung bildenden Fossilien.

Diese Grenzen des Rechts sind auch dann bestimmend, wenn es sich um Entscheidung über den Besitz und den Schutz desselben handelt.

b) Der Eigenthümer des Grundes und Bodens, unter welchem sich das verliehene Feld des Bergbauenden erstreckt, greift durch die Anstellung von Bohrversuchen auf das den Gegenstand der Verleihung bildende Fossil in den Besitz des

Bergbauenden ein, welchem daher der possessorische Schutz zu gewähren ist.

I. Besitzstörungsklage des Grundeigenthümers gegen den Bergbautreibenden. — Vergl. A. L. R. I. **11.** § **4.** ff., II. **16.** §§ **109.** ff.; Deklaration vom 27. Oktober 1804 §§ 1. ff.

Rechtsgr. **197.** — III. Senat. 1. Dezember 1858. (XXXI. 289.)

Die Beleihung mit dem Rechte des Bergbaues innerhalb eines gewissen Distrikts berechtigt nicht, ohne Weiteres, bevor die Nothwendigkeit der Abtretung durch die kompetente Behörde festgestellt ist, eigenmächtig auf einem dazu gehörigen Grundstücke zu graben und sich in dessen Besitz zu setzen. Dem Grundeigenthümer gebührt vielmehr Schutz im Besitze seines Grundstücks.

Der Umstand, daß der Bergbauende vorher den Grundeigenthümer von dem beabsichtigten Angriff in Kenntniß gesetzt hat, ändert hierin Nichts.

K. Besitzstörungsklage des vom Bergamt beliehenen Stöllners bei Ausübung seiner Rechte. — Vergl. A. L. R. II. **16.** §§ **221.** ff. 387. 405. ff.

Rechtsgr. **198.** — III. Senat. 27. Januar 1860. (XXXVI. 179.)

Die Ausübung derjenigen Rechte, welche einem vom Bergamte beliehenen Stöllner zustehen, kann nicht als Besitzstörung angesehen werden.

— Passivlegitimation:

L. Des Besitzstörers nach Verkauf seines Grundstücks. — Vergl. § **151.** dieses Titels; A. G. O. I. **31.** § 1.

Rechtsgr. **199.** — III. Senat. 12. Juli 1858. (XXIX. 319.)

Der Besitzstörer, welcher vor Anstellung der Possessorienklage dasjenige Grundstück verkauft, in dessen Interesse er die Störung bewirkt hat, kann hierdurch seine Passivlegitimation hinsichtlich jener Klage nicht beseitigen.

— Besitzesschutz:

M. Umfang desselben. — Vergl. A. G. O. I. **31.** § 3.

Rechtsgr. **200.** — III. Senat. 28. September 1860. (XXXVIII. 258.)

Der Besitzesschutz findet nur soweit statt, als der Besitz selbst reicht.

Siehe auch Rechtsgrundsätze **423. 1117. 1118. 1120.** (A. L. R. I. **15.** § **1.**; A. G. O. I. **31.** §§ **1. 4. 14.**)

§ **151.** Siehe Rechtsgrundsätze **199. 1120. 1122.** (§§ **81. 150.** dieses Titels; A. G. O. I. **31.** §§ **14. 18.**)

§ **154.** Jüngster ruhiger Besitz bei wiederholten Störungen desselben. — Vergl. A. G. O. I. **31.** § **1.**

Rechtsgr. **201.** — III. Senat. 1. April 1859. (XXXII. 352.)

Bildet die zweite Störung des Besitzes nur eine Fortsetzung und Konsequenz der ersten, so ist die Sache so anzusehen, als wenn beide als Theile eines und desselben Aktes die Turbation darstellten.

§ **162.** Siehe Rechtsgrundsätze **185. 193.** (§§ **137. 150.** dieses Titels.)

§§ **175. 176.** Verhältniß zwischen dem vollständigen Besitzer und dem Eigenthümer:

A. Befugniß des vollständigen Besitzers zur Geltendmachung gesetzlicher Servituten, insbesondere gegen den Bau des Nachbars. — Vergl. A. L. R. I. **7.** § **179.**, **8.** §§ **139. 140.**, **15.** §§ **1. 2.**

Rechtsgr. **202.** — II. Senat. 2. April 1857. (XXV. 42.)

Der vollständige Besitzer kann gegen jeden Andern, als den wahren Eigenthümer, auch die sogenannten gesetzlichen Servituten geltend machen. Dies gilt namentlich hinsichtlich der gegen den Nachbar, welcher unter Nichtbeachtung der im Gesetze ihm auferlegten Einschränkungen baut und auf solche Weise den vollständigen Besitzer beeinträchtigt, in dieser Beziehung dem Eigenthümer gesetzlich zustehenden Servitut.

B. Vermuthung für die Fortdauer des Eigenthums des Erblassers an dem in dem Besitze eines Dritten befindlichen Staatsschuldscheines. — Vergl. A. L. R. I. **7.** §§ **18. 115.** ff. **184.**, **15.** §§ **1. 33.** ff.; A. G. O. I. **13.** § **28.**

Rechtsgr. **203.** — I. Senat. 19. November 1858. (XXXI. 167.)

Aus dem Umstande allein, daß der Erblasser vor mehreren Jahren Eigenthümer eines nach seinem Tode in dem Besitze eines Dritten befindlichen Staatsschuldscheins gewesen ist, kann eine Vermuthung für die Fortdauer des Eigenthumsrechts des Ersteren auch dann nicht hergeleitet werden, wenn der dritte Besitzer seinen Besitz von dem Erblasser herleitet.

Siehe auch Rechtsgrundsatz **425**. (A. L. R. I. **15**. § 34.)

§§ **179. 180.** Siehe Rechtsgrundsätze 202. 1433. (§ 175. dieses Titels; Gesetz No. 940. vom 21. April 1825 § 1.)

§§ **181. 182.** Negatorienklage des früheren Eigenthümers eines Grundstücks. — Vergl. A. L. R. I. **15**. § 45.

Rechtsgr. **204**. — II. Senat. 26. Mai 1857. (XXV. 138.)

Hat der Käufer eines Grundstücks einen Theil des Kaufgeldes dem Verkäufer vorenthalten und zur Ablösung der von einen Dritten behaupteten Grundgerechtigkeit verwendet, so ist der Verkäufer dieserhalb den Dritten in Anspruch zu nehmen nicht berechtigt.

Siehe auch Rechtsgrundsätze 779. 1433. (A. L. R. II. **16**. § 72.; Gesetz No. 940. vom 21. April 1825 § 1.)

§ **184.** Siehe Rechtsgrundsätze 203. 425. (A. L. R. I. **7**. § 175., **15**. § 34.

§ **197.** Siehe Rechtsgrundsatz 542. (A. L. R. I. **21**. § 143.)

§ **199.** Siehe Rechtsgrundsätze 542. 552. (A. L. R. I. **21**. §§ 143. 343.)

§§ **204-211.** Siehe Rechtsgrundsätze 125. 536. 1301. (A. L. R. I. **5**. § 337., **21**. § 47.; Dig. **21**. **1**. Lex 4. § 3.)

§§ **212. 218.** Siehe Rechtsgrundsätze 125. 1301. (A. L. R. I. **5**. § 337.; Dig. **21**. **1**. Lex 4. § 3.)

§ **225.** Siehe Rechtsgrundsatz 62. (A. L. R. I. **4**. § 114.)

§ **238.** Siehe Rechtsgrundsatz 536. (A. L. R. I. **21**. § 47.)

§§ **240-242.** Siehe Rechtsgrundsatz 156. (A. L. R. I. **6**. § 54.)

Titel 8. Vom Eigenthume.

§§ **1. 2.** Siehe Rechtsgrundsätze 423. 783. (A. L. R. I. **15**. § 1., II. **16**. § 109.)

§ **3.** Sehe Rechtsgrundsatz 771. (A. L. R. II. **15**. § 2.)

§ **8**. Siehe Rechtsgrundsatz 282. (A. L. R. I. **11**. § 19.)

§ **12**. Siehe Rechtsgrundsatz 533. (A. L. R. I. **20**. § 576.)

§§ **14**. **15**. Siehe Rechtsgrundsätze 458. 567. (A. L. R. I. **17**. § 127., **22**. § 13.)

§ **18**. Siehe Rechtsgrundsatz 567. (A. L. R. I. **22**. § 13.)

§ **22**. Siehe Rechtsgrundsatz 783. (A. L. R. II. **16**. § 109.)

§ **23**. Siehe Rechtsgrundsatz 211. (§ 102. dieses Titels.)

§§ **26–28**. Gesetzliche Schranken der Ausübung der Rechte des Grundeigenthümers in Beziehung auf die Eigenthumsrechte des Nachbars. — Vergl. A. L. R. Einl. §§ 88. ff. 94., I. **6**. §§ 8-16. 36-38.

Rechtsgr. **205**. — II. Senat. 3. Januar 1861. (XL. 116.)

Der Eigenthümer darf auf seinem Grund und Boden keine Anlagen errichten, welche eine dem Nachbarn nachtheilige Immission in dessen Eigenthumssphäre zur Folge haben.

Siehe auch Rechtsgrundsätze 210. 475. (A. L. R. I. **8**. § 102., **17**. § 10.)

§§ **29**. ff. Siehe Rechtsgrundsatz 1628. (Gesetz No. 3256. vom 11. März 1850 § 6. Littr. b.)

§ **31**. Siehe Rechtsgrundsatz 22. (A. L. R. Einl. § 75.)

§ **32**. Siehe Rechtsgrundsatz 211. (§ 102. dieses Titels.)

§§ **33**. ff. Siehe Rechtsgrundsatz 1608. (Ablösegesetz vom 2. März 1850 § 2. No. 2.)

§§ **66**. ff. Siehe Rechtsgrundsatz 22. (A. L. R. Einl. § 75.)

§ **69**. Siehe Rechtsgrundsatz 1236. (Revidirtes Lübisches Recht von 1586 III. **12**. Art. 13.)

§§ **99**. **100**. Einschränkungen des Eigenthums in Ansehung der Gräben und Wasserleitungen:

A. Eigenthum an Privatflüssen. — Vergl. A. L. R. I. **9**. §§ 176. ff., II. **15**. §§ 55-63.; Gesetz vom 28. Februar 1843 §§ 1. ff. 13. No. 2. § 14.

Rechtsgr. **206**. — III. Senat. 8. Juni 1857. (XXV. 142.)

Privatflüsse sind Eigenthum der Besitzer der anliegenden Grundstücke.

B. Instandhaltung der Ufer der Privatflüsse im Interesse der Mühlenbesitzer, insbesondere nach Schlesischem Provinzialrechte. — Vergl.

A. L. R. II. 15. § 46.; Schlesisches Vorfluth-Edikt vom 20. Dezember 1746 §§ 3-5.

Rechtsgr. 207. — III. Senat. 31. Mai 1858. (XXX. 55.)

Die Adjazenten der Privatflüsse sind weder nach dem Allg. Landrechte, noch nach Schlesischem Provinzialrechte verpflichtet, die Ufer im Interesse der Mühlenbesitzer zu unterhalten oder in Stand zu setzen.

C. Gräben und Kanäle zum ordentlichen Ablaufe des Wassers; Begriff eines Abzugsgraben.

Rechtsgr. 208. — III. Senat. 25. September 1857. (XXVII. 64.)

Zu den in dem § 100. I. 8. des Allg. Landrechts gedachten Gräben sind gewöhnliche, in der Erde befindliche, nicht künstlich angelegte Vertiefungen nicht zu rechnen.

D. Begriff eines Abzugskanals; rechtliche Natur des von dem Fiskus einem Privatflusse behufs Meliorations-Anlagen gegebenen neuen Flußbettes, z. B. des Rhinkanals.

Rechtsgr. 209. — III. Senat. 8. Juni 1857. (XXV. 142.)

Das von dem Fiskus einem Privatflusse behufs Meliorations-Anlagen, insbesondere zur Verbesserung des Laufes des Flusses und zur Flößbarkeit, unter Trockenlegung des bisherigen Flußbettes gegebene neue Flußbett — z. B. des Rhinkanals — ist kein Kanal im Sinne des § 100. I. 8. des Allg. Landrechts.

Siehe auch Rechtsgrundsätze 1392. 1563. (Vorfluth-Edikt vom 15. November 1811 § 10.; Gesetz vom 28. Februar 1843 § 13. No. 2.)

§§ 102. ff. Einschränkungen des Eigenthums zum Besten des Nachbars in Ansehung der Vorfluth:

A. Gesetzliche Schranken der Ausübung der Rechte des Grundeigenthümers in Beziehung auf den Nachbar hinsichtlich des Abflusses des Wassers; Gestattung der Vorfluth bei Hausgrundstücken. — Vergl. A. L. R. Einl. §§ 88-94., 6. §§ 8-16. 36-38., 8. §§ 26-28. 128., 22. §§ 3-9. 59-61.; Gesetz vom 15. November 1811 §§ 1-15.

Rechtsgr. 210. — II. Senat. 3. Januar 1861. (XL. 116.)

a) Der Eigenthümer darf auf seinem Grund und Boden keine Vorrichtungen treffen, um das Sammelwasser dem nachbarlichen Grundstück zuzuleiten. Ist eine solche Ableitung nothwendig, so muß sie in den gesetzlichen Formen nachgesucht und nach Inhalt der Gesetze begründet werden.

b) Die §§ 3–9. I. 22. des Allg. Landrechts sind auf Hausgrundstücke nicht zu beziehen, und ist daher ein Recht auf Gestattung der Vorfluth in Ansehung von Gebäuden nicht geltend zu machen.

B. Verpflichtung des Grundeigenthümers hinsichtlich der Ableitung des Trauf- und Regenwassers überhaupt, und insbesondere in der Stadt Breslau. — Vergl. A. L. R. I. 6. §§ 1-11. 36., 8. §§ 23. 32. 128. 132. 189., 22. § 59.; Breslauer Bauordnung von 1668 ad marg.: „von Wasserläuften und Gerinnen."

Rechtsgr. 211. — II. Senat. 7. Juli 1860. (XXXVII. 332.)

Der Eigenthümer eines Grundstücks, wenn er keine die Ableitung des Wassers auf das nachbarliche Grundstück hervorbringende oder befördernde Veranstaltung getroffen hat, ist nicht verbunden, zu verhindern, daß das auf seinem Grundstücke sich ansammelnde Trauf- und Regenwasser den Boden durchdringe und in das Nachbargrundstück einziehe.

§ 118. Eigenthum der Reine und Pflugrechte.

Rechtsgr. 212. — IV. Senat. 3. September 1857. (XXVII. 11.)

a) Der § 118. I. 8. des Allg. Landrechts, — nach welchem die zwischen benachbarten Grundstücken befindlichen Reine oder Pflugrechte in der Regel als gemeinschaftliches Eigenthum anzusehen sind, — greift auch dann Platz, wenn der Rein als Weg benutzt wird.

b) Wenn beide Grundstücke, zwischen welchen der Rein belegen ist, demselben Eigenthümer gehören, so ist dieser bis zum Beweise des Gegentheils auch für den Eigenthümer des zum Rein dienenden Areals zu erachten.

§§ 125-127. Einschränkungen des Eigenthums in Ansehung der, dem Gebäude des Nachbars schädlichen Anlagen:

A. Dingliche Natur der gesetzlichen Einschränkungen des Grundeigenthums nach §§ 125. 126. I. 8. des A. L. R.

Rechtsgr. 213. — II. Senat. 17. Juli 1860. (XXXVIII. 202.)

a) Die zum Besten der Nachbarn in den §§ 125. 126. I. 8. des Allg. Landrechts gegebenen gesetzlichen Einschränkungen des Grundeigenthums begründen dingliche Rechte und Pflichten.

b) Das Recht auf die gesetzliche Einschränkung des Eigenthums des Nachbars wird daher schon durch den Erwerb des gesetzlich berechtigten Grundstücks erworben, ohne daß es eines besonders erfolgten und von Demjenigen abgeleiteten Erwerbes bedarf, welcher zur Zeit der Errichtung der schädlichen Anlage Besitzer des gesetzlich berechtigten Grundstücks gewesen ist.

c) In gleicher Art ist der Besitzer des gesetzlich verpflichteten Grundstücks nicht deshalb für befreit zu erachten, weil er dasselbe mit der dem benachbarten Gebäude schädlichen Anlage erworben hat.

B. Gesetzlicher Abstand schädlicher Anlagen von dem Gebäude des Nachbars.

Rechtsgr. 214. — II. Senat. 27. Juni 1859. (XXXII. 172.)

Unter den im § 125. I. 8. des Allgem. Landrechts gedachten „anderen den Gebäuden schädlichen Anlagen" sind nur ähnliche, wie die dort beispielsweise benannten, zu verstehen.

Daher kann auf den Grund dieses Gesetzes bei der Anlage einer Eisenbahn das Entferntbleiben des Bahnkörpers — der Schienen und Schwellen — bis auf drei Fuß von dem benachbarten Gebäude nicht verlangt werden.

C. Gesetzliche Vorschrift in Betreff der Ausmauerung der, den Gebäuden schädlichen Grubenbehältnisse; Verjährung gegen diese Vorschrift. — Vergl. § 190. dieses Titels; Münster'sche Polizeiordnung vom 8. Januar 1592 Kap. 20. und Verordnung vom 23. Februar 1786 § 17.

Rechtsgr. 215. — II. Senat. 14. Oktober 1858. (XXXI. 47.)

Die Vorschrift des § 126. I. 8. des Allg. Landrechts, — betreffend die Ausmauerung der in dem § 125. bezeichneten, den Gebäuden schädlichen Grubenbehältnisse von Grund aus, — beschränkt sich nicht auf den Schutz der Gebäude des Nachbars gegen den schädlichen Einfluß der im § 125. bezeichneten Anlagen; sie bezweckt vielmehr auch das öffentliche Interesse — die Beförderung der Gesundheit und Reinlichkeit.

Daher findet der Erwerb eines dieser Vorschrift derogirenden Rechts durch Verjährung nicht statt.

D. Düngerstätten und Vertiefungen.

Rechtsgr. 216. — II. Senat. 25. Juni 1857. (XXV. 291.)

a) Das bloße Vorhandensein einer Düngerstätte genügt zur Anwendung des § 125. I. 8. des Allgem. Landrechts.

b) Die §§ 125. 126. I. 8. des Allg. Landrechts finden auf Vertiefungen, welche vom Kläger selbst nur in seinem Interesse vorgenommen sind, nicht Anwendung.

§ 128. Anlegung von Rinnen und Kanälen an der Seite des Nachbars. — Vergl. A. L. R. I. 6. §§ 1. ff. 7.

Rechtsgr. 217. — II. Senat. 12. März 1861. (XL. 350.)

Der § 128. I. 8. des Allg. Landrechts, — betreffend die Anlegung von Rinnen und Kanälen an der Seite des Nachbars zur Abführung des Wassers, — ist auch dann anwendbar, wenn es nicht in der Absicht des Nachbars gelegen hat, daß durch seine Einrichtungen auf seinem Grund und Boden eine Rinne entstehen sollte.

Siehe auch Rechtsgrundsätze 210. 211. (§ 102. dieses Titels.)

§ 132. Siehe Rechtsgrundsatz 211. (§ 102. dieses Titels.)

§ 133. Siehe Rechtsgrundsatz 1236. (Revidirtes Lübisches Recht von 1586 III. 12. Art. 13.)

§ 135. Erhöhung einer gemeinschaftlichen Mauer.

Rechtsgr. 218. — II. Senat. 17. September 1857. (XXVI. 161.)

Jeder Nachbar ist berechtigt, die gemeinschaftliche Mauer an seiner Seite bis zur Hälfte ihrer Dicke zu erhöhen, insoweit dadurch dem Gebäude des Nachbars kein Schaden zugefügt wird.

§ 138. Einschränkungen des Eigenthums zum Besten des Nachbars in Ansehung des Lichts und der Aussicht:

A. Anlagen von Oeffnungen und Fenstern in einer unmittelbar an des Nachbars Hof oder Garten stoßenden Wand oder Mauer.

Rechtsgr. 219. — II. Senat. 27. Juni 1857. (XXV. 300.)

a) In dem § 138. I. 8. des Allg. Landrechts ist nur von ganz neuen, bisher nicht vorhanden gewesenen, Oeffnungen und Fenstern die Rede, zu welchen die in dem neuen Gebäude, welches an die Stelle eines alten mit diesen Fenstern schon versehenen Gebäudes errichtet worden, wiederangelegten Fenster nicht zu rechnen sind.

b) Der Umstand, daß in dem neuen Gebäude die Fenster niedriger gelegen und größer sind, als die in dem alten Gebäude vorhanden gewesenen, rechtfertigt die Anwendung des § 138. a. a. O. nur dann, wenn durch die niedrigere Lage und den größeren Umfang jener Fenster des neuen Gebäudes dem Nachbar ein Nachtheil zugefügt worden ist oder erwachsen kann.

B. Einwilligung in die Anlage neuer Fenster in der Wand des Nachbars. — Vergl. A. L. R. I. 8. § 191., 22. §§ 43-45.

Rechtsgr. 220. — II. Senat. 18. Oktober 1860. (XL. 32.)

Hat der Berechtigte ausdrücklich und unbedingt in die Anlage der Fenster eingewilligt, ohne hiernächst wegen deren Einrichtung Widerspruch zu erheben, so kann er die Einrichtung der Fenster in einer anderen, dem § 138. I. 8. des Allg. Landrechts entsprechenden Weise nicht fordern.

§§ 139-141. Einschränkungen des Eigenthums zum Besten des Nachbars bei einem Neubau an der Grenze; gesetzlicher Zwischenraum:

A. Begriff eines **Neubaues** an der Grenze; Zäune, Planken, Scheidewände; Errichtung einer ausgemauerten Fachwand. — Vergl. §§ **144. 149.** dieses Titels.

Rechtsgr. **221.** — II. Senat. 13. September 1859. (XXXV. 48.)

a. Auf Zäune, Planken und Scheidewände sind die gesetzlichen Vorschriften über den Abstand neu errichteter Gebäude des Nachbars nicht auszudehnen.

b. Eine, unmittelbar an die mit Fenstern versehene Mauer des Nachbarhauses errichtete, jene Mauer gänzlich verdeckende, ausgemauerte Fachwand ist als ein „Gebäude" im Sinne der §§ 139. und 144. I. 8. des Allg. Landrechts, betreffend den Abstand neu errichteter Gebäude von älteren schon vorhandenen Gebäuden des Nachbars, — zu betrachten.

B. Wiederherstellung eines abgebrannten Gebäudes.

Rechtsgr. **222.** — II. Senat. 16. Februar 1858. (XXVII. 281.)

Ein Bau, welcher den von dem abgebrannten Gebäude eingenommenen Raum der Länge nach überschreitet, ist im Sinne des Gesetzes ein Neubau.

C. Abmessung des gesetzlichen Abstandes des neuen Gebäudes von den zu Tage stehenden Mauern oder Wänden.

Rechtsgr. **223.** — II. Senat. 14. November 1857. (XXVIII. 86.)

a. Der in den §§ 139. 140. I. 8. des Allgem. Landrechts vorgeschriebene Abstand ist nur von den Mauern oder Wänden der Gebäude, nicht aber von den vorspringenden Anhängseln der Gebäude zu messen.

b. Die Entfernung von drei Werkschuhen nach § 139. a. a. O. ist von den zu Tage stehenden Mauern der Gebäude, nicht aber von den unter der Erde befindlichen Fundamenten des Nachbarhauses zu messen.

D. Abmessung des gesetzlichen Abstandes des neuen Gebäudes rücksichtlich der Dachausladungen.

Rechtsgr. 224. — II. Senat. 22. September 1857. (XXVII. 57.)

Der in den §§ 139. 140. I. 8. des Allgem. Landrechts vorgeschriebene Abstand ist nicht auf die Dachausladungen des neuen Gebäudes zu beziehen.*

Siehe auch Rechtsgrundsatz 202. (A. L. R. I. 7. § 175.)

§§ 142. 143. Fensterrecht bereits vorhandener Gebäude bei einem Neubau des Nachbars:

A. Begriff der „Fenster."

Rechtsgr. 225. — II. Senat. 24. Mai 1860. (XXXVII. 245.)

Auf Treppen- und Flurfenster sind die §§ 142. ff. I. 8. des Allgem. Landrechts nicht anwendbar.

B. Begriff eines „neuen Gebäudes" und „neuen Baues."

Rechtgr. 226. — II. Senat. 13. September 1859. (XXXV. 48.)

Die in den §§ 142. und 143. I. 8. des Allgem. Landrechts hervortretende Verschiedenheit der Bezeichnungen: „neue Gebäude" und „neuer Bau" hat keine prinzipielle Bedeutung.

C. Erhöhung schon vorhandener Gebäude und Wiederbebauung von bisher schon zum Bauen benutzter Stellen.

Rechtsgr. 227. — II. Senat. 25. Oktober 1859. (XXXV. 196.)

Die Bestimmungen der §§ 142. und 143. I. 8. des Allgem. Landrechts finden auch bei Bauten auf bisher schon zum Bauen benutzten Stellen und bei Erhöhungen alter Gebäude Anwendung.**

D. Begründung der Besitzstörungsklage wegen Beeinträchtigung des Fensterrechts. — Vergl. A. L. R. I. 7. §§ 86. 87.

Rechtsgr. 228. — III. Senat. 30. November 1857. (XXVIII. 112.)

Die Besitzstörungsklage wegen Beeinträchtigung des Fensterrechts durch den Neubau des Nachbars kann auf die bloße Thatsache der bisherigen Existenz der Fenster nach

* Vergl. dagegen Bd. I. S. 57. No. 175. dieser Rechtsgrundsätze.
** Der Rechtsgrundsatz Bd. I. S. 58. No. 178. dieser Rechtsgrundsätze fällt weg. — Vergl. Bd. 35. S. 198. des Archivs für Rechtsfälle.

Maaßgabe des § 142. I. 8. des Allgem. Landrechts nicht gestützt werden.

§§ **144. 149.** Siehe Rechtsgrundsätze 221. 232. (§§ 139. 162. dieses Titels.)

§ **154.** Merkmale für das Eigenthum bei Scheidungen von Planken zwischen Grundstücken; deren Anwendung auf Scheidemauern mit Strebepfeilern. — Vergl. §§ 159. 161. dieses Titels.

Rechtsgr. **229.** — III. Senat. 21. Juni 1858. (XXX. 117.)

Die im § 154. I. 8. des Allgem. Landrechts für Planken in Beziehung auf deren Stiele, Ständer oder Pfosten gegebene Bestimmung kann nicht analog auf jede Mauer mit Strebepfeilern angewendet werden.

§§ **159-161.** Merkmale für das Eigenthum einer gemauerten Scheidewand:

A. Anderweite Merkmale.

Rechtsgr. **230.** — II. Senat. 26. Januar 1858. (XXIX. 43.)

Durch die Vorschriften der §§ 159–161. I. 8. des Allg. Landrechts über die Merkmale des Eigenthums an einer gemauerten Scheidewand ist die Geltendmachung anderer bezeichnender Merkmale in der Beweisführung nicht ausgeschlossen.

B. Anwendung der Merkmale des § 159. auf Mauern mit Strebepfeilern.

Rechtsgr. **231.** — III. Senat. 21. Juni 1858. (XXX. 117.)

Die Vorschrift des § 159. I. 8. des Allgem. Landrechts, wonach bei gemauerten Scheidewänden die Vermuthung gilt, daß die Mauer Demjenigen gehöre, auf dessen Seite Vertiefungen oder sogenannte Blenden sich befinden, findet nicht nothwendig auf eine Mauer mit Strebepfeilern Anwendung.

Siehe auch Rechtsgrundsatz 229. (§ **154.** dieses Titels.)

§ **162.** Errichtung von Grenzzäunen städtischer Grundstücke und Gärten. — Vergl. A. L. R. I. **8.** §§ **149.** ff. **163.** ff., **19.** § **15.**

Rechtsgr. **232**. — II. Senat. 17. Juli 1860. **(XXXVIII. 181.)**

Plenar-Beschluß vom 4. Juni 1860: Der § 162. I. 8. des Allg. Landrechts verpflichtet den Besitzer städtischer Grundstücke und Gärten nicht zum Bau eines bisher daselbst gar nicht vorhanden gewesenen Zaunes.

§§ **173**. ff. Siehe Rechtsgrundsatz 574. (A. L. R. I. **22**. § **43**.)
§ **189**. Siehe Rechtsgrundsatz 211. (§ **102**. dieses Titels.)
§ **190**. Siehe Rechtsgrundsatz 215. (§ **125**. dieses Titels.)
§ **191**. Siehe Rechtsgrundsätze 220. 574. 1608. (A. L. R. I. **8**. § **138**., **22**. § **43**.; Ablösungsgesetz vom 2. März 1850 § **2**. No. **2**.)

Titel 9. Von der Erwerbung des Eigenthums überhaupt, und den unmittelbaren Arten derselben insonderheit.

§§ **3**. **4**. Siehe Rechtsgrundsatz **314**. (A. L. R. I. **11**. § **342**.)

Dritter Abschnitt. Von gefundenen Schätzen.

§ **94**. Siehe Rechtsgrundsatz 794. (A. L. R. II. **16**. § 72.)

Vierter Abschnitt. Vom Thierfange.

§§ **176**. ff. Siehe Rechtsgrundsatz 206. (A. L. R. I. **8**. § **99**.)
§ **186**. Polizeigesetze hinsichtlich der Ausübung der Fischereigerechtigkeit in öffentlichen und nichteingeschlossenen Privatgewässern:
A. Selbstfänge mit Gittern.

Rechtsgr. **233**. — II. Senat. 9. Juni 1857. **(XXV. 158.)**

Selbstfänge mit Gittern an der Seite gegen den Strom sind unerlaubte Fischereigeräthe.

B. Versetzung des Stromes behufs Hinderung des freien Ganges der Fische. — Vergl. § 187. dieses Titels.

Rechtsgr. **234**. — II. Senat. 9. Juni 1857. **(XXV. 158.)**

Die Bestimmung des § 187. I. 9. des Allg. Landrechts, — nach welcher in Privatflüssen Niemand, der nicht ein besonderes Recht dazu erworben hat, durch Versetzung des Flusses ober- oder unterhalb den freien Gang der Fische hindern darf, — gilt auch für öffentliche Flüsse.

§ **187**. Versetzung des Flusses in Privatflüssen:
A. Anlagen behufs dieser Versetzung; Schallfischereigerechtigkeit.

Rechtsgr. **235**. — II. Senat. 7. Januar 1858. (XXIX. 1.)

a) Die Anwendbarkeit des § 187. I. 9. des Allgem. Landrechts, — nach welchen auch in Privatflüssen, worin Mehrere die Fischerei-Gerechtigkeit haben, Niemand, der nicht ein besonderes Recht dazu erworben hat, durch Versetzung des Flusses ober- oder unterhalb den freien Gang der Fische hindern darf, — ist nicht auf eine Versetzung des Flusses durch dauernde Anlagen beschränkt.

Der § 187. a. a. O. findet daher auch auf die Schallfischerei Anwendung.

b) Durch die gemeinschaftliche Ausübung des Rechts der gegenüberliegenden Ufernachbaren, den Fluß bis zur Hälfte zu befischen, werden dieselben zur Absperrung des ganzen Flusses nicht berechtigt.

B. Unvollständige Flußversetzungen; Begründung der Klage des Fischereiberechtigten. — Vergl. A. L. R. Einleitung §§ 95-97.

Rechtsgr. **236**. — II. Senat. 9. Juni 1857. (XXV. 158.)

a) Dem Verbot des § 187. a. a. O. unterliegen auch unvollständige Flußversetzungen, wenngleich an den freien Stellen der freie Gang den Fischen möglich geblieben ist.

b) Eines besonderen Nachweises des durch die Versetzung des Flusses den auf Wegräumung dieser Versetzungen klagenden Fischereiberechtigten verursachten Nachtheils bedarf es zur Begründung dieser Klage nicht.

Siehe auch Rechtsgrundsatz **234**. (§ **186**. dieses Titels.)

Sechster Abschnitt. Von der Erwerbung der An- und Zuwüchse.

§ **220**. Siehe Rechtsgrundsätze **32**. **41**. **277**. (A. L. R. I. **2**. §§ 4. 110., **11**. § 220.)

§ **221**. Siehe Rechtsgrundsatz **542**. (A. L. R. I. **21**. § 143.)

§ **257**. Ausschließung der dreijährigen Ersitzung einer Fluß-Insel durch Andere, als durch Ufernachbaren. — Vgl. §§ **244**. **245**. **250**. ff. dieses Titels.

Rechtsgr. 237. — III. Senat. 8. Dezember 1858. (XXXI. 325.)

Nur der Ufernachbar, nicht jeder Dritte, kann eine im Fluß befindliche Insel durch dreijährigen Besitz ersitzen.

§§ 263-270. Siehe Rechtsgrundsatz 777. (A. L. R. II. 15. § 70.)
§§ 327-338. Eigenthumserwerb durch Bauen auf fremden Grund und Boden, insbesondere seitens des Prekaristen. — Vergl. A. L. R. I. 7. § 106.

Rechtsgr. 238. — III. Senat. 11. Januar 1861. (XL. 125.)

Die Grundsätze von der Inädifikation als einer Art des unmittelbaren Eigenthumserwerbes können da nicht maaßgebend sein, wo der Grundeigenthümer im Wege eines zwischen ihm und dem Bauenden bestehenden Verhältnisses diesem das Grundstück zu einem bestimmten Behufe zeitweise überlassen und zu eben diesem Behufe im Wege desselben Verhältnisses ihm das Bebauen erlaubt hat.

Dieser Grundsatz gilt auch für das Verhältniß des Prekariums.

§ 332. Bau auf fremdem, mehreren Eigenthümern zugehörenden Boden. — Vergl. A. L. R. I. 17. §§ 10. 11.

Rechtsgr. 239. — III. Senat. 12. Dezember 1859. (XXXVI. 80.)

a) Der Grundsatz des § 332. I. 9. des Allgem. Landrechts greift auch alsdann Platz, wenn der Bauende den Besitz des Platzes zum Zweck der Erbauung durch Uebergabe in Folge eines unkräftigen Vertrages erlangt hat.

b) Der als Folge der stillschweigenden Einwilligung angedrohte Nachtheil trifft diejenigen Miteigenthümer des Platzes nicht, welche von dem Bau keine Nachricht erhalten haben. Daher verhindert die Zustimmung des Einen die Andern nicht, von dem Rechte auf Rückforderung Gebrauch zu machen.

Achter Abschnitt. Von Erwerbung der Erwerbschaften.

§ **350**. Siehe Rechtsgrundsätze 34. 484. 485. 675. 1334. (A. L. R. I. **2**. § 34., **17**. §§ 117. 127., II. **2**. § 628.; Münsterische Polizei-Ordnung vom 18. Januar 1592 Kap. 7. § 1.)

§ **353**. Siehe Rechtsgrundsatz 484. (A. L. R. I. **17**. § 117.)

§ **360**. Siehe Rechtsgrundsätze 626. 648. 675. (A. L. R. II. **1**. § 648., **2**. §§ 179. 628.)

§ **367**. Siehe Rechtsgrundsätze 478. 1216. (A. L. R. I. **17**. § 10.; Konkurs-Ordnung vom 8. Mai 1855 § 354.)

§ **368**. Siehe Rechtsgrundsätze 478. 675. 1216. (A. L. R. I. **17**. § 10., II. **2**. § 628.; Konkurs-Ordnung § 354.)

§ **382**. Siehe Rechtsgrundsätze 352. 486. (A. L. R. I. **11**. § 1113., **17**. § 151.)

§ **401**. Siehe Rechtsgrundsatz 1325. (Const. Joachimica von 1527.)

§§ **418-420**. Nicht-Anfechtbarkeit eines vom gemeinsamen Erblasser mit einem Miterben ohne Vorbehalt geschlossenen Veräußerungs-Vertrages seitens eines andern Miterben ohne Vorbehalt. — Vergl. A. L. R. I. **11**. §§ 140-142., **15**. § 10.

Rechtsgr. **240**. — I. Senat. 14. Januar 1859. (XXXII. 136.)

Daraus, daß ein Miterbe, mit welchem der gemeinsame Erblasser den Veräußerungsvertrag geschlossen hat, gleichfalls Erbe ohne Vorbehalt geworden ist, läßt sich eine Ausschließung des Rechtssatzes, daß die Erben ohne Vorbehalt die Veräußerungen ihres Erblassers nicht anfechten können, zu Gunsten der übrigen Miterben ohne Vorbehalt nicht herleiten.

Siehe auch Rechtsgrundsätze 691. 1380. (A. L. R. II. **5**. § 177.; Gesinde-Ordnung vom 8. November 1810 § 101.)

§ **422**. Siehe Rechtsgrundsatz 34. (A. L. R. I. **2**. § 34.)

§ **427**. Siehe Rechtsgrundsatz 1358. (Erbschafts-Edikt vom 30. April 1765 Abth. 2. § 1.)

§§ **443**. ff. Siehe Rechtsgrundsätze 478. 1216. (A. L. R. I. **17**. § 10.; Konkurs-Ordnung vom 8. Mai 1855 § 354.)

§ **446**. Dispositionsfähigkeit des Benefizial-Erben nach Bestellung eines Massenkurators im erbschaftlichen Liquidationsprozesse. — Vergl. A. G. O. I. **50**. §§ 34-36., **51**. §§ 64. ff.

Rechtsgr. **241**. — III. Senat. 29. November 1858. (XXXI. 202.)

Der Benefizial-Erbe ist zur wirksamen Disposition über Nachlaßgegenstände selbst dann befugt, wenn der erbschaftliche Liquidationsprozeß eröffnet, ein Massenkurator ernannt ist, und der Erbe sich der Verwaltung begeben hat.

§§ **482**. ff. Erbeslegitimationsverfahren vor dem gewöhnlichen Prozeßrichter. — Vergl. A. G. O. I. **5**. § 4. Nr. 6.

Rechtsgr. **242**. — I. Senat. 15. Juli 1859. (XXXIII. 332.)

Die Frage, wer Erbe sei? ist nicht ausschließlich in dem lediglich zu diesem Zwecke eingeleiteten Legitimations-Verfahren zu erörtern und durch ein Legitimations-Attest des Erbschaftsrichters zu erledigen; sie kann vielmehr auch in einem, über einen anderen Anspruch anhängig gemachten Prozeß unter den Parteien dieses Prozesses entschieden werden.

Neunter Abschnitt. Von der Verjährung.

§§ **500**. ff. **566**. Begriff einer Verjährungs- und einer Präklusivfrist; Präklusivfrist bei Versicherungsverträgen.

Rechtsgr. **243**. — IV. Senat. 5. Juni 1860. (XXXVIII. 34.)

Der allgemeine Begriff der Verjährung nach § 500. I. 9. des Allgem. Landrechts hat nur eine hypothetische Bedeutung und ist nur auf die im positiven Rechte besonders anerkannten Fälle anwendbar, wogegen sonstige, zur Ausübung oder Erhaltung gewisser Befugnisse gestattete Fristen nicht nach den Vorschriften von der Verjährung zu beurtheien sind und ablaufen, ohne daß es auf die Erfordernisse der letzteren ankommt, und ohne daß es zu ihrer vertragsmäßigen Anordnung der gerichtlichen Form bedarf.

Siehe auch Rechtsgrundsätze 60. 245. 247. 266. 546. 695. (A. L. R. I. **4**. § 100., **9**. §§ 504. 512. 575., **21**. § 187., II. **7**. § 28.)

§§ **504-507**. Gegenstand der Verjährung:

A. Verjährung der Klage des einen Miterben gegen den anderen auf

Herausgabe eines Theiles der Erbschaft. — Vergl. A. L. R. I. 9. §§ 568. 569., 17. §§ 76. ff. 115. 117.

Rechtsgr. 244. — I. Senat. 15. Juli 1859. (XXXIV. 197.)

Durch die Unverjährbarkeit des Rechts, auf Theilung des gemeinschaftlichen Eigenthums anzutragen, wird die Verjährung des Anspruchs eines Miterben gegen den andern auf Herausgabe eines Theils der Erbschaft für sich allein noch nicht ausgeschlossen.

Diese Erbschaftsklage kann aber durch bloßen Nichtgebrauch verjähren.

B. Verjährung der Rechte der natürlichen Freiheit; Ersitzung des Rechts zur ausschließlichen Benutzung des Flußwassers zum Betriebe einer Mühle. — Vergl. §§ 501. 665. 666. dieses Titels; Gesetz vom 28. Februar 1843 §§ 1. 13. 16.

Rechtsgr. 245. — III. Senat. 20. Dezember 1858. (XXXI. 364.)

Das Recht zur ausschließlichen Benutzung des Flußwassers zum Betriebe einer Mühle kann mittelst Verjährung durch Benutzung des ganzen Wassers während rechtsverjährter Zeit für sich allein nicht erworben werden, vielmehr muß gegen den sonst zur Benutzung des Wassers ebenfalls Berechtigten auch die Erwerbung eines Untersagungsrechts hinzukommen.

Siehe auch Rechtsgrundsatz 178. (A. L. R. I. 7. § 81.)

§ 509. Siehe Rechtsgrundsätze 539. 1313. (A. L. R. I. 21. § 91.; Cod. 7. 39. Lex 7.)

§ 511. Verjährung gegen den Inhalt des Hypothekenbuchs.

Rechtsgr. 246. — III. Senat. 11. Mai 1860. (XXXVII. 230.)

Der § 511. I. 9. des Allgem. Landrechts, — wonach Rechte „auf" unbewegliche Sachen, die in das Hypothekenbuch eingetragen sind, weder durch den Nichtgebrauch erlöschen, noch ein ihnen entgegenstehendes Recht mittelst der Akquisitiv-Verjährung erworben werden kann, — betrifft nur dingliche Rechte auf fremde Sachen, nicht das Eigenthum selbst.

Siehe auch Rechtsgrundsätze 259. 539. (A. L. R. I. 9. § 551., 21. § 91.)

§§ **512. 513.** Hinderniß des Anfangs der Verjährung wegen Unkenntniß des zuständigen Rechts:

A. Hinderniß der Abwesenheit. — Vergl. §§ **502. 503. 541.** dieses Titels; A. G. O. I. **13.** § 28.

Rechtsgr. **247.** — I. Senat. 20. Februar 1860. (XXXVI. 343.)

a) Der Beweis, daß Derjenige, gegen welchen der Anfang der Verjährung behauptet wird, Kenntniß von der Handlung oder Begebenheit gehabt habe, auf welche sein Recht sich gründet, liegt dem Verjährenden nicht ob.

b) Die Abwesenheit allein ist kein Umstand, welcher den Anfang der Verjährung ausschließt.

B. Beweislast hinsichtlich der Ausschließung der Verjährung wegen Unmöglichkeit der Kenntniß der Handlungen des Verjährenden.

Rechtsgr. **248.** — II. Senat. 17. April 1860. (XXXVII. 182.)

Hat Der, gegen den die Verjährung behauptet wird, Umstände nachgewiesen, welche dafür sprechen, daß er „von dem ihm zustehenden Rechte," beziehungsweise von den Handlungen des Verjährenden, welche sein Widerspruchsrecht begründeten, Kenntniß nicht gehabt hat und nicht haben konnte; so liegt Demjenigen, welcher sich auf die Verjährung stützt, der Gegenbeweis ob.

Siehe auch Rechtsgrundsätze 686. 929. (A. L. R. II. **4.** § **122.**; Allg. Deutsche Wechsel-Ordnung Art. 79.)

§ **514.** Siehe Rechtsgrundsätze **251. 256.** (§§ **521. 531.** dieses Titels.)

§§ **516 517.** Siehe Rechtsgrundsätze **686. 929. 1150. 1153. 1205** bis **1209.** (A. L. R. II. **4.** § **122.**; Allg. Deutsche Wechsel-Ordnung Art. **79.**; Konkurs-Ordnung vom 8. Mai 1855 §§ 8. **199.** Al. **4.**)

§ **521.** Hinderniß des Anfangs der Verjährung gegen den Eigenthümer einer verpachteten Sache:

A. Beschränkung dieses Hindernisses auf dingliche Rechte auf fremde Sachen. — Vergl. A. L. R. I. **21.** § 91.

Rechtsgr. **249**. — III. Senat. 11. Mai 1860. (XXXVII. 231.)

Der § 521. I. 9. des Allgem. Landrechts, — nach welchem zum Nachtheil eines Gutseigenthümers keine Verjährung gegen dessen Pächter angefangen werden kann, — hat nur dingliche Rechte auf fremde Sachen zum Gegenstande und schließt daher die Verjährbarkeit des Eigenthums nicht aus.

B. Ausschließung des Anfangs der Verjährung gegen den Pächter eines Gutes überhaupt. — Vergl. A. L. R. I. **21**. § 91.

Rechtsgr. **250**. — III. Senat. 17. September 1858. (XXX. 234.)

Eine Verjährung zum Nachtheile des Gutseigenthümers kann gegen dessen Pächter auch dann nicht anfangen, wenn Jener von der gegen seinen Pächter geschehenen Besitzergreifung Kenntniß erlangen konnte.

C. Fall der Zulässigkeit der Verjährung zum Nachtheil des Eigenthümers gegen den Pächter. — Vergl. A. L. R. I. **7**. §§ **99-104**., **9**. § **514**.

Rechtsgr. **251**. — II. Senat. 15. Mai 1860. (XXXVII. 233.)

Der § 521. I. 9. des Allgem. Landrechts, — nach welchem zum Nachtheil des Gutseigenthümers keine Verjährung gegen den Pächter, wohl aber gegen den Verwalter angefangen werden kann, — beruht nicht darauf, daß die verpachtete Sache der Einwirkung des Eigenthümers entzogen sei; derselbe knüpft vielmehr an das Pachtverhältniß die Vermuthung, daß der Verpächter von der Beeinträchtigung seines Eigenthumsrechts keine Kenntniß erhalten habe, ohne jedoch den Nachweis von Umständen, aus welchen das Gegentheil erhellet, auszuschließen.

D. Verjährung gegen den Generalpächter des Fiskus.

Rechtsgr. **252**. — II. Senat. 15. November 1859. (XXXVI. 11.)

Der Satz, daß gegen Generalpächter des Fiskus der § 521. I. 9. des Allgem. Landrechts keine Anwendung findet, ist in unbedingter Allgemeinheit nicht anzuerkennen. Vielmehr ist in dem einzelnen Falle nach der besonderen Beschaffenheit desselben zu prüfen, ob der Generalpächter zu dem Fiskus blos in dem Verhältnisse eines Pächters, oder nicht auch in dem eines Verwalters gestanden hat, in welchem letzteren Falle die Kenntniß desselben der des Eigenthümers gleichgestellt werden muß.

E. Verjährung gegen den Lassiten; Erwerbung einer Grundgerechtigkeit gegen den Besitzer eines lassitischen Grundstücks. — Vergl. A. L. R. I. **9.** § 579., **21.** §§ 629-631. 634., **22.** § 13.

Rechtsgr. **253.** — II. Senat. 8. März 1860. (XXXVII. 91.)

Gegen den Besitzer eines lassitischen Grundstücks kann eine Grundgerechtigkeit durch Verjährung erworben werden.

Siehe auch Rechtsgrundsätze 270. 538. 539. (A. L. R. I. **9.** § 627., **21.** § 91.)

§§ **524. 528-530.** Hinderniß des Fortlaufes der Verjährung durch Justiz-Stillstand.

Rechtsgr. **254.** — II. Senat. 7. März 1861. (XL. 338.)

Der Justizstillstand hindert nicht blos den Anfang, sondern hemmt auch den Fortlauf der Verjährung.

§ **528** Siehe Rechtsgrundsätze **254. 1150-1153. 1205-1209.** (§ 523. dieses Titels; Konkurs-Ordnung vom 8. Mai 1855 §§ 8. **199.** Al. 4.)

§ **531.** Wiedereinsetzung des behindert Gewesenen in den vorigen Stand gegen die vollendete Verjährung:

A. Ausschließung dieser Restitution wegen erlangter Kenntniß des Hindernisses im Laufe der Verjährung.

Rechtsgr. **255.** — II. Senat. 15. November 1859. (XXXVI. 11.)

Die vierjährige Restitution gegen die vollendete Verjährung wegen eines im Laufe derselben eingetretenen Hindernisses findet nicht statt, wenn der Eigenthümer von dem Besitz und Anspruch des Verjährenden unterrichtet, und im Laufe der Verjährung das Hinderniß zu beseitigen im Stande war.

B. Nichtbegründung der Restitution durch Verpachtung des Grundstücks nach angefangener Verjährung. — Vergl. A. L. R. I. 7. §§ 99. 104., 9. §§ 514. 521.

Rechtsgr. 256. — II. Senat. 30. Oktober 1860. (XXXIX. 139.)

Die erst nach angefangener Verjährung gegen den Eigenthümer von demselben vorgenommene Verpachtung des Grundstücks ist kein, die vierjährige Restitution gegen die wider den Pächter vollendete Verjährung begründendes Hinderniß.

Siehe auch Rechtsgrundsatz 257. (§ 537. dieses Titels.)

§ 535. Siehe Rechtsgrundsatz 666. (A. L. R. II. 2. § 440.)

§ 537. Wiedereinsetzung eines Minderjährigen in den vorigen Stand gegen die vollendete Verjährung. — Vergl. §§ 531. 594. dieses Titels.

Rechtsgr. 257. — II. Senat. 29. Juni 1858. (XXX. 153.)

Die Restitution wegen Minderjährigkeit kann auch schon während der Minderjährigkeit und der Dauer der Vormundschaft nachgesucht werden.

§ 541. Siehe Rechtsgrundsatz 247. (§ 512. dieses Titels.)

§ 545. Siehe Rechtsgrundsätze 155. 1202-1209. (A. L. R. I. 6. § 54.; Konkurs-Ordnung § 199.)

§ 546. Siehe Rechtsgrundsätze 412. 1496. (A. L. R. I. 14. § 158.; Gesetz No. 1885. vom 31. März 1838 § 10.)

§§ 551. ff. Unterbrechung der erlöschenden Verjährung durch Anmeldung der Klage bei dem gehörigen Richter:

A. Manifestation der Absicht der Klageanstellung bei dem Richter. — Vergl. A. G. O. I. 4. §§ 2. 14. 16.

Rechtsgr. 258. — III. Senat. 4. Juni 1860. (XXXVIII. 31.)

Zur Unterbrechung der erlöschenden Verjährung ist jede Manifestation der Absicht bei dem Richter, den Anspruch geltend machen zu wollen, mithin auch ein darauf bezüglicher Vorbehalt, der wirklichen Klageanmeldung gleich zu achten.*

B. Unterbrechung der Verjährung durch Eintragung einer Protestation in das Hypothekenbuch. — Vergl. A. L. R. I. 9. §§ 511. 513.

* Vergl. dagegen Bd. 1. S. 68. No. 209. dieser Rechtsgrundsätze.

554., 20. § 421.; Allgem. Hypotheken-Ordnung II. §§ 18. 289. 298. 299.

Rechtsgr. 259. — II. Senat. 26. November 1857. (XXVII. 174.)

Durch die Eintragung einer Protestation in das Hypothekenbuch wird die Verjährung des protestativisch eingetragenen Anspruchs durch Nichtgebrauch unterbrochen.

Siehe auch Rechtsgrundsätze 266. 412. 667. 984. 1002. 1496. (A. L. R. I. 9. § 575., 14. § 158., II. 2. § 440.; Strafgesetzbuch §§ 50. 343.; Gesetz No. 1885. vom 31. März 1838 § 10.)

§ 554. Verjährungsfrist nach zwar erfolgter Anmeldung, jedoch nicht erfolgter Fortsetzung der Klage. Vergl. § 563. dieses Titels.

Rechtsgr. 260. — III. Senat. 28. Januar 1858. (XXXII. 175.)

Für die neue Verjährung, welche nach § 554. I. 9. des Allgem. Landrechts zu laufen beginnt, wenn die angemeldete Klage nicht fortgesetzt wird, gilt, sofern nicht Spezialvorschriften entgegenstehen, als Regel die der ursprünglichen gleichkommende Frist.

Siehe auch Rechtsgrundsätze 259. 266. 412. 1002. 1079. (A. L. R. I. 9. §§ 551. 575., 14. § 158.; Strafgesetzbuch § 343.; A. G. O. I. 17. § 19.)

§§ 558-560. Verjährungsfrist nach ergangenem Judikate überhaupt und insbesondere hinsichtlich eines Gewährsmängel-Anspruchs. — Vergl. A. L. R. I. 5. § 344.; Gesetz No. 1885. vom 31. März 1838 § 10.

Rechtsgr. 261. — III. Senat. 28. Januar 1858. (XXXII. 175. 176.)

Nach ergangenem rechtskräftigen Urtheile greift auch für die nicht erst durch das Gesetz vom 31. März 1838 eingeführten Ausnahmefälle der kürzern Verjährung, z. B. die der Gewährsmängel nach § 344. I. 5. des Allgem. Landrechts, die ordentliche Klageverjährung von 30 Jahren Platz.

Es ändert hieran Nichts, wenn im Fall der Gewährsmängelklage durch das ergangene Judikat nur die Verurtheilung des Verklagten zur Vergütung des Werthes des Nichtgewährten ausgesprochen, die Ermittelung des Betrages aber zum besonderen Verfahren verwiesen ist.

§ **562**. Unterbrechung der Verjährung durch gegenseitiges Anerkenntniß:
A. Absicht der Anerkennung der Verbindlichkeit.

Rechtsgr. **262**. — I. Senat. 28. Oktober 1859. (XXXV. 199.)

Das zur Unterbrechung der Verjährung geeignete Anerkenntniß muß ein gegenseitiges sein, d. h. der Schuldner muß dasselbe in der Absicht abgelegt haben, seine Schuld als noch bestehend anerkennen zu wollen.

B. Ausdrücklich oder stillschweigend erklärtes Anerkenntniß, z. B. durch Abschlagszahlungen. — Vergl. A. L. R. I. **4**. § 94.

Rechtsgr. **263**. — I. Senat. 14. Oktober 1859. (XXXIV. 325.)

Das die Verjährung immer unterbrechende gegenseitige Anerkenntniß des Rechts erfordert nicht gerade eine ausdrückliche Erklärung; dasselbe kann auch durch Handlungen, z. B. durch Abschlagszahlungen, ausgedrückt werden und ist an keine Form gebunden.

§ **563**. Siehe Rechtsgrundsätze **260**. **412**. (A. L. R. I. **9**. § 554., **14**. § 158.)

§ **564**. Aufhebung der Wirkung der vollendeten Verjährung durch Anerkenntniß:
A. Anerkenntniß in der Absicht, die Wirkung der Verjährung aufzuheben. — Vergl. §§ 568. 569. dieses Titels.

Rechtsgr. **264**. — I. Senat. 28. Oktober 1859. (XXXV. 199.)

Das die Wirkung der vollendeten Verjährung aufhebende Anerkenntniß erfordert eine in der Absicht, die Wirkung der Verjährung aufzuheben, abgegebene verbindende Erklärung.

B. Anerkenntniß in der Form eines Schuldscheins. — Vergl. A. L. R. I. **11**. § 730.

Rechtsgr. **265**. — IV. Senat. 7. Juli 1860. (XXXVII. 328.)

Das Anerkenntniß einer bereits verjährten Forderung im Sinne des § 564. I. 9. des Allgem. Landrechts kann auch in der Form eines Schuldscheins abgegeben werden.

§ **565**. Siehe Rechtsgrundsatz 922. (Allg. Deutsche Wechsel-Ordnung Art. 77.)

§ **566**. Siehe Rechtsgrundsätze 243. 922. (§ 5000. dieses Titels; Allg. Deutsche Wechsel-Ordnung Art. 77.)

§§ **568. 569**. Siehe Rechtsgrundsätze 7. 244. **2264. 265. (A. L. R.** Publikations-Patent vom 5. Februar 1794 § 17., **I. 9.** §§ **504. 564.**)

§ **575**. Verjährung der Klage jedes einzelnen Miterben auf Anerkennung seines Erbrechts und Herausgabe des Erbantheils. — Vergl. A. L. R. I. **9.** §§ 501. **502.** 551. ff.

Rechtsgr. **266.** — I. Senat. 20. Februar 1860. (**XXXVI. 243.**)

Haben mehre Miterben, jeder für sich, ein gleiches verfolgbares Recht, auf Anerkennung ihres Erbrechtes mit der hereditatis petitio partiaria zu klagen und die Herausgabe ihrer Intestatportion zu verlangen, so ist dies kein untheilbares oder gemeinschaftlich besessenes Recht im Sinne des § 575. I. 9. des Allgem. Landrechts, sondern ein Anspruch, der in Ansehung eines Jeden für sich eintretenden Falles der Verjährung unterworfen ist.

§ **576**. Siehe Rechtsgrundsatz 1494. (Gesetz No. 1885. vom 31. März 1838 § 1. No. 7.)

§ **579**. Siehe Rechtsgrundsätze 169. 253. 267. 269. 271. 540. 546. 569-572. 695. (A. L. R. I. **7.** § 70., **9.** §§ 521. 591. 613. 628., **21.** §§ 91. 187., **22.** § 13., II. 7. § 28.)

§ **581**. Siehe Rechtsgrundsatz 774. (A. L. R. II. **15.** § 38.)

§ **591**. Unrechtfertiger Besitz als Hinderniß der zehnjährigen Verjährung. — Vergl. A. L. R. I. **7.** §§ 13-15., **9.** §§ 579. 620. 628.

Rechtsgr. **267.** — III. Senat. 14. Januar 1859. (**XXXII. 134.**)

Der unrechtfertige Besitzer kann durch zehnjährigen Besitz nicht verjähren.

Siehe auch Rechtsgrundsätze 169. 271. (A. L. R. I. **7.** § 70., **9.** § 628.)

§ **594**. Siehe Rechtsgrundsatz 257. (§ 537. dieses Titels.)

§ **596**. Siehe Rechtsgrundsatz 272. (§ 649. dieses Titels.)

§§ **597**. ff. Siehe Rechtsgrundsatz 183. (A. L. R. I. **7.** § **124.**)

§§ **601**. ff. **611**. Siehe Rechtsgrundsätze 165. 269. 313. 569-572. (A. L. R. I. **7.** § 45., **9.** § 613., **11.** § 342., **22.** § 13.)

§§ **603.** ff. Unterbrechung der erwerbenden Verjährung durch Klageanstellung. — Vergl. A. G. O. I. 7. § 50.

Rechtsgr. **268.** — III. Senat. 4. Juni 1860. (XXXVIII. 31.)

Zur Unterbrechung der erwerbenden Verjährung ist die Insinuation der Klage oder der wirklichen Klageanmeldung, welche mit dem Verlangen, die Sache durch Aufnahme und Insinuation der Klage zur *sofortigen* gerichtlichen Entscheidung zu bringen, verbunden ist, erforderlich, und reicht daher zu dieser Unterbrechung die mittelst des Vorbehalts einer Klage kundgegebene Absicht, der Negligenz begegnen zu wollen, nicht hin.

§§ **613.** Fortsetzung des Verjährungsbesitzes des bisherigen Besitzers des hiernächst parzellirten Guts durch die Parzellenbesitzer. — Vergl. A. L. R. Einleitung § 108., I. **2.** §§ 107., **7.** §§ 111. ff., **9.** §§ 579. 601.

Rechtsgr. **269.** — II. Senat. 23. April 1857. (XXV. 75.)

Nach erfolgter Parzellirung eines Guts findet seitens der Besitzer der einzelnen Parzellen eine Fortsetzung des von dem bisherigen Besitzer des ganzen Guts für dasselbe ausgeübten Verjährungsbesitzes nicht statt.

Siehe auch Rechtsgrundsätze 166. 569-572. (A. L. R. I. **7.** § 46., **22.** § 13.)

§ **614.** Siehe Rechtsgrundsatz 540. (A. L. R. I. **21.** § 91.)

§ **620.** Siehe Rechtsgrundsätze 267. 271. 540. (A. L. R. I. **9.** §§ 591. 628., **21.** § 91.)

§§ **625.** ff. Siehe Rechtsgrundsätze 166. 169. 173. 545. 546. 569-572. 695. 788. (A. L. R. I. **7.** §§ 46. 70. 80., **21.** §§ 187. 201., **22.** § 13., II. **7.** § 28., **16.** § 117.)

§ **627.** Ersitzung einer Grundgerechtigkeit durch den Pächter. — Vergl. A. L. R. I. **7.** § 124., **9.** § 521., **22.** § 12.

Rechtsgr. **270.** — II. Senat. 11. März 1858. (XXIX. 209.)

Der Pächter kann, in Ermangelung eines Auftrages seitens des Verpächters, für die gepachtete Sache eine Grundgerechtigkeit durch Verjährung nicht erwerben.

Siehe auch Rechtsgrundsätze 183. 545. 546. (A. L. R. I. **7.** § 124., **21.** §§ 187. 201.

§ **628**. Verjährung durch Besitz in 30 Jahren durch den unrechtfertigen Besitzer. — Vergl. A. L. R. I. **7**. § **14**., **9**. §§ **579**. **591**. **620**.

Rechtsgr. **271**. — **III**. Senat. 14. Januar 1859. (**XXXII**. 134.)

Die Unrechtfertigkeit des Besitzes ist kein Hinderniß der Verjährung durch Besitz in 30 Jahren.*

Siehe auch Rechtsgrundsätze **169**. **267**. (A. L. R. I. **7**. § 70., **9**. § 591..)

§ **629**. Siehe Rechtsgrundsätze **539**. **766**. **774**. **1313**. (A. L. R. I. **21**. § 91.. II. **14**. § **42**., **15**. § 38.; Cod. **7**. **39**. **Lex** 7. § 6.)

§§ **649**. **650**. Verjährung durch Besitz in **40** Jahren; Begriff einer diskontinuirlichen Servitut. — Vergl. § **596**. dieses Titels.

Rechtsgr. **272**. — **II**. Senat. 6. Oktober 1859. (**XXXV**. **142**.)

Das Recht des Eigenthümers eines durch Wasserkraft getriebenen Werkes, das bei dem Betriebe eines oberhalb des Flusses belegenen Werkes des Nachbars abfließende Wasser zu benutzen und, wenn des Nachbars Werk nicht betrieben wird, oder das Wasser unzureichend abfließt, einen Sammelteich des Nachbars zu öffnen oder dessen sofortige Oeffnung zu verlangen, — ist für ein diskontinuirliches nicht zu erachten und kann daher durch Verjährung in 30 Jahren erworben werden.

Siehe auch Rechtsgrundsätze **184**. **545**. (A. L. R. I. **7**. § **130**.; **21**. § 187.)

§ **656**. Siehe Rechtsgrundsatz 780. (A. L. R. II. **16**. § 98.)

§ **664**. Siehe Rechtsgrundsatz **1363**. (Wegeordnung vom 7. Januar **1769** § 8.)

§§ **665**. **666**. Siehe Rechtsgrundsätze **245**. 587. **762**. (A. L. R. I. **9**. § 504., **22**. § 90., II. **12**. § 22.)

Titel 10. Von der mittelbaren Erwerbung des Eigenthums.

§ **1**. Siehe Rechtsgrundsätze **276**. **606**. **1423**. (A. L. R. I. **10**. § **18**., II. **1**. § **210**.; Gesetz von No. **939**. vom **21**. April **1825** § **15**.)

* Vergl. dagegen Rechtsgrundsätze Bd. 1. (II. Ausgabe) S. 71. No. 220.

§§ 2. 3. Siehe Rechtsgrundsatz **276.** (§ **18.** dieses Titels.)

§§ 7. 8. Verhandlungen mit dem eingetragenen Besitzer des Grundstücks auf den guten Glauben des Hypothekenbuchs:

A. Erwerb einer Zeche auf den guten Glauben des Berggegenbuchs gegenüber dem Vorzugsrechte eines älteren Muthers. — Vergl. A. L. R. **I. 10.** § 18., II. **16.** § 255.

Rechtsgr. **273.** — I. Senat. 23. September 1859. (XXXV. 110.)

Dem von einem Muther gegen Denjenigen, welcher von dem eingetragenen Vorbesitzer eine Zeche gekauft hat, auf den Grund einer älteren Muthung beanspruchten Vorzugsrechte steht der von dem Verklagten erhobene Einwand des Erwerbes auf den guten Glauben des Hypothekenbuchs nicht entgegen.

B. Wirkung der Verfügungen des eingetragenen Besitzers über das Grundstück hinsichtlich der auf dem Titelblatte in Gemäßheit des Auszugs aus der Grundsteuer-Mutterrolle irrthümlich als zu dem Grundstücke gehörig vermerkten einzelnen Bestandtheile. — Vergl. A. L. R. **I. 20.** § 410.

Rechtsgr. **274.** — IV. Senat. 7. Juli 1859. (XXXIV. 137.)

a) Die Bestimmungen der §§ 7. u. 8. I. 10., sowie des § 410. I. 20. des Allgem. Landrechts sprechen nur die Legitimation des eingetragenen Besitzers zu Verfügungen über das Grundstuck überhaupt aus, enthalten aber keine Satzung darüber, was in jedem einzelnen Falle als zu einem solchen Grundstück gehörig und sonach als der Verfügung des eingetragenen Besitzers unterworfen angesehen werden soll.

b) Daher ist der Vermerk auf dem Titelblatte des Hypothekenfoliums eines Gutes, aus welchen Bestandtheilen das Grundstück nach der Grundsteuer-Mutterrolle besteht, für das Verfügungsrecht des eingetragenen Besitzers nicht dergestalt maaßgebend, daß auch solche Realitäten, welche nur irrthümlich als zu dem Grundstücke gehörig in der Mutterrolle bezeichnet sind, in Wahrheit aber nicht dazu gehören, zum Nachtheile des wahren Eigenthümers den Verfügungen und insbesondere den Verpfändungen des eingetragenen Besitzers für mit unterworfen zu erachten wären.

C. Wirkung der Verfügung des eingetragenen Besitzers über das Grundstück hinsichtlich bereits früher an einen Dritten veräußerter und übergebener, aber in dem Hypothekenbuche nicht abgeschriebener Parzellen. — Vergl. A. L. R. I. **11.** §§ 340. 342.

Rechtsgr. 275. — III. Senat. 8. Dezember 1858. (XXXII. 72.)

Wenn von dem eingetragenen Besitzer des Grundstücks eine Parzelle veräußert und übergeben ist, so geht der Erwerber dieser Parzelle, wenngleich deren Abschreibung in dem Hypothekenbuche noch nicht erfolgt ist, durch spätere Dispositionen des eingetragenen Besitzers dennoch seines Eigenthumsrechts nicht verlustig.

Siehe auch Rechtsgrundsätze 313. 1106. (A. L. R. I. **11.** § 342., A. G. O. I. **24.** § 9.)

§ **15.** Siehe Rechtsgrundsatz 19. (A. L. R. Einl. § 32.)

§§ **18-25.** Streit zwischen mehreren Eigenthumsprätendenten bei Ableitung ihres Rechts von demselben früheren Eigenthümer. — Vergl. A. L. R. I. **10.** §§ 1-3., **15.** § 3.

Rechtsgr. 276. — III. Senat. 16. April 1860. (XXXVII. 166.)

a) Die mehreren Eigenthumsprätendenten haben den Streit darüber, welcher von ihnen den Anderen gegenüber das Eigenthum zu erwerben berechtigt ist, unter einander abzumachen.

Daher kann auch Derjenige, welcher nur ein persönliches Recht hat, dasselbe im Wege der Klage gegen den dritten Besitzer der Sache verfolgen.

b) Leiten zwei Eigenthumsprätendenten, von denen der Eine die Uebergabe erlangt hat, ihr persönliches Recht zur Sache von dem nämlichen früheren Eigenthümer her, so gestaltet sich ihr Streit zu einem Streit über das Recht zum Besitze. Wird dieser Streit daher zum Nachtheile des Besitzers entschieden, so ist der Andere von demselben die Herausgabe der Sache mit denjenigen Nutzungen zu fordern berechtigt, welche nach den allgemeinen Grundsätzen über die Redlichkeit oder Unredlichkeit des Besitzes herauszugeben sind.

Siehe auch Rechtsgrundsätze 273. 532. (A. L. R. I. **10.** § 7., **20.** § 546.)

Titel 11. Von den Titeln zur Erwerbung des Eigenthums, welche sich in Verträgen unter Lebendigen gründen.

Erster Abschnitt. Von Kaufs- und Verkaufsgeschäften.

§§ **1.** ff. Begriff eines Kaufvertrages:

A. Ueberlassung der jährlichen Ausbeute eines Bergwerks-Antheils für einen bestimmten Preis auf bestimmte Jahre. — Vergl. A. L. R. I. **2.** § 4., **9.** § 220., **11.** §§ 527. ff., **21.** §§ 259. 271.

Rechtsgr. **277.** — III. Senat. 20. November 1857. (XXVII. 149.)

Die gegen einen bestimmten Preis geschehene Ueberlassung der Ausbeute bestimmter Kuxe an bestimmten und vorhandenen Flötzen enthält weder einen Pachtvertrag, noch auch ein gewagtes Geschäft — eine emtio spei oder emtio rei speratae, sondern einen Kaufvertrag.

B. Feststellung des Begriffes eines Vertrages als Kauf- oder Lieferungsvertrag. — Vergl. **981.** ff. dieses Titels.

Rechtsgr. **278.** — IV. Senat. 31. Januar 1861. (XL. 221.)

Bei Beurtheilung der Frage: ob ein Vertrag für einen Kauf- oder für einen Lieferungsvertrag zu erachten sei, ist, wenn nicht eben ein vom Kaufvertrage unterscheidendes Merkmal g a n z fehlt, der thatsächlichen Würdigung das Gebiet nicht verschlossen.

C. Natur der Ablösekapitalien und Rentenbriefe für die abgelösten Realberechtigungen eines Gutes; Berücksichtigung derselben bei der vorbehaltenen nachträglichen Erbtheilung hinsichtlich des Mehrbetrages des Kaufgeldes bei dem Weiterverkaufe des Gutes. — Vergl. A. L. R. I. **2.** §§ 107. 111. 116., **11.** § 381., **18.** § 720., II. **1.** Anhang § 79. zu 648.; Deklaration vom 25. April 1845;

Ablösungsgesetz vom 2. März 1850 §§ 44. 60-64.; Rentenbankgesetz vom 2. März 1850 §§ 2. ff. 28.

Rechtsgr. 279. — I. Senat. 10. September 1858. (XXIX. 335.)

a) Die Ablösungskapitalien und Rentenbriefe für die abgelösten Real-Berechtigungen eines Gutes haben die rechtliche Natur des Kaufpreises derselben.

b) Daher kommen dieselben bei der vorbehaltenen nachträglichen Erbtheilung behufs der Berechnung des Mehrbetrages des Kaufgeldes des Gutes bei dessen weiterem Verkaufe mit in Anschlag.

Siehe auch Rechtsgrundsätze 380. 865. (A. L. R. I. **12.** § 656.; Allg. Deutsche Wechsel-Ordnung Art. **4.** Nr. 5.)

§§ **4.** ff. Siehe Rechtsgrundsätze 197. 782. (A. L. R. I. **7.** § 150., II. **16.** § 109.)

§§ **8-11.** Gesetzlich nothwendiger Verkauf zum Wohle des Gemeinen Wesens; Verzinsung des Expropriationspreises. — Vergl. §§ 109. ff. dieses Titels; Eisenbahngesetz vom 3. November 1838. § 11.

Rechtsgr. 280. — III. Senat. 31. Januar 1859. (XXXII. 183.)

Der Expropriationspreis ist vom Tage der Besitznahme von den expropriirten Grundstücken mit 5 Prozent zu verzinsen.

Siehe auch Rechtsgrundsätze 24. 27. 42-44. 157. 555. 1498. (A. L. R. Einl. §§ 75. 93., I. **2.** § 114., **6.** § 54., **21.** § 420.; Eisenbahngesetz vom 3. November 1838 § 11.)

§ **12.** Siehe Rechtsgrundsatz 380. (A. L. R. I. **12.** § 656.)

§§ **13.** ff. Siehe Rechtsgrundsatz 59. (A. L. R. I. **4.** § 100.)

§ **19.** Berechtigung des Verkäufers zum Verkaufe und Fähigkeit des Käufers zur Erwerbung und zum Besitze der Sache. — Vergl. §§ 135. ff. 222. 223. dieses Titels.

A. Gültigkeit eines Kaufvertrages über fremde Sachen; Gewährleistung aus demselben wegen der Ansprüche eines Dritten.

Rechtsgr. 281. — III. Senat. 15. Oktober 1858. (XXXI. 55.)

Die Vorschrift des § 19. I. 11. des Allgem. Landrechts, — nach welcher zur Schließung eines gültigen Kaufs erfordert wird, daß der Verkäufer über das Eigenthum der Sache zu verfügen berechtigt sei, — hat nicht die Bedeutung:

daß die Rechtsbeständigkeit eines geschlossenen Kaufvertrages auch in Beziehung auf die Kontrahenten davon abhänge, daß der Verkäufer zur Zeit des Vertrags-Abschlusses wirklich Eigenthümer der verkauften Sache gewesen sei;

vielmehr hängt in Beziehung auf die Kontrahenten die Gültigkeit oder Ungültigkeit des Vertrages von den besonderen Wirkungen ab, welche in jedem einzelnen Falle das Nichtvorhandensein des in dem § 19. vorgeschriebenen Erfordernisses auf das Rechtsverhältniß der Kontrahenten unter einander hat, und diese sind nach den allgemeinen Vorschriften der Vertragslehre und insbesondere nach den Vorschriften der Gewährleistung bei Kaufverträgen zu beurtheilen.

B. Berechtigung der Unterthanen anderer Deutscher Bundesstaaten zur Erwerbung von Rittergütern und Domänen-Vorwerken im Preußischen Staate, insbesondere im Wege der nothwendigen Subhastation. — Vergl. A. L. R. I. 8. § 8., II. 9. § 58.; Kabinets-Order vom 28. März 1809; Zirkular-Reskript vom 4. April 1809; Deutsche Bundesakte vom 8. Juni 1815 Art. 18. No. 1.; Ministerial-Gutachten vom 18. August 1836.

Rechtsgr. **282.** — III. Senat. 2. Oktober 1857. (XXVI. 238.)

a) Unterthanen anderer Deutscher Bundesstaaten sind gleich Inländern berechtigt, auf ein zur Subhastation gestelltes, im Preußischen Staate belegenes Rittergut zu bieten, und, insofern sie Meistbietende geblieben, den Zuschlag an sie zu verlangen, ohne daß es der vorherigen Beibringung der Spezial-Konzession des Königlich Preußischen Ministeriums des Innern zur Erwerbung dieses Gutes bedarf.

b) Die nach Erwerbung eines solchen Gutes dem betreffenden Unterthan eines anderen Deutschen Bundesstaates verweigerte Ertheilung der nachgesuchten Spezial-Konzession hat die Wirkung, daß das Gut von Neuem, sei es aus freier Hand, sei es mittelst nothwendiger Subhastation, zum Verkaufe gestellt werden muß.

Siehe auch Rechtsgrundsatz 637. (A. L. R. II. 1. § 811.)

§ **27.** Siehe Rechtsgrundsatz **312.** (§ 340. dieses Titels.)

§ **30.** Bezeichnung des verkauften Gegenstandes in einem schriftlichen Vertrage. — Vergl. A. L. R. I. **4.** §§ **146. 147. 149. 151.**, **5.** §§ **127.** ff.

Rechtsgr. **283.** — **III.** Senat. 18. Februar 1859. (**XXXII.** 271.)

Wenn nach der mündlichen Uebereinkunft der Kontrahenten das Kaufgeschäft sich über zwei, auf verschiedenen Hypothekenfolien eingetragene Grundstücke des Verkäufers verhält, und demgemäß der Kaufpreis für beide Grundstücke zusammen verabredet, hiernächst aber in der schriftlichen Vertrags-Urkunde nur das eine Grundstück als verkauft betrachtet ist; so liegt dennoch auch hinsichtlich des andern Grundstücks ein schriftlicher Kaufvertrag vor, insofern die Kontrahenten unter der gebrauchten Bezeichnung beide Grundstücke begriffen haben.

Siehe auch Rechtsgrundsätze **380. 1479.** (A. L. R. I. **12.** § **656.**; Subhastations-Verordnung vom **4.** März **1834** § **6.** No. **1.**)

§ **31.** Siehe Rechtsgrundsatz 380. (A. L. R. I. **12.** § 656.)

§ **48.** Siehe Rechtsgrundsatz 59. (A. L. R. I. **4.** § 100.)

§ **59.** Verletzung des Käufers über die Hälfte. — Vergl. A. L. R. I. **4.** §§ 75. ff.

Rechtsgr. **284.** — **IV.** Senat. 16. Februar 1860. (**XXXVI.** 221.)

Für die Anwendung der im § 59. I. 11. des Allgem. Landrechts aufgestellten Vermuthung und bei Beurtheilung ihrer Anwendbarkeit im konkreten Falle ist lediglich der Werth der Sache in ihrer Totalität und nach ihrer Gesammtbeschaffenheit, — ohne Rücksicht auf etwa behauptete einzelne Mängel oder Fehler derselben, — nach Maaßgabe der im § 61. ebendaselbst vorgeschriebenen Abschätzung vereideter Sachverständiger ins Auge zu fassen, und ihr Ausspruch entscheidet mit Rücksicht auf die Grundsätze der §§ 62. ff. über das Vorhandensein oder Nichtvorhandensein der im § 59. aufgestellten Vermuthung, sofern nicht dieselbe durch die übrigen, bei den Unterhandlungen und bei Abschließung des Vertrages vorgefallenen Umstände gehoben wird.

§§ **65.** ff. Fälle der Nichtzuständigkeit der Einrede der Verletzung über die Hälfte; Verkauf der gekauften Sache im Wege der Exekution bei eingelegter Nichtigkeitsbeschwerde. — Vergl. Verordnung vom **14.** Dezember **1833** § **10.**

Rechtsgr. **285.** — IV. Senat. 19. Juni 1860. (XXXVII. 295.)

Derjenige, welcher ein noch mit der Nichtigkeitsbeschwerde angreifbares Urtheil durch Exekution zur Ausführung bringen läßt, thut dies auf seine Gefahr. Er kann daher namentlich Verletzung über die Hälfte nicht geltend machen, wenn nach Erlaß des zweiten Urtheils auf sein Anstehen die ihm verkauften Sachen versteigert worden sind.

Siehe auch Rechtsgrundsatz **127.** (A. L. R. **I. 5.** § **343.**)

§§ **72. 74.** Simulirte Käufe; Erfüllung eines simulirten schriftlichen Kaufvertrages über ein Grundstück. — Vergl. A. L. R. **I. 5.** §§ **146. 155.** ff.

Rechtsgr. **286.** — III. Senat. 10. Februar 1858. (XXIX. 85.)

Ein über ein Grundstück errichteter schriftlicher Kaufvertrag, in welchem der Kaufpreis zum Schein niedriger, als er mündlich in Wahrheit vereinbart worden, angegeben ist, erlangt auch durch die gegen Uebergabe des Grundstücks erfolgte Zahlung jenes nur zum Schein angegebenen niedrigeren Kaufpreises keine verbindliche Kraft.

Siehe auch Rechtsgrundsätze **88. 97. 98.** (A. L. R. **I. 5.** §§ **127. 155. 156.**)

§§ **78.** ff. Siehe Rechtsgrundsatz **19.** (A. L. R. Einl. § **32.**)

§§ **82.** ff. Gewährleistung des Verkäufers eines Landguts in Betreff der Inventarienstücke bei dem Verkaufe dieses Landguts in Pausch und Bogen. — Vergl. A. L. R. **I. 5.** §§ **285.** ff. **317. 339-342., 11. 170. 171. 192.** ff.

Rechtsgr. **287.** — III. Senat. 17. Februar 1860. (XXXVI. 226.)

a) Bei dem Verkaufe eines ganzen Landgutes in Pausch und Bogen ist der Verkäufer gesetzlich nicht verpflichtet, für die Brauchbarkeit eines jeden Stücks des Inventars zu haften.

b) Hat der Verkäufer eines Landguts nach Abschluß des Verkaufes Inventarienstücke entfernt, so sind die §§ 285. ff. I. 5., nicht aber die §§ 170. 171. I. 11. des Allgem. Landrechts anwendbar.

Siehe auch Rechtsgrundsatz 19. (A. L. R. Einl. § 32.)

§ 93. Siehe Rechtsgrundsatz 111. (A. L. R. I. 5. § 247.)

§§ 98. 99. 407. 413. 987. Wirkung der seitens des Abnehmers erfolgten Weigerung der Abnahme des demselben nach erfolgter Cession des Schlußscheins an einen Dritten von dem Lieferanten zur Annahme angebotenen Roggens.

Rechtsgr. 288. — IV. Senat. 9. September 1858. (XXX. 212.)

Der Abnehmer kann die Abnahme des ihm von dem Lieferanten innerhalb der Vertragsfrist zur Annahme angebotenen Roggens unter dem Vorgeben, er habe den Schlußschein cedirt, und sei ihm der jetzige Inhaber desselben unbekannt, nicht verweigern; vielmehr befreit diese Weigerung den Lieferanten von den Folgen der unterbliebenen Lieferung, ohne zur Deposition des Roggens verpflichtet zu sein.

§ 109. Unzulässigkeit gleichzeitiger Nutzung der verkauften Sache und des Kaufpreises:

A. Verpflichtung des Miterben, die von ihm wegen Uebernahme des Nachlaßgrundstücks zu zahlenden Erbantheile der übrigen Miterben zu verzinsen. — Vergl. A. L. R. Einl. § 49., I. 17. § 115.

Rechtsgr. 289. — I. Senat. 18. Juli 1859. (XXXIV. 208.)

Der Miterbe, welchem in dem Testamente des Erblassers das Nachlaßgrundstück gegen die Verpflichtung, seine Miterben abzufinden, überlassen wird, ist die Erbantheile der letzteren seit dem Todestage des Erblassers zu verzinsen verpflichtet.

B. Verzinsung des Kaufpreises von Aktien.

Rechtsgr. 290. — IV. Senat. 12. Juli 1860. (XXXIX. 9.)

Wenn Aktien mit den laufenden Zinsen nicht auf Borg

verkauft worden, jedoch bis zur Zahlung des Kaufpreises in den Händen des Verkäufers geblieben sind, so muß der Käufer den Kaufpreis vom Tage des Abschlusses des Vertrages verzinsen.

Siehe auch Rechtsgrundsatz 280. (§ 8. dieses Titels.)

§§ **124-126.** Verbindlichkeiten des Verkäufers hinsichtlich der Uebergabe, insbesondere hinsichtlich der Besitztitel-Berichtigung.

Rechtsgr. **291.** — III. Senat. 2. November 1860. (XXXIX. 147.)

Die §§ 124–126. I. 11. des Allgem. Landrechts, — betreffend die Verbindlichkeiten des Verkäufers hinsichtlich der Uebergabe und insbesondere hinsichtlich der Besitztitel-Berichtigung, — greifen nur Platz, so lange nicht der Inhalt des Vertrages zu einer der Regel entgegengesetzten Annahme führt.

§§ **128.** ff. Uebergabe der verkauften Sache unter Abwesenden; Versendung derselben auf Gefahr des Käufers.

Rechtsgr. **292.** — I. Senat. 20. Dezember 1858. (XXXI. 353.)

Die einseitige Erklärung des Verkäufers: „Die Sendung erfolge auf Gefahr des Adressaten“, ist nicht geeignet, Eigenthum und Gefahr auf den Letzteren als Käufer zu übertragen; der Beweis des völligen Abschlusses des Kaufgeschäfts ist vielmehr nothwendig.

§§ **135.** ff. Siehe Rechtsgrundsätze **281. 282.** 433. 865. (A. L. R. I. **11.** § 19., **16.** § 46.; Allgem. Deutsche Wechsel-Ordnung Art. 4. No. 5.)

§ **139.** Verkauf einer fremden Sache. — Vergl. A. L. R. I. **5.** §§ **40.** ff., **17.** § 10.

Rechtsgr. **293.** — III. Senat. 7. November 1859. (XXXV. 226.)

Der Verkauf eines nach ideellen Antheilen gemeinschaftlichen Grundstückes als ein ungetheiltes Ganzes seitens Eines der Miteigenthümer enthält einen Vertrag über eine fremde Sache.

§§ **140-142.** Siehe Rechtsgrundsatz **240.** (A. L. R. I. **9.** § 418.)

§§ **143**. ff. **191**. Gewährleistung des Verkäufers; Begründung des Regreßanspruchs des Käufers auf Gewährleistung wegen der Ansprüche eines Dritten, insbesondere wegen einer auf dem Grundstücke ruhenden Last.

Rechtsgr. **294**. — III. Senat. 5. März 1858. (XXIX. 166.)

Zur Begründung des Regreßanspruchs des Käufers auf Gewährleistung ist die erfolgte Feststellung des Anspruchs des Dritten, für welchen die Vertretung gefordert wird, durch richterliche Entscheidung erforderlich.

Dies gilt auch in dem Falle, wenn es sich um Gewähr für eine auf dem Grundstücke ruhende Last handelt.

§ **164**. Siehe Rechtsgrundsatz 19. (A. L. R. Einl. § 32.)
§§ **169**. ff. Siehe Rechtsgrundsätze 120. 287. (A. L. R. I. **5**. § 317., **11**. § 82.)
§ **173**. Siehe Rechtsgrundsatz 120. (A. L. R. I. **5**. § 317.)
§§ **175**. **179**. Siehe Rechtsgrundsätze 315. 1227. (§ 342 dieses Titels; Allg. Hypotheken-Ordnung II. § 100.)
§§ **180**. ff. Siehe Rechtsgrundsatz 1146. (A. G. O. II. **6**. § 15. Nr. 4.)
§ **183**. Gewährleistung des Verkäufers für die auf dem Grundstücke haftenden Privatdienstbarkeiten, Lasten und Abgaben:

A. Ausschließung der Gewährleistung des Verkäufers für die auf dem verkauften Grundstücke haftende nicht eingetragene Grundgerechtigkeit durch deren geschehene Anzeige.

Rechtsgr. **295**. — III. Senat. 15. März 1858. (XXIX. 227.)

Zur Ausschließung der Gewährleistungspflicht des Verkäufers des mit einer nicht eingetragenen Grundgerechtigkeit belasteten Grundstücks genügt, daß derselbe sie bei der Kaufhandlung dem Käufer anzeige, eine ausdrückliche Ausschließung der Gewährleistung ist nicht erforderlich.

B. Ausschließung der Gewährleistung des Verkäufers für diese Privatdienstbarkeiten rc. durch deren Anzeige und durch sonstige Kenntniß des Käufers, nicht auch wegen geschehener Eintragung in das Hypothekenbuch. — Vergl. A. L. R. **4**. § 19.

Rechtsgr. **296**. — III. Senat. 8. Juni 1857. (XXV. 153.)

a) Plenarbeschluß vom 18. Mai 1857: Der

Verkäufer eines Grundstücks wird von der ihm im § 183. I. 11. des Allgem. Landrechts auferlegten Pflicht dadurch allein nicht befreit, daß die in Frage stehenden Privatdienstbarkeiten, Lasten oder Abgaben im Hypothekenbuche eingetragen stehen.

b) Der § 183. a. a. O. kann nur dahin verstanden werden, daß die genannten, nicht allen Grundstücken derselben Art in der Provinz gemeinsamen Privatdienstbarkeiten, Lasten und Abgaben ohne Vertretung des Verkäufers auf den Käufer übergehen, wenn dieselben dem Käufer von dem Verkäufer angezeigt worden sind.

c) Dieser Anzeige steht es jedoch gleich, wenn der Käufer bei der Kaufhandlung schon Kenntniß von der Privatdienstbarkeit 2c. gehabt hat.

Siehe auch Rechtsgrundsätze 1227. 1395. (Allg. Hypotheken-Ordnung II. § 100.; Hypothekenpatent vom 22. Mai 1815 § 3.)

§ **184.** Vertretung der auf dem verkauften Gute haftenden Privatschulden und Verbindlichkeiten:

A. Gewährleistung wegen protestativisch eingetragener Ansprüche. Vergl. A. L. R. I. 5. §§ 333. ff.

Rechtsgr. **297.** — III. Senat. 16. März 1860. (XXXVII. 114.)

Die nach erfolgter Besitztitelberichtigung des verkauften Grundstücks für den Käufer erfolgte protestativische Eintragung eines Anspruches an einen Vorbesitzer genügt zur Begründung der Vertretungsverbindlichkeit des Verkäufers nicht; vielmehr ist hierzu die Feststellung der wirklichen Existenz des dinglichen Anspruchs erforderlich.

B. Gewährleistung für die vor eingeleiteter Subhastation von dem hypothezirten Grundstücke zwar verkauften, jedoch stehen gebliebenen und von dem Adjudikatar entwährten Bäume.

Rechtsgr. **298.** — IV. Senat. 11. Januar 1859. (XXXII. 125.)

Werden auf einem hypothezirten Grundstücke stehende Bäume verkauft, so muß der Verkäufer deren in Folge der Subhastation bewirkte Entwährung auch dann vertreten, wenn die symbolische Uebergabe der Bäume erfolgt, und dem Käufer die Hypothezirung bekannt war.

Siehe auch Rechtsgrundsatz 433. (A. L. R. I. 16. § 46.)

§ 186. Siehe Rechtsgrundsätze 315. 1227. (§ 342. dieses Titels; Allg. Hypotheken-Ordnung II. § 100.)

§ 191. Siehe Rechtsgrundsatz 294. (§ 143. dieses Titels.)

§ 192. Gewährleistung wegen fehlender vorbedungener Eigenschaften; Beweislast hinsichtlich der Probemäßigkeit bei einem Kaufe nach Probe. — Vergl. A. L. R. I. 5. §§ 271. 319.

Rechtsgr. 299. — IV. Senat. 27. September 1859. (XXXV. 125.)

Bei einem Streite hinsichtlich der Probemäßigkeit der auf den Grund eines Kaufes nach Probe dem Käufer übergebenen Waare trifft zwar die Beweislast der, der Probe entsprechenden Vertrags-Erfüllung den Verkäufer, der Beweis der Identität der im Besitze des Käufers befindlichen Probe dagegen liegt dem Käufer ob.

Siehe auch Rechtsgrundsatz 287. (§ 82. dieses Titels.)

§ 193. Siehe Rechtsgrundsätze 287. 865. (§ 82. dieses Titels; Allg. Deutsche Wechsel-Ordnung Art. 4. No. 5.)

§ 198. Siehe Rechtsgrundsätze 125. 130. (A. L. R. I. 5. § 337; Dig. 21. 1. Lex 4. § 3.)

§§ 202-204. u. Anh. §§ 13. u. 14. zu §§ 204. 205. Gewährleistung wegen der Krankheit eines verkauften Thieres; Beweis des früheren kränklichen Zustandes des erkrankten Thieres bei der Eviktionsklage.

Rechtsgr. 300. — IV. Senat. 17. November 1859. (XXXV. 279.)

Der in den Schlußworten des § 203. I. 11. des Allg. Landrechts gebrauchte Ausdruck: „kränklicher Zustand" ist nicht gleichbedeutend mit dem Ausdrucke: „Krankheit" im Eingange dieser Gesetzstelle.

Der Käufer, welcher wegen der erst nach Verlauf von 24 Stunden nach der Uebergabe entdeckten Krankheit des ihm verkauften Thieres gegen den Verkäufer Eviktions-Ansprüche erhebt, hat daher nur den schon zur Zeit der Uebergabe im Körper des Thieres vorhanden gewesenen Grund —

die körperliche Ursache — der dadurch später herbeigeführten wirklichen Krankheit zu erweisen.

Siehe auch Rechtsgrundsatz 96. (A. L. R. I. 5. § 146.)

§ **206**. Erstattung des Werthes eines am Dummkoller krepirten, zusammen mit einem zweiten Pferde verkauften Pferdes.

Rechtsgr. **301**. — IV. Senat. 4. Februar 1858. (XXIX. 68.)

Ist von zwei, zusammen für einen gemeinschaftlichen Preis verkauften Pferden hiernächst Eins mit dem Dummkoller behaftet befunden und krepirt, so kann der Käufer den durch Sachverständige zu ermittelnden Werth desselben nach Verhältniß des für beide Pferde gezahlten Kaufpreises erstattet verlangen.

§§ **212**. **214**. Siehe Rechtsgrundsatz 83. (A. L. R. I. 5. § 127.)

§§ **218**. **219**. Verbindlichkeiten des Käufers wegen Uebernahme der Sache; Veräußerung der verkauften Waare seitens des Verkäufers durch Mäkler wegen verweigerter Annahme derselben seitens des Käufers. — Vergl. A. L. R. II. 8. § 1337.; Gesetz vom 4. Juli 1822 §§ 18. 19.

Rechtsgr. **302**. — IV. Senat. 2. Dezember 1858. (XXXI. 296.)

Bei einem Kaufgeschäft ist der Verkäufer, falls Käufer die Annahme weigert, nicht berechtigt, die verkaufte Waare, statt sie gerichtlich versteigern, durch Mäkler veräußern zu lassen. Die Natur des Handels-Verkehrs ändert hierin Nichts.

§ **221**. Zahlung des Kaufgeldes gegen Uebergabe der Sache.

Rechtsgr. **303**. — IV. Senat. 16. Februar 1858. (XXIX. 109.)

Aus der Bestimmung des § 221. I. 11. des Allgem. Landrechts ist nicht zu folgern, daß der Verkäufer stets, wenn nichts Anderes verabredet worden, mit der Uebergabe der verkauften Sache beginnen müsse und erst dann die Zahlung des Kaufpreises verlangen könne, wenn die Uebergabe geschehen ist; vielmehr geht jene Bestimmung dahin: daß der

Käufer gegen Uebergabe der Sache, also gleichzeitig Zug um Zug, das Kaufgeld zu entrichten hat.

Siehe auch Rechtsgrundsätze 34. 308. (A. L. R. I. **2**. § **34**., **11**. § **222**.)

§ **222**. Verbindlichkeit des Käufers wegen Zahlung des Kaufgeldes bei hervorgetretenen Gewährsmängeln oder Ansprüchen eines Dritten:

A. Befugniß des Käufers zur Zurückhaltung und Deponirung eines Theiles der Kaufgelder wegen Gewährsmängel der verkauften Sache.

Rechtsgr. **304**. — III. Senat. 18. Oktober 1858. (XXXI. 59.)

a) Der § 222. I. 11. des Allgem. Landrechts bestimmt nicht: daß der Käufer im Falle von ihm noch nicht geschehener Deposition zur Zahlung des verhältnißmäßigen Theiles des einfach zurückbehaltenen Kaufgeldes an den Verkäufer verurtheilt werden müsse; sondern lediglich: daß der Käufer nur befugt sei, jenen Theil zurückzuhalten (d. h. dem Verkäufer vorzuenthalten) dadurch, daß er ihn deponirt.

b) Ist in dem Kaufvertrag sowohl zur Bezahlung des Kaufgeldes, als zu der von dem Verkäufer versprochenen Befreiung des Grundstücks von bestimmten Lasten und Hypotheken ein bestimmter Termin, und zwar zu Ersterem ein früherer, als zu Letzterem, vereinbart, hierdurch mithin von vornherein verabredet, daß die Zahlung früher erfolgen solle, als die Befreiung bewirkt sei; so kann der Käufer, auch wenn er erst nach Ablauf dieses letzteren Termins auf Bezahlung belangt wird, aus der noch nicht erfolgten Löschung jener Lasten und Hypotheken keinen Einwand entnehmen.

B. Wirkung der gerichtlichen Deposition eines verhältnißmäßigen Theiles des Kaufgeldes wegen Gewährsmangel und Ansprüche eines Dritten. — Vergl. A. L. R. I. **16**. §§ 213. 215. 226. 227. 230. ff.

Rechtsgr. **305**. — III. Senat. 10. Oktober 1860. (XXXVIII. 288.)

a) Auf den Fall der Deposition wegen Gewährsmängel nach § 222. I. 11. des Allgem. Landrechts finden die Bestimmungen der §§ 230. ff. I. 16. daselbst, wonach die rechtmäßige Deposition die Stelle der Zahlung mit der Wirkung der Tilgung der Schuld vertritt, keine Anwendung.

b) Der Deponent ist daher in jenem Falle befugt, hiernächst auch noch wegen anderer Gewährsmängel der Auszahlung der deponirten Summe zu widersprechen.

C. Zurückbehaltung ohne Deposition des verhältnißmäßigen Theiles der Kaufgelder wegen Gewährsmängel. — Vergl. A. L. R. I. 5. §§ 325. 328.

Rechtsgr. 306. — III. Senat. 14. November 1860. (XL. 45.)

Die Vorschrift des § 222. I. 11. des Allgem. Landrechts, — nach welcher der Käufer von der Befugniß zur Zurückbehaltung eines verhältnißmäßigen Theiles der Kaufgelder wegen Gewährsmängel nur unter gleichzeitiger Deposition desselben Gebrauch machen kann, — findet in dem Falle keine Anwendung, wenn bereits feststeht, daß der Werth der Sache durch das Fehlen einer ausdrücklich vorbedungenen Eigenschaft um den Betrag des Kaufgelderrückstandes verringert worden ist.

D. Zurückbehaltung und Deposition eines verhältnißmäßigen Theiles der Kaufgelder wegen Gewährsmängel, insbesondere wegen nicht übergebener Gegenstände; nicht bewirkte Löschung der auf dem verkauften Gute haftenden Hypotheken. — Vergl. A. L. R. I. 5. § 271.

Rechtsgr. 307. — III. Senat. 4. März 1850. (XXXIII. 37.)

a) Zu den im § 222 I. 11. des Allgem. Landrechts bezeichneten Gewährsmängeln gehören nicht blos diejenigen, welche sich an bereits übergebenen Gegenständen, sondern auch diejenigen, die sich in dem Nichtübergeben versprochener Gegenstände äußern.

Daher begründet die nicht erfolgte Mitübergabe einzelner Parzellen des verkauften Guts nicht die Einrede des nicht erfüllten Vertrages; der Käufer kann vielmehr nur einen angemessenen Theil des Kaufpreises zurückbehalten und gerichtlich deponiren.

b) Hat aber der Verkäufer seiner zugleich übernommenen Verbindlichkeit, die eingetragenen Hypotheken bis zu einem bestimmten Zeitpunkt zur Löschung zu bringen, nicht genügt, so kann der Käufer einen entsprechenden Theil des an diesem Tage zahlbar gewesenen Kaufpreises bis zur bewirkten Löschung zurückbehalten, ohne zu dessen Deposition verpflichtet zu sein.

E. Unzulässigkeit der Zurückbehaltung eines verhältnißmäßigen Theiles des Kaufgeldes wegen nicht gehöriger Erfüllung vertragsmäßiger Stipulationen der Freiheit der Sache von allen Verbindlichkeiten. — Vergl. A. L. R. I. 5. §§ 270. 271., 11. § 221.

Rechtsgr. 308. — III. Senat. 11. September 1857. (XXVII. 23.)

Die Berechtigung des Käufers zur Zurückbehaltung und Deposition eines verhälnißmäßigen Theiles der Kaufgelder wegen zum Vorschein gekommener Gewährsmängel oder Ansprüche eines Dritten auf die bereits übergebene Sache erstreckt sich nicht auf vertragsmäßige Stipulationen, nach welchen der Verkäufer die Sache frei von allen Verbindlichkeiten oder gewissen Entschädigungs-Ansprüchen Dritter zu gewähren, oder aus eignen Mitteln zu decken hat. Vielmehr bedarf es in dieser Beziehung zur Begründung der dem Verkäufer entgegen gestellten Einrede des nicht erfüllten Vertrages deren sofortiger Liquidemachung.

F. Zulässigkeit der Klage des Gläubigers auf Zahlung des Kaufgeldes bei durch den Schuldner erfolgter Deposition der von demselben nicht definitiv anerkannten Forderung oder wegen Gewährsmängel. — Vergl. A. L. R. I. 16. §§ 213-226.

Rechtsgr. 309. — III. Senat. 31. Oktober 1859. (XXXV. 206.)

a) In den Fällen, wo der Schuldner die Forderung des Gläubigers nicht definitiv anerkennt, und deshalb, insbesondere wegen streitiger Gegenforderungen und wegen Gewährsmängel oder Ansprüche eines Dritten an die gekaufte Sache, deponirt hat, findet ein besonderes Verfahren über die Rechtmäßigkeit oder Unrechtmäßigkeit der erfolgten Deposition nicht statt.

b) Der Gläubiger kann daher durch die Deposition an seinem Rechte auf Einklagung seiner Forderung Nichts verlieren, und seiner Klage steht mithin die Einrede der Rechtshängigkeit und zwar auch dann nicht entgegen, wenn der Verklagte wegen seiner vermeintlichen Gegenforderungen und Gewährs-Ansprüche einen besonderen Prozeß angestellt hat.

Siehe auch Rechtsgrundsätze **281. 282.** (§ **19.** dieses Titels.)

§ **231.** Siehe Rechtsgrundsatz 130. (A. L. R. I. **5.** § 360.)

§ **242.** Siehe Rechtsgrundsatz 1177. (Konkurs-Ordnung § 101.)

§ **266.** Rechtliche Wirkung des für den Fall der Nichtzahlung des kreditirten Kaufgeldes vorbehaltenen Eigenthums.

Rechtsgr. **310.** — III. Senat. 9. Oktober 1857. (XXVIII. 27.)

Zur Anwendung des § 266. I. 11. des Allgem. Landrechts, — nach welchem ein Abkommen, durch welches der Verkäufer auf den Fall, wenn der Käufer das kreditirte Kaufgeld, oder einen gewissen Theil desselben, in einem bestimmten Termine nicht zahlen würde, sich das Eigenthum der verkauften und übergebenen Sache vorbehalten, die Kraft einer auflösenden Bedingung hat, — wird eine wörtliche Erklärung dieser Art nicht erfordert; es genügt vielmehr, wenn aus der Erklärung der Kontrahenten klar erhellet, daß der Verkäufer sich die Auflösung des Vertrages für den Fall der an dem bestimmten Tage nicht erfolgenden Zahlung der Kaufgelder vorbehalten habe.

§ **267.** Siehe Rechtsgrundsatz 548. (A. L. R. I. **21.** § 298.)

§ **331.** Erforderniß der „gewissen Zeit" bei dem Reukaufe. — Vergl. Dig. **18.** 1. Lex 3., **21.** 1. Lex 31. § **22.**; Cod. **4.** 58. Lex 4.

Rechtsgr. **311.** — IV. Senat. 3. Juli 1860. (XXXVII. 321.)

Die nach § 331. I. 11. des Allgem. Landrechts erforderliche Bestimmung einer „gewissen Zeit" zum Rücktritte vom Vertrage bei dem Reukaufe erfordert nicht, daß die

Frist direkt auf eine genau angegebene Anzahl von Tagen festgesetzt werde.

§§ **340.** ff. Gerichtliche Verkäufe:
Gegenbeweis gegen den Inhalt eines Auktionsprotokolls. Erwerb des Eigenthums der erstandenen Sache für den Mandanten. — Vergl. A. L. R. I. **5.** § 127., **11.** § 27., **13.** §§ 62. 63.

Rechtsgr. **312.** — III. Senat. 7. Dezember 1860. (XXXIX. 280.)

a) Die Frage, ob der in dem gerichtlichen Auktionsprotokolle aufgeführte Ersteher im eigenen Namen oder im Auftrage eines Dritten geboten und den Zuschlag erhalten hat, ist nicht lediglich nach dem Inhalte des Auktionsprotokolls zu entscheiden: ein Beweis gegen den Inhalt des Auktionsprotokolls ist nicht ausgeschlossen.

b) Ist bei der Auktion der Bevollmächtigte im Namen des Machtgebers aufgetreten, so erwirbt Letzterer unmittelbar durch den Zuschlag das Eigenthum der erstandenen Sache.

(Siehe auch Rechtsgrundsätze 275. 313. 1371. (A. L. R. I. **10.** §§ 7., **11.** § 342.; Verordnung vom **14.** Juli 1797 § 1.)

§ **342.** Uebergang des Eigenthums, der Nutzung, Gefahr und Lasten auf den Käufer bei gerichtlichen nothwendigen Käufen:
A. Erforderniß des wirklichen Eigenthums seitens des Veräußerers; guter Glaube des Hypothekenbuchs. — Vergl. A. L. R. I. **10.** §§ 7-11., **11.** § 340.

Rechtsgr. **313.** — III. Senat. 8. Dezember 1858. (XXXII. 72.)

a) Die Vorschrift des § 342. I. 11. des Allgem. Landrechts, — nach welcher bei gerichtlichen nothwendigen Käufen Eigenthum an der erstandenen Sache übergeht, wenngleich der Käufer dieselbe noch nicht in Empfang genommen hat, — setzt voraus, daß auf Seiten des Schuldners ebenfalls wahres, nicht blos durch das Hypothekenbuch fingirtes Eigenthum an der erstandenen Sache vorhanden gewesen ist.

b) Ist daher im Hypothekenbuche der Besitztitel für Jemand berichtigt worden, ohne daß eine Natural-Uebergabe an ihn stattgefunden hat, so wird durch die Subhastation das wahre Eigenthum des in dem Besitze des Grundstücks befindlichen, nicht eingetragenen Dritten nicht aufgehoben.

c) Auch können, wenn von dem eingetragenen Besitzer des Grundstücks eine Parzelle veräußert und übergeben, deren Abschreibung im Hypothekenbuche aber nicht erfolgt ist, spätere Dispositionen des ersteren über diese Parzelle den wahren Eigenthümer derselben niemals in die Lage bringen, einen Dritten als Eigenthümer anerkennen zu müssen. Hiervon macht auch der Zuschlag des Grundstücks in nothwendiger Subhastation keine Ausnahme.

B. Uebergang des Eigenthums auf den Käufer ohne Besitznahme. — Vergl. A. L. R. I. **9.** §§ 3. 4.; Allgem. Hypotheken-Ordnung II. § 93.

Rechtsgr. **314.** — II. Senat. 13. November 1860. (XL. 41.)

Bei gerichtlichen nothwendigen Verkäufen geht durch den Zuschlag das Eigenthum der Sache nebst den Pertinenzien auf den Käufer über, ohne daß es dazu außerdem noch der Besitznehmung derselben bedarf.

C. Nichtunterbrechung des Verjährungsbesitzes einer Grundgerechtigkeit bei der nothwendigen Subhastation des dienenden Grundstücks. — Vergl. A. L. R. I. **7.** §§ 81. 82. 111. ff., **9.** §§ 601. ff., **11.** §§ 175. 183. 186.; Allgem. Hypotheken-Ordnung I. §§ 48. 49., II. § 100.

Rechtsgr. **315.** — II. Senat. 21. Juni 1860. (XXXVII. 298.)

Der Verjährungsbesitz einer Grundgerechtigkeit wird durch den nothwendigen Verkauf des dienenden Grundstücks nicht unterbrochen.

Siehe auch Rechtsgrundsätze 155. 275. 1227. (A. L. R. I. **6.** § 54., **10.** § 7.; Allg. Hypotheken-Ordnung II. § 100.)

§ **348.** Siehe Rechtsgrundsätze 1377. 1479. 1480. (Städte-Ordnung vom 19. November 1808 § 189.; Subhastations-Verordnung vom 4. März 1834 § 6. No. 1., § 9.)

Dritter Abschnitt. Von Abtretung der Rechte.

§§ **376. 377. 382.** Begriff der Cession; Voraussetzung eines zu cedirenden bestimmten Rechts.

Rechtsgr. **316.** — III. Senat. 11. Januar 1858. (XXX. 7.)

Die Cession setzt ein ganz bestimmtes Recht als Gegenstand der Abtretung voraus. Daher ist die Cession einer bestimmten Summe aus dem Antheile des Cedenten an einer zwischen ihm und anderen Personen gemeinschaftlichen Vermögensmasse unzulässig.

Siehe auch Rechtsgrundsätze 321. 865. 1177. (§ 393. dieses Titels; Allg. Deutsche Wechsel-Ordnung Art. 4. No. 5.; Konkurs-Ordnung § 101.)

§ **381.** Siehe Rechtsgrundsätze 162. 279. 451. (A. L. R. I. 7. § 15., **11.** §§ 1. 235.)

§ **382.** Gegenstand der Cession:

A. Cession des Anspruchs des Cessionars gegen seinen Cedenten auf Sicherheits-Gewährleistung.

Rechtsgr. **317.** — IV. Senat. 23. November 1858. (XXXI. 178.)

Der Anspruch des Cessionars an seinen Cedenten auf Sicherheits-Gewährleistung, d. h. auf Erstattung des Ausfalls bei der Einziehung der cedirten Forderung, ist cessibel.

B. Cession der Rechte des Finders und Muthers auf Verleihung des Bergwerkseigenthums. — Vergl. A. L. R. II. **16.** § **154.**
— Cessibilität dieser Rechte:

Rechtsgr. **318.** — III. Senat. 10. Februar 1858. (XXVII. 267.)

Die Ansprüche des Finders und Muthers auf Verleihung des Bergwerkseigenthums sind cessibel.

— Gegenstand dieser Cession. — Vergl. A. L. R. I. **11.** §§ 529. 530. 582. 587.

Rechtsgr. **319.** — III. Senat. 30. März 1860. (XXXVII. 141.)

a) Die Abtretung einer Muthung oder eines Antheiles derselben enthält keine Veräußerung einer res sperata, vielmehr ist das dem Muther zustehende Recht Gegenstand der Abtretung.

b) Daher kann. das Veräußerungsgeschäft nicht schon deshalb rückgängig gemacht werden, weil die Muthung nicht den gehofften Erfolg, die Erlangung des Eigenthums eines Bergwerks, herbeigeführt hat.

Siehe auch Rechtsgrundsätze 317. 318. (§ 376. dieses Titels.)

§ **390**. Siehe Rechtsgrundsatz 329. (§ 425. dieses Titels.)
§ **391**. Siehe Rechtsgrundsatz 1310. (Cod. 4. 35. Lex 22.)
§§ **393**. ff. Form der Cession:

A. Cession einer verbrieften Forderung durch Blankogiro; Beweislast hinsichtlich des vorausgegangenen Cessionsvertrages. — Vergl. A. G. O. I. **10**. § 113.

Rechtsgr. **320**. — IV. Senat. 12. Januar 1860. (XXXVI. 139.)

a) Wenn die Cession einer Forderung, worüber ein Dokument vorhanden ist, vereinbart, und dem neuen Erwerber das Dokument mit der zum Zeichen der Uebertragung darunter gesetzten Namensunterschrift des Cedenten ausgehändigt worden ist, so kann weder der Cedent den Einwand der mangelnden schriftlichen Form entgegenstellen, noch der Cessionar aus der unterlassenen Ausfüllung des Blankogiro die Nichtexistenz des Cessionsvertrages herleiten.

b) Derjenige, welcher sich auf eine Cession durch Unterschrift in Blanko beruft, muß zunächst die Existenz jener Vereinbarung darthun.

B. Unerheblichkeit der Erwähnung der Cessionsvaluta. — Vergl. § 376. dieses Titels.

Rechtsgr. **321**. — III. Senat. 11. Juli 1860. (XXXVIII. 167.)

Zur Gültigkeit der Cession bedarf es der Erwähnung der Cessionsvaluta nicht. *

C. Verbindlichkeit des Cessionars zur Zahlung der wenngleich nur mündlich vereinbarten Cessionsvaluta. — Vergl. A. L. R. I. 5. § 165.

* Vergl. dagegen Entscheidungen Bd. 1. S. 172.

Rechtsgr. 322. — IV. Senat. 6. Januar 1859. (XXXII. 103.)

Der Cessionar ist, wenn der Cedent die Cession geleistet und der Cessionar sie angenommen hat, unbedingt verpflichtet, die bedungene Cessionsvaluta, auch wenn sie nur mündlich versprochen ist, zu zahlen und kann sich dieser Verpflichtung durch die Bereitwilligkeit, die Cession rückgängig machen zu wollen, nicht entziehen.

D. Voraussetzung in Betreff der Zulässigkeit der Einrede der Simulation der Cession seitens des abgetretenen Schuldners dem Cessionar gegenüber:
— im Allgemeinen.

Rechtsgr. 323. — III. Senat. 6. November 1857. (XXVIII. 64.)

Der von dem abgetretenen Schuldner erhobene Einwand der Simulation der Cession, daß insbesondere durch die Cession die Uebertragung des Eigenthums der cedirten Forderung auf den Cessionar nicht beabsichtigt und nicht erreicht worden sei, — ist insofern, als dabei ein eigenes Interesse des Schuldners obwaltet, für eine exceptio de jure tertii nicht zu erachten.

— insbesondere in dem Falle der von dem abgetretenen Schuldner bereits an einen Dritten geleisteten Zahlung.

Rechtsgr. 324. — III. Senat. 28. September 1860. (XXXIX. 83.)

Der von dem abgetretenen Schuldner dem Cessionar gegenüber erhobene Einwand der Simulation der Cession, — daß insbesondere durch die Cession die Uebertragung des Eigenthums der cedirten Forderung auf den Cessionar nicht beabsichtigt und nicht erreicht worden sei, — ist auch in dem Falle für eine exceptio de jure tertii nicht zu erachten, wenn der abgetretene Schuldner nach geschehener Bekanntmachung dieser Cession dennoch später, in Gemäßheit einer hiernächst erfolgten gerichtlichen Ueberweisung dieser Forderung an einen Dritten im Wege der Exekution, Zahlung an diesen Dritten geleistet hat.

Siehe auch Rechtsgrundsätze **162**. 327. 451. 516. 1228. (A. L. R. I. **7**. § 15., **11**. § 413., **16**. § 235., **20**. § 281.; Allg. Hypotheken-Ordnung II. § 205.)

§§ **395**. ff. Legitimation des Cessionars dem abgetretenen Schuldner gegenüber. — Vergl. A. L. R. I. **4**. § 61., **11**. §§ 413. ff.; A. G. O. I. **5**. § **4**. No. 6.

Rechtgr. **325**. — IV. Senat. 29. September 1859. (XXXIV. 266.)

a) Der cedirte Schuldner kann zu Gunsten des Cessionars zu keiner, auch nicht zu der nicht in Zahlung bestehenden, Vertrags-Erfüllung früher angehalten werden, als dieser den Nachweis der ihm ertheilten Cession geführt hat.

b) Dem cedirten Schuldner liegt nicht ob, auf eine unbescheinigte Anzeige eines solchen Cessionars und dessen auf Erfüllung gerichtetes Verlangen eine Erklärung abzugeben; sein Stillschweigen ist daher nicht als die rechtlich verbindende Einwilligung in ein obligatorisches Verhältniß zwischen ihm und dem Cessionar zu erachten.

Siehe auch Rechtsgrundsätze 530. 1057. (A. L. R. I. **20**. § 522.; A. G. O. I. **10**. § 138.)

§ **402**. Siehe Rechtsgrundsätze 469. 1057. (A. L. R. I. **16**. Anh. § 52. zu § 484.; A. G. O. I. **10**. § 138.)

§ **407**. Siehe Rechtsgrundsätze 288. 456. 469. (A. L. R. I. **11**. § 98., **16**. § 301. und Anh. § 52. zu § 484.)

§§ **413**. ff. Bekanntmachung der Cession:

A. Verhandlungen zwischen dem abgetretenen Schuldner und dem Cedenten vor bekannt gemachter Cession.

Rechtsgr. **326**. — III. Senat. 30. März 1857. (XXV. 28.)

Vor gehörig erfolgter Bekanntmachung der Cession ist der Schuldner berechtigt, nicht aber verpflichtet, an den Cedenten zu zahlen oder sich sonst auf Verhandlungen mit demselben einzulassen, selbst wenn ihm die Cession anderweit bekannt geworden ist.

B. Einrede der Simulation der Cession seitens des Cedenten, dem cedirten Schuldner gegenüber. — Vergl. § 393. dieses Titels.

Rechtsgr. 327. — III. Senat. 12. Oktober 1860. (XXXVIII. 312.)

Wenn eine formell gültige Cession ertheilt und dem cedirten Schuldner bekannt gemacht ist, so kann der Cedent in dem von ihm gegen den cedirten Schuldner angestrengten Prozesse zur Beseitigung der Einrede der ihm fehlenden Aktivlegitimation nicht mit der Behauptung gehört werden, die Cession sei zwischen ihm und dem Cessionar simulirt.

Siehe auch Rechtsgrundsätze 288. 325. 456. 1057. (A. L. R. I. 11. §§ 98. 395., 16. § 301.; A. G. O. I. 10. § 138.)

§ 417. Siehe Rechtsgrundsatz 456. (A. L. R. I. 16. § 301.)

§ 420. Verhaftung des Cedenten für die Rechtsgültigkeit der cedirten Forderung; Befugniß desselben zur Appellation in dem vor der Cession angestellten Prozesse. — Vergl. Deklaration vom 6. April 1839 Art. 3. No. 2.

Rechtsgr. 328. — IV. Senat. 23. April 1857. (XXV. 78.)

Der Kläger ist selbst dann noch befugt, die im ersten Urtheil verneinte Rechtsgültigkeit der Forderung im Wege der Appellation zur Anerkennung zu bringen, wenn er die Forderung bereits vor der Fällung jenes Urtheils cedirt hat.

Siehe auch Rechtsgrundsatz 329. (§ 425. dieses Titels.)

§§ 423. 424. Siehe Rechtsgrundsatz 329. (§ 425. dieses Titels.)

§ 425. Beschränkung der Gewährleistung des Cedenten für die Richtigkeit der cedirten Forderung auf den Betrag der Cessionsvaluta nebst sonstigen Schäden und Kosten — auch im Falle eines weiter gehenden Vertrages. — Vergl. §§ 390. 420. 423. 424. 440. 441. dieses Titels.

Rechtsgr. 329. — IV. Senat. 11. März 1858; 16. Juli 1859. (XXIX. 214.; XXXIV. 203.)

a) Die Bestimmung des § 425 I. 11. des Allg. Landrechts über die Grenze für die Höhe des Gewährs-Anspruchs des Cessionars gilt nicht lediglich für den Fall des betrüglichen Verhaltens des Cedenten; sie enthält vielmehr den allgemeinen Rechtssatz: daß der Cessionar, wenngleich das Recht, welches er als das seinige auszuüben befugt sein sollte, als ein nicht existirendes ermittelt worden, doch nicht mehr als den Ersatz dessen, was er dafür gegeben, zu verlangen habe.

Es macht hierbei keinen Unterschied, ob die Gewährleistungspflicht lediglich auf dem Gesetze beruht, oder in dem Vertrage von dem Cedenten noch besonders eingegangen ist.

b) Die Vorschrift des § 425. a. a. O. enthält ein Verbotsgesetz. Daher entbehrt ein Abkommen, nach welchem der Cedent, neben Erstattung der sonstigen Schäden und Kosten, über den Betrag der Cessionsvaluta hinaus bis zum Nennwerth der veräußerten Forderung für deren Richtigkeit zu haften hat, der rechtlichen Wirksamkeit.

§§ **429. 430. 440.** Gewährleistung des Cedenten für die Sicherheit, resp. für den „richtigen Eingang" der cedirten Forderung; Sicherheits-Gewährleistung des ersten Cedenten bei Einziehung der Forderung durch einen weiteren Cessionar.

Rechtsgr. **330.** — IV. Senat. 23. November 1858. (XXXI. 177.)

a) Die Cessionsklausel: für den „richtigen Eingang" der cedirten Forderung haften zu wollen, betrifft nichts weiter, als die gesetzliche Wirkung der Pflicht zur Sicherheits-Gewährleistung.

b) Der erste Cedent wird seiner Verbindlichkeit zur Sicherheits-Gewährleistung seinem Kontrahenten gegenüber dadurch, daß Letzterer die Forderung nicht selbst, sondern durch seinen weiteren Cessionar einziehen läßt, nicht entledigt.

§ **434.** Siehe Rechtsgrundsatz 453. (A. L. R. I. **16.** § 280.)

§ **440.** Umfang der Sicherheits-Gewährleistung des ersten Cedenten bei erfolgter weiterer Cession der Forderung.

Rechtsgr. **331.** — IV. Senat. 24. November 1858. (XXXI. 178.)

Der bei der Einziehung sich ergebende wirkliche Ausfall

an der cedirten Forderung, verglichen mit der ersten Cessions-valuta, bildet den Gegenstand der Sicherheits-Gewährleistung des erstern Cedenten.

Siehe auch Rechtsgrundsätze 329. 865. (§ 429. dieses Titels; Allg. Deutsche Wechsel-Ordnung Art. 4. No. 5.)

§ **441**. Siehe Rechtsgrundsatz 329. (§ 429. dieses Titels.)
§§ **442**. **443**. Siehe Rechtsgrundsätze 420. 433. 434. (A. L. R. I. **14**. § 339., **16**. § 46.)

Vierter Abschnitt. Vom Erbschaftskaufe.

§§ **445**. ff. **454**. ff. **528**. ff. Begriff des Erbschaftskaufes.

Rechtsgr. **332**. — IV. Senat. 15. April 1858. (XXVIII. 250.)

a) Die in den §§ 445. 446. I. 11. des Allg. Landrechts enthaltenen Verbotsgesetze können nicht ausdehnend erklärt werden.

b) Der § 447. I. 11. des Allg. Landrechts beschränkt den Begriff des Erbschaftskaufs auf den Verkauf des Erbschaftsrechts selbst oder eines aliquoten Theiles desselben als eines Inbegriffs von Sachen und Rechten (universitas juris). Daher findet derselbe auf den Verkauf oder die Abtretung blos einzelner bestimmter Sachen oder Summen aus einer künftigen Erbschaft keine Anwendung.

§§ **485**. **486**. **492-494**. Gewährleistung beim Erbschaftskaufe; Ungültigkeit desselben wegen Irrthums in seinem Hauptgegenstande. — Vergl. A. L. R. I. **4**. § 75.

Rechtsgr. **333**. — IV. Senat. 28. Oktober 1858. (XXX. 344.)

Auch Erbschaftskäufe unterliegen der allgemeinen Regel der Ungültigkeit einer Willenserklärung wegen Irrthums in dem Hauptgegenstande derselben.

§ **486**. Siehe Rechtsgrundsätze 333. 344. (§§ 485. 876. dieses Titels.)
§§ **492-494**. Siehe Rechtsgrundsatz 333. (§ 485. dieses Titels.)
§§ **527**. ff. Siehe Rechtsgrundsätze 277. 332. (§§ 1. 445. dieses Titels.)

Sechster Abschnitt. Von gewagten Geschäften und ungewissen Erwartungen.

§§ **529. 530. 582. 587.** Siehe Rechtsgrundsatz **319.** (§ **382.** dieses Titels.)

§ **602.** Verabfolgung des Altentheils über die Schwelle. — Vergl. A. L. R. I. 5. §§ 360. 369.

Rechtsgr. **334.** — II. Senat. 27. September 1860. (XXXVIII. 250.)

Auch im Fall des § 360. I. 5. des Allgem. Landrechts, — wenn der Versprechende durch eigene Schuld dem Andern das Versprochene nicht geben oder leisten kann, — braucht der Wirth dem ausziehenden Altsitzer das eiserne Vieh nicht über die Schwelle zu verabfolgen.

§ **646.** Anh. § **19.** zu § **646.** Siehe Rechtsgrundsätze 339. **1334.** (§ 753. dieses Titels; Münsterische Polizeiordnung vom 18. Januar **1592** Kap. 7. § **1.**)

Siebenter Abschnitt. Vom Darlehnsvertrage.

§§ **653. 727.** Natur des Darlehnsvertrages; Vereinbarung der Erstattung der Darlehnssumme.

Rechtsgr. **335.** — IV. Senat. 2. April 1857. (XXV. 37.)

Es ändert die Natur des Darlehnsvertrages nicht, wenn die zum Verbrauche übergebene Summe nicht in Einem, sondern durch Abrechnung auf den vom Empfänger an den Darleiher aus einem beabsichtigten, in der Folge aber nicht zu Stande gekommenen Miethsvertrage zu zahlenden Miethszins zurückerstattet werden sollte.

§ **700.** Siehe Rechtsgrundsatz 852. (Allg. Deutsche Wechselordnung Art. 1.)

§§ **715. 726.** Wirkung der Vermuthung des Wuchers aus einem Schuld-Instrumente über baares Geld anstatt Waaren. Mangelnde Kompensationsbefugniß.

Rechtsgr. **336.** — IV. Senat. 16. Februar 1858. (XXIX. 112.)

a) Die durch Gegenbeweis nicht widerlegte Vermuthung des Wuchers aus einem Schuld-Instrumente über baares

Geld anstatt Waaren äußert ihre Wirkung nicht blos auf die Urkunde und etwa deren Beweiskraft, sondern auch auf den Rechtsbestand des Geschäftes selbst.

Der Gläubiger kann daher auf einen in dieser Art verbrieften Anspruch als solchen nicht mit Gegenforderungen abrechnen.

b) Auf Schuld-Instrumente, in welchen der Schuldner anerkannt hat, an geliehenem und baar empfangenem Gelde, sowie an angekauften und erhaltenen Waaren zufolge gehaltener Abrechnung einen bestimmten Saldo schuldig geworden zu sein, finden die §§ 716. ff. und insbesondere § 725. I. 11. des Allg. Landrechts keine Anwendung.

§§ **727.** ff. Form des Darlehnsvertrages; Klage auf Ungültigkeitserklärung eines Schuldscheins.

Rechtsgr. **337.** — I. Senat. 14. Juni 1858. (XXX. 102.)

Der Antrag des Ausstellers eines einfachen, keine weiteren Modalitäten enthaltenden Schuldscheines, diesen wegen Nicht-Existenz des darin bescheinigten Darlehnsvertrages für ungültig zu erklären, ist für berechtigt zu erachten.

Siehe auch Rechtsgrundsatz 335. (§ **653.** dieses Titels.)

§ **729.** Siehe Rechtsgrundsätze 337. 445. 506. (A. L. R. I. **11.** § 727., **16.** § 193., **20.** § 11.)

§ **730.** Siehe Rechtsgrundsatz 265. (A. L. R. I. **9.** § 564.)

§ **733.** Siehe Rechtsgrundsatz 445. (A. L. R. I. **16.** § 193.)

§§ **738. 739.** Beweiskraft einer hypothekarischen Schuldverschreibung; Einrede der nichterhaltenen Valuta gegen einen Miterben des ersten Gläubigers bei mehrfacher Cession der Hypothekenforderung. — Vergl. A. L. R. I. **20.** §§ 423. 424.

Rechtsgr. **338.** — III. Senat. 20. Januar 1860. (XXXVI. 145.)

Fällt eine Hypothekenforderung des Erblassers seinen Erben durch Erbgang zu, und wird sie von diesen Erben Einem der Miterben, von diesem einem anderen Miterben cedirt; so ist trotz dessen der letzte Cessionar im Sinne der

§§ 738. 739. I. 11. und der §§ 423. 424. I. 20. des Allg. Landrechts als ein Dritter nicht zu erachten.

Siehe auch Rechtsgrundsatz 507. (A. L. R. I. **20**. § 11.)

§ **751**. Siehe Rechtsgrundsatz 1139. (A. G. O. I. **50**. Anh. § 366. zu § 471.)

§ **753**. Zehnjährige Verjährung der Beweiskraft der Schuldscheine zum Vortheil der Erben; Nichtanwendbarkeit dieser Verjährung zum Vortheil des Uebernehmers eines ganzen Vermögens-Inbegriffs unter Lebenden. — Vergl. Anh. § 19. zu A. L. R. I. **11**. § 646.

Rechtsgr. **339**. — IV. Senat. 1. Dezember 1857. (XXVIII. 117.)

Die Vorschrift des § 753. I. 11. des Allg. Landrechts, — nach welcher die Beweiskraft eines Schuldscheins zum Vortheil der Erben des Schuldners durch zehnjährige Präskription erlischt, — ist nicht zum Vortheil des Uebernehmers eines ganzen Vermögens-Inbegriffs unter Lebenden anzuwenden.

§§ **794**. **795**. Berechnung des Kourswerthes eines in geldwerthen Papieren gegebenen Darlehns behufs der Rückzahlung.

Rechtsgr. **340**. — IV. Senat. 9. Juli 1859. (XXXIV. 166.)

Der § 795. I. 11. des Allgem. Landrechts unterscheidet nicht, ob zur Zeit der Fälligkeit der Darlehnsforderung das Papier noch existirt; der § 794. daselbst sieht nur auf die Existenz zur Zeit der Rückzahlung.

§ **803**. Siehe Rechtsgrundsatz 41. (A. L. R. I. **2**. § 110.)

§§ **804**. **830**. **841**. Landesüblicher Zinsfuß zu 6 Prozent in Schlesien. — Vergl. A. L. R. I. **12**. § 328.; Revidirter Entwurf des Provinzialrechts des Herzogthums Schlesien S. 19.; Kaiserliches Mandat vom 26. März 1582; Kaiserliches Patent vom 26. November 1704; Edikt vom 1. August 1765 § 6.; Verordnung vom 2. Juni 1827; Kabinets-Order vom 10. Mai 1828.

Rechtsgr. **341**. — I. Senat. 28. Oktober 1859. (XXXV. 199.)

In Schlesien ist der landesübliche Zinsfuß sechs Prozent.

§ **805**. Siehe Rechtsgrundsatz 435. (A. L. R. I. **16**. § 64.)

§ **824**. Siehe Rechtsgrundsatz 506. (A. L. R. I. **20**. § 11.)

§§ **825. 826.** Siehe Rechtsgrundsatz 117. (A. L. R. I. **5.** § **292.**)
§ **830.** Siehe Rechtsgrundsätze 341. 435. (A. L. R. I. **11.** § 804., **16.** § 64.)
§ **832.** Siehe Rechtsgrundsatz 435. (A. L. R. I. **16.** § 64.)
§ **841.** Siehe Rechtsgrundsätze 341. 435. 1145. 1498. (A. L. R. I. **11.** § 804., **16.** § 64.; A. G. O. II. **2.** § 14.; Gesetz vom 3. November 1838 § 11.)
§§ **844.** ff. Siehe Rechtsgrundsatz 439. (A. L. R. I. **16.** § 87.)
§§ **845. 848.** Siehe Rechtsgrundsatz 104. (A. L. R. I. **5.** § 165.)
§ **862.** Siehe Rechtsgrundsatz 852. (Allg. Deutsche Wechsel-Ordnung Art. 1.)
§§ **866.** ff. Siehe Rechtsgrundsätze 117. 440. 506. (A. L. R. I. **5.** § 292., **16.** § 104., **20.** § 11.)

Achter Abschnitt. Von Verträgen, wodurch Sachen gegen Handlungen oder Handlungen gegen Handlungen versprochen werden.

§§ **869.** ff. Verträge über Handlungen:

A. Vermittelung des Kaufes oder Verkaufes eines Grundstücks. — Vergl. A. L. R. II. **8.** § 1311.

Rechtsgr. **342.** — IV. Senat. 15. Januar 1861. (XL. 128.)

Was unter der Handlung der „Vermittelung" des Kaufes oder Verkaufes eines Grundstücks zu verstehen sei, beruht nicht auf Rechtsbegriffen, sondern auf der Würdigung der thatsächlichen Verhältnisse jedes besonderen Falles.*

B. Natur des Rechtsverhältnisses zwischen dem Reisenden auf einer Staatseisenbahn und dem Eisenbahnfiskus.

Rechtsgr. **343.** — I. Senat. 14. Dezember 1857. (XXVI. 359.)

Das Rechtsverhältniß zwischen dem Reisenden auf einer Staats-Eisenbahn und dem Eisenbahnfiskus beruht auf einem Vertrage, nach welchem Gelder für übernommene Handlungen versprochen werden (do ut facias).

Siehe auch Rechtsgrundsätze 117. 344. 383. 690. 725. 1026. (A. L. R. I. **5.** § 292., **11.** § 876., **13.** § 9., II. **5.** § 177., **8.** § 2452.; A. G. O. I. **2.** § 167.)

* Vergl. Rechtsgrundsätze Bd. 2. S. 100. No. 272.

§ **876**. Verletzung über die Hälfte bei einem Vertrage über Handlungen, insbesondere bei dem Maklervertrage. — Vergl. A. L. R. I. **11**. §§ 486. 869. ff. 926., **16**. § 439.

Rechtsgr. **344**. — IV. Senat. 18. Oktober 1860. (XXXVIII. 317.)

a) Der Rücktritt vom Vertrage wegen Verletzung über die Hälfte ist nur bei denjenigen Verträgen gestattet, bei welchen darüber eine besondere Vorschrift vorhanden ist.

b) Bei Verträgen über Handlungen, namentlich dem Maklervertrage, ist die Einrede der Verletzung über die Hälfte nicht zulässig.

§ **877**. Klage auf Erfüllung eines Vertrages über Handlungen. — Vergl. A. L. R. I. **5**. §§ 408. 409.

Rechtsgr. **345**. — IV. Senat. 13. Oktober 1857. (XXVIII. 47.)

Der § 877. I. 11. des Allgem. Landrechts, — welcher aus Verträgen über Handlungen auch die Klage auf Erfüllung zuläßt, — setzt den Fall voraus, daß der andere Kontrahent vom Vertrage noch nicht abgegangen ist. — Hat dieser Rücktritt bereits stattgefunden, so kommen die §§ 408. 409. I. 5. des Allgem. Landrechts zur Anwendung.

§§ **878**. ff. Siehe Rechtsgrundsätze 142. 607. (A. L. R. I. **5**. § 408., II. **1**. § 210.)

§§ **883**. **888**. **920**. Beweislast hinsichtlich der Entschädigungsklage des Werkmeisters bei Rücktritt des Dingenden vom Vertrage vor vollständig ausgeführter Arbeit.

Rechtsgr. **346**. — IV. Senat. 12. Mai 1857. (XXVI. 32.)

Zur Begründung der Klage des Werkmeisters, welcher zur Verrichtung einer Arbeit gedungen worden und dieselbe vor deren Vollendung wegen Rücktritts des Dingenden vom Vertrage abgebrochen hat, auf vertragsmäßige Vergütung des Geleisteten bedarf es nicht des Nachweises der Zweckmäßigkeit der bisherigen Verwendungen seitens des Werkmeisters, vielmehr liegt dem Verklagten der Beweis seiner Einrede ob, daß der Werkmeister in dieser Beziehung Anlaß zum Rücktritt vom Vertrage gegeben habe.

§ **894**. Siehe Rechtsgrundsatz 1380. (Gesinde-Ordnung vom 8. November 1810 § 101.)

§ **897**. Siehe Rechtsgrundsatz 153. (A. L. R. I. 6. § 53.)

§§ **920**. ff. Verträge mit Handwerkern und Künstlern; Unterschied zwischen Verträgen über die Arbeit eines Werkmeisters oder Künstlers und über ein verdungenes Werk.

Rechtsgr. **347**. — IV. Senat. 14. Mai 1857. (XXVI. 37.)

Ist die Vergütung nicht für die vollendete Herstellung des Werkes, sondern nur nach dem fortschreitenden Umfange der Leistungen behufs Herstellung desselben vereinbart und zahlbar, so liegt kein Vertrag über ein angedungenes Werk, sondern über Arbeiten vor.

Siehe auch Rechtsgrundsatz 346. (§ 883. dieses Titels.)

§§ **925**. ff. **943**. **946**. **948**. Rüge der Unbrauchbarkeit eines verdungenen Werkes nach, ohne Zuziehung von Sachverständigen, erfolgter Annahme desselben ohne Vorbehalt. — Vergl. A. L. R. I. 5. §§ 325-327. 343. 345.

Rechtsgr. **348**. — IV. Senat. 17. Juni 1858. (XXX. 113.)

Wenn die Besichtigung des verdungenen Werkes durch Sachverständige von keinem Theile verlangt worden, und die Annahme ohne solche Besichtigung geschehen ist, so geht der Annehmer dadurch noch nicht des Rechtes, die Unbrauchbarkeit des Werkes zu rügen, verlustig, und selbst die ohne Vorbehalt erfolgte Annahme steht ihm in dieser Beziehung nicht unbedingt entgegen, namentlich dann nicht, wenn es sich darum handelt, ob das Werk eine vorbedungene Eigenschaft hat.

Siehe auch Rechtsgrundsatz 344. (§ 876. dieses Titels.)

§§ **932**. ff. Rechte des Uebernehmers eines als fertig und vollendet übergebenen Werkes wegen Mängel an dem vollendeten Ganzen. — Vergl. A. L. R. I. 5. §§ 325. 326.

Rechtsgr. **349**. — IV. Senat. 24. April 1860. (XXXVII. 187.)

a) Bei einem verdungenen Werke findet die Kontraktsklage des Uebernehmers auf Erfüllung statt, wenn Etwas an der Vollendung des Werkes, als ein Ganzes, fehlt.

b) Finden sich bei einem bedungenen Werke, welches als ein fertiges und vollendetes Ganzes übergeben und angenommen ist, nicht Mängel in der Vollendung, sondern Mängel an dem vollendeten Ganzen; so ist der Empfänger nicht verpflichtet, auf Beseitigung dieser Mängel zu klagen, er ist vielmehr sofort zur Anstellung der redhibitorischen oder der Minderungsklage berechtigt.

§ **943.** Siehe Rechtsgrundsatz 348. (§ 925. dieses Titels.)

§§ **946.** ff. **951-953.** Rechte des Bestellers eines verdungenen Werkes nach erfolgter Ablieferung desselben. — Vergl. A. L. R. I. **5.** § 271.

Rechtsgr. **350.** — IV. Senat. 15. März 1860. (XXXVI. 312.)

Wenn es sich bei einem verdungenen Werke nicht um einen fehlenden, zusätzlich nachzuliefernden Bestandtheil handelt, sondern wenn von Umarbeitung des Werkes wegen dessen Fehlerhaftigkeit die Rede ist, so hat der Besteller nur die Wahl, entweder die Annahme des Werkes abzulehnen und Entschädigung zu fordern, oder Schadloshaltung wegen der Fehler zu beanspruchen; er hat jedoch nicht das Recht, die Umarbeitung des Werkes zu erzwingen.

Siehe auch Rechtsgrundsatz 348. (§ 925. dieses Titels.)

§§ **971. 972.** Hypothekentitel des Werkmeisters in Ansehung der in das Grundstück gewährten Baumaterialien und Arbeiten. — Vergl. A. G. O. I. **50.** §§ 424. 425. 666., **51.** §§ 12-15. 42. 43.; Corpus juris Fridericianum I. **4.** 10. § 76.; Einführungs-Gesetz zur Konkursordnung vom 8. Mai 1855 Art. 2. 11.; Konkursordnung § 33. No. 9.

Rechtsgr. **351.** — IV. Senat. 19. Juli 1859. (XXXIII. 341.)

a) Die Baugläubiger sind seit Einführung der neuen Konkurs-Ordnung vom 8. Mai 1855 zwar nicht mehr berechtigt, aus § 424. I. 50. der Allgem. Gerichts-Ordnung die hypothekarische Eintragung ihrer dort bezeichneten Forderungen zu verlangen, und auch der Werkmeister kann dieselbe in Ansehung der in das Grundstück gewährten Baumaterialien und Arbeiten ebensowenig aus jenem § 424.

a. a. O., als aus dem darauf Bezug nehmenden § 971. I. 11. des Allgem. Landrechts ferner beanspruchen.

b) Dagegen ist das dem Werkmeister in dem § 972. I. 11. des Allgem. Landrechts gewährte Recht, seine gedachten persönlichen Forderungen in das Hypothekenbuch auf dem Grundstücke seines Schuldners auch ohne dessen Einwilligung eintragen zu lassen und dadurch sicher zu stellen, durch die neue Konkurs-Ordnung nicht aufgehoben worden.

§§ **981**. ff. Siehe Rechtsgrundsatz 278. (§ 1. dieses Titels.)
§§ **984**. ff. Siehe Rechtsgrundsatz **141**. (A. L. R. I. **5**. § 408.)
§ **987**. Siehe Rechtsgrundsatz 288. (§ 98. dieses Titels.)

Neunter Abschnitt. Von Schenkungen.

§§ **1046**. **1047**. Siehe Rechtsgrundsatz **1165**. (Konkursordnung vom 8. Mai 1855 § **84**. No. 3.)

§§ **1113**. **1114**. Klage eines oder mehrerer Notherben gegen einen anderen Notherben auf Ergänzung des Nachlasses aus einer pflichtwidrigen Schenkung. — Vergl. A. L. R. Einleitung §§ 89. 97. 98., **9**. § 382., **16**. § 491., **17**. §§ 10-14. 115. 151.

Rechtsgr. **352**. — I. Senat. 2. März 1860. (XXXVII. 81.)

a) Bei der Klage eines oder mehrerer Notherben gegen einen andern Notherben auf Ergänzung des Nachlasses aus der dem Letzteren von dem Erblasser gemachten pflichtwidrigen Schenkung kommen dieselben Grundsätze zur Anwendung, wie bei der Klage eines oder mehrerer Miterben gegen einen anderen Miterben auf Zahlung einer Nachlaßschuld desselben zur Nachlaßmasse.

b) Daher kann auch der Notherbe, welcher den Nachlaß aus der pflichtwidrigen Schenkung zu ergänzen hat, durch Stimmenmehrheit der übrigen Notherben in seinen Individualrechten nicht beeinträchtigt und mithin, ohne besonders nachzuweisenden gesetzmäßigen Grund, zur Deposition der Ergänzungssumme nicht genöthigt werden.

§§ **1140. 1141.** Widerruf eines Schenkungsvertrages wegen nachgeborner Kinder. — Vergl. Cod. 8. 56. Lex 8.

Rechtsgr. 353. — IV. Senat. 15. April 1858. (XXVIII. 251.)

Der Widerruf eines durch Uebergabe noch nicht vollzogenen Schenkungs-Vertrages wegen nachgeborener Kinder findet nicht statt, wenn die Kinder zur Zeit des Widerrufs nicht mehr am Leben sind.

§§ **1173. 1174.** Bewilligung einer Pension als belohnende Schenkung.

Rechtsgr. 354. — I. Senat. 8. Januar 1858. (XXIX. 11.)

Darin, daß einem Beamten eine Pension bewilligt wird, ist von selbst bestimmt und deutlich ausgesprochen, daß sie als Vergeltung oder Belohnung für seine vollendete Amtsführung bewilligt worden sei, und also das Erforderniß des § 1173. I. 11. des Allgem. Landrecht vorhanden.

Titel 12. Von den Titeln zur Erwerbung des Eigenthums, welche aus Verordnungen von Todeswegen entstehen.

§§ **1. 2.** Siehe Rechtsgrundsatz 363. (§ 63. dieses Titels.)
§§ **3.** ff. Errichtung eines Testaments überhaupt.

Rechtsgr 355. — I. Senat. 19. Februar 1858. (XXVII. 287.)

Dem Deutschen Rechte sind Testamente unbekannt.

§§ **4. 5.** Begriff eines Testamentes:
A. Erbeseinsetzung.

Rechtsgr. 356. — I. Senat. 27. März 1857. (XXV. 16.)

Es enthält keine Erbeseinsetzung, wenn der Testator verordnet hat, es solle Jemand, was das baare Vermögen betreffe, mit dem eingesetzten Erben zugleich erben, das baare Vermögen aber erst nach dem Verkauf der Güter bestimmt werden.

B. Bedingte Erbeseinsetzung, nach Preußischem und Römischen Rechte. — Vergl. No. 115.

Rechtsgr. 357. — I. Senat. 15. Juni 1860. (XXXVII. 285.)

Eine Erbeseinsetzung dahin:

Sollte Einer meiner Notherben dieses Testament mit Erfolg angreifen, so bestimme ich ausdrücklich, daß derselbe nur den Pflichttheil erhalten soll,

ist zwar nach Preußischem Recht gültig, nach Römischem Recht aber, als unter einer Bedingung und ohne namentliche Bezeichnung der Erben erfolgt, hinfällig.

§ 5. Begriff eines Kodizils; Quoten-Legat. — Vergl. §§ 46. 256-258. dieses Titels.

Rechtsgr. 358. — I. Senat. 27. März 1857. (XXV. 16.)

In einem Kodizille kann nicht allein über einzelne bestimmte Stücke, Summen, Rechte und Pflichten, sondern auch über Antheile des ganzen Nachlasses — Nachlaß-Quoten — auf den Todesfall gültig verordnet werden.

Siehe auch Rechtsgrundsätze 367. 619. (A. L. R. I. 12. § 163., II. 1. § 487.)

§§ 9. 10. Siehe Rechtsgrundsatz 374. (§ 617. dieses Titels.)

§§ 27-29. Siehe Rechtsgrundsatz 1128. (A. G. O. I. 38. § 12.)

§§ 36. ff. Siehe Rechtsgrundsatz 1442. (Gesetz vom 13. Mai 1833 § 4.)

§ 43. Beurtheilung der Fähigkeit eines Erben oder Legatars nach dem Zeitpunkt des Erbanfalls in Beziehung auf juristische Personen.

Rechtsgr. 359. — I. Senat. 29. November 1858. (XXXI. 205.)

Der § 43. I. 12. des Allg. Landrechts, — nach welchem bei Beurtheilung der Fähigkeit eines Erben oder Legatars auf die Zeit des Erbanfalls gesehen werden muß, — ist nicht blos auf physische, sondern auch auf juristische Personen zu beziehen.

Siehe auch Rechtsgrundsatz 1308. (Cod. 1. 2. Lex 1.)

§ 45. Letztwillige Verfügung nur über einen Theil des Nachlasses: A. Ausschließung des entgegengesetzten Grundsatzes des Römischen Rechts in der Mark Brandenburg. — Vergl. § 256. dieses Titels.

Rechtsgr. 360. — I. Senat. 15. Juni 1860. (XXXVII. 285.)

Der Grundsatz des Römischen Rechts: Nemo pro parte testatus pro parte intestatus decedere potest, — ist in der Mark Brandenburg nicht aufgenommen.

B. Ausschließung des Anwachsungsrechts der Testamentserben bei der letztwilligen Verfügung nur über einen Theil des Nachlasses. — Vergl. § 281. dieses Titels.

Rechtsgr. 361. — I. Senat. 29. November 1858. (XXXI. 204.)

Der § 45. I. 12. des Allgem. Landrechts hat nur die Bedeutung, daß das Anwachsungsrecht der Testamentserben nur in dem Fall ausgeschlossen wird, wenn die deutliche Absicht des Testators erhellt, daß seine Intestaterben an dem Inbegriff des Nachlasses partizipiren sollen.

§ 46. Siehe Rechtsgrundsatz 358. (§ 5. dieses Titels.)

§ 49. Ernennung des Erben durch einen Dritten.

Rechtsgr. 362. — I. Senat. 17. Juli 1857. (XXVI. 142.)

Die Verordnung der testirenden Eltern, daß Eines der von ihnen zu Erben eingesetzten Kinder ihr ganzes beiderseitiges Vermögen allein übernehmen und an seine Geschwister eine bestimmte Geldsumme zahlen, die Wahl des Uebernehmers aber von einem Dritten geschehen, und daß das hiermit nicht zufriedene Kind auf den Pflichttheil eingesetzt sein solle, verstößt nicht gegen die Bestimmung des § 49. I. 12. des Allgem. Landrechts.

Siehe auch Rechtsgrundsatz 370. (§ 516. dieses Titels.)

§ 63. Unerlaubte Bedingungen bei Erbverträgen. — Vergl. §§ 1. 2. 617. ff. 646. dieses Titels.

Rechtsgr. 363. — I. Senat. 2. Juni 1856; 19. Februar 1858. (XXVI. 14.; XXVII. 287.)

Der § 63. I. 12. des Allg. Landrechts findet auch auf Erbverträge Anwendung.

Siehe auch Rechtsgrundsätze 63. 378. (A. L. R. I. 4. § 136., 12. § 646.)

§ **66.** Siehe Rechtsgrundsätze **365. 391.** (A. L. R. I. **12.** § **161.**, **II. 2.** § **391.**)

§§ **88. 89.** Siehe Rechtsgrundsatz **374.** (§ **617.** dieses Titels.)

§ **139.** Folgen der verabsäumten gesetzlichen Form eines gerichtlichen Testaments oder Kodizils rücksichtlich der darin angeordneten Legate. — Vergl. §§ **161.** ff. **518. 519.** dieses Titels.

Rechtsgr. **364.** — I. Senat. 7. Februar 1859. (**XXXII. 192.**)

Die Verabsäumung der zur Gültigkeit einer letztwilligen Verfügung als Testament erforderlichen Form hat die Richtigkeit der darin dem ernannten Erben auferlegten Legate auch dann nicht unbedingt zur Folge, wenn jene letztwillige Verfügung als Testament beabsichtigt worden und nur die gerichtliche Uebergabe unterblieben ist.

Siehe auch Rechtsgrundsätze **365. 374. 655.** (A. L. R. I. **12.** §§ **161. 617.**, **II. 2.** § **391.**)

§§ **161. 162.** Gültigkeit der in außergerichtlichen Verordnungen angeordneten Legate. — Vergl. **66. 139.** dieses Titels.

Rechtsgr. **365.** — I. Senat. 7. Februar 1859. (**XXXII. 192.**)

Die §§ 161. und 162. I. 12. des Allgem. Landrechts, — betreffend die Gültigkeit der durch außergerichtliche Verordnungen angeordneten Legate bis auf den 20. Theil des Nachlasses, — sind auf Willenserklärungen, die nur als Kodizille beabsichtigt worden, nicht zu beschränken.

Siehe auch Rechtsgrundsatz **364.** (§ **139.** dieses Titels.)

§ **163.**, Anh. § **35.** zu § **163.** Im Testamente vorbehaltene (bestätigte) Kodizille:

A. Beweggrund des im Testamente angeführten Vorbehalts eines Kodizills.

Rechtsgr. **366.** — I. Senat. 27. März 1857. (**XXV. 16.**)

Hat sich der Testator im Testamente die Ergänzung oder Abänderung desselben durch außergerichtliche Aufsätze allgemein vorbehalten, so bleibt die Wirkung eines solchen Kodizills stets dieselbe, mag der angegebene Beweggrund des Vorbehaltes sein, welcher er wolle.

B. **Gegenstand der Anordnungen in vorbehaltenen Kodizillen. — Vergl. § 5. dieses Titels.**

Rechtsgr. 367. — I. Senat. 14. Februar 1859. (XXXII. 250.)

Auch in vorbehaltenen Kodizillen kann nur über die einem Kodizille überhaupt unterworfenen Gegenstände Anordnung getroffen, mithin die im Testament enthaltene Erbeseinsetzung nicht abgeändert werden.

Siehe auch Rechtsgrundsatz 619. (A. L. R. II. 1. § 487.)

§ **248.** Siehe Rechtsgrundsatz 625. (A. L. R. II. **1.** § 638.)
§§ **256.** ff. Siehe Rechtsgrundsätze 358. 360. (§§ 5. 45. dieses Titels.)
§§ **281.** ff. **366.** ff. **645.** Recht des Zuwachses; Natur des Anwachsungsrechts bei der Erbfolge aus letztwilligen Verfügungen.

Rechtsgr. 368. — I. Senat. 25. Februar 1861. (XL. 297.)

Das Anwachsungsrecht bei der Erbfolge aus letztwilligen Verfügungen beruht auf die Vermuthung, daß ein Erblasser den zu Erben Berufenen das ihnen Beschiedene ihnen vorzugsweise vor allen Uebrigen, die etwa Anspruch darauf machen könnten, gönne, und daher, so lange noch ein Begünstigter dieser Art vorhanden sei, die erledigte Portion diesem zufallen müsse, wenn der Testator nichts Anderes darüber bestimmt hat.

Siehe auch Rechtsgrundsätze 360. 377. 379. (§§ 45. 645. 649. dieses Titels.)

§§ **298.** ff. Klage eines Kollegatars auf Zahlung des Legats zum gerichtlichen Depositum. — Vergl. A. L. R. I. **16.** §§ 290. 368., **17.** §§ 1. 10. 151.

Rechtsgr. 369. — I. Senat. 12. März 1860. (XXXVII. 94.)

Ist das mehreren bestimmten Personen zusammen ausgesetzte Legat eine theilbare Sache, z. B. eine Aktivforderung, so ist ein Einzelner derselben zur Wahrnehmung der Rechte der Uebrigen in der Art, daß Zahlung zum gerichtlichen Depositum verlangt wird, nicht berechtigt.

§ **328.** Siehe Rechtsgrundsatz **341.** (A. L. R. I. **11.** § **804.**)

§§ **366.** ff. Siehe Rechtsgrundsätze 368. 377. (§§ 281. 645. dieses Titels.)

§ **511.** Siehe Rechtsgrundsatz 1304. (Dig. 33. 2. Lex. 16.)

§§ **516. 517.** Freies Ermessen der Testaments-Exekutoren hinsichtlich der Verabfolgung oder Entziehung eines bedingten Legats. — Vergl. § 49. dieses Titels.

Rechtsgr. 370. — I. Senat. 25. Juni 1858. (XXXI. 4.)

Die Verabfolgung oder die Entziehung des bedingten Legats kann von dem Testator dem freien Ermessen eines Dritten, namentlich auch der Testaments-Exekutoren, über die Erfüllung oder Nichterfüllung der Bedingung, mit Ausschließung des gerichtlichen Verfahrens, überlassen werden.

§§ **518. 519. 531.** Siehe Rechtsgrundsätze 364. 365. (§ 139. dieses Titels.)

§ **564.** Siehe Rechtsgrundsatz 620. (A. L. R. II. 1. § 492.)

§ **601.** Siehe Rechtsgrundsatz 679. (A. L. R. II. 2. Anh. § 103. zu § 719.)

§ **611.** Verstärkung der letztwilligen Verordnung durch Anerkenntniß; A. Ausdrücklichkeit dieses Anerkenntnisses.

Rechtsgr. 371. — I. Senat. 14. Februar 1859. (XXXII. 250.)

Der § 611. I. 12. des Allgem. Landrechts, — nach welchem der Erbe und Legatar, welcher eine letztwillige Verordnung einmal anerkannt hat, deren Gültigkeit nicht weiter anfechten kann, — setzt ein ausdrückliches Anerkenntniß voraus.

B. Hinsichtlich des von einem, in Münsterischer Gütergemeinschaft und in beerbter Ehe lebenden Ehegatten einseitig errichteten Testaments. — Vergl. Münsterische Polizei-Ordnung vom 18. Januar 1592 Kap. 6. und 7. §§ 10. 11. und Adjektum zu Kap. 6. vom 20. Dezember 1601.

Rechtsgr. 372. — II. Senat. 11. Mai 1858. (XXIX. 306.)

Das von einem in Münsterischer Gütergemeinschaft lebenden Ehegatten in beerbter Ehe einseitig errichtete und übergebene Testament kann von dem andern Ehegatten oder einem Dritten nicht mehr als ungültig angefochten werden, wenn der andere Ehegatte das Testament als rechtsverbindlich anerkannt hat.

§ 612. Anerkenntniß des Testaments durch Zahlung oder Annahme der Legate; Wirkung der Entrichtung der Legate eines vorbehaltenen Kodizills seitens des Testamentserben, rücksichtlich der in dem Kodizille enthaltenen modifizirten Erbeseinsetzung. — Vergl. A. L. R. I. 4. § 58.

Rechtsgr. 373. — I. Senat. 14. Februar 1859. (XXXII. 250.)

Aus der bloßen Entrichtung der in dem vorbehaltenen Kodizille angeordneten Vermächtnisse seitens des in dem Testamente eingesetzten Erben kann eine Anerkennung der in dem Kodizille enthaltenen modifizirten Erbeseinsetzung nicht gefolgert werden.

Siehe auch Rechtsgrundsätze 663. (A. L. R. II. 2. § 438.)

Zweiter Abschnitt. Von Erbverträgen.

§§ 617. ff. Erbverträge:

A. Form der Ehe und Erbverträge. — Vergl. A. L. R. I. 12. §§ 9. 10. 88. 89. 139. 621. 649. ff., II. 1. § 441.; Kabinetsorder vom 24. März 1839.

Rechtsgr. 374. — I. Senat. 28. September 1860. (XXXVIII. 254.)

a) Hat die Wittwe in dem Ehevertrage mit ihrem nachherigen zweiten Ehemanne zugleich der Befugniß sich begeben, ihre Kinder in deren künftigem Erbtheile bis auf den Pflichttheil zu beschränken, so ist hierin ein Erbvertrag enthalten.

b) Zur Gültigkeit dieses Erbvertrages bedarf es der Form der Erbverträge überhaupt, und insbesondere auch der seitens des Vorgesetzten des Gerichts geschehenen Beauftragung des Richters mit dessen Aufnahme.

B. Römisches Recht.

Rechtsgr. 375. — I. Senat. 19. Februar 1858. (XXVII. 287.)

Das Römische Recht erkennt die Erbverträge nicht als gültige Rechtsgeschäfte an.

Siehe auch Rechtsgrundsätze 363. 679. 1144. (A. L. R. I. 12. 63., II. 2. Anh. § 103. zu 719.; A. G. O. II. 1. § 10. No. 5.)

§ **621.** Form der Erbverträge nach Gemeinem Rechte, insbesondere in Neuvorpommern und Rügen. — Vergl. Provinzialrecht von Neuvorpommern und Rügen Theil II. Seite 238.

Rechtsgr. **376.** — V. Senat. 21. Juni 1859. (XXXV. 24.)

a) Nach dem Gemeinen Rechte ist zur Gültigkeit eines Erbvertrages, und insbesondere auch eines Erbeinsetzungs-Vertrages, eine besondere Form, namentlich eine schriftliche Urkunde nicht erforderlich; vielmehr reicht der bloße wechselseitige Konsens der Kontrahenten hin.

b) Der vorstehende Grundsatz findet auch in Neuvorpommern und Rügen Anwendung.

Siehe auch Rechtsgrundsätze 374. 1144. (§ 617. dieses Titels; A. G. O. II. **1.** § 10. No. 5.)

§ **626.** Siehe Rechtsgrundsatz 1128. (A. G. O. I. **38.** § 12.)
§ **634.** Siehe Rechtsgrundsatz 1144. (A. G. O. II. **1.** § 10. No. 5.)
§§ **645. 649.** Anwachsungsrecht bei Erbentsagungs- und Theilungsverträgen über eine künftige Erbschaft. — Vergl. §§ **281.** ff. **366.** ff. dieses Titels.

Rechtsgr. **377.** — I. Senat. 25. Februar 1861. (XL. 298.)

Bei Erbentsagungs- und Theilungsverträgen nach § 649. I. 12. des Allgem. Landrechts, welche keine Verfügung des Erblassers enthalten, findet ein Anwachsungsrecht nicht statt.

Siehe auch Rechtsgrundsatz 381. (§ 281. dieses Titels.)

§ **646.** Bedingung der Ehelosigkeit in einem Erbvertrage. — Vergl. A. L. R. I. **4.** §§ 10. 136., **12.** § 63.

Rechtsgr. **378.** — I. Senat. 2. Juni 1856. (XXVI. 13.)

Die Verabredung in einem Erbvertrage, daß der Ueberlebende für den Fall, daß er heirathe, einen ihm im Erbvertrage eingeräumten Vortheil wieder herauszugeben verpflichtet sei, ist keine unerlaubte.

Siehe auch Rechtsgrundsätze 363. 1144. (§ 63. dieses Titels; A. G. O. II. **1.** § 10. No. 5.)

§ **647.** Siehe Rechtsgrundsatz 679. (A. L. R. II. **2.** Anh. § 103. zu § 719.)

§§ **649-654.** Form der Erbentsagungs- und Theilungs-Verträge über eine künftige Erbschaft. — Vergl. § **281.** dieses Titels.

Rechtsgr. **379.** — I. Senat. 25. Februar 1861. (XL. 298.)

a) Die in den §§ 649–654. I. 12. des Allgem. Landrechts erwähnten Entsagungs- und Theilungsverträge über eine künftige Erbschaft unter den dazu berufenen Miterben bedürfen nur dann der gerichtlichen Form und Abschließung, wenn ein solcher Vertrag zu Gunsten eines Fremden, d. h. einer nicht zu den gesetzlichen präsumtiven Erben des Erblassers gehörigen Person, geschlossen werden soll, und zugleich der künftige Erblasser selbst dem Vertrage wegen Unfähigkeit zu einer verbindlichen Willenserklärung nicht beitreten kann.

b) In dem § 653. I. 12. des Allg. Landrechts ist irrthümlich der § 649. statt des § 650. allegirt.

Siehe auch Rechtsgrundsätze 374. 377. (§§ 617. 645. dieses Titels.)

§ **656.** Uebertragungsverträge unter Lebenden bei Besitzern bäuerlicher Güter. — Vergl. A. L. R. I. **2.** § 34., **5.** § 71., **11.** §§ 2. 12. 30. 31.

Rechtsgr. **380.** — I. Senat. 6. Juli 1860. (XXXVIII. 110.)

Ein Vertrag, durch welchen Eltern ihr Bauergut mit sämmtlichem todten und lebenden Inventar, sowie ihr übriges Vermögen an Eines ihrer Kinder unter der Bestimmung verkaufen, daß die Uebergabe erst nach ihrem Tode erfolgen, der Kaufpreis alsdann durch eine gerichtliche Taxe festgestellt, und dieser Kaufpreis unter den Kindern zu gleichen Theilen als Erbtheil vertheilt werden solle, — ist sowohl als Kaufvertrag überhaupt, als auch insbesondere als Uebertragungs-Vertrag rücksichtlich einer bäuerlichen Stelle unter Lebenden ungültig.

Titel 13. Von Erwerbung des Eigenthums der Sachen und Rechte durch einen Dritten.

Erster Abschnitt. Von Vollmachtsaufträgen.

§§ 5. 6. Begriff eines Vollmachtsvertrages:
A. Kaufmännische Kommission über Zeitkaufsgeschäfte; Klauseln der gedruckten kaufmännischen Formulare.

Rechtsgr. 381. — IV. Senat. 3. September 1857. (XXVII. 3.)

Spezielle Klauseln des nach einem gedruckten Formular von dem Kommissionär geschlossenen Verkaufsgeschäfts, z. B. in Betreff schiedsrichterlicher Entscheidung und Protestaufnahme, sind nicht auf das Kommissionsgeschäft als solches zu beziehen.

B. Kaufmännische Einkaufskommission mit del credere.

Rechtsgr. 382. — IV. Senat. 4. September 1860. (XXXIX. 23.)

Der Umstand, daß bei der kaufmännischen Einkaufs-Kommission der Kommittent den Kommissionär del credere als Selbstverkäufer bezeichnet hat, ändert an der Natur des Geschäfts als Vollmachtsvertrag Nichts. Denn während der Kommissionär durch die bloße Uebernahme des del credere nur verpflichtet wird, dem Kommittenten für diese Erfüllung der von dem Dritten eingegangenen Verbindlichkeiten einzustehen, drückt die Betrachtung des Kommissionärs als Selbstverkäufer nur die andere Seite des del credere aus, daß nämlich der Kommissionär mit dem Dritten im eigenen Namen das Geschäft abschließen kann und doch dem Kommittenten gegenüber nur Mandatar bleibt.

Siehe auch Rechtsgrundsätze 387. 413. 606. 730. 1171. (A. L. R. I. **13.** § 53., **14.** § 200., II. **1.** § 210., **10.** § 68.; Konkursordnung § 96. No. 3.)

§ 7. Siehe Rechtsgrundsatz 414. (A. L. R. I. **14.** § 215.)

§ 8. Siehe Rechtsgrundsatz 866. (Allgemeine Deutsche Wechselordnung Art. 4. No. 5.)

§ 9. Rechte des mit dem nur mündlich Bevollmächtigten kontrahirenden

Dritten; Umfang der Schadloshaltung. — Vergl. A. L. R. I. 5. § 165., 11. §§ 869. ff., 13. § 96.

Rechtsgr. 383. — IV. Senat. 19. Mai 1860. (XXXVII. 236.)

a) Die Vorschrift des § 9. I. 13. des Allg. Landrechts, — nach welcher der Dritte, welcher mit einem blos mündlich Bevollmächtigten sich eingelassen hat (und daher nach § 8. auf Erfüllung gegen den Machtgeber nicht klagen kann), sich an den Bevollmächtigten halten und von diesem sowohl Schadloshaltung, als auch Abtretung seiner Rechte an den Machtgeber fordern kann, — ist nicht lediglich auf Geschäfte über einen Gegenstand unter 50 Rthlr. beschränkt, findet vielmehr auch dann Anwendung, wenn nach Maaßgabe des Gegenstandes ein schriftlicher Auftrag für das rechtlich zu begründende Verhältniß zwischen dem Machtgeber und dem Bevollmächtigten an sich erforderlich gewesen wäre.

b) Die dem dritten Kontrahenten in den Fällen der §§ 9. und 96. I. 13. des Allg. Landrechts von dem Bevollmächtigten zu gewährende Schadloshaltung besteht, wenn der mit demselben geschlossene Vertrag eine Handlung des Dritten zum Gegenstand hatte und diese geleistet ist, in der Gewährung der bedungenen Gegenleistung.

§ 11. Siehe Rechtsgrundsatz 414. (A. L. R. I. 14. § 215.)

§ 36. Siehe Rechtsgrundsatz 153. (A. L. R. I. 6. § 53.)

§ 38. Verhaftung des Bevollmächtigten für die Versehen seines Substituten.

Rechtsgr. 384. — I. Senat. 22. Juni 1857. (XXV. 252.)

Beamte sind hinsichtlich der Ausführung des ihnen ertheilten Auftrages für die Handlungen und Versehen der ihnen blos zur Beschäftigung, nicht aber zur Stellvertretung überwiesenen Personen, wie für ihre eigenen Handlungen und Versehen, haftbar.

§ 46. Siehe Rechtsgrundsatz 728. (A. L. R. II. 8. § 2459.)

§ 49. Verpflichtung des Bevollmächtigten zur Befolgung der Vorschrift des Machtgebers:

A. Erfüllung des kommittirten Zeitkaufsvertrages durch Lieferung oder durch Berechnung und Regulirung mit anderen Geschäften, oder durch Zahlung der Preisdifferenz. — Vergl. A. L. R. I. **13.** § **154.**, **16.** § **300.**

Rechtsgr. **385.** — IV. Senat. 3. September 1857. (XXVII. 3.)

Die Erfüllung des kommittirten Zeitkaufsgeschäfts kann sowohl durch Lieferung, als auch durch Berechnung oder Regulirung des Kommissionärs mit seinem Kontrahenten wegen Gegen-Ansprüche aus anderen Zeitkaufsgeschäften dieser Art und Zahlung der Koursdifferenz geschehen.

B. Berliner Handels-Usanze bei kommittirten Zeitkaufsverträgen über vertretbare markt- und börsengängige Waaren.

Rechtsgr. **386.** — IV. Senat. 7. Januar 1858. (XXIX. 5.)

Nach Berliner Handels-Usanze bedarf es bei Kommissionsgeschäften mit del credere über vertretbare markt- und börsengängige Waaren der Ankündigung der Waare zur Annahme am Stichtage nur zwischen dem eigentlichen Käufer und Verkäufer, nicht auch zwischen dem Kommissionär del credere und dem Kommittenten.

Siehe auch Rechtsgrundsatz **392.** (§ **61.** dieses Titels.)

§ **53.** Ausdehnung der Vollmacht, insbesondere des Auftrags an einen Rechtsanwalt zur Beitreibung der Wechselforderung auf die Aufnahme des Protestes. — Vergl. §§ **5. 6.** dieses Titels.

Rechtsgr. **387.** — I. Senat. 22. Juni 1860. (XXXVII. 311.)

Der einem Rechtsanwalt gegebene Auftrag, die Wechselforderung beizutreiben, schließt nicht zugleich die Vollmacht in sich, den zur Beitreibung erforderlichen Protest aufzunehmen.

§ **54.** Vertretung der Versehen des Bevollmächtigten und der eines mittelbaren Staatsdieners. — Vergl. A. L. R. **II. 10.** §§ **88-91.**

Rechtsgr. **388.** — I. Senat. 3. Juni 1860. (XXXIII. 279.)

Die für den Vollmachts-Auftrag gegebenen allgemeinen Bestimmungen in den §§ 54. I. 13. des Allg. Landrechts, betreffend das von dem Bevollmächtigten zu vertretende Verschen, finden auf das Amtsverhältniß der mittelbaren Staatsdiener, insbesondere der städtischen Beamten, keine Anwendung.

Siehe auch Rechtsgrundsatz 731. (A. L. R. II. 10. § 88.)

§ **60**. Siehe Rechtsgrundsatz 389. (§ **61**. dieses Titels.)

§§ **61**. ff. Verpflichtung des Bevollmächtigten zur Rechenschaft nach vollendetem Geschäfte:

A. Nachweis des Abschlusses des von dem Kommissionär del credere mit dem Dritten geschlossenen Geschäfts für den Kommittenten. —

a) Meldung der Ausführung des Geschäfts. — Vergl. § **60**. dieses Titels.

Rechtsgr. **389**. — IV. Senat. 4. Mai 1858. (XXVIII. 287.)

Der von dem Kommissionär del credere, welcher die Verträge im eigenen Namen schließt, seinem Kommittenten zu führende Nachweis, daß sie für dessen Rechnung geschlossen sind, liegt eben darin, daß er diesem die Ausführung des Geschäfts unter genauer Angabe der Modalitäten gemeldet hat.

b) Nachweis der Beziehung des ausgeführten Geschäfts auf das aufgetragene Geschäft.

— ältere Ansicht.

Rechtsgr. **390**. — IV. Senat. 3. September 1857. (XXVII. 3.)

Eines besonderen Nachweises der Beziehung des von dem Kommissionär del credere im eigenen Namen abgeschlossenen Verkaufsgeschäfts auf das aufgetragene bedarf es nicht, vielmehr genügt der Nachweis des wirklichen Abschlusses des Geschäfts.

— neuere Ansicht.

Rechtsgr. **391**. — IV. Senat. 4. September 1860. (XXXIX. 23.)

Zur Begründung der Klage des im eigenen Namen handelnden Kommissionärs del credere aus der Einkaufs-Kommission gegen den Kommittenten gehört vor Allem der Nachweis, daß der Kommissionär dem Auftrage gemäß den

Ankauf für den Kommittenten und auf dessen Rechnung bewirkt habe.

B. Wirkung der Benachrichtigung des Kommittenten seitens des Kommissionärs del credere von dem an einem bestimmten Tage abgeschlossenen Geschäfte. — Vergl. § 49. dieses Titels.

Rechtsgr. 392. — IV. Senat. 30. Oktober 1860. (XXXIX. 131.)

Die Benachrichtigung des Kommittenten seitens des Kommissionärs von dem an einem bestimmten Tage geschlossenen Geschäfte hat bei dem vereinbarten del credere nur zur Folge: daß der Kommissionär dem Kommittenten mindestens zu dem notifizirten Betrage haftbar wird, mochte das Geschäft damals schon abgeschlossen sein, oder erst noch abgeschlossen werden sollen.

C. Unterlassene Benachrichtigung des Kommittenten von der Ausführung des kommittirten kaufmännischen Geschäfts, insbesondere nach der Stettiner Börsen-Usanz.

Rechtsgr. 393. — IV. Senat. 20. Dezember 1860. (XXXIX. 319.)

Die Unterlassung der sofortigen Bekanntmachung des Kommittenten von dem Abschluß des kommittirten Geschäftes hat überhaupt nicht, und insbesondere auch nicht nach der Stettiner Börsen-Usanz zur Folge, daß die Ausführung des Auftrages für nicht geschehen erachtet werden könnte.

D. Erledigung der Verbindlichkeit des Kommissionärs del credere zur Rechenschaft. — Vergl. A. L. R. I. 16. §§ 165. ff.

Rechtsgr. 394. — IV. Senat. 15. Dezember 1860. (XL. 103.)

a) Hat der Kommittent von seinem Kommissionär del credere über die ausgeführten Geschäfte Rechnungen, beziehungsweise ein Kontokurrent erhalten, das hiernach sich ergebende Kredit des Kommissionärs in seinen Büchern vorgetragen, und demselben, unter Benachrichtigung hiervon, Zahlung des Betrages geleistet, so ist hierdurch das beiderseitige Konto für vollständig saldirt zu erachten und demgemäß die Verbindlichkeit des Kommissionärs zur Rechenschaft erledigt.

b) Daher ist der Kommittent hiernächst nicht mehr berechtigt, nachträglich in Betreff der kommittirten Geschäfte die Angabe der Namen der anderen Kontrahenten, die Herausgabe der Mäkler-Schlußscheine und die Vorlegung der Quittungen der Ersteren zu verlangen.

Siehe auch Rechtsgrundsätze 312. 396-398. (A. L. R. I. 11. § 340., 13. § 65.)

§ 63. Nichtberechtigung des Mandatars, sich eigene Vortheile zu verschaffen; Kompensationsbefugniß desselben. — Vergl. A. L. R. I. 16. §§ 300-302. 363. 364.; Inst. 4. 6. § 30.; Cod. 4. 31. Lex 14. § 1.

Rechtsgr. 395. — IV. Senat. 9. Juni 1860. (XXXVIII. 39.)

Der Bevollmächtigte ist berechtigt, nach ausgeführtem Auftrage auf die vermöge desselben in seine Hände gekommenen Gelder des Machtgebers die ihm an denselben aus nicht konnexen Rechtsgeschäften erwachsenen eigenen, fälligen und gleichartigen Forderungen zu kompensiren.

Siehe auch Rechtsgrundsatz 312. (A. L. R. I. 11. § 340.)

§§ 65. ff. Verbindlichkeit des Machtgebers gegen den Bevollmächtigten auf Schadloshaltung. — Vergl. A. L. R. I. 5. §§ 360. ff., 13. §§ 61. ff. 82. 154., 16. § 300.

A. Anspruch des Kommissionärs del credere an den Kommittenten auf Vergütung der wirklich gezahlten Preisdifferenzsumme wegen Nichtlieferung der in Gemäßheit des Auftrages verkauften Waare.

Rechtsgr. 396. — IV. Senat. 3. September 1857. (XXVII. 3.)

Für die Klage des Kommissionärs del credere gegen den Kommittenten wegen Nichtlieferung der verkauften Waaren ist zwar der Umfang der Verbindlichkeit des letzteren als Verkäufers auf Zahlung der Preisdifferenz maaßgebend, jedoch nicht genügend, vielmehr liegt dem Kommissionär seinem Kommittenten gegenüber der Nachweis ob, daß er das abgeschlossene Geschäft seinem Kontrahenten gegenüber wirklich erfüllt habe. Er kann deshalb bei der erfolgten Einigung mit dem letzteren über eine geringere Preisdifferenz nur diese von seinem Kommittenten ersetzt verlangen.

B. Anspruch des Kommissionärs del credere an den Kommittenten auf Zahlung der Preisdifferenzsumme bei nicht erfolgter Deckung und bei Regulirung des Zeitkaufsgeschäfts durch Uebertragung von anderen Kündigungsscheinen. — Vergl. § 70. dieses Titels.

Rechtsgr. 397. — IV. Senat. 7. Januar 1858. (XXIX. 4. 5.)

a) Der mit dem Ankaufe einer vertretbaren, markt- und börsengängigen Waare beauftragte Kommissionär del credere ist auch dann befugt, von dem Kommittenten die Differenzsumme zwischen dem bedungenen Kaufpreise und dem Verkaufspreise am Stichtage erstattet zu verlangen, wenn er von dem Verkäufer nicht die Waare in Natur, sondern von dritten Personen ausgestellte Ankündigungszettel über diese Waare übergeben erhalten und, wegen von dem Kommittenten ihm nicht gewährter Deckung, zwar eine solche Waare durch einen vereideten Mäkler an der Börse hat verkaufen lassen, seinem Käufer aber statt der Waare ebenfalls Kündigungsscheine über dieselbe übergeben hat.

b) Der Kommittent, welcher dem Kommissionär del credere am Stichtage keine Deckung gewährt hat, ist nicht berechtigt, sich selbst die Disposition über die von dem letzteren angekaufte Waare vorzubehalten, beziehungsweise demselben den öffentlichen Verkauf der Waare durch einen vereideten Mäkler behufs Erlangung der Deckung zu untersagen.

C. Anspruch des Kommissionärs del credere an den Kommittenten auf Zahlung der Preisdifferenzsumme bei nicht erfolgter Deckung und bei geschehener Abrechnung und Regulirung des Kommissionärs mit Gegenansprüchen aus anderen Zeitkaufsgeschäften dieser Art.

Rechtsgr. 398. — IV. Senat. 3. September 1857. (XXVII. 3.)

a) Der Kommissionär del credere kann auch in dem

Falle, wenn er das kommittirte Zeitkaufsgeschäft nicht durch wirkliche Lieferung, sondern durch Abrechnung und Regulirung mit seinem Kontrahenten wegen Gegenansprüche aus anderen Zeitkaufsgeschäften dieser Art erfüllt hat, die Erstattung der Kursdifferenz verlangen, ohne die abgerechneten oder regulirten Geschäfte einzeln angeben zu brauchen.

b) Zum Beweise der Koursdifferenz zwischen dem Kaufpreise und dem marktgängigen Preise am Lieferungstage genügt, dem Kommittenten gegenüber, die Beibringung des Attestes eines vereideten Mäklers, und findet daher ein Anspruch des Kommissionärs auf Provision eines zum Nachweise dieser Koursdifferenz am Lieferungstage von ihm geschlossenen Kaufgeschäfts nicht statt.

Siehe auch Rechtsgrundsätze **401. 402. 413. 414.** 865. **1639.** (A. L. R. I. **13.** §§ **154. 164.**, **14.** §§ 215. **200.**; Allg. Deutsche Wechsel-Ordnung Art. 4. No. 5.; Gesetz vom 12. Mai 1851 § 18. No. 5.)

§ **70.** Siehe Rechtsgrundsätze **397. 401. 402.** (§§ 65. **154. 164.** dieses Titels.)

§§ **71. 72.** Siehe Rechtsgrundsatz **421.** (A. L. R. I. **14.** § 354.)

§ **74.** Unbedungene Belohnung des Verwalters. — Vergl. A. L. R. I. **14.** §§ 76. 109. 165.

Rechtsgr. **399.** — IV. Senat. 29. September 1857. (XXVII. 86.)

Die Vorschrift des § 74. I. 13. des Allg. Landrechts, — nach welcher der Bevollmächtigte eine unbedungene Belohnung nur alsdann fordern kann, wenn die Gesetze selbst einen Preis dafür bestimmen, oder die Ausrichtung solcher Geschäfte zu seinem ordentlichen Gewerbe gehört, — findet auch auf Verwalter Anwendung.

§ **82.** Siehe Rechtsgrundsätze 396-398. **401. 402. 414.** (A. L. R. I. **13.** §§ 65. **154. 164.**, **14.** § 215.)

§ **83.** Siehe Rechtsgrundsatz **414.** (A. L. R. I. **14.** § 215.)

§§ **92.** ff. Siehe Rechtsgrundsatz 1035. (A. G. O. I. **3.** § 62.)

§ **96.** Siehe Rechtsgrundsatz 383. (§ 9. dieses Titels.)

§ **100.** Siehe Rechtsgrundsätze 1072-1074. 1466. (A. G. O. I. **10.** § 314.; Verordnung vom 14. Dezember 1833 § 5. No. 1.)

§§ **103.** ff. Siehe Rechtsgrundsatz 472. (A. L. R. I. **16.** Anhang § 52. zu § 484.)

§ **105.** Siehe Rechtsgrundsatz 605. (A. L. R. II. **1.** § 202.)

§ **119.** Siehe Rechtsgrundsätze 845. 1591. (Allgem. Deutscher Wechsel-Ordnung Einführungsgesetz vom 15. Februar 1850 § 4.; Prozeß-Verordnung vom 21. Juli 1846 § 4.)

§ **122.** Siehe Rechtsgrundsatz 183. (A. L. R. I. **7.** § 124.)

§§ **142.** ff. Siehe Rechtsgrundsätze 834. 1356. (A. L. R. II. **18.** § 593.; Dorfordnung vom 7. Februar 1755 § 29.)

§§ **144.** ff. Genehmigung der von einem Anderen mit einem Dritten geschlossenen Geschäfte.

Rechtsgr. **400.** — IV. Senat. 20. Dezember 1860. (XXXIX. 311.)

Derjenige, welcher sich den Vortheil aus einem für ihn ohne seinen Auftrag besorgten Geschäft zueignet, beziehungsweise die Leistungen aus demselben seitens des Dritten übernimmt, ist als ein Solcher anzusehen, welcher eben dieses Geschäft genehmigt und mit dem Dritten kontrahirt hat.

§ **154.** Berechtigung des Kommissionärs zum Ankaufe der in eigenem Namen im Auftrage des Kommittenten verkauften Waare. — Vergl. §§ 65. 70. 82. dieses Titels.

Rechtsgr. **401.** — IV. Senat. 26. Februar 1861. (XL. 322.)

Der, bei Nichtgewährung der Deckung durch den Kommittenten, seitens des Kommissionärs geschehene anderweite Ankauf der kommittirten Waare zur Erfüllung des mit dem Dritten in Ausführung der ertheilten Kommission geschlossenen Vertrages enthält keine Ueberschreitung des Auftrags.

Siehe auch Rechtsgrundsätze 385. 396-398. (§§ 49. 65. dieses Titels.)

§§ **159.** Siehe Rechtsgrundsätze 67. 73. 711. (A. L. R. I. **5.** §§ 10. 74., II. **8.** § 647.)

§ **164.** Widerruf der Vollmacht des kaufmännischen Kommissionärs. — Vergl. §§ 65. 70. 82. dieses Titels.

Rechtsgr. **402.** — IV. Senat. 4. Mai 1858. (XXVIII. 287.)

Der § 164. I. 13. des Allg. Landrechts ist auf das Verhältniß des kaufmännischen Kommissionärs zum Kommittenten nicht ohne Weiteres anwendbar. Hat der Kommissionär auf seine Gefahr einen früheren Auftrag ausgeführt und einen späteren Auftrag nur zur Deckung des ersten Auftrages übernommen, so kann der Kommittent, nachdem auch der spätere ausgeführt worden, den Zweck desselben nicht mehr willkürlich ändern.

§ **168**. Siehe Rechtsgrundsatz 711. (A. L. R. II. **8**. § 647.)

§ **186**. Siehe Rechtsgrundsatz 869. (Allgem. Deutsche Wechselordnung Art. **4**. No. 5.)

Zweiter Abschnitt. Von Uebernehmung fremder Geschäfte ohne vorherigen Auftrag.

§§ **228-230**. Uebernahme fremder Geschäfte ohne Auftrag.

Rechtsgr. **403**. — III. Senat. 4. April 1859. (XXXIII. 110.)

Der § 228. I. 13. des Allgem. Landrechts setzt einen gültigen Auftrag voraus.

Siehe auch Rechtsgrundsätze **404**. 432. 606. (A. L. R. I. **13**. § 256., **16**. § 30., II. **1**. § 210.)

§ **239**. Siehe Rechtsgrundsatz **1211**. (Konkurs-Ordnung vom 8. Mai 1855 § 199.)

§ **256**. Verpflichtung des Geschäftsführers ohne Auftrag zur Rechnungslegung. — Vergl. § 228. dieses Titels.

Rechtsgr. **404**. — III. Senat. 4. April 1859. (XXXIII. 110.)

Hat Jemand auf den Grund eines ungültigen Pachtvertrages verwaltet, so ist er dem Eigenthümer zur Rechnungslegung verpflichtet.

Dritter Abschnitt. Von nützlichen Verwendungen.

§§ **262**. ff. Begründung der Klage aus der nützlichen Verwendung.

Rechtsgr. **405**. — IV. Senat. 14. Dezember 1858. (XXXI. 336.)

Zur Begründung der Klage aus der nützlichen Verwendung ist ein bei der Verwendung stattgehabter Hinblick auf deren künftige Genehmigung seitens des Empfängers, und die stattgehabte Absicht, denselben zu verpflichten, nicht erforderlich.

Siehe auch Rechtsgrundsätze 432. 555. (A. L. R. I. **16.** § 30., **21.** § 420.)

§§ **265. 266.** Siehe Rechtsgrundsatz 156. (A. L. R. I. **6.** § 54.)

§ **267.** Siehe Rechtsgrundsätze 156. 406. (A. L. R. I. **6.** § 54., **13.** § 274.)

§§ **268. 269.** Siehe Rechtsgrundsätze 156. 671. (A. L. R. I. **6.** § 54., II. **2.** § 612.)

§ **272.** Siehe Rechtsgrundsätze 156. 954. (A. L. R. I. **6.** § 54.; Allg. Deutsche Wechsel-Ordnung Art. 83.)

§ **273.** Siehe Rechtsgrundsätze 69. 156. (A. L. R. I. **5.** § 37., **6.** § 54.)

§ **274.** Bereicherungsklage aus der nützlichen Verwendung für einen Unfähigen. -- Vergl. A. L. R. I. **13.** § 267., II. **1.** § 598.

Rechtsgr. **406.** — IV. Senat. 4. und 8. Mai 1858. (XXVIII. 293.)

Die Vorschrift des § 274. I. 13. des Allg. Landrechts, -- betreffend die Bereicherungsklage aus der nützlichen Verwendung für einen Unfähigen, — findet nicht blos auf den Fall der Anstellung der Klage noch während der Unfähigkeit, sondern auch auf den Fall deren Anstellung nach gehobener Unfähigeit Anwendung, und genügt es in dem letzteren Falle, wenn der Unfähige zur Zeit des Aufhörens der Unfähigkeit im Besitze des bewirkten Vortheils sich befindet, beziehungsweise befunden hat.*

Siehe auch Rechtsgrundsatz 69. (A. L. R. I. **5.** § 37.)

§ **277.** Ausschließung der nützlichen Verwendung bei vorhandenem Vertrage.

Rechtsgr. **407.** — III. Senat. 11. Oktober 1858. (XXXI. 37.)

Der § 277. I. 13. des Allgem. Landrechts, — nach welchem die Vorschriften über die nützliche Verwendung keine Anwendung finden, wenn ein rechtlicher Vertrag unter den Parteien vorhanden ist, — ist ausgeschlossen, wenn die Ver-

* Vergl. dagegen das Präjudiz No. 684. (III. Senat) vom 10. Juni 1839, Präjudizien-Sammlung I. S. 80.)

pflichtung nicht direkt aus dem zwischen den Parteien geschlossenen Vertrage herzuleiten ist.

Siehe auch Rechtsgrundsatz 1007. (A. G. O. Einl. § 65.)

§ **280.** Siehe Rechtsgrundsatz 842. (A. L. R. II. **19.** § 67.)

Titel 14. Von Erhaltung des Eigenthums und der Rechte.

Erster Abschnitt. Vom Verwahrungsvertrage.

§§ **35-37.** Nichtanwendbarkeit der §§ 35-37. I. **14.** des Allgem. Landrechts auf gemischte Rechtsverhältnisse, namentlich auf die kaufmännische Kommission; Voraussetzung jener Vorschriften überhaupt. — Vergl. § **109.** dieses Titels.

Rechtsgr. **408.** — IV. Senat. 8. Juli 1858. (XXX. 170.)

a) Die Vorschriften der §§ 35–37. I. 14. des Allgem. Landrechts können über den reinen und eigentlichen, mit andern Rechtsverhältnissen nicht gemischten Verwahrungsvertrag hinaus nicht zur Anwendung kommen, namentlich nicht bei der kaufmännischen Kommission.

b) Die Worte „Beschädigung" und „Verlorengehen" in jenen Vorschriften sind überhaupt nur von Ereignissen zu verstehen, die von Außen her hinzutreten, die der Verwahrer verhindern kann, und welche die durch sie bewirkte Veränderung der Situation erkennen lassen, nicht aber von solchen, welche durch die Beschaffenheit der Sache selbst herbeigeführt werden.

Siehe auch Rechtsgrundsatz 726. (A. L. R. II. **8.** § 2459.)

§ **76.** Siehe Rechtsgrundsatz 399. (A. L. R. I. **13.** § 74.)
§ **97.** Siehe Rechtsgrundsatz 730. (A. L. R. II. **10.** § 68.)
§§ **99. 100.** Unmittelbare Verhaftung des Aufsehers oder Sequesters den Deposital-Interessenten oder dem Eigenthümer gegenüber. — Vergl. Allg. Depositalordnung I. §§ **21. 22.**; Dig. **16.** 3. Lex 12.

Rechtsgr. **409.** — IV. Senat. 1. November 1860. (XXXIX. 141.)

Der gerichtlich bestellte Aufseher oder Sequester ist unter

Umständen unmittelbar verpflichtet, den Deposital-Interessenten, beziehungsweise dem Eigenthümer der ihm zur Verwahrung übergebenen Sache, wegen absichtlicher oder kulposer Vernachlässigung seiner Pflichten gerecht zu werden.

Siehe auch Rechtsgrundsatz 730. (A. L. R. II. **10.** § 68.)

§ **105.** Siehe Rechtsgrundsatz 528. (A. L. R. I. **20.** § 480.)

Zweiter Abschnitt. Von Verwaltung fremder Sachen und Güter.

§§ **109.** ff. Rechtsverhältniß der Wirthschaftsbeamten eines Gutes. — — Vergl. A. L. R. II. **5.** §§ 177. 186.

Rechtsgr. **410.** — IV. Senat. 15. Juni 1858; I. Senat. 11. April 1859. (XXX. 109.; XXXIII. 122.)

Auf das Rechtsverhältniß der Personen, welchen die Führung der ganzen Wirthschaft eines Gutes überhaupt übertragen ist, finden die in den §§ 109. ff. I. 14. des Allgem. Landrechts enthaltenen Vorschriften über die Verwaltung fremder Sachen und Güter Anwendung.

Siehe auch Rechtsgrundsätze 399. 408. 688. 689. 1356. (A. L. R. I. **13.** § 74., **14.** § 35., II. **5.** § 177.; Dorfordnung vom 7. Februar 1755 § 29.)

§§ **116.** **123.** Siehe Rechtsgrundsatz 528. (A. L. R. I. **20.** § 480.)
§ **133.** Siehe Rechtsgrundsatz 660. (A. L. R. II. **2.** § 433.)
§§ **135.** ff. Rechnungslegung ohne Rechnungsbeläge.

Rechtsgr. **411.** — III. Senat. 17. September 1860. (XXXVIII. 225.)

Eine Verwaltungsrechnung ohne Beläge ist wegen dieses Mangels allein noch nicht abnahmeunfähig.

§§ **136.** ff. **158.** **159.** Siehe Rechtsgrundsatz 628. (A. L. R. II. **1.** § 657.)

§ **158.** Natur der fünfjährigen Frist zur Abforderung der Verwaltungs-Rechnung. — Vergl. A. L. R. I. **9.** §§ 546. 551. 554. 563.

Rechtsgr. **412.** — IV. Senat. 22. März 1859. (XXXIII. 87.)

a) Plenarbeschluß vom 6. Dezember 1855: Die in dem § 158. I. 14. des Allg. Landrechts gedachte fünfjährige Frist, binnen welcher dem Verwalter die von ihm zu legende Rechnung abgefordert werden muß, widrigenfalls die Rechnungslegung für erlassen erachtet wird, ist nicht als eine Verjährungsfrist anzusehen.*

b) Die einmalige Aufforderung zur Rechnungslegung innerhalb der fünfjährigen Frist des § 158. beseitigt daher die Folgen dieses § 158. für den Zeitraum von 30 Jahren.

§ **165**. Siehe Rechtsgrundsatz 399. (A. L. R. I. **14**. § 74.)

Dritter Abschnitt. Von Kautionen und Bürgschaften.

§§ **200**. **338**. ff. **351**. ff. **356**. ff. Rechtsverhältniß zwischen dem Bürgen und Hauptschuldner, z. B. Mandatsverhältniß. — Vergl. A. L. R. I. **13**. §§ 5. ff. 65. ff; Inst. **3**. 20. § 6.

Rechtsgr. **413**. — III. Senat. 25. November 1859. (XXXV. 300.)

Der Schuldner, für welchen die von ihm nachgesuchte Bürgschaft geleistet wird, tritt hierdurch zu dem Bürgen in ein Mandatsverhältniß, vermöge dessen der Letztere sofort bei Ausstellung der Bürgschaft an den Ersteren einen bedingten Entschädigungs-Anspruch erhält.

Siehe auch Rechtsgrundsätze 417. 1171. (§ 251. dieses Titels; Konkurs-Ordnung § 96. No. 3.)

§§ **201**. **202**. Siehe Rechtsgrundsatz 508. (A. L. R. I. **20**. § 50.)

§§ **215-217**. Auftrag, einem Dritten zu kreditiren (mandatum qualificatum). — Vergl. A. L. R. I. **5**. §§ 131. 155. 156. 165., **13**. §§ 7. 11. 65. 82. 83.; Dig. **46**. 1. Lex 13.; Cod. **4**. 35. Lex 7.; Nov. 4.

Rechtsgr. **414**. — IV. Senat. 21. Januar 1858. (XXVIII. 169.)

a) Aus dem zum Besten eines Dritten, wenngleich nur mündlich und über einen Betrag von mehr als 50 Rthlrn., ertheilten Auftrage zum Kreditgeben (mandatum qualificatum) steht nach dessen Ausführung dem Beauftragten ein

* Vergl. auch Bd. 1. S. 128. No. 397. und dagegen Bd. 1. S. 129. No. 398. dieser Rechtsgrundsätze, sowie das Nachwort Bd. 4. S. 297. ff., die zweite Note Bd. 8. S. 293. und die Note Bd. 33. S. 87. des Archivs für Rechtsfälle.

Klagerecht sowohl gegen den Auftraggeber, als auch gegen den dritten Empfänger zu.

b) Der Beauftragte wird seines Klagerechts gegen den Auftraggeber durch Annahme eines von dem dritten Empfänger ausgestellten Schuldscheins nicht verlustig.

c) Der Auftraggeber, als Hauptschuldner, kann aus der von dem Beauftragten dem dritten Empfänger, als Nebenschuldner, ertheilten Nachsicht einen Einwand für sich nicht herleiten.

Siehe auch Rechtsgrundsätze 100. (A. L. R. I. 5. § 156.)

§§ **221. 226. 228. 229.** Siehe Rechtsgrundsatz 508. (A. L. R. I. **20.** § 50.)

§§ **232. 233.** Selbstschuldnerische Verhaftung der Ehefrau aus einer von ihr und ihrem Ehemanne unterschriebenen Schuld-Urkunde. — Vergl. A. L. R. II. **1.** § 329.

Rechtsgr. **415.** — IV. Senat. 14. Dezember 1858. (XXXII. 77.)

a) Zur Begründung der gesetzlichen Vermuthung: daß, wenn eine Manns- und Frauensperson sich in Einem Instrumente als Selbst- oder Mitschuldner verpflichtet haben, der Mann Hauptschuldner, die Frau aber Bürgin sei, — genügt die bloße Unterschrift des Mannes und der Frau unter dem Schuldschein nicht, vielmehr muß auch der Inhalt des Schuldscheins die Haupt-Obligation als eine gemeinsam kontrahirte darstellen.

b) Daher greift diese Vermuthung alsdann nicht Platz, wenn in dem Schuldscheine die Ehefrau allein als Darlehns-Empfängerin bezeichnet ist, und der Ehemann in demselben Instrumente nur die Genehmigung der Schuld ausgesprochen und sich nebenbei als Selbstschuldner auch noch ausdrücklich verbürgt hat.

Siehe auch Rechtsgrundsatz 947. (Allg. Deutsche Wechsel-Ordnung Art. 82.)

§§ **240-242.** Bürgschaft der Frauenspersonen; Umfang deren Verhaftung.

Rechtsgr. **416.** — **III.** Senat. 27. Februar 1860. (**XXXVII.** 59.)

Nach den §§ 240–242. I. 14. des Allgem. Landrechts soll nur das Hauptgeschäft mit seinen für die Frauensperson sich ergebenden Vortheilen bei Bestimmung der Verhaftung derselben Berücksichtigung finden, ohne Rücksicht darauf, ob sie dieselben wieder verloren, oder durch ein anderes Geschäft vermehrt hat.

§ **251.** Beschränkung der Verbindlichkeit des Bürgen auf die Forderung aus dem bestimmt angegebenen Fundamente; Bestreitung deren Richtigkeit. — Vergl. §§ **200. 257. 310.** dieses Titels.

Rechtsgr. **417.** — **IV.** Senat. 22. März 1860. (**XXXVI.** 348.)

Der Bürge ist nur für die aus dem bestimmt angegebenen Fundament hergeleitete Forderung des Gläubigers an den Hauptschuldner verhaftet, und er ist berechtigt, die Richtigkeit dieser Forderung zu bestreiten.

Siehe auch Rechtsgrundsatz **418.** (§ **297.** dieses Titels.)

§ **270.** Siehe Rechtsgrundsatz **418.** (§ **297.** dieses Titels.)

§ **297.** Begründung der Klage aus der selbstschuldnerischen Bürgschaft; Einwand der Nichtexistenz der Hauptschuld seitens des selbstschuldnerischen Bürgen bei erfolgter Eintragung der Bürgschaft in das Hypothekenbuch. — Vergl. A. L. R **I. 14.** §§ **251. 270. 310., 20.** §§ **49.** ff. **244. 423.**

Rechtsgr. **418.** — **III.** Senat. 10. Oktober 1859. (**XXXIV.** 312.)

a) Auch zur Begründung der Klage gegen den selbstschuldnerischen Bürgen hat der Gläubiger die Existenz der Hauptschuld darzuthun.

b) Trotz der erfolgten Eintragung der selbstschuldnerischen Bürgschaft in das Hypothekenbuch kann der selbstschuldnerische Bürge dem Dritten gegenüber die Nicht-Existenz der verbürgten Schuld geltend machen.

§ **310.** Verhaftung des Akkord-Bürgen des Gemeinschuldners für die Erfüllung des Akkordes im Konkurse.

Rechtsgr. **419.** — IV. Senat. 7. Juni 1859. (**XXXIII. 291.**)

Auch der Akkordbürge haftet nicht weiter, als der Gemeinschuldner selbst.

Siehe auch Rechtsgrundsätze **417. 418.** (§§ **251. 297.** dieses Titels.)

§§ **316.** ff. Siehe Rechtsgrundsätze 508. 509. (A. L. R. I. **20.** § 50.)

§§ **338. 339.** Anspruch des die Hauptschuld zahlenden Bürgen an den bezahlten Gläubiger auf Cession der mit dem Forderungsrechte verbundenen Vorrechte und accessorischen Rechte. — Vergl. A. L. R. I. **11.** §§ 442. 443., **16.** §§ 46-50., **20.** § 55.; Dig. **46**. 1. Lex 17. 36.; Cod. **8.** 41. Lex **2. 11. 14.**

Rechtsgr. **420.** — III. Senat. 28. Januar 1861. (**XL. 184.**)

Der Grundsatz: daß der von einem Dritten bezahlte Gläubiger die noch nicht mit dem Forderungsrechte selbst auf den Dritten übergegangenen Vorrechte und accessorischen Rechte noch in soweit und zu dem Behufe hat, daß er sie diesem Dritten abtreten kann und auf dessen Verlangen abtreten muß, — findet in der Regel auch bei der Zahlung durch den Bürgen Anwendung.

Siehe auch Rechtsgrundsätze **413. 1171.** (§ **200.** dieses Titels; Konkursordnung § **96.** No. 3.)

§ **351.** Siehe Rechtsgrundsätze **413. 421.** (§§ **200. 354.** dieses Titels.)

§ **354.** Anspruch des Bürgen auf Verzugszinsen. — Vergl. A. L. R. I. **13.** §§ 71. 72., **14.** §§ 351. 370.

Rechtsgr. **421.** — IV. Senat. 21. Februar 1860. (**XXXVI. 251.**)

Der Bürge ist berechtigt, von dem Kapitale, welches er für den Hauptschuldner hat zahlen müssen, gesetzliche Verzugszinsen vom Tage der erfolgten Zahlung zu verlangen.

§§ **356.** ff. Siehe Rechtsgrundsätze **413. 500. 1171.** (A. L. R. I. **14.** § 200., **20.** § 50.; Konkursordnung § **96.** No. 3.)

§§ **359.** Siehe Rechtsgrundsatz 508. (A. L. R. I. **20.** § 50.)

§ **370.** Siehe Rechtsgrundsatz **421.** (§ **354.** dieses Titels.)

§§ **399. 400.** Erfordernisse der formellen Gültigkeit einer Expromission.

Rechtsgr. **422.** — IV. Senat. 15. September 1859. (XXXV. 56.)

Plenarbeschluß vom 4. Juli 1859: Damit bei einer Expromission (399. 400. I. 14. des Allg. Landrechts) die Aufhebung der Verbindung zwischen dem Gläubiger und dem ersten Schuldner hervorgebracht werde, ist die ausdrücklich, und, wo es der Gegenstand erfordert, schriftlich erklärte Einwilligung des Gläubigers in die Entlassung des ersten Schuldners nothwendig.

Titel 15. Von Verfolgung des Eigenthums.

§§ **1.** ff. Possessorische, Eigenthums- und konfessorische Klage, z. B. auf Anerkennung eines Superfiziarrechts und einer Servitut. — Vergl. A. L. R. I. **7.** § **150.**, **8.** §§ **1. 2.**; A. G. O. I. Einleitung §§ **65. 66.**, **16.** § **1.**

Rechtsgr. **423.** — II. Senat. 6. Dezember 1860. (XL. 85.)

Die Besitzstörungs- und die Eigenthumsklage schließen die konfessorische Klage nicht in sich. Daher steht nach rechtskräftig erfolgter Abweisung jener Klagen der Anstellung der Klage auf Anerkennung eines Superfiziarrechts und einer Servitut der Einwand der rechtskräftigen Entscheidung nicht entgegen.

Siehe auch Rechtsgrundsätze 18. 202. 203. 492. 537. (A. L. R. Einleitung § 23., I. **7.** § 175., **15.** § 34., **17.** § 372., **21.** § 82.)

§ **2.** Siehe Rechtsgrundsätze 202. 537. (A. L. R. I. **7.** § 175., **21.** § 82.)

§ **3.** Siehe Rechtsgrundsatz 276. (A. L. R. I. **10.** § 18.)

§ **10.** Siehe Rechtsgrundsatz 240. (A. L. R. I. **9.** § 418.)

§ **11.** Siehe Rechtsgrundsätze 156. 537. (A. L. R. I. **7.** § 54., **21.** § 82.)

§§ **12. 13.** Siehe Rechtsgrundsatz 156. (A. L. R. I. **7.** § 54.)

§§ **14. 15.** Siehe Rechtsgrundsätze 156. 185. (A. L. R. I. **7.** §§ 54. 137.)

§ **17.** Siehe Rechtsgrundsätze 162. 424. (A. L. R. I. **7.** § 15., **15.** Anhang § 49. zu § 19.)

§ **18.** Siehe Rechtsgrundsätze 161. 424. (A. L. R. I. **7.** § 15., **15.** Anhang § 49. zu § 19.)

§ **19.**, Anh. § **49.** zu § **19.** Verdächtigkeit des Verkäufers eines Pferdes außer den öffentlichen Märkten. — Vergl. A. L. R. **I. 7.** §§ 10-23., **15.** §§ **17. 18. 25. 44.**

Rechtsgr. **424.** — **III.** Senat. 25. Juni 1858. (**XXX.** 135.)

a) Der Grundsatz des § 49. des Anhangs zum Allg. Landrecht bezieht sich auch auf Veräußerungen durch Tausch.

b) Das Feilbieten von Pferden in einem Stalle oder Hofraum während des Marktes ist selbst dann für ein Feilbieten außer den öffentlichen Märkten zu halten, wenn es an dem Orte der Veräußerung üblich ist, an Markttagen Pferde und Kühe nicht blos auf dem öffentlichen Markte, sondern auch in den Ställen der Wirthschaftshäuser feil zu halten.

c) Wenn die thatsächlichen Voraussetzungen des § 49. des Anhangs zum Allgem. Landrecht vorliegen, so braucht zur Anwendung des Gesetzes dem Erwerber des Pferdes nicht noch besonders ein ihm zur Last fallendes Versehen nachgewiesen zu werden, obwohl die Anwendbarkeit des § 49. des Anhangs durch besondere Umstände ausgeschlossen werden kann.

Siehe auch Rechtsgrundsatz **161.** (A. L. R. **I. 7.** § 15.)

§§ **25. 26.** Siehe Rechtsgrundsätze **162. 424.** (A. L. R. **I. 7.** § 15., **15.** § 19.)

§§ **33.** ff. Siehe Rechtsgrundsätze 203. 1433. (A. L. R. **I. 7.** § 175.; Gesetz No. **940.** vom **21.** April 1825 § **1.**)

§ **34.** Eigenthumsklage des Erben gegen den dritten Besitzer eines angeblich zum Nachlasse gehörigen Staatsschuldscheins. — Vergl. A. L. R. **I. 7.** §§ **18. 115.** ff. **175.** ff. **184.**, **15.** § **1.**

Rechtsgr. **425.** — **I.** Senat. 19. November 1858. (**XXXI.** 167.)

Zur Begründung der Klage des Erben gegen den dritten Besitzer auf Herausgabe eines angeblich zum Nachlasse gehörigen Staatsschuldscheins ist der Nachweis, daß der Erblasser vor mehreren Jahren Eigenthümer desselben gewesen ist, nicht hinreichend; es bedarf vielmehr des Nachweises, daß der Erblasser den Staatsschuldschein noch bis zu seinem

Tode besessen habe, oder daß ihm derselbe auf unerlaubte Weise entfremdet worden sei, oder endlich daß derselbe sich noch in dem Nachlasse befunden habe.

§ **42**. Siehe Rechtsgrundsatz **1285**. (Inst. **2**. 6. § 14.)
§ **44**. Siehe Rechtsgrundsatz **424**. (§ 19. dieses Titels.)
§ **45**. Siehe Rechtsgrundsatz **204**. (A. L. R. I. 7. § 181.)
§ **47**. Siehe Rechtsgrundsatz **161**. (A. L. R. I. 7. § 15.)

Titel 16. Von den Arten, wie Rechte und Verbindlichkeiten aufhören.

§§ **2**. **3**. Siehe Rechtsgrundsätze **569-572**. 579. (A. L. R. I. **22**. §§ 13. 43.)

Erster Abschnitt. Von Erfüllung der Verbindlichkeiten überhaupt.

§ **11**. Siehe Rechtsgrundsatz **428**. (§ 28. dieses Titels.)
§ **15**. Siehe Rechtsgrundsatz **123**. (A. L. R. I. **5**. § 325.)
§§ **16**. ff. Begriff des Verzuges in rechtlicher Bedeutung. — Vergl. §§ **64**. ff. dieses Titels.

Rechtsgr. **426**. — III. Senat. 22. April 1857. (XXV. 72.)

Ein Verzug in rechtlicher Bedeutung ist nur dann vorhanden, wenn der Aufschub in der Erfüllung der Verbindlichkeit schuldbarer Weise erfolgt ist.

Siehe auch Rechtsgrundsätze **123**. **1475**. (A. L. R. I. **5**. § **325**.; Exekutions-Verordnung vom **4**. März 1834 § 9.)

§§ **27**. **52**. Ort der Erfüllung einer Verbindlichkeit, insbesondere Ort der Rückgabe der fehlerhaften Sache und der Rückzahlung des Kaufpreises bei der actio redhibitoria, z. B. beim Pferdehandel.

Rechtsgr. **427**. — IV. Senat. 6. Januar 1859. (XXXII. 107.)

Wenn der Uebernehmer von dem Geber die Zurücknahme der fehlerhaften Sache, — z. B. eines dämpfigen Pferdes, — und Erstattung des Kaufpreises fordert, so ist für den Ort der Rückzahlung der Wohnort des Gebers, für den Ort der Rücknahme aber der § 27. I. 16. des Allg. Landrechts maaßgebend.

Zweiter Abschnitt. Von der Zahlung.

§ **28**. Begriff der Zahlung:

A. Zahlung durch Wechsel. — Vergl. § **11**. dieses Titels.

Rechtsgr. **428**. — IV. Senat. 16. Juni 1859. (XXXIII. 306.)

Eine Zahlung im gesetzlichen Sinn kann durch Wechsel nicht geleistet werden.

B. Einrede der Zahlung durch eingelöste Wechsel. — Vergl. § **149**. dieses Titels.

Rechtsgr. **429**. — IV. Senat. 7. Juni 1859. (XXXIV. 75.)

Zur Begründung der Einrede der Zahlung genügt die Behauptung nicht, daß der Gläubiger wegen seiner Forderung durch, von ihm zu einer bestimmten Zeit auf den Schuldner gezogene, von dem Letzteren acceptirte und hiernächst eingelöste Wechsel befriedigt worden sei.

C. Tilgung einer Waarenschuld durch Zahlung und Novation mittelst Weitergirirung und Einlösung von Wechseln, auch nach Französischem Recht. — Vergl. §§ **235**. **262**. **267**. **452**. **454**. dieses Titels; Allg. Deutsche Wechsel-Ordnung Art. **4**. **10**.; **Fremery, Etudes pag. 404**. und Zachariä, Handbuch des Französischen Civilrechts (5. Aufl.) Bd. **2**. § **323**.

Rechtsgr. **430**. — IV. Senat. 4. Mai 1861. (XL. 367.)

Auch nach Französischem Rechte enthält die bloße Hingabe, Annahme und Weiterbegebung eines von dem Schuldner über eine Waarenschuld ausgestellten, und demnächst von ihm bezahlten Wechsel-Accepts für sich allein weder eine Zahlung noch eine Novation der Waarenschuld.

D. Tilgung einer Waarenschuld durch Weitergirirung von acceptirten Wechseln und Saldirung der Waarenschuld. — Vergl. A. L. R. I. **16**. §§ **235**. **262**. **267**. **452**. **454**.; Allgem. Deutsche Wechsel-Ordnung Art. **4**. **10**.

Rechtsgr. **431**. — IV. Senat. 3. Januar 1860. (XXXVI. 123.)

Dadurch allein, daß der Gläubiger den über eine Waarenschuld auf den Schuldner gezogenen und von diesem acceptirten Wechsel weiter girirt und die Waarenschuld mittelst Eintragung des Wechselbetrages in die Handlungsbücher saldirt, ist die Waarenschuld noch nicht für getilgt zu erachten. Vielmehr bedarf es hierzu des Nachweises entweder der ausdrücklich erklärten Annahme des Wechsels an Zahlungsstatt, oder der gegenseitigen Einwilligung der Kontrahenten in die Novirung der Obligation, oder der hiernächst wirklich erfolgten Einlösung des Wechsels.

§ **30.** Verhaftung des unberechtigten Empfängers einer Zahlung, insbesondere von Miethsgeldern, dem eigentlichen Gläubiger gegenüber. — Vergl. A. L. R. I. **13.** §§ 228. 229. 262. ff.

Rechtsgr. **432.** — IV. Senat. 7. Juli 1859. (XXXIV. 150.)

Der § 30. I. 16. des Allgem. Landrechts schließt die Verbindlichkeit des unberechtigten Zahlungsempfängers, z. B. von Miethszinsen, zur Restitution der ohne Titel erhobenen Zahlungen an den eigentlichen Gläubiger nicht aus.

Siehe auch Rechtsgrundsatz 636. (A. L. R. II. **1.** § 769.)

§§ **31. 32.** Siehe Rechtsgrundsatz 73. (A. L. R. I. **5.** § 74.)
§ **37.** Siehe Rechtsgrundsatz 636. (A. L. R. II. **1.** § 769.)
§ **43.** Siehe Rechtsgrundsatz 939. (Allgem. Deutsche Wechsel-Ordnung Art. 82.)
§ **45.** Siehe Rechtsgrundsatz 433. (§ **46.** dieses Titels.)
§§ **46.** ff. Eintritt des zahlenden Dritten in die Rechte des bezahlten Gläubigers. — Vergl. A. L. R. I. **11.** §§ 442. 443.

A. Anspruch des Käufers eines Grundstücks an den Verkäufer aus der Zahlung einer nicht übernommenen Hypothekenforderung. — Vergl. A. L. R. I. **11.** §§ 136. 184., **16.** § 45.

Rechtsgr. **433.** — III. Senat. 27. April 1860. (XXXVII. 209.)

Der Käufer eines Grundstücks, welcher eine nicht übernommene Hypothek zahlt, erwirbt dadurch gegen seinen Verkäufer die Rechte des befriedigten Hypothekengläubigers nach § 46. I. 16. des Allgem. Landrechts, mochte er auch auf den Grund des Kaufvertrages nur Liberation fordern dürfen.

B. Anspruch des zahlenden Dritten, insbesondere des Bürgen, an den bezahlten Gläubiger auf Cession der mit dem Forderungsrechte verbundenen Vorrechte und accessorischen Rechte.

Rechtsgr. **434**. — **III.** Senat. 28. Januar 1861. (XL. 184.)

Der von einem Dritten bezahlte Gläubiger hat die noch nicht mit dem Forderungsrechte selbst auf den Dritten übergegangenen Vorrechte und accessorischen Rechte noch insoweit und zu dem Behufe, daß er sie diesem Dritten abtreten kann und auf dessen Verlangen abtreten muß.

Siehe auch Rechtsgrundsätze 420. 918. (A. L. R. I. **14**. § 338.; Allg. Deutsche Wechsel-Ordnung Art. 56.)

§ **48**. Siehe Rechtsgrundsätze 471. 425. (A. L. R. I. **16**. Anh. § 52. zu § 484., **20**. § 468.)

§ **52**. Siehe Rechtsgrundsatz 427. (§ 27. dieses Titels.)

§§ **64**. **65**. Prozentsatz der Verzugszinsen der Kaufleute. — Vergl. A. L. R. I. **11**. §§ 805. 830. 832. 841., II. **8**. § 684.

Rechtsgr. **435**. — **IV.** Senat. 12. Juli 1860. (XXXIX. 8.)

Kaufleute können jederzeit, auch wenn die Forderung nicht aus einem kaufmännischen Geschäfte entsprungen ist, sechs Prozent Verzugszinsen fordern.

Siehe auch Rechtsgrundsatz 426. (A. L. R. I. **16**. § 16.)

§ **66**. Verzinsung der Entschädigungssumme aus einer unerlaubten Handlung vom Tage des ergangenen Urtheils:

A. Beschränkung der Bestimmung des § 66. auf streitige Geldbeträge.

Rechtsgr. **436**. — **I.** Senat. 22. Juni 1857. (XXV. 236.)

Der § 66. I. 16. des Allgem. Landrechts betrifft nur solche Entschädigungs-Ansprüche, deren Geldbetrag streitig und erst durch Erkenntniß festzustellen ist.

B. Verzinsung einer Ehescheidungsstrafe. — Vergl. A. L. R. II. **1**. §§ 731. 770. 771. 783. ff.

Rechtsgr. **437**. — **I.** Senat. 5. Oktober 1860. (XXXVIII. 277.)

Der § 66. I. 16. des Allgem. Landrechts, — betreffend die Verpflichtung zur Verzinsung der Geld-Entschädigung aus einer unerlaubten Handlung vom Tage des ergangenen

Urtheils, — ist auf die Verzinsung der Ehescheidungsstrafe nicht anwendbar.

Siehe auch Rechtsgrundsatz 635. (A. L. R. II. 1. § 769.)

§§ **67. 71.** Siehe Rechtsgrundsatz **117.** (A. L. R. I. 5. § **292.**)

§§ **72. 73. 235.** ff. Zahlungsmittel.

Rechtsgr. **438.** — III. Senat. 1. Oktober 1858. (XXX. 288.)

Die §§ 72. 73. I. 16. des Allgemein. Landrechts finden nur auf wirkliche Zahlungen, nicht auf die Angabe an Zahlungsstatt Anwendung.

§ **87.** Erfordernisse einer Quittung; rechtliche Natur und Wirkung der kaufmännischen Kontokurrente. — Vergl. A. L. R. I. 11. §§ **844.** ff.; **16.** §§ **104. 114.** ff. **147.**

Rechtsgr. **439.** — IV. Senat. 28. Februar 1860. (XXXVI. 298.)

a) Den Kontokurrents ist in Ansehung der darin als bezahlt aufgeführten Posten die rechtliche Eigenschaft und Wirkung von Quittungen nicht beizulegen.

b) Durch die Zusendung der Kontokurrente über empfangene Zahlungen von Kaufgeldern wird daher nicht zugleich über die Verzugszinsen dieser Posten ohne Vorbehalt Quittung ertheilt.

§§ **104. 105. 108. 113. 114. 378.** Beweiskraft der Quittungen; Gegenbeweis gegen dieselben. — Vergl. A. L. R. I. **11.** §§ **866. 867.**

Rechtsgr. **440.** — I. Senat. 20. Mai 1859. (XXXIII. 234.)

Eine über baare Zahlung ausgestellte Quittung verliert auch durch das im Prozesse abgelegte Zugeständniß des Schuldners, daß er keine Zahlung geleistet habe, alle Beweiskraft, so daß dieselbe dann auch nicht als Entsagung, Erlaß oder Schenkung gelten kann.

Siehe auch Rechtsgrundsatz 439. (§ 87. dieses Titels.)

§§ **114. 381.** Quittung als Entsagung.

Rechtsgr. **441.** — IV. Senat. 21. September 1858. (XXX. 248.)

Die Thatsache der Quittungsausstellung allein umfaßt schon die Entsagung aller Rechte, welche dem Aussteller aus dem quittirten Rechtsgeschäfte zugestanden haben, ohne daß noch ein besonderer Verzicht erforderlich ist.

Siehe auch Rechtsgrundsätze 439. 440. (§§ 87. 104. dieses Titels.)

§§ **143**. **145**. Siehe Rechtsgrundsatz 1313. (Cod. 7. 39. Lex 7. § 6.)

§ **147**. Siehe Rechtsgrundsatz 439. (§ 87. dieses Titels.)

§ **149**. Siehe Rechtsgrundsätze 429. 636. (A. L. R. I. **16**. § 28., II. **1**. § 769.)

§§ **150**. ff. **Anrechnung der geleisteten Zahlung bei Existenz mehrerer Forderungen des Empfängers.**

Rechtsgr. **442**. — IV. Senat. 22. September 1860. (XXXIX. 71.)

Die §§ 150—159. I. 16. des Allgem. Landrechts setzen den Fall voraus, wo der Zahlende selbst einem Gläubiger aus mehreren Schuldposten verhaftet gewesen ist.

§ **158**. **Anrechnung der Zahlung auf die am längsten verfallene Schuld.**

Rechtsgr. **443**. — IV. Senat. 7. Juli 1860. (XXXVII. 328.)

Der § 158. I. 16. des Allgem. Landrechts, — betreffend die Verrechnung der empfangenen Zahlung auf die am längsten verfallene Schuld, — setzt nichtverjährte Forderungen voraus.

§§ **160**. ff. Siehe Rechtsgrundsätze **1516**. **1574**. (Verordnungen vom 13. Mai 1840 § **1**. und vom **24**. Mai **1844** § 3.)

§ **165**. Siehe Rechtsgrundsatz **394**. (A. L. R. I. **13**. § 61.)

§§ **166**. ff. Siehe Rechtsgrundsatz **1557**. (Armenpflege-Gesetz vom 31. Dezember **1842** § 34.)

§§ **178** **179**. **Begriff der moralischen Verbindlichkeit bei der Rückforderungsklage. Zahlung einer präkludirten Reallast.** — Vergl. A. L. R. Einleitung § 86.; Verordnung vom **16**. Juni 1820 §§ **23-26**.

Rechtsgr. **444**. — II. Senat. 13. September 1859. (XXXIV. 233.)

a) Unter der moralischen Verbindlichkeit im Sinne des § 178. I. 16. des Allg. Landrechts ist, wie bei der obligatio naturalis des Römischen Rechts, eine aus einem Rechtsverhältnisse entspringende Verbindlichkeit zu verstehen, welche wegen eines positiven Gesetzes vor Gericht keine Geltung findet und daher klaglos ist.

b) Für eine solche Verbindlichkeit ist auch eine Reallast zu erachten, welche der Erwerber eines Grundstücks nur deshalb nicht zu leisten verbunden ist, weil ihn das Patent vom 16. Juni 1820 schützt, beziehungsweise der Berechtigte wegen der erfolgten Präklusion aus demselben gegen ihn darauf nicht klagbar werden kann, obgleich derselbe bei der Erwerbung des Grundstücks diese Reallast übernommen hat.

c) Der ausdrücklichen Uebernahme der Reallast ist es gleich zu achten, wenn der Erwerber des Grundstücks das Recht des Realberechtigten zur Zeit der Besitz-Ergreifung gekannt oder die Abgabe selbst noch geleistet hat.

Siehe auch Rechtsgrundsatz **147.** (A. L. R. I. **5.** § 450.)

§ **193.** Solidarische Verbindlichkeit der mehreren Verkäufer zur Rückzahlung des als gemeinschaftlich von ihnen empfangen quittirten Kaufgeldes, bei Ungültigkeit des Kaufvertrages. — Vergl. A. L. R. I. **5.** §§ 424. 425. 427., **11.** §§ 729. 733.

Rechtsgr. **445.** — III. Senat. 19. April 1858. (XXIX. 262.)

Haben mehrere gemeinschaftliche Verkäufer über den gemeinschaftlichen Empfang des Kaufgeldes quittirt, so sind sie, im Falle der Ungültigkeit des Kaufvertrages, bezüglich der Rückzahlung des Kaufgeldes dem Käufer wie aus einem Darlehne und zwar solidarisch verpflichtet.

§ **199.** Siehe Rechtsgrundsatz **133.** (A. L. R. I. **5.** § 360.)

Dritter Abschnitt. Von der Deposition.

§§ **213.** ff. Siehe Rechtsgrundsätze **305. 309. 447.** (A. L. R. I. **11.** § 222., **16.** § 226.)

§§ **216. 229.** Deposition wegen eines Hindernisses in der Person des Gläubigers.

Rechtsgr. **446.** — III. Senat. 22. April 1857. (XXV. 72.)

Die §§ 216. 229. I. 16. des Allgem. Landrechts bestimmen weder, daß der Schuldner n u r durch die Deposition von den Folgen des Verzuges frei werden könne, noch, daß derselbe, wenn er gar nicht in schuldbarem Verzuge ist, deponiren müsse, um die sonst eintretenden Folgen des Verzugs von sich abzuwenden.

§§ **226. 227. 230.** ff. Deposition wegen streitiger Gegenforderungen und wegen der Wechsel-Exekution. — Vergl. §§ **213. 215.** dieses Titels.

Rechtsgr. **447.** — III. Senat. 10. Oktober 1860. (XXXVIII. 288.)

Auf die Fälle der Deposition nach den §§ 226. 227. I. 16. des Allgem. Landrechts finden die Bestimmungen der §§ 230. ff. I. 16. des Allgem. Landrechts: daß die rechtmäßige Deposition die Stelle der Zahlung mit der Wirkung der Tilgung der Schuld vertrete, — keine Anwendung.

Siehe auch Rechtsgrundsätze 305. 309. (A. L. R. I. **11.** § 222.)

§ **229.** Befreiung von Verzugszinsen, Konventionalstrafen und anderen Folgen des Verzugs durch gerechtfertigte Deposition.

Rechtsgr. **448.** — IV. Senat. 9. September 1858. (XXX. 213.)

Der § 229. I. 16. a. a. O. bestimmt nur die Wirkungen der wirklch erfolgten Deposition.

Siehe auch Rechtsgrundsatz 446. (§ **216.** dieses Titels.)

§§ **230.** ff. Siehe Rechtsgrundsatz 447. (§ **226.** dieses Titels.)

Vierter Abschnitt. Von der Angabe an Zahlungsstatt.

§§ **235.** ff. Angabe an Zahlungsstatt:

A. Form derselben. — Vergl. A. L. R. I. **5.** §§ 134. 146.; Dig. **46.** 3. Lex **44.**

Rechtsgr. **449.** — III. Senat. 2. März 1860. (XXXVI. 301.)

Die Angabe an Zahlungsstatt bedarf zu ihrer Rechtsgültigkeit keiner besonderen Form.

B. Erforderniß der „ausdrücklichen Annahme" an Zahlungsstatt.

Rechtsgr. **450.** — IV. Senat. 16. Juni 1859. (XXXIII. 306.)

Unter der nach § 235. I. 16. des Allgem. Landrechts erforderlichen „ausdrücklichen Annahme" einer an Zahlungsstatt übergebenen Sache ist eine wirkliche Erklärung zu verstehen.

C. Uebereignung einer Aktivforderung an Zahlungsstatt. — Vergl. A. L. R. I. **11.** §§ 381. 394., **16.** § **262.**

Rechtsgr. **451.** — III. Senat. 1. Oktober 1858. (XXX. 288.)

Aktiv-Forderungen können an Zahlungsstatt nur durch das Mittel der Cession übereignet werden.

Siehe auch Rechtsgrundsätze **430. 431. 438.** (§§ 28. 72. dieses Titels.)

Fünfter Abschnitt. Von Anweisungen.

§§ **251. 257. 259. 274. 280. 281.** Rechte des Assignatars aus einer nicht angenommenen Assignation.

Rechtsgr. **452.** — IV. Senat. 28. Januar 1858. (XXIX. 47.)

Aus einer nicht acceptirten Anweisung hat der Assignatar nur das Recht, die assignirte Summe im Namen des Anweisenden, nicht im eigenen Namen und zur Einziehung für sich, einzuklagen.

§§ **262. 267.** Siehe Rechtsgrundsätze 430. 431. 451. (§§ 28. 235. dieses Titels.)

§ **269.** Siehe Rechtsgrundsatz 453. (§ 280. dieses Titels.)

§§ **274.** ff. Siehe Rechtsgrundsätze 72. 452. 453. (A. L. R. I. **5.** § 74., **16.** §§ 251. 280.)

§§ **280.** ff. **289–291.** Versäumniß des Angewiesenen in Betreff der „sofortigen" Benachrichtigung des Anweisenden von der seitens des Assignaten verweigerten Annahme der Anweisung. — Vergl. A. L. R. I. **11.** § 434., **16.** §§ 269. 277.

Rechtsgr. **453.** — IV. Senat. 24. Januar 1861. (XL. 146.)

An die Nichterfüllung der dem Assignatar im § 280. I. 16. des Allgem. Landrechts auferlegten Verpflichtungen ist nicht der Verlust des Regresses gegen den Assignaten geknüpft.

Siehe auch Rechtsgrundsatz 452. (§ 251. dieses Titels.)

§ **290.** Siehe Rechtsgrundsatz 369. (A. L. R. I. **12.** § 298.)

Sechster Abschnitt. Von der Kompensation.

§§ **300. 302. 337.** Aufhebung der Verbindlichkeiten durch Kompensation:

A. Kompensationsbefugniß des Nießbrauchers, insbesondere des Vaters. Vergl. A. L. R. I. **21.** §§ 70. 82. 83. 85.

Rechtsgr. **454.** — III. Senat. 2. Dezember 1859. (XXXVI. 55.)

a) Der Gläubiger hat wegen seiner auf der, dem Nießbrauche eines Dritten unterworfenen Sache haftenden Forderung gegen den Nießbraucher kein unmittelbares und persönliches Recht. Hieraus folgt aber nicht, daß der Nießbraucher etwa als accessorischer Intervenient zur Kompensation mit seiner eigenen Forderung an den klagenden Gläubiger nicht berechtigt sei.

b) Der Vater ist berechtigt, auf die, gegen seine in der väterlichen Gewalt stehenden Kinder eingeklagte, auf dem, seinem väterlichen Nießbrauche unterworfenen Vermögen haftende Schuld seine eigene Forderung an den Kläger zur Kompensation zu stellen.

B. Verrechnung der Preisdifferenz auf das zurückzuzahlende Angeld bei Zeitkaufsverträgen.

Rechtsgr. **455.** — IV. Senat. 14. April 1859. (XXXIII. 132.)

Wenn aus einem Zeitkaufsvertrage der Verkäufer, auf Rückgabe des Angeldes verklagt, auf dasselbe die ihm wegen Rücktritts des Käufers gut kommende Differenz verrechnet, so macht er keinen Kompensations-Einwand im Sinne des § 300. I. 16. des Allgem. Landrechts, sondern setzt der Klage eben nur Widerspruch entgegen.

Siehe auch Rechtsgrundsätze 385. 395. **396.** (A. L. R. I. **13.** §§ 49. 63. 65.)

§ **301.** Zurückziehung der Kompensation auf den Zeitpunkt der Entstehung der Gegenforderung; Zeitpunkt der Entstehung und Fälligkeit derselben, insbesondere eines Wechsel-Anspruchs. — Vergl. A. L. R. I. **11.** §§ 407. 413. 417., **16.** §§ 313. 342. 343. 352.

Rechtsgr. **456.** — IV. Senat. 19. März 1859. (XXXIV. 26.)

a) Die Vorschrift des § 301. I. 16. des Allgem. Landrechts, — nach welcher die Schuld, soweit die Kompensation reicht, für erloschen zu erachten, sobald die Gegenforderung des cedirten Schuldners, durch welche die Kompensation gesetzmäßig begründet wird, entstanden ist, — bleibt dann ausgeschlossen, wenn die Cession vor Eintritt der Fälligkeit der Gegenforderung erfolgt und bekannt gemacht, und die cedirte Forderung früher, als die Gegenforderung, wenngleich erst nach bekannt gemachter Cession, fällig geworden ist.

b) Daher kann der Schuldner der cedirten Forderung gegen den Cessionar mit einer ihm an den Cedenten desselben zwar bereits vor Bekanntmachung der Cession zugestandenen, jedoch erst später fällig gewordenen Wechselforderung nicht kompensiren.

Rechtsgr. **457.** — I. Senat. 16. Juli 1860. (XXXVII. 359.)

Die Befugniß des debitor cessus zur Kompensation mit einer Gegenforderung an den Cedenten auf die cedirte Forderung hängt nicht davon ab: daß erstere schon vor bekannt gemachter Cession fällig gewesen ist; es genügt vielmehr, daß erstere vor der Bekanntmachung der Cession entstanden und nicht später, als die cedirte Forderung, fällig geworden ist.

Siehe auch Rechtsgrundsätze 395. 1171. (A. L. R. I. **13.** § 63.; Konkurs-Ordnung vom 8. Mai 1855 § **96.** No. 3.)

§ **302.** Befugniß des Ehemannes zur Kompensation gegen den Cessionar seines Gläubigers mit einer seiner Ehefrau an den Cedenten zustehenden Forderung. — Vergl. A. L. R. II. **1.** §§ 313. 338. 339.

Rechtsgr. **458.** — IV. Senat. 10. Juli 1860. (XXXVIII. 164.)

Die Befugniß des Ehemannes, gegen den Cessionar seines Gläubigers auf seine eigene Schuld eine Forderung seiner Ehefrau an den Cedenten zur Kompensation zu bringen, wird dadurch nicht ausgeschlossen, daß die Ehefrau ihre Genehmigung zu der Kompensation erst nach der ihrem Ehemanne geschehenen Bekanntmachung der Cession ertheilt hat.

Siehe auch Rechtsgrundsätze 395. 454. (A. L. R. I. **13.** § 63., **16.** § 300.)

§ **313**. Siehe Rechtsgrundsatz **456**. (§ **301**. dieses Titels.)
§ **337**. Siehe Rechtsgrundsatz **454**. (§ **300**. dieses Titels.)
§ **342**. Siehe Rechtsgrundsatz **456**. (§ **301**. dieses Titels.)
§ **343**. Fälligkeit und Gleichartigkeit beider Verbindlichkeiten; Kompensation mit der Ablösungssumme einer noch nicht abgelösten Rente.

Rechtsgr. **459**. — III. Senat. 30. Mai 1860. (XXXIV. 60.)

Die Ablösungssumme einer noch nicht abgelösten, auf dem verkauften Grundstücke haftenden Rente stellt eine kompensable Gegenforderung des Käufers nicht dar.

Siehe auch Rechtsgrundsatz **456**. (§ **301**. dieses Titels.)

§ **347**. Siehe Rechtsgrundsatz **1171**. (Konkurs-Ordnung vom 8. Mai 1855 § 96. No. 3.)
§ **352**. Siehe Rechtsgrundsatz **456**. (§ **301**. dieses Titels.)
§§ **359**. ff. Erforderniß der Liquidität der Forderungen:
A. Sofortige Liquidestellung der Kompensationsforderung durch Berufung auf Zeugen. — Vergl. Verordnung vom **1**. Juni **1833** § **3**.

Rechtsgr. **460**. — I. Senat. 22. Januar 1858. (XXVII. 251.)

Zur sofortigen Liquidestellung der Kompensations-Forderung genügt die Berufung auf Zeugen, welche im Gerichtsbezirk wohnen, deren unverzüglicher Abhörung daher kein Hinderniß entgegensteht.

B. Sofortige Liquidität bei blos obwaltender streitiger Rechtsfrage.

Rechtsgr. **461**. — IV. Senat. 14. April 1859. (XXXIII. 132.)

Der Mangel der Liquidität der Kompensations-Forderung läßt sich da nicht vorschützen, wo von einer bloßen Rechtsfrage die Rede ist.

C. Kompensationsanspruch auf Schadensersatz wegen Meineides des Klägers gegen die judikatsmäßige Forderung desselben. — Vergl. A. G. O. I. **16**. § **24**.

Rechtsgr. **462**. — III. Senat. 24. September 1860. (XL. 15.)

Gegen die auf den Grund eines von dem Cedenten des Klägers geleisteten Meineides demselben rechtskräftig zuerkannte Forderung kann von dem Verklagten der Einwand der Kompensation mit einer Gegenforderung auf Schadensersatz wegen dieses Meineides auch auf andere Art, als durch ein zu erzielendes Urtheil, liquide gemacht werden.

D. Kompensation gegen die dem Schuldner zustehende Kompetenz.

Rechtsgr. **463**. — IV. Senat. 27. April 1858. (XXX. 15.)

Hat der Gläubiger aus einer seinem Schuldner zustehenden Rente eine Summe erhoben, welche größer ist, als die dem Schuldner bewilligte Kompetenz, so kann der Gläubiger nicht mit derjenigen Forderung kompensiren, für welche ihm die Rente überwiesen ist.

Siehe auch Rechtsgrundsatz **1171**. (Konkurs-Ordnung vom 8. Mai 1855 § **96**. No. **3**.)

§§ **363**. **364**. Siehe Rechtsgrundsatz 395. (A. L. R. I. **13**. § 63.)
§ **368**. Siehe Rechtsgrundsatz 369. (A. L. R. I. **12**. § 298.)
§§ **372**. **381**. Wirkung der Entsagung der Kompensation außerhalb eines Konkurses und im Falle des eintretenden Konkurses.

Rechtsgr. **464**. — III. Senat. 25. November 1859. (XXXV. 301.)

Die Ensagung der Befugniß der Kompensation steht außerhalb eines Konkurses Dem nicht entgegen, daß der Entsagende im Wege des Arrestschlages zur Deposition der eigenen Schuld verstattet wird, auf diesem Wege sein deponirtes Geld demnächst auf seine Gegenforderung zurück empfängt und dadurch die letztere berichtigt erhält. — Im Falle des Konkurses verliert die Entsagung der Kompensation alle Bedeutung.

Siebenter Abschnitt. Von Entsagung der Rechte.

§ **381**. Siehe Rechtsgrundsätze 90. **441**. **627**. **1406**. **1421**. **1423**. **1434**. **1435**. (A. L. R. I. **5**. § **134**., **16**. §§ **114**. **372**., II. **1**. § 648.; Verordnung No. 436. vom 20. Juni 1817 § 170.; Gesetze vom 21. April 1825 No. 939. § 15. und No. 940. § 15.)
§ **387**. Siehe Rechtsgrundsatz **96**. (A. L. R. I. **5**. § **146**.)
§ **393**. Siehe Rechtsgrundsätze **1421**. **1434**. **1435**. (Gesetze vom 21. April 1825 No. 939. § 15. und No. 940. § 15.)

Achter Abschnitt. Von Vergleichen.

§ **405**. Siehe Rechtsgrundsätze **1200**. **1403**. **1516**. **1574**. (Konkurs-Ordnung vom 8. Mai 1855 § **197**. Alinea **1**.; Verordnungen vom **20**. Juni 1817 No. **430**. § 158., vom **13**. Mai **1840** § **1**. und vom **24**. Mai **1844** § 3.)

§ **417**. Siehe Rechtsgrundsatz **483**. (A. L. R. I. **17**. § **111**.)

§ **418**. Anfechtung eines Vergleiches wegen Irrthums über die Beschaffenheit des streitigen Rechts. — Vergl. Cod. **2**. **4**. Lex **42**.

Rechtsgr. **465**. — III. Senat. 15. Juni 1857. (XXV. 176.)

Unter dem im § 418. I. 16. des Allgem. Landrechts gedachten Irrthum über die Beschaffenheit des streitigen Rechts ist die den Vergleich selbst veranlassende und bedingende Ungewißheit zu verstehen.

Siehe auch Rechtsgrundsatz **483**. (A. L. R. I. **17**. § **111**.)

§§ **422**. **423**. Anfechtung eines Vergleiches über Rechte eines Dritten.

Rechtsgr. **466**. — III. Senat. 15. Juni 1857. (XXV. 176.)

Der im § 422. I. 16. des Allgem. Landrechts gedachte Grund zur Aufhebung des Vergleichs greift nur dann Platz, wenn unbestritten vorausgesetzt worden, daß das Recht keinem Dritten zustehen könne.

Siehe auch Rechtsgrundsatz **483**. (A. L. R. I. **17**. § **111**.)

§ **439**. Siehe Rechtsgrundsatz **344**. (A. L. R. I. **11**. § 876.)

Neunter Abschnitt. Von Aufhebung der Rechte und Verbindlichkeiten durch deren Umschaffung.

§§ **450**. ff. **462**. ff. Umänderung eines Zeitkaufsgeschäfts über Tageskours habende Papiere in einen Kauf speziell bestimmter Effekten durch Novation.

Rechtsgr. **467**. — IV. Senat. 12. Juli 1860. (XXXIX. 9.)

Ist in der von dem Kaufmann über den Zeitverkauf Tageskours habender Papiere dem Käufer zugestellten und von diesem durch seine Namens-Unterschrift schriftlich anerkannten Berechnung unter dem Saldo vermerkt: daß Käufer gegen Zahlung des Saldo der Berechnung die in letzterer bezeichneten Papiere mit Zinsen zu empfangen habe; so ist hierdurch mittelst Novation das ursprüngliche Zeitkaufsgeschäft in einen einfachen Kauf speziell bestimmter und vorläufig bei dem Verkäufer deponirt bleibenden Effekten umgeändert worden.

Siehe auch Rechtsgrundsätze **430. 431. 1205-1209.** (§ **28.** dieses Titels; Konkurs-Ordnung § **199.** Alinea **4.**)

Zehnter Abschnitt. Von Aufhebung der Rechte und Verbindlichkeiten durch deren Vereinigung.

§§ **476-478.** Siehe Rechtsgrundsätze **471.** 878. (Anh. § **52.** zu § **484.** dieses Titels; Allgem. Deutsche Wechsel-Ordnung Art. **10.**)

§§ **482.** ff. Konfusion bei Realrechten; Erlöschung subjektiv-dinglicher Rechte, insbesondere der Reallasten, durch Vereinigung. — Vergl. A. L. R. I. **22.** § 54., II. **7.** §§ 308. 309.

Rechtsgr. **468.** -- II. Senat. 29. November 1859. (XXXV. 317.)

a) Die §§ 482–484. I. 16. des Allgem. Landrechts, betreffend die Erlöschung von Realrechten durch Vereinigung (Konfusion), finden auch auf Reallasten Anwendung. Auch diese erlöschen daher durch Vereinigung in Folge Erwerbs des berechtigten Grundstücks seitens des Verpflichteten, oder des belasteten Grundstücks seitens des Berechtigten, insofern sie nicht durch einen Vermerk im Hypothekenbuche aufrecht erhalten werden.

b) Zur Erlöschung von subjektiv-dinglichen Rechten durch Konfusion ist die Vereinigung des berechtigten und verpflichteten Grundstücks im Hypothekenbuche nicht erforderlich; vielmehr genügt die Vereinigung in *Einer Person*.

§ **484.**, Anh. § **52.** zu § **484.** Konfusion bei Hypothekenrechten. -- Vergl. Deklaration vom **3.** April **1824.**

A. Wirkung der von dem Käufer eines Grundstücks erfolgten Zahlung einer auf demselben haftenden und auf die Kaufgelder übernommenen hypothekarischen Schuld. — Vergl. A. L. R. I. **11.** §§ **402. 407.**, **20.** § **54.**; Deklaration vom **21.** März **1835** §§ **1.** ff.

Rechtsgr. 469. — IV. Senat. 8. Oktober 1857. (XXVIII. 23.)

a) Durch die von dem Käufer eines Grundstücks erfolgte Uebernahme einer auf demselben haftenden hypothekarischen Schuld wird derselbe nicht persönlicher Schuldner des Gläubigers aus der eingetragenen Schuld-Urkunde, sondern nur Zahlungs-Verpflichteter aus dem Kaufvertrage. — Hat der Käufer dieser Verpflichtung durch Zahlung der Schuld an den Gläubiger genügt, so ist dadurch sowohl die persönliche Verbindlichkeit des Veräußerers aus der eingetragenen Schuld-Urkunde, als auch die Zahlungsverbindlichkeit des Käufers aus dem Kaufvertrage erloschen.

b) Daher kann der Käufer des Grundstücks auf den Grund späterer, nach von ihm erfolgter Zahlung der auf die Kaufgelder übernommenen hypothekarischen Schuld geschehener, Cessionen dieser Forderung wegen des durch die demnächst stattgehabte Subhastation des Grundstücks ausgefallenen Betrages derselben nicht als persönlicher Schuldner in Anspruch genommen werden.

B. Verfügung des Besitzers über eine auf mehrere Grundstücke eingetragene, bei der Subhastation eines dieser Grundstücke vollständig gezahlte Forderung. — Vergl. A. L. R. I. **20.** §§ 1. 68.; A. G. O. I. **50.** §§ 520. ff.; Subhastations-Verordnung vom 4. März 1834 §§ 3. 19.

Rechtsgr. 470. — IV. Senat. 17. September 1857. (XXVII. 39.)

Wenn eine auf mehrere Grundstücke eingetragene Forderung bei der im Wege der Exekution erfolgten nothwendigen Subhastation eines dieser Grundstücke aus dessen Kaufgeldern vollständig gezahlt worden ist, so ist dieselbe hierdurch dergestalt für getilgt zu erachten, daß der Besitzer über dieselbe auch insoweit, als sie noch auf den übrigen Grundstücken eingetragen ist, nicht mehr verfügen kann.

C. Verfügung des früheren Besitzers des verpfändeten Grundstücks über die nach Veräußerung des Grundstücks von ihm als persönlicher Schuldner gezahlten Hypothekenforderung. — Vergl. A. L. R. I. **16.** §§ **84. 476.** ff., **20.** §§ **422.** ff.

Rechtsgr. 471. — III. Senat. 13. Juli 1857. (XXV. 344.)

a) Der § 52. des Anhangs zum Allg. Landrecht findet nicht auf den Fall Anwendung, wenn der Hypothekenschuldner nach Veräußerung des Gutes in seiner Eigenschaft als persönlicher Schuldner gezahlt hat, gleichviel, ob ihm nur Quittung oder selbst Cession des Gläubigers ertheilt worden ist.

b) Es kommt hinzu, daß der persönliche Schuldner, welcher als solcher zahlt, weiß, daß die Schuld getilgt ist, und somit wider sein eigenes Wissen Rechte an der betreffenden Forderung nicht erwerben kann.

D. Verfügung des Grundbesitzers über die Hypothek für die von einem Dritten gezahlte Hypothekenforderung. — Vergl. A. L. R. I. **13.** §§ **103.** ff., **20.** §§ **520-524.**; Hypotheken-Ordnung II. §§ **241.** ff.

Rechtsgr. 472. — IV. Senat. 8. November 1859. (XXXV. 228.)

a) Hat ein Dritter die Hypothekenforderung dem zum Empfange der Zahlung Bevollmächtigten des Hypothekengläubigers in der Absicht, die Forderung zu erwerben, gegen Cession derselben gezahlt, so ist der nachstehende Hypothekengläubiger nicht berechtigt, im Kaufgelder-Vertheilungs-Verfahren das Recht des Cessionars aus dem Grunde anzufechten, daß jener Bevollmächtigte keine Vollmacht zur Cession gehabt habe.

b) Wenn ein Dritter die Hypothekenforderung dem Gläubiger im eigenen Namen gezahlt, von letzterem aber das Hypothekenrecht nicht ausdrücklich cedirt erhalten hat; so ist das letztere nicht für aufgehoben zu erachten, vielmehr kann dasselbe nunmehr von dem Grundbesitzer cedirt werden.

c) Hat der von dem Hypotheken-Gläubiger zum Empfange der Zahlung Bevollmächtigte dem im eigenen Namen Zahlung leistenden Dritten auch das Hypothekenrecht cedirt, ohne hierzu bevollmächtigt zu sein, so ist der Grundbesitzer diese Cession zu genehmigen auch dann noch berechtigt, wenn inzwischen das Grundstück zur Subhastion gezogen und der Subhastationsvermerk im Hypothekenbuche eingetragen worden ist.

Siehe auch Rechtsgrundsatz 519. (A. L. R. I. **20.** § 423.)

§ **491.** Siehe Rechtsgrundsätze 352. 486. (A. L. R. I. **11.** § 1113., **17.** § 115.)

Titel 17. Vom gemeinschaftlichen Eigenthume.

§ **1.** Siehe Rechtsgrundsätze 369. 458. 567. (A. L. R. I. **12.** § 298., **17.** § 127., **22.** § 13.)
§ **2.** Siehe Rechtsgrundsatz 485. (§ 127. dieses Titels.)
§ **3.** Siehe Rechtsgrundsatz 566. (A. L. R. I. **22.** § 13.)
§ **4.** Siehe Rechtsgrundsätze 29. 486. 566. 567. 568. 585. 595. 692. (A. L. R. Einl. § 95., I. **17.** §§ 13. 151., **22.** § 13. 71. 210., II. **6.** § 72.)
§§ **10.** ff. Rechte der Theilnehmer einer gemeinschaftlichen Sache:
A. Benutzung einer gemeinschaftlichen Sache.

Rechtsgr. **473.** — II. Senat. 4. Dezember 1860. (XXXIX. 259.)

Der § 10. I. 17. des Allgem. Landrechts kann nicht auf den Fall bezogen werden, wo das Recht des einen Theilnehmers, die gemeinschaftliche Sache zu einem bestimmten Zwecke zu benutzen, unstreitig ist, und es nur auf die Ausübung dieser Benutzung ankommt.

B. Mündlich verabredete Verwaltungsmaaßregel bezüglich eines Häuser-Zwischenraums. — Vergl. A. L. R. I. **4.** §§ 133. 134.

Rechtsgr. **474.** — II. Senat. 19. Mai 1857. (XXV. 121.)

Die von dem einen Nachbar einseitig ausgeführte, aber von beiden Nachbarn gemeinsam, wenngleich nur mündlich verabredete Verwaltungsmaaßregel bezüglich des gemeinschaftlichen Häuserzwischenraums kann nur nach gemeinsamer Abrede geändert werden.

C. Rechte des Nachbars in Betreff eines Grenzgrabens. — Vergl. A. L. R. I. **8.** § 26., **17.** §§ 363. ff.

Rechtsgr. 475. — II. Senat. 14. Juli 1857. (XXV. 354.)

Jeder Nachbar ist berechtigt, den Grenzgraben nach seiner Seite hin zu verbreitern, zu vertiefen und in einen Kanal zu verwandeln.

D. Legitimation jedes einzelnen Muthungs-Interessenten zur Klage gegen Dritte auf Geltendmachung des Vorrechts der Muthung auf das dadurch besprochene Feld. — Vergl. Gesetz vom 12. Mai 1851 § 18.

Rechtsgr. 476. — III. Senat. 20. Dezember 1858. (XXXII. 88.)

Jeder einzelne Interessent einer Muthung ist für sich allein zur Klage gegen Dritte behufs Geltendmachung des Vorrechts der Interessenten dieser Muthung auf das dadurch besprochene Feld vor dem Dritten und Zurückweisung des Widerspruchs desselben gegen die Verleihung dieses Feldes legitimirt.

E. Rechte der Miterben an den einzelnen Nachlaßsachen. — Vergl. §§ 60. 69. 115. 127. 128. dieses Titels.

Rechtsgr. 477. — Plenum. 16. März 1857. (XXVI. 27.)

Der Rechtsgrundsatz No. 1084. (II. Senat) vom 17. Dezember 1841, dahin lautend:

Jedem Einzelnen von mehreren Miterben steht, während der Fortdauer ihrer Gemeinschaft, ein bestimmter verhältnißmäßiger Antheil an jedem einzelnen Nachlaßstücke als sein besonderes Eigenthum nicht zu;

und der Rechtsgrundsatz No. 1101. (III. Senat) vom 14. Januar 1842, dahin lautend:

Erst durch die Erbtheilung kann unter mehreren Miterben der Einzelne ein freies Dispositionsrecht über einzelne Nachlaßgegenstände oder Theile desselben erlangen; während der bestehenden Gemeinschaft aber steht, bezüglich auf einzelne Erbschaftsstücke überhaupt und die Nachlaßgrundstücke insbesondere, ihm daran noch kein nach Verhältniß seiner Erbquote bestimmter Antheil als sein besonderes Eigenthum zu. Vor der Theilung kann er daher auch

nicht mit einem seiner Erbquote entsprechenden Antheil an einem Nachlaßgrundstücke seinem Gläubiger für dessen Forderung an ihn gültig Hypothek bestellen;
sind zu Plenarbeschlüssen erhoben.

F. Verfügungsrecht der einzelnen Benefizialerben über Nachlaßgegenstände dritten Personen gegenüber. — Vergl. A. L. R. I. **9.** §§ 367. 368. **443-446.**, **17.** § **115.**; Verordnung vom 28. März 1840 §§ **1.** ff.

Rechtsgr. **478.** — IV. Senat. 11. September 1860. (XXXIX. 44.)

Die von Einem der mehreren Benefizialerben vorgenommene Veräußerung von Nachlaßgegenständen giebt nur den anderen Miterben ein Anfechtungsrecht gegen den Veräußerer; im Verhältniß zu dritten Personen, namentlich zu den Nachlaßgläubigern, ist jeder Miterbe zu Verfügungen über den Nachlaß berechtigt.

Siehe auch Rechtsgrundsätze **29. 239. 293. 352. 369. 486. 566. 585. 624. 1216. 1356.** (A. L. R. Einleitung § **95.**, I. **9.** § **332.**, **11.** §§ 139. 1113., **12.** § 298., **17.** §§ **13.** 127. 151., **22.** §§ **13.** 71., II. **1.** § **634.**; Konkurs-Ordnung § **354.**; Dorf-Ordnung vom 7. Februar 1755 § **29.**)

§ **16.** Siehe Rechtsgrundsatz **182.** (A. L. R. I. **7.** § **96.**)
§§ **44. 45.** Siehe Rechtsgrundsatz **485.** (§ **127.** dieses Titels.)
§ **50.** Siehe Rechtsgrundsätze **568. 585. 595. 692.** (A. L. R. I. **22.** §§ 13. 71. 210., II. **6.** § 72.)
§ **53.** Verhandlung eines einzelnen Miteigenthümers mit einem Dritten; Wirkung der rechtskräftigen Entscheidung des Prozesses eines einzelnen Miteigenthümers mit einem Dritten in Beziehung auf die übrigen Miteigenthümer. — Vergl. A. L. R. I. **5.** § **435.**, **18.** § 258., **21.** §§ 82. ff., II. **4.** §§ 17. ff.; A. G. O. I. **16.** § **1.**

Rechtsgr. **479.** — II. Senat. 18. Februar 1858. (XXVII. 283.)

Das von einem Miteigenthümer erwirkte rechtskräftige Urtheil, wodurch die Grundlosigkeit der Klage dargethan wird, bildet auch für die anderen Miteigenthümer res judicata.

Siehe auch Rechtsgrundsatz **67.** (A. L. R. I. **5.** § **10.**)

§§ **60. 61.** Vorkaufsrecht der Miteigenthümer. — Vergl. Edikt vom **9.** Oktober 1807 § 3.; Ablösegesetz vom **2.** März 1850 § 4.

Rechtsgr. **480.** — III. Senat. 4. Oktober 1858. (XXX. 290.)

Nicht der gemeinschaftliche Besitz, sondern das gemeinschaftliche Eigenthum ist die Bedingung des den Miteigenthümern zustehenden Vorkaufsrechts.

Siehe auch Rechtsgrundsatz 477. (§ **10.** dieses Titels.)

§ **69.** Siehe Rechtsgrundsätze 477. 485. (§§ 10. 127. dieses Titels.)
§ **74.** Siehe Rechtsgrundsatz 485. (§ 127. dieses Titels.)
§ **75.** Siehe Rechtsgrundsatz 627. (A. L. R. II. **1.** § 648.)
§ **76.** Verjährung der Theilungsklage.

Rechtsgr. **481.** — I. Senat. 15. Juli 1859. (XXXIV. 197.)

Der § 76. I. 17. des Allgem. Landrechts, betreffend die Unverjährbarkeit des Rechts, auf Theilung des gemeinschaftlichen Eigenthums anzutragen, setzt das noch bestehende gemeinschaftliche Eigenthum voraus.

Siehe auch Rechtsgrundsätze 244. 627. (A. L. R. I. **9.** § 504., II. **1.** § 648.)

§ **90.** Siehe Rechtsgrundsatz 45. (A. L. R. I. **2.** § 116.)
§ **106.** Wirkung der Theilung der gemeinschaftlichen Sache hinsichtlich der auf derselben ruhenden dinglichen Rechte; Ausübung einer Servitut bei Parzellirung des herrschenden Grundstücks.

Rechtsgr. **482.** — II. Senat. 23. Juni 1857. (XXV. 276.)

Aus der Untheilbarkeit der Servituten folgt nicht, daß das Recht auf deren Ausübung nicht ein ideelles Miteigenthum sein kann.

§ **111.** Rechtliche Natur und Wirkung einer Schichtungsverhandlung; Anfechtung derselben wegen Irrthums. — Vergl. A. L. R. I. **4.** §§ 75. ff., **16.** §§ 417. 418. 423.

Rechtsgr. **483.** — I. Senat. 11. Februar 1861. (XL. 260.)

Die Kraft und Gültigkeit einer Schichtungsverhandlung ist nach den Regeln von Vergleichen zu beurtheilen. — Daher kann eine Schichtungsverhandlung zwar wegen eines Irrthums in dem Wesentlichen des Geschäfts oder in dem

Hauptgegenstande desselben angefochten werden, nicht aber wegen eines Irrthums über die Beschaffenheit des Rechts selbst, namentlich der der Schichtung unterworfenen gütergemeinschaftlichen Masse.

Zweiter Abschnitt. Vom gemeinschaftlichen Eigenthum der Miterben.

§ **115**. Siehe Rechtsgrundsätze 244. 289. 352. 477. 478. 485-487. 1216. (A. L. R. I. **9**. § 504., **11**. §§ 109. 1113., **17**. 10. 127. 151.; Konkurs-Ordnung § 354.)

§§ **117**. ff. Theilungsklage der Miterben. — Vergl. A. L. R. I. **9**. §§ 350. 353.)

Rechtsgr. **484**. — I. Senat. 19. Oktober 1860. (**XXXIX. 109.**)

Der Miterbe und Besitzer des Nachlasses kann die Theilung einer mit diesem Nachlaß in Besitz genommenen Sache nicht deshalb verweigern und seinen Miterben gegenüber für sich in Anspruch nehmen und behalten, weil ein Dritter Eigenthümer derselben zu sein behauptet, uud er dieses Eigenthum anerkennt.

Siehe auch Rechtsgrundsätze 244. 660. (A. L. R. I. **9**. 504., II. **2**. § 433.)

§§ **127**. **128**. Verbindlichkeit der einzelnen Miterben vor getheilter Erbschaft dritten Personen, insbesondere den Realberechtigten gegenüber. — Vergl. A. L. R. I. **8**. §§ 14. 15., **9**. § 350., **17**. §§ 1. 2. 10. 44. 45. 69. 74. 115. 151.

Rechtsgr. **485**. — I. Senat. 20. Februar 1860. (**XXXVII. 47.**)

a) Der Grundsatz: daß vor getheilter Erbschaft der einzelne Miterbe, wenngleich ihm ein ideelles Miteigenthum an den einzelnen Nachlaßgegenständen zusteht, doch nicht über einen bestimmten, seiner Erbquote entsprechenden Antheil an denselben, namentlich an den Nachlaßgrundstücken, als über sein besonderes Eigenthum verfügen kann, — findet auf das rechtliche Verhältniß der einzelnen Miterben zu dritten Personen keine Anwendung.

b) Daher kann, wenn der Besitztitel des zum Nachlasse

gehörigen Grundstücks auf die Erben in Gemeinschaft berichtigt ist, während der Fortdauer dieser Gemeinschaft das auf dem Grundstücke haftende Messale von den einzelnen katholischen Miterben nach Verhältniß ihrer Erbquoten gefordert werden.

Siehe auch Rechtsgrundsätze 477. 1240. 1335. (A. L. R. I. **17.** § 10.; Rüthner Statutarrecht Art. **41.** S. 357.; Münsterische Polizei-Ordnung vom 18. Januar 1592 Kap. 7. § 1.)

§ **131.** Siehe Rechtsgrundsätze 618. 1335. (A. L. R. II. 1. § 380.; Münsterische Polizeiordnung vom 18. Januar 1592 Kap. 7. § 1.)

§ **151.** Rechte und Pflichten der Miterben wegen der Erbschaftsforderungen vor getheilter Erbschaft. — Vergl. A. L. R. Einl. §§ 89. 90., I. **17.** § 115.

A. Berechtigung eines einzelnen Miterben vor erfolgter Theilung zur Einklagung eines Nachlaßkapitals gegen einen anderen Miterben. — Vergl. A. L. R. I. **9.** § 382., **16.** § 491., **17.** §§ 4. 10. ff.

Rechtsgr. **486.** — III. Senat. 5. November 1858. (XXXI. 123.)

Das Recht eines einzelnen Miterben, gegen einen Schuldner des Nachlasses, der zugleich Miterbe ist, vor erfolgter Theilung ohne Zuziehung der übrigen Miterben sein Interesse selbstständig zu verfolgen, und diese Nachlaßforderung zur Zahlung zum Depositorium einzuklagen, ist durch den besonderen Nachweis eines Individual-Interesses bedingt.

B. Berechtigung eines einzelnen Miterben vor getheilter Erbschaft zu Verfügungen behufs Feststellung und Sicherstellung der Erbschaft, insbesondere zu Klagen gegen Dritte auf Erfüllung zweiseitiger Verträge.

Rechtsgr. **487.** — III. Senat. 8. Juni 1857. (XXV. 146.)

Vor erfolgter Nachlaßtheilung ist jeder einzelne Miterbe zu allen Verfügungen, welche lediglich die Feststellung und Sicherheit der Erbschaft bezwecken, und insofern auch zur Verfolgung seines im besonderen Eigenthum an dem Ganzen liegenden Rechtes gegen Dritte wohl berechtigt.

Siehe auch Rechtsgrundsätze 352. 369. 485. (A. L. R. I. **11.** § 1113., **12.** § 298., **17.** § 127.)

Dritter Abschnitt. Von Gemeinschaften, welche durch Vertrag entstehen.

§ **171**. Erwerb gemeinschaftlichen Eigenthums aus Verwendungen auf Grund eines unförmlichen Gesellschaftsvertrages:

A. Begriff dieser „Verwendungen."

Rechtsgr. **488**. — IV. Senat. 3. April 1860. (XXXVII. 157.)

Unter Verwendungen eines Gesellschafters im Sinne des § 171. I. 17. des Allgem. Landrechts sind nicht blos Geldverwendungen, sondern auch Leistungen und Arbeiten zu verstehen.

B. Mündlicher Vertrag über das gemeinschaftliche Spielen eines Lotterieloses.

Rechtsgr. **489**. — IV. Senat. 26. April 1860. (XXXVII. 203.)

a) Aus der wenngleich nur mündlichen Vereinbarung, daß das von dem einen Theile bereits angeschaffte Lotterieloos erster Klasse gemeinschaftlich sein solle, folgt von selbst auf der einen Seite die Pflicht des neuen Theilnehmers, die für seinen Antheil bereits geschehene Auslage der ersten Klasse zu ersetzen; auf der anderen Seite liegt darin — vermöge der Natur des Lotteriespiels — auch die Vereinbarung, daß der Inhaber des Looses die ferneren Einsätze rücksichtlich des Antheils des Theilnehmers nicht für sich selbst, sondern für Diesen leisten soll.

b) Die wirklich erfolgte Zahlung dieses Antheils nimmt demgemäß von selbst den Charakter einer Kreditirung für den Theilnehmer an.

Siehe auch Rechtsgrundsatz 67. (A. L. R. I. 5. § 10.)

§§ **189**. ff. Siehe Rechtsgrundsatz **1639**. (Gesetz vom **12**. Mai **1851** § 18. No. 5.)

§ **289**. Vereinigung zweier Schulgemeinden.

Rechtsgr. **490**. — I. Senat. 14. November 1860. (XXXIX. 204.)

Die von der Königlichen Regierung eingerichtete Zuweisung der genehmigten kontraktlichen Vereinigung einer Schulgemeinde zu einer anderen giebt einem solchen Vereine einen publizistischen Charakter, welcher die Anwendung des § 289. I. 17. des Allgem. Landrechts ausschließt.

§§ 293. ff. Siehe Rechtsgrundsatz 1159. (Konkurs-Ordnung § 36.)

Fünfter Abschnitt. Von Grenzscheidungen.

§§ 363. ff. Siehe Rechtsgrundsatz 475. (§ 10. dieses Titels.)
§ 369. Siehe Rechtsgrundsatz 491. (§ 372. dieses Titels.)
§§ 372. ff. Wiederherstellung verdunkelter und ungewiß gewordener Grenzen. — Vergl. A. G. O. I. 42. §§ 1. ff.

A. Erforderniß der unmittelbaren Angrenzung der Grundstücke bei der Grenzregulirungsklage. — Vergl. § 369. dieses Titels; Dig. 10. 1. Lex 4. §§ 10. 11., Lex 5.

Rechtsgr. 491. — II. Senat. 12. Februar 1861. (XL. 272.)

Die Grenzregulirungsklage erfordert eine unmittelbare Angrenzung der beiderseitigen Grundstücke an einander.

B. Gegenstand des Grenzregulirungsprozesses, Klageantrag und Beweislast in demselben; Grenzregulirungsklage und Eigenthumsklage. — Vergl. A. L. R. I. 15. § 1.

Rechtsgr. 492. — II. Senat. 24. Januar 1860. (XXXVI. 160.)

a) Die Grenzregulirungs-Klage hat die Regulirung verdunkelter Grenzen zum Gegenstande, welchem gemäß beide Partеien in Beziehung auf die Beweislast einander gleichstehen.

b) Daher ist der Klageantrag nicht auf den in der Klage anzugebenden Grenzzug beschränkt; er schließt vielmehr die Ermittelung und Wiederherstellung der richtigen Grenzen, beziehungsweise die Theilung des Streitstücks, in sich; und enthält demgemäß die hiernächst, nach Maaßgabe der stattgefundenen prozessualischen Ermittelungen, von dem Kläger gestellte Forderung eines anderen Grenzzuges keine unzulässige Aenderung des Klageantrages oder des Klagefundamentes.

c) Wird mit der Klage die Herausgabe eines von dem Verklagten über die unstreitige Grenze besessenen Stückes

Landes verlangt, so ist dieselbe keine Grenzregulirungs-, sondern eine Eigenthumsklage.

C. Streit in Betreff der Grenzmerkmale hinsichtlich der Verdunkelung der Grenzen.

Rechtsgr. 493. — II. Senat. 21. Februar 1860. (XXXVI. 254.)

Die zur Begründung der Grenzregulirungsklage erforderliche Verdunkelung der Grenzen ist nur dann vorhanden, wenn das von der einen Partei bezeichnete Grenzmerkmal von der anderen Partei als solches nicht anerkannt wird.

Titel 18. Vom getheilten Eigenthume.

Erster Abschnitt. Vom Lehne.

§§ **25. 34. 35.** Lehnseigenschaft eines Erbzinsgutes. — Vergl. §§ 683. ff. dieses Titels.

Rechtsgr. 494 a. — I. Senat. 7. November 1859. (XXXIV. 347.)

Auch mit einem Erbzinsgute ist die Lehnseigenschaft vereinbar.

§ **258.** Siehe Rechtsgrundsatz 497. (A. L. R. I. 17. § 53.)

§§ **266. 268.** Anerkennung der Verfügungen des Vasallen durch seine Deszendenten; Erwerb einer Servitut gegen ein Lehngut durch Verjährung. — Vergl. Feud. II. **8.** § 3., **45.** § „si contigerit."

Rechtsgr. 494 b. — II. Senat. 29. Juni 1859. (XXXIV. 106.)

Durch die während rechtsverjährter Zeit von dem Vasallen, ohne Genehmigung und Wissen der Agnaten, gestattete Ausübung einer Forstgerechtsame auf einem Lehngute wird diese Servitut durch Verjährung zwar gegen den Lehnsbesitzer erworben und muß von seiner Deszendenz und seinen Erben oder Singular-Successor anerkannt werden, — dieselbe verliert aber ihre Gültigkeit, sobald das Lehngut auf einen Agnaten übergeht, der nicht Erbe des Vorbesitzers geworden ist.

§§ **360.** ff. Abstammung aus einer gültigen Ehe als Erforderniß der Lehnsfähigkeit der Nachkommen; Eigenschaft des einen Ehegatten als Adoptivkind. — Vergl. A. L. R. II. **1.** §§ 30. 31. 940., **2.** § **683.**; Verfassungs-Urkunde vom 31. Januar 1850 Art. 4.

Rechtsgr. **495.** — I. Senat. 17. Dezember 1860. (XL. 107.)

Hinsichtlich der zur Lehnssuccessionsfähigkeit der Nachkommen erforderlichen Abstammung aus einer gültigen Ehe ist die Eigenschaft des einen Gatten als Adoptivkind ohne Einfluß.

§§ **395. 396.** Siehe Rechtsgrundsatz 1370. (Kursächsischer Dezisivbescheid vom 1. Juli 1797 No. 8.)

§§ **527.** ff. Lehnsqualität durch Lehnsmeliorationen.

Rechtsgr. **496.** — I. Senat. 7. November 1859. (XXXIV. 346.)

Ein Akt, der den neu erworbenen Antheil nicht nur mit dem älteren Lehn zu Einem Gute, sondern auch lehnbar macht, ist als Einverleibung des neuen Erwerbes in ein Lehn aufzufassen und fällt unter den Begriff der Lehnsmelioration.

§§ **564.** Siehe Rechtsgrundsatz 752. (A. L. R. II. **11.** §§ 804. ff.)

§ **577.** Verringerung des Lehns durch unwirthschaftliche Benutzung; Widerspruchsrecht des Lehnsanwärters gegen die Abfuhr der vom Lehnsbesitzer gefällten, verkauften und dem Käufer übergebenen Bäume bei Devastation des Waldes. — Vergl. A. L. R. I. **6.** § 29., **20.** § 445., **21.** § 140.

Rechtsgr. **497.** — I. Senat. 12. April 1858. (XXXVI. 4.)

In dem Fall der Devastation ist der Lehnsanwärter berechtigt, die Abfuhr der von dem Lehnsbesitzer gefällten, verkauften und dem Käufer bereits übergebenen Bäume zu inhibiren, vorausgesetzt, daß der Käufer von der Devastation Kenntniß hatte.

Zweiter Abschnitt. Von Erbzinsgütern.

§§ **683.** ff. Siehe Rechtsgrundsatz **494a.** (§ 25. dieses Titels.)

§ **710.** Vorbehalt des Vorkaufsrechts in einem Erbzinsvertrage. — Vergl. A. L. R. I. **20.** §§ 569. 573. 574.; Edikt vom 9. Oktober 1807 § 3.; Ablösungsgesetz vom 2. März 1850 §§ 2. 4. 5.

Rechtsgr. 498. — II. Senat. 21. Juni 1860. (XL. 1.)

Plenar-Beschluß vom 5. März 1860: Das Vorkaufsrecht, welches in einem Erbzinsvertrage dem Erbzinsherrn ausdrücklich vorbehalten worden, ist als ein durch Vertrag begründetes anzusehen und wird daher durch die Aufhebung im § 2. No. 6. des Ablösegesetzes vom 2. März 1850 in Gemäßheit des § 4. Absatz 1. ebendaselbst nicht betroffen.

§ **720**. Siehe Rechtsgrundsätze 279. 1619. (A. L. R. I. **11**. § 1.; Ablösungsgesetz vom 2. März 1850 § 40.)

§ **777**. Siehe Rechtsgrundsatz 548. (A. L. R. I. **21**. § 298.)

Titel 19. Von dinglichen und persönlichen Rechten auf fremdes Eigenthum überhaupt.

§§ **1**. ff. Einschränkung und Belastung fremden Eigenthums durch Befugnisse eines Anderen:

A. Anwendbarkeit der §§ 1. 17. 18. I. 19. des A. L. R. auf Pachtverträge.

Rechtsgr. 499. — III. Senat. 29. März 1858. (XXVIII. 213.)

Die §§ 1. 17. 18. I. 19. des Allgem. Landrechts sind auch auf Pachtverträge anwendbar.

B. Rechtliche Natur der Reallast als eine den jedesmaligen Besitzer des Grundstücks treffenden Obligation; Verpflichtung zur Entrichtung einer Jahresrente. — Vergl. Ablösegesetz vom 2. März 1850 § 6.; Rentenbankgesetz vom 2. März 1850 § 18.

Rechtsgr. 500. — II. Senat. 12. November 1857. (XXVII. 105.)

a) Die Reallast ist eine Obligation, welche, verbunden mit einem Grundstücke, den Besitzer als solchen trifft, aus der allgemeinen oder besonderen Eigenschaft des Grundstücks hervorgeht und bei dessen Uebertragung vorbehalten wird.

b) Die auf einem Grundstück haftende accessorische Verpflichtung zur Entrichtung einer Jahresrente hat nicht die Natur einer Reallast, wenn die Hauptverbindlichkeit persönlicher Natur und nur eine interimistische ist.

C. Rechtlicher, insbesondere dinglicher Charakter einer Reallast. — Vergl. Ablösegesetz vom 2. März 1850 § 6.; Rentenbankgesetz vom 2. März 1850 § 18.

Rechtsgr. 501. — I. Senat. 27. Oktober 1858. (XXXI. 81.)

a) Die Reallast besteht in einem durch Erwerbung und Besitz eines Grundstücks einerseits, und durch ausdrückliche oder stillschweigende Genehmigung andererseits begründeten obligatorischen Rechtsverhältnisse, vermöge welches der jedesmalige Besitzer für seine Besitzzeit das dingliche Recht gewähren, für die in seiner Besitzzeit fällig werdenden Leistungen von dem Grundstücke persönlich aufkommen muß.

b) Der dingliche Charakter der Reallasten hat daher die Bedeutung, daß jeder dritte Erwerber des belasteten Grundstücks das obligatorische Rechtsverhältniß entweder ausdrücklich, oder stillschweigend durch seine Kenntniß von demselben eingehen muß, und wonach er dann zur Leistung persönlich verpflichtet ist.*

D. Unterschied zwischen Reallast und Servitut rücksichtlich einer Holzberechtigung. — Vergl. A. L. R. I. 22. §§ 11. ff.; Ablösegesetz vom 2. März 1850 § 6.

Rechtsgr. 502. — II. Senat. 22. Oktober 1857. (XXVI. 302.)

Wenn die Gutsherrschaft nicht nur das Holz anzuweisen und dessen Entnahme zu dulden, sondern zugleich das Auf- und Abladen und die Anfuhr zu bewirken hat, so liegt nicht eine Servitut, sondern eine Reallast vor.

E. Natur der Verpflichtung zur Lieferung einer bestimmten Quantität von Bergwerksprodukten als Reallast. — Vergl. A. L. R. I. 2. §§ 126. 131. 135., 21. §§ 4. 5.

Rechtsgr. 503. — III. Senat. 20. Dezember 1858. (XXXII. 81.)

Die von einzelnen Gruben-Interessenten einem Dritten gegenüber ohne Zeitbestimmung übernommene Verpflichtung, demselben von den auf ihre Kuxe fallenden Gruben-Produkten eine bestimmte Quantität gegen bestimmte Preise zu

* Vergl. dagegen die zweite Note S. 84. Bd. 31. des Archivs für Rechtsfälle.

liefern, ist dinglicher Natur und geht daher nach erfolgter Eintragung bei stattfindender nothwendiger Subhastation auf den Adjudikatar mit über.

§ 2. Siehe Rechtsgrundsatz 46. (A. L. R. I. 2. § 134.)

§ 4. Siehe Rechtsgrundsatz 52. (A. L. R. I. 4. § 19.)

§ 5. Kenntniß des neuen Besitzers zur Zeit der Besitzergreifung von der nicht eingetragenen Grundabgabe. — Vergl. Patent vom 22. Mai 1815 §§ 3. 9. 12.

Rechtsgr. 504. — I. Senat. 12. Oktober 1857. (XXVIII. 43).

Der neue Besitzer eines Grundstücks, welchem eine von seinem Besitzvorfahr bestellte, aus dem Grundstücke zu entrichtende, in das Hypothekenbuch nicht eingetragene Last oder Abgabe erweislich schon zur Zeit der Besitz-Ergreifung bekannt war, kann sich seines durch die Uebergabe entstandenen dinglichen Rechts nicht zur Ausschließung der Verpflichtung, diese Last oder Abgabe ferner abzutragen, bedienen.

Dieser Grundsatz findet auch auf eine durch Ersitzung begründete Last oder Abgabe Anwendung.

Siehe auch Rechtsgrundsätze 46. 1395. (A. L. R. I. 8. § 24.; Hypothekenpatent vom 22. Mai 1815 § 3.)

§§ 15. ff. Siehe Rechtsgrundsätze 232. 569-572. 589. (A. L. R. I. 8. § 162., 22. §§ 13. 92.)

§§ 17. 18. Siehe Rechtsgrundsätze 499. 596. (A. L. R. I. 19. § 1., 22. § 241.)

§ 21. Siehe Rechtsgrundsatz 40. (A. L. R. I. 2. § 107.)

§§ 22. ff. Uebertragung eines zur Nothdurft eingeräumten Rechts auf Andere; Vermiethung eines Durchfahrtsrechts gegen ein städtisches Grundstück. — Vergl. Dig. 8. 1. Lex 16., 8. 6. Lex 5., 19. 2. Lex 44.

Rechtsgr. 505. — II. Senat. 16. Februar 1860. (XXXVI. 224.)

Dem Miether eines städtischen Grundstücks darf das diesem zustehende Durchfahrtsrecht gegen das Grundstück eines Andern mit vermiethet werden.

Siehe auch Rechtsgrundsatz 40. (A. L. R. I. 2. § 107.)

Titel 20. Von dem Rechte auf die Substanz einer fremden Sache.

Erster Abschnitt. Vom Rechte des Unterpfandes.

§ **1**. Siehe Rechtsgrundsätze 470. 508. (A. L. R. I. **16**. Anh. 52. zu § 484., **20**. § 50.)

§ **2**. Siehe Rechtsgrundsatz 518. (§ 418. dieses Titels.)

§§ **6**. ff. Siehe Rechtsgrundsätze 46. 513. 515. (A. L. R. I. **2**. § 134., **20**. §§ 253. 281.)

§§ **11-14**. Gegenstand der Sicherstellung durch Pfand:

A. Gültigkeit der bestellten Hypothek bei unrichtiger Angabe der causa debendi. — Vergl. A. L. R. I. **11**. §§ 729. 824. 866. 868.

Rechtsgr. **506**. — IV. Senat. 16. November 1858. (XXX. 350.)

Eine schriftliche Hypothekenbestellung, wenn ihr nur überhaupt eine an sich „rechtsgültige" Forderung zum Grunde liegt, bleibt auch dann von rechtlicher Wirksamkeit, wenn der eigentliche Verpflichtungsgrund in der Urkunde nicht seinen richtigen Ausdruck gefunden hat.

B. Konvalescenz der Hypothek für ein noch nicht gegebenes Darlehn durch spätere Berichtigung der Valuta; Anfechtung der voreingetragenen Hypothek durch die nachstehenden Hypothekengläubiger, insbesondere bei Belegung der Kaufgelder des subhastirten Grundstücks. — Vergl. A. L. R. I. **11**. §§ 738. 739., **20**. § 415.; Allg. Hypotheken-Ordnung II. §§ 169. ff.; Subhastations-Verordnung vom 4. März 1834 §§ 16. ff.; Hypothekengesetz vom 24. Mai 1853 § 14.

Rechtsgr. **507**. — IV. Senat. 26. April 1860. (XXXVII. 196.)

a) Die für ein noch nicht gegebenes Darlehn bestellte Hypothek erlangt, sobald der Gläubiger die verschriebene Summe erlegt, mit rückwirkender Kraft auf die Zeit der erfolgten Eintragung volle Rechtsbeständigkeit.

b) Daher sind die vor der Zahlung der Darlehns-Valuta hinterher eingetragenen Gläubiger nicht berechtigt, gegen die Gültigkeit jener vorstehenden Post Etwas zu erinnern oder eine Priorität zu beanspruchen, wenngleich sie ihrerseits ihr Kapital dem Verpfänder früher, als der vorstehende Gläubiger, gezahlt haben.

Ist demnach zur Zeit der Belegung der Kaufgelder des subhastirten Grundstücks das Geld auf die voreingetragene Post bereits gegeben, so muß dieselbe der später eingetragene Gläubiger, und zwar vorrechtlich, gegen sich gelten lassen.

c) Der Umstand, daß der Gläubiger die Löschung der Hypothek bewilligt hat, steht, wenn die Löschung nicht erfolgt und die Valuta des Darlehns dennoch berichtigt ist, der Konvalescenz der Hypothek nicht entgegen, und der nachstehende Gläubiger kann auch aus jener Löschungsbewilligung für sich, dem Gläubiger gegenüber, kein Recht herleiten.

§ **15**. Siehe Rechtsgrundsatz 33. (A. L. R. I. **2**. § 32.)
§§ **22**. **23**. Siehe Rechtsgrundsatz 1113. (A. G. O. I. **29**. § 12.)
§ **49**. Siehe Rechtsgrundsatz 418. (A. L. R. I. **14**. § 297.)
§§ **50**. **51**. Pfandbestellung für die Schuld eines Dritten:

A. Behandlung derselben als Intercession beziehungsweise als Bürgschaft. — Vergl. A. L. R. I. **14**. §§ 201. 202. 221. ff. 316. ff., **20**. §§ 1. 56. 65. 66. 72.

Rechtsgr. **508**. — III. Senat. 19. März 1860. (XXXVI. 327.)

Die Pfandgebung für eine fremde Schuld ist zwar bezüglich der Frage über die Nothwendigkeit der Certioration als Intercession zu behandeln; daraus folgt aber nicht, daß sie auch in allen andern Beziehungen wie eine Bürgschaftsleistung zu behandeln ist.

B. Pfandbestellung für eine fremde Schuld nur auf eine bestimmte Zeit. — Vergl. A. L. R. I. **14**. §§ 316. ff. 356. 359., **20**. § 56.

Rechtsgr. **509**. — III. Senat. 19. März 1860. (XXXVI. 327.)

Ist die Pfandbestellung für eine fremde Schuld ausdrücklich nur auf eine in sich bestimmte Zeit geschehen, so ist der Pfandbesteller nach Ablauf dieser Frist zwar von dem Gläubiger, nicht aber in allen Fällen auch von dem Schuldner Befreiung zu fordern berechtigt.

§ **54.** Mitverhaftung eines anderen Grundstücks für die vom Käufer als Selbstschuldner übernommene Hypothekenschuld. — Vergl. A. L. R. I. **4.** § 19.; Deklaration vom 21. März 1835 §§ 1. ff.

Rechtsgr. **510.** — III. Senat. 23. Januar 1860. (XXXVI. 148.)

Der Grundsatz: daß der Käufer eines Grundstücks, welcher eine auf demselben und zugleich auf einem anderen Grundstücke eingetragene Forderung als Selbstschuldner übernommen hat, verpflichtet ist, diese Forderung auf dem ihm nicht verkauften Grundstücke löschen zu lassen, wenn er gewußt hat oder doch aus dem Hypothekenbuche ersehen konnte, daß das zweite Grundstück für die übernommene Hypothek mit verpfändet war,* — findet auch in dem Falle Anwendung, wenn der Verkäufer nicht der Eigenthümer des anderen Grundstücks war, jedoch für die Hypothek aufzukommen hat.

Siehe auch Rechtsgrundsatz **469.** (A. L. R. I. **16.** Anhang § 52. zu § **484.**)

§ **55.** Siehe Rechtsgrundsatz **420.** (A. L. R. I. **14.** § 338.)
§ **56.** Siehe Rechtsgrundsätze **508. 509.** (§ 50. dieses Titels.)
§§ **65. 66.** Siehe Rechtsgrundsatz **508.** (§ 50. dieses Titels.)
§ **68.** Siehe Rechtsgrundsatz **470.** (A. L. R. I. **16.** Anhang § 52. zu § **484.**)
§ **72.** Siehe Rechtsgrundsatz **508.** (§ 50. dieses Titels.)
§ **93.** Siehe Rechtsgrundsatz **515.** (§ 281. dieses Titels.)
§§ **99. 100.** Siehe Rechtsgrundsatz **512.** (§ 225. dieses Titels.)
§ **104.** Siehe Rechtsgrundsätze **513. 515.** (§§ 253. 281. dieses Titels.)
§ **118.** Siehe Rechtsgrundsätze **513. 514.** (§ 253. dieses Titels.)
§§ **139.** ff. Rechte und Pflichten des Pfandinhabers ausstehender zinsbarer Kapitalien.

Rechtsgr. **511.** — III. Senat. 17. Februar 1860. (XXXVI. 235.)

Die Vorschrift des § 139. I. 20. des Allgem. Landrechts, betreffend die Rechte und Pflichten des Pfand-Inhabers einer fruchttragenden Sache, kann auf die Verpfän-

* Vergl. Rechtsgrundsätze Bd. 2. S. 163. No. 439.

dung ausstehender zinsbarer Kapitalien nicht angewendet werden.

Siehe auch Rechtsgrundsatz 512. (§ 225. dieses Titels.)

§ **225**. Antichretischer Pfandvertrag. — Vergl. §§ 99. 100. 139-141. 235. 236. dieses Titels.

Rechtsgr. **512**. — III. Senat. 23. November 1860. (XL. 66.)

a) In der auf den Grund mündlicher Verabredung erfolgten Hingabe eines Grundstücks zur Benutzung statt der Zinsen für ein empfangenes Darlehn liegt eine mündliche oder stillschweigende Pfandbestellung.

b) Die Vereinbarung, daß der Darlehnsgeber das Grundstück nicht lediglich gegen die Zinsen, sondern außerdem noch gegen einen jährlich zu zahlenden bestimmten Geldbetrag nutzen solle, widerstreitet dem Begriff eines antichretischen Pfandgeschäfts nicht.

§§ **235**. **236**. Siehe Rechtsgrundsatz 512. (§ 225. dieses Titels.)

§ **253**. Aufgebung des Pfandrechts durch Rückgabe des Pfandes:

A. Ueberhaupt. — Vergl. §§ 6. 7. 104. 118. dieses Titels.

Rechtsgr. **513**. — IV. Senat. 12. Juni 1860. (XXXVIII. 44.)

Durch Rückgabe des Pfandes wird das Pfandrecht nur dann aufgehoben, wenn dieselbe in der Absicht der Aufgebung des Pfandrechts geschieht.

B. Aufgebung des Pfandrechts an verbrieften Forderungen. — Vergl. A. L. R. I. 5. § 387., 20. §§ 118. 281.

Rechtsgr. **514**. — IV. Senat. 12. Juni 1860. (XXXVIII. 45.)

Aus der bloßen Rückgabe des verpfändeten Schuld-Instruments ohne Rückgabe oder Kassation der Verpfändungs-Urkunde ist die Aufgebung des Pfandrechts nicht mit Sicherheit zu folgern; vielmehr bedarf es dazu auch noch der desfallsigen Absicht des Pfandgläubigers.

§ **281**. Verpfändung ausstehender, verbriefter Forderungen. — Vergl. Verordnung vom 9. Dezember 1809 §§ 1. 2.

A. Ueberhaupt. — Vergl. §§ 6. 7. 93. 104. dieses Titels.

Rechtsgr. 515. — IV. Senat. 12. Juni 1860. (XXXVIII. 44.)

Zur Verpfändung einer verbrieften Forderung ist eine schriftliche Verpfändungs-Urkunde und die Uebergabe des Schuld-Instruments an den Pfandgläubiger erforderlich.

B. Durch Unterschrift in Blanko auf der Schuldurkunde. — Vergl. A. L. R. I. **11.** § 394.; A. G. O. I. **10.** § 113.

Rechtsgr. 516. — IV. Senat. 12. Januar 1860. (XXXVI. 139.)

a) Wenn die Verpfändung einer Forderung, worüber ein Dokument vorhanden ist, vereinbart, und dem Pfandnehmer das Dokument mit der zum Zeichen der Uebertragung darunter gesetzten Namensunterschrift des Verpfänders ausgehändigt worden ist, so kann weder der Letztere den Einwand der mangelnden schriftlichen Form der Verpfändung entgegenstellen, noch der Pfandnehmer aus der unterlassenen Ausfüllung des Blankogiro eine Nicht-Existenz des Pfandvertrages herleiten.

b) Derjenige, welcher sich auf eine Verpfändung durch Unterschrift in Blanko beruft, muß zunächst die Existenz der Vereinbarung der Verpfändung darthun.

Siehe auch Rechtsgrundsatz 514. (§ 253. dieses Titels.)

§ **399.** Siehe Rechtsgrundsatz 518. (§ 418. dieses Titels.)

§ **408.** Verpflichtung des Besitznachfolgers zur Anerkennung der von dem Vorbesitzer des Grundstücks durch Vertrag übernommenen dinglichen Last bei noch nicht erfolgter Anlegung des Hypothekenbuchs. — Vergl. A. L. R. I. **2.** § 136.; Allgem. Hypotheken-Ordnung I. § 49., II. § 83., IV. § 29.

Rechtsgr. 517. — III. Senat. 18. November 1859. (XXXVI. 22.)

Der Besitznachfolger muß die von dem Vorbesitzer des in das Hypothekenbuch noch nicht eingetragenen Grundstücks in seinem Besitz-Dokumente übernommene dingliche Last, z. B. die Verpflichtung zur Unterhaltung eines Grabens, auch dann anerkennen, wenn er dieselbe in seinem Vertrage nicht übernommen und von ihr bei der Erwerbung des Grundstücks keine Kenntniß gehabt hat.

§ **410**. Siehe Rechtsgrundsätze **274**. **527**. (A. L. R. I. **10**. § **7**., **20**. § **479**.)

§ **415**. Siehe Rechtsgrundsatz **507**. (§ **11**. dieses Titels.)

§§ **418-420**. Wirkungslosigkeit einer gesetzwidrig eingetragenen Protestation. — Vergl. §§ **2**. **399**. dieses Titels; Allgem. Hypotheken-Ordnung II. §§ **18**. **107**.; Gesetz vom **24**. Mai **1853** §§ **43**. ff.

Rechtsgr. **518**. — III. Senat. 5. Juli 1858. (XXX. 162.)

Eine gesetzwidrig eingetragene Protestation ist nicht minder wirkungslos, als eine in ungesetzlicher Weise, ungeachtet des fehlenden Rechtstitels, erfolgte definitive Eintragung.

§ **421**. Siehe Rechtsgrundsatz **259**. (I. **9**. § **551**.)

§§ **422**. ff. Siehe Rechtsgrundsatz 471. (A. L. R. I. **16**. Anh. § **52**. zu § **484**.)

§§ **423**. ff. **522**. ff. Guter Glaube des Hypothekenbuchs bei Erwerbung einer Hypothekenforderung durch Ueberweisung im Wege der Exekution in Kraft der Cession. — Vergl. A. L. R. I. **16**. Anh. § **52**. zu § **484**.; Gesetz vom **4**. Juli **1822** § **6**.; Deklaration vom 3. April **1824**.

Rechtsgr. **519**. — III. Senat. 4. Juni 1858. (XXX. 59.)

Bei Beurtheilung der Frage: inwiefern Derjenige, welcher eine Hypothekenforderung durch Ueberweisung im Wege der Exekution in Kraft der Cession erworben hat, sich die auf persönlichen Ansprüchen des Schuldners gegen den früheren Gläubiger beruhenden Einwendungen in Gemäßheit der §§ 423. ff. und 522. ff. I. 20. des Allgem. Landrechts entgegensetzen lassen muß, — ist der gute Glaube des Hypothekenbuchs nicht davon abhängig, daß der frühere Gläubiger als Besitzer der Forderung im Hypothekenbuche eingetragen sei; vielmehr genügt es, daß dieser Auktor sich nur sonst als Eigenthümer der Forderung ausgewiesen habe, z. B. durch Cession des eingetragenen Gläubigers, oder, falls der Eigenthümer des Grundstücks die Hypothekenforderung bezahlt hat, durch eine die ausdrückliche Cession vertretende Quittung des Gläubigers.

Siehe auch Rechtsgrundsätze **164**. 338. 418. (A. L. R. I. **7**. § **26**., **11**. § 738., **14**. § 297.)

§§ 433. 500-503. Subsidiäre Regreßpflicht des Hypothekenrichters. — Vergl. A. L. R. II. **10.** § 91.; Allgem. Hypotheken-Ordnung II. § 30.

Rechtsgr. **520.** — IV. Senat. 1. Mai 1860. (XXXVII. 216.)

Die Regel des § 91. II. 10. des Allgem. Landrechts, betreffend die subsidiäre Regreßpflicht der Beamten wegen der durch ihre Versehen entstandenen Schäden, trifft auch bei Versehen der Hypothekenrichter zu. Die Fälle der §§ 500-503. I. 20. des Allgem. Landrechts, betreffend Versehen hinsichtlich der Priorität bei gleichzeitiger Eintragung mehrerer Hypotheken auf dieselbe Sache, sind von dieser Regel nicht ausgenommen.

§ **442.** Devastationsklage des Hypothekengläubigers gegen den Dritten, welcher auf Grund eines mit dem Besitzer des verpfändeten Guts geschlossenen Vertrages den Torf vom Gute nimmt; Arrestschlag als Form dieser Interdiktion. — Vergl. A. G. O. I. **29.** § 12.

Rechtsgr. **521.** — III. Senat. 12. Juli 1858. (XXX. 184.)

a) Wenn der Gutsbesitzer selbst sich der ferneren Austorfung und der Entfernung des gestochenen Torfes aus dem Grundstücke dem Hypothekengläubiger gegenüber zu enthalten hat, so ist dazu auch derjenige Dritte nicht berechtigt, welcher seine Rechte aus dem mit dem Gutsbesitzer abgeschlossenen Vertrage herleitet.

b) Der Hypothekengläubiger ist in dem Falle der Schmälerung seiner Sicherheit durch erhebliche Verminderung der verhafteten Sache, z. B. durch Torfausgrabungen, berechtigt, Untersagung dieser Schmälerung und Beschlagnahme des Erlöses im Wege des Arrestes zu verlangen. Es folgt aus dem § 12. I. 29. der Allgem. Gerichts-Ordnung nicht, daß der Hypothekengläubiger nur alsdann zu einem Arrestschlage berechtigt sei, wenn er zugleich die Hauptforderung einklagt.

§§ **443-445.** Gegenstand des dinglichen Rechts des Hypothekengläubigers:

A. Dingliches Recht des Hypothekengläubigers an dem aus dem verpfändeten Grundstücke gewonnenen, noch nicht räumlich von demselben getrennten Torfe.

Rechtsgr. **522**. — III. Senat. 12. Juni 1858. (XXX. 184.)

So lange der aus dem Grundstücke gewonnene Torf, wenngleich durch geschehene Verarbeitung in veränderter Gestalt, sich noch auf diesem Grundstücke befindet, hat er nicht aufgehört, dem dinglichen Rechte des Hypothekengläubigers unterworfen zu sein.

B. Dingliches Recht des Hypothekengläubigers an dem ediktmäßigen Antheil des verpfändeten Ritterguts bei Regulirung einer Robotgärtnerstelle. — Vergl. A. L. R. I. **2**. § 48.

Rechtsgr. **523**. — III. Senat. 14. März 1859. (XXXII. 337.)

Den Realgläubigern eines Ritterguts steht nach erfolgter Regulirung der Robotgärtnerstelle als Gegenstand ihres Pfandrechts nur ein Anspruch auf den daran der Gutsherrschaft zustehenden ediktmäßigen Antheil zu.

Siehe auch Rechtsgrundsätze 33. **418**. **497**. **524**. **1441**. (A. L. R. I. **2**. § 32., **14**. § 297., **18**. § 577., **20**. § 454.; Verordnung vom 8. August 1832.)

§§ **454**. **470**. Pfandrecht des Hypothekengläubigers an später zugeschlagenen unbeweglichen Pertinenzstücken. — Vergl. A. L. R. I. **2**. § 105., **20**. § 443.

Rechtsgr. **524**. — III. Senat. 8. April 1861. (XL. 357.)

Unbewegliche Pertinenzstücke, welche der Verpfänder erst nach erfolgter Eintragung dem Hauptgute aus seinem Eigenthum zuschlägt, sind dem dinglichen Recht des Gläubigers nicht unterworfen.

§ **468**. Gemeinschaftliche Verhaftung mehrerer Grundstücke für dieselbe Hypothek; Anspruch der bei der Subhastation des einen Grundstücks ausgefallenen Gläubiger gegen den Besitzer des nicht subhastirten Grundstücks. — Vergl. A. L. R. I. **5**. §§ **424**. **443**. **445**., **16**. § **48**.; A. G. O. I. **50**. §§ **521-523**.; Konkurs-Ordnung § **56**.; Allgem. Hypotheken-Ordnung II. § **159**.; Verordnung vom 28. Dezember 1840 § 9.

Rechtsgr. **525**. — III. Senat. 9. Juli 1859. (**XXXIV**. 168.)

a) Die auf mehrere Grundstücke conjunctim eingetragene Hypothek bewirkt ein passives Korrealverhältniß dieser Grundstücke und die Verbindlichkeit, den auf sie kommenden verhältnißmäßigen Antheil den nachstehenden Gläubigern des anderen Grundstückes zur Deckung ihrer Ausfälle zu gewähren.

b) Der Anspruch der ausgefallenen Gläubiger stellt sich als ein durch den Korrealverband aller verpfändeten Grundstücke begründeter Regreßanspruch dar, dessen Höhe durch die Werthverhältnisse der letzteren bestimmt wird. Zur Substanziirung eines solchen Anspruches gehört, daß Kläger den Beitrag angiebt, zu dessen Gewährung er den Besitzer des nicht subhastirten Grundstücks für verbunden hält, und daß er die Werthverhältnisse anführt und unter Beweis stellt.

§ **470**. Siehe Rechtsgrundsätze **524**. **1441**. (§ **454**. dieses Titels; Verordnung vom 8 August **1832**.)

§§ **471-473**. Siehe Rechtsgrundsatz **1441**. (Verordn. vom 8. August **1832**.)

§ **474**. Siehe Rechtsgrundsatz **527**. (§ **479**. dieses Titels.)

§§ **475**. ff. Anfechtung vorausbezahlter Mieths- und Pachtzinsen durch den Konkursverwalter. — Vergl. Konkurs-Ordnung §§ **1**. **4**. **38**. **39**. **131**.

Rechtsgr. **526**. — IV. Senat. 3. Januar 1861. (**XXXIX**. 325.)

Das in den §§ 475. ff. I. 20. des Allgem. Landrechts den Realgläubigern in Betreff der Anfechtung vorausgezahlter Mieths- und Pachtzinsen eingeräumte Recht ist von dem Verwalter der Konkursmasse nicht zu verfolgen.

Siehe auch Rechtsgrundsätze **527**. **1441**. (§ **479**. dieses Titels; Verordnung vom 8. August **1832**.)

§ **479**. Rechte der Hypothekengläubiger an den vor Eintragung ihrer Hypothek veräußerten künftigen Früchten bei nicht erfolgter Eintragung dieser Veräußerung in das Hypothekenbuch. — Vergl. A. L. R. I. **10**. §§ 7-10., **20**. §§ 410. 474-478.

Rechtsgr. 527. — III. Senat. 17. Juni 1859. (XXXV. 22.)

Wird die Veräußerung der zu erwartenden Erndte in das Hypothekenbuch nicht eingetragen, so ist sie den später eingetragenen Hypothekengläubigern gegenüber selbst dann wirkungslos, wenn sie von dem Verkauf Kenntniß gehabt haben.

§§ **480. 481.** Anfechtung der geschehenen Vorauszahlungen von Pacht- oder Miethsgeldern seitens des Sequesters eines Gutes oder eines Häuser-Administrators. — Vergl. A. L. R. I. **14**. §§ 105. 116. 123.; A. G. O. I. **24**. §§ 124. 129. 130.

Rechtsgr. 528. — III. Senat. 21. November 1860. (XXXIX. 225.)

a) Der § 480. I. 20. des Allgem. Landrechts bezieht sich ebensowohl auf Miethes- als auf Pachtgelder.

b) Der Sequester eines Guts und der gerichtliche Administrator eines Hauses sind auf Grund des ihnen in dieser Eigenschaft zustehenden Rechts, die laufenden Einnahmen einzuziehen, nicht befugt, die dem Pacht- oder Miethsvertrage gemäß vor Einleitung der Sequestration oder Administration an den Verpächter oder Vermiether geschehenen Vorauszahlungen der Pacht- oder Miethsgelder zufolge §§ 480. 481. I. 20. des Allgem. Landrechts anzufechten.

§§ **500-502**. Siehe Rechtsgrundsatz 520. (§ 433. dieses Titels.)

§ **503**. Siehe Rechtsgrundsätze 52. 520. (A. L. R. I. **4**. § 19., **20**. § 433.)

§§ **513. 514**. Siehe Rechtsgrundsatz 1228. (Allgem. Hypothekenordnung II. § 205.)

§ **520**. Siehe Rechtsgrundsatz 472. (A. L. R. I. **16**. Anhang § 52. zu § 484.)

§ **521**. Legitimation des noch eingetragenen Besitzers des veräußerten und bereits übergebenen Grundstücks zur Klage gegen einen Hypothekengläubiger auf Befreiung des Grundstücks von einer eingetragenen Post. — Vergl. A. L. R. I. **2**. § 126.; A. G. O. I. **32**. § 2.

Rechtsgr. 529. — III. Senat. 9. Juni 1858. (XXX. 68.)

Der eingetragene Besitzer eines Grundstücks, welcher

dasselbe weiter verkauft und sich zur Herbeiführung der Löschung einer eingetragenen, bereits bezahlten Post verpflichtet hat, ist zur Anstellung der Klage auf Befreiung des Grundstücks von der vom Käufer nicht übernommenen Post legitimirt, wenn auch die Natural-Uebergabe des Grundstücks bereits geschehen ist.

Siehe auch Rechtsgrundsatz 472. (A. L. R. I. 16. Anhang § 52. zu § 484.)

§§ **522-524**. Unterbliebene Löschung der getilgten Hypothekenpost; gesetzliche Vorschriften hinsichtlich der Verhandlungen eines Dritten mit dem eingetragenen Gläubiger auf den Glauben des Hypothekenbuchs; Einwand der Zahlung seitens des Realschuldners dem Cessionar der Hypothekenpost gegenüber bei Nichtbeobachtung jener Vorschriften. — Vergl. A. L. R. I. **11**. §§ 395. ff.; Hypotheken-Ordnung II. §§ 202. ff.; Verordnung vom **4**. Juli 1822 § 6.; Hypothekengesetz vom **24**. Mai 1853 §§ **15**. ff.

Rechtsgr. **530**. — **III**. Senat. 22. Juni 1860. (**XXXVIII. 64**.)

a) Zur Beobachtung der gesetzlichen Vorschriften bei Verhandlungen eines Dritten mit dem eingetragenen Gläubiger auf den Glauben des Hypothekenbuchs nach § 522. I. 20. des Allgem. Landrechts gehört auch, daß der Erwerber der eingetragenen Forderung sich bei vorhandenem Hypotheken-Instrument dasselbe, oder, bei theilweiser Erwerbung, ein Zweigdokument ausantworten, bei nicht vorhandenem Hypotheken-Instrumente aber ein solches unter Zuziehung des Schuldners bilden und sich ausantworten läßt.

b) Daher ist bei Nichtbeobachtung dieser Vorschrift der Realschuldner, welcher eine von ihm bezahlte Hypothekenschuld nicht hat löschen lassen, nach erfolgter Ueberweisung dieser Forderung an einen Dritten im Wege der Exekution dennoch berechtigt, diesem Cessionar den Einwand der Zahlung entgegen zu setzen.

Siehe auch Rechtsgrundsätze 472. 519. 1228. (A. L. R. I. **16**. Anh. § 52. zu § 484., **20**. § 423.; Allg. Hypotheken-Ordnung II. § 205.)

Zweiter Abschnitt. Vom Zurückbehaltungsrechte.

§ **542**. Zurückbehaltungsrecht des Inhabers einer Kapitalssumme.

Rechtsgr. 531. — IV. Senat. 6. Juli 1858. (XXX. 167.)

Unter dem Inhaber einer Kapitalssumme im Sinne des § 542. I. 20. des Allgem. Landrechts ist der Schuldner eines Kapitals zu verstehen, welcher dasselbe als Vorschuß für Geschäfts-Auslagen erhalten hat.

§ **546**. Ausübung des Retentionsrechts des Pächters dem Singular-Successor des Verpächters und dem Hypothekengläubiger gegenüber. — Vergl. A. L. R. I. **10**. § 25.

Rechtsgr. 532. — III. Senat. 9. Oktober 1857. (XXVIII. 33.)

a) Das Retentionsrecht findet gegen den, welcher die Räumung des Besitzes verlangen kann, auch dann nicht statt, wenn dieser die Sache aus einem singulären Titel von Demjenigen erworben hatte, gegen welchen das Retentionsrecht begründet war.

b) Auch dem Hypothekengläubiger gegenüber kann der Besitzer des verpfändeten Grundstücks das Retentionsrecht nicht geltend machen. Es ändert hieran Nichts, wenngleich letzteres dem ersteren vor Eintragung seiner Forderung bekannt war.

Dritter Abschnitt. Vom Vorkaufs-, Näher- und Wiederkaufsrechte.

§ **568**. Siehe Rechtsgrundsatz 533. (§ 576. dieses Titels.)

§§ **569**. **573**. **574**. Siehe Rechtsgrundsatz 498. (A. L. R. I. **18**. § 710.)

§ **575**. Siehe Rechtsgrundsatz 533. (§ 576. dieses Titels.)

§ **576**. Vorkaufsrecht bei Veräußerung des Nutzungsrechts, insbesondere bei Veräußerung des Rechts zur Eisenerzförderung. — Vergl. A. L. R. I. **8**. § **12**., **20**. §§ 568. 575., **21**. § **39**.

Rechtsgr. 533. — III. Senat. 12. März 1858. (XXIX. 225.)

Die das Vorkaufsrecht begründende Veräußerung des zum Eigenthum gehörenden Nutzungsrechts nach § 576. I.

20. des Allgem. Landrechts ist nur auf das gesammte zum Eigenthum gehörende Nutzungsrecht, im Gegensatz zur Proprietät, nicht aber auf einzelne dazu gehörende Theile zu beziehen.

Daher findet das auf einem Grundstücke haftende Vorkaufsrecht in dem Falle der Veräußerung des Rechts, Eisenerze auf demselben zu fördern, nicht statt.

Titel 21. Von dem Rechte zum Gebrauche oder Nutzung fremden Eigenthums.

§ **1.** Siehe Rechtsgrundsatz **545.** (§ 187. dieses Titels.)
§§ **4. 5.** Siehe Rechtsgrundsatz **503.** (A. L. R. I. **19.** § 1.)
§ **7.** Siehe Rechtsgrundsatz **545.** (§ 187. dieses Titels.)

Erster Abschnitt. Vom Nießbrauche.

§ **23.** Siehe Rechtsgrundsatz **636.** (A. L. R. II. **1.** § 769.)

§§ **25.** ff. Rechte des Nießbrauchers; Umfang des Nießbrauchsrechts des wiederverheiratheten Ehegatten auf den Grund noch geltender Satzungen des Gemeinen Rechts in dem Herzogthum Westphalen; Nießbrauch an Schlagholz-Grundstücken, insbesondere an den stehen gebliebenen einzelnen Bäumen. — Vergl. Dig. **7. 1.** Lex **10.** 13. § **4.**, 7. 8. Lex **22.**, **50.** 16. Lex 30.; Publikations-Patent vom 21. Juni 1825 § 1.

Rechtsgr. **534.** — I. Senat. 5. Januar 1859. (XXXII. 98.)

a) Der Umfang des lediglich aus den noch geltenden Satzungen des Gemeinen Rechts herzuleitenden und dadurch begründeten Nießbrauchsrechts (ususfructus) des wiederverheiratheten Ehegatten in dem Herzogthum Westphalen an dem Nachlasse des verstorbenen Ehegatten ist nach dem Gemeinen Rechte zu bestimmen.

b) Nach Gemeinem Rechte hat der Nießbraucher eines Schlagholz-Grundstückes die wirthschaftliche Nutzung desselben nach Art eines guten Hausvaters.

§ **37.** Rechte des Nießbrauchers eines Grundstücks an unterirdischen

Erzeugnissen, insbesondere der Regalien; Anspruch des Pfarrers auf die Nutzung oder den Zinsgenuß der Traddekohlen oder der Traddegelder, auch in der Grafschaft Mark. — Vergl. A. L. R. II. 16. § 117.; Kleve-Märkische Bergordnung vom 29. April 1766 Kap. 30. §§ 1-3.; Deklaration vom 13. September 1777; Gutachten der Gesetz-Kommission vom 23. Januar 1798.

Rechtsgr. 535. — I. Senat. 22. Januar 1858. (XXIX. 30.)

Der Nießbraucher eines Grundstücks, auf welchem Steinkohlenbau betrieben wird, namentlich auch der Pfarrer als Nießbraucher eines solchen Pfarrgrundstücks, hat auf die dem Grundeigenthümer gebührenden Traddekohlen oder Traddegelder selbst keinen gesetzlichen Anspruch, vielmehr gebührt ihm nur die Nutzung, beziehungsweise der Nießbrauch derselben.

§ 39. Siehe Rechtsgrundsatz 533. (A. L. R. I. 20. § 576.)

§§ 47. 50. ff. 124. 131. Rechte des Nießbrauchers wegen vorgenommener Verbesserungen der Gebäude. — Vergl. A. L. R. I. 7. §§ 204-211. 238.

Rechtsgr. 536. — IV. Senat. 5. Mai 1859. (XXXIII. 179.)

Der Nießbraucher, welcher einen durch bloßen Zufall, ohne sein grobes oder mäßiges Versehen, nöthig gewordenen Neubau oder eine Hauptreparatur der Gebäude ohne Einholung der Einwilligung des Eigenthümers vorgenommen hat, kann zwar nach Beendigung des Nießbrauches die bloßen Wiederherstellungskosten nicht erstattet verlangen; wohl aber darf er die gleichzeitig bewirkten Verbesserungen dieser Gebäude, insofern er deren guten ursprünglichen Zustand wiederherzustellen vermag, wieder fortnehmen.

§ 70. Siehe Rechtsgrundsatz 454. (A. L. R. I. 16. § 300.)

§§ 82. ff. Obliegenheit des Nießbrauchers bei Prozessen; insbesondere Passivlegitimation des Nießbrauchers bei der Vindikationsklage. — Vergl. A. L. R. I. 15. §§ 1. 2. 11.; A. G. O. I. 17. § 34.

Rechtsgr. 537. — III. Senat. 10. Oktober 1860. (XXXIX. 86.)

Der Nießbraucher kann sich von dem gegen ihn erhobenen Vindikations-Anspruch nicht durch den Einwand befreien, daß er nur Nießbraucher und der von ihm benannte Dritte der Eigenthümer sei; vielmehr bedarf es hierzu der gehörigen Nomination.

Siehe auch Rechtsgrundsätze 454. 479. (A. L. R. I. 16. § 300., 17. § 53.)

§ 90. Siehe Rechtsgrundsatz 686. (A. L. R. II. 4. § 122.)

§§ 91. 92. Ausschließung des Anfangs der Verjährung gegen den Nießbraucher zum Nachtheile des Eigenthümers:

A. Beschränkung dieses Hindernisses auf dingliche Rechte auf fremde Sachen; Verjährung gegen die Erben eines Münsterischen Ehegatten auf den Grund des Ankaufs eines Nachlaßgegenstandes von dem blos zum Nießbrauch berechtigten überlebenden Ehegatten. — Vergl. A. L. R. I. 9. § 521.

Rechtsgr. 538. — III. Senat. 11. Mai 1860. (XXXVII. 231.)

a) Der § 91. I. 21. des Allg. Landrechts, — wonach, so lange der Nießbrauch dauert, Niemand eine Verjährung, wodurch Rechte auf die Sache erworben werden sollen, anfangen kann, — hat nur dingliche Rechte auf fremde Sachen zum Gegenstande und schließt mithin die Verjährbarkeit des Eigenthums selbst nicht aus.

b) Hat daher nach kinderlosem Absterben des einen Münsterischen Ehegatten der überlebende, obwohl ihm nur der Nießbrauch an dem Vermögen des verstorbenen zusteht, eine zu diesem Vermögen gehörige Erbpachtsgerechtigkeit veräußert, so findet auf den Grund dieser Veräußerung die Verjährung durch Besitz statt.

B. Anfang der Verjährung gegen den Pfarrer zum Nachtheile der Kirchengemeinde. — Vergl. A. L. R. I. 9. §§ 509-511. 521. 629., II. 11. §§ 772. 778. 779. 871. 872.

Rechtsgr. 539. — II. Senat. 20. September 1859. (XXXV. 179.)

a) Die allgemeinen Vorschriften über die Verjährung finden auch auf das Pfarrvermögen Anwendung, und ist insbesondere auch in Betreff des Pfarrvermögens die Ersitzung zulässig.

b) Daher kann auch gegen den Pfarrer zum Nachtheile der Kirchengemeinde eine Verjährung anfangen.*

C. Zehnjährige Ersitzung des Eigenthums eines Grundstücks auf den Grund eines mit dem Nießbraucher abgeschlossenen Uebertragsvertrages. — Vergl. A. L. R. I. **9.** §§ **579. 614. 620.**, **21.** §§ **93. 95-97. 111.**

Rechtsgr. 540. — I. Senat. 30. März 1860. (XXXVII. 145.)

Derjenige, welcher durch Uebertragsvertrag das ganze Vermögen, insbesondere auch die Grundstücke des Uebertragenden, vorbehaltlich des Nießbrauches und beziehungsweise der lebenslänglichen Alimentation desselben zum Eigenthum übertragen erhalten hat, erwirbt, wenn er nur selbst im guten Glauben war, durch zehnjährigen Besitz das Eigenthum dieser Grundstücke, wenngleich dem Uebertragenden nur ein Nießbrauchsrecht an den Grundstücken zustand.

D. Zulässigkeit des Anfangs der Verjährung gegen den Nießbraucher zum Nachtheile des Eigenthümers, nach Gemeinem Rechte.

Rechtsgr. **541.** — I. Senat. 2. März 1860. (XXXVII. 75.)

Der Rechtssatz: daß eine lediglich gegen den Nießbraucher einer Sache angefangene und vollendete Verjährung dem Eigenthümer der Sache nicht zum Nachtheil gereiche, findet in Bezug auf die Klageverjährung des Gemeinen Rechts keine Anwendung.

Siehe auch Rechtsgrundsätze **249. 250. 1313.** (A. L. R. I. **9.** § **521.**, II. **4.** § 122.; Cod. **7.** 39. Lex **7.** § **6.**)

§§ **93. 95-97.** Siehe Rechtsgrundsatz 540. (§ **91.** dieses Titels.)
§ **98.** Siehe Rechtsgrundsatz 183. (A. L. R. I. **7.** § **124.**)
§ **111.** Siehe Rechtsgrundsatz 540. (§ **91.** dieses Titels.)
§§ **124. 131.** Siehe Rechtsgrundsatz **536.** (§ **47.** dieses Titels.)
§ **137.** Siehe Rechtsgrundsatz 752. (A. L. R. II. **11.** § **804.**)
§ **140.** Siehe Rechtsgrundsatz 497. (A. L. R. I. **18.** § **577.**)
§§ **143.** ff. **151.** Rückgewähr der zum Nießbrauche eingeräumt gewesenen Sache; Theilung der Nutzungen des letzten Nießbrauchsjahres

* Vergl. dagegen Rechtsgrundsätze Bd. I. (zweite Ausgabe) S. 179. No. 545.

zwischen dem Nießbraucher und dem Eigenthümer. — Vergl. A. L. R. I. 7. §§ 197. 199., 9. § 221.

Rechtsgr. 542. — III. Senat. 16. November 1860. (XXXIX. 215.)

Die Erben des Nießbrauchers haben auf die nach dem Ende des letzten Wirthschaftsjahres, also die seit dem 1. Juli nach dem Tode des Nießbrauchers, zur Perzeption gekommenen Früchte keinerlei Anspruch, auch wenn ihre Entstehung in die Dauer des Nießbrauchs fällt, sowie sie umgekehrt an den erst nach dem Ende des Nießbrauchs entstandenen aber im Laufe des letzten Wirthschaftsjahres noch zur Perzeption gekommenen Nutzungen mit betheiligt sind.

Siehe auch Rechtsgrundsatz 552. (§ 343. dieses Titels.)

§§ **170. 171.** Siehe Rechtsgrundsatz 636. (A. L. R. II. 1. § 769.)
§ **173.** Siehe Rechtsgrundsatz 606. (A. L. R. II. 1. § 210.)

Zweiter Abschnitt. Von der Erbpacht.

§ **187.** Begriff des Erbpachtsvertrages:

A. Ueberlassung eines Grundstücks zum vollständigen Nutzungsrecht, nicht blos zum speziellen Gebrauchsrechte, z. B. als jüdischer Begräbnißplatz.

Rechtsgr. 543. — II. Senat. 8. März 1860. (XXXVII. 88.)

Ist nicht das vollständige Nutzungsrecht des fremden Grundstücks, sondern nur ein spezielles Gebrauchsrecht, z. B. das Recht zur Beerdigung der Todten auf dem Grundstücke, gegen eine jährliche bestimmte wenngleich ablösbare Abgabe überlassen worden, so liegt kein Erbpachtsvertrag, sondern nur ein Vertrag über die Einräumung eines bestimmten Gebrauchsrechts vor.

B. Einräumung der Befugniß des Erbpächters und seiner Erben zur einseitigen Auflösung des Vertrages; Erbpachtsrecht des Lehmgrabens. — Vergl. A. L. R. I. 22. § 241.

Rechtsgr. 544. — II. Senat. 5. Mai 1857. (XXV. 92.)

a) Die dem Erbpächter und dessen Erben im Erbpachtsvertrage eingeräumte Befugniß zum einseitigen Rücktritt vom

Vertrage widerstreitet nicht dem gesetzlichen Begriffe der Erbpacht.

b) Das gegen eine bestimmte jährliche Geldabgabe erblich verliehene Recht zum Lehmgraben ist ein Erbpachtsrecht.

C. Erwerbung des Erbpachtsrechts durch Verjährung. — Vergl. A. L. R. I. **7**. §§ 5. 9. 77. 78., **9**. §§ 500-503. 579. 625. 627. 649., **21**. §§ 1. 7.

Rechtsgr. **545**. — II. Senat. 15. März 1860. (XXXVI. 320.)

Das Erbpachtsrecht konnte vor dem Ablösegesetz vom 2. März 1850 auch ohne schriftlichen Titel durch Verjährung erworben werden. Zu dieser Verjährung genügte ein Zeitraum von 30 Jahren.

Siehe auch Rechtsgrundsatz 1343. (Kurkölnische Rechtsordnung vom 16. März 1663 Tit. **12**. § 2.)

§§ **201**. **202**. Naturaltheilung der Erbpachtsgrundstücke seitens der mehreren Erbpächter; mündlicher Theilungsvertrag und Verjährung. — Vergl. A. L. R. I. **9**. §§ 625-628.)

Rechtsgr. **546**. — III. Senat. 9. Mai 1859. (XXXIII. 201.)

Die Erbpächter können für ihr Verhältniß unter sich eine Naturaltheilung der ihnen in Gemeinschaft vererbpachteten Grundstücke vornehmen. — Die Theilenden können die auf mündlichen Vertrag und Verjährung beruhende Theilung nicht deshalb als unwirksam anfechten, weil der Erbverpächter bei der Theilung nicht zugezogen worden.

Dritter Abschnitt. Von dem eingeschränkten Gebrauchs- und Nutzungsrechte fremder Sachen.

§§ **231-233**. Siehe Rechtsgrundsatz **19**. (A. L. R. Einl. § **32**.)

§ **259**. Siehe Rechtsgrundsätze 277. 557. (A. L. R. I. **11**. § **1**., **21**. § 629.)

§§ **268**. **269**. Siehe Rechtsgrundsatz 551. (§ 340. dieses Titels.)

§§ **270**. **271**. **277**. **281**. **433**. ff. Rechte des Pächters auf die gewöhnliche Nutzung der Sache; Vornahme baulicher Veränderungen an den Gebäuden des verpachteten Gutes seitens des Pächters.

Rechtsgr. 547. — III. Senat. 11. Januar 1858. (XXVIII. 162.)

Der Gutspächter darf bauliche Veränderungen an den Gebäuden, selbst wenn sie wirkliche Verbesserungen enthalten, ohne Genehmigung des Verpächters nicht vornehmen.

Siehe auch Rechtsgrundsätze 277. 554. 557. (A. L. R. I. **11.** § 1., **21.** §§ 383. 629. dieses Titels.)

§ **271.** Siehe Rechtsgrundsätze 277. 547. (A. L. R. I. **11.** § 1., **21.** § 270.)

§§ **277. 281**. Siehe Rechtsgrundsatz 547. (§ 270. dieses Titels.)

§ **298.** Kündigung der Pacht wegen eines Pachtrückstandes über zwei Jahre; Wirkung der Annahme des Pachtrückstandes auf das eingetreten gewesene Kündigungsrecht des Verpächters. — Vergl. A. L. R. I. **5.** §§ 306. 307., **11.** § 267., **18.** § 777.

Rechtsgr. 548. — III. Senat. 6. Juli 1859. (XXXVIII. 125.)

a) Die Bestimmung eines Pachtvertrages, daß der Verpächter, wenn der Pachtzins über zwei Jahre rückständig sei, die Pacht zu kündigen berechtigt sei, ist dahin auszulegen, daß ein Rückstand, welcher mehr als einen zweijährigen Pachtzins betrage, zur Kündigung berechtigen solle.

b) Das wegen des Pachtrückstandes eingetretene Kündigungsrecht des Verpächters wird dadurch nicht beseitigt, daß der Pächter ihm die Zahlung dieses Rückstandes anbietet.

c) Auch durch die von dem Verpächter nach erfolgter Kündigung geschehene vorbehaltlose Annahme des Pachtrückstandes erlischt die Kraft der Kündigung nicht.

Siehe auch Rechtsgrundsatz 252. (§ 343. dieses Titels.)

§ **299.** Siehe Rechtsgrundsatz 555. (§ **420.** dieses Titels.)

§§ **313. 315.** Afterpachtvertrag.

Rechtsgr. 549. — III. Senat. 19. Juni 1857. (XXV. 227.)

Die Rechtsgültigkeit des Afterpachtsvertrags unter den Parteien hängt von der Genehmigung des Hauptverpächters nicht ab.

§ 328. Siehe Rechtsgrundsatz 551. (§ **340.** dieses Titels.)

§ 330. Stillschweigende Verlängerung der Pacht eines Landgutes. — Vergl. A. L. R. I. **21.** § 614., II. **11.** §§ 801. 802.

Rechtsgr. **550.** — III. Senat. 9. Juli 1860. (XXXVIII. 159.)

a) Der § 330. I. 21. des Allgem. Landrechts setzt eine Eintheilung der Aecker nach einer regelmäßigen Fruchtfolge als wesentlich voraus, nicht aber: daß eines der drei oder mehreren Felder in einem Jahre ganz oder zum Theil nicht benutzt werde.

b) Der Ausdruck im § 330. a. a. O.: „sämmtliche Felder nach landüblichem Wirthschaftsgebrauche nutzen" bedeutet nicht, daß jedes Feld wenigstens ein Mal überhaupt genutzt sein müsse, sondern: daß jedes Feld die Reihe durchgemacht habe.

c) Daher erstreckt sich bei einer Eintheilung der Aecker in drei Felder die stillschweigende Verlängerung der Pacht des Gutes auf drei Jahre.

Siehe auch Rechtsgrundsatz 556. (§ **614.** dieses Titels.)

§ 340. Kündigung eines durch Uebergabe erfüllten mündlichen Miethsvertrages. — Vergl. §§ **268. 269. 328. 349.** dieses Titels.

Rechtsgr. **551.** — III. Senat. 6. Februar 1860. (XXXVI. 206.)

Die Kündigung eines durch Uebergabe erfüllten, bei einem jährlichen Miethszinse von mehr als 50 Thlrn. auf unbestimmte Zeit mündlich geschlossenen, Miethsvertrages ist während der gesetzlichen Dauer des Vertrages von Einem Jahre unzulässig.

§ 341. Siehe Rechtsgrundsatz 552. (§ **343.** dieses Titels.)

§ 343. Wirthschaftsjahr bei gepachteten Land- und Ackergütern. — Vergl. A. L. R. I. **7.** § **199.**, **21.** §§ **143. 144. 298. 341.**

Rechtsgr. **552.** — III. Senat. 6. Juli 1859. (XXXVIII. 126.)

Das Wirthschaftsjahr wird bei gepachteten Land- und Ackergütern nicht vom 1. Juli an gerechnet, sondern durch den Inhalt des Vertrages bestimmt. Die Kündigung der

Pacht muß daher sechs Monate vor dem Ablaufe dieses Wirthschaftsjahres erfolgen.

§ **349.** Siehe Rechtsgrundsatz 551. (§ 340. dieses Titels.)

§ **358.** Kündigung des Miethsvertrages durch den Vermiether nach geschehenem Verkauf der vermietheten Sache.

Rechtsgr. **553.** — III. Senat. 30. März 1857. (XXV. 28.)

Nach geschehenem Verkauf der vermietheten Sache ist der Vermiether zur Aufkündigung der Miethe nicht mehr befugt.

§ **383.** Rücktritt des Miethers vom Vertrage wegen Gesundheitsgefährlichkeit der gemietheten Wohnung. — Vergl. § 270. dieses Titels.

Rechtsgr. **554.** — III. Senat. 2. Juli 1858. (XXVIII. 341.)

a) Der Miether ist zur Aufhebung des Miethsvertrages vor Ablauf der vertragsmäßigen Zeit berechtigt, wenn ohne sein Verschulden die Beschaffenheit der Wohnung, z. B. wegen Feuchtigkeit, der Gesundheit Gefahr gebracht hat.

b) Der § 383. I. 21. des Allgem. Landrechts setzt, wenn er von einem Verschulden des Miethers spricht, voraus, daß der Miether auf die Beschaffenheit der gemietheten Wohnung eingewirkt hat.

c) Der § 270. a. a. O. verpflichtet den Miether zur Anzeige der Mängel der Wohnung nicht.

§ **420.** Gewährleistung des Verpächters bei theilweiser Expropriation des verpachteten Grundstücks, insbesondere eines Domänengrundstücks. — Vergl. A. L. R. I. **5.** §§ **364.** ff., **11.** §§ 8-11., **13.** §§ 262. ff., **21.** § 299.; Eisenbahngesetz vom 3. November 1838 §§ 8. ff.

Rechtsgr. **555.** — III. Senat. 13. Juli 1860. (XL. 7.)

a) Der § 420. I. 21. des Allgem. Landrechts, — betreffend die dem Pächter nach Verhältniß des Anschlags zu leistende Vergütung des Ausfalls an dem durch landesherrlichen Befehl geschmälerten Nutzungsrechte, — hat den Fall vor Augen, wenn für den Ausfall keine Entschädigung gewährt wird.

b) Daher ist auch der Domänenfiskus, welcher bei der theilweisen Expropriirung eines Domänen-Grundstücks seitens einer Eisenbahngesellschaft die festgestellte jährliche Entschädigung für das Nutzungsrecht gezahlt erhalten hat, dieselbe ungeschmälert an den Pächter herauszugeben verpflichtet.*

§§ **433**. ff. Siehe Rechtsgrundsatz 547. (§ 270. dieses Titels.)

§ **614**. Rückgewähr des Gutes nach geendigter Pacht; Verbindlichkeit des Pächters hinsichtlich der ordinären wirthschaftlichen Kultur der Grundstücke bei Eintheilung der Aecker in gewisse Felder. — Vergl. A. L. R. I. **21**. § 330., II. **11**. §§ 801. 802.

Rechtsgr. **556**. — III. Senat. 9. Juli 1830. (XXXVIII. 159.)

Der § 614. I. 21. des Allgem. Landrechts setzt eine Eintheilung der Aecker nach einer regelmäßigen Fruchtfolge als wesentlich voraus, nicht aber: daß eines der drei oder mehreren Felder in einem Jahre ganz oder zum Theil nicht benutzt werde.

Siehe auch Rechtsgrundsatz 550. (§ 330. dieses Titels.)

Vierter Abschnitt. Von den zur Kultur ausgesetzten Gütern und Grundstücken.

§§ **629**. ff. Nichtberechtigung der lassitischen Besitzer in Schlesien in Betreff nicht regaler Fossilien. — Vergl. A. L. R. I. **2**. § 10., **21**. §§ 259. 270., II. **7**. § 298., **16**. § 72.; Schlesische Bergordnung vom 5. Juni 1769 Kap. 1. § 2.

Rechtsgr. **557**. — III. Senat. 9. Oktober und 16. November 1857. (XXVIII. 89.)

Den lassitischen Besitzern von Rustikalstellen in Schlesien hat vor der Eigenthumsverleihung ein Recht auf die nicht regalen Fossilien und Erze nicht zugestanden.

Siehe auch Rechtsgrundsatz 253. (A. L. R. I. **9**. § 521.)

Titel 22. Von Gerechtigkeiten der Grundstücke gegen einander.

§§ **3**. ff. Klage auf Einräumung einer nothwendigen Servitut.

* Vergl. dagegen Rechtsgrundsätze Bd. 2. S. 178. No. 479.

A. Begriff der Unbrauchbarkeit eines Grundstückes bei Beanspruchung einer nothwendigen Servitut; Wahl unter mehreren Nachbaren.

Rechtsgr. 558. — II. Senat. 4. November 1858. (XXXI. 112.)

a) Hinsichtlich des Anspruchs auf Einräumung einer nothwendigen Servitut kann die Brauchbarkeit des betreffenden Grundstücks nur nach dessen natürlicher Eigenschaft und nach dem Zustande zur Zeit des erhobenen Anspruchs beurtheilt werden, nicht aber davon abhängen, daß dasselbe möglicher Weise noch auf andere Art, als bisher und nach seiner jetzigen Beschaffenheit, benutzt werden könnte.*

b) Kann die beanspruchte nothwendige Servitut, z. B. einer Wegegerechtigkeit, von mehreren Nachbarn gewährt werden, so hat der Servitutberechtigte nicht die Wahl, welchen derselben er auf Bestellung der Servitut in Anspruch nehmen wolle; vielmehr steht dem in Anspruch genommenen Nachbar der Einwand zu, daß ein anderer Nachbar durch Bestellung dieser Servitut weniger belästigt, und auch die Ausübung der Servitut selbst dadurch nicht erschwert werde.

Dieser Grundsatz findet keine Anwendung, wenn die größere Beschwerung des in Anspruch genommenen Nachbars durch die höhere Entschädigung ausgeglichen wird, und die Servitut durch deren Feststellung auf den Grundstücken der anderen Nachbaren für den Berechtigten erschwert werden würde.

B. Beweislast bei der Klage auf Einräumung einer nothwendigen Servitut, insbesondere eines Nothweges.

Rechtsgr. 559. — II. Senat. 24. Mai 1859. (XXXV. 19.)

Der Besitzer eines Grundstücks, welcher auf den Grund des § 3. I. 22. des Allgem. Landrechts eine nothwendige Servitut für dasselbe gegen den Besitzer eines benachbarten Grundstücks in Anspruch nimmt, hat nur zu beweisen, daß ohne diese Servitut sein Grundstück ganz oder zum Theil unbrauchbar sein würde.

* Vergl dagegen Simon und von Strampff, Rechtssprüche Bd. 1. S. 53.

Der verklagte Besitzer des fremden Grundstücks hat daher den Einwand, daß der Kläger bereits eine Wegegerechtigkeit über ein anderes Grundstück besitze und diesen Weg seit mehr als 40 Jahren benutzt habe, zu beweisen, und wird durch die bloße Wahrscheinlichkeit der Zuständigkeit dieser Wegegerechtigkeit die Anwendbarkeit des § 3. a. a. O. nicht ausgeschlossen.

Siehe auch Rechtsgrundsatz 210. (A. L. R. I. 8. § 102.)

§ 8. Siehe Rechtsgrundsätze 210. 584. 585. (A. L. R. I. 8. § 102., 22. § 71.)

§ 11. Siehe Rechtsgrundsatz 502. (A. L. R. I. 19. § 1.)

§ 12. Begriff einer Grundgerechtigkeit:

A. Grundgerechtigkeit an dem eigenen Grundstücke des Besitzers des herrschenden Grundstücks.

Rechtsgr. 560. — II. Senat. 5. Februar 1861. (XL. 253.)

Der Grundsatz: "res propria nemini servit", ist in dem Allgem. Landrecht nicht ausgesprochen.

C. Widerrufliche Servitut.

Rechtsgr. 561. — II. Senat. 15. November 1860. (XL. 54.)

Eine widerrufliche Servitut ist rechtlich ebensowohl denkbar, als ein widerrufliches Eigenthum.

D. Herrschendes Grundstück. — Vergl. A. L. R. I. 7. §§ 45. 107. 108., 9. § 627., 22. §§ 14. 71.

Rechtsgr. 562. — II. Senat. 29. Juni 1858. (XXX. 153.)

Wenn zum Besten eines Gutes ein anderes gepachtetes oder eigenthümlich besessenes Ackerstück benutzt, bewirthschaftet oder kultivirt wird, so ist die zu diesem Zwecke konstituirte oder ersessene Wegegerechtigkeit vom Gute nach dem Ackerstücke auch nur zum Besten des Gutes bestimmt, dieses also das herrschende Grundstück.

Siehe auch Rechtsgrundsätze 175. 270. 502. 580. (A. L. R. I. 7. § 82., 9. § 627., 19. § 1., 22. § 43.)

§ 13. Erwerbung einer Grundgerechtigkeit durch Willenserklärung und Verjährung:

— durch Willenserklärung:

A. Schriftliche Form derselben. — Vergl. A. L. R. I. 2. §§ 125. 137., 22. §§ 16-18. und Anh. § 58. zu § 18.

Rechtsgr. 563. — III. Senat. 9. Dezember 1859. (XXXVI. 65.)

Zur Errichtung einer Grundgerechtigkeit genügt die bloße Willenserklärung in schriftlicher Form, ohne daß es der Ausübung der ersteren bedarf. Daher ist die Anlage, deren der § 16. I. 22. des Allg. Landrechts erwähnt, als ein besonderer, den Erwerb der Grundgerechtigkeit begründender modus acquirendi nicht anzusehen.

B. Ernster und gewisser Wille der Kontrahenten. — Vergl. A. L. R. I. 4. §§ 52. 54. 57. 60., 5. § 135.

Rechtsgr. 564. — II. Senat. 7. Juli 1857. (XXVI. 100.)

Zur Bestellung einer Grundgerechtigkeit durch Willenserklärung ist es nicht erforderlich, daß dieselbe mit bestimmten Worten eingeräumt werde; es genügt vielmehr, wenn aus dem Inhalte des schriftlichen Vertrages der ernste und gewisse Wille des einen Kontrahenten zur Einräumung der Grundgerechtigkeit für den andern Kontrahenten entnommen werden kann.

C. Vorbehalt einer Servitut bei der Parzellirung eines Grundstücks.

Rechtsgr. 565. — II. Senat. 23. Juni 1857. (XXV. 277.)

Hat bei der Parzellirung des Grundstücks der Verkäufer sich die Wegegerechtigkeit über eine Parzelle vorbehalten, so bedarf es einer besonderen Besitzübertragung derselben nicht.

D. Errichtung einer Servitut an einer eigenen und an einer gemeinschaftlichen Sache. — Vergl. A. L. R. I. 2. § 125., 4. § 5., 5. § 39., 17. §§ 3. 4. 10.

Rechtsgr. 566. — II. Senat. 11. Dezember 1860. (XXXIX. 283.)

a) Der Eigenthümer zweier benachbarter Grundstücke ist

befugt, dem einen zu Gunsten des anderen eine Servitut mit der Wirkung aufzulegen, daß dieselbe als solche nach Trennung der Personal-Union zur rechtlichen Existenz gelangt.

b) Sowohl nach dem Gemeinen Rechte als nach dem Allg. Landrechte kann auch an einer gemeinschaftlichen Sache eine Servitut insofern erworben werden, als der eine Theilhaber dem anderen ein solches besonderes Recht an der Gemeinschaft einräumt, welches er sonst vermöge der Gemeinschaft nicht gehabt hätte.

E. Erwerbung einer Grundgerechtigkeit durch Einen der mehreren Miteigenthümer überhaupt, und insbesondere gegen ein ihm allein gehörendes Grundstück. — Vergl. A. L. R. I. 8. §§ 14. 15. 18., 17. §§ 1. 4.

Rechtsgr. 567. — II. Senat. 5. Februar 1861. (XL. 253.)

a) Ein einzelner Miteigenthümer des gemeinschaftlichen Grundstücks kann auch ohne Konkurrenz der andern Miteigenthümer eine Grundgerechtigkeit für dies Grundstück erwerben.

b) Der Miteigenthümer des herrschenden Grundstücks, welcher zugleich Besitzer des dienenden Grundstücks ist, kann für jenes eine Grundgerechtigkeit auf letzteres erwerben, und zwar sowohl durch Willenserklärung, insbesondere durch Vertrag, als auch durch Verjährung.

F. Verleihung einer Grundgerechtigkeit an eine Gemeinde; Berechtigung jedes einzelnen Gemeindemitgliedes zur Verfolgung seines Rechtes. — Vergl. A. L. R. I. 17. §§ 4. 50., II. 6. § 72.; Deklaration vom 26. Juli 1847 §§ 1. 2.

Rechtsgr. 568. — II. Senat. 23. Juni 1857. (XXV. 257.)

Ist einer Gemeinde eine Servitutberechtigung gegen ein fremdes Grundstück verliehen, welche eine natürliche Vertheilung unter den legitimirten Gemeindemitgliedern nach dem Bedürfnisse des Einzelnen findet, so ist jedes einzelne Gemeindemitglied berechtigt, ohne Mitwirkung der Korporation seine Gerechtsame gegen den Verpflichteten zu verfolgen.

— durch Verjährung; Vergl. A. L. R. Einl. § 108., I. 2. §§ 1. ff. 41. 107., 7. §§ 111. ff., 9. § 579. 601. 613. 625., 16. §§ 2. 3., 19. §§ 15. ff., 22. §§ 14. 43.

G. Ueberhaupt; Fortsetzung des Besitzes der Wasch- und Bleichgerechtigkeit nach Theilung des herrschenden Grundstücks.

Rechtsgr. 569. — II. Senat. 3. September 1857. (XXVI. 155.)

a) Eine Grundgerechtigkeit kann im Wege der Verjährung nur dadurch erworben sein, daß dieselbe von den Besitzern des Grundstücks, für welches dieselbe in Anspruch genommen wird, rechtsverjährte Zeit hindurch ausgeübt worden ist.

b) Daher kann der Besitz des von dem Besitzer des ganzen Grundstücks ausgeübten Rechts, auf einem andern Grundstücke zu waschen und zu bleichen, nach der Theilung jenes ganzen Grundstücks nicht von den einzelnen Besitzern der Theilstücke fortgesetzt werden.

H. Fortsetzung des Verjährungsbesitzes einer Grundgerechtigkeit des ganzen Grundstücks für einen Theil desselben nach erfolgter Theilung des Grundstücks.

Rechtsgr. 570. — II. Senat. 3. September 1857. (XXVI. 146.)

Der Erwerber eines Theiles des Grundstücks kann nicht den Besitz einer Grundgerechtigkeit fortsetzen, welchen der Besitzer des ganzen Grundstücks für dieses ergriffen hat.

I. Kontinuität der Ausübung der Wegegerechtigkeit bei Veränderungen in dem herrschenden Grundstücke.

Rechtsgr. 571. — II. Senat. 3. September 1857. (XXVI. 146.)

a) Die Wegegerechtigkeit, welche für das mit nur einem Wohnhause bebaute Grundstück ersessen worden ist, kann nicht für mehrere später darauf errichtete Wohnhäuser geltend gemacht werden.

b) Die für ein unbewohntes Gebäude erworbene Wegegerechtigkeit kann im Fall der Umschaffung dieses Gebäudes in ein Wohnhaus nicht für die Bewohner desselben verlangt werden.

c) Ebensowenig findet eine Kontinuität der von den Bewohnern des Wohnhauses und der von den Besitzern des unbewohnt gewesenen Gebäudes ausgeübten Wegegerechtigkeit statt.

K. Ersitzung einer Weidegerechtigkeit bei Entrichtung von Weidegeld, insbesondere in Ostpreußen. — Vergl. A. L. R. I. 22. §§ 41. 42. 104.; Ostpreußische Forstordnung vom 3. Dezember 1775 Tit. 3. § 6.

Rechtsgr. 572. — II. Senat. 9. November 1858. (XXXI. 126.)

a) Die Zahlung eines Weidegeldes für die Hütung schließt die Ersitzung der Weidegerechtigkeit nicht unbedingt aus.

b) Zum Beweise dieser Ersitzung genügt — außer dem Nachweise der alljährlichen Ausübung der Weide in dem guten Glauben eines zuständigen Rechts während der Verjährungszeit — die Unveränderlichkeit und der ungewöhnlich niedrige Betrag des Weidegeldes.

c) Die Ostpreußische Forst-Ordnung steht der Anwendung der vorstehenden Grundsätze in Ostpreußen nicht entgegen.

Siehe auch Rechtsgrundsätze 91. 253. (A. L. R. I. 5. § 135., 9. § 521.)

§ 14. Siehe Rechtsgrundsätze 175. 562. 569-572. (A. L. R. I. 7. § 82., 22. §§ 12. 13.)

§§ 16-18., Anh. § 58. zu § 18. Siehe Rechtsgrundsätze 563. 1140. (§ 13. dieses Titels; A. G. O. I. 51. § 100.)

§§ 22. 23. Uebertragung der Ausübung der Schafhütungsgerechtigkeit auf ein anderes Gut.

Rechtsgr. 573. — II. Senat. 21. April 1857. (XXV. 70.)

Die Uebertragung der Ausübung der einem Gute zustehenden Schafhütungs-Gerechtigkeit auf ein anderes Gut, sowie das Austreiben der Schafe aus dem Schafstalle dieses Gutes ist zulässig.

§ 28. Siehe Rechtsgrundsatz 587. (§ 90. dieses Titels.)

§§ 41. 42. Siehe Rechtsgrundsatz 572. (§ 13. dieses Titels.)

§§ 43. ff. Erlöschung der Grundgerechtigkeiten:

— durch stillschweigende Einwilligung:

A. hinsichtlich der gesetzlichen Eigenthumseinschränkungen zum Besten des Nachbars, insbesondere hinsichtlich der Anlegung einer neuen lebendigen Hecke gegen die Grenze des Nachbars. — Vergl. A. L. R. I. 8. §§ 173. ff. 191.

Rechtsgr. 574. — II. Senat. 12. Februar 1861. (XL. 269.)

a) Die Vorschrift des § 43. I. 22. des Allgem. Landrechts, — betreffend die Erlöschung der Grundgerechtigkeiten durch stillschweigende Einwilligung, — findet auch auf gesetzliche Beschränkungen des Eigenthums zum Besten des Nachbars Anwendung, insoweit nicht die rechtliche Natur dieser Einschränkungen überhaupt, oder gewisse Arten derselben einen Unterschied oder eine Ausnahme derselben begründen.

b) Der § 43. I. 22. des Allg. Landrechts findet insbesondere auch auf die Anlegung von lebendigen Hecken gegen die Grenze des Nachbars Anwendung.

B. hinsichtlich neuer Anlagen im dienenden Grundstücke; Ausführung neuer Anlagen ungeachtet des Widerspruchs des Berechtigten.

Rechtsgr. 575. — II. Senat. 5. Juli 1859. (XXXIII. 327.)

Durch den von dem Berechtigten erklärten bloßen Widerspruch wider die im Entstehen begriffenen, die Ausübung seiner Grundgerechtigkeit positiv verdrängenden, und ihrer Wirkung nach sofort erkennbaren neuen Einrichtungen in dem dienenden Grundstücke wird der Untergang dieser Grundgerechtigkeit nicht abgewendet, wenn von dem Besitzer des dienenden Grundstücks das Verbot unbefolgt gelassen ist und die neuen Einrichtungen dennoch ausgeführt worden sind.

C. hinsichtlich der Erhöhung der Schützen der benachbarten Mühle in Bezug auf das kontraktliche Recht auf gänzliches Oeffnen der Schützen. — Vergl. A. L. R. I. 5. § 135.

Rechtsgr. 576. — II. Senat. 24. Mai 1860. (XXXVII. 246.)

Wenngleich die von dem Berechtigten geduldete Erhöhung der Schützen der benachbarten Mühle unter die §§ 43. ff. I. 22. des Allgem. Landrechts fällt, so enthält dies Dulden doch noch nicht einen Verzicht auf das Recht, das gänzliche Oeffnen der Schützen kontraktlich begehren zu dürfen.

D. Nichterlöschung der Grundgerechtigkeit in dem Falle der erst nach Vollendung der Anlage erlangten Wissenschaft von derselben.

Rechtgr. 577. — II. Senat. 8. September 1859. (XXXV. 37.)

Der § 43. I. 22. des Allg. Landrechts ist nicht anwendbar, wenn der Berechtigte von der die Ausübung seines Rechtes unmöglich machenden Anlage erst nach deren Vollendung Wissenschaft erhält und dann, ohne zu widersprechen, die Anlage stillschweigend duldet.

— durch Theilung des herrschenden Grundstücks:

E. Uneingeschränkte Fortdauer der Grundgerechtigkeit. — Vergl. A. L. R. Einl. § 108.

Rechtsgr. 578. — II. Senat. 23. Juni 1857. (XXV. 276.)

Die Theilung des herrschenden Grundstücks, für welches im Ganzen die Grundgerechtigkeit bestellt worden ist, hat weder deren gänzlichen Untergang, noch ihre Einschränkung zur Folge.

— durch Untergang des berechtigten Grundstücks:

F. Superfiziarrecht auf Benutzung des in dem benachbarten Hause befindlichen Bodenraums bei Abbruch des berechtigten Gebäudes und dessen Wiederaufbau an einer entfernteren Stelle. — Vergl. A. L. R. Einl. § 108., I. 16. §§ 2. 3.; Dig. 7. 4. Lex 15., 8. 6. Lex 3.

Rechtsgr. 579. — II. Senat. 6. Dezember 1860. (XL. 85.)

Die Erlöschung der Servitut der Benutzung des in dem benachbarten Hause befindlichen Bodenraums durch Untergang des berechtigten Grundstücks tritt nicht ein, wenngleich das auf demselben befindliche, unmittelbar an das dienende Haus anstoßende Gebäude abgebrochen, und das neu errichtete Gebäude nicht unmittelbar an jenes Haus wieder herangebaut, sondern von demselben durch einen kleinen Zwischenraum getrennt wieder aufgeführt wird.

— durch Widerruf des Verleihers:

G. Einfluß der Erlangung des vollen Eigenthums der berechtigten Kathenstelle seitens deren Besitzers. — Vergl. § 12. dieses Titels; Ablösegesetz vom 2. März 1850 § 2. Nr. 2., § 5.

Rechtsgr. 580. — II. Senat. 15. November 1860. (XL. 54.)

Ein nach Gutbefinden des Belasteten ganz oder theilweise widerrufliches Dienstbarkeitsrecht geht in Betreff der Widerruflichkeit dadurch nicht verloren, daß der Berechtigte Kathenbesitzer nunmehr das volle Eigenthum an seiner Stelle erlangt hat.

Siehe auch Rechtsgrundsätze 220. 569-572. 1118. (A. L. R. I. 8. § 138., 22. § 13.; A. G. O. I. 31. § 4.)

§§ 52-54. Erlöschung der Grundgerechtigkeiten durch Konfusion.

Rechtsgr. 581. — II. Senat. 15. Dezember 1857. (XXVII. 221.)

Der § 54. I. 22. des Allg. Landrechts bezieht sich nur auf eingetragene und solche Grundgerechtigkeiten, deren Dasein durch Anlagen bezeichnet ist. Im Uebrigen erlöschen auch Grundgerechtigkeiten durch die Konfusion ohne Weiteres.

Siehe auch Rechtsgrundsätze 468. 1224. (A. L. R. I. 16. § 482.; Allg. Hypotheken-Ordnung I. § 49.)

§§ 59. ff. Siehe Rechtsgrundsätze 210. 211. (A. L. R. I. 8. § 102.)

§ 65. Umfang der Fußweggerechtigkeit.

Rechtsgr. 582. — II. Senat. 29. November 1860. (XXXIX. 239.)

Auch für den Gebrauch eines öffentlichen Fußweges gilt der Grundsatz, daß das Recht, über das Grundstück eines Anderen zu gehen, nicht die Befugniß, darüber zu reiten, in sich schließt.

Siehe auch Rechtsgrundsatz 1628. (Gesetz No. 3256. vom 11. März 1850 § 6. Litt. b.)

§ 71. Ausübung der uneingeschränkten Wegegerechtigkeit zum Gehen, zum Reiten und zum Fahren:

A. Ausübung dieser Gerechtigkeit bei einer Steigerung des Betriebs der Fabrik des berechtigten Grundstücks.

Rechtsgr. 583. — II. Senat. 23. Juni 1857. (XXV. 276.)

a) Auch für die aus der Steigerung des Betriebs einer Fabrik sich ergebenden größeren Bedürfnisse kann die dem Grundstück zustehende Wegegerechtigkeit ausgeübt werden.

b) Die zum gewerbmäßigen Betrieb einer Fabrik bestellte Wegegerechtigkeit ist auch auf den Gebrauch des Weges von Jedermann, den der gewerbliche Verkehr zur Fabrikationsstätte führt, auszudehnen.

B. Ausübung der einem Gute zustehenden Fahrgerechtigkeit behufs angepachteter Grundstücke. — Vergl. § 8. dieses Titels.

Rechtsgr. 584. — II. Senat. 19. April 1860. (XXXVII. 184.)

Die einem Gute zustehende Fahrgerechtigkeit kann auch in Betreff der zu dem Gute angepachteten Grundstücke ausgeübt werden, insofern die Anpachtung dieser Grundstücke den Bedürfnissen des Besitzers entspricht und nicht die Bedeutung einer neuen Anlage im Sinne des § 8. I. 22. des Allg. Landrechts hat.

C. Berechtigung der einzelnen Parzellenbesitzer nach erfolgter Parzellirung des berechtigten Grundstücks zur Ausübung dieser Gerechtigkeit. — Vergl. A. L. R. I. 17. §§ 4. 10. 50., 22. § 8.

Rechtsgr. 585. — II. Senat. 23. Juni 1857. (XXV. 276.)

a) Die einem Grundstück zustehende uneingeschränkte Wegegerechtigkeit kann nach Parzellirung dieses Grundstücks von jedem Parzellenbesitzer zu den, nicht aus einer neuen Anlage hervorgehenden, Bedürfnissen der Parzelle ausgeübt werden.

b) Die Geltendmachung dieser Wegegerechtigkeit im Rechtswege gegen den Besitzer des dienenden Grundstücks steht jedem einzelnen Parzellenbesitzer auch ohne Zuziehung der Besitzer der übrigen Parzellen zu.

Siehe auch Rechtsgrundsatz 562. (§ 12. dieses Titels.)

§§ 80. ff. Ersitzung der Schafhütungsgerechtigkeit seitens einer Gemeinde; Schafwäschegerechtigkeit.

Rechtsgr. 586. — II. Senat. 14. Juli 1857. (XXVI. 117.)

a) Der Ausübung der Schafhütungsgerechtigkeit durch den Besitzer selbst, insbesondere durch eine Gemeinde, ist es gleich zu achten, wenn diese Ausübung durch den für die Heerde bestellten Schäfer geschieht.

Es macht hierbei keinen Unterschied, wenngleich der Schäfer nicht von der Gemeinde als solcher, sondern nur von den Schafbesitzern derselben angestellt worden ist.

b) Wenn, außer der Schafhütungsgerechtigkeit selbst, zugleich das Recht zur Wäsche der Schafe auf dem belasteten Grundstücke außerhalb der Hütungszeit ausgeübt ist, so steht dies letztgedachte Recht zu der Schafhütungsgerechtigkeit dergestalt in Beziehung, daß der Pächter der letzteren auch zur Ausübung des Rechts zur Wäsche für ermächtigt und berechtigt zu erachten ist.

Siehe auch Rechtsgrundsatz 183. (A. L. R. I. 7. § 124.)

§ **90**. Anzahl des vorzutreibenden Viehes bei der Ersitzung der Hütungsgerechtigkeit. — Vergl. A. L. R. I. **9**. § 666., **22**. § 28.; Verordnung vom 7. Juni **1821** §§ **34**. ff.

Rechtsgr. 587. — II. Senat. 21. April 1857. (XXV. 64.)

Die Vorschrift des § 90. I. 22. des Allgem. Landrechts, — nach welcher, wenn die Anzahl des vorzutreibenden Viehes nicht bestimmt ist, der Berechtigte so viel Stücke, als er mit dem von dem berechtigten Grundstücke gewonnenen Futter zu durchwintern vermag, auf die Hütung bringen darf, — bezieht sich nur auf die vertragsmäßige Weidegerechtigkeit und kann daher nicht auf die durch Ersitzung zu erwerbenden Weideberechtigungen angewendet werden.

§ **92**. Ausübung der Hütungsgerechtigkeit einer Gemeinde:
A. Theilnahme des Besitzers jeder Rustikalstelle nach dem Durchwinterungsvermögen.

Rechtsgr. 588. — II. Senat. 23. September 1858. (XXX. 255.)

Wenn einer Gemeinde ein Weiderecht zusteht, so ist jedes, eine Rustikalstelle besitzende, Mitglied derselben zur Theilnahme an diesem Weiderechte nach Verhältniß des Durchwinterungs-Vermögens seiner Grundstücke befugt. Der Besitzer einer solchen Rustikalstelle aber, welche von so geringem Umfange ist, daß mit dem darauf gewonnenen Futter kein Vieh durchwintert werden kann, ist von jenem Theilnahmerechte ausgeschlossen.

B. Hütungsgerechtigkeit als Gemeindeglieder-(Bürger-)Vermögen. — Vergl. A. L. R. I. 19. § 15.; Gemeinheitstheilungs-Ordnung vom 7. Juni 1821 § 17.; Deklaration vom 26. Juli 1841 §§ 1. 2.

Rechtsgr. 589. — II. Senat. 27. März 1860. (XXXVI. 356.)

a) Sind die Hütungsdistrikte der einzelnen Genossenschaften einer Stadt Eigenthum dieser Stadt als Korporation, so spricht die Vermuthung dafür, daß die Hütungsgerechtigkeiten zu dem Gemeindeglieder-(Bürger-)Vermögen gehören.

b) Der Umstand allein, daß nur altberechtigte Sohlstätten in den einzelnen Genossenschaftsbezirken zur Ausübung der Hütungsgerechtigkeit in den städtischen Hütungsdistrikten berechtigt sind, läßt auf eine diesen Sohlstätten zustehende Grundgerechtigkeit nicht schließen.

§ 104. Siehe Rechtsgrundsatz 572. (§ 13. dieses Titels.)

§ 146. Schäfereigerechtigkeit nach Deutschem Privatrecht; Nichtbestehen derselben im Fürstenthum Münster und Herzogthum Westphalen.

Rechtsgr. 590. — II. Senat. 21. Oktober 1858. (XXXI. 74.)

a) Die Schäfereigerechtigkeit, im Sinne des § 146. I. 22. des Allg. Landrechts, als ein Vorrecht der Gutsherrschaft, Schafe auf der ganzen Feldmark zu hüten, entspricht dem Deutschen Privatrechte nicht.

b) In dem ehemaligen Fürstenthum Münster und dem Herzogthum Westphalen besteht provinzialrechtlich die Schäfereigerechtigkeit nicht; auch ist sie daselbst durch die Einführung des Allgem. Landrechts auf Grund des § 146. I. 22. nicht begründet worden.

§§ 188. ff. Mastungsrecht; Schonung der Mastreviere mit der übrigen Hütung.

Rechtsgr. 591. — II. Senat. 28. Februar 1860. (XXXVII. 63.)

Die Zulässigkeit der Schonung des Mastreviers durch die Hütungsberechtigten ist an die Bedingung geknüpft, daß die Einnahme von Schweinen in die Mast wirklich erfolgt ist.

§§ 191. ff. Feststellung des Vorhandenseins der vollen oder der Sprengmast durch Sachverständige behufs Schonung der Mastreviere; Schadensanspruch des Hütungs- und des Mastungsberechtigten wegen einseitiger Verhängung (Schließung) des Waldes.

Rechtsgr 592. — II. Senat. 28. Februar 1860. (XXXVII. 62.)

a) Der Waldeigenthümer ist nicht berechtigt, ohne die unter Zuziehung des Hütungsberechtigten nach § 191. I. 22. des Allgem. Landrechts vorzunehmende Ermittelung und Feststellung die Schonung des Mastreviers zu verlangen.

b) Der Hütungsberechtigte ist in diesem Falle nicht auf die Liquidirung seines Interesses beschränkt, und auch der Mastungsberechtigte kann, wenn er den Wald, ohne Zuziehung des Hütungsberechtigten und ohne die in dem § 191. I. 22. des Allg. Landrechts vorgeschriebene Ermittelung und Feststellung zu veranlassen, einseitig verhängt (schließt), und die Hütungsberechtigten ohne Beachtung der angebrachten Verhängungszeichen darin hüten, wegen der dadurch verlorenen Mast von denselben keinen Schadensersatz fordern.

§ 192. Schonung der Masthölzer bei Sprengmast „zur Nothdurft des Eigenthümers."

Rechtsgr. 593. — II. Senat. 28. Februar 1860. (XXXVII. 63.)

Unter der „Nothdurft des Eigenthümers" im § 192. I. 22. des Allg. Landrechts ist der Bedarf für dessen eigene Schweine zu verstehen.

§§ 197-199. Holzungsgerechtigkeit; Nichtanwendbarkeit der Vermuthung für das Eigenthum am Walde aus der uneingeschränkten Nutzung des Holzes auf andere mit Holz bestandene Grundstücke.

Rechtsgr. 594. — II. Senat. 11. Februar 1858. (XXIX. 92.)

Die §§ 197–199. I. 22. des Allgem. Landrechts sind auf solche mit Holz bestandene Grundstücke nicht zu beziehen, die weder im gemeinen Leben ein Wald genannt, noch auch technisch dafür gehalten werden.

§§ 210. ff. Feststellung des jedesmaligen nothwendigen Bauholzes bei der Bauholzgerechtigkeit, insbesondere seitens eines einzelnen Mitgliedes einer berechtigten Gemeinde. — Vergl. A. L. R. I. 17. §§ 4. 50., II. 6. § 72.; Verordnung vom 7. Juni 1821 § 147.; Deklaration vom 26. Juli 1847 §§ 1. 2.

Rechtsgr. 595. — II. Senat. 23. Juni 1857. (XXV. 258.)

a) Bei Entscheidung der Frage, was zum nothwendigen Bauholze des Bauholzberechtigten gehöre, ist, soweit es sich um die Bauart und Einrichtung der Gebäude handelt, auf die Zeit des jedesmaligen Bedürfnisses, nicht auf die Verhältnisse zur Zeit der Konstituirung der Berechtigung zu sehen.

Dieser Grundsatz findet auf die, durch neue Kulturarten, z. B. den Tabackbau, und wesentliche Umgestaltungen der Wirthschaftsführung hervorgerufenen erweiterten Anforderungen keine Anwendung, und kann daher hierauf die Bauholzgerechtigkeit nicht ausgedehnt werden.

b) Besitzt eine Gemeinde die Bauholzgerechtigkeit, so ist jedes einzelne Mitglied der Gemeinde berechtigt, ohne Mitwirkung der Korporation seine Gerechtsame gegen den Besitzer des verpflichteten Grundstücks zu verfolgen.

Siehe auch Rechtsgrundsatz 692. (A. L. R. II. 6. § 72.)

§ 241. Ersitzung der Grundgerechtigkeit der Anfertigung und des Trocknens von Lehmsteinen in einem fremden Walde. — Vergl. A. L. R. I. 19. § 17.; Landeskultur-Edikt vom 14. September 1811 § 27.

Rechtsgr. 596. — II. Senat. 12. Oktober 1858. (XXXI. 40.)

Das Recht zur Anfertigung und zum Trocknen der Lehmsteine in oder neben den Lehmgruben in einem fremden Walde kann durch Verjährung erworben werden.

Siehe auch Rechtsgrundsätze 544. 1343. (A. L. R. I. 21. § 187.; Kurkölnische Rechtsordnung vom 16. März 1663 Tit. 12. § 2.)

§§ 243. ff. Siehe Rechtsgrundsatz 1305. (Dig. 43. 18. Lex 21.)

Titel 23. Von Zwangs- und Banngerechtigkeiten.

§§ 54. 55. Aufhebung der Schankgerechtigkeit und der Krugnahrung. — Vergl. Allg. Gewerbe-Ordnung vom 17. Januar 1845 §§ 4. 5., 11. 53. 55. 64. 65.; Gesetze vom 13. Mai 1833, vom 7. Februar 1835 und vom 21. Juni 1844.

Rechtsgr. 597. — III. Senat. 22. Januar 1858. (XXIX. 40.)

Die Schank- und Ausschankberechtigungen im Sinne der §§ 54. 55. I. 23. des Allgem. Landrechts sind, wo sie als Realgerechtigkeit bestanden, durch die Allg. Gewerbe-Ordnung nicht aufgehoben: nur zur Ausübung derselben ist eine persönliche Konzession erforderlich.

Theil II.

Titel 1. Von der Ehe.

Erster Abschnitt. Von den Erfordernissen einer gültigen Ehe.

§§ 30-33. Ungültigkeit der Ehe wegen Ungleichheit des Standes: A. Höherer Bürgerstand der höheren Subalternbeamten und deren Kinder ungeachtet bestandener Kantonpflichtigkeit; Adoptivkinder. — Vergl. A. L. R. II. 1. § 940., 2. § 683.; Kanton-Reglement vom 12. Februar 1792; Verfassungs-Urkunde vom 31. Januar 1850 Art. 4.

Rechtsgr. 598. — I. Senat. 17. Dezember 1860. (XL. 107.)

a) Höhere Subalternbeamte und die von ihnen adoptirten Kinder gehören im Sinne der §§ 30. 31. II. 1. des Allgem. Landrechts zu dem höheren Bürgerstand. Das Kantonreglement vom 12. Februar 1792 kommt hierbei nicht in Betracht.

Daher ist in Betreff der Frau Ungleichheit des Standes aus dem Umstande allein noch nicht zu erweisen, daß ihr Vater ein solcher Subalternbeamter war, dessen Söhne kantonpflichtig waren.

b) Hinsichtlich der vom Stande abhängigen Gültigkeit der Ehe macht die Eigenschaft des einen Ehegatten als Adoptivkind keinen Unterschied.

B. Rüge der Nichtigkeit der wegen Ehevergehen bereits rechtskräftig geschiedenen Ehe behufs Abwendung der erkannten Ehescheidungsstrafe; Standes-Ungleichheit. — Vergl. §§ **746. 750. 940. 952. 964. 975. 977.** dieses Titels.

Rechtsgr. **599.** — I. Senat. 25. Oktober 1858. (XXX. 336.)

Hat im Ehescheidungs-Prozesse der Verklagte das rechtsbeständige Vorhandensein seiner Ehe zugegeben, und sich sodann bei dem Urtheile erster Instanz auf Trennung der Ehe beruhigt, so kann er nunmehr in diesem Prozesse die Folgen der Scheidung — die Schuldfrage — nicht durch die Anführung abwendig machen, daß seine Ehe wegen Ungleichheit des Standes von Anfang an ungültig gewesen sei.

Siehe auch Rechtsgrundsatz 495. (A. L. R. I. **18.** § 360.)

§ **67.** Heimliches Ehegelöbniß als Grund zur Versagung der elterlichen Einwilligung zur Eingehung der Ehe.

Rechtsgr. **600.** — I. Senat. 21. Februar 1859. (XXXII. 294.)

Unter „heimliches Ehegelöbniß" im Sinne des § 67. II. 1. des Allg. Landrechts ist ein von den Kindern ohne Einwilligung der Eltern, jedoch unter Beobachtung der gesetzlichen Form, errichtetes Ehegelöbniß zu verstehen.

Siehe auch Rechtsgrundsatz 601. (§ 92. dieses Titels.)

Zweiter Abschnitt. Von Ehegelöbnissen.

§§ **82. 91.** Siehe Rechtsgrundsatz 601. (§ 92. dieses Titels.)

§ **92.**, Anhang § **67.** zu § **92.** Begründung der Rechte und Pflichten, wie aus einem förmlichen Ehegelöbnisse, durch Aufgebot. — Vergl. §§ 67. 82. 91. 139. 151. dieses Titels.

Rechtsgr. 601. — I. Senat. 21. Februar 1859. (XXXII. 295.)

Zur Anwendung des § 92. II. 1. des Allg. Landrechts ist nicht ein in jeder Beziehung vollständiges Aufgebot erforderlich; es genügt vielmehr, wenn dasselbe dazu hinreicht, unter den Aufgebotenen eben die Rechte und Pflichten zu erzeugen, wie sie aus einem förmlichen Ehegelöbnisse stattfinden.

Dritter Abschnitt. Von der Vollziehung einer gültigen Ehe.

§§ 139. 151. Siehe Rechtsgrundsatz 601. (§ 92. dieses Titels.)
§ 158. Einspruch der unter dem Versprechen der Ehe Geschwängerten gegen die Vollziehung einer anderweiten Ehe des Schwängerers. — Vergl. Gesetz vom 24. April 1854 § 22.

Rechtsgr. 602. — I. Senat. 3. Februar 1860. (XXXV. 359.)

Das Einspruchsrecht, welches der § 158. II. 1. des Allg. Landrechts der unter dem Versprechen der Ehe Geschwängerten ertheilt, ist durch das Gesetz vom 24. April 1854 als aufgehoben zu erachten.

Vierter Abschnitt. Von den Rechten und Pflichten der Eheleute in Beziehung auf ihre Personen.

§ 174. Siehe Rechtsgrundsatz 1128. (A. G. O. I. 38. § 12.)
§§ 175. 177. Verträge unter Eheleuten über dauerndes Getrenntleben. — Vergl. A. L. R. I. 5. § 68.

Rechtsgr. 603. — I. Senat. 27. Juni 1859. (XXXIII. 321.)

Verträge unter Eheleuten über deren dauernde Separation sind unverbindlich, und findet eine Klage der Ehefrau auf Zahlung der im Vertrage für sie bedungenen Alimente nicht statt.

§§ 185. 186. Siehe Rechtsgrundsätze 70. 611. 631. (A. L. R. I. 5. § 74., II. 1. §§ 256. 684.)

§§ **192. 193.** Siehe Rechtsgrundsatz 1322. (Rezeß vom 27. Dezember 1508.)

§§ **198. 199.** Außergerichtliche Verträge unter Eheleuten.

Rechtsgr. **604.** — I. Senat. 22. Juni 1860. (XXXVIII. 70.)

Die Anwendbarkeit des § 199. II. 1. des Allg. Landrechts, — nach welchem aus bloßen außergerichtlichen Verträgen zwischen dem Ehemanne und der Ehefrau für die Letztere zwar Befugnisse, aber keine Verbindlichkeiten entstehen, — ist durch die Voraussetzungen des § 198. daselbst bedingt, daß nämlich die Frau sich dem Manne gegenüber oder zu dessen Vortheil zu Etwas verbindlich macht.

§§ **202. 326.** Rechte der Ehefrau im Falle der Abwesenheit und des unbekannten Aufenthaltes des Ehemannes. — Vergl. A. L. R. I. **13.** § 105.

Rechtsgr. **605.** — III. Senat. 28. Januar 1861. (XL. 163.)

Im Falle des § 202. II. 1. des Allg. Landrechts zahlt der Miether den fälligen Miethszins mit Erfolg Rechtens an die Ehefrau.

Fünfter Abschnitt. Von den Rechten und Pflichten der Eheleute in Beziehung auf ihr Vermögen.

§§ **205.** ff. Siehe Rechtsgrundsätze 70. 607. **611.** (A. L. R. I. **5.** § 74., II. **1.** §§ 210. 256.)

§ **210.** Eingebrachtes Vermögen der Ehefrau:

A. Ankauf von Sachen seitens der Ehefrau mit ihren eigenen Geldern. — Vergl. A. L. R. I. **10.** § 1., **13.** §§ 5. 6. 228-230., **21.** § 173.

Rechtsgr. **606.** — III. Senat. 7. November 1860. (XXXVIII. 360.)

Sachen, welche die Ehefrau mit den zu ihrem eingebrachten Vermögen gehörigen, jedoch noch nicht in die Verwaltung des Ehemannes übergegangenen Geldern für sich ankauft, werden nicht Eigenthum des Ehemannes, sondern ebenfalls eingebrachtes Vermögen der Ehefrau.

B. Natur des von der Ehefrau dem Ehemanne vertragsmäßig zu bestimmten Leistungen übergebenen Geldes. — Vergl. A. L. R. I. **11.** §§ 878. ff., II. **1.** §§ 205. 548.

Rechtsgr. 607. — I. Senat. 8. Oktober 1858. (XXXI. 27.)

Das von der Ehefrau dem Ehemanne auf den Grund eines Vertrages zu bestimmten Leistungen übergebene Geld hat nicht die rechtliche Natur des baar eingebrachten Vermögens.

Siehe auch Rechtsgrundsätze 636. 1397. (§ 769. dieses Titels; Verordnung vom 8. Januar 1816 § 1.)

§§ **225. 226.** Siehe Rechtsgrundsatz 1128. (A. G. O. I. 38. § 12.)

§§ **231. 320.** Rechte des Mannes an dem Vermögen der Ehefrau nach Gemeinem Deutschen Rechte; selbstständige Verpflichtungsfähigkeit der Ehefrau nach Gemeinem Rechte. — Vergl. Publ.-Patent vom 21. Juni 1825 § 4.

Rechtsgr. 608. — III. Senat. 11. Juni 1858. (XXX. 87.)

a) Nach Gemeinem Deutschen Rechte gilt zwar als Regel, daß selbst in den Provinzen, wo keine eheliche Gütergemeinschaft herrscht, das alte Deutsche Recht sich erhalten hat, wonach der Mann gesetzlicher Verwalter und Nutznießer des Vermögens seiner Ehefrau ist.

b) Dadurch wird aber die selbstständige Berechtigung der Ehefrau zur Uebernahme von Schuldverbindlichkeiten nicht berührt, vielweniger aufgehoben, so daß das dem Rechte des Mannes unterworfene Vermögen der Frau während stehender Ehe nicht wegen Erfüllung der von ihr ohne seinen Beitritt eingegangenen Verpflichtungen in Anspruch genommen werden kann.

Siehe auch Rechtsgrundsatz 636. (§ 769. dieses Titels.)

§ **240.** Eigenthum der Ehefrau an den während der Ehe von ihrem Eingebrachten ausgethanenen und auf ihren Namen überschriebenen Kapitalien; Gegenbeweis des Ehemannes.

Rechtsgr. 609. — III. Senat. 11. Juli 1860. (XXXVIII. 167.)

Der Beweis, daß, der auf den Namen der Ehefrau erfolgten Ueberschreibung eines während der Ehe durch Cession erworbenen Kapitals ungeachtet, die Cessions-Valuta nicht aus dem Vermögen der Frau, sondern mit den eigenen

Geldern des Ehemannes berichtigt worden, ist nicht ausgeschlossen, und finden hinsichtlich dieses Beweises die allgemeinen Regeln von der Beweislast Anwendung.

§§ **243. 244.** Rechte der Ehefrau wegen der ohne ihre Einwilligung erfolgten Einziehung eines zu ihrem Eingebrachten gehörigen Kapitals.

Rechtsgr. **610.** — I. Senat. 7. Mai 1860. (XXXVIII. 24.)

Die Ehefrau kann jedem Dritten, welcher ein zu ihrem Eingebrachten gehöriges Kapital ohne ihre Einwilligung vom Schuldner eingezogen hat, sofort auf Entschädigung in Anspruch nehmen, und braucht sich daher nicht zunächst an den Ehemann zu halten.

§ **251.** Siehe Rechtsgrundsatz **611.** (§ **256.** dieses Titels.)
§ **252.** Siehe Rechtsgrundsatz **612.** (§ **258.** dieses Titels.)
§ **256.** Rechte der Ehefrau wegen des Eingebrachten gegen ihren Ehemann bei Nichtgewährung des Unterhaltes für sie und ihre Kinder. — Vergl. §§ **185. 205. 251.** dieses Titels.

Rechtsgr. **611.** — III. Senat. 9. März 1860. (XXXVI. 304.)

a) Die Revenüen des der Ehefrau gehörigen Grundstückes müssen mit in Rechnung gebracht werden, um festzustellen, ob der Ehemann vermögend sei, die im § 256. **II. 1.** des Allg. Landrechts bestimmte Verpflichtung zu erfüllen.

b) Das Recht der Gläubiger ist jedoch dadurch bedingt, daß nach Deckung des standesmäßigen Unterhaltes der Ehefrau noch Etwas von den Revenüen des Eingebrachten übrig bleibt. Es ist daher Sache der Gläubiger, welche die Revenüen des Eingebrachten in Anspruch nehmen, darzuthun, daß diese Voraussetzung vorhanden sei.

§ **258.** Rechte der Gläubiger des Ehemannes hinsichtlich des Nießbrauchs desselben an dem Eingebrachten der Ehefrau. — Vergl. § **252.** dieses Titels.

Rechtsgr. **612.** — III. Senat. 9. März 1860. (XXXVI. 304.)

Hat die Ehefrau, bevor noch die Gläubiger des Ehemannes auf das eingebrachte Vermögen Anspruch erhoben haben, von der ihr im § 258. II. 1. des Allg. Landrechts beigelegten Befugniß Gebrauch gemacht, so können die Gläubiger des Mannes die Revenüen des demselben vorher entzogenen eingebrachten Vermögens zum Gegenstand ihrer Befriedigung nicht machen. — Ist dagegen die Ehefrau mit ihrem Anspruch auf Aufhebung des ehemännlichen Nießbrauches erst zu einer Zeit hervorgetreten, in welcher die Gläubiger des Mannes denselben bereits mit Beschlag belegt hatten, so kann Dasjenige, was in dieser Beziehung nunmehr zwischen dem Mann und der Frau festgesetzt resp. durch Urtheil entschieden wird, für die Gläubiger nicht unbedingt als bindend erachtet werden.

§ **313.** Siehe Rechtsgrundsatz 458. (A. L. R. I. **16.** § 302.)
§§ **320.** ff. Siehe Rechtsgrundsätze 67. 608. (A. L. R. I. **5.** § 10., II. **1.** § 231.)
§ **326.** Siehe Rechtsgrundsatz 605. (§ **202.** dieses Titels.)
§ **329.** Siehe Rechtsgrundsatz 415. (A. L. R. I. **14.** § 232.)
§§ **338. 339.** Siehe Rechtsgrundsatz 458. (A. L. R. I. **16.** § 302.)

Sechster Abschnitt. Von der Gemeinschaft der Güter unter Eheleuten.

§§ **350.** ff. Begründung der ehelichen Gütergemeinschaft durch Provinzialgesetze und Statuten:

A. Wandelbarkeit des ehelichen Güterrechts bei Veränderung des Wohnorts der Eheleute überhaupt, und insbesondere nach dem Rüthener Statutarrechte.

Rechtsgr. **613.** — III. Senat. 26. Oktober 1860. (XXXVIII. 336.)

a) Besteht an dem neuen Wohnort der Eheleute ein streng gebietendes Recht darüber, welches eheliche Güterrecht an diesem Orte überhaupt oder unter gewissen Voraussetzungen gelten soll, so muß dieses gebietende Recht gemeinrechtlich auch für das Rechtsverhältniß der neu anziehenden Eheleute von nun an gelten.

b) Nach der Rüthener Gütergemeinschaft haben Dritte

von der nicht bekannt gemachten Ausschließung der Gütergemeinschaft keine Notiz zu nehmen.

B. Einfluß der Verlegung des Wohnsitzes der Eheleute auf die Beurtheilung ihrer Handlungen in Beziehung auf Dritte. — Vergl. § 428. dieses Titels.

Rechtsgr. 614. — III. Senat. 22. November 1858. (XXXI. 172.)

a) Haben Eheleute ihren Wohnsitz von einem Orte, wo keine eheliche Gütergemeinschaft gilt, an einen anderen Ort verlegt, wo dieselbe stattfindet: so werden die von ihnen an diesem Orte vorgenommenen Handlungen auch in Beziehung auf einen Dritten nur dann nach den Regeln dieser Gütergemeinschaft beurtheilt, wenn demselben der Nichtbestand der ehelichen Gütergemeinschaft unbekannt geblieben war.

b) Ebenso werden, wenn Eheleute von ihrem ersten Wohnsitz, wo eheliche Gütergemeinschaft gilt, nach einem Orte verzogen sind, wo dieselbe nicht gilt, ihre hier vorgenommenen Handlungen auch hinsichtlich des Dritten in dem Falle nach den Regeln jener Gütergemeinschaft beurtheilt, wenn derselbe von dem Fortbestande der Gütergemeinschaft Kenntniß, gleichviel auf welche Weise, erlangt hatte.

Siehe auch Rechtsgrundsatz 11. (A. L. R. Einl. § 23.)

§§ 360. ff. Siehe Rechtsgrundsätze 618. 1246. 1335. (§ 380. dieses Titels; Rev. Entwurf des Duisburger Statutarrechts § 31.; Münsterische Polizeiordnung vom 18. Januar 1592 Kap. 7. § 1.)

§ 377. Siehe Rechtsgrundsatz 1243. (Revidirter Entwurf des Paderborner Provinzialrechts von 1841 § 86.; Münsterische Polizeiordnung vom 18. Januar 1592 Kap. 7. § 1.)

§ 378. Verpfändung und Veräußerung der gemeinschaftlichen Grundstücke und Gerechtigkeiten ohne Einwilligung der Ehefrau durch den Ehemann:

A. Begriff der ohne Einwilligung der Ehefrau vom Manne nicht zu veräußernden Gerechtigkeiten derselben. — Vergl. Allg. Hypotheken-Ordnung I. §§ 14. ff.

Rechtsgr. 615. — III. Senat. 2. Juli 1858. (XXX. 160.)

Unter den Gerechtigkeiten des § 378. II. 1. des Allgem.

Landrechts sind nur solche Gerechtigkeiten, welche gleich den Grundstücken Gegenstand der Veräußerung und Verpfändung sein können, nicht aber ist unter denselben ein persönliches Nutzungsrecht, z. B. das Wohnungsrecht, zu verstehen, wenngleich es die Natur eines objektiv-dinglichen Rechtes erlangt haben sollte.

B. Ungültigkeit der einseitigen Veräußerung eines gütergemeinschaftlichen Grundstücks nach Gemeinem Deutschen Rechte.

Rechtsgr. **616**. — III. Senat. 15. November 1858. (XXXI. 145.)

Auch nach den gemeinrechtlichen, in Deutschland geltenden Grundsätzen der allgemeinen ehelichen Gütergemeinschaft kann ein gütergemeinschaftliches Grundstück gültig nur von beiden Ehegatten verkauft werden, und hat der einseitige Verkauf auch für den veräußernden Ehegatten keine verbindliche Kraft.

C. Ungültigkeit der einseitigen Veräußerung der gütergemeinschaftlichen Grundstücke nach dem Dortmunder Statutarrechte. — Vergl. A. L. R. II. **2**. §§ 228. 229., **18**. §§ 550. 736. ff.

Rechtsgr. **617**. — III. Senat. 1. Juli 1860. (XXXIV. 115.)

Auch nach der Dortmunder ehelichen Gütergemeinschaft kann Keiner der Ehegatten während bestehender Ehe einseitig, ohne Einwilligung des anderen Ehegatten, Grundstücke veräußern.

Die minderjährige Frau bedarf zu dieser Einwilligung, sowie zu der mit Zustimmung ihres Ehemannes von ihr vorzunehmenden Veräußerung, der Genehmigung ihres Vaters.

Siehe auch Rechtsgrundsätze 637. 1351. (§ 811. dieses Titels; Werdensche Landesordnung vom 26. August 1734.)

§ 380. Verhaftung des gütergemeinschaftlichen Vermögens für die von dem Ehemanne während der Ehe gemachten Schulden; beschränkte Verhaftung der überlebenden Ehefrau für dieselben. — Vergl §§ 360. ff. dieses Titels.

Rechtsgr. 618. — IV. Senat. 9. Juli 1857. (XXV. 332.)

Der Begriff der ehelichen Gütergemeinschaft führt nur dahin, daß die Gläubiger des Mannes an das zufolge der Ehe in seinen Besitz gekommene ganze Vermögen ohne Unterschied sich halten können, nicht aber zu einer Haftbarkeit der Frau mit ihrer Person oder mit dem späteren Erwerb nach Auflösung der Ehe und der Gütergemeinschaft.

Daher ist nach Eingehung einer anderweiten gütergemeinschaftlichen Ehe seitens der überlebenden Wittwe der zweite Ehemann für jene Schulden der ersten Ehe nicht verhaftet.

Siehe auch Rechtsgrundsätze 629. 1241. 1246. 1351. (§ 661. dieses Titels; Rüthener Statutarrecht Art. 41.; Revidirter Entwurf des Duisburger Statutarrechts von 1837 § 31.; Werdensche Landesordnung vom 26. August 1734.)

§ 391. Siehe Rechtsgrundsatz 1246. (Revidirter Entwurf des Duisburger Statutarrechts von 1837 § 31.)

§ 428. Siehe Rechtsgrundsatz 614. (§ 350. dieses Titels.)

Siebenter Abschnitt. Von Trennung der Ehe durch den Tod.

§ 438. Siehe Rechtsgrundsatz 1128. (A. G. O. I. 38. § 12.)

§ 441. Siehe Rechtsgrundsatz 374. (A. L. R. I. 12. § 617.)

§§ 487. 488. Gegenstand der Anordnungen in vorbehaltenen Kodizillen zu einem wechselseitigen Testamente unter Eheleuten. — Vergl. A. L. R. I. 12. § 5. und Anh. § 35. zu § 163.

Rechtsgr. 619. — I. Senat. 14. Februar 1859. (XXXII. 250.)

Auch in einem wechselseitigen Testamente kann keiner der Ehegatten dem Andern die Befugniß einräumen, durch Nachzettel die im Testamente erfolgte Erbeseinsetzung wieder aufzuheben, abzuändern und einen andern Erben zu ernennen.

§§ 490. 491. Siehe Rechtsgrundsatz 1325. (Constitutio Joachimica von 1527.)

§§ 492. 493. Dispositionsrechte des überlebenden Ehegatten bei der Erbfolge aus einem gemeinschaftlichen Testamente mit Rücksicht auf die darin ernannten Universalerben beider Eheleute. — Vergl. A. L. R. I. 12. § 564.

Rechtsgr. 620. — I. Senat. 16. Mai 1859. (XXXIV. 50.)

Die von Eheleuten bei obwaltender ehelicher Gütergemeinschaft in einem wechselseitigen Testamente, in welchem sie sich zu Erben eingesetzt haben, getroffene weitere Bestimmung, daß im Falle des kinderlosen Absterbens des Ueberlebenden gewisse Personen ihre Universal-Erben sein sollen, enthält keine fideikommissarische Beschränkung des Ueberlebenden in seinen Verfügungen unter Lebenden über das gütergemeinschaftliche Vermögen dieser Ehe.

§ **495**. Siehe Rechtsgrundsätze 678. 1245. 1325. (A. L. R. II. 2. § 652.; Revidirter Entwurf des Provinzialrechts der Grafschaft Mark § 54.; Const. Joachimica von 1527.)

§ **496**. Siehe Rechtsgrundsatz 11. (A. L. R. Einl. § 23.)

§ **500**. Siehe Rechtsgrundsätze 678. 1128. (A. L. R. II. 2. § 652.; A. G. O. I. 38. § 12.)

§ **548**. Siehe Rechtsgrundsatz 607. (§ 210. dieses Titels.)

§ **571**. Siehe Rechtsgrundsatz 626. (§ 648. dieses Titels.)

§ **577**. Gerichtliche Taxe behufs Uebernahme des gemeinschaftlichen Nachlaßgrundstücks seitens der überlebenden Wittwe.

Rechtsgr. 621. — I. Senat. 12. Juni 1857. (XXV. 166.)

Die Informationstaxe kann die nach § 577. II. 1. des Allgem. Landrechts aufzunehmende Taxe nicht ersetzen.

§ **598**. Siehe Rechtsgrundsatz 406. (A. L. R. I. 13. § 274.)

§ **615**. Siehe Rechtsgrundsatz 636. (§ 769. dieses Titels.)

§§ **621**. **623**. Siehe Rechtsgrundsatz 1128. (A. G. O. I. 38. § 12.)

§§ **631**. ff. Siehe Rechtsgrundsatz 70. (A. L. R. I. 5. § 74.)

§ **634**. Beendigung der ehelichen Gütergemeinschaft durch den Tod des einen Ehegatten:

A. Erstreckung des von dem überlebenden Ehegatten zu legenden Nachlaß-Inventars auf die am Todestage vorhanden gewesene Masse. — Vergl. § 653. dieses Titels.

Rechtsgr. 622. — I. Senat. 22. Mai 1857. (XXV. 133.)

a) Nach der ehelichen Gütergemeinschaft des Allgem. Landrechts findet nach dem Tode des einen Ehegatten eine fortgesetzte Gütergemeinschaft des überlebenden mit den sonstigen Erben des erstverstorbenen Ehegatten nicht statt.

b) Daher hat das von dem überlebenden Ehegatten zu legende Nachlaß-Iventar sich nur auf die zur Zeit des Todes des erstverstorbenen vorhanden gewesene Masse zu erstrecken.

B. Fortsetzung der Gütergemeinschaft mit den Kindern seitens des überlebenden Ehegatten und Dispositionsbefugnisse desselben über die gemeinschaftliche Masse mit Einschluß der Grundstücke, nach dem Dortmunder Statutarrechte. — Vergl. Revidirter Entwurf des Provinzialrechts der Grafschaft Mark, der Stadt und Grafschaft Dortmund, Motive S. 54. 57-60.

Rechtsgr. 623. — III. Senat. 1. Juli 1859. (XXXIV. 115.)

Nach dem Dortmunder Statutarrechte setzt, nach erfolgter Trennung der Ehe durch den Tod des einen Ehegatten, der überlebende Ehegatte mit den Kindern die Gütergemeinschaft auf Gedeih und Verderb fort. Derselbe ist in dieser fortgesetzten Gütergemeinschaft allein und uneingeschränkt über das gemeinschaftliche Vermögen, und namentlich auch über die Substanz der Grundstücke, ohne Zuziehung der Kinder zu verfügen berechtigt.

C. Kondominial-Prinzip der Paderborner ehelichen Gütergemeinschaft. — Vergl. A. L. R. I. 17. §§ 10. 11., II. 1. §§ 637. 638. 653.

Rechtsgr. 624. — I. Senat. 12. Dezember 1859. (XXXV. 335.)

a) Nach den Grundsätzen der Paderbornschen Gütergemeinschaft tritt bei einer Ehe, ans der Kinder nachgelassen sind, durch den Tod des einen Ehegatten keine gänzliche Vereinigung der Rechte beider Eheleute in der Person des Ueberlebenden (Konsolidation) ein. Die Kinder gelangen vielmehr sogleich zum Miterbrecht und Miteigenthum in Betreff des ihnen gebührenden Antheils, und die Rechte des überlebenden Ehegatten auf dieses Erbtheil der Kinder können nur als ein Nießbrauchs- und ausgedehntes Verwaltungsrecht angesehen werden.

b) Das dem Kinde nach dem Tode eines seiner Eltern bezüglich der Gütergemeinschaftsmasse zustehende Recht ist nicht nur auf dessen Abkömmlinge, sondern auch auf dessen Ehegatten resp. Vater des verstorbenen Abkömmlings transmissibel.

Siehe auch Rechtsgrundsatz 1356. (Dorf-Ordnung vom 17. Februar 1755 § 29.)

§ **637**. Siehe Rechtsgrundsätze 624. 625. 638. 1356. (A. L. R. II. 1. §§ 634. 638.; Dorf-Ordnung vom 7. Februar 1755 § 29.)

§ **638**. Letztwillige Verfügungen des überlebenden Ehegatten bei bestandener Paderborner Gütergemeinschaft. — Vergl. A. L. R. I. 12. § 248., II. 1. § 637., 2. §§ 418. 432. 433.; Dorf-Ordnung vom 7. Februar 1755 § 29.; Entscheidung der Gesetzkommission vom 4. April 1789.

Rechtsgr. **625**. — I. Senat. 5. Dezember 1860. (XXXIX. 269.)

Hat der überlebende Ehegatte, welcher die Paderborner Gütergemeinschaft mit seinen Kindern fortsetzt, nicht blos über *seine* Hälfte vorbehaltlich des Pflichttheils der Kinder, sondern auch über die *andere*, den Kindern zustehende Hälfte des gemeinschaftlichen Vermögens letztwillig verfügt; so können die Kinder zwar nicht diese ganze Verfügung anfechten: wohl aber können sie ihr Recht auf Absonderung des ihnen gebührenden Nachlasses vorab geltend machen, und sodann von dem übrigen Theile den Pflichttheil fordern.

Siehe auch Rechtsgrundsätze 624. 1356. (§ 634. dieses Titels; Dorf-Ordnung vom 7. Februar 1755 § 29.)

§ **648**. Wahlrecht des überlebenden Ehegatten in Betreff der Uebernahme oder Ueberlassung der gemeinschaftlichen Grundstücke für die Taxe:

A. Vererblichkeit dieses Wahlrechts. — Vergl. A. L. R. Einleitung § 102., I. 9. § 360., II. 1. § 571.

Rechtsgr. **626**. — I. Senat. 26. März 1860. (XXXVII. 132.)

Hat der überlebende Ehegatte erklärt, daß er die gemeinschaftlichen Grundstücke für die von den Erben zu setzende Taxe übernehmen wolle, so geht dies Recht als ein wohlerworbenes Vermögensrecht nach seinem Tode auf seine Erben über.

B. Vermögens-Auseinandersetzung des überlebenden Ehegatten mit den Kindern nach der Kleve-Märkischen ehelichen Gütergemeinschaft. — Auseinandersetzung rücksichtlich der Grundstücke durch Zutheilung ideeller bestimmter Antheile; Verlust des Wahlrechts des überlebenden Ehegatten. — Vergl. A. L. R. I. **16.** § 381., **17.** §§ 75. ff.; Subhastations-Verordnung vom **4.** März **1834** § **2.**

Rechtsgr. **627.** — I. Senat. 16. März 1860. (XXXVII. 101. 102.)

a) Nach den Grundsätzen der Kleve-Märkischen allgemeinen ehelichen Gütergemeinschaft muß der überlebende Ehegatte nach dem Tode des anderen Ehegatten sich mit den Kindern aus dieser Ehe auseinandersetzen.

b) Wenn bei der Vermögens-Auseinandersetzung des überlebenden Ehegatten mit seinen Kindern vereinbart ist, daß die Grundstücke dergestalt gemeinschaftlich bleiben, daß daran Jenem und Diesen der ihnen nach Maaßgabe ihrer Gütergemeinschaftsquoten gebührende Antheil eigenthümlich zugehören soll; so ist durch diese Zutheilung der ideellen bestimmten Antheile die Auseinandersetzung auch rücksichtlich der Grundstücke für vollzogen zu erachten.

c) Daher steht nach dieser Auseinandersetzung dem überlebenden Ehegatten ein ferneres Wahlrecht wegen Uebernahme oder Ueberlassung dieser Grundstücke für die Taxe nicht zu, und er kann deshalb der von den Kindern hiernächst theilungshalber beantragten Subhastation nicht widersprechen.

Anhang § **79.** zu § **648.** Siehe Rechtsgrundsatz 279. (A. L. R. I. **11.** § 1.)

§ **653.** Siehe Rechtsgrundsätze 622. 624. 1356. (§ 634. dieses Titels; Dorf-Ordnung vom 7. Februar 1755 § 29.)

§ **657.** Fünfjährige Verjährung der Pflicht des überlebenden Ehegatten zur Rechnungslegung. — Vergl. A. L. R. I. **14.** §§ 136. ff. 158. 159.

Rechtsgr. **628.** — I. Senat. 26. April 1858. (XXVIII. 263.)

Die Bestimmungen der §§ 136. ff. I. 14. des Allgem.

Landrechts und namentlich der §§ 158. 159. sind auch für diejenige Rechnung maaßgebend, zu welcher der überlebende Ehegatte seinen Kindern im Falle der fortgesetzten Gütergemeinschaft verpflichtet ist.

§ **661.** Verhaftung des überlebenden Ehegatten für die Schulden der Ehe, bei bestandener ehelicher Gütergemeinschaft. — Vergl. § 380. dieses Titels.

Rechtsgr. **629.** — IV. Senat. 27. Oktober 1857. (XXVIII. 54.)

Der Grundsatz in verschiedenen Systemen der ehelichen Gütergemeinschaft, daß der überlebende Ehegatte auch über das gemeinschaftliche Vermögen hinaus für die in der Ehe kontrahirten Schulden verhaftet sei, — ist nicht als ein deutschgemeinrechtlicher anzusehen.

Siehe auch Rechtsgrundsätze **1246. 1335.** (Revidirter Entwurf des Duisburger Statutarrechts § 31.; Münsterische Polizei-Ordnung vom 18. Januar 1592 Kap. 7. § 1.)

Achter Abschnitt. Von Trennung der Ehe durch richterlichen Ausspruch.

§§ **668.** ff. Siehe Rechtsgrundsatz 12. (A. L. R. Einl. § 23.)

§ **673.** Unerlaubter Umgang als Ehescheidungsgrund.

Rechtsgr. **630.** — I. Senat. 2. Dezember 1859. (XXXVI. 54.)

Wird festgestellt, daß wirklicher Ehebruch nicht begangen sei, so ist auch der § 673. II. 1. des Allgem. Landrechts nicht anwendbar.*

§ **679.** Siehe Rechtsgrundsatz 13. (A. L. R. Einl. § 23.)

§ **684.** Zulässigkeit der Anstellung der Klage der Ehefrau gegen ihren Ehemann auf Gewährung von Alimenten im gewöhnlichen Prozeßverfahren. — Vergl. §§ 185. 186. 712. 713. dieses Titels.

Rechtsgr. **631.** — I. Senat. 12. Februar 1858. (XXVII. 273.)

Die Ehefrau kann ihren Ehemann, wenn derselbe sie in seinem veränderten Wohnort nicht aufnehmen, und sie auf

* Vergl. dagegen Präjudiz No. 1994. (I. Senat) vom 3. April 1848, Präjudizien-Sammlung I. S. 150., und Entscheidungen Bd. 16. S. 499.

Scheidung nicht klagen will, im Wege der Klage und des ordentlichen Prozesses zur Gewährung von Alimenten anhalten.

§ 704. Grobe, mit harter und schmählicher Zuchthaus- oder Festungsstrafe geahndete Verbrechen als Ehescheidungsgrund:

A. Verbüßung harter und schmählicher Freiheitsstrafe wegen Verbrechen. — Vergl. A. L. R. II. 20. §§ 7. ff.; Strafgesetzbuch vom 14. April 1851 §§ 1. 11. 16.; A. G. O. I. 10. § 227. No. 7., 41. Anhang § 295. zu § 64.; Kabinets-Order vom 30. August 1810.

Rechtsgr. 632. — I. Senat. 12. Oktober 1857. (XXVIII. 37.)

Der § 704. II. 1. des Allgem. Landrechts, — nach welchem grobe Verbrechen gegen Andere, wegen welcher ein Ehegatte „harte und schmähliche Zuchthaus- oder Festungsstrafe" nach Urtheil und Recht erlitten hat, den daran unschuldigen Theil berechtigen, die Scheidung zu suchen, — ist jetzt nicht mehr auf die beiden Strafarten: Zuchthaus- und Festungsstrafe zu beschränken; er muß jetzt vielmehr überall da angewendet werden, wo wegen grober Verbrechen gegen Andere ein Ehegatte harte und schmähliche Freiheitsstrafe nach Urtheil und Recht erlitten hat.

B. Entehrung wegen bestrafter Verbrechen; Untersagung der Ausübung der bürgerlichen Ehrenrechte auf Zeit als Ehescheidungsgrund, nach Gemeinem Rechte. — Vergl. Strafgesetzbuch vom 14. April 1851 § 11.

Rechtsgr. 633. — V. Senat. 2. November 1858. (XXXI. 96.)

a) Nach Gemeinem Rechte sind nicht gewisse positive Arten und Grade von Ehrenstrafen als die eigentlichen oder gar ausschließlichen Ehescheidungsgründe anerkannt; vielmehr wird durch die Entehrung überhaupt, welche aus dem bestraften Verbrechen für den schuldig erkannten Ehegatten und indirekt für die Fortsetzung des Ehebundes mit ihm hervorgeht, die Scheidungsklage begründet.

b) Daher kann auch nach Gemeinem Rechte die Verurtheilung eines Ehegatten wegen Diebstahls und Betruges zum zeitigen Verlust der bürgerlichen Ehrenrechte nach Stellung und Bildungsgrad des anderen Ehegatten als Ehescheidungsgrund geltend gemacht werden.

§§ **712**. **713**. Siehe Rechtsgrundsatz 631. (§ **684**. dieses Titels.)

§ **718** b. Siehe Rechtsgrundsatz 635. (§ 769. dieses Titels.)

§ **726**. Siehe Rechtsgrundsatz 1307. (Dig. **50**. 16. Lex 43.)

§ **731**. Siehe Rechtsgrundsatz 437. (A. L. R. I. **16**. § 66.)

§ **738**. Siehe Rechtsgrundsatz 1322. (Rezeß vom 27. Dezember 1508.)

§§ **743**. **744**. Kompetenz des persönlichen Gerichtsstandes des Ehemannes zur Auseinandersetzung der geschiedenen Eheleute wegen des Vermögens. — Vergl. A. G. O. I. **40**. § 52.

Rechtsgr. **634**. — I. Senat. 23. September 1860. (XXXIX. 68.)

Das Verfahren wegen der Auseinandersetzung des Vermögens geschiedener Eheleute gehört bei einer Verschiedenheit des Ehegerichts und des persönlichen Gerichtsstandes des Ehemannes vor diesen letzteren Gerichtsstand.

Siehe auch Rechtsgrundsatz 1131. (A. G. O. I. **40**. Anh. § 293. zu § 51.)

§ **745**. Siehe Rechtsgrundsätze 1130. 1131. (A. G. O. I. **40**. § 51.)

§§ **746**. **750**. Siehe Rechtsgrundsatz 599. (§ 30. dieses Titels.)

§ **766**. Siehe Rechtsgrundsätze 636. 1131. (§ 769. dieses Titels; A. G. O. I. **40**. Anhang § 293. zu § 51.)

§§ **769**-**771**. **Vermögens-Auseinandersetzung unter den geschiedenen Eheleuten außer dem Falle der Gütergemeinschaft:**

A. Tag der rechtskräftigen Ehescheidung und der Erlöschung des Nießbrauchs des Ehemannes. — Vergl. A. L. R. I. **16**. § 66., II. 1. § 718b.

Rechtsgr. 635. — I. Senat. 5. Oktober 1860. (XXXVIII. 277.)

Im Falle der Begründung der Ehescheidungsklage auf unüberwindliche Abneigung und Erklärung der Klägerin für den schuldigen Theil ist, wenn der Ehemann die Rechtsmittel eingelegt hat, für den Tag der rechtskräftigen Entscheidung und für die Erlöschung des Nießbrauches des verklagten Ehemannes nicht der Tag der Publikation des ersten, auf Scheidung lautenden Urtheils, sondern der Tag der Publikation

des demnächst rechtskräftig gewordenen Urtheils maaßgebend; der Tag der Insinuation kommt dagegen nicht in Betracht.

B. Zahlung von Miethsgeldern an die Ehefrau für das von derselben eingebrachte Grundstück, vor eingetretener Rechtskraft des Scheidungs-Urtheils. — Vergl. A. L. R. I. **16**. §§ 30. 37. 149., **21**. §§ 23. 170. 171., II. **1**. §§ 210. 231. 615. 766.

Rechtsgr. 636. — III. Senat. 25. Februar 1859. (XXXII. 313).

Wenngleich auch im Fall der Ehescheidung für die Auseinandersetzung unter den Eheleuten die §§ 170. 171. I. 21. des Allgem. Landrechts maaßgebend sind, so treffen doch jene Paragraphen die Frage nicht: ob die Miether des von der Ehefrau eingebrachten Hauses ihr die nach dem in der Folge rechtskräftig gewordenen Scheidungsurtheil, beziehungsweise nach dem Zeitpunkte des Aufhörens des Nießbrauchs fällig gewordenen Miethszinsen mit rechtlicher Wirkung zahlen dürfen? Diese Frage ist indessen zu bejahen.

Siehe auch Rechtsgrundsatz 437. (A. L. R. I. **16**. § 66.)

§§ **783**. ff. Siehe Rechtsgrundsätze **437**. **1131**. (A. L. R. I. **16**. § **66**.; A. G. O. I. **40**. § 51.)

§§ **811**. ff. Unanfechtbarkeit des nach getrennter gütergemeinschaftlicher Ehe von dem unschuldigen Ehegatten, welcher die Hälfte des gemeinschaftlichen Vermögens gewählt hat, vor erfolgter Auseinandersetzung ohne Einwilligung des andern Ehegatten über ein zur Gütergemeinschaft gehöriges Grundstück abgeschlossenen Kaufvertrages. — Vergl. A. L. R. I. **5**. §§ 43-49., **11**. § 19., II. **1**. § 378.

Rechtsgr. 637. — III. Senat. 22. September 1858. (XXX. 251.)

Bei der landrechtlichen gütergemeinschaftlichen Ehe kann, — wenn der im Scheidungsprozesse für den unschuldigen Theil erklärte Ehegatte gemäß § 811. II. 1. des Allg. Landrechts die Hälfte des gemeinschaftlichen Vermögens gewählt, aber vor erfolgter Auseinandersetzung ein zur Gütergemeinschaft gehöriges Grundstück ohne Einwilligung des andern Ehegatten verkauft hat, — keiner der beiden geschiedenen

Ehegatten oder deren Rechtsnachfolger einen solchen Veräußerungsvertrag als unverbindlich anfechten.

Siehe auch Rechtsgrundsatz 1131. (A. G. O. I. 40. Anhang § 293. zu § 51.)

Zehnter Abschnitt. Von den rechtlichen Folgen gesetzwidrig geschlossener Ehen.

§ **940.** Siehe Rechtsgrundsätze 495. 598. (A. L. R. I. **18.** § 360., II. **1.** § 30.)

§§ **952. 964. 975-977.** Siehe Rechtsgrundsatz 599. (§ 30. dieses Titels.)

Eilfter Abschnitt. Von den rechtlichen Folgen des unehelichen Beischlafs.

§ **1026.** Siehe Rechtsgrundsatz 1651. (Gesetz vom 24. April 1854 § 9. Nr. 2a.)

§§ **1077. 1078.** Siehe Rechtsgrundsatz 1662. (Gesetz vom 24. April 1854 § 15.)

Titel 2. Von den wechselseitigen Rechten und Pflichten der Eltern und Kinder.

Erster Abschnitt. Von ehelichen Kindern.

§§ **2.** ff. Zulässigkeit des Beweises der Illegitimität eines in der Ehe geborenen Kindes in der Mark Brandenburg.

Rechtsgr. **638.** — I. Senat. 7. Dezember 1857. (XXVI. 348.)

Die §§ 2. ff. II. 2. des Allgem. Landrechts sind in der Mark Brandenburg nicht suspendirt.

§ **4.** Begriff des völligen Zeugungsunvermögens.

Rechtsgr. **639.** — I. Senat. 15. Juni 1860. (XXXVIII. 47.)

Unter dem völligen Zeugungsunvermögen nach § 4. II. 2. des Allgem. Landrechts ist ein solches zu verstehen, welches überhaupt die Vollziehung des Beischlafs nicht gestattet.

Zweiter Abschnitt. Von den Rechten und Pflichten der Eltern und der aus einer Ehe zur rechten Hand erzeugten Kinder, so lange die letzteren unter väterlicher Gewalt stehen.

§ **60**. Siehe Rechtsgrundsatz 16. (A. L. R. Einl. § 23.)

§ **62**. Siehe Rechtsgrundsätze 651. 673. (§§ 210. 622. dieses Titels.)

§§ **63**. ff. Siehe Rechtsgrundsätze 681. 1128. 1538. 1553. 1557. 1559. (A. L. R. II. **3**. § 14.; A. G. O. I. **38**. § 12.; Armenpflegegesetz vom 31. Dezember 1842 §§ 9. 21. 33-35.)

§§ **76-85**. Siehe Rechtsgrundsatz 830. (A. L. R. II. **18**. § 323.)

§§ **92**. ff. Siehe Rechtsgrundsätze 640. 681. 1548. (A. L. R. II. **1**. § 99., **3**. § 14.; Armenpflegegesetz vom 31. Dezember 1842 § 21.)

§ **99**. Erziehung der Kinder aus rechtskräftig geschiedenen Ehen und aus Ehen zwar faktisch getrennt lebender, aber nicht geschiedener Eheleute. — Vergl. §§ 92. ff. dieses Titels.

Rechtgr. **640**. — I. Senat. 4. Dezember 1857. (XXVI. 342.)

a) Die Bestimmung, welchem von beiden durch rechtskräftige Entscheidung getrennten Ehegatten die Erziehung der Kinder zu überlassen ist, gehört nicht vor den erkennenden, sondern vor den vormundschaftlichen Richter.

b) Dieselbe Regel gilt auch hinsichtlich der Erziehung der Kinder blos faktisch von einander getrennt lebender Ehegatten.

§§ **125**. **201**. **202**. Form der väterlichen Genehmigung eines Vertrages des in väterlicher Gewalt befindlichen Sohnes. — Vergl. A. L. R. I. **5**. § 131.

Rechtsgr. **641**. — IV. Senat. 20. Oktober 1857. (XXVI. 296.)

Bedarf der Vertrag des in väterlicher Gewalt befindlichen Sohnes der schriftlichen Form, so ist diese auch für die Einwilligung des Vaters wesentlich.

Siehe auch Rechtsgrundsatz 1009. (A. G. O. I. **1**. § 13.)

§§ **126**. ff. Verhaftung des Vaters aus der nützlichen Verwendung wegen der dem in väterlicher Gewalt befindlichen Sohne von einem Dritten gewährten Wohnung und Beköstigung. — Vergl. A. L. R. I. **5**. §§ 424. ff. 438-440.

Rechtsgr. **642**. — IV. Senat. 15. Dezember 1860. (XXXIX. 302.)

Der Vater, welcher einem Dritten rücksichtlich der seinem

noch in väterlicher Gewalt befindlichen Sohne gewährten Wohnung und Beköstigung auf den Grund der nützlichen Verwendung verhaftet ist, ist als Korrealschuldner nicht anzusehen.

Siehe auch Rechtsgrundsatz 1494. (Gesetz vom 31. März 1838 § 1. No. 7.)

§§ 129. 130. Verpflichtung des Vaters wegen der dem Kinde zu seiner Subsistenz von einem Dritten gewährten Sachen.

Rechtsgr. 643. — IV. Senat. 16. Oktober 1860. (XXXIX. 95.)

Der Unterschied zwischen den §§ 129. und 130. II. 2. des Allgem. Landrechts ist nicht darin zu suchen, daß der Vater nach § 129. für Alles, was seinem auswärtigen Kinde zugewendet worden, stets aufkommen müsse, sofern das Gegebene objektiv sich zur Fristung der Subsistenz eignet, also ohne Rücksicht darauf, ob das Kind in Betreff derselben wirklich in Verlegenheit gewesen oder vom Vater mit ausreichenden Mitteln hierzu versehen worden, während nach § 130. nur dann, wenn es sich um ein anderes als gerade das dringendste Bedürfniß handle, die Hülflosigkeit des Kindes im konkreten Falle vorhanden sein müsse, um den Vater verbindlich zu machen.

§ 131. Siehe Rechtsgrundsatz 1009. (A. G. O. I. 1. § 13.)

§§ 136. 137. 226. Wirkung des Anerkenntnisses eines nach erlangter Großjährigkeit aus der väterlichen Gewalt entlassenen Sohnes in Betreff einer in seiner Minderjährigkeit kontrahirten Schuld. — Vergl. A. L. R. I. 5. §§ 37. 38.

Rechtsgr. 644. — IV. Senat. 26. September 1857. (XXVI. 201.)

Der § 137. II. 2. des Allgem. Landrechts bezieht sich nicht lediglich auf solche Kinder, welche während ihrer Minderjährigkeit der väterlichen Gewalt entlassen sind und vor erlangter Großjährigkeit ein Anerkenntniß ausgestellt haben.

Dritter Abschnitt. Von dem eigenthümlichen Vermögen der Kinder.

§ **159**. Siehe Rechtsgrundsätze **645. 834.** (**A. L. R. II. 2.** § **171.**, **18.** § **593.**)

§ **165**. Siehe Rechtsgrundsatz 1009. (**A. G. O. I. 1.** § 13.)

§ **168**. Siehe Rechtsgrundsatz 834. (A. L. R. II. **2.** § 173., **18.** § 593.)

§ **169**. Siehe Rechtsgrundsätze **654. 834. 1162.** (A. L. R. II. **2.** § **328.**, **18.** § 593.; Konkursordnung § 80.)

§ **171**. Obervormundschaftliche Bestätigung des von dem Vater über die Veräußerung eines Grundstücks seiner minderjährigen Kinder geschlossenen Veräußerungsvertrages. — Vergl. A. L. R. II. **2.** § 159., **18.** §§ 550. 989. 990.

Rechtsgr. **645**. — III. Senat. 10. Oktober 1860. (XXXIX. 87.)

Verträge des Vaters über die Veräußerung eines Grundstücks seiner minderjährigen Kinder, mögen sie zum freien oder nicht freien Vermögen derselben gehören, bedürfen der obervormundschaftlichen Genehmigung.

§ **177**. Gesetzliches Vorrecht der Kinder in die Güter des Vaters wegen ihres in dessen Verwaltung gekommenen Vermögens:

A. Beschränkung dieses Vorrechts auf den Fall der nach gesetzlicher Anordnung übernommenen Verwaltung. — Vergl. A. G. O. I. **50.** §§ 417. 418.; Konkursordnung § 80.

Rechtsgr. **646**. — IV. Senat. 19. Juni 1860. (XXXVIII. 54.)

Den Kindern steht wegen ihres, nicht nach gesetzlicher Anordnung in die Verwaltung des Vaters gekommenen Vermögens ein Vorzugsrecht in dem Konkurse über das Vermögen des Vaters nicht zu.

B. Vorrecht der Kinder außerhalb des Konkurses. — Vergl. § 179. dieses Titels.

Rechtsgr. **647**. — IV. Senat. 10. Januar 1860. (XXXVI. 135.)

Das Privilegium des § 177. II. 2. des Allg. Landrechts steht den Kindern auch außerhalb des Konkurses zu.

§ **179**. Gesetzliche Verpflichtung des Vaters zur Sicherheitsbestellung für das Vermögen seiner Kinder. — Vergl. A. L. R. Einleitung § 102., I. **9.** § 360.

Rechtsgr. 648. — I. Senat. 18. Oktober 1858. (XXXI. 66.)

Die gesetzliche Verpflichtung des Vaters nach § 179. II. 2. des Allg. Landrechts, auf Erfordern für das Vermögen seiner Kinder Sicherheit zu bestellen, ist eine höchst persönliche und geht daher auf seine Erben nicht über.

Siehe auch Rechtsgrundsatz 647. (§ 177. dieses Titels.)

§§ **201. 202.** Verträge großjähriger Kinder unter väterlicher Gewalt mit ihrem Vater. — Vergl. A. L. R. II. **18.** §§ 28. 29.

Rechtsgr. 649. — IV. Senat. 15. April 1858. (XXVIII. 250.)

Großjährige, noch unter väterlicher Gewalt stehende Kinder bedürfen zu Verträgen mit ihrem Vater keines Kurators.

Siehe auch Rechtsgrundsatz 641. (§ 125. dieses Titels.)

Vierter Abschnitt. Von Aufhebung der väterlichen Gewalt.

§§ **210.** ff. Aufhebung der väterlichen Gewalt nach erlangter Großjährigkeit:

A. Durch Betreibung eines eigenen Gewerbes, und durch Uebernahme eines öffentlichen Amtes.

Rechtsgr. 650. — IV. Senat. 9. März 1858. (XXIX. 206.)

a) Der dem großjährigen Sohne von dem Vater eingeräumte Mitbesitz nebst Verwaltung des väterlichen Guts bewirkt keine Aufhebung der väterlichen Gewalt.

b) Auch die Uebernahme eines unbesoldeten Ehrenamtes bewirkt keine Aufhebung der väterlichen Gewalt.

B. Vermuthung gegen die väterliche Gewalt über einen Großjährigen. — Vergl. A. L. R. II. **2.** §§ 62. 255. ff.; A. G. O. I. **13.** § 28. und Anhang § 106. zu § 28.

Rechtsgr. 651. — IV. Senat. 22. September 1857. (XXVII. 54.)

Die Vermuthung spricht nicht dafür, daß ein Großjähriger noch unter väterlicher Gewalt stehe. Daher hat der Großjährige die Thatsachen anzugeben und zu bescheinigen, welche seine Selbstständigkeit ausschließen oder zu einem bestimmten Zeitpunkte ausgeschlossen haben.

§ **218.** Entlassung eines minderjährigen Sohnes aus der väterlichen Gewalt durch Einwilligung in den Anfang eines besonderen Gewerbes:

A. Einwilligung des Vaters und thatsächlicher Anfang des Gewerbes.

Rechtsgr. **652.** — II. Senat. 7. Dezember 1858. (XXXI. 319.)

Die Wirkung der Entlassung eines minderjährigen Sohnes aus der väterlichen Gewalt durch die Einwilligung des Vaters in den Anfang eines besonderen Gewerbes für eigene Rechnung des Sohnes ist nicht allein durch diese Einwilligung, sondern auch durch deren thatsächliche Benutzung, durch den wirklichen Anfang des Gewerbes, bedingt.

B. Erforderniß hinsichtlich der Einwilligung des Vaters. — Vergl. A. L. R. I. 4. § 61.

Rechtsgr. **653.** — IV. Senat. 15. Dezember 1857. (XXVI. 373.)

Wenn der Vater seinen Sohn wissentlich für eigene Rechnung ein besonderes Gewerbe anfangen läßt, so hat dies die Wirkung einer ausdrücklich erklärten Entlassung. Die Anwendung des § 218. II. 2. des Allgem. Landrechts ist also nicht davon abhängig, daß der Vater den ihm bekannt gewordenen selbstständigen Geschäftsbetrieb des Sohnes entweder ausdrücklich, oder durch positive Handlungen oder Aeußerungen genehmigt habe.

§ **226.** Siehe Rechtsgrundsatz **644.** (§ **136.** dieses Titels.)

§§ **228. 229.** Siehe Rechtsgrundsatz 617. (A. L. R. II. **1.** § 378.)

§§ **232.** ff. **243.** Siehe Rechtsgrundsatz **1165.** (Konkurs-Ordnung § **84.** No. 3.)

§ **251.** Siehe Rechtsgrundsätze **683. 1553.** (A. L. R. II. **3.** § **20.**; Armenpflegegesetz vom **31.** Dezember **1842** § **33.**)

§ **255.** Siehe Rechtsgrundsatz **651.** (§ **210.** dieses Titels.)

Fünfter Abschnitt. Von der Erbfolge der Kinder und anderer Verwandten in absteigender Linie.

§ **328.** Kollationspflicht der Deszendenten in Betreff geschenkter ausstehender Kapitalien. — Vergl. § **169.** dieses Titels.

Rechtsgr. 654. — I. Senat. 12. Oktober 1860. (XXXIX. 89.)

Der unentgeltliche Erlaß einer auf dem Grundstücke des Sohnes zum Vortheil des Vaters eingetragenen Hypothekenforderung fällt nicht unter die zu konferirenden Schenkungen eines ausstehenden Kapitals nach § 328. II. 2. des Allgem. Landrechts.

§§ 348. ff. 359. ff. Siehe Rechtsgrundsatz 656. (§ 392. dieses Titels.)

§§ 362. 363. 378. ff. Siehe Rechtsgrundsätze 656. 658. (§§ 392. 395. dieses Titels.)

§§ 378. ff. Siehe Rechtsgrundsatz 655. (§ 391. dieses Titels.)

§ 391. Anfechtung einer elterlichen Disposition wegen Verletzung im Pflichttheil. — Vergl. A. L. R. I. 12. §§ 66. 139., II. 2. §§ 378. ff. 432.

Rechtsgr. 655. — I. Senat. 5. Dezember 1860. (XXXIX. 270.)

Die in der Form einer privilegirten Disposition abgefaßte letztwillige Verordnung des Ueberlebenden der Eltern kann von seinen Kindern wegen Mangels der Testamentform nur dann angefochten werden, wenn dieselbe bezweckt, den Kindern ihren Pflichttheil zu nehmen, zu schmälern oder zu belasten. Liegt dieser Zweck nicht vor, so kann nur auf Ergänzung des Pflichttheils geklagt werden.

Siehe auch Rechtsgrundsatz 664. (§ 440. dieses Titels.)

§ 392. Anrechnungen und Ausgleichungen beim Pflichttheile der Enkel. — Vergl. §§ 348. ff. 359-362. dieses Titels.

Rechtsgr. 656. — I. Senat. 15. Mai 1857. (XXV. 112.)

Hinsichtlich der Anrechnungen und Ausgleichungen beim Pflichttheile der Enkel sind die in den betreffenden Gesetzen wegen der Kinder getroffenen Bestimmungen maaßgebend, und auch die anzuwenden, welche in den §§ 348. ff. II. 2. des Allg. Landrechts und namentlich in den §§ 359-362. daselbst für die gesetzliche Erbfolge der Enkel und weiteren Abkömmlinge für die Ausgleichung in solchen Fällen vorgeschrieben sind.

Siehe auch Rechtsgrundsatz 679. (§ 719. dieses Titels.)

§ **395.** **Anrechnung gezahlter Schulden auf den Pflichttheil:**
A. **Beschränkung dieser Anrechnung auf den Fall ausdrücklicher Anordnung in dem elterlichen Testamente.**

Rechtsgr. **657**. — I. Senat. 15. Mai 1857. (XXV. 113.)

Die von den verstorbenen Eltern für die Kinder bezahlten Schulden sind auf den Betrag deren Intestaterbtheils nur dann in Anrechnung zu bringen, wenn jene dies ausdrücklich in ihrem Testamente angeordnet haben.

B. Nicht vorhandene Identität des Pflichttheils-Prätendenten mit Demjenigen, dessen Schulden bezahlt sind, z. B. der Enkel und deren Eltern rücksichtlich der großelterlichen Erbschaft. — Vergl. §§ 362. 363. dieses Titels; A. G. O. I. **51.** § 57.

Rechtsgr. **658**. — I. Senat. 15. Mai 1857. (XXV. 113.)

a) Zur Anwendbarkeit des § 395. II. 2. des Allgem. Landrechts ist die Identität des Pflichttheils-Prätendenten mit Demjenigen, für welchen die Schulden bezahlt sind, nicht erforderlich, vielmehr müssen Enkel, welche die Großeltern unmittelbar beerben, sich eben das auf den Pflichttheil anrechnen lassen, was der Verstorbene ihrer Eltern, wenn er Erbe seiner Eltern geworden wäre, sich hätte anrechnen lassen müssen.

b) Die Enkel haben sich der Anrechnung der Schulden ihrer Eltern auf den Pflichttheil auch dann zu unterwerfen, wenn sie nur Benefizialerben ihrer Eltern geworden sind.

§ **398.** Siehe Rechtsgrundsatz 50. (A. L. R. I. **4.** § 15.)
§ **418.** Siehe Rechtsgrundsatz 625. (A. L. R. II. **1.** § 638.)
§§ **419. 424. 429.** Siehe Rechtsgrundsatz 50. (A. L. R. I. **4.** § 15.)
§§ **432.** ff. Abfindung eines jeden eingesetzten Pflichttheilsberechtigten mit einer bestimmten Summe des Nachlasses. — Vergl. A. L. R. II. **18.** Anh. § **164.** zu § 574.

Rechtsgr. **659**. — I. Senat. 21. Mai 1858. (XXX. 43.)

Auch derjenige Notherbe, der nur im Allgemeinen auf seinen Pflichttheil eingesetzt ist, erhält schließlich doch immer nur eine bestimmte Summe aus dem Nachlaß.

Siehe auch Rechtsgrundsätze 625. 655. 664. (A. L. R. II. **1.** § 638., **2.** §§ 391. 440.)

§§ **433.** ff. Anspruch des Notherben auf Nutzungen und Zinsen seines Erbtheils. — Vergl. A. L. R. I. **14.** §§ **133.** ff., **17.** §§ **117.** ff.; A. G. O. I. **22.** § 28.

Rechtsgr. **660.** — I. Senat. 1. Juli 1859. (XXXIV. 122.)

Der Testamentserbe ist dem im Pflichttheil verkürzten Notherben gegenüber zunächst nur zur Legung eines Inventars nach dem Zustande der Erbschaft zur Zeit des Todestages des Erblassers, nicht auch über die Nutzungen des ganzen Nachlasses, wohl aber, nach erfolgter Anlegung der Theilung der Erbschaft auf den Grund jenes Inventars, die Nutzungen oder Zinsen des ermittelten Erbtheils des Notherben demselben zu gewähren verpflichtet.

§§ **438. 439.** Anerkenntniß des Testaments seitens des Enterbten:
A. Anwendung dieser Vorschriften auf den Fall der Verkürzung des Notherben im Pflichttheil.

Rechtsgr. **661.** — I. Senat. 1. Juli 1859. (XXXIV. 121.)

Die §§ 438–440. II. 2. des Allg. Landrechts beziehen sich auch auf den Fall, daß der Notherbe nicht enterbt oder blos übergangen, sondern in seinem Pflichttheile verkürzt ist.

B. Anerkenntniß seitens des Enterbten selbst oder seines Vertreters.

Rechtsgr. **662.** — I. Senat. 13. Juli 1860. (XXXVIII. 176.)

Der § 438. II. 2. des Allgem. Landrechts spricht ganz allgemein von dem ausdrücklichen Anerkenntnisse des Testaments seitens des Enterbten, ohne zu unterscheiden, ob der Enterbte selbst, oder, im Falle der Minderjährigkeit desselben, sein gesetzlicher Vertreter das Anerkenntniß abgegeben hat.

C. Annahme eines Legates seitens des enterbten Notherben. — Vergl. A. L. R. I. **12.** § **612.**

Rechtsgr. **663.** — I. Senat. 1. Juli 1859. (XXXIV. 121.)

Der § 439. II. 2. des Allg. Landrechts, — nach welchem die (seitens des Enterbten geschehene) bloße Annahme eines im Testamente ausgesetzten Vermächtnisses für ein ausdrückliches Anerkenntniß des Testaments noch nicht zu achten ist — enthält eine Ausnahme von der Regel des § 612. I. 12. daselbst zu Gunsten des im Pflichttheil verkürzten Notherben, und ist die Annahme eines Legats seitens desselben nur als Annahme einer Abschlagszahlung auf den Pflichttheil aufzufassen, welche die Klage auf Ergänzung des Pflichttheils nicht ausschließt.

§ **440**. Verjährung der Klage des Notherben auf Anfechtung des Testaments:

A. Beschränkung dieser Klage auf die Verfolgung des entzogenen Pflichttheils. — Vergl. §§ 391. ff. 432. ff. dieses Titels.

Rechtsgr. **664**. — I. Senat. 17. September 1860. (XXXIX. 50.)

Der § 440. II. 2. des Allgem. Landrechts, — betreffend die Erlöschung der Befugniß des Enterbten zur Anfechtung der elterlichen Verfügung binnen zwei Jahren, — bezieht sich nur auf die Klage wegen Verfolgung des ganz oder theilweise entzogenen Pflichttheils; sie kann dagegen nicht dem Anspruch auf Verfolgung eines Miteigenthums entgegengesetzt werden, welches gegen das Testament und gegen den Nachlaß geltend gemacht wird.

B. Beschränkung dieser Klage auf den Fall der aus dem Testamente selbst ersichtlichen Schmälerung des Pflichttheils.

Rechtsgr. **665**. — I. Senat. 14. September 1860. (XXXVIII. 220.)

Die Erlöschung der Ansprüche des enterbten Kindes binnen zwei Jahren bezieht sich nicht auf den Fall, wenn eine bloße, durch das Testament nicht allein ersichtliche Schmälerung des Pflichttheils behauptet wird.

C. Verjährung dieser Klage gegen den überlebenden Ehegatten zum Nachtheile der minderjährigen Kinder, nach dem Münsterischen Statutarrechte. — Vergl. A. L. R. I. 9 § 535.; Münsterische Polizeiordnung vom 18. Januar 1592 Kap. 7. § 1.

Rechtsgr. **666**. — I. Senat. 17. September 1860. (XXXIX. 50.)

Nach dem Münsterischen Statutarrechte ist der überlebende Ehegatte (sowohl Mann als Frau) vermöge seiner freien Verfügungsbefugniß zur Vertretung des mit den Kindern dieser Ehe gemeinschaftlichen Vermögens allein berechtigt; es tritt daher die im § 440. II. 2. des Allgem. Landrechts gedachte Klageverjährung gegen ihn mit voller Wirkung ein, ohne daß er sich auf das Vorrecht der Kinder wegen deren Minderjährigkeit nach § 535. I. 9. des Allg. Landrechts berufen kann.

D. Unterbrechung dieser Verjährung durch Klageanmeldung. — Vergl. A. L. R. I. 9. § 551.

Rechtsgr. 667. — I. Senat. 14. September 1860. (XXXVIII. 220.)

Die Vorschrift des § 551. I. 9. des Allgem. Landrechts hinsichtlich der Unterbrechung der Verjährung durch Nichtgebrauch durch Klageanmeldung findet auf den Fall des § 440. II. 2. des Allgem. Landrechts, betreffend die Erlöschung der Klage des enterbten Kindes auf Anfechtung des elterlichen Testaments nach zwei Jahren, keine Anwendung; vielmehr bedarf es der wirklichen Anfechtung des Testaments durch Anstellung der Klage selbst innerhalb dieser Frist.

§ 454. Siehe Rechtsgrundsatz 679. (§ 719. dieses Titels.)

§ 474. Natur des Anspruchs auf den bei Ehescheidungen ausgesetzten Pflichttheil.

Rechtsgr. 668. — I. Senat. 19. Oktober 1860. (XXXVIII. 323.)

Der Pflichttheilsberechtigte ist wegen des ihm bei der Scheidung der Ehe des Erblassers ausgesetzten Pflichttheils nur Mitberechtigter, nicht Gläubiger den Erben und dem Erblasser gegenüber.

§ 484. Form der Erbentsagungsverträge zwischen Eltern und Kindern überhaupt, und insbesondere in der Mark Brandenburg. — Vergl. A. L. R. Publ. Patent vom 5. Februar 1794 § 7., I. 5. § 199., II. 20. §§ 1425-1430.; Dig. 50. 16. Lex 61.; Cod. 5. 14. Lex 5., 8. 39. Lex 4.; in VI^to. I. 18. cap. 2.

Rechtsgr. 669. — I. Senat. 15. Februar 1858. (XXIX. 98.)

a) Verträge zwischen Eltern und Kindern, durch welche Letztere von dem Nachlasse der Ersteren ganz ausgeschlossen oder im Pflichttheil verkürzt werden sollen, können nur mit volljährigen, der väterlichen Gewalt entlassenen Kindern und nur vor deren ordentlichen Gerichten geschlossen werden, — ohne Unterschied, ob die Entsagung gegen eine Abfindung oder unter Umständen erfolgt, wo das entsagende Kind schon solche elterliche Zuwendungen erhalten hat, die es auf seinen Erbtheil sich anrechnen zu lassen verpflichtet sein würde.

b) Der § 484. II. 2. des Allgem. Landrechts ist in der Mark Brandenburg nicht suspendirt.

Achter Abschnitt. Von den Kindern aus einer Ehe zur linken Hand.

§§ 582. 583. Siehe Rechtsgrundsatz 678. (§ 652. dieses Titels.)

Neunter Abschnitt. Von den aus unehelichem Beischlafe erzeugten Kindern.

§ 596. Legitimation des unehelichen Kindes durch nachfolgende Ehe. — Vergl. A. G. O. I. 10. § 128.; Kabinetsorder vom 14. April 1816; Reskripte vom 5. und 22. Oktober 1838.

Rechtsgr. 670. — I. Senat. 8. März 1858. (XXIX. 193.)

Der behufs Legitimation eines unehelichen Kindes durch nachfolgende Ehe der Mutter mit dem Schwängerer erforderliche Beweis, daß der demnächstige Ehemann auch der Schwängerer sei, kann durch einen desfallsigen bloßen Vermerk in dem Kirchenbuche nicht geführt werden; vielmehr bedarf es dazu der Vorlegung einer bei dem Kirchenbuche mit ihm über sein Anerkenntniß der Vaterschaft aufgenommenen Verhandlung.

§§ 612. 621. 622. Direkte Klage der Mutter des unehelichen Kindes gegen dessen Vater auf Zahlung der Alimente. — Vergl. A. L. R. I. 13. §§ 268. 269.

Rechtsgr. **671**. — IV. Senat. 18. Februar 1858. (XXVIII. 193.)

a) Die Mutter eines unehelichen Kindes ist unmittelbar berechtigt, die Alimente für dasselbe von dem Schwängerer zu verlangen.

b) Dieses Recht steht ihr, wenn das Kind ihr belassen worden, wegen der Rückstände um so gewisser zu, als anzunehmen ist, daß sie das Kind selbst unterhalten hat, und der Schwängerer ihr somit aus der nützlichen Verwendung haftet.

§§ **622-624**. Besorgung der Verpflegung und Erziehung des Kindes durch den natürlichen Vater:

A. Abholung des unehelichen Kindes zur eigenen Verpflegung seitens des Vaters.

Rechtsgr. **672**. — I. Senat. 14. Februar 1859. (XXXII. 247.)

Der Vater des unehelichen Kindes, welcher dasselbe mit Bewilligung des Vormundes und des vormundschaftlichen Gerichts behufs Abwendung seiner Verbindlichkeit zur Zahlung von Alimentengeldern in eigene Pflege übernehmen will, muß ersteres an dem Orte, wo es sich befindet, abholen, und liegt der Mutter nur ob, es ihm verabfolgen zu lassen.

B. Befreiung des Vaters des unehelichen Kindes von der Alimentationspflicht durch die von dem Vater der Mutter des Kindes verweigerte Herausgabe desselben. — Vergl. § **62**. dieses Titels.

Rechtsgr. **673**. — I. Senat. 21. Mai 1858. (XXVIII. 315.)

Auch wenn nur der Vater der Geschwängerten als ihr gesetzlicher Vertreter die Herausgabe des Kindes an den Schwängerer weigert, wird letzterer liberirt.

Siehe auch Rechtsgrundsätze 671. 676. (§§ **612**. **637**. dieses Titels.)

§ **627**. Höhe der Alimente für ein uneheliches Kind.

Rechtsgr. **674**. — I. Senat. 12. Dezember 1860. (XL. 95.)

Unter dem Ort des § 627. II. 2. des Allgem. Landrechts, nach dessen gewöhnlichen Preisen die Höhe der Alimente des unehelichen Kindes zu bemessen sind, ist nicht der Heimathsort der Geschwängerten, sondern derjenige Ort zu verstehen, wo dieselbe sich zur Zeit der Anstellung der Klage ihres Erwerbes wegen aufhält.

§ **628**. Nichtverbindlichkeit der Großeltern zur Alimentation unehelicher Enkel. — Vergl. A. L. R. I. **9**. §§ 350. 360. 368.; A. G. O. I. Einl. § 66.

Rechtsgr. **675**. — I. Senat. 8. Oktober 1858. (XXXI. 32.)

Die subsidiäre Verbindlichkeit der Großeltern zur Alimentation unehelicher Enkel geht weder durch ein Anerkenntniß dieser Verbindlichkeit seitens der Ersteren, noch auch in Folge eines gegen dieselben ergangenen rechtskräftigen Erkenntnisses auf ihre Erben über.

§ **637**. Recht des Vaters zur Uebernahme der eigenen Verpflegung des wegen Krankheit oder körperlicher Gebrechen erwerbsunfähigen unehelichen Kindes. — Vergl. § **622**. dieses Titels.

Rechtsgr. **676**. — I. Senat. 4. März 1859. (XXXII. 333.)

Auch im Fall des § 637. II. 2. des Allgem. Landrechts ist der Vater nur berechtigt, nicht aber verpflichtet, die Verpflegung des Kindes selbst zu besorgen.

§ **640**. Siehe Rechtsgrundsätze **15**. **16**. (A. L. R. Einl. § 23.)
§ **642**. Siehe Rechtsgrundsatz 830. (A. L. R. II. **18**. § 323.)
§ **643**. Erziehung des unehelichen Kindes einer Jüdin in der christlichen Religion des natürlichen Vaters. — Vergl. Gesetz vom 24. April 1854 §§ **12**. **13**. No. **2**.

Rechtsgr. **677**. — I. Senat. 15. April 1859. (XXXII. 366.)

Die thatsächliche Vorfrage, ob der natürliche Vater des zu erziehenden unehelichen Kindes ein Christ sei, kann nicht durch ein bloßes Anerkenntniß seitens der Mutter, sondern nnr durch ein qualifizirtes Anerkenntniß der Vaterschaft seitens des natürlichen Vaters selbst oder im Rechtswege gegen denselben entschieden werden.

Siehe auch Rechtsgrundsatz 830. (A. L. R. II. **18**. § 323.)

§§ **647**. ff. Siehe Rechtsgrundsatz **1317**. (Nov. 89. Cap. **12**. § **4**.)

§ **652**. u. Anh. § **97**. zu § **652**. Ausschließung des Erbrechts unehelicher Kinder in den Nachlaß des mit Hinterlassung einer Wittwe verstorbenen natürlichen Vaters, bei bestandener Paderborner ehelicher Gütergemeinschaft. — Vergl. A. L. R. II. **1**. §§ 495. 500., **2**. §§ 582. 583. 651. 655.; Gesetz vom 24. April 1854 § 19.

Rechtsgr. **678**. — I. Senat. 20. Dezember 1858. (XXXI. 357.)

In dem Fürstenthum Paderborn steht dem unehelichen Kinde in den Nachlaß seines natürlichen Vaters auch dann, wenn derselbe ohne eheliche Deszendenz mit Hinterlassung einer Wittwe verstirbt, mit welcher er in der Paderborner ehelichen Gütergemeinschaft gelebt hat, ein Erbrecht auf den sechsten Theil nicht zu.

Zehnter Abschnitt. Von der Annahme an Kindesstatt.

§ **683**. Siehe Rechtsgrundsätze 495. 598. (A. L. R. I. **18**. § 360., II. **1**. § 30.)

Eilfter Abschnitt. Von der Einkindschaft.

§§ **717**. ff. Siehe Rechtsgrundsatz 1352. (Werdensche Landesordnung vom 26. August 1734.)

§ **719**. u. Anhang § **103**. zu § **719**. Entkräftung eines Einkindschaftsvertrages wegen nachgeborener Kinder einer späteren Ehe; Abwendung dieser Entkräftung durch Errichtung eines Testaments; Mitveranschlagung des Voraus der unirten Kinder erster Ehe bei Berechnung des Pflichttheils der Kinder dritter Ehe. — Vergl. A. L. R. I. **12**. §§ 601. 617. 647., II. **2**. §§ 392. 454. 725.

Rechtsgr. **679**. — I. Senat. 24. Januar 1859. (XXXII. 155.)

a) Der von dem überlebenden Ehegatten bei Eingehung der zweiten Ehe mit den Kindern erster Ehe geschlossene Einkindschaftsvertrag wird durch die, nach Auflösung der kinderlosen zweiten Ehe erfolgende Geburt von Kindern in dritter Ehe entkräftet.

Der unirende Ehegatte kann jedoch diese Entkräftung und den Eintritt der gesetzlichen Erbfolge durch Errichtung eines Testaments und Einsetzung der nachgeborenen Kinder auf den Pflichttheil abwenden.

b) Bei Berechnung dieses Pflichttheils der in dritter Ehe nachgeborenen Kinder ist auch das den Kindern erster Ehe zum Voraus beschiedene Vermögen mit in Anschlag zu bringen.

§§ **720. 731.** ff. Begründung gleicher Erbrechte der unirten Kinder beider Ehen.

Rechtsgr. **680.** — I. Senat 19. Dezember 1859. (XXXV. 347.)

a) Durch den unter der Herrschaft des Allgem. Landrechts geschlossenen Einkindschafts-Vertrag werden gleiche Erbrechte der Kinder beider Ehen in den Nachlaß ihres gemeinschaftlichen **Parens** ebensowohl, als in den des unirten **Parens**, begründet.

b) Diese Wirkung des Einkindschaft-Vertrages tritt auch dann ein, wenn nach Statutarrechten den zugebrachten Kindern ein weiteres Erbrecht an dem Nachlasse ihres leiblichen **Parens** nicht zusteht.

§ **725.** Siehe Rechtsgrundsatz 679. (§ 719. dieses Titels.)
§ **738.** Siehe Rechtsgrundsatz 1335. (Münsterische Polizeiordnung vom 18. Januar 1592 Kap. 7. § 1.)

Titel 3. Von den Rechten und Pflichten der übrigen Mitglieder einer Familie.

§§ **14.** ff. Klage der geschiedenen Ehefrau gegen die subsidiarisch zur Ernährung ihres Kindes verpflichteten Großeltern desselben auf Gewährung eines Beitrages zu den Erziehungskosten. — Vergl. A. L. R. Einl. § 89., II. 2. § 64. 92.

Rechtsgr. **681.** — I. Senat. 21. November 1859. (XXXV. 286.)

Zur Klage gegen die subsidiarisch zur Ernährung ihres Enkels verpflichteten Großeltern auf Gewährung eines Beitrages zu den Erziehungskosten desselben ist die geschiedene, aber für den unschuldigen Theil erklärte Mutter des Kindes, bei welcher das Kind erzogen wird, allein legitimirt. Sie bedarf zur Klage weder des Beitritts des zur Ernährung des Kindes unvermögenden Vaters desselben, noch eines dem Kinde zu bestellenden Kurators.

Siehe auch Rechtsgrundsätze 683. 684. 1553. (§ 20. dieses Titels; Armenpflegesetz vom 31. Dezember 1842 §§ 33. 35.)

§§ 17. ff. Reihefolge der zur Ernährung hülfloser Familienmitglieder verpflichteten Verwandten nach den Regeln der gesetzlichen Erbfolge. — Vergl. § 35. dieses Titels.

Rechtsgr. 682. — I. Senat. 31. Oktober 1859. (XXXVIII. 9.)

Bei dem Vorhandensein vollbürtiger Geschwister können Halbgeschwister des Verarmten auf dessen Ernährung nicht eher in Anspruch genommen werden, als bis dieser Anspruch gegen die vollbürtigen Geschwister geltend gemacht und deren Unvermögen erwiesen ist.

§ 20. Verbindlichkeit der mehreren gleich nahen Verwandten zur Ernährung hülfsbedürftiger Familienmitglieder; Klage eines Armenverbandes aus der nützlichen Verwendung gegen die Verwandten des verpflegten Armen. — Vergl. A. L. R. II. 2. §§ 63. 251. ff., 3. §§ 14. ff.

— ältere Ansicht. — Vergl. Armenpflegegesetz vom 31. Dezember 1842 § 35.

Rechtsgr. 683. — I. Senat. 31. Oktober 1859. (XXXVIII. 9.)

a) Sind mehrere gleich nahe Verwandte vorhanden, so ist die Klage des Verarmten gegen alle gleich nahe Verwandte in einem gemeinschaftlichen Verfahren geltend zu machen; die Klage gegen Einen unter ihnen auf das Ganze, mit Freilassung seines Regresses gegen die Uebrigen, ist unstatthaft.

b) Daher kann auch ein Armenverband, welcher den Armen verpflegt hat, aus der nützlichen Verwendung die zur Verpflegung verpflichteten mehreren Verwandten nur gemeinschaftlich, nicht einzeln solidarisch in Anspruch nehmen.

— neuere Ansicht.

Rechtsgr. 684. — I. Senat. 7. November 1860. (XXXIX. 175.)

Der Verarmte, welcher mehrere zur Alimentation verpflichtete gleich nahe Verwandte hat, kann auch gegen Einen oder Einige derselben wegen Alimentation auf das Ganze klagen, insofern er zugleich nachzuweisen vermag, daß die übrigen gleich nahen Verwandten zu seiner Alimentation gänzlich unvermögend sind.

§ **35**. Siehe Rechtsgrundsatz 682. (§ 20. dieses Titels.)

Titel 4. Von gemeinschaftlichen Familienrechten.

Erster Abschnitt. Von gemeinschaftlichen Familienrechten überhaupt.

§§ **17**. ff. Siehe Rechtsgrundsatz **479**. (**A. L. R. I. 17**. § 53.)

Dritter Abschnitt. Von beständigen Familien-Fideikommissen.

§§ **72**. **73**. Siehe Rechtsgrundsatz 686. (§ **122**. dieses Titels.)
§§ **117-119**. Aktivlegitimation des Fideikommißbesitzers in Prozessen über die Substanz des Fideikommisses.

Rechtsgr. **685**. – III. Senat. 3. Juli 1857. (XXVI. 75.)

Der Fideikommißbesitzer ist zur Anstellung einer Klage über die Substanz des Fideikommisses auch ohne Zuziehung der beiden nächsten Anwärter legitimirt. Der Richter ist daher nicht befugt, die Zuziehung dieser Anwärter von Amtswegen anzuordnen.

§ **122**. Verjährung gegen ein Fideikommiß. — Vergl. A. L. R. I. **9**. §§ 512. 516. 517., **21**. §§ 90-93., II. **4**. §§ 72. 73.

Rechtsgr. **686**. – II. Senat. 19. Mai 1859. (XXXIII. 223.)

Die im § 122. II. 4. des Allg. Landrechts zugelassene dreißigjährige Verjährung gegen das Fideikommiß als solches kann nur insoweit von Wirksamkeit sein, als sie in einer Weise begonnen hat, wodurch sämmtliche Fideikommiß-Interessenten gebunden sind.*

* Vergl. dagegen die zweite Anmerkung Band 33. Seite 223. des Archivs für Rechtsfälle.

Titel 5. Von den Rechten und Pflichten der Herrschaften und des Gesindes.

§§ **177**. ff. **186**. Rechte und Pflichten der Hausoffizianten:
A. Beurtheilung dieser Rechte und Pflichten im Allgemeinen. — Vergl. Gesindeordnung vom 8. November **1810** §§ **1**. ff.

Rechtsgr. **687**. — I. Senat. 6. Juni 1859. (**XXXIV. 63.**)

Die Rechte und Pflichten der Hausoffizianten sind, soweit die §§ 177–185. II. 5. des Allgem. Landrechts nicht besondere Bestimmungen für dieselben enthalten, seit Emanation der Gesinde-Ordnung vom 8. November 1810 nach den Vorschriften dieser letzteren, und nicht nach den §§ 1–176. II. 5. des Allgem. Landrechts zu beurtheilen.

B. Wirthschafts-Inspektoren als Hausoffizianten:
— Führung der ganzen Bewirthschaftung eines Gutes. — Vergl. A. L. R. I. **14**. §§ **109**. ff.; Gesindeordnung vom 8. November **1810** §§ **160**. **163**.

Rechtsgr. **688**. — IV. Senat. 15. Juni 1858. (**XXX. 109.**)

Derjenige ist nicht Hausoffiziant, dem die ganze Bewirthschaftung eines Gutes, auf welchem der Gutsherr nicht wohnt, übertragen ist.

Rechtsgr. **689**. — I. Senat. 11. April 1859. (**XXXIII. 122.**)

Personen, denen die Führung einer Gutswirthschaft „überhaupt" übertragen ist, sind für Hausoffizianten nicht zu erachten; ihr Verhältniß ist vielmehr nach den in den §§ 109. ff. I. 14. des Allgemeinen Landrechts enthaltenen Vorschriften über die Verwaltung fremder Sachen und Güter zu beurtheilen.

— Führung der speziellen Leitung der Wirthschaft eines Gutes unter genereller Verwaltung des Gutseigenthümers. — Vergl. A. L. R. I. **5**. §§ **408**. ff., **11**. **869**. ff.; Gesindeordnung vom 8. November **1810** §§ **1**. ff.

Rechtsgr. **690**. — I. Senat. 6. Juni 1859. (**XXXIV. 63.**)

Ein Vertrag, durch welchen dem Wirthschaftsführer zwar

die spezielle Leitung der Wirthschaft des Gutes in allen Branchen übertragen worden, das Generelle der gesammten Verwaltung aber von dem Gutseigenthümer angegeben werden, auch die Genehmigung des Letzteren bei Einführung von Neuerungen eingeholt werden soll, ist kein Vertrag über Handlungen; ein solcher Wirthschaftsführer ist vielmehr als Hausoffiziant anzusehen.

C. Privatförster als Hausoffizianten; Entlassung eines auf **Lebenszeit** angestellten Privatförsters seitens der Erben des Dienstherrn. — — Vergl. A. L. R. I. **5**. §§ 378. ff., **9**. § 418.; Gesindeordnung vom 8. November 1810 § 101.; Gesetze No. 653. vom 7. Juni 1821 § **20**. und vom 2. Juni 1852 § 35.

Rechtsgr. **691**. — I. Senat. 30. September 1859. (XXXV. 128.)

Ein auf Lebenszeit angestellter und auf das Holzdiebstahlsgesetz vereidigter Privatförster kann von den Erben des Dienstherrn nicht dieses Todesfalls wegen entlassen werden; die Erben müssen vielmehr den Dienstvertrag erfüllen oder den Förster entschädigen.

Siehe auch Rechtsgrundsätze 410. 1380. (A. L. R. I. **14**. § 109.; Gesindeordnung vom 8. November 1810 § 101.)

Titel 6. Von Gesellschaften überhaupt, und von Korporationen und Gemeinen insonderheit.

§§ **11**. **22**. Siehe Rechtsgrundsatz 1513. (Deklaration vom 6. April 1839 Art. 13.)

§§ **33**. Siehe Rechtsgrundsatz 698. (A. L. R. II. **7**. § 72.)

§§ **43**. **44**. 47. Siehe Rechtsgrundsatz 735. (A. L. R. II. **11**. § 56.)

§§ **65-69**. Siehe Rechtsgrundsatz 744. (A. L. R. II. **11**. § 650.)

§ **72**. Klagerecht jedes einzelnen Gemeindemitgliedes hinsichtlich seiner Gerechtsame wegen der gegen ein fremdes Grundstück der Gemeinde zustehenden Servitutberechtigung. — Vergl. A. L. R. I. **17**. §§ 4. 50., **22**. §§ 211. 212.; Deklaration vom 26. Juli 1847.

Rechtsgr. **692**. — II. Senat. 23. Juni 1857. (XXV. 257.)

Ist einer Gemeinde eine Servitutberechtigung gegen ein fremdes Grundstück verliehen, welche eine natürliche Vertheilung unter den legitimirten Gemeindemitgliedern nach dem Bedürfnisse des Einzelnen findet, so ist jedes einzelne Gemeindemitglied berechtigt, ohne Mitwirkung der Korporation seine Gerechtsame gegen den Verpflichteten zu verfolgen.

Siehe auch Rechtsgrundsätze 568. 595. (A. L. R. I. **22**. §§ 13. 210.)

§ **82**. Siehe Rechtsgrundsätze 151. 1499. (A. L. R. I. **6**. § 26.; Gesetz vom 3. November 1838 § 25.)

§§ **83**. **84**. Siehe Rechtsgrundsatz 1377. (Städteordnung vom 19. November 1808 § 189.)

§§ **86**. **114**. Siehe Rechtsgrundsatz 163. (A. L. R. I. **7**. § 26.)

§ **117**. Siehe Rechtsgrundsatz 744. (A. L. R. II. **11**. § 650.)

§ **137**. Siehe Rechtsgrundsatz 163. (A. L. R. I. **7**. § 26.)

§§ **147**. ff. Siehe Rechtsgrundsätze 163. 747. (A. L. R. I. **7**. § 26., II. **11**. § 664.)

Titel 7. Vom Bauernstande.

Erster Abschnitt. Vom Bauerstande überhaupt.

§§ **14**. **15**. Siehe Rechtsgrundsätze 1143. 1621. (A. G. O. I. **52**. § 12.; Ablösegesetz vom 2. März 1850 § 74.)

Zweiter Abschnitt. Von Dorfgemeinden.

§§ **28**. **30**. Schlesisches Dorfsauenrecht:

A. Gegenstand der Dorfsaue; insbesondere auf Wege von dem Dorfe nach einem anderen Orte.

Rechtsgr. **693**. — II. Senat. 15. März 1860. (XXXVII. 96.)

Die Dorfsaue in Schlesien besteht aus allen nicht zu den Gebäuden, Höfen oder Gärten der Dorfseinsassen gehörenden freien Plätzen im Dorfe.

Rechtsgr. **694**. — III. Senat. 20. Januar und 11. April 1860. (XXXVII. 162.)

In Schlesien spricht auch in Betreff der von dem Dorfe nach einem andern Orte führenden Wege vermöge des Auenrechts die Vermuthung für das Eigenthum des Gutsherrn.

Ist daher dargethan, daß ein Weg früher ein Privatweg, also mit dem Grundstücke, über welches er führt, von der Gutsherrschaft ausgethan gewesen ist, so sind die Voraussetzungen, auf welchen das Auenrecht beruht, nicht vorhanden.

B. Verjährung der Dorfsaue. — Vergl. A. L. R. I. 9. §§ 500. ff. 579. 625.

Rechtsgr. 695. — II. Senat. 15. März 1860. (XXXVII. 96.)

Soweit die Dorfsaue, als ein von der Gutsherrschaft nicht ausgethaner Theil ihrer Feldmark, dem Verfügungs-Rechte des Gutsherrn, als Eigenthümers, unterworfen geblieben, ist die erwerbende Verjährung der dazu gehörigen Grundstücke zulässig. Soweit aber die eigentliche Dorfsaue als eine Anstalt und Einrichtung der öffentlichen Ordnung besteht, der Gutsherr mithin nur als Gutsobrigkeit darüber zu verfügen hat, oder in seiner Disposition auf solche Gebrauchs- und Nutzungsrechte eingeschränkt ist, welche mit jenen Zwecken des öffentlichen Interesses vereinbar sind, tritt eine verschiedene, von den Verhältnissen eines jeden Falles bedingte Beurtheilung der Verjährungsklage ein.

§ 31. Siehe Rechtsgrundsatz 696. (§ 37. dieses Titels.)

§ 37. No. 1. Art der Vertheilung der Wegebaulast in den dazu verpflichteten Ortschaften der Mark Brandenburg. — Vergl. § 31. dieses Titels; Rezeß vom 8. Juni 1652; Märkische Dorfordnung vom 16. Dezember 1702; Teich-, Ufer-, Graben- und Wegeordnung vom 23. Januar 1769 Kap. 14.; Edikt vom 8. April 1792.; Verordnung vom 15. Juni 1803. — Vergl. Müller, Practica Marchica, res. 46. No. 20. u. res. 99. No. 59.; v. Scholz und Hermensdorff, Kurmärkisches Provinzialrecht (II. Ausgabe) Abth. I. S. 99. und Abth. II. S. 373. 584.

Rechtsgr. 696. — II. Senat. 8. November 1860. (XXXIX. 187.)

a) In der Mark Brandenburg sind positive provinzialrechtliche Bestimmungen über die Art der Vertheilung der Wegebaulast der Ortschaften unter den Verpflichteten jedes Ortes nicht vorhanden; vielmehr kömmt es in dieser

Beziehung, in Ermangelung besonderer Verträge, auf das Herkommen an.

b) Dem Entstehen einer Observanz hinsichtlich der Vertheilung der Wegebaulast hat das frühere lassitische Verhältniß der Bauern nicht entgegengestanden.

Siehe auch Rechtsgrundsatz 771. (A. L. R. II. 15. § 2.)

§§ **48. 50. 72.** Begriff eines Freischulzengutes; unentgeltliche Verwaltung des Schulzenamts seitens des Besitzers eines Freischulzengutes; Amtsfuhren.

Rechtsgr. 697. — I. Senat. 4. Januar 1861. (XXXIX. 330.)

a) Ein Freischulzengut ist ein von bäuerlichen Lasten und Pflichten mehr oder weniger freies Gut, mit welchem die Verbindlichkeit zur Verwaltung des Schulzenamts verbunden ist. Die Unentgeltlichkeit der Verwaltung des Schulzenamtes liegt noch nicht im Begriff: „Freischulzengut."

b) Es ist nicht zu vermuthen, daß der Erbschulze auch außerhalb seines Gemeindebezirkes unentgeltlich amtliche Thätigkeit ausüben und die amtlichen Fuhren aus eignen Mitteln leisten müsse.

§§ **59.** ff. Siehe Rechtsgrundsätze **1523. 1524.** (Heimathsgesetz vom **31.** Dezember **1842** § 8.)

§ **72.** Verwaltung des Schulzenamts als Reallast der Freischulzengüter in der Provinz Preußen; Bildung einer Observanz in Betreff der Beitragspflicht zum Schulzengehalte zwischen der Gutsherrschaft und der Gemeinde. — Vergl. A. L. R. Publikationspatent vom 5. Februar **1794** § 7., Einl. § **4.**, I. **7.** § **107.**, II. **6.** § 33.; Kabinetsorder vom **18.** März **1817.**

Rechtsgr. 698. — II. Senat. 20. März 1860. (XXXVII. 119.)

a) In der Provinz Preußen schließt die Eigenschaft eines Freischulzengutes das Recht und die Pflicht zur Verwaltung des Schulzenamtes in sich, und begründet dieser Name die Vermuthung, daß in dem Gute Nutzungen oder Immunitäten enthalten sind, welche eiue Vergütung für die Last des Schulzenamtes ausmachen.

b) Auch nach Erlaß der Kabinetsorder vom 18. März 1817 hat sich eine Observanz in Betreff der Beitragspflicht zum Schulzengehalte zwischen der Gutsherrschaft und der Gemeinde bilden können.

Siehe auch Rechtsgrundsatz 697. (§ 48. dieses Titels.)

Fünfter Abschnitt. Von den Rechten und Pflichten der Unterthanen in Ansehung ihres Vermögens.

§ **298**. Siehe Rechtsgrundsatz 577. (A. L. R. I. **21**. § 629.)

Sechster Abschnitt. Von den Diensten der Unterthanen.

§§ **308**. **309**. Siehe Rechtsgrundsatz 468. (A. L. R. I. **16**. § 482.)

Titel 8. Vom Bürgerstande.

Vierter Abschnitt. Von Künstlern und Fabrikanten.

§§ **407**. **408**. Siehe Rechtsgrundsatz 1163. (Konkurs-Ordnung § 80.)
§ **413**. Siehe Rechtsgrundsatz 701. (§ 501. dieses Titels.)

Siebenter Abschnitt. Von Kaufleuten.

§ **483**. Siehe Rechtsgrundsatz 701. (§ 501. dieses Titels.)
§§ **497**. **578**. Vertretung einer Aktiengesellschaft durch die Mitglieder des Verwaltungsrathes in Prozessen, insbesondere hinsichtlich eines zu leistenden Eides. — Vergl. A. G. O. I. **10**. § 269., **16**. § 1.

Rechtsgr. **699**. — IV. Senat. 28. Juni 1850. (XXXIV. 111.)

Nur die zur Zeit eines Prozeßaktes vorhandenen Mitglieder des Verwaltungsraths einer Aktiengesellschaft sind zur Vornahme dieses Aktes berechtigt. Daher ist der in einem rechtskräftigen Erkenntnisse den Mitgliedern des Verwaltungsraths auferlegte Eid, wenngleich dieselben darin ihrem Namen nach einzeln bezeichnet sind, — doch nur von Denjenigen zu leisten, welche zur Zeit der Eidesleistung wirklich aktuelle Mitglieder des letzteren sind.

Siehe auch Rechtsgrundsätze 702. 715. (§§ 501. 1620. dieses Titels.)

§ **500.** Wirksamkeit der kaufmännischen Prokura des Faktors. — Vergl. §§ 502. 506.

Rechtsgr. 700. — IV. Senat. 19. September 1857. (XXVII. 50.)

Zur Wirksamkeit der dem Faktor ertheilten Prokura ist deren Bekanntmachung nicht erforderlich.

Siehe auch Rechtsgrundsatz 866. (Allgem. Deutsche Wechselordnung Art. 4. No. 5.)

§ **501.** Umfang der kaufmännischen Prokura des Disponenten; Befugniß zur Eingehung von Wechselgeschäften:

A. Unbeschränkte Prokura des Disponenten einer Fabrik. — Vergl. §§ 413. 483. 502. 512-514. 720. dieses Titels.

Rechtsgr. 701. — IV. Senat. 18. Februar 1858. (XXIX. 125.)

Die dem Disponenten einer Fabrik ertheilte unbeschränkte Prokura ermächtigt denselben auch zur Eingehung von Wechselgeschäften.

B. Prokura mit generellen Klauseln in Betreff des An- und Verkaufs von Waaren und Werthpapieren. — Vergl. §§ 497. 513. dieses Titels.

Rechtsgr. 702. — IV. Senat. 10. September 1857. (XXVII. 50.)

Die Vollmacht: „alle vorkommenden An- und Verkäufe von Waaren und Werthpapieren, sowie alle sich daraus ergebenden Formalitäten und Operationen vollgültig zu vollziehen," — enthält auch die Ermächtigung zur Ausstellung und Acceptation von Wechseln.

Siehe auch Rechtsgrundsätze 866. 1407. (Allgem. Deutsche Wechsel-Ordnung Art. 4. No. 5.; Statut der Berliner Kaufmannschaft vom 2. März 1820 § 2.)

§§ **502-506.** Siehe Rechtsgrundsätze 700. 701. (§§ 500. 501. dieses Titels.)

§ **507.** Verpflichtung des Eigenthümers einer kaufmännischen Handlung durch Denjenigen, welchen er zwar nicht mit Prokura versehen, aber einzelnen Geschäftsfreunden für seinen Faktor angegeben hat.

Rechtsgr. 703. — IV. Senat. 26. Februar 1850. (XXXIII. 28.)

Die Haftbarkeit des Eigenthümers einer kaufmännischen

Handlung aus Rechtsgeschäften Desjenigen, welchen er, ohne ihm Prokura ertheilt zu haben, einzelnen Geschäftsfreunden schriftlich oder mündlich für seinen Faktor angegeben hat, findet nicht blos gegen Diejenigen, welchen er diese spezielle Mittheilung gemacht hat, sondern auch gegen jeden Dritten statt, welcher dadurch zur Einlassung mit dem bezeichneten Prokuristen verleitet worden ist.

Siehe auch Rechtsgrundsatz 866. (Allg. Deutsche Wechsel-Ordnung Art. 4. Nr. 5.)

§§ **512-514.** Siehe Rechtsgrundsätze 701. 702. (§ 501. dieses Titels.)
§ **535.** Aufhebung der Prokura durch Ablauf der Zeit.

Rechtsgr. **704.** — IV. Senat. 19. September 1857. (XXVII. 54.)

Eine auf Zeit ertheilte Prokura hört durch den Ablauf der Zeit auch dann auf, wenn dieselbe in den Händen des Prokuristen geblieben ist.

§ **541.** Siehe Rechtsgrundsatz 714. (§ 1525. dieses Titels.)
§§ **562. 563. 569.** Beweiskraft kaufmännischer Handlungsbücher; Gegenstand der Eintragung.

Rechtsgr. **705.** — IV. Senat. 11. November 1858. (XXX. 347.)

Hat der Kläger den Vertrag erfüllt, so kann der die Zahlung weigernde Verklagte den Handlungsbüchern des Klägers nicht aus dem Grunde die Beweiskraft absprechen, weil es sich um einen erst künftig zu erfüllenden Vertrag handle.*

Siehe auch Rechtsgrundsatz 708. (§ 569. dieses Titels.)

§§ **564. 565.** Beweiskraft der Handlungsbücher unter Kaufleuten hinsichtlich der darin vermerkten gegenseitigen Vorschüsse.

Rechtsgr. **706.** — IV. Senat. 3. November 1859. (XXXV. 217.)

In den §§ 564. und 565. II. 8. des Allgem. Landrechts, betreffend die Glaubwürdigkeit der Handlungsbücher bei Anlehnen und Bürgschaften, wegen eingebrachten Vermögens der Ehefrauen und anderer Geschäfte, — ist von

* Vergl. Rechtsgrundsätze Bd. I. S. 242. Nr. 736.

bestimmten einzelnen, nicht in den gegenseitigen Verkehr der Parteien wesentlich eingreifenden Geschäften die Rede, und finden daher diese Gesetze dann keine Anwendung, wenn zwei Kaufleute mit einander in einem solchen Verkehr stehen, daß sie sich gegenseitig mit Vorschüssen aushelfen.

§§ **569.** ff. Beweiskraft der Handlungsbücher unter Kaufleuten:
A. Zwischen einem inkorporirten und einem nicht inkorporirten Kaufmanne; insbesondere in Berlin. — Vergl. Statut der Berliner Kaufmannschaft vom 2. März 1820 §§ 2. 3.

Rechtsgr. **707.** — IV. Senat. 18. Oktober 1860. (XXXIX. 101.)

a) Die kaufmännisch geführten Handlungsbücher des klagenden, mit kaufmännischen Rechten versehenen Kaufmanns haben gegen jeden verklagten Kaufmann, und zwar auch rücksichtlich der Bestellung und der Lieferung der Waaren Beweiskraft, gleichviel, ob Letzterer Mitglied der kaufmännischen Korporation ist, oder nicht.

b) Daher muß der nicht inkorporirte Berliner Kaufmann, welcher mit einem inkorporirten Kaufmann in Geschäftsverbindung tritt, sich bei entstehendem Streite der Vergleichung seiner Handlungsbücher mit denen des Gegners unterwerfen und die letzteren als Beweismittel gegen sich gelten lassen, falls sie untadelhaft geführt sind, die seinigen aber zu Ausstellungen Veranlassung geben.

B. Eintragung des Geschäfts in die Handlungsbücher nur des Einen der Kontrahenten; abweichende Vermerke. — Vergl. §§ **562.** ff. dieses Titels.

Rechtsgr. **708.** — IV. Senat. 11. Oktober 1859. (XXXV. 153.)

Der Grundsatz: daß ein unter Kaufleuten geschlossenes Handelsgeschäft auch durch die Eintragung in die Handlungsbücher nur Eines der Kontrahenten vollständig erwiesen wird, — setzt voraus, daß der andere Kontrahent entweder gar keine oder nicht ordnungsmäßig geführte Handlungsbücher geführt hat, oder daß das Geschäft nur in die des einen Kontrahenten eingetragen ist. — Jener Grundsatz findet dahöher keine Anwendung, wenn in den gleichfalls tadellos geführten Büchern des andern Kontrahenten ein abweichender Vermerk oder eine Notiz dahin eingetragen ist, daß das Geschäft gar nicht zu Stande gekommen sei. Es macht hierbei keinen Unterschied, daß diese Notiz sich lediglich in dem Kopirbuch vorfindet.*

Siehe auch Rechtsgrundsatz 705. (§ 562. dieses Titels.)

§ **578.** Siehe Rechtsgrundsatz 699. (§ **497.** dieses Titels.)

§ **592.** Beweiskraft des Gegenbuches bei Schreibens- und Lesens-Unkunde des Abnehmers.

Rechtsgr. **709.** — IV. Senat. 13. Dezember 1860. (**XXXIX. 293.**)

Der § 592. II. 8. des Allgem. Landrechts enthält nicht die Voraussetzung, daß der Abnehmer des Gegenbuches des Schreibens und Lesens kundig sei.

§ **597.** Ersetzung der Schriftform des unter zwei Kaufleuten mündlich geschlossenen Geschäfts durch Eintragung in die Handlungsbücher nur Eines der Kontrahenten. — Vergl. A. L. R. I. **5.** §§ **149. 151.**, II. **8.** §§ **616. 649.**; A. G. O. I. **10.** § **168.**; Edikt vom 8. Februar **1770.**

Rechtsgr. **710.** — IV. Senat. 23. Juni 1859. (XXXIV. 86.)

a) Bei Verträgen unter zwei Kaufleuten behebt die Eintragung des Geschäfts in die Handlungsbücher der kontrahirenden Kaufleute den Mangel der schriftlichen Form.

b) Ist das zur Eintragung in die Handlungsbücher geeignete Geschäft unter Kaufleuten auch nur in die Handlungsbücher des einen Theils eingetragen worden, so kann, obwohl der Beweis der Forderung hierdurch nicht geliefert wird, dennoch die Ungültigkeit des Vertrages wegen fehlender schriftlicher Abfassung auch von dem andern Theil nicht mehr vorgeschützt werden.

§ **616.** Siehe Rechtsgrundsatz 710. (§ **597.** dieses Titels.)

§§ **617. 625. 626. 629.** Siehe Rechtsgrundsatz 1407. (Statut der Berliner Kaufmannschaft vom 2. März 1820 § 2.)

* Vergl. Rechtsgrundsätze Bd. 2. S. 231. No. 623.

§ **633.** Siehe Rechtsgrundsätze 711. 1407. (§ 647. dieses Titels; Statut der Berliner Kaufmannschaft vom 2. März 1820 § 2.)

§ **647.** Widerspruch gegen die Faktor-Eigenschaft eines Handlungsgesellschafters; Wirkung der durch mündliche Uebereinkunft der Gesellschafter beschlossenen Auflösung der Sozietät Dritten gegenüber. — Vergl. A. L. R. I. 5. §§ 155. ff. 385. ff., 13. §§ 159. 168., II. 8. §§ 633. 658. 659.

Rechtsgr. 711. — IV. Senat. 3. Juli 1860. (XXXVIII. 95.)

a) Der Handlungsgesellschafter, welcher einem Dritten eröffnet hat, daß sein bisheriger Gesellschafter ihn nicht mehr verpflichten dürfe, wird aus den von dem Letzteren dennoch unter der Firma der Gesellschaft geschlossenen Verträgen dem Dritten nicht verhaftet.

b) Die dem Dritten geschehene mündliche Mitheilung der Handlungsgesellschafter von der wenngleich nur mündlich vereinbarten Auflösung der Sozietät hat zur Folge, daß dieser Dritte aus den hiernächst mit dem einen Gesellschafter Namens und unter der Firma der Gesellschaft geschlossenen Verträgen den anderen Gesellschafter nicht in Anspruch nehmen kann.

§ **649.** Siehe Rechtsgrundsatz 710. (§ 597. dieses Titels.)

§§ **651-652.** Umfang der Verhaftung des stillen Gesellschafters für die Gesellschafts-Schulden.

Rechtsgr. 712. — IV. Senat. 19. September 1857. (XXVII. 47.)

Die Anwendung des § 652. II. 8. des Allgem. Landrechts setzt voraus, daß der Gesellschafter der Sozietät ein bestimmtes Kapital mit der Bedingung anvertraut habe, statt der Zinsen am Gewinn oder Verlust nach Verhältniß des Kapitals Theil nehmen zu wollen; nicht aber ist derjenige, welcher sein Theilnahmeverhältniß am Gewinn oder Verlust der Gesellschaft nicht in dieser Art geordnet hat, für die Sozietätsschulden nur in der bezeichneten beschränkten Art blos darum verhaftet, weil sein Name in der Firma nicht enthalten, noch er sonst als ein Gesellschafter ausdrücklich bekannt gemacht ist.

Siehe auch Rechtsgrundsatz 854. (Allg. Deutsche Wechsel-Ordnung Art. 2.)

§§ **658. 659.** Siehe Rechtsgrundsatz **711.** (§ **647.** dieses Titels.)

§§ **684. 685.** Anspruch des Kaufmanns auf Zinsen durch Zustellung der Berechnung über sein Guthaben an einem Nichtkaufmann.

Rechtsgr. **713.** — IV. Senat. 12. Juli 1860. (**XXXIX.** 8.)

Die von einem Kaufmanne seinem Schuldner, einem Nichtkaufmanne, zugestellte und von demselben anerkannte Berechnung über das Guthaben des Ersteren ist der Zustellung einer Rechnung gleich zu erachten, und begründet daher der Tag jener Zustellung den Anfangstermin der Verpflichtung des Schuldners zur Entrichtung von Verzugszinsen.

Siehe auch Rechtsgrundsatz 435. (A. L. R. I. **16.** § **64.**)

§ **720.** Siehe Rechtsgrundsätze 701. **1407.** (§ **501.** dieses Titels; Statut der Berliner Kaufmannschaft vom **2.** März **1820** § **2.**)

Achter Abschnitt. Von Wechseln.

§ **963.** Siehe Rechtsgrundsatz 904. (Allg. Deutsche Wechsel-Ordnung Art. 41.)

§ **974.** Siehe Rechtsgrundsatz 954. (Allg. Deutsche Wechsel-Ordnung Art. 83.)

§ **1037.** Siehe Rechtsgrundsatz 961. (Allg. Deutsche Wechsel-Ordnung Art. 88.)

§ **1040.** Siehe Rechtsgrundsatz 962. (Allg. Deutsche Wechsel-Ordnung Art. 88. No. 1.)

§ **1054.** Siehe Rechtsgrundsatz 954. (Allg. Deutsche Wechsel-Ordnung Art. 83.)

§ **1171.** Siehe Rechtsgrundsatz 920. (Allg. Deutsche Wechsel-Ordnung Art. 73.)

§ **1189.** Siehe Rechtsgrundsatz 975. (Allg. Deutsche Wechsel-Ordnung Art. 96. No. 3.)

Zehnter Abschnitt. Von Mäklern.

§ **1311.** Siehe Rechtsgrundsatz 342. (A. L. R. I. **11.** § 869.)

§ **1337.** Siehe Rechtsgrundsatz 302. (A. L. R. I. **11.** § 218.)

Eilfter Abschnitt. Von Rhedern, Schiffern und Befrachtern.

§§ **1445. 1449. 1450.** Siehe Rechtsgrundsatz 715. (§ 1620. dieses Titels.)

§ **1497.** Siehe Rechtsgrundsatz 721. (§ 1911. dieses Titels.)

§§ **1514. 1520.** Siehe Rechtsgrundsätze 714. 715. (§§ 1525. 1620. dieses Titels.)

§§ **1522-1524.** Siehe Rechtsgrundsatz 715. (§ 1620. dieses Titels.)

§§ **1525.** ff. Repräsentation des Schiffseigenthümers durch den Schiffer, insbesondere in Betreff der Fracht. — Vergl. §§ 541. 1514. ff. 1620. ff. 1668. 1697. 1706. dieses Titels.

Rechtsgr. **714.** — III. Senat. 30. März 1860. (XXXVII. 137.)

a) Das Rechtsverhältniß des Schiffers zu den Befrachtern des Schiffes gehört nicht unbedingt zu denjenigen Verbindlichkeiten, welches der Schiffer als Faktor wegen des Schiffes eingegangen ist, und hinsichtlich welcher derselbe daher den Schiffseigenthümer repräsentirt.

b) Handelt es sich daher um einen Anspruch auf Zurückzahlung der überhobenen Fracht, so kann der Schiffer den Eigenthümer nicht dergestalt repräsentiren, daß Das, was in einem solchen Prozesse gegen den Schiffer in Beziehung auf das Schiff erkannt worden, dem Eigenthümer des Letzteren entgegengesetzt werden kann.

Siehe auch Rechtsgrundsatz 715. (§ 1620. dieses Titels.)

§§ **1528. 1529.** Siehe Rechtsgrundsätze 715. 720. (§§ 1620. 1734. dieses Titels.)

§§ **1620.** ff. Rechtsverhältniß zwischen dem Schiffer und dem Befrachter; Verhaftung des Rheders:

A. Klagerecht des Befrachters gegen den Rheder auf Erfüllung des Vertrages. — Vergl. §§ 497. ff. 1445. 1449. 1450. 1514. 1520. 1522-1529. 1668. 1669. 1710-1715. dieses Titels.

Rechtsgr. **715.** — IV. Senat. 1. Dezember 1859. (XXXVI. 45.)

a) Die Befrachter können auch den Rheder jedenfalls subsidiarisch nicht nur auf Entschädigung, sondern auch auf Erfüllung des Vertrages in rechtlichen Anspruch nehmen.

b) Der Regreß des Befrachters an den Rheder wird durch die Existenz eines von dem Rheder mit dem Schiffer schriftlich geschlossenen Vertrages nicht bedingt.

B. Verhaftung der Rheder und Schiffer bei Ablieferung der Waare durch einen Andern, als Denjenigen, mit welchem kontrahirt worden ist. — Vergl. §§ 1648. 1735. dieses Titels.

Rechtsgr. 716. — IV. Senat. 1. September 1859. (XXXIV. 224.)

Die §§ 1620. ff. 1648. u. 1735. II. 8. des Allgem. Landrechts setzen ein vertragsmäßiges Verhältniß des Schiffers zum Befrachter voraus und gestatten wenigstens keine direkte Anwendung auf den Fall, wo ein Anderer, als der Schiffer, mit welchem kontrahirt worden ist, die Waare abliefert.

Siehe auch Rechtsgrundsatz 714. (§ 1525. dieses Titels.)

§§ 1635. 1636. 1640. 1718. Anspruch des Schiffers wegen der Liegegelder an den Empfänger der Ladung; Begründung und Höhe dieses Anspruchs.

Rechtsgr. 717. — IV. Senat. 26. März 1857. (XXV. 8.)

a) Die Vorschriften der §§ 1635. 1636. 1718. II. 8. des Allgem. Landrechts beziehen sich, soweit sie die Entlöschung betreffen, überhaupt auf jeden Empfänger, der die Ladung zu erhalten hat, im Verhältniß zu dem Schiffer, durch den sie befördert worden ist.

b) Wenn die gesetzlich bestimmten Fristen von dem Empfänger überschritten sind, so braucht der Schiffer zur Begründung seines desfalls zu erhebenden Entschädigungs-Anspruches nicht noch den Beweis einer demselben zur Last fallenden schuldbaren Verzögerung zu führen.

c) Die erwähnten Vorschriften setzen nur die Zeit fest, binnen welcher die begonnene Ladung oder Entlöschung, sofern keine anderweite Vereinbarung getroffen worden ist, vollendet sein muß, und selbst durch den § 1640. ebendaselbst wird der Schiffer der Angabe sowie der Bescheinigung bestimmter Versäumnißkosten zum Zwecke der Begründung eines gegen den Empfänger zu erhebenden Entschädigungs-Anspruchs nicht überhoben.

§ **1648.** Siehe Rechtsgrundsatz 716. (§ 1620. dieses Titels.)

§§ **1668. 1669.** Siehe Rechtsgrundsätze 714. 715. (§§ 1525. 1620. dieses Titels.)

§§ **1697. 1706.** Siehe Rechtsgrundsatz 714. (§ 1525. dieses Titels.)

§ **1709.** Anspruch des Schiffers auf Erstattung der Kosten zur Verhinderung weiterer Leckage und des Verderbs der Waaren.

Rechtsgr. 718. — IV. Senat. 24. März 1859. (XXXII. 344.)

Aus der Verpflichtung des Schiffers, das weitere Lecken an den flüssigen Gütern zu verhindern und andere verderbliche Waaren durch Oeffnen der Luken, durch Umstechen rc. gegen Schaden zu bewahren, folgt nicht, daß derselbe die Kosten dieser Maaßregeln unter allen Umständen selbst zu tragen habe.

§§ **1710-1715.** Siehe Rechtsgrundsatz 715. (§ 1620. dieses Titels.)

§ **1718.** Siehe Rechtsgrundsatz 717. (§ 1635. dieses Titels.)

§ **1722.** Siehe Rechtsgrundsatz 725. (§ 2452. dieses Titels.)

§§ **1734. 1735.** Vertretung des Schiffers gegen die Befrachter:

A. Verbindlichkeit des Schiffers zum Schadensersatz wegen mangelnden Nachweises der Entstehung des Schadens durch inneren Verderb der Waare oder durch äußeren Zufall.

Rechtsgr. 719. — IV. Senat. 24. März 1859. (XXXII. 344.)

Den Schiffer trifft keine Verantwortlichkeit, und er ist daher zu irgend einer Vergütung nicht verpflichtet, wenn er erweislich selbst den entstandenen Schaden oder Verlust weder absichtlich, noch durch ein vertretbares Versehen herbeigeführt hat; des weiteren Beweises, daß der entstandene Verlust in einem äußeren unabwendbaren Zufalle seinen Grund habe, bedarf es außerdem nicht.

Dies gilt namentlich in dem Falle, wenn das Gewicht oder die Quantität der ihm anvertrauten Waaren sich erweislich durch irgend eine unvermeidliche Veränderung ihrer inneren Beschaffenheit, obwohl ohne Verderben derselben, oder durch eine Behandlung verringert hat, der sie nothwendig unterworfen werden mußten, um vor innerem Verderb bewahrt zu bleiben.

B. Verhaftung des Schiffers und des Rheders bei der Stromschifffahrt. — Vergl. § 1528. dieses Titels; Kabinetsorder vom 14. Juli 1841.

Rechtsgr. 720. — IV. Senat. 26. Juni 1860. (XXXVII. 318.)

Auch bei der Stromschifffahrt ist für Beschädigungen an der Ladung der Schiffer prinzipaliter, der Rheder nur subsidiarisch verhaftet.

Siehe auch Rechtsgrundsatz 716. (§ 1620. dieses Titels.)

Zwölfter Abschnitt. Von Haverei und Seeschäden.

§§ 1840. ff. Siehe Rechtsgrundsatz 723. (§ 1931. dieses Titels.)

§§ 1911. ff. Beschädigung der Schiffe durch An- und Uebersegeln; Ersatz des desfallsigen Schadens bei Führung des Schiffes durch Lootsen. Vergl. § 1497. dieses Titels; Hafen-Polizei-Ordnung für Stettin und Swinemünde vom 22. August 1833.

Rechtsgr. 721. — IV. Senat. 18. Oktober 1859. (XXXV. 172.)

Die durch An- und Uebersegeln der Schiffe entstandenen Seeschäden sind rücksichtlich der Schiffer auch dann als durch Zufall herbeigeführt zu beurtheilen, wenn die Schiffe von Lootsen geführt worden sind, es mag die Beschädigung durch Verschuldung der Lootsen verursacht worden sein, oder nicht.

Dieser Grundsatz gilt auch in dem Falle, wenn nur das eine Schiff segelt, und das andere vor Anker liegt.

§ 1916. Ersatz des durch An- und Uebersegeln eines vor Anker liegenden oder am Lande festgemachten Schiffes durch ein segelndes Schiff verursachten Schadens.

Rechtsgr. 722. — IV. Senat. 18. Oktober 1859. (XXXV. 172.)

Der § 1916. II. 8. des Allgem. Landrechts setzt ein Versehen des ansegelnden Schiffers voraus.

§§ 1931-1933. Wirkung der Versäumniß in Ansehung der Anlegung der Havereirechnung. — Vergl. §§ 1840. ff. dieses Titels; Preußisches Seerecht vom 1. Dezember 1727 Kap. 9. Absch. 3. Art. 26.

Rechtsgr. 723. — IV. Senat. 28. Mai 1859. (XXXIII. 266.)

Die unterlassene Beobachtung der gesetzlichen Vorschriften wegen Anlegung der im § 1932. II. 8. des Allgem. Landrechts unter Bezugnahme auf die §§ 1840. ff. daselbst vorgeschriebenen Haverei-Rechnung im Falle des An- und Uebersegelns, Antreibens und Anstoßens eines Schiffes hat den Verlust des Rechts nicht zur Folge.

Dreizehnter Abschnitt. Von Versicherungen.

§ **2002.** Siehe Rechtsgrundsatz 1489. (Reglement für die Provinzial-Feuer-Sozietät der Provinz Westphalen vom 5. Januar 1836 § 11.)

§ 2070. Berechtigung der Spediteure zur Versicherung der Speditionsgüter auf eigenen Namen.

Rechtsgr. 724. — IV. Senat. 18. Dezember 1858 (XXXI. 351.)

Spediteure sind Komissionäre, welche die Versendung von Waaren für fremde Rechnung besorgen; sie können daher die von ihnen zu versendenden Speditionsgüter auf eigenen Namen versichern lassen.

Fünfzehnter Abschnitt. Von Fuhrleuten.

§§ **2452. 2456. 2458.** Rechte des Privatfuhrmannes gegen den Empfänger des Frachtguts wegen des Frachtlohnes. — Vergl. A. L. R. I. **11.** §§ 869. ff., II. **8.** § 1722.; A. G. O. **I. 50.** § 383.; Konkurs-Ordnung § 33. No. 6.

Rechtsgr. 725. — IV. Senat. 15. April 1858. (XXIX. 249.)

Privatfuhrleute haben kein direktes Klagerecht gegen den Empfänger des Frachtguts auf Zahlung des Frachtlohnes.

§ **2459.** Verpflichtung der Fuhrleute zum Schadensersatze:

A. Beweislast bei der Schadensklage gegen den Fuhrmann in Betreff des Versehens bei dem stattgefundenen Verluste eines Kollos. — Vergl. A. L. R. I. **5.** §§ 270. 277. 360., **14.** § 36.

Rechtsgr. 726. — IV. Senat. 23. Februar 1860. (XXXVII. 55.)

Der Fuhrmann, welcher das von ihm zur Beförderung übernommene Kollo nicht abzuliefern vermag, wird nur durch den Nachweis von seiner Verbindlichkeit zum Schadensersatz frei, daß die Unmöglichkeit der Erfüllung ohne sein Verschuden eingetreten sei.

B. Verhaftung des Fuhrherrn für den durch ein Versehen seiner Leute verursachten Schaden.

Rechtsgr. 727. — IV. Senat. 20. März 1860. (XXXVII. 117.)

Die Verhaftung des Fuhrherrn für die Versehen seiner Leut nach § 2459. II. 8. des Allgem. Landrechts tritt nur für diejenigen seiner Leute ein, die von ihm bestellt, d. h. statt seiner mit der Ausführung des übernommenen Transports und mit der Leitung desselben von ihm beauftragt worden sind, keineswegs aber auch für diejenigen Personen, deren sich der Fuhrherr oder sein mit der Führung und Leitung des Transports bestellter Substitut nebenbei zur Leistung einiger zur Ausführung des Transports erforderlichen oder nützlichen mechanischen Dienste bedient hat.

C. Beschränkte Verpflichtung des Spediteurs zum Schadensersatz. — — Vergl. A. L. R. I. 13. § 46.

Rechtsgr. 728. — IV. Senat. 3. Januar 1861. (XXXIX. 321.)

Wird von dem Spediteur Ersatz für auf dem Transport beschädigtes Gut verlangt, so hat der Kläger nachzuweisen, daß die Beschädigung auf demjenigen Zwischentransport durch Schuld des Spediteurs erfolgt ist, welchen dieser als Frachtfuhrmann selbst besorgt hat.

Titel 9. Von den Rechten und Pflichten des Adelstandes.

§ 58. Siehe Rechtsgrundsatz 282. (A. L. R. I. 11. § 19.)

Titel 10. Von den Rechten und Pflichten der Diener des Staats.

§§ 1-3 68. ff. Begriff eines Beamten; Mangelnde Beamten-Eigenschaft der Schornsteinfeger. — Vergl. Edikt vom 2. November 1810 § 2); Gesetz vom 7. September 1811 §§ 103. 104.; Verordnung vom 11. Januar 1838; Gesetze vom 17. Januar 1845 § 92. und 9. Februar 1849 § 24.

Rechtsgr. 729. — IV. Senat. 5. September 1857. (XXVI. 162.)

Schornsteinfeger gehören nicht zu den Beamten, sondern zu den Gewerbetreibenden.

§§ 24. 28. Siehe Rechtsgrundsatz 852. (Allg. Deutsche Wechsel-Ordnung Art. 1.)

§§ 68. ff. Begriff eines Civilbeamten; Verhältniß eines Gerichtes bei Depositions-Prozessen. — Vergl. A. L. R. I. 13. §§ 5. ff., 14. §§ 97. 100.; Deposital-Ordnung I. §§ 21. 22.

Rechtsgr. 730. — IV. Senat. 1. November 1860. (XXXIX. 141.)

Das Gericht, vor welches Depositionsprozesse gebracht werden, kann in Betreff seiner, ihm in dieser Beziehung zustehenden Befugnisse oder obliegenden Verpflichtungen niemals als Bevollmächtigter der streitenden Deposital-Interessenten angesehen werden.

Siehe auch Rechtsgrundsatz 729. (§ 1. dieses Titels.)

§§ 88. ff. Pflichtmäßige Amtsführung:

A. Vertretung der Versehen der mittelbaren Staatsdiener, insbesondere der städtischen Beamten. — Vergl. A. L. R. I. 13. §§ 54. ff.

Rechtsgr. 731. — I. Senat. 3. Juni 1859. (XXXIII. 279.)

a) Die Bestimmungen der §§ 88-91. II. 10. des Allg. Landrechts sind auch auf die mittelbaren Staatsdiener zu beziehen.

b) Daher sind die in den §§ 88. u. 89. a. a. O. auf das Amtsverhältniß berechneten Vorschriften über das von den Beamten zu vertretende Versehen auch bei den städtischen Beamten maaßgebend, dagegen die in den §§ 54. ff. I. 13. daselbst enthaltenen, für den Vollmachtsauftrag gegebenen allgemeinen Bestimmungen über das von dem Bevollmächtigten zu vertretende Versehen außer Anwendung zu lassen.

B. Wegfall der Regreßpflicht der Beamten wegen miteingetretenen Versehens des Beschädigten. — Vergl. A. L. R. I. 6. § 20.

Rechtsgr. 732. — I. Senat. 30. Mai 1859. (XXXIII. 272.)

Die §§ 88. 89. II. 10. des Allgem. Landrechts bestimmen nur den Grad des von dem Beamten zu vertretenden Versehens. Es ist darin aber Nichts enthalten, wodurch die Anwendbarkeit der allgemeinen Grundsätze des sechsten Titels des ersten Theils des Allgem. Landrechts über die Frage: inwiefern die Schuld des Beschädigten den Beschädiger vom Schadensersatz befreie, — und namentlich der Vorschrift des § 20. daselbst ausgeschlossen würde, nach welcher in dem Falle der Beschädigte sich aller Schadloshaltung verlustig macht, wenn er bei der Abwendung des Schadens sich selbst ein grobes Versehen hat zu Schulden kommen lassen, während der Schade nur aus einem mäßigen oder geringen Versehen des Beschädigers entstanden ist.

Siehe auch Rechtsgrundsatz 388. (A. L. R. I. **13.** § **54.**)

§ **91.** Klage gegen den Prinzipalverpflichteten vor Anstellung der Regreßklage gegen den Beamten.

Rechtsgr. 733. — I. Senat. 22. Juni 1857. (XXV. 236.)

Aus den Worten des § 91. II. 10. des Allgem. Landrechts folgt nicht die Pflicht des Beschädigten, den Prozeß gegen den vermeintlich Prinzipal-Verpflichteten durch alle zulässigen Instanzen zu verfolgen.

Siehe auch Rechtsgrundsätze 52. 520. (A. L. R. I. **4.** § **19.**, **20.** § **433.**)

§§ **134. 140.** Verhaftung der Vorgesetzten und Mitglieder eines Kollegiums und der Subalternbeamten für den aus einem Versehen entstandenen Schaden.

Rechtsgr. 734. — I. Senat. 16. Juli 1860. (XXXIX. 14.)

Der § 134. II. 10. des Allg. Landrechts, — betreffend die Verhaftung des Vorgesetzten des Kollegiums und der Mitglieder für den aus einem Versehen derselben entstandenen Schaden, — bezieht sich auch auf Subaltern-Beamte.

Titel 11. Von den Rechten und Pflichten der Kirchen und geistlichen Gesellschaften.

§ **11.** Siehe Rechtsgrundsatz 743. (§ 650. dieses Titels.)

Erster Abschnitt. Von Kirchengesellschaften überhaupt.

§ **17.** Siehe Rechtsgrundsatz 743. (§ 650. dieses Titels.)

§§ **41. 42.** Siehe Rechtsgrundsatz 737. (§ 261. dieses Titels.)

§§ **50. 52.** Siehe Rechtsgrundsatz 735. (§ 56. dieses Titels.)

§§ **56. 57.** Unzulässigkeit des Rechtsweges gegen den Beschluß einer Kirchengemeinde und deren Vorstand auf Ausschließung von der Mitgliedschaft zu derselben. — Vergl. A. L. R. II. **6.** §§ 43. **44.** 47., **11.** §§ 50. 52. 113. 114. 143.; Generalkonzession vom 23. Juli 1845 §§ 1. ff.

Rechtsgr. **735.** — I. Senat. 26. Oktober 1857. (XXVII. 88.)

Ueber die Rechtmäßigkeit oder Unrechtmäßigkeit der Ausschließung von einer kirchlichen Gemeinde findet eine Berufung auf rechtliches Gehör nicht statt.*

Zweiter Abschnitt. Von den Mitgliedern der Kirchengesellschaften.

§§ **66. 98.** Siehe Rechtsgrundsatz 758. (§ 1180. dieses Titels.)

§ **101.** Siehe Rechtsgrundsatz 1336. (Synodus pragensis von 1605.)

Dritter Abschnitt. Von den Oberen und Vorgesetzten der Kirchengesellschaften.

§§ **113. 114. 143.** Siehe Rechtsgrundsatz 735. (§ 56. dieses Titels.)

§§ **156. 157.** Quittung über die an eine Kirche geleistete Zahlung. — — Vergl. Edikt vom 14. Juli 1793 II. 1.

Rechtsgr. **736.** — III. Senat. 11. September 1857. (XXVII. 33.)

Die Mitwirkung des Kirchenpatrons ist bei Ausstellung einer Quittung über eine an die Kirche geleistete Zahlung weder nach dem Allgem. Landrechte, noch auch nach dem Schlesischen Provinzialrechte erforderlich.

Siehe auch Rechtsgrundsätze 743. 744. (§ 650. dieses Titels.)

* Vergl. dagegen Koch, Kommentar zum Allgem. Landrecht II. 11. § 56. Anm. 22.

§ **159.** Siehe Rechtsgrundsatz 744. (§ 650. dieses Titels.)
§ **165.** Siehe Rechtsgrundsatz 743. (§ 650. dieses Titels.)
§§ **170.** ff. Siehe Rechtsgrundsatz 1580. (Schulordnung für die Elementarschulen der Provinz Preußen vom 11. Dezember 1845 § 31.)

Vierter Abschnitt. Von den Gütern und dem Vermögen der Kirchengesellschaften.

§ **218.** Siehe Rechtsgrundsatz 747. (§ 664. dieses Titels.)
§§ **228-234.** Siehe Rechtsgrundsatz 1161. (Konkurs-Ordnung § 79.)
§§ **238.** ff. **249.** Siehe Rechtsgrundsatz 743. (§ 650. dieses Titels.)

Fünfter Abschnitt. Von Parochien.

§ **261.** Verpflichtung zur Tragung der Parochiallasten mit Rücksicht auf den Unterschied der Religion:

A. Befreiung des Mitgliedes einer unirten Gemeinde durch Uebertritt zu einer anderen unirten Gemeinde. — Vergl. §§ 41. 42. dieses Titels; Kabinetsorders vom 30. April 1830 und vom 28. April 1834.

Rechtsgr. 737. — I. Senat. 9. Juli 1860. (XXXVIII. 147.)

Sind an einem Orte zwei evangelische Kirchengemeinden verschiedenen Glaubensbekenntnisses der Union beigetreten, so sind die Mitglieder der einen unirten Gemeinde befugt, sich zu dem bestehend gebliebenen Glaubensbekenntnisse der andern unirten Gemeinde zu bekennen und zu ihr überzugehen, und sich dadurch von dem Pfarrzwange der verlassenen Gemeinde zu befreien.

B. Verpflichtung der jüdischen Grundbesitzer zu den Parochiallasten. — Vergl. Edikt vom 11. März 1812 § 15.; Verordnung vom 30. August 1816 No. 5.; Gesetz vom 23. Juli 1847 § 3.)

Rechtsgr. 738. — I. Senat. 21. November 1859. (XXXIV. 359.)

a) Der § 261. II. 11. des Allgem. Landrechts, — betreffend die Befreiung der Mitglieder einer anderen Religionspartei von den aus der Parochialverbindung fließenden Lasten und Abgaben an die Parochialkirche, — ist auf Juden nicht anwendbar.

b) Die jüdischen Besitzer von innerhalb eines Pfarrbezirkes belegenen Grundstücken sind nicht nur zur Entrichtung der auf diesen Grundstücken zu Gunsten der Kirche oder deren Geistlichkeit haftenden Reallasten, sondern auch zur Entrichtung der nach Maaßgabe des Grundbesitzes zu entrichtenden Beiträge zur Erhaltung des Kirchensystemes verpflichtet.

Siehe auch Rechtsgrundsatz 735. (§ 872. dieses Titels.)

§§ **298. 708. 709.** Rechtsweg hinsichtlich der Feststellung der Beiträge der Filialgemeinden zu den Kirchen-, Pfarr- und Küstereibauten durch die geistlichen Oberen.

Rechtsgr. **739.** — I. Senat. 21. März 1859. (XXXIII. 80.)

Gegen die im Falle der erfolgten Einpfarrung einer benachbarten Kirchengemeinde zu einer anderen Gemeinde von der Königlichen Regierung nach § 298. II. 11. des Allgem. Landrechts getroffene Festsetzung hinsichtlich der von der eingepfarrten Gemeinde zu den Kirchen-, Pfarr- und Küstereibauten zu leistenden Höhe der Beiträge ist der Rechtsweg zulässig.

Achter Abschnitt. Von Kirchenpatronen.

§ **568.** Siehe Rechtsgrundsätze 744. 746. (§ 650. dieses Titels.)

§ **580.** Fortdauer des einem Inbegriff von Gütern zustehenden Patronatsrechts nach erfolgter Dismembration dieses Güterkomplexes. — Vergl. §§ 583. 603. 605. 610. dieses Titels.

Rechtsgr. **740.** — I. Senat. 29. Oktober 1858. (XXXI. 89.)

Auch bei erfolgter Dismembration eines zum Patronat berechtigten Gutes oder Güterkomplexes sind die Besitzer der Trennstücke in Ansehung der Rechte und Pflichten jenes Patronats als Inhaber eines gemeinsamen Rechts oder einer gemeinsamen Verbindlichkeit anzusehen.

§ **583.** Siehe Rechtsgrundsatz 740. (§ 580. dieses Titels.)

§§ **584. 720. 731. 740.** Verpflichtung des Kirchenpatrons, für die Unterhaltung der Kirche zu sorgen, und insbesondere auch zu den Kosten einer neuen Orgel beizutragen. — Vergl. A. L. R. I. 2. §§ 42. 44. 105.

Rechtsgr. 741. — I. Senat. 12. März 1858. (XXIX. 219.)

a) Die Obliegenheit des Patrons einer Kirche, für Erhaltung der „Kirche" zu sorgen, ist zwar auf Erhaltung der Kirchengebäude zu beschränken. Dieselbe erstreckt sich aber nicht blos auf die Umfassungsmauer und das Dach, sowie die Fenster und Thüren der Kirche, sondern auch auf den Ausbau im Innern und auf die Gegenstände, welche dem Zwecke des darin abzuhaltenden Gottesdienstes entsprechen und zu diesem Behufe mit dem Kirchengebäude selbst verbunden, also als Nebensachen Zubehörungen desselben sind.

b) Daher ist der Kirchenpatron im Falle der Unzulänglichkeit des Kirchenvermögens gesetzlich verpflichtet, auch zu den Kosten der nothwendig gewordenen Anschaffung und der Unterhaltung einer neuen Orgel beizutragen.

Siehe auch Rechtsgrundsatz 35. (A. L. R. I. 2. § 42.)

§ 585. Siehe Rechtsgrundsatz 746. (§ 650. dieses Titels.)

§§ 588. 605. 610. Ausübung des Kirchenpatronatsrechts eines Inbegriffes von Gütern rücksichtlich des Kirchenstuhls nach erfolgter Dismembration dieses Güterkomplexes.

Rechtsgr. 742. — I. Senat. 29. Oktober 1858. (XXXI. 89.)

Die Kirchengemeinde ist nach erfolgter Dismembration des, das Patronatsrecht besitzenden Güterkomplexes nicht befugt, den an dem Patronats-Kirchenstuhl mitberechtigten einzelnen Interessenten an der ferneren Benutzung dieses Kirchenstuhls zu hindern.

§ 603. Siehe Rechtsgrundsatz 740. (§ 580. dieses Titels.)

§§ 605. 610. Siehe Rechtsgrundsätze 740. 742. (§§ 580. 588. dieses Titels.)

Neunter Abschnitt. Von der Verwaltung der Güter und des Vermögens der Pfarrkirchen.

§ 618. Siehe Rechtsgrundsatz 1161. (Konkurs-Ordnung § 79.)

§ 619. Siehe Rechtsgrundsatz 744. (§ 650. dieses Titels.)

§§ 650. 651. Obliegenheit der Kirchenvorsteher zur Führung der Prozesse wegen der Güter und des Vermögens der Kirche:

A. Begriffe der Ausdrücke „Kirche", „Kirchengesellschaft" und „Kirchengemeinde" im Sinne des Allg. Landrechts. — Vergl. §§ 11. 17. 156. 165. 238. ff. 249. dieses Titels.

Rechtsgr. 743. — I. Senat. 9. November 1857. (XXVIII. 73.)

a) Kirche und Kirchengesellschaft sind im Sinne des Allgemeinen Landrechts identisch.

b) Das Wort Kirchengemeinde hat einen doppelten Sinn: entweder bezeichnet es die Kirchengesellschaft und Kirche, als Korporation — wobei also nicht das Interesse der einzelnen Mitglieder in Betracht kommt; oder den Inbegriff der einzelnen Eingepfarrten.

B. Vertretung der Kirchengemeinde in Prozessen durch den Kirchenvorstand und Patron, beziehungsweise durch zu wählende Bevollmächtigte oder Repräsentanten. — Vergl. A. L. R. II. 6. §§ 65 bis 69. 117., 11. §§ 157. 159. 568. 619.

Rechtsgr. 744. — I. Senat. 9. November 1837. (XXVIII. 73.)

Die Kirchengemeinde wird in Prozessen, wenn es sich um das Interesse der Kirchengesellschaft, als solche, handelt, durch den Kirchenvorstand und den Patron, — wenn es sich dagegen nur um das Interesse einzelner Mitglieder handelt, durch gewählte Bevollmächtigte oder Repräsentanten vertreten.

C. Vertretung der Kirchengemeinde durch den Kirchenvorstand in Unterstützung des Patrons bei Prozessen wegen der zu den Pfarr- und Kirchenbauten von einem Eingepfarrten vorweg unentgeltlich zu gewährenden Baumaterialien. — Vergl. §§ 710. 788. 789. dieses Titels.

Rechtsgr. 745. — I. Senat. 25. März 1859. (XXXIII. 103.)

Handelt es sich in einem Prozesse darum, ob Jemand, abgesehen von den sonstigen ihm als Eingepfarrten obliegenden Lasten, zu den Pfarr- und Kirchenbauten der Gemeinde die erforderlichen Materialien an Holz, Steinen und Sand vorweg unentgeltlich zu gewähren habe, so erscheint die Kirchengemeinde als Korporation betheiligt und ist daher durch den Kirchenvorstand, unterstützt von dem Patron, zu vertreten.

D. Theilnahme des Kirchenpatrons an den Prozessen der Kirche. — Vergl. 568. 585. 658. 659. dieses Titels.

Rechtsgr. 746. — II. Senat. 17. Juli 1860. (XXXVIII. 189.)

Die Stellung des Patrons bringt es nicht mit sich, daß er an den Prozessen der Kirche Theil nehmen müßte.*

§ **652**. Siehe Rechtsgrundsatz 747. (§ **664**. dieses Titels.)
§§ **658. 659**. Siehe Rechtsgrundsatz 746. (§ 650. dieses Titels.)
§ **664**. Obliegenheit der Kirchenvorsteher zur Einziehung der Kirchen-einkünfte und Anstellung desfallsiger Klagen. — Vergl. A. L. R. II. **6**. §§ 147. ff., **11**. §§ 218. 652.

Rechtsgr. 747. — II. Senat. 17. Juli 1860. (XXXVIII. 188.)

Handelt es sich um bloße Einkünfte des Kirchenvermögens, z. B. um die Hebung eines Laudemiums, nicht aber um die Substanz des Kirchenvermögens, z. B. die Laudemialpflicht überhaupt, so ist das Kirchen-Kollegium zur Klage auf Entrichtung dieser Einkünfte — des Laudemiums — auch ohne Approbation der geistlichen Obern berechtigt.

§§ **708. 709**. Siehe Rechtsgrundsatz 739. (§ 298. dieses Titels.)
§§ **710. 720**. Observanz zwischen dem Patron und der Kirchengemeinde hinsichtlich der Aufbringung der Kosten zum Bau und zur Unterhaltung der Kirchengebäude. — Vergl. A. L. R. Publ.-Patent vom 5. Februar 1794 § 7., Einl. §§ 3. ff.

Rechtsgr. 748. — I. Senat. 28. September 1857. (XXVII. 71.)

a) Eine ununterbrochene Gewohnheit nach § 710. II. 11. des Allgem. Landrechts findet als Prinzipalnorm für die Baulast in Betreff der Kirchen- und Pfarrgebäude auch auf das Verhältniß zwischen dem Patron und der Kirchengemeinde Anwendung.

b) Eine solche ununterbrochene Gewohnheit kann auch aus dem Zeitraume nach Emanation des Allgem. Landrechts dargethan werden.

* Vergl. dagegen Koch, Allgem. Landrecht II. 11. § 651. Anm. 11.

c) Zum Beweise derselben ist der Nachweis der bloßen Thatsache des wiederholten Handelns nicht geeignet; die Handlungen müssen vielmehr die Meinung der Handelnden von der rechtlichen Nothwendigkeit ihrer Handlungen, die Ueberzeugung von der Existenz eines befolgten Rechtssatzes deutlich zu erkennen geben.

Siehe auch Rechtsgrundsätze 745. 763. 764. 1237. 1337. 1347. 1553. (A. L. R. II. **11**. § 650., **12**. §§ 34. 37.; Entwurf des Kurmärkischen Provinzialrechts, Motive Theil II. S. 322.; Eichsfeld'sche Kirchenordnung von 1605.; Ordinatio clementina vom 28. August 1715 § 2.; Magdeburger Kirchenordnung vom 9. Mai 1739 Kapital 15. § 2.)

§ **720**. Siehe Rechtsgrundsätze 35. 741. 748. (A. L. R. I. **2**. § 42., II. **11**. 584. 710.)

§ **731**. Siehe Rechtsgrundsätze 35. 741. 1337. (A. L. R. I. **2**. § 42., II. **11**. § 584.; Eichsfeld'sche Kirchenordnung von 1605.)

§ **740**. Siehe Rechtsgrundsatz 35. 741. (A. L. R. I. **2**. § 42., II. **11**. § 584.)

§ **744**. Siehe Rechtsgrundsatz 1161. (Konkurs-Ordnung § 79.)

§§ **757**. ff. Siehe Rechtsgrundsatz 1580. (Schulordnung vom 11. Dezember 1845 § 31.)

Zehnter Abschnitt. Von Pfarrgütern und Einkünften.

§ **772**. Siehe Rechtsgrundsatz 539. (A. L. R. I. **21**. § 91.)

§§ **778. 823**. Verwaltung und Nießbrauch des Pfarrers an den Pfarrgütern:

A. Selbstständiges Klagrecht des Pfarrers wegen rückständigen Meßkorns.

Rechtsgr. **749**. — I. Senat. 22. Juni 1857. (XXV. 229.)

Zur Klage auf rückständiges Meßkorn ist der Pfarrer selbstständig befugt.

B. Nach Gemeinem Deutschen Rechte; Fruchterwerb des Pfarrers. — Vergl. Dig. **10**. 1. Lex **2**. 9.

Rechtsgr. **750**. — V. Senat. 8. November 1859. (XXXV. 238.)

a) Auch nach dem Gemeinen Deutschen Recht sind dem Pfarrer in Bezug auf die Benutzung der Pfarrgrundstücke die Rechte eines Usufruktuars beigelegt.

b) Der Usufruktuar macht die in gutem Glauben gezogenen Früchte kraft seines selbstständigen dinglichen Rechts zu den seinigen und braucht namentlich die konsumirten Früchte nicht herauszugeben.

Siehe auch Rechtsgrundsatz 539. (A. L. R. I. **21.** § 91.)

§ **788.** ff. Siehe Rechtsgrundsätze 745. 763. 1337. 1353. 1582. (A. L. R. II. **11.** § 650., **12.** § 34.; Eichsfeld'sche Kirchenordnung von 1605.; Magdeburger Kirchenordnung vom 9. Mai 1739 Kap. 15. § 2.; Gesetz vom 11. April 1846 § 1.)

§ **793–795.** Siehe Rechtsgrundsatz 1353. (Magdeburger Kirchenordnung vom 9. Mai 1739 Kap. 15. § 2.)

§§ **801. 802.** Rückgewähr der von dem Pfarrer gepachteten Pfarrländereien seitens des Pächters an den Amtsnachfolger des Verpächters; stillschweigende Verlängerung der Pacht bei Eintheilung der Aecker in gewisse Felder.

Rechtsgr. **751.** — III. Senat. 9. Juli 1860. (XXXVIII. 159.)

a) Die §§ 801. u. 802. II. 11. des Allgem. Landrechts setzen eine Eintheilung der Aecker nach einer regelmäßigen Fruchtfolge als wesentlich voraus, nicht aber: daß eines der drei oder mehreren Felder in einem Jahre ganz oder zum Theil nicht benutzt werde.

b) Der Ausdruck in dem § 801. daselbst: mit der Nutzung wenigstens ein Mal durch alle Felder herumkommen," bedeutet nicht, daß jedes Feld wenigstens ein Mal überhaupt genutzt sein müsse, sondern: daß jedes Feld die Reihe durchgemacht habe.

c) Daher erstreckt sich die stillschweigende Verlängerung der Pacht des Gutes bei einer Eintheilung der Aecker in drei Felder auf drei Jahre.

Siehe auch Rechtsgrundsätze 550. 556. (A. L. R. I. **21.** §§ 330. 614.)

§§ **804.** ff. **823.** Anspruch der Kirche gegen den abgehenden Pfarrer oder dessen Erben wegen Verwüstung des Pfarrwaldes. — Vergl. A. L. R. I. **6.** §§ 10. ff., **18.** §§ 564. ff., **21.** § 137.

Rechtsgr. 752. — I. Senat. 31. Januar 1859. (XXXV. 1.)

In Betreff des Anspruches der Kirche gegen den abgehenden Pfarrer oder dessen Erben auf Erstattung des durch Verwüstung des Pfarrwaldes entstandenen Schadens finden nicht die Vorschriften über die Art und Weise der bei Ertrags-Verminderung des Lehns zu leistenden Schadloshaltung, sondern die allgemeinen Grundsätze von widerrechtlichen Beschädigungen Anwendung.

§ 823. Siehe Rechtsgrundsätze 750. 752. (§§ 778. 804. dieses Titels.)

Eilfter Abschnitt. Von Zehnten und anderen Pfarrabgaben.

§ 857. Zehntpflichtigkeit der ländlichen Grundstücke in Schlesien; Beweislast hinsichtlich derselben. — Vergl. Allg. Hypotheken-Ordnung I. § 48.; Kolowratscher Vertrag vom 3. und 18. Februar 1504 No. 4.

Rechtsgr. 753. — I. Senat. 4. Juli 1859. (XXXIV. 127. 128.)

a) In Schlesien ist eine allgemeine Zehntpflichtigkeit weder durch das Allgem. Landrecht, noch durch ein Provinzialgesetz eingeführt, noch auch läßt sich aus dem Kolowratschen Vertrage von 1504 eine allgemeine Zehntpflichtigkeit aller in Schlesien innerhalb einer gewissen Parochie belegenen ländlichen Grundstücke herleiten.

b) Dem Erwerber eines in Schlesien belegenen Grundstücks, auf welchem die Zehntpflichtigkeit in das Hypothekenbuch nicht eingetragen ist, liegt die Beweislast der behaupteten Befreiung von dieser Last nur dann ob, wenn vorher die Allgemeinheit der Zehntpflichtigkeit der in dem betreffenden Bezirke belegenen Grundstücke dargethan ist.

Siehe auch Rechtsgrundsatz 755. (§ 872. dieses Titels.)

§§ 860. 865. Befreiung der Dissidenten (Protestanten und nicht unirten Griechen) im Großherzogthum Posen von Abgaben an die katholische Geistlichkeit, insbesondere von Zehnten und Meßkorn. — Vergl. Warschauer Traktat vom 13. (24.) Februar 1768 Artikel II. VII. VIII.

Rechtsgr. 754. — I. Senat. 23. September 1859. (XXXIV. 258.)

a) Unter dem in dem Warschauer Traktat von 1768 gebrauchten Ausdruck „Dissidenten“ sind zwar vorzugweise die Protestanten zu verstehen, dieselben sind jedoch mit den nicht unirten Griechen hinsichtlich der in dem Traktate verordneten Befreiung der Dissidenten von Abgaben an die katholische Geistlichkeit ganz gleich behandelt.

b) Der gedachte Traktat hat der katholischen Geistlichkeit in Polen Zehnten und Meßkorn gegen einen Dissidenten nur unter der Voraussetzung eines besonders nachzuweisenden Rechtes auf diese Hebungen vorbehalten. Daher genügt die gemäß § 865. II. 11. des Allgem. Landrechts aus der Lage eines Grundstücks in einer sonst zehntpflichtigen Feldmark abzuleitende Vermuthung zu jenem Beweise nicht.*

§ 871. Siehe Rechtsgrundsatz 539. (A. L. R. I. 21. § 91.)

§ 872. Verpflichtung der Grundbesitzer in der Oberlausitz zur Entrichtung des Pfarrzehnten. — Vergl. §§ 261. 857. dieses Titels.

Rechtsgr. 755. — I. Senat. 21. Dezember 1857. (XXVII. 227.)

Es ist nicht begründet, daß Grundbesitzer nach dem in der Oberlausitz geltenden Provinzialrecht verpflichtet sind, geistliche Zehnten auch dann zu entrichten, wenn sie einer anderen Konfession angehören, als die empfangberechtigte Stelle. Es ist vielmehr mit Rücksicht auf das Allgemeine Landrecht anzunehmen, daß nur diejenigen den Pfarrzehnt zu leisten haben, welche derselben Konfession angehören, als die berechtigte Pfarre.

Siehe auch Rechtsgrundsatz 539. (A. L. R. I. 21. § 91.)

§ 937. Ortsgewohnheit in Betreff der Prästation von Offertorien, Pröven, Ostereiern, Wettergarben, eines Taufschinkens und anderer Pfarr- und Küsterabgaben. — Vergl. A. L. R. Publ.-Patent vom 4. Februar 1794 § 7., Einl. §§ 3. 4.

* Vergl. dagegen Rechtsgrundsätze Bd. I. (2. Ausgabe) S. 264. No. 799.

Rechtsgr. 756. — I. Senat. 17. April 1857. (XXV. 60.)

Daraus, daß in einzelnen Fällen die sonst als ortsherkömmlich im Sinne des § 937 II. 11. des Allgem. Landrechts nachgewiesene Leistung nicht gegeben worden, folgt noch nicht mit Nothwendigkeit die Nichtexistenz eines solchen Gewohnheitsrechts.

Siehe auch Rechtsgrundsatz 5. (A. L. R. Publ.-Patent vom 5. Februar 1794 § 7.)

Zwölfter Abschnitt. Von geistlichen Gesellschaften überhaupt.

§ **939**. Siehe Rechtsgrundsätze 757. 760. (§§ 1057. 1199. dieses Titels.)
§§ **948**. ff. Siehe Rechtsgrundsätze 757. 758. 760. (§§ 1057. 1180. 1199. dieses Titels.)
§ **1057**. Begriff eines Klosters. — Vergl. §§ 939. 948. ff. dieses Titels.

Rechtsgr. 757. — IV. Senat. 27. November 1860. (XXXIX. 231.)

Eine Gesellschaft kann nur mit Genehmigung des Staats zu einer Klostergesellschaft gebildet und dadurch zu einer Korporation erhoben werden. — Daher kann von der Existenz eines Klosters im Sinne des Allgem. Landrechts die Rede nicht sein, bevor dasselbe die Genehmigung des Staats erhalten und damit zu einer Korporation erhoben ist.

Siehe auch Rechtsgrundsatz 760. (§ 1199. dieses Titels.)

Achtzehnter Abschnitt. Von Mönchen und Ordensleuten.

§§ **1174. 1178. 1179**. Siehe Rechtsgrundsatz 1320. (Extrav. Comm. 5. 9. cap. 5.)
§§ **1180**. ff. Anspruch eines Klosters, z. B. eines Konvents der Elisabethinerinnen, auf das Vermögen der Ordens- oder Klosterpersonen. — Vergl. A. L. R. Einl. § 21., II. 11. §§ 66. 98. 948.; Conc. Trid. Sessio 25. § 2.; Edikt vom 21. Juni 1753 §§ 6. 11.; Hubertsburger Frieden von 1763. Art. 14.

Rechtsgr. 758. — III. Senat. 4. Februar 1861. (XL. 228.)

Für die rechtliche Behandlung des Vermögens der geistlichen Ordenspersonen zur Zeit ihres Eintritts in den Orden ist nich das Gemeine, beziehungsweise nicht das Kanonische, sondern das Allgemeine Landrecht maaßgebend.

§§ **1183. 1185. 1187. 1195.** Siehe Rechtsgrundsatz 759. (§ 1199. dieses Titels.)

§§ **1199-1201.** Weltliche Rechtsgeschäfte der Mönche und Nonnen nach abgelegtem Klostergelübde:

A. Anspruch des Klosters auf das Vermögen der Mönche oder Nonnen zur Zeit deren Eintritts in das Kloster. — Vergl. §§ 1183. 1185. 1187. 1195. dieses Titels; Edikt vom 21. Juni 1753 §§ 6. 11.

Rechtsgr. 759. — III. Senat. 4. Februar 1861. (XL. 229.)

Nach den Bestimmungen des Allgem. Landrechts fällt das Vermögen, was eine Klosterperson zur Zeit ihres Eintritts in das Kloster besitzt, nicht an das Kloster.

B. Ablegung eines wirklichen Klostergelübdes als Bedingung des Ansehens der Klosterperson als verstorben; Anstalten der barmherzigen Schwestern oder der Schwestern Unserer Lieben Frauen zur Erziehung der Jugend und Pflege alter, schwächlicher Personen; Dispositionsfähigkeit dieser Schwestern. — Vergl. §§ 939. 948. ff. 1057. dieses Titels; Verfassungs-Urkunde vom 31. Januar 1850 Art. 12. 15. 23. 30. 31.

Rechtsgr. 760. — IV. Senat. 27. November 1860. (XXXIX. 232.)

a) Die Bestimmung der §§ 1199–1201. II. 11. des Allgem. Landrechts, — nach welcher Mönche und Nonnen nach abgelegtem Klostergelübde in Ansehung aller weltlichen Geschäfte als verstorben angesehen werden, — setzt die Ablegung eines wirklichen Klostergelübdes voraus, — mithin in der Bedeutung: daß damit der Eintritt in ein Kloster, also in eine geistliche Gesellschaft bewirkt werden soll, welche nach den obgedachten Gesetzen die Genehmigung des Staats erhalten hat und dadurch zu einer Korporation erhoben ist.

b) Dadurch allein, daß eine Stiftung (Anstalt) zur Erziehung und zum Unterricht der weiblichen Jugend, sowie zur Pflege alter, schwächlicher Personen unter der Leitung einer geistlichen Gesellschaft, z. B. der Genossenschaft der barmherzigen Schwestern oder der Schwestern Unserer Lieben

Frau, gestellt ist, erhält dieselbe noch nicht den Charakter eines Klosters.

Daher verliert durch den, unter Ablegung des Gelübdes der Keuschheit, der Armuth und des Gehorsams erfolgten Beitritt zu einer solchen Gesellschaft die Eintretende noch nicht die Disposition über ihr Vermögen.

C. Erwerb- und Dispositionsfähigkeit der Nonnen und Mönche. — Vergl. Verfassungsurkunde vom 31. Januar 1850 Art. 9. 10. 109.

Rechtsgr. 761. — III. Senat. 4. Februar 1861. (XL. 229.)

Die §§ 1199. u. 1200. II. 11. des Allgem. Landrechts, — betreffend die Unfähigkeit der Nonnen, Vermögen zu erwerben, zu besitzen und darüber zu verfügen, — sind durch die Verfassungs-Urkunde vom 31. Januar 1850 nicht für aufgehoben zu erachten.

§ **1209.** Siehe Rechtsgrundsatz 1320. (Extrav. Comm. 5. 9. cap. 5.)

Titel 12. Von niederen und höheren Schulen.

§§ **18.** ff. Siehe Rechtsgrundsatz 1580. (Schulordnung vom 11. Dezember 1845 § 31.)

§§ **22.** ff. Präsentationsrecht bei Besetzung der Lehrerstellen an Elementarschulen. — Vergl. A. L. R. I. **9.** § 666.; Verfassungs-Urkunde vom 31. Januar 1850 Art. 24.

Rechtsgr. 762. — I. Senat. 14. November 1860. (XXXIX. 201.)

Das auf unvordenklichen Besitz begründete Präsentationsrecht bei Besetzung der Lehrerstellen an den bisherigen Elementarschulen eines Ortes erstreckt sich nicht auf die wegen Ueberfüllung dieser Schulen errichteten neuen Elementarschulen.

§§ **34. 35. 37.** Observanz hinsichtlich der Schulbaupflicht bei bloßen Schulhäusern und bei Schulhäusern, die zugleich zur Küsterwohnung dienen; insbesondere hinsichtlich der Höhe der Beiträge der Mitglieder einer fremden zugeschlagenen Gemeinde. — Vergl. A. L. R. II. **11.** §§ 710. 711. 790.

Rechtsgr. 763. — I. Senat. 14. Oktober 1859. (XXXV. 187.)

a) Bei bloßen Schulhäusern, die nicht zugleich zur Küsterwohnung dienen, sind hinsichtlich der Pflicht zu deren Unterhaltung zunächst die Vorschriften der §§ 34. 35. II. 12. des Allgem. Landrechts maaßgebend. — Sind jedoch in dem Dorfe, wo die Schule liegt, und in der fremden zugeschlagenen Gemeinde nicht Beitragspflichtige gleicher Art, z. B. dort nur Bauern und hier nur Kolonisten, vorhanden, so hat über das Verhältniß der Höhe des Beitrages der Mitglieder der zugeschlagenen Gemeinde eine gültige Observanz sich bilden können.

b) Bei Schulhäusern, die zugleich zur Küsterwohnung dienen, kommen hinsichtlich der Pflicht zu deren Unterhaltung die bei Pfarrbauten geltenden gesetzlichen Vorschriften, mithin zunächst etwa bestehende ununterbrochene Gewohnheiten zur Anwendung.

§ 36. Siehe Rechtsgrundsatz 1581. (Schulordnung vom 11. Dezember 1845 § 44.)

§ 37. Observanzen in Betreff der Kosten des Erweiterungsbaues und der Unterhaltung der zugleich zur Küsterwohnung dienenden Schulhäuser. — Vergl. A. L. R. II. 11. § 710.; Gesetz No. 2742. vom 21. Juli 1846 §§ 3. 6.

Rechtsgr. 764. — I. Senat. 18. Februar 1861. (XL. 276.)

Bei dem Erweiterungsbau eines mit der Küsterwohnung verbundenen Schullokals sind Observanzen, welche von der Bestimmung des § 3. des Gesetzes No. 2742. vom 21. Juli 1846 abweichen, ferner nicht zu berücksichtigen.

Siehe auch Rechtsgrundsätze 1337. 1582. (Eichsfeld'sche Kirchenordnung von 1605; Gesetz vom 11. April 1846 § 1.)

Titel 14. Von den Staatseinkünften und fiskalischen Rechten.

§ 9. Siehe Rechtsgrundsatz 769. (§ 79. dieses Titels.)

§§ 11. 12. Domäneneigenschaft der Königlichen Familiengüter, insbesondere der Hausfideikommiß-Herrschaft Wusterhausen.

Rechtsgr. 765. — II. Senat. 3. Juli 1860. (XXXVIII. 92.)

Die Königlichen Familiengüter, insbesondere auch die Königliche Hausfideikommiß-Herrschaft Wusterhausen, gehören zu den Staatsdomänen.

Siehe auch Rechtsgrundsätze 766. 773. 1373. (A. L. R. II. **14.** § **42.**, **15.** § 38.; Reglement vom 15. September 1798 § **2.** No. **4.**)

§ **21.** Siehe Rechtsgrundsätze 774. 776. 777. (A. L. R. II. **15.** §§ 38. 68. 70.)

§§ **24. 26.** Siehe Rechtsgrundsatz 774. (A. L. R. II. **15.** § 38.)

§ **42.** Ersitzung von Rechten auf die Königlichen Familiengüter. — Vergl. A. L. R. I. **9.** § 629., II. **14.** §§ **11. 12.**

Rechtsgr. 766. — II. Senat. 3. Juli 1860. (XXXVIII. 92.)

Den Königlichen Familiengütern stehen auch in Hinsicht auf die Verjährung die Rechte des Fiskus zu, und ist demnach zur Ersitzung von Rechten auf dieselben ein Zeitraum von 44 Jahren erforderlich.

§§ **76. 77.** Siehe Rechtsgrundsatz 1501. (Eisenbahngesetz vom 3. November 1838 § 25.)

§ **78.** Ausschließung des Rechtweges über die von der Verwaltungsbehörde anerkannte rechtliche Existenz einer auf notorischer Orts- oder Bezirksverfassung beruhenden Kirchen- und Schulabgabe. — Vergl. Kabinetsorder vom 19. Juni 1836 No. 1. 3.

Rechtsgr. 767. — I. Senat. 11. November 1859. (XXXV. 265.)

Ob eine auf notorischer Orts- oder Bezirksverfassung beruhende Kirchen- oder Schul-Abgabe existire, ist vom Richter nicht zu entscheiden, sobald die Verwaltungsbehörde das Bestehen einer solchen ausdrücklich anerkannt hat, und auf Grund dessen von der Verwaltungsbehörde gegen die Säumigen die administrative Exekution in Gemäßheit der No. **1.** der Kabinets-Order vom 19. Juni 1836 angeordnet worden ist.

Siehe auch Rechtsgrundsatz 1491. (Verordnung vom 19. Juni 1836 No. 1.)

§§ **79.** ff. Rechtsweg in Betreff der Streitigkeiten über die Befreiung von den aus dem Besteuerungsrechte fließenden Abgaben. — Vergl. A. G. O. I. Einl. § 1.

A. Streitigkeiten über die Befreiung von kirchlichen Abgaben nach ergangener Verfügung der Verwaltungsbehörde auf deren exekutivische Beitreibung auf den Grund notorischer Orts- oder Bezirksverfassung. — Vergl. Verordnung vom 26. Dezember 1808 §§ 41. 42.; Kabinetsorder vom 19. Juni 1836 No. 1. 3.

Rechtsgr. 768. — I. Senat. 11. November 1858. (XXXV. 266.)

Derjenige, gegen den auf den Grund notorischer Ortsverfassung von der zuständigen Verwaltungsbehörde die Exekution auf Entrichtung einer kirchlichen Abgabe verfügt worden ist, kann das rechtliche Gehör nur in Anspruch nehmen, wenn er aus besonderen Gründen die Befreiung von einer solchen Abgabe, also auf den Grund von Vertrag, ausdrücklichem Privilegium oder geeigneter Verjährung, geltend machen will, oder in der Bestimmung seines Antheils über die Gebühr belastet zu sein behauptet.

B. Streitigkeiten über die Aufbringung und Vertheilung der Schulabgaben, insbesondere bei entgegenstehendem Schuldotationsplan. — Vergl. § 9. dieses Titels; Kabinetsorder vom 19. Juni 1836 No. 3.; Gesetz vom 11. Mai 1842 § 5.

Rechtsgr. 769. — I. Senat. 24. Oktober 1859. (XXXV. 186.)

a) Wenn mehrere Gemeinden zu Einem Schulverbande gehören, und unter den Mitgliedern derselben über die Aufbringung und Vertheilung der Schul-Abgaben Streitigkeiten entstehen, so sind dieselben dem Rechtswege unterworfen.

b) Der Rechtsweg ist auch dann nicht ausgeschlossen, wenn ein Mitglied des Schulverbandes durch einen von der Regierung bestätigten Schuldotationsplan sich prägravirt erachtet, sofern nicht erhellt, daß die Verwaltungs-Behörde aus besonderen polizeilichen Ober-Aufsichtsgründen die bezügliche prägravirende Bestimmung für erforderlich erachtet hat.

C. Streitigkeiten über die Vertheilung der Wegebaulast unter den Kontribuenten vor erfolgter Festsetzung seitens der Verwaltungsbehörde. — Vergl. § 9. dieses Titels.

Rechtsgr. 770. — II. Senat. 3. Dezember 1857. (XXVII. 184.)

Ueber die Vertheilung der Wegebaulast unter den Kontribuenten ist der Rechtsweg auch dann zulässig, wenn eine Festsetzung der Verwaltungbehörde noch nicht erlassen ist, durch welche ein Verpflichteter über die Gebühr belastet zu sein behauptet und sich dadurch berechtigt glaubt, gegen die angeblich zu wenig belasteten Genossen zu klagen.

Siehe auch Rechtsgrundsatz 1491. (Kabinets-Order vom 19. Juni 1833 No. 1.

Titel 15. Von den Rechten und Regalien des Staats in Ansehung der Landstraßen, Ströme, Hafen und Meeresufer.

Erster Abschnitt. Von Land- und Heerstraßen.

§§ 2. ff. Ersitzung eines Kommunikationsweges. — Vergl. A. L. R. I. 8. § 3., II. 7. §§ 37. ff.

Rechtsgr. 771. — II. Senat. 8. Mai 1858. (XXIX. 285.)

Kommunikationswege sind kein Gegenstand des Privateigenthums; es kann deshalb auch niemals die Benutzung eines solchen Weges nach seiner Bestimmung als ein Akt der Ergreifung oder Ausübung des Besitzes zur Begründung des Titels der Verjährung aufgefaßt werden.

§ 5. Rechtsweg in Betreff des Anspruchs auf Entschädigung wegen polizeilicher Erklärung eines Weges für einen öffentlichen Weg; Person des wegen dieser Expropriation zur Entschädigung Verpflichteten. — Vergl. A. L. R. Einleitung § 75.; Gesetz vom 11. Mai 1842 § 4.

Rechtsgr. 772. — II. Senat. 14. Juli 1859. (XXXIV. 180.)

Bei Entscheidung des Streites darüber: ob durch eine, die Oeffentlichkeit eines Weges festsetzende, polizeiliche Verfügung ein solcher Eingriff in Privatrechte geschehen ist, für welchen nach den gesetzlichen Vorschriften über Aufopferung der Rechte und Vortheile der Einzelnen im Interesse des Allgemeinen Entschädigung gewährt werden muß, — ist der Richter die behauptete bisherige Eigenschaft des Weges als eines Privatweges, und daher namentlich auch den behaupteten Rechtstitel der Verjährung zu erörtern berechtigt.

b) Wer in diesem Falle wegen der Expropriation des Weges nach § 75. der Einleitung zum Allgemeinen Landrecht die Entschädigung zu leisten hat, hängt davon ab, in wessen Interesse die Expropriation erfolgt, ob insbesondere deren Nutzen dem Staate in seiner Gesammtheit, oder innerhalb desselben bestimmten Kreisen oder Personen zu Gute kommt.

Siehe auch Rechtsgrundsatz 25. (A. L. R. Einl. § 75.)

§ **11.** Siehe Rechtsgrundsatz **1374.** (Publikandum vom **26.** Oktober **1802.**)

§ **17.** Siehe Rechtsgrundsatz **1438.** (Kabinetsorder vom **11.** Juni **1825.**)

§§ **18. 19.** Siehe Rechtsgrundsätze **1361. 1438.** (Schlesisches Wege-Reglement vom **11.** Januar **1767** § **15.**; Kabinetsorder vom **11.** Juni **1825.**)

Zweiter Abschnitt. Von Strömen, Hafen und Meeresufern.

§§ **38.** ff. Regalität der Nutzungen der von Natur schiffbaren Ströme:
A. Begriff eines öffentlichen und eines Privatgewässers. — Vergl. A. L. R. II. **14.** §§ **11.** 21.

Rechtsgr. **773.** — II. Senat. 14. November **1859.** (**XXXVI.** 10.)

Oeffentliche Gewässer sind das Meer, die von Natur schiffbaren Ströme und überhaupt solche Gewässer, welche zum gemeinen Besten dienen; Privatgewässer dagegen sind solche, über die Jemand, mit Ausschließung Anderer, aus eigener Macht durch sich selbst oder einen Anderen zu verfügen befugt ist, — ohne Unterschied, ob dies seitens des Staates (des Fiskus) oder einer Privatperson geschieht.

B. Erwerbung des privativen Nutzungsrechts an öffentlichen Flüssen durch Privilegien und durch Verjährung. — Vergl. A. L. R. I. **9.** §§ **581. 629.**, II. **14.** §§ **21. 24. 26.**, **15.** §§ **44.** ff.

Rechtsgr. 774. — II. Senat. 13. Dezember 1859. (XXXV. 345.)

Das privative Nutzungsrecht an den von Natur schiffbaren Strömen — den öffentlichen Flüssen — kann von Privaten nicht nur kraft Privilegium, sondern auch durch Verjährung erworben werden.

C. Unterbrechung des Laufes der Verjährung der Fischereigerechtigkeit in einem fiskalischen See. — Vergl. Gemeinheitstheilungs-Ordnung vom 7. Juni 1821 § 164.; Ergänzungsgesetz No. 3235. vom 2. März 1850 Art. 1. No. 7. und Art. 12.

Rechtsgr. 775. — II. Senat. 15. November 1859. (XXXVI. 11.)

Der Lauf der Verjährung der Fischereigerechtigkeit in einem als Privatgewässer zu betrachtenden See ist durch das Ergänzungsgesetz No. 3235. vom 2. März 1850 Art. 12. auch dann für unterbrochen zu erachten, wenn Fiskus der Eigenthümer dieses See's ist.

§§ **44.** ff. Siehe Rechtsgrundsatz 774. (§ 38. dieses Titels.)

§ **46.** Siehe Rechtsgrundsatz 207. (A. L. R. I. **8.** § 99.)

§§ **53. 54.** Siehe Rechtsgrundsätze 1357. 1374. (Wege-Reglement vom 24. Juni 1764 § 9.; Publikandum vom 6. Oktober 1802.)

§§ **55-62.** Siehe Rechtsgrundsatz 206. (A. L. R. I. **8.** § 99.)

§§ **63-66.** Siehe Rechtsgrundsätze 206. 1231. (A. L. R. I. **8.** § 99.; Westpreußisches Provinzialrecht § 71.)

§ **68.** Eigenthum an dem Flußbette eines öffentlichen Flusses. — Vergl. A. L. R. II. **14.** § 21.

Rechtsgr. 776. — III. Senat. 25. Januar 1861. (XL. 156.)

Das Flußbett eines öffentlichen Flusses ist nicht Gegenstand des besonderen Eigenthums des Fiskus.

§§ **70. 71.** Recht auf Aneignung des verlassenen Flußbettes bei erfolgter Anweisung eines anderen Laufes des Flusses durch veranlaßte Durchstiche. — Vergl. A. L. R. I. **9.** §§ 263-270., II. **14.** § 21.

Rechtsgr. 777. — III. Senat. 25. Januar 1861. (XL. 156.)

Hat ein Anderer, als der Staat, z. B. eine Eisenbahn-Gesellschaft, mit Genehmigung des Staates dem Strome durch veranlaßte Durchstiche einen andern Lauf angewiesen und die zu dem neuen Flußbette erforderlichen Grundstücke hergegeben, so tritt derselbe auch in alle diejenigen Rechte und Pflichten ein, welche nach den §§ 70. u. 71. II. 15. des Allgem. Landrechts der Staat geltend machen könnte und erfüllen müßte, wenn er selbst dem Flusse einen anderen Lauf gegeben hätte. Daher hat jener Andere, und nicht der Staat, das Recht der Aneignung des verlassenen Flußbettes.

§ **79**. Verengung eines öffentlichen Flusses durch ein auf demselben versunkenes Schiff.

Rechtsgr. **778**. — IV. Senat. 25. Februar 1858. (XXIX. 153.)

Der Führer des auf einem öffentlichen Flusse zufällig, ohne Verschuldung des ersteren, untergegangenen Schiffes ist dem Fiskus gegenüber nicht verpflichtet, den Kahn wegzuschaffen.

Dritter Abschnitt. Von der Zollgerechtigkeit.

§§ **88**. ff. Siehe Rechtsgrundsatz 1599. (Verordnung vom 4. Oktober 1847 §§ 1-5.)

Fünfter Abschnitt. Von der Mühlengerechtigkeit.

§§ **233**. **234**. Siehe Rechtsgrundsatz 195. (A. L. R. I. 7. § 150.)

Titel 16. Von den Rechten des Staats auf herrenlose Güter und Sachen.

Vierter Abschnitt. Vom Bergwerksregal.

§§ **72**. **75**. ff. Eigenthum der Grundbesitzer in Schlesien an den nicht regalen Fossilien, insbesondere an dem Eisenerze. — Vergl. A. L. R. I. 7. §§ 181. 182., **9**. §§ 94. ff.; Schlesischer Bergvergleich vom 18. September 1575; Schlesische Bergwerks-Ordnung vom 5. Februar 1577; Schlesische Berg-Ordnung vom 5. Juni 1769 Kap. 1. §§ 1-4.; Schlesischer Landtags-Abschied vom 30. Dezember 1831 No. 12.

Rechtsgr. **779**. — III. Senat. 17. Oktober 1859. (XXXV. 166.)

Diejenigen Fossilien, welche die Schlesische Bergordnung

nicht als Gegenstände des Bergwerksregals bezeichnet, stehen dem Eigenthümer des Grundes und Bodens zu, unter dessen Oberfläche sie sich vorfinden. — Wenn daher die Gutsherrschaft ein Recht auf die unter der Oberfläche des dem bäuerlichen Besitzer zustehenden Grundeigenthums befindlichen Eisenerze beansprucht, so hat dieselbe ihr Recht hierauf besonders nachzuweisen.

Siehe auch Rechtsgrundsatz 557. (A. L. R. I. **21.** § 629.)

§ **79.** Siehe Rechtsgrundsatz 781. (§ **106.** dieses Titels.)

§ **82.** Siehe Rechtsgrundsatz 799. (§ **154.** dieses Titels.)

§ **98.** Umfang und Verjährung des Rechts des Staats auf Erhebung des Bergzehnten (Bergzwanzigsten) und der Aufsichtssteuer. — Vergl. A. L. R. I. **9.** § 656.; Kleve-Märkische Bergordnung vom 29. April 1766 Kap. 73. § 1.; Schlesische Bergordnung vom 5. Juni 1769 Kap. 75.; Gesetz vom 12. Mai 1851 §§ 1. 8.

Rechtsgr. 780. — III. Senat. 28. Januar 1861. (XL. 168.)

a) Das Recht des Staats auf Erhebung des Zehnten, beziehungsweise des Zwanzigsten, ist nicht auf die durch Muthung und Beleihung erworbenen Bergwerke beschränkt.

b) Die Aufsichtssteuer ist von allen in Betrieb stehenden, auch von den nicht durch Muthung und Beleihung erworbenen, Bergwerken zu entrichten.

c) Der Bergzehnte, beziehungsweise der Bergzwanzigste, und die Aufsichtssteuer sind als allgemeine Lasten und Abgaben anzusehen und von allen Bergwerken zu entrichten, deren Besitzer nicht einen besondern Grund der Befreiung darthun können. Daher findet eine Verjährung derselben nur dann statt, wenn der dazu Verpflichtete zu deren Entrichtung aufgefordert worden, sich aber der Leistung geweigert hat, und seitdem 50 Jahre lang freigeblieben ist.

§§ **106.** ff. Rechtliche Natur des Bergwerkseigenthums. — Vergl. A. L. R. I. **2.** §§ 126. 127., II. **16.** §§ 79. 154. ff.; Gesetz vom 1. Juli 1821 §§ 1. 3. 5.

Rechtsgr. 781. — III. Senat. 1. Dezember 1858. (XXXII. 62.)

Das Bergwerks-Eigenthum ist das ausschließliche, objektivdingliche Recht auf Gewinnung der verliehenen Fossilien innerhalb eines bestimmten Bezirkes.

§§ 109. ff. Rechtsverhältnisse des Grundeigenthümers zu dem Bergbautreibenden:

A. Verfahren bei zwangsweiser Abtretung von Grund und Boden zu bergbaulichen Zwecken. — Vergl. A. L. R. I. 11. §§ 4. ff.; Kleve-Märkische Bergordnung vom 29. April 1766 Kap. 72.; Deklaration vom 27. Oktober 1804 §§ 1. ff.; Kabinetsorder vom 14. November 1838; Gesetz vom 26. Februar 1855.

Rechtsgr. 782. — III. Senat. 1. Dezember 1858. (XXXI. 288.)

a) In Betreff der zwangsweisen Abtretung von Grund und Boden zu bergbaulichen Zwecken finden im Allgemeinen die in den §§ 4. ff. I. 11. des Allgem. Landrechts enthaltenen Vorschriften über Expropriationen Anwendung.

b) Die hinsichtlich der Ueberlassung von Grund und Boden an die Bergbau treibenden Gewerken zu Abfuhrwegen und Niederlageplätzen in der Deklaration vom 27. Oktober 1804 enthaltenen Vorschriften über das zu beobachtende Verfahren finden auch auf Abtretungen zu andern bergbaulichen Zwecken Anwendung.

B. Dispositionsbefugnisse des Grundeigenthümers mit Rücksicht auf den benachbarten Bergbau. — Vergl. A. L. R. I. 8. §§ 1. 22.

Rechtsgr. 783. — III. Senat. 23. September 1859. (XXXV. 95.)

Der Grundeigenthümer ist im Allgemeinen, und insofern nicht eine spezielle Ausnahme nachgewiesen werden kann, in den Dispositionen über sein Grundeigenthum, also auch in der Errichtung neuer Anlagen auf demselben, durch den benachbarten Bergbau nicht gehindert.

Siehe auch Rechtsgrundsatz 197. (A. L. R. I. 7. § 150.)

§§ 112. ff. Verpflichtung des Bergbautreibenden zur Entschädigung des Grundeigenthümers wegen des demselben entzogenen Wassers:

A. Umfang des Schadensersatzes;

Rechtsgr. 784. — III. Senat. 11. März 1859. (XXXIII. 59.)

Die dem Grundeigenthümer von dem Bergbautreibenden

wegen des entzogenen Wassers zu gewährende Entschädigung ist nicht auf den ihm in alleinigem Bezug auf und für sein Grundeigenthum entstandenen Schaden beschränkt; dieselbe umfaßt vielmehr auch den an Einrichtungen und industriellen Unternehmungen, welche mit dem Grundbesitz in Verbindung stehen, durch die Wasser-Entziehung verursachten Schaden.

B. Gemeinschaftliche Verpflichtung mehrerer Gewerkschaften. — Vergl. A. G. O. I. 5. § 4. No. 8.

Rechtsgr. 785. — III. Senat. 30. Mai 1859. (XXXIII. 275.)

a) Der Entschädigungs-Anspruch eines Grundeigenthümers, dem durch den Grubenbetrieb zweier oder mehrerer Gewerkschaften das Wasser entzogen worden, ist nicht davon abhängig, daß er den Antheil, den jede der betheiligten Gewerkschaften an der Wasserentziehung hat, nach bestimmten Antheilen nachweist; vielmehr sind die betheiligten Gewerkschaften zwar nicht solidarisch, wohl aber gemeinschaftlich, und zwar zu gleichen Theilen zur Entschädigung verpflichtet, insoweit sie, beziehungsweise eine oder die andere derselben, nicht ein anderes Theilnahmeverhältniß nachzuweisen vermögen.

b) Der Grundeigenthümer ist auch berechtigt, nur eine der mehreren Gewerkschaften auf ihren Antheil auf Entschädigung in Anspruch zu nehmen, und spricht auch in diesem Falle die Vermuthung für eine gleiche Betheiligung aller Gewerkschaften.

Siehe auch Rechtsgrundsatz 786. (§ 116b. dieses Titels.)

§ 116b. Wegfall eines Entschädigungsanspruchs des Grundeigenthümers wegen der in der Nähe der Bergbaureviere neu angelegten Gebäude, Wasserleitungen, Teiche und Bleichen:

A. Strenge Auslegung der Bestimmung des § 116b. — Vergl. § 112. dieses Titels.

Rechtsgr. 786. — III. Senat. 23. September 1859. (XXXV. 95.)

a) Der von der Regel des § 112. II. 16. des Allgem. Landrechts, — nach welcher dem Grundeigenthümer für

Alles, was er zum Baue und Betriebe des Bergwerkes abgetreten und verloren hat, vollständige Entschädigung geleistet werden muß, — eine Ausnahme enthaltende § 116b. daselbst ist streng auf die darin gegebenen Voraussetzungen zu beschränken.

b) Aus dem § 116b. a. a. O. ist daher nicht herzuleiten, daß jede neue Anlage in einem Reviere, wo Bergbau in der daselbst gedachten Nähe betrieben wird, den Grundeigenthümer verpflichte, sich einen ungefährdeten Ort von der Bergbehörde anweisen zu lassen, und daß derselbe, wenn er dies unterlassen hat, und die Bergbehörde zur Abwendung der Gefahr Anordnungen trifft, dem Bergbautreibenden zur Entschädigung verpflichtet sei.

B. Begriff des in dem § 116b. gebrauchten Ausdrucks: „vernünftiger Weise".

Rechtsgr. 787. — III. Senat. 27. September 1858. (XXX. 271.)

Der in dem § 116b. II. 16. des Allgem. Landrechts gebrauchte Ausdruck: „vernünftiger Weise" deutet auf eine Prüfung und Beurtheilung der Verhältnisse hin, wie sie im Allgemeinen von einem umsichtigen Bau-Unternehmer erwartet werden kann, ohne demselben zur Pflicht zu machen, durch eine technische Untersuchung der geognostischen Verhältnisse und des in der Gegend betriebenen Bergbaues die größere oder geringere Wahrscheinlichkeit einer Ausdehnung des letzteren feststellen zu lassen.

§§ **117. ff. 266.** Untrennbarkeit des Erbkures vom Grund und Boden; Ersitzung desselben durch den Gutsherrn. — Vergl. **A. L. R. I. 9. §§ 625.** ff.; Schlesische Bergordnung vom 5. Juni **1769 Kap. 31. § 1.**

Rechtsgr. 788. — III. Senat. 22. Juni 1860. (XXXVIII. 60.)

a) Das Verbot der Trennung des Erbkuxes von dem Grund und Boden geht nur dahin, daß nicht ein Anderer, als der Grundeigenthümer, auf dessen Grund und Boden die Fundgrube befindlich, oder der Gutsherr, in dessen gutsherrlichem Territorium dieselbe liegt, den Erbkux besitzen soll.

b) Daher kann der Gutsbesitzer, welchem der Erbkux von der Bergbehörde nach Maaßgabe ihrer Auffassung der Bestimmungen der provinziellen Bergordnung zugeschrieben worden ist, das Eigenthum desselben durch Verjährung erwerben.

Siehe auch Rechtsgrundsatz 535. (A. L. R. I. **21.** § 37.)

§ **118.** Rechtliche Natur der provinzialrechtlichen Tradde. — Vergl. Ablösegesetz vom **2.** März 1850 § **2.** No. **2.**, § 5.

Rechtsgr. 789. — II. Senat. 11. Mai 1858. (XXIX. 298.)

a) Der § 118. II. 16. des Allgem. Landrechts ist auf die provinzialrechtliche Tradde nicht anwendbar.

b) Der vorbehaltene Anspruch des Erbverpächters auf die Tradde ist durch den § 2. No. 2. des Gesetzes vom 2. März 1850 über die Ablösung der Reallasten nicht aufgehoben.

§ **125.** Vernehmung des Grundeigenthümers wegen Ausübung des Rechts des Mitbaues zur Hälfte. — Vergl. Schlesische Bergordnung vom 5. Juni 1769 Kap. 1. § 3.

A. Mitbaurecht lediglich des Grundeigenthümers zur Zeit der zu erwirkenden Verleihung.

Rechtsgr. 790. — III. Senat. 15. Juni 1857; 2. Mai 1859. (XXV. 176.; XXXIII. 170.)

Das Recht zum Mitbau zur Hälfte steht Demjenigen zu, welcher das Grundstück, auf welchem die Fundgrube belegen ist, zur Zeit der zu erwirkenden Verleihung besitzt.

B. Recht des zum Mitbau berechtigten, jedoch wegen Ausübung seines Mitbaurechtes nicht vernommenen Grundeigenthümers gegen den unberechtigten Besitzer der entsprechenden Kure.

Rechtsgr. 791. — III. Senat. 23. Juni 1854; 15. Juni 1857. (XXV. 176. 185.)

Ist der zum Mitbau zur Hälfte berechtigte Grundeigenthümer zur Ausübung des Mitbaurechts nicht aufgefordert worden, so steht ihm, nicht dem etwaigen späteren Besitzer seines Grundstücks, Dasjenige zu, was er bei ergangener Aufforderung an ihn und der Bereiterklärung zur Ausübung des Mitbaurechts erlangt haben würde; er ist deshalb auch befugt, die dem Mitbaurecht entsprechenden Kuxe von dem unberechtigten Besitzer derselben zu fordern.

§ 138. Verbot des Erwerbes von Bergwerks-Eigenthum seitens der Königlichen und gewerkschaftlichen Bergbeamten:

A. Anwendbarkeit dieses Verbotes auf gewerkschaftliche Beamte. — Vergl. Kabinetsorders vom 20. Januar 1806 und 2. November 1808.

Rechtsgr. 792. — III. Senat. 23. September 1859. (XXXV. 106.)

Der § 138. II. 16. des Allgem. Landrechts, — nach welchem Bergbeamte, bei Strafe der Konfiskation, nur unter ausdrücklicher Genehmigung des Bergwerks- und Hüttendepartements an dem Bergbaue als Gewerken Antheil nehmen dürfen, — ist nicht bloß auf Königliche, sondern auch auf gewerkschaftliche Beamte zu beziehen.

B. Nichtanwendbarkeit dieses Verbots auf Hüttenbeamte.

Rechtsgr. 793. — III. Senat. 3. Dezember 1858. (XXXI. 304.)

Das gesetzliche Verbot der Theilnahme der Bergbeamten an dem Bergbau ist auf Hüttenbeamte nicht zu beziehen.

C. Wirkung des verbotswidrigen Abschlusses des Vertrages.

Rechtsgr. 794. — III. Senat. 23. September 1859. (XXXV. 106.)

Die dem gesetzlichen Verbote zuwider von Bergbeamten abgeschlossenen Verträge über die Erwerbung von Bergwerks-Eigenthum sind ungültig.

D. Wirkung des Wiederverkaufs des von einem Bergbeamten erworbenen Bergwerksantheils.

Rechtsgr. 795. — III. Senat. 3. Dezember 1858. (XXXI. 304.)

Hat der Bergbeamte den angekauften Bergwerks-Antheil an einen erwerbfähigen Dritten weiter verkauft, so verliert das Verbot der Theilnahme der Bergbeamten an dem Bergbau seine Wirkung.

§§ **141.** ff. Erlangung des Rechts, nach zum Bergregal gehörigen Fossilien zu schürfen, durch einen vom Bergamte ertheilten Schürfschein:

A. Beschränkung der Gültigkeit des im Bezirk des Bergamts zu Trier von einem Berggeschwornen ertheilten Schürfscheins auf die Grenzen des Geschwornenbezirks. — Vergl. Cirkularverfügung des Handels-Ministers vom 31. März 1852 § 1.

Rechtsgr. **796.** — V. Senat. 29. Januar 1861. (XL. 200.)

a) Die Reviergrenzen eines Berggeschwornen-Bezirks haben keine andere Bedeutung, als daß sie den örtlichen Bereich eines Berggeschwornen-Amtes darstellen.

b) Die Gültigkeit des im Bezirk des Bergamts zu Trier von einem Berggeschwornen ausgestellten Schürfscheins ist auf den Bezirk desselben beschränkt. — Hat daher der Schürfberechtigte außerhalb der Grenzen dieses Bezirks einen Fund gemacht, so kann er das Recht eines mit einem Schürfschein versehenen Finders nicht in Anspruch nehmen.

B. Nichterledigung des Schürfscheins durch Muthung des gemachten Fundes. — Vergl. §§ **144. 162.** dieses Titels.

Rechtsgr. **797.** — III. Senat. 18. März 1859. (XXXIII. 76.)

Der Schürfschein ist dadurch allein, daß der Schürfberechtigte auf Grund des ersten Fundes Muthung eingelegt hat, noch nicht für erledigt zu erachten.

Siehe auch Rechtsgrundsätze **196. 799. 800. 802.** (A. L. R. I. 7. § 141., II. **16.** § 154.)

§ **144.** Siehe Rechtsgrundsatz 797. (§ **141.** dieses Titels.)

§§ **154.** ff. Recht des ersten Finders:

A. Finderrecht ohne erhaltenen Schürfschein, nach dem Gemeinen Rechte und der Kursächsischen Bergordnung. — Vergl. Kursächsische Bergordnung von 1589 Art. II.; Kleve-Märkische Bergordnung vom 29. April 1766 Kap. 1. §§ 1-3.

Rechtsgr. **798.** — V. Senat. 29. Januar 1861. (XL. 200.)

Nach dem Gemeinen Bergrechte und der Kursächsischen Bergordnung von 1589 ist das Finderrecht von dem Besitze eines Schürfscheins nicht abhängig.

B. Beobachtung der dem Schürfenden im Interesse der Sicherheit des Bergbaues ertheilten polizeilichen Vorschriften als Bedingung zur Erlangung der Rechte des ersten Finders. — Vergl. A. L. R. I. 3. § 35., II. 16. §§ 82. 141.; Kleve-Märkische Bergordnung vom 29. April 1766 Kap. 1. §§ 1-3.

Rechtsgr. 799. — III. Senat. 2. Juli 1858. (XXX. 158.)

Die Vorschriften des Allg. Landrechts II. 16. §§ 141 bis 149. 154. und der Kleve-Märkischen Bergordnung vom 29. April 1766, — wonach Derjenige, welcher auf erhaltenen Schürfschein zuerst gefunden hat, vorzüglich vor Andern die Beleihung zu fordern berechtigt ist, — setzen ein legales Verfahren des Schürfenden voraus, kommen aber Demjenigen nicht zu statten, welcher bei seinen Schürfarbeiten die ihm im Interesse der Sicherheit des Bergbaues ertheilten polizeilichen Vorschriften unbeachtet gelassen hat.

C. Erforderniß des Bewußtseins eines muthungsfähigen Fundes zur Erwerbung des Finderrechts. — Vergl. §§ 141. ff. 159-161. dieses Titels; Dig. 41. 2. Lex 3 § 1.

Rechtsgr. 800. — V. Senat. 29. Januar 1861. (XL. 200.)

Zu dem Erwerbe des Finderrechts ist außer dem mechanischen Antreffen des Mineralganges auch das Bewußtsein erforderlich, einen muthungsfähigen Fund gethan zu haben. — Daher kann der Erwerb des Finderrechts dem Bewußtsein, einen gemachten Fund muthen zu können, und dem davon bedingten Willen, die Muthung einzulegen, niemals vorhergehen.

D. Bedingungen und Wirkungen der bergrechtlichen Muthung und Beleihung. — Vergl. Nassau-Katzenelnbogische Bergordnung vom 1. Mai 1559 Art. 9. ff.; Kurkölnische Bergordnung vom 4. Januar 1669 Thl. III. Art. 1. ff.: Jülich-Bergische Bergordnung vom 21. März 1719 Art. 4. ff.; Kleve-Märkische Bergordnung vom 29. April 1766 Kap. 2. ff.; Schlesische Bergordnung vom 5. Juni 1769 Kap. 3. ff.; Magdeburg-Halberstädtische Bergordnung vom 7. Dezember 1772 Kap. 3. ff.
— Siehe hierüber die Abhandlung von Strohn im Archiv für Rechtsfälle Band 33. S. 351. ff.

E. Beschränkung der Gültigkeit der in dem Bezirke des Bergamts in Trier bei einem Berggeschwornen eingelegten Muthung auf die örtlichen Grenzen seines Amtsreviers. — Vergl. § 161. dieses Titels; Cirkularverfügung vom 31. März 1852 § 1.

Rechtsgr. 801. — V. Senat. 29. Januar 1861. (XL. 199.)

In Betreff der Gültigkeit der bei einem Berggeschworenen im Bezirke des Bergamts Trier eingelegten Muthung eines angeblich innerhalb der Grenzen dessen Reviers belegenen Fundes kommt es allein darauf an: ob die Berggeschwornen dieses Reviers und deren vorgesetzte Behörde diese Grenzlinie bis zur Zeit der eingelegten Muthung anerkannt und beobachtet haben.

F. Kollision der Finderrechte des mit einem Schürfschein versehenen und eines zufälligen Finders. — Vergl. §§ 141. ff. 158. 159. 161. 360-363. dieses Titels.

— im Allgemeinen.

Rechtsgr. 802. — III. Senat. 18. März 1859. (XXXIII. 76.)

Der Schürfschein deckt für die Dauer seiner Gültigkeit das Feld dergestalt, daß dadurch die Muthung eines zufällig Findenden ausgeschlossen wird.

— insbesondere bei einem früheren Funde und früherer Muthung des zufälligen Finders.

Rechtsgr. 803. — III. Senat. 30. Mai 1850 und 17. Juni 1853. (XXVI. 1.)

Der konzessionirte Finder hat vor dem zufälligen Finder das Vorrecht, ungeachtet letzterer früher einen Fund gemacht und früher Muthung eingelegt hat.*

G. Kollision der Finderrechte mehrerer Schürfberechtigten.

Rechtsgr. 804. — III. Senat. 18. März 1859. (XXXIII. 76.)

Der Grundsatz, daß der Schürfschein für die Dauer seiner Gültigkeit das Feld deckt, dergestalt, daß dadurch die Muthung eines zufällig Findenden ausgeschlossen wird, findet

* Siehe hierüber das Nachwort von Strohn Bd. 26. S. 5. ff. des Archivs für Rechtsfälle; vergl. auch Rechtsgrundsatz 708. S. 261. Bd. 2. dieser Rechtsgrundsätze.

keine Anwendung, wo zwei Schürfberechtigte einander gegenüberstehen.

H. Rechtsweg seitens des wegen Unfreiheit des Feldes zurückgewiesenen Muthers gegen den angeblich besser Berechtigten. — Vergl. §§ **161. 169.** dieses Titels; A. G. O. I. Einl. § **1.**

Rechtsgr. **805.** — **III.** Senat. 9. September 1857. (**XXVII. 14.**)

Dem von der Bergbehörde wegen Unfreiheit des Feldes zurückgewiesenen Muther ist gegen Denjenigen, welcher nach der Meinung der Bergbehörde bereits bessere Rechte auf das gemuthete Fossil erlangt hat, der Rechtsweg behufs Ausführung eines vorzüglicheren Rechts gestattet.

Siehe auch Rechtsgrundsätze 196. 318. 781. 813. 817. 1327. (A. L. R. I. **7.** § **150.**, **11.** § **382.**, II. **16.** §§ **106. 158. 265.**; Nassau-Katzenelnbogensche Bergordnung vom **1.** September **1559** Art. **9.**)

§§ **156. 157.** Größe des Feldes des ersten Finders:

A. Ausschließung der Vorschriften über die Feldesstreckung bei nesterweise gelagerten Fossilien. — Vergl. Gesetz vom **1.** Juli **1821.**

Rechtsgr. **806.** — **III.** Senat. 30. April 1858. (**XXVIII. 269.**)

Die Vorschriften der §§ 156. 157. **II. 16.** des Allgem. Landrechts und des Gesetzes vom 1. Juli 1821 über die Feldesgröße finden auf nesterartig gelagerte Fossilien keine Anwendung.

B. Muthung auf das Tiefste.

Rechtsgr. **807.** — **III.** Senat. 27. Januar 1860. (**XXXVI. 191.**)

Eine Muthung auf das Tiefste findet nicht statt.

C. Bestrickung des Feldes durch die Muthung; Verleihung einer anderen, als der nachgesuchten Art des Feldes an den älteren Muther.

Rechtsgr. **808.** — **III.** Senat. 1. Februar 1859. (**XXXII. 284.**)

Durch die Muthung ist, so lange die Bergbehörde sich über die Feldesart nicht ausgesprochen hat, ungeachtet der bestimmten Feldesprojektion des Muthers sowohl Dasjenige, was innerhalb eines gestreckten, als auch Dasjenige, was innerhalb eines gevierten Feldes liegt, für bestrickt zu erachten.

Die Bergbehörde ist daher auch dann befugt, dem älteren Muther eine andere, als die von demselben nachgesuchte, Art des Feldes zu verleihen, wenn letzteres von der Feldesprojektion eines jüngeren Muthers betroffen wird.

D. Vorzugsrecht des älteren Muthers bei späterer Feldesstreckung als der des jüngeren Muthers. — Vergl. § **161.** dieses Titels.

Rechtsgr. **809.** — III. Senat. 13 November 1857; 5. März 1858. (XXVIII. 79.; XXIX. 171.)

Das Vorzugsrecht des älteren Muthers wird lediglich durch das Präsentatum der Muthung, nicht durch den Zeitpunkt der Feldesstreckung bedingt. Daher gebührt der jüngern Feldesstreckung des ältern Muthers vor der älteren Feldesstreckung des jüngern Muthers das Vorzugsrecht.

E. Unzulässigkeit der Aenderung der Muthung und der damit verbundenen Feldesstreckung seitens des älteren Schürfberechtigten zum Nachtheile eines anderen Schürfberechtigten und Muthers. — Vergl. §§ **362. 363.** dieses Titels.

Rechtsgr. **810.** — III. Senat. 18. März 1859. (XXXIII. 76.)

Der Schürfberechtigte, welcher auf Grund des gemachten Fundes Muthung eingelegt und das Feld gestreckt hat, darf hiernächst diese Muthung und die damit verbundene Feldesstreckung zum *Nachtheil* eines anderen Schürfberechtigten, welcher inzwischen ebenfalls einen Fund gemacht und Muthung eingelegt hat, nicht ändern.

F. Wiederauflebung der zurückgewiesenen jüngeren Muthung bei Aenderung der Feldesstreckung des älteren Muthers. — Vergl. § **161.** dieses Titels; Kleve-Märkische Bergordnung vom **29.** April **1766** Kap. **2.** § **2.**; Gesetz vom **1.** Juli **1821** § **2.** — *ältere Ansicht.*

Rechtsgr. **811.** — III. Senat. 5. März 1858. (XXIX. 171.)

Das Vorzugsrecht des älteren Muthers wird zwar lediglich durch das Präsentatum der Muthung, nicht durch den Zeitpunkt der Feldesstreckung bedingt, und gebührt daher zwar der jüngeren Feldesstreckung des älteren Muthers das Vorzugsrecht vor der älteren Feldesstreckung des jüngeren Muthers. Wenn jedoch der ältere Muther in der Folge seine Feldesstreckung ändert, und hierdurch die jüngere Muthung mit ihrem Fundpunkte frei wird, so leben die Rechte der jüngeren Muthung, der inzwischen erfolgten Zurückweisung ungeachtet, wieder auf.

G. Wirkung des Verzichtes des älteren Muthers auf den, den Fundpunkt des jüngeren Muthers überdeckenden Theil des Feldes nach erfolgter Zurückweisung des jüngeren Muthers. — Vergl. § 161. dieses Titels; Kleve-Märkische Bergordnung vom 29. April 1766 Kap. 2. § 2.; Gesetz vom 1. Juli 1821 § 2.
— jüngere Ansicht.

Rechtsgr. 812. — III. Senat. 18. Oktober 1858. (XXXI. 62.)

Durch den von dem älteren Muther auf denjenigen Theil des beanspruchten Feldes, durch welchen der Fundpunkt der jüngeren Muthung überdeckt worden ist, in der Folge geleisteten Verzicht lebt die einmal zurückgewiesene jüngere Muthung nicht wieder auf.

Siehe auch Rechtsgrundsatz 1344. (Kurkölnische Bergordnung vom 2. Januar 1669 Thl. 3. Art. 1.)

§ 158. Nichtbenutzung des Rechtes des ersten Finders:

A. Vorrecht der jüngeren Muthung des Flötzes unterhalb der Stollensohle seitens des mit dem Flötze oberhalb derselben beliehenen Bergeigenthümers vor der älteren Muthung des Flötzes unterhalb der Stollensohle seitens eines Dritten. — Vergl. §§ 154. ff. dieses Titels; Kleve-Märkische Bergordnung vom 29. April 1766 Kap. 2. §§ 1. 2.

Rechtsgr. 813. — III. Senat. 27. Januar 1860. (XXXVI. 191.)

Ist der vor Einführung des Allgem. Landrechts dem Muther eines Flötzes gestattete Betrieb vor der Hand auf den Abbau des Flötzes über der Sohle des damals angelegten Stollens beschränkt, die Bearbeitung des Feldes unter demselben aber von einer neuen Muthung und Beleihung abhängig gemacht; so steht der nach Einführung des Allgem. Landrechts von einem Dritten nachgesuchten Muthung des unterhalb der Stollensohle belegenen Flötzes ein Vorzugsrecht vor der späteren Muthung des mit dem Flötze oberhalb der Stollensohle Beliehenen nicht zu.

B. Wiederaufnahme und Muthung des von einem Anderen gemachten und gemutheten, aber nicht verfolgten Fundes. — Vergl. § 163. dieses Titels.

Rechtsgr. **814**. — III. Senat. 13. November 1857. (XXVIII. 79.)

Dem Wiederaufnehmer und Muther des von einem Andern gemachten und gemutheten, aber nicht weiter verfolgten Fundes sind dieselben Rechte, wie dem ursprünglichen Finder, einzuräumen. Er hat daher auch das Recht, das Feld näher zu bezeichnen, mit dem er innerhalb der gesetzlichen Schranken beliehen sein will, ohne in dieser Beziehung an die von dem früheren Muther über die Feldesstreckung abgegebenen Erklärungen gebunden zu sein.

Siehe auch Rechtsgrundsatz 802. (§ **154**. dieses Titels.)

§§ **159-161**. Siehe Rechtsgrundsätze 800-802. 805. 809. 811. 812. (§§ **154**. **156**. dieses Titels.)

§ **162**. Siehe Rechtsgrundsätze 196. 797. (A. L. R. I. **7**. § **150**., II. **16**. § **141**.)

§ **163**. Siehe Rechtsgrundsatz 814. (§ **158**. dieses Titels.)

§§ **169**. ff. Beleihung; Rechtsweg in Betreff der von einem Muther behaupteten Ueberschreitung des gesetzlich zulässigen Maaßes bei der Belehnung eines anderen Muthers. — Vergl. Gesetz vom 1. Juli 1821 §§ 2. 3. 5.

Rechtsgr. **815**. — III. Senat. 30. April 1858. (XXVIII. 269.)

Die Bergbehörde hat zwar bei der Belehnung innerhalb des gesetzlich zulässigen Maaßes freies Urtheil; dagegen ist in Betreff der von einem Muther zur Begründung seines Vorzugsrechts vor einem andern Muther aufgestellten Behauptung, daß diese Muthung des letzteren das gesetzlich zulässige Maaß überschreite, der Rechtsweg gestattet.

Siehe auch Rechtsgrundsatz 805. (§ 154. dieses Titels.)

§§ **188. ff. 198. 201.** ff. Pflicht des Beliehenen zur fortwährenden Benutzung des überkommenen Bergwerks-Eigenthums, insbesondere bei der Distriktsverleihung von nesterartig gelagerten Eisensteinen. — Vergl. Kurkölnische Bergordnung vom 2. Januar 1669 Thl. 3. Art. 9. 10., Thl. 12. Art. 6.; Kabinetsorder vom 1. September 1842.

Rechtsgr. 816. — III. Senat. 9. Dezember 1860. (XXXVI. 73.)

a) Liegen die Lagerstätten des Eisensteines, nach Ausweise der Verleihungsurkunde, nesterartig auf einer großen Fläche zerstreut, so hat die Bergbehörde den Betriebsplan zu prüfen und zu bestimmen, in welcher Art die einzelnen Theile des Betriebsfeldes nach und nach in Angriff zu nehmen, und wie demnach das Werk im baulichen Wesen zu erhalten sei.

b) Daher fallen einzelne Theile eines solchen Werkes durch Nichtbetrieb während des bestimmten Zeitraums nicht ins landesherrliche Freie.

Siehe auch Rechtsgrundsatz 1345. (Kurkölnische Bergordnung vom 2. Januar 1669 Thl. 3. Art. 9.)

§§ **221.** ff. Siehe Rechtsgrundsatz 198. (A. L. R. I. 7. § 150.)

§ **255.** Siehe Rechtsgrundsatz 273. (A. L. R. I. 10. § 7.)

§ **265.** Wirkung der irrthümlichen Bezeichnung eines Dritten als Theilnehmer des Muthers in der Urkunde über die Verleihung des Bergwerks-Eigenthums; Rechtsweg über dies streitige Theilnahmerecht. — Vergl. §§ 154. ff. 352. dieses Titels; A. G. O. I. Einl. § 1.

Rechtsgr. 817. — III. Senat. 13. Juli 1857. (XXVI. 112.)

a) Die in der Urkunde über die Verleihung des Bergwerkseigenthums irrthümlich geschehene Bezeichnung eines Dritten als Theilnehmer des Muthers ist ohne rechtliche Wirkung.

b) In Betreff der streitigen Frage über das Theilnahmerecht des Dritten ist der Rechtsweg zulässig.

Siehe auch Rechtsgrundsatz 1513. (Deklaration vom 6. April 1839 Art. 13.)

§ **266**. Siehe Rechtsgrundsatz 788. (§ **117**. dieses Titels.)

§§ **268-270**. Rechte und Pflichten der Gesammt-Eigenthümer eines Bergwerks, insbesondere des Lehnsträgers der Gewerkschaft.

Rechtsgr. **818**. — III. Senat. 11. Mai 1857. (XXV. 100.)

Der Lehnsträger einer Gewerkschaft ist ohne Gewerkenbeschluß nicht befugt, der Gewerkschaft Etwas zu vergeben, namentlich Rechten zu entsagen, oder Vergleiche über streitige und zweifelhafte Rechte abzuschließen.

§§ **274**. **280**. **281**. Rechtsweg gegen die von der Bergbehörde verfügte Kaduzirung einzelner Kure einer Zeche. — Vergl. Kleve-Märkische Bergordnung vom **29**. April **1766** Kap. **33** § **1**., **37**. §§ **1**. **2**.

Rechtsgr. **819**. — III. Senat. 9. Juli 1858. (XXX. 177.)

Gegen das die Kaduzirung einzelner Kuxe aussprechende Dekret des Bergamtes ist sowohl nach der Kleve-Märkischen Bergordnung, wie nach dem Allgem. Landrechte der Rechtsweg unzulässig.

Siehe auch Rechtsgrundsatz 1639. (Gesetz vom 12. Mai 1851 § 18. No. 5.)

§§ **286**. **287**. Rechtsweg gegen die von der Bergbehörde verfügte Kaduzirung eines Bergwerkes wegen Säumigkeit des Allein-Eigenthümers.

Rechtsgr. **820**. — III. Senat. 9. Juli 1858. (XXX. 177.)

Gegen das die Kaduzirung eines Bergwerkes wegen Säumigkeit des Allein-Eigenthümers aussprechende Dekret des Bergamtes ist weder nach der Kleve-Märkischen Bergordnung, noch nach dem Allgem. Landrechte der Rechtsweg gestattet.

§ **292**. Siehe Rechtsgrundsatz 1639. (Gesetz vom 12. Mai 1851 § 18. No. 5.)

§ **307**. Amtlicher Charakter eines Steigers.

Rechtsgr. **821**. — III. Senat. 23. September 1859. (XXXV. 106.)

Steiger gehören nicht zu den Bergarbeitern, sondern zu den Bergbeamten.

§§ **335**. ff. Gerichtliche Beschlagnahme des Antheiles eines Gewerken an dem Erlöse der Ausbeute der Zeche. — Vergl. A. G. O. I. **24**.

§§ 68-70. 101., 29. §§ 47-49.; Kleve-Märkische Bergordnung vom 29. April 1766 Kap. 81. § 2.; Gesetz vom 4. Juli 1822 §§ 1-3.; Exekutionsverordnung vom 4. März 1834 §§ 15. 16.; Verordnung vom 20. März 1854 § 18.

Rechtsgr. 822. — IV. Senat. 7. Juni 1859. (XXXIV. 74.)

Der Antheil eines Gewerken an dem Erlöse der Ausbeute der Zeche kann auf den Antrag eines Gläubigers desselben im Wege der Exekution mit Beschlag belegt und diesem Gläubiger in Kraft der Assignation überwiesen werden.

§§ 352. 362. 363. Rechte aus der Beleihung mit Steinkohlen über die zulässig gewesenen Maaßen hinaus gegenüber einem jüngeren Muther. — Vergl. Kleve-Märkische Bergordnung vom 29. April 1766 Kap. 2. § 1.; Gesetz vom 1. Juli 1821 § 1.

Rechtsgr. 823. — III. Senat. 1. Dezember 1848. (XXXIII. 1.)

Die beschränkende Bestimmung der Berg-Ordnung vom 29. April 1766, — nach welcher die Beleihung mit Steinkohlen eine Fundgrube und zwanzig Maaßen nicht übersteigen soll, — steht dem Anspruch Desjenigen nicht entgegen, welchem vor dem Erscheinen des Gesetzes vom 1. Juli 1821 ein größeres Maaß verliehen worden ist, gegenüber Demjenigen, welcher erst nach diesem Zeitpunkt ein jene größeren Maaßen überdeckendes Feld gemuthet hat.

Siehe auch Rechtsgrundsatz 817. (§ 265. dieses Titels.)

§§ 360. 361. Siehe Rechtsgrundsätze 802. 1640. (§ 154. dieses Titels; Gesetz vom 12. Mai 1851 § 18. No. 15.)

§§ 362. 363. Siehe Rechtsgrundsätze 810. 823. (§§ 156. 352. dieses Titels.)

§§ 387. 405. ff. Siehe Rechtsgrundsatz 198. (A. L. R. I. 7. § 150.)

§§ 423. Litt. c. e., § 457. Enterbung eines Stollens. — Vergl. Schlesische Bergordnung vom 5. Juni 1769 Kap. 13., Kap. 14. § 2. und Kap. 19. § 2.

Rechtsgr. 824. — III. Senat. 30. April 1858. (XXIX. 278.)

a) Zur Enterbung eines Stollens ist erforderlich, daß der zweite Stollen mit seiner Wasserseige, d. h. dem unteren Theile desselben, wo das Wasser fließt, sieben Lachter tiefer, als der obere Stollen, in die Tiefsten der Grube da einkomme, wo die Baue auf anstehende Erz- und Steinkohlen-Anbrüche geführt worden, und daß er mit diesen Bauen dergestalt durchschlägig geworden sei, daß er der Grube vollständige Wasser- und Wetterlösung verschaffe.

b) Nach der Schlesischen Bergordnung findet die Enterbung eines Stollens nicht statt, wenn das Uebersichgreifen des Stollens der andern Grube zunächst nur in dem eigenen Interesse dieser Grube, derselben Wetterlösung zu verschaffen, stattfindet.

Titel 17. Von den Rechten und Pflichten des Staats zum besonderen Schutz der Unterthanen.

Erster Abschnitt. Von der Gerichtsbarkeit.

§ **56**. Siehe Rechtsgrundsatz **1142**. (A. G. O. I. **52**. § 9.)

Titel 18. Von Vormundschaften und Kuratelen.

§ **3**. Siehe Rechtsgrundsätze 829. 834. 835. (§§ 238. 593. **643**. dieses Titels.)

Erster Abschnitt. Von den Personen, welchen Vormünder oder Kuratoren bestellt werden müssen.

§§ **12**. **13**. Bevormundung partiell wahnsinniger Personen. — Vergl. A. L. R. I. **1**. §§ **27**. **28**.

Rechtsgr. **825**. — I. Senat. 27. Februar 1860. (XXXVI. 284.)

Personen, die an einem partiellen Wahnsinn leiden, sind unter Vormundschaft zu nehmen.

Siehe auch Rechtsgrundsatz 30. (A. L. R. I. **1**. § 27.)

§§ **19**. ff. Siehe Rechtsgrundsatz 827. (§ **63**. dieses Titels.)

§§ **28**. **29**. Bestellung eines Kurators für minderjährige Kinder unter väterlicher Gewalt; Verhaftung des in väterlicher Gewalt befindlichen minderjährigen Sohnes aus dem auf den Vater gezogenen und von diesem acceptirten Wechsel. — Vergl. Allgeem. Deutsche Wechsel-Ordnung Art. 1.

Rechtsgr. 826. — IV. Senat. 28. Februar 18861. (XL. 328.)

Ein von dem in väterlicher Gewaltt stehenden minderjährigen Sohn auf den Vater gezogener und von diesem acceptirter Wechsel verpflichtet den Sohm trotz des in dem Accept etwa liegenden Konsenses nur dann, wenn den Erfordernissen der §§ 28. 29. II. 18. des Allgem. Landrechts genügt worden ist.

Siehe auch Rechtsgrundsatz 649. (A. L. R. II. 2. § 201.)

Zweiter Abschnitt. Von Denjenigen, welchen die Bestellung der Vormünder und Kuratoren zukommt und obliegt.

§ 63. Kompetentes Gericht zur Bestellung des Abwesenheits-Kurators für einen Vagabunden. — Vergl. §§ 19. ff. dieses Titels; A. G. O. I. 2. § 13., 7. § 13.

Rechtsgr. 827. — IV. Senat. 5. März 1861. (XL. 330.)

Zur Bestellung des Abwesenheits-Kurators für einen Vagabunden ist dasjenige Gericht kompetent, unter dessen Jurisdiktion sich bewegliches oder unbewegliches Vermögen desselben befindet.

Siehe auch Rechtsgrundsatz 1017. (A. G. O. I. 2. § 25.)

Dritter Abschnitt. Von den Personen, welche das Amt eines Vormundes zu übernehmen schuldig und dazu fähig sind.

§ 200. Antrag des zur Uebernahme der Vormundschaft Verpflichteten und Berechtigten, jedoch vom Richter Uebergangenen auf rechtliches Gehör und Erkenntniß. — Vergl. A. G. O. I. 13. §§ 1. 11.

Rechtsgr. 828. — I. Senat. 26. November 1858. (XXXIII. 5.)

Unter dem „Erkenntnisse“ in dem § 200. II. 18. des Allgem. Landrechts ist eine von dem Vormundschafts-Richter nach erfolgter Vernehmung der Interessenten erlassene Resolution zu verstehen.*

* Vergl. dagegen Koch, Allgem. Landrecht II. 18. § 63. Anm. 84.

Fünfter Abschnitt. Von den Rechten und Pflichten der Vormünder überhaupt.

§ **233**. Siehe Rechtsgrundsätze 829. 832. 835. (§§ 238. 474. 643. dieses Titels.)

§ **235**. Siehe Rechtsgrundsatz 834. (§ 593. dieses Titels.)

§§ **238-240**. Pflicht des Vormundes, dem Gericht von vorzunehmenden erheblichen Veränderuugen in dem Vermögen Anzeige zu machen. — Vergl. §§ 3. 233. 438. 643.

Rechtsgr. **829**. — I. Senat. 13. Juli 1860; IV. Senat. 22. September 1860. (XXXVIII. 175. und 237.)

Die §§ 238. 239. II. 18. des Allgem. Landrechts enthalten nur eine zur Richtschnur des Verhaltens des Vormundes dienende Anweisung, deren Nichtbefolgung möglicherweise den Vormund einer Verantwortung aussetzt; sie sind aber ohne Einfluß auf die Rechtsgültigkeit der seitens des Vormundes einem Dritten gegenüber abgegebenen Erklärung, und berühren nicht das Verhältniß des Dritten, welcher auf Grund der in Betreff der Person oder des Vermögens des Mündels von dem Vormunde selbstständig — für sich allein — getroffenen Anordnungen entweder mit dem Letzteren, als solchem, oder unter dessen Genehmigung mit dem Mündel selbst in Geschäftsverbindung getreten ist, sich zu Leistungen an diesen verstanden, oder sich auf Verträge mit demselben eingelassen hat.

Siehe auch Rechtsgrundsatz 835. (§ 643. dieses Titels.)

Sechster Abschnitt. Von der Sorge für den Unterhalt und die Erziehung der Pflegebefohlenen.

§ **319**. Siehe Rechtsgrundsatz 838. (§ 323. dieses Titels.)

§ **323**. Erziehung unehelicher Kinder. — Vergl. A. L. R. II. **2**. §§ **76-85**. **642-644**., **18**. § 319.

Rechtsgr. **830**. — I. Senat. 15. April 1859. (XXXII. 366.)

a) Unter der „Obrigkeit" in dem § 323. II. 18. des Allgem. Landrechts ist die vormundschaftliche Behörde zu verstehen.

b) Der zwischen dem Vormunde und der Mutter eines unehelichen Kindes über dessen Erziehung, und namentlich darüber entstandene Streit, in welcher Religion das Letztere zu erziehen sei, kann nicht von dem Prozeßrichter, sondern nur durch das vormundschaftliche Gericht entschieden werden.

Siebenter Abschnitt. Von der Versorge für das Vermögen der Pflegebefohlenen.

§§ **376. 383.** Pflicht des Vormundes zur Aufnahme eines Nachlaß-Inventars, insbesondere mit Rücksicht auf die Rüthener eheliche Gütergemeinschaft. — Vergl. Publikationspatent vom 21. Juni 1825 §§ 1-3.; Entwurf des Statutar- und Gewohnheitsrechts des Herzogthums Westphalen, Zusatz III. § 65.

Rechtsgr. **831.** — I. Senat. 19. Juni 1857. (XXV. 224.)

Nach den Grundsätzen der Rüthener ehelichen Gütergemeinschaft und nach dem Rüthener Gewohnheitsrecht ist die überlebende, in fortgesetzter Gütergemeinschaft auf Gedeih und Verderb mit ihren Kindern lebende Wittwe denselben ein Inventar über das beim Tode ihres Mannes vorhandene gemeinschaftliche Vermögen zu legen nicht verpflichtet.

§ **438.** Siehe Rechtsgrundsätze 829. 832. (§§ 238. **474.** dieses Titels.)

§§ **474-476.** Verhaftung des Vormundes beziehungsweise des Vormundschaftsgerichts für den Schaden wegen der Nichtrealisirung ausgelooster, im Gerichts-Depositorio befindlicher Staatsschuldverschreibungen. — Vergl. §§ 233. 438. dieses Titels; Depositial-Ordnung I. § 38.; Justiz-Ministerial-Reskripte vom 4. April 1821 und 7. März 1828.

Rechtsgr. **832.** — I. Senat. 16. Juli 1860. (XXXIX. 13.)

a) Ueber die Auslosung der Staatsschuldverschreibungen in Vormundschaftssachen hat hauptsächlich der Vormund zu wachen.

b) Hat aber das Vormundschaftsgericht selbst ein Kapital zur Anschaffung von Staatsschuldverschreibungen untergebracht, dem Vormunde aber nicht die Nummern der erworbenen Verschreibungen mitgetheilt, demselben vielmehr eröffnet, daß die Zinsen von Gerichtswegen eingezogen werden würden, so ist nicht der Vormund, sondern das Gericht für die rechtzeitige Realisation der im Gerichts-Depositorium befindlichen Staatsschuldverschreibungen verantwortlich.

§ **550.** Siehe Rechtsgrundsätze 617. 645. (A. L. R. II. **1.** § 378., **2.** § 171.)

§ **574.**, Anh. § **164.** zu § **574.** Siehe Rechtsgrundsatz 659. (A. L. R. II. **2.** § 432.)

§ **587.** Aufnehmung der Taxe bei Veräußerung eines Pupillengutes aus freier Hand. — Vergl. Verordnung vom 2. Januar 1849 § 14.; Geschäfts-Regulativ vom 18. Juli 1850.

Rechtsgr. **833.** — III. Senat. 3. Oktober 1860. (XXXVIII. 265.)

Die unter Prüfung und Genehmigung des Vormundschafts-Richters aus freier Hand erfolgte Veräußerung eines Pupillengutes ist deshalb nicht ungültig, daß der Werth des Gutes nur nach einer alten, vor stattgefundener Separation aufgenommenen Taxe beurtheilt worden ist.

§§ **593-595.** Verlust des Rechts der selbstständig gewordenen Pflegebefohlenen und Kinder unter väterlicher Gewalt zum Widerruf nichtig geschehener Veräußerung ihrer Grundstücke durch den Vormund oder Vater. — Vergl. A. L. R. I. **13.** §§ 142. 143., II. **2.** §§ 159. 168-173., **18.** §§ 3. 235.

Rechtsgr. **834.** — III. Senat. 24. Oktober 1859. (XXXIV. 333.)

Die Grundsätze der §§ 593–595. II. 18. des Allgem. Landrechts, — betreffend den Verlust des Rechts des Pflegebefohlenen zum Widerruf einer nichtig geschehenen Veräußerung seines Grundstücks durch ausdrückliche oder stillschweigende Genehmigung, — finden nicht nur auf eine von dem Vormunde, sondern auch auf eine von dem Vater während des Bestehens der väterlichen Gewalt ohne Genehmigung des vormundschaftlichen Gerichts vorgenommene Veräußerung des Grundstücks des Pflegebefohlenen, beziehungsweise des Kindes, Anwendung.

§ **600.** Siehe Rechtsgrundsatz 110. (A. L. R. I. **5.** § 185.)

§§ **643. 644.** Vorbehaltlose Anerkennung eines Testaments seitens des

Vormundes ohne obervormundschaftliche Autorisation. — Vergl. §§ 3. 233. 238-240. dieses Titels.

Rechtsgr. 835. — I. Senat. 13. Juli 1860. (XXXVIII. 175.)

Der Vormund bedarf zur vorbehaltlosen Anerkennung eines Testaments der obervormundschaftlichen Autorisation auch dann nicht, wenn der Pflegebefohlene durch das Testament in seinem Pflichttheile verletzt ist.

Siehe auch Rechtsgrundsatz 829. (§ 238. dieses Titels.)

§ 689., Anhang § 168. zu § 689. Konkurrenz des Vormundschaftsgerichts hinsichtlich der Verwaltung eines befreiten Vormundes bei freier Disposition desselben als überlebender Ehegatte:

A. Beschränkung der Anwendbarkeit des § 168. des Anhangs zum A. L. R. auf den Fall der nicht geschehenen Erbeseinsetzung des überlebenden Ehegatten; Erbeseinsetzung mit der Klausel: mit dem Nachlasse frei schalten und walten zu können.

Rechtsgr. 836. — I. Senat. 16. Mai 1859. (XXXIV. 50.)

Der § 168. des Anhangs zu § 689. II. 18. des Allg. Landrechts setzt eine nicht geschehene Erbeseinsetzung des überlebenden Ehegatten, welchem die freie Vermögens-Disposition eingeräumt ist, voraus, und findet daher auf den Fall der Erbeseinsetzung des überlebenden Ehegatten unter der Klausel, daß derselbe mit dem Nachlasse frei walten und schalten könne, keine Anwendung.

B. Begriff des „Vermindern oder Verzehren des Vermögens."

Rechtsgr. 837. — IV. Senat. 4. Januar 1859. (XXXII. 96.)

Unter den im § 168. des Anhangs zum Allgem. Landrecht gedachten Vermindern oder Verzehren des Vermögens seitens des überlebenden Ehegatten ist nicht die bloße Veräußerung eines Vermögensstückes, z. B. die Cession eines Kapitals, gegen Entgelt, sondern ein Angreifen und Verzehren der Vermögens-Substanz zu verstehen.

§§ 698. ff. Ausschließliche Befugniß des großjährigen Pflegebefohlenen zum Widerspruche gegen die Verlängerung der Vormundschaft.

Rechtsgr. 838. — IV. Senat. 13. September 1860. (XXXIX. 46.)

Gegen die durch väterliche Anordnung oder in Folge der Verordnung eines anderen Erblassers geschehene Verlängerung der Vormundschaft über einen Großjährigen steht lediglich dem Pflegebefohlenen selbst die Befugniß des Widerspruchs und der Provokation auf rechtliches Gehör zu, wogegen jeder Dritte sich der desfallsigen öffentlich bekannt gemachten richterlichen Anordnung zu fügen hat.

Siehe auch Rechtsgrundsatz 851. (Allg. Deutsche Wechsel-Ordnung Art. 1.)

Achter Abschnitt. Von Aufhebung der Vormundschaft.

§§ **736.** ff. Siehe Rechtsgrundsätze 617. 1232. (A. L. R. II. 1. § 378.; Provinzialrecht von Neuvorpommern und Rügen I. 4. § 1876.)

§ **807.** Betreibung bürgerlicher oder stehender Gewerbe durch Minderjährige unter vormundschaftlicher Genehmigung. — Vergl. Gewerbe-Ordnung vom 17. Januar 1845 § 16.

Rechtsgr. 839. — IV. Senat. 22. September 1860. (XXXVIII. 238.)

Die Vorschriften des § 807. II. 18. des Allgem. Landrechts: daß Minderjährige vor erlangter Majorennitäts-Erklärung zur eigenen Betreibung bürgerlicher Gewerbe nicht zugelassen werden sollen; sowie des § 16. der Gewerbe-Ordnung vom 17. Januar 1845: daß nur dispositionsfähige Personen ein stehendes Gewerbe für eigene Rechnung und unter eigener Verantwortlichkeit (selbstständig) betreiben dürfen, — schließen die polizeiliche Zulassung solcher Pflegebefohlenen nicht aus, welche durch vormundschaftliche Genehmigung für die darauf Bezug habenden Geschäfte Verfügungsfähigkeit erlangt haben.

§§ **919. 945.** Rechtsweg gegen die verfügte Entlassung eines gewöhnlichen und eines vom Erblasser oder in Familienverträgen ernannten Vormundes. — Vergl. A. G. O. I. 39. §§ 13. ff.

Rechtsgr. 840. — I. Senat. 28. November 1858. (XXXIII. 4.)

a) Der dem entlassenen Vormunde gestattete Rechtsweg

findet nur im Falle seiner Entlassung wegen Nachlässigkeit und Unredlichkeit, nicht auch im Falle seinerr Entlassung wegen eingetretener Unfähigkeit statt.

b) Daher ist die Frage: ob ein Vormund in Umstände gekommen ist, in denen er seinem Amte nicht mehr gehörig vorstehen könne, — sei es, daß diese Umsstände jetzt erst eingetreten, oder jetzt erst dem vormundschaftlichen Gerichte bekannt geworden, — lediglich von dem vormundschaftlichen Richter als Verwaltungsbehörde, mit Ausschluß des Rechtsweges, zu entscheiden.

Dies gilt auch von dem Falle, wenn der Vormund aus der evangelischen Landeskirche aus- und zur s. g. freien Gemeinde übergetreten ist.

Neunter Abschnitt. Von den Rechten und Pflichten der Kuratoren.

§§ **989. 990.** Siehe Rechtsgrundsatz 645. (A. L. R. II. 2. § 171.)

Titel 19. Von Armenanstalten und andern milden Stiftungen.

§§ **36.** ff. Siehe Rechtsgrundsätze 1308. 1442. (Cod. 1. 2. Lex 1.; Gesetz vom 13. Mai 1833 § 4.)

§ **65.** Anspruch der Armenanstalt an den Nachlaß des Aufgenommenen auf Vergütung des Verwendeten bei unterbliebener Bekanntmachung ihres gesetzlichen Erbrechts.

Rechtsgr. 841. — I. Senat. 19. Oktober 1860. (XXXVIII. 323.)

Nach § 65. II. 19. des Allg. Landrechts ist die Armen-Anstalt weder den Erben noch dem Erblasser gegenüber als Gläubigerin zu betrachten.

§ **67.** Anspruch der Armenanstalt an den Nachlaß des außerhalb der Anstalt bis zu seinem Ableben verpflegten Hülfsbedürftigen auf Ersatz des demselben Geleisteten. — Vergl. A. L. R. I. 13. § 280.

Rechtsgr. 842. — I. Senat. 19. Oktober 1860. (XXXVIII. 322.)

a) Die Bestimmung des § 67. II. 19. des Allg. Landrechts, — betreffend den Anspruch einer Armen-Anstalt auf Ersatz des dem Hülfsbedürftigen außerhalb der Anstalt bis zu seinem Ableben Geleisteten aus dessen Nachlasse, — enthält keine Abänderung der Vorschrift des § 280. I. 13. des Allgem. Landrechts über die Nichtberechtigung zu dem auf Bereicherung des Empfängers gegründeten Anspruch auf Ersatz des aus Freigebigkeit Gegebenen oder Geleisteten.

b) Ebensowenig beruht die Bestimmung des § 67. a. a. O. auf eine dem unterstützten Hülfsbedürftigen von vornherein obliegende und auf seine Erben übergehende gesetzliche Verpflichtung zur Erstattung der Unterstützungsgelder; vielmehr hat der § 67. den Armen-Anstalten jenes Recht nur an Stelle des gesetzlichen Erbrechts derselben in den Nachlaß des in die Anstalt aufgenommenen und darin gestorbenen Armen eingeräumt.

§ **75.** Aufhebung einer letztwilligen Verordnung durch Eintritt des Verordnenden in eine Armenanstalt.

Rechtsgr. **843.** — I. Senat. 11. März 1861. (XL. 345.)

Widerrufliche einseitige letztwillige Verordnungen werden für aufgehoben erachtet, sobald der Verordnende durch seinen Eintritt in eine Armen-Anstalt, welcher ein gesetzliches Erbrecht beigelegt ist, seinen entgegengesetzten Willen zu erkennen giebt, und aus einer solchen Verordnung für den Bedachten noch keine Rechte entstanden sind.

Titel 20. Von den Verbrechen und deren Strafen.

§§ **7.** ff. Siehe Rechtsgrundsatz **632.** (A. L. R. II. **1.** § 704.)
§§ **17. 1116. 1117. 1244.** Siehe Rechtsgrundsatz **156.** (A. L. R. I. **5.** § 54.)
§§ **1284. 1288.** Siehe Rechtsgrundsatz **117.** (A. L. R. I. **5.** § 292.)
§§ **1425-1430.** Siehe Rechtsgrundsatz **669.** (A. L. R. II. **2.** § 484.)

Verordnung wegen Einführung der Allgemeinen Deutschen Wechsel-Ordnung vom 6. Januar 1849.
(Gesetz-Sammlung S. 49.)

---

§ 5. Gerichtsstand einer mit Korporationsrechten und juristischer Persönlichkeit nicht versehenen anonymen Gesellschaft in Wechselsachen; Wechselklage gegen stille Theilnehmer einer Handelsgesellschaft. — Vergl. Allg. Deutsche Wechsel-Ordnung Art. **2. 91.**

Rechtsgr. **844.** — IV. Senat. 19. Juli 1859. (XXXIV. 211.)

Auch eine mit Korporationsrechten und juristischer Persönlichkeit nicht versehene anonyme Handelsgesellschaft kann bei dem Gerichte des Ortes, wo dieselbe ihren Sitz gewählt und ein Geschäftslokal errichtet hat, wechselmäßig belangt werden, wenngleich einzelne Gesellschafts-Mitglieder ihren Wohnsitz außerhalb der Preußischen Staaten haben.

Siehe auch Rechtsgrundsatz **854.** (Allg. Deutsche Wechsel-Ordnung Art. **2.**)

Gesetz wegen Einführung der Allgemeinen Deutschen Wechsel-Ordnung in Preußen vom 15. Februar 1850.
(Gesetz-Sammlung S. 53.)

---

§ **2.** Siehe Rechtsgrundsatz **920.** (Allgem. Deutsche Wechsel-Ordnung Art. 73.)

§ **4.** Wechselprotest-Stunden. — Vergl. A. L. R. I. **13.** § **119.**; Allg. Deutsche Wechsel-Ordnung **41.** 88. 98. No. **10.**

Rechtsgr. **845.** — IV. Senat. 6. November 1860. (XXXVIII. 355.)

a) Zur Gültigkeit eines Wechselprotestes Mangels Zahlung bedarf es der Bezeichnung der Stunde, in welcher derselbe aufgenommen worden, nicht.

b) Ein Protest ist nichtig, wenn sich aus ihm ergiebt, daß er nicht in den im § 4. des Einführungsgesetzes vom 15. Februar 1850 bezeichneten Stunden — von Vormittags 9 Uhr bis Abend 6 Uhr — aufgenommen ist.

c) Von einer Einwilligung des Protestaten kann hierbei die Rede nicht sein, wenn er nicht selbst, sondern nur seine Angehörigen angetroffen worden sind.

§ 7. Sofortige Liquidestellung der Einreden in Wechselsachen:
A. Unwesentliche Prozeßvorschrift in Betreff dieser Bestimmung. — Vergl. Verordnung vom 14. Dezember 1833 § 4. No. 2.

Rechtsgr. 846. — IV. Senat. 31. Januar 1860. (XXXVI. 199.)

Der § 7. des Gesetzes vom 15. Februar 1850 enthält eine nicht wesentliche Prozeßvorschrift im Sinne der Verordnung vom 14. December 1833.

B. Unanwendbarkeit der Vorschrift des § 7. a. a. O. auf den Kläger.

Rechtsgr. 847. — IV. Senat. 12. Oktober 1858. (XXIX. 363.)

Der § 7. des Einführungs=Gesetzes vom 15. Februar 1850 legt nur dem Verklagten, nicht dem Kläger, die Pflicht zur sofortigen Liquidestellung auf.

Allgemeine Deutsche Wechsel-Ordnung.

Erster Abschnitt. Von der Wechselfähigkeit.

Artikel 1. Wechselfähigkeit:
A. der Ehefrauen;
— Einrede der Intercession seitens der einen trockenen Wechsel unter der Herrschaft des Gemeinen Rechts ausstellenden Frauen. — Vergl. Art. 82. dieser Wechselordnung; Dig. 16. 1. Lex 1.; Cod. 4. 29. Lex 1. ff.

Rechtsgr. 848. — IV. Senat. 22. Dezember 1859. (XXXV. 353.)

Selbst da, wo Gemeines Recht gilt, können sich, auch dem unmittelbaren Wechselnehmer gegenüber, die einen trockenen Wechsel ausstellenden Frauen auf das S. C. Vellejanum nicht berufen.

— Indossament des von einer Ehefrau unter Genehmigung des

Ehemannes an ihre eigene Order gezogenen Wechsels. — Vergl. Art. 2. dieser Wechselordnung.

Rechtsgr. 849. — IV. Senat. 7. Februar 1860. (XXXVI. 208.)

Wenn unter der Unterschrift der Ehefrau unter dem von derselben an eigene Order gezogenen Wechsel von dem Ehemanne die schriftliche Genehmigung dieser Wechsel-Ausstellung ertheilt ist, so bedarf es einer besonderen Genehmigung des demnächstigen Indossaments der Ehefrau seitens des Ehemannes nicht.

B. Bevormundeter Personen:

— eines minderjährigen, handeltreibenden Pflegebefohlenen. — Vergl. A. L. R. I. 5. §§ 10. 14. 20. 21.

Rechtsgr. 850. — IV. Senat. 21. Juni 1860. (XXXVIII. 58.)

Minderjährige, unter Vormundschaft stehende Personen, welche mit vormundschaftlicher Genehmigung ein die Entnahme von Waaren auf Kredit bedingendes kaufmännisches Geschäft betreiben, sind in Betreff ihres, dies Geschäft unmittelbar betreffenden Verkehrs für wechselfähig zu erachten.

— des unter der verlängerten Vormundschaft stehenden Großjährigen. — Vergl. A. L. R. II. 18. §§ 698. ff.

Rechtsgr. 851. — IV. Senat. 13. September 1860. (XXXIX. 46.)

Der Einwand des verklagten Wechselschuldners, daß er zur Zeit des Wechselzuges unter verlängerter Vormundschaft gestanden, dies öffentlich bekannt gemacht, und er daher nicht wechselfähig gewesen sei, ist für zulässig zu erachten.

C. der gemeinen Soldaten. — Vergl. A. L. R. I. 11. §§ 700. 862., II. 10. §§ 24. 28.; Kabinetsorders vom 25. September 1809 und 18. März 1811.

Rechtsgr. 852. — IV. Senat. 18. Mai 1858. (XXXIII. 219.)

Auch gemeine Soldaten sind wechselfähig.

D. des Gemeinschuldners. — Vergl. Konkurs-Ordnung vom 8. Mai 1855 §§ 4. 5.

Rechtsgr. 853. — IV. Senat. 20. Oktober 1859. (XXXIV. 328.)

Die Wechsel- resp. Vertragsfähigkeit ist dem Kridar nicht entzogen, sondern nur insofern beschränkt, als er nicht während des Konkurses das zur Masse gehörige Vermögen beeinträchtigen darf.

Siehe auch Rechtsgrundsatz 826. (A. L. R. II. 18. § 28.)

Artikel 2. Verhaftung des Wechselschuldners mit seiner Person und seinem Vermögen:

A. Wechselklage mit Ausschließung der persönlichen Verhaftung gegen stille Theilnehmer einer Handelsgesellschaft. — Vergl. A. L. R. II. 8. § 652.; Einführungsverordnung vom 6. Januar 1849 § 5.

Rechtsgr. 854. — IV. Senat. 19. Juli 1859. (XXXIV. 211.)

Die Wechselklage wegen einer von dem Geschäftsführer unter der Gesellschaftsfirma übernommenen Wechselverbindlichkeit kann nicht blos gegen die Handelsgesellschaft selbst, sondern auch gegen deren stillen Theilnehmer gerichtet werden, insofern Letzterer nicht persönlich in Anspruch genommen, sondern nur die Tilgung der Wechsel-Forderung aus dem Gesellschaftsvermögen verlangt wird.

B. Wechselhaft. — Vergl. A. G. O. I. 27. §§ 45. 51.

Rechtsgr. 855. — IV. Senat. 10. Juli 1860. (XXXVII. 340.)

Aus der Zulässigkeit des Wechselprozesses ist die Zulässigkeit der Wechselhaft nicht zu folgern.

Siehe auch Rechtsgrundsätze 844. 849. (Einführungsverordnung vom 6. Januar 1849 § 5.; Art. 1. dieser Wechselordnung.)

Zweiter Abschnitt. Von gezogenen Wechseln.

I. Erfordernisse eines gezogenen Wechsels.

Artikel 4. Wesentliche Erfordernisse desselben.

— No. 1. Bezeichnung der Urkunde als „Wechsel."

Siehe Rechtsgrundsatz 959. (Art. 85. dieser Wechselordnung.)

— No. 2. Geldsumme:

A. Bestimmtheit derselben. — Vergl. Art. 5. dieser Wechsel-Ordnung.

Rechtsgr. 856. — IV. Senat. 12. Mai 1859. (XXXIV. 46.)

Ist in dem ersten Theil des sich als Wechsel ankündigenden Schriftstücks eine bestimmte Geldsumme angegeben, während der zweite Theil desselben diese Bestimmtheit fraglich macht, so ist ein gültiger Wechsel nicht vorhanden.

B. Wirkung einer Urkunde in Wechselform mit Zinsversprechen und Hypothekbestellung. — Vergl. Artikel 96. No. 2. dieser Wechsel-Ordnung.

Rechtsgr. 857. — IV. Senat. 27. Juni 1857. (XXV. 310.)

Die Wechselkraft einer mit den Erfordernissen eines Wechsels versehenen Urkunde wird durch Hinzufügung des Zinsversprechens und der Hypothekenbestellung nicht beeinträchtigt.

C. Charakter und Wirkung eines zur Sicherheit wegen einer anderen Verbindlichkeit des Acceptanten ertheilten Wechselaccepts (Depotwechsels). — Vergl. Artikel 50. No. 1., Art. 96. No. 2. dieser Wechsel-Ordnung.

Rechtsgr. 858. — IV. Senat. 17. Juli 1858. (XXIX. 323.)

Dadurch, daß nach dem die Wechselvaluta darstellenden Geschäfte das Accept nur zur Sicherheit einer dem Acceptanten zur Verfallzeit oder früher obliegenden Verbindlichkeit gegeben worden ist, wird der Charakter des Wechsel-Accepts und dessen Wirkung nicht beeinträchtigt, und der Acceptant nicht der Last überhoben, etwaige Ansprüche aus dem Geschäfte, sei es im Wege einer im Wechselprozesse zulässigen Einrede, sei es im Separatverfahren, geltend zu machen.

— No. 4. Zahlungszeit:

A. Ueberhaupt:

— Bestimmtheit der Zahlungszeit.

Rechtsgr. 859. — IV. Senat. 12. Mai 1859. (XXXIV. 46.)

Ist in dem ersten Theil eines sich als Wechsel ankündigenden Schriftsstücks eine bestimmte Verfallzeit angegeben, während der zweite Theil desselben diese Bestimmtheit fraglich macht, so ist ein gültiger Wechsel nicht vorhanden.

— Einfluß von Rasuren und Veränderungen in der Jahreszahl der Zahlungszeit auf die Gültigkeit des Wechsels.

Rechtsgr. 860. — IV. Senat. 26. Oktober 1858. (XXX. 342.)

a) Streiten die Parteien nicht über die Existenz der Jahreszahl, so kann der Richter, weil sie seinem subjektiven Gesichtssinn nicht ganz unzweifelhaft erkennbar ist, das Vorhandensein der Zahlungszeit nicht verneinen.

b) Rasuren und Veränderungen in dieser Zahl können nur dann zur Begründung der Einrede der Fälschung von Gewicht sein, wenn sie zum Nachtheil des Verklagten und ohne dessen Willen und Wissen vorgenommen sind.

— Wirkung der Angabe der Zahlungszeit durch den Acceptanten.

Rechtsgr. 861. — IV. Senat. 12. Juni 1858. (XXX. 97.)

Das Accept zu einem bestimmten Tage, z. B. per 25. Januar 1858, vermag das in dem Wechsel fehlende wesentliche Erforderniß der Zahlungszeit nicht zu decken.

B. Tagwechsel. — Vergl. Art. 96. No. 4. dieser Wechselordnung. — Angabe der Zahlungszeit mit „dato nach Sicht."

Rechtsgr. 862. — IV. Senat. 17. Juli 1858. (XXIX. 321.)

Durch die Bezeichnung „dato nach Sicht" wird die Zahlungszeit eines Wechsels nicht ausgedrückt.

— Angabe der Zahlungszeit mit „Ende dieses Jahres."

Rechtsgr. 863. — IV. Senat. 27. März 1858. (XXIX. 245.)

Zur Bestimmung der Zahlungszeit eines Tagwechsels genügt deren Bezeichnung mit: „Ende dieses Jahres."

C. Sichtwechsel.

Siehe Rechtsgrundsatz 862. (Art. 4. No. 4. dieser Wechselordnung.)

D. Dato-Wechsel; Bestimmung der Zahlungszeit: „Nach einem Monat." — Vergl. Artikel 7. dieser Wechsel-Ordnung.

Rechtgr. 864. — IV. Senat. 22. Dezember 1857. (XXVII. 230.)

Die Bezeichnung der Zahlungszeit: „Nach einem Monat" ist weder bei trockenen noch bei gezogenen Wechseln als eine gültige zu erachten.

— No. 5. Unterschrift des Ausstellers:

A. Unterschrift eines bereits acceptirten Wechselformulars als Wechselaussteller in Folge eines Wechselacceptationsvertrages. — Vergl. A. L. R. I. 11. §§ 1. 135. ff. 193. 376. 440., 13. § 65.; Allg. Deutsche Wechsel-Ordnung Art. 82.

Rechtsgr. 865. — IV. Senat. 5. Juli 1860. (XXXVIII. 101.)

a) Die Beifügung des Acceptes seitens des, in dem von dem Aussteller noch nicht unterschriebenen Formular eines gezogenen Wechsels bezeichneten, Trassaten, verbunden mit der Uebergabe dieses mit dem Accepte versehenen Formulars an einen Andern zur Trassirung, enthält einen Wechselacceptations-Vertrag, wodurch der Letztere autorisirt wird, der unvollständigen Schrift durch deren Vollziehung mit seiner Unterschrift als Trassant Wechselkraft zu verschaffen.

b) Das zwar mit dem Accepte des Bezogenen versehene, von dem Trassanten aber noch nicht vollzogene Wechselformular hat nicht die Eigenschaft eines dem Inhaber zahlbaren Instruments. — Daher enthält die gegen Zahlung einer Geldsumme behufs der Trassirung geschehenen Uebergabe dieser unvollkommenen Wechsel-Urkunde seitens des ersten Empfängers an einen Dritten weder den Kauf einer Sache, noch eine Cession, noch auch ein Wechsel-Indossament, und finden deshalb auf dieses Geschäft die bei jenen Rechtsgeschäften geltenden Vorschriften wegen der Gewährleistung keine Anwendung.

c) Hat der zweite Empfänger des mit dem Accepte versehenen Wechsel-Formulars dasselbe im Interesse des ersten Empfängers als Aussteller vollzogen und die Wechselsumme dem ersten Empfänger gezahlt, so ist derselbe im Falle der Uneinziehbarkeit des Wechselbetrages von dem Acceptanten berechtigt, Erstattung der Wechselsumme und seiner behufs Wiedereinlösung des Wechsels gehabten Verwendungen von dem ersten Empfänger zu beanspruchen.

B. Unterschrift des Ausstellers durch Stellvertreter. — Vergl. A. L. R.

I. 5. § **116.**, **13.** § 8., II. **8.** §§ **500. 501. 507.**; Allg. Deutsche Wechsel-Ordnung Art. 8. **96.** No. 5.

Rechtsgr. **866.** — IV. Senat. 13. Juni 1857. (XXV. 170.)

a) Der Art. 4. No. 5. und der Art. 8. der Allgem. Deutschen Wechsel-Ordnung, — nach welchen die Unterschrift des Ausstellers zu den wesentlichen Erfordernissen eines gezogenen Wechsels gehört, beziehungsweise der Aussteller für die Annahme und Zahlung wechselmäßig haftet, — setzen eine denselben wirklich verpflichtende Unterschrift voraus.

b) Daher begründet die mit Wissen und Willen des Ausstellers statt seiner durch einen Andern erfolgte Beifügung seiner Namens-Unterschrift und seines Giros für sich allein noch nicht seine Verhaftung; dieselbe tritt vielmehr erst dann ein, wenn er vorher entweder dem Andern schriftliche Prokura ertheilt, oder denselben dem Bezogenen und den Indossataren schriftlich oder mündlich als seinen Prokuristen bezeichnet hat.

Rechtsgr. **867.** — IV. Senat. 13. Oktober 1859. (XXXIV. 322.)

Ein in mündlichem oder stillschweigendem Auftrage eines Anderen mit dessen Namen unterschriebener Wechsel hat für denselben eine wechselmäßige Verpflichtung nicht zur Folge.

Rechtsgr. **868.** — IV. Senat. 19. Juli 1859. (XXXIV. 211.)

Zür Gültigkeit der Wechsel-Unterschrift genügt die unter der gedruckten Geschäftsfirma befindliche Unterschrift des Geschäfts-Inhabers oder dessen Vertreters.

C. Nachträglich durch den Testaments-Exekutor bewirkte Ausfüllung eines im Nachlasse vorgefundenen Wechselblankets. — Verg. A. L. R. I. **13.** § **186.**; Allgem. Deutsche Wechsel-Ordnung Art. 7. 82. 96.; A. G. O. I. **10.** § **136.**

Rechtsgr. **869.** — IV. Senat. 27. Juni 1857. (XXV. 302.)

Die durch den Testaments-Exekutor bewirkte Ausfüllung eines im Nachlaß vorgefundenen, mit einer Wechselerklärung eines Dritten versehenen Blankets ist, wenn diese Ausfüllung ohne Wissen und Willen des Dritten geschieht, nicht geeignet, einen wirksamen Wechsel herzustellen.

D. Nachträgliche Unterschrift des Konkurskurators unter einem von dem Gemeinschuldner gezogenen, von demselben jedoch nicht unterschriebenen Wechsel. — Vergl. Art. 7. 82. dieser Wechselordnung.

Rechtsgr. 870. — IV. Senat. 31. März 1857. (XXV. 35.)

Die seitens des Konkurskurators nachträglich geschehene Unterschrift eines von dem Gemeinschuldner vor eröffnetem Konkurse gezogenen, von demselben nicht unterschriebenen, von dem Bezogenen aber acceptirten Wechsels begründet keinen wechselmäßigen Anspruch.

Siehe auch Rechtsgrundsatz 1280. (Code de commerce art. 110.)

— No. 6. Datum der Ausstellung. — Vergl. Artikel 7. dieser Wechsel-Ordnung.

A. Wirkung der Angabe der Ausstellungszeit durch einen Acceptanten.

Rechtsgr. 871. — IV. Senat. 12. Juni 1858. (XXX. 97.)

Das Accept zu einem bestimmten Tage vermag das im Wechsel fehlende wesentliche Erforderniß der Ausstellungszeit nicht zu decken.

B. Wirkung der Unrichtigkeit der Wechseldatirung.

Rechtsgr. 872. — IV. Senat. 12. Juni 1858. (XXX. 97.)

a) Die Richtigkeit der angegebenen Ausstellungszeit eines Wechsels ist nicht unbedingt zur Gültigkeit desselben erforderlich; vielmehr hebt nur eine solche Unrichtigkeit der Datirung die Wechselkraft auf, deren Unrichtigkeit aus der in dem Kontexte des Wechsels ausgedrückten Zahlungszeit in die Augen fällt, beziehungsweise zu einer Jedermann erkennbaren Unmöglichkeit führt.

b) Die Replik, daß ein Schreibfehler in der unrichtigen Datirung des Wechsels obwalte, ist unzulässig.

C. Zulässigkeit der Wechseldatirung nach altem und neuem Style bei russischen Wechseln. — Vergl. Art. 85. dieser Wechsel-Ordnung.

Rechtsgr. 873. — IV. Senat. 15. September 1857. (XXVI. 185.)

In Rußland ausgestellte Wechsel sind gültig, wenngleich das Datum nach beiden Stylen bezeichnet ist.

— No. 7. Name des Bezogenen; Erforderniß der Gewißheit der Natur des Wechsels als gezogener oder als eigener Wechsel. — Vergl. Art. 6. 7. 96. No. 3., Art. 98. dieser Wechsel-Ordnung.

Rechtsgr. 874. — IV. Senat. 2. September 1858. (XXX. 196.)

Ein seinem Inhalte nach eigener, mit dem Vermerke „angenommen" versehener Wechsel ist nicht unbedingt ungültig. Es kommt vielmehr auf die besonderen Umstände eines jeden Falles an, ob die Uebernahme der Wechselverpflichtung hinlänglich zu erkennen ist, oder nicht.*

— No. 8. Zahlungsort. — Vergl. Art. 43. dieser Wechsel-Ordnung.

Rechtsgr. 875. — IV. Senat. 8. September 1860. (XXXVIII. 214.)

Wird in dem Wechsel durch Beifügung von Zeichen zu erkennen gegeben, daß der Ort der Zahlung von anderen gleichnamigen Orten ausdrücklich habe unterschieden werden sollen, so liegt eine dem Gesetz entsprechende Bezeichnung des Zahlungsortes nur dann vor, wenn jene Zeichen es ersichtlich machen, welcher der mehreren gleichnamigen Orte gemeint ist.

Siehe auch Rechtsgrundsätze 889-891. 968. (Art. 24. u. 91. dieser Wechsel-Ordnung.)

Siehe überhaupt zu Art. 4. auch Rechtsgrundsätze 430. 431. 877. 934. 945. 1166. (A. L. R. I. 16. § 28.; Allg. Deutsche Wechsel-Ordnung Art. 9. 82.; Konkurs-Ordnung § 86.)

Art. 5. Siehe Rechtsgrundsatz 856. (Art. 4. No. 2. dieser Wechsel-Ordnung.)

Art. 6. Trassirt-eigene Wechsel.

Rechtsgr. 876. — IV. Senat. 16. September 1858. (XXXIX. 1.)

Der Wechsel-Aussteller kann sich selbst als Remittenten

* Vergl. dagegen Bd. 2. S. 271. No. 730. und 731. dieser Rechtsgrundsätze.

und zugleich als Bezogenen bezeichnen, sofern die Zahlung an einem anderen Orte, als dem der Ausstellung, geschehen soll.

Siehe auch Rechtsgrundsätze 874. 975. (Art. 4. No. 7., Art. 96. dieser Wechsel-Ordnung.)

Art. 7. Siehe Rechtsgrundsätze 864. 869-874. (Art. 4. unter No. 4. 5. 6. 7. dieser Wechsel-Ordnung.)

II. Verpflichtung des Ausstellers.

Art. 8. Siehe Rechtsgrundsatz 866. (Art. 4. No. 5. dieser Wechsel-Ordnung.)

III. Indossament.

Art. 9. Uebertragung eines „Depotwechsels" durch Indossament. — Vergl. Art. 4. 10. 22. 98. No. 2. dieser Wechsel-Ordnung.

Rechtsgr. 877. — IV. Senat. 17. Juli 1858. (XXIX. 323.)

Die Bezeichnung eines Wechselpapiers als „Depotwechsel" ist kein Hinderniß und keine Beschränkung der gesetzlichen Indossabilität des Wechsels.

Siehe auch Rechtsgrundsätze 934. 937. 958. 1166. (Art. 82. 85. dieser Wechsel-Ordnung; Konkurs-Ordnung § 86.)

Art. 10. Rechte des Acceptanten bei Erwerbung des Wechsels nach Verfall und Protest. — Vergl. A. L. R. I. 16. §§ 476-478.

Rechtsgr. 878. — IV. Senat. 31. Mai 1860. (XXXVII. 248.)

Der Acceptant, welcher den Wechsel nach Verfall und Protest Mangels Zahlung erwirbt, während seine Verbindlichkeit aus dem Accept noch besteht, kann Rechte aus demselben gegen die in der Regreßpflicht stehenden Personen nicht ausüben; sie sind durch Konfusion erloschen.

Siehe auch Rechtsgrundsätze 430. 431. 877. 933. 937. (A. L. R. I. 16. § 28.; Allgem. Deutsche Wechsel-Ordnung Art. 9. 82.)

Art. 11. Indossament auf der Vorderseite des Wechsels. — Vergl. Art. 12. dieser Wechsel-Ordnung.

Rechtsgr. 879. — IV. Senat. 27. Mai 1858. (XXX. 45.)

Eigentliche Indossamente sind auch auf der Vorderseite des Wechsels zulässig.

Siehe auch Rechtsgrundsatz 896. (Art. 36. dieser Wechsel-Ordnung.)

Art. 12. Ungültigkeit eines Blanko-Indossaments auf der Vorderseite des Wechsels. — Vergl. Art. 16. 81. dieser Wechsel-Ordnung.

Rechtsgr. 880. — IV. Senat. 10. November 1857. (XXVI. 338.)

Auch dann, wenn die auf der Vorderseite des Wechsels befindliche Unterschrift eine Verpflichtung aus dem Wechsel nicht begründen kann, ist ihr die Wirkung eines Indossaments nicht beizulegen.

Siehe auch Rechtsgrundsätze 879. 896-900. 915. 958. (Art. 11. 36. 51. 85. dieser Wechsel-Ordnung.)

Art. 13. Siehe Rechtsgrundsätze 896-900. (Art. 36. dieser Wechsel-Ordnung.)

Art. 14. Siehe Rechtsgrundsätze 933. 937. 945. (Art. 82. dieser Wechsel-Ordnung.)

Art. 16. Indossirung nach Ablauf der Protestfrist Mangels Zahlung.

Rechtsgr. 881. — V. Senat. 21. Februar 1859. (XXXVI. 267.)

Es ist nicht richtig, daß in Beziehung auf Art. 16. Alinea 2. der Allgem. Deutschen Wechsel-Ordnung jeder Inhaber eines vor Protest mit einem Blanko-Indossament versehenen Wechsels, bei dem Durchstrichensein späterer Giris, seine Rechte als Nehmer unmittelbar aus dem letzten undurchstrichenen Blanko-Indossamente herleite, und daß demgemäß seine Eigenthums-Erwerbung unbedingt als vor dem erfolgten Proteste geschehen anzusehen sei. Es steht vielmehr dem Verklagten der Beweis offen, daß der Inhaber die Rechte aus dem ursprünglichen Blanko-Indossamente nach der Protesterhebung erworben habe.

Siehe auch Rechtsgrundsatz 880. (Art. 12. dieser Wechsel-Ordnung.)

IV. Präsentation zur Annahme.

Art. 18. Siehe Rechtsgrundsatz 904. (Art. 41. dieser Wechsel-Ordnung.)

Art. 19. Siehe Rechtsgrundsätze 882. 976. (Art. 20. 98. No. 3. dieser Wechsel-Ordnung.)

Art. 20. Feststellung der Sicht eines auf eine bestimmte Zeit nach Sicht gestellten, zwar domizilirten, jedoch keinen benannten Domiziliaten enthaltenen trockenen Wechsels. — Vergl. Art. 19. 31. 91. Alinea 2. 98. No. 5 dieser Wechsel-Ordnung.

Rechtsgr. 882. — IV. Senat. 8. Mai 1858. (XXXIV. 5.)

a) Hat der Aussteller eines, auf eine bestimmte Zeit nach Sicht gestellten, einen benannten Domiziliaten nicht enthaltenden trockenen Domizil-Wechsels in dem Domizilorte weder eine Wohnung, noch ein Geschäftslokal, und ist daselbst die Datirung des Wechsels behufs Feststellung der Sicht auch sonst weder von dem Aussteller, noch von einem von demselben bestellten Vertreter zu erhalten, — so genügt der zum Zwecke dieser Datirung an dem Domizilorte erhobene Protest zur Berechnung und Fixirung des Fälligkeits-Tages und zur Begründung des Verzuges des Ausstellers.

b) Der behufs Feststellung der Sicht bei nicht zu bewirkender Vorzeigung des Wechsels auf Sicht aufzunehmende Protest braucht dem Protestirten im Falle des Art. 91. Alinea 2. der Allgem. Deutschen Wechsel-Ordnung nicht notifizirt zu werden.

Siehe auch Rechtsgrundf. 976. (Art. 98. No. 3. dieser Wechselordnung.)

V. Annahme (Acceptation).

Art. 21. Form und Wirkung der Annahme:

A. Wirkung der Acceptation eines hiernächst vom Acceptanten nicht fortgegebenen Wechsels. — Vergl. A. L. R. I. 4. § 57., 5. §§ 116. 119.

Rechtsgr. 883. — IV. Senat. 15. September 1859. (XXXIV. 242.)

Erst dadurch, daß der Acceptant den mit dem Accept versehenen Wechsel fortgiebt, tritt er mit Dritten in einen Wechselverkehr.*

B. Wirkung der Mitunterzeichnung eines Wechselaccepts auf der Rückseite des Wechsels. — Vergl. Art. 22. 81. dieser Wechsel-Ordnung.

Rechtsgr. 884. — IV. Senat. 26. September 1857. (XXVIII. 1.)

Die Unterzeichnung eines auf der Rückseite eines bereits acceptirten Wechsels geschriebenen Vermerkes: „angenommen für die Hälfte des Werthes" hat die Wirkung der Mitunter-

* Vergl. dagegen die Note Bd. 34. S. 242. des Archivs für Rechtsfälle.

zeichnung des auf der Vorderseite befindlichen Acceptes auf Höhe dieses Betrages.

C. Wirkung des Durchstreichens des Accepts oder Eines der beiden Accepte eines in Verkehr gekommenen Wechsels. — Vergl. Art. 36. 81. dieser Wechsel-Ordnung.

Rechtsgr. 885. — IV. Senat. 16. September 1858. (XXIX. 340.)

a) Aus der Thatsache allein, daß das mit dem gezogenen Wechsel in Verkehr gekommene Accept später aus irgend einem unbekannten Grunde durchstrichen worden, kann auf dessen Ungültigkeit nicht geschlossen werden.

b) Ist ein Wechsel mit zwei Accepten versehen und mit diesen in Verkehr gekommen, so erlischt durch das Durchstreichen des ersten Accepts noch nicht die Verpflichtung des zweiten Acceptanten.

Siehe auch Rechtsgrundsätze 903. 1280. (Art. 39. dieser Wechsel-Ordnung; Code de Commerce Art. 110.)

Art. 22. Verhaftung des Acceptanten:

A. Aus einem Depotwechsel. — Vergl. Artikel 82. dieser Wechsel-Ordnung.

Rechtsgr. 886. — IV. Senat. 17. Juli 1858. (XXIX. 323.)

Zur Begründung der Wechselklage des Ausstellers oder Indossatars eines in der Ueberschrift als Depotwechsel bezeichneten Wechsels gegen den Acceptanten bedarf es der Angabe des dem Wechselzuge zum Grunde liegenden Geschäftes und der Forderung aus demselben nicht.

B. aus einem unbedingten Accept bei beschränkenden Bemerkungen auf der Rückseite des Wechsels. -- Vergl. Art. 23. dieser Wechsel-Ordnung.

Rechtsgr. 887. — IV. Senat. 26. Oktober 1858. (XXX. 342.)

Ein unbedingtes Accept wird durch Bemerkungen des Acceptanten auf der Rückseite des Wechsels nicht zum bedingten.

Siehe auch Rechtsgrundsätze 877. 884. 934. 1166. (Art. 9. 21. 82. dieser Wechsel-Ordnung; Konkurs-Ordnung § 86.)

Art. **23.** Siehe Rechtsgrundsätze 887. 945. 979. 1280. (Art. 22. 82. 99. dieser Wechsel-Ordnung; Code de commerce art. 110.)

Art. **24.** Annahme eines Domizilwechsels. — Vergl. Art. 4. No. 8. dieser Wechsel-Ordnung.

A. Erforderniß der Bezeichnung eines vom Wohnorte des Bezogenen verschiedenen Zahlungsortes.

Rechtsgr. 888. — IV. Senat. 27. März 1858. (XXVII. 337.)

Zum Wesen des Domizilwechsels gehört, daß in dem Wechsel selbst der Wohnort des Bezogenen so bezeichnet ist, daß sich aus dieser Urkunde die Verschiedenheit dieses Wohnortes von dem Zahlungsorte ergiebt.

B. Formel des Domizilirungsvermerkes „zahlbar bei." —

Rechtsgr. 889. — IV. Senat. 6. November 1860. (XXXIX. 151.)

Der Domizilirungsvermerk des Wechselziehers: „zahlbar bei" bezeichnet einen von dem Acceptanten verschiedenen Domiziliaten als Zahlungsleister.*

C. Mandatsverhältniß zwischen dem Wechsel-Domiziliaten und dem Acceptanten.

Rechtsgr. 890. — IV. Senat. 17. September 1859. (XXXIV. 252.)

Auch der vom Wechselzieher benannte Domiziliat gilt als Mandatar des Acceptanten; ein Mandatsverhältniß zwischen ihm und dem Wechselzieher ist nicht anzunehmen.

D. Vermuthung gegen die nachträgliche Beifügung des Domizilirungsvermerkes. — Vergl. Art. 41. 43. dieser Wechselordnung; A. G. O. I. 13. § 28.

Rechtsgr. 891. — IV. Senat. 24. September 1859. (XXXV. 114.)

a) Es darf nicht vermuthet werden, daß ein auf dem von dem klagendenden Indossatar überreichten Wechsel unter der Adresse des Bezogenen sich vorfindender Domizilvermerk erst nach Ausstellung des Wechsels von einem Dritten ohne Vorwissen und Genehmigung des Ausstellers auf den Wechsel gesetzt worden sei.

* Vergl. Bd. 2. S. 279. No. 762. dieser Rechtsgrundsätze.

b) Der verklagte Wechsel-Aussteller hat daher seine desfallsige Einrede zu beweisen.

Siehe auch Rechtsgrundsatz 908. (Art. 43. dieser Wechsel-Ordnung.)

VI. Regreß auf Sicherstellung.

1. Wegen nicht erhaltener Annahme.

Art. 25. Siehe Rechtsgrundsätze 892. 904. 979. (Art. 28. No. 3., Art. 41. 99. dieser Wechsel-Ordnung.)

Art. 28. No. 3. Zurückgabe der Mangels Annahme bestellten Sicherheit nach erloschener Wechselkraft. — Vergl. Art. 25. 41. 50. dieser Wechsel-Ordnung.

Rechtsgr. 892. — IV. Senat. 30. Juni 1857. (XXV. 317.)

Die Bestimmung des Art. 28. No. 3. der Allg. Deutschen Wechsel-Ordnung, — daß die von einem Vormann oder dem Aussteller wegen nicht erfolgter Annahme des Wechsels bestellte Sicherheit nach erloschener Wechselkraft zurückgegeben werden muß, — ist nicht blos durch das auf die Verjährung, sondern auch auf das durch Versäumniß der in dem Art. 41. angeordneten unerläßlichen Wechsel-Solennitäten entstehende Präjudiz zu entziehen.

2. Wegen Unsicherheit des Acceptanten.

Art. 29. Nothwendigkeit des Wechselprotestes Mangels Sicherheit des im Konkurse verfallenen Acceptanten. — Vergl. A. G. O. I. 10. §§ 135. 376.

Rechtsgr. 893. — IV. Senat. 19. Juli 1859. (XXXIII. 348.)

Die Eröffnung des Konkurses über das Vermögen des Acceptanten schließt bezüglich des Wechsel-Regresses gegen den Aussteller die Nothwendigkeit des Wechsel-Protestes Mangels Sicherheit gegen den Acceptanten nicht aus.

Siehe auch Rechtsgrundsätze 905. 979. 1074. (Art. 41. 99. dieser Wechsel-Ordnung; A. G. O. I. 10. § 376.)

VII. Erfüllung der Wechselverbindlichkeit.

1. Zahlungstag.

Art. 31. Siehe Rechtsgrundsatz 882. (Art. 20. dieser Wechsel-Ordnung.)

2. Zahlung.

Art. 36. Legitimation des Inhabers eines indossirten Wechsels als Eigenthümer desselben:

A. Begründung eines selbstständigen Wechselgeschäfts durch jedes Indossament.

Rechtgr. **894**. — IV. Senat. 17. Juli 1858. (XXVIII. 361.)

Jedes einem gültigen Wechsel angereihete Indossament stellt ein neues selbstständiges Wechselgeschäft mit selbstständigen Wirkungen auf der Grundlage des Wechsels dar.

B. Einrede des Giro einer unlegitimirten Ehefrau.

Rechtsgr. **895**. — IV. Senat. 14. Oktober 1858. (XXX. 324.)

Tragen die Indossamente keinen sichtbaren Mangel, so ist die Einrede unzulässig, daß eine Girantin als Ehefrau zum Giro nicht legitimirt gewesen sei.

C. Gültigkeit hinterher ausgefüllter Blanko-Indossamente auf der Vorderseite des Wechsels. — Vergl. Art. **11-13**. dieser Wechsel-Ordnung.

Rechtsgr. **896**. — IV. Senat. 14. Oktober 1858. (XXX. 324.)

Ist das auf der Vorderseite des Wechsels stehende Indossament ausgefüllt, so ist der Einwand des Verklagten unzulässig, daß dasselbe vor dem Protest ursprünglich in blanco gegeben worden.

D. Legitimation des Wechselinhabers durch Ausfüllung eines auf der Vorderseite des Wechsels befindlichen Blanko-Indossaments. — Vergl. Art. **12. 13.** dieser Wechsel-Ordnung.

Rechtsgr. **897**. — IV. Senat. 27. Mai 1858. (XXX. 45.)

Hat bei einem auf der Vorderseite des Wechsels befindlichen Blankogiro der Inhaber von der ihm nach Art. 13. der Allgem. Deutschen Wechsel-Ordnung zustehenden Befugniß Gebrauch gemacht, das Indossament auszufüllen, so existirt auch in rechtlicher Beziehung kein Blanko-Indossament mehr, und der Richter darf aus dem Umstande, daß die Unterschrift des Giranten eher auf dem Wechselpapier gestanden hat, als der Inhalt des Giro, nicht von Amtswegen einen Einwand gegen die Legitimation des Klägers geltend machen.

E. Legitimation des Inhabers eines protestirten Wechsels durch ein Blankogiro nach Durchstreichung der ausgefüllten Giros. — Vergl. Art 12. 13. 55. dieser Wechsel-Ordnung.

Rechtsgr. 898. — IV. Senat. 16. April 1859. (XXXIII. 143.)

a) Der Art. 36. der Allgem. Deutschen Wechsel-Ordnung setzt nicht eine ausdrückliche Behauptung des Klägers, durch Giro in den Besitz des Wechsels gelangt zu sein, als ausnahmslose Regel voraus.

b) Der Extraneus, welcher nach erhobenem Protest von dem letzten, durch ausgefülltes Giro legitimirten, Inhaber den Wechsel und den Protest durch Zahlung erwirbt, ist berechtigt, die vorstehenden ausgefüllten Giros auszustreichen und so durch das diesen vorangehende Blankogiro sich zu legitimiren.

Rechtsgr. 899. — IV. Senat. 17. Juli 1858. (XXX. 101.)

Die Vorschriften der Art. 12. 13. 36. der Allg. Deutschen Wechsel-Ordnung sind in ihrer Anwendbarkeit nicht auf solche Wechsel beschränkt, die noch nicht Mangels Zahlung protestirt, und noch nicht von den Inhabern der später ausgestrichenen Indossamente zum Zweck der Zahlung präsentirt worden sind; vielmehr kann auch bei einem bereits Mangels Zahlung protestirten Wechsel die Legitimation Desjenigen, an den er nach dem Protest gelangt ist, unter dem Schutze eines Blanko-Indossaments mittelst Durchstreichens der hinter demselben befindlichen Giri vermittelt werden.

F. Ungültigkeit überklebter Giros eines Wechsels.

Rechtsgr. 900. — IV. Senat. 12. Juni 1858. (XXX. 94.)

Dem Besitzer eines Wechsels, der mit einem Blankogiro, dann mit einem durchstrichenen Blankogiro, und hinter diesem mit überklebten Giros schließt, kann der Einwand der fehlenden Aktivlegitimation nicht entgegengesetzt werden.

Siehe auch Rechtsgrundsätze 885. 916. 933. 938. 985. (Art. 21. 56. 82. 85. dieser Wechsel-Ordnung.)

Art. 39. Zahlung gegen Aushändigung des Wechsels, Theilzahlung gegen Aushändigung der Quittung auf einer Abschrift des Wechsels:

A. Erkenntnißformel bei Verurtheilung des Wechselschuldners zur Zahlung. — Vergl. Dig. 42. 1. Lex 26.; Verordnung vom 14. Dezember 1833 § 5. No. 10 d.

Rechtsgr. 901. — IV. Senat. 26. Oktober 1858. (XXIX. 365.)

Der Richter ist nicht verpflichtet, auf Grund des Erbietens des Klägers zur Rückgabe des Wechsels gegen volle Befriedigung einen entsprechenden Vorbehalt im Urtheil festzusetzen.

B. Zahlung der Akkordsumme ohne Rückgabe des Wechsels. — Vergl. Konkursordnung § 198. Alinea 2.

Rechtsgr. 902. — IV. Senat. 26. Oktober 1858. (XXIX. 365.)

Der die Akkordsumme zahlende Wechselschuldner kann Rückgabe des Wechsels nicht fordern.

C. Zahlung der Akkordsumme seitens des Acceptanten ohne Streichung des Accepts. — Vergl. Art. 21. 55. 82. dieser Wechsel-Ordnung; Konkursordnung § 198. Alinea 2.

Rechtsgr. 903. — IV. Senat. 23. September 1858. (XXIX. 342.)

Der rechtskräftig zum Akkord verstattete Acceptant eines Wechsels ist weder dem inländischen, noch dem ausländischen Inhaber dieses Wechsels gegenüber berechtigt, nur gegen Streichung seines Accepts die Akkordsumme zu zahlen.

Siehe auch Rechtsgrundsatz 977. (Art. 98. No. 9. dieser Wechsel-Ordnung.)

VIII. Regreß Mangels Zahlung.

Art. 41. Erfordernisse zur Ausübung des Wechselregresses Mangels Zahlung gegen den Aussteller und die Indossanten:

A. Präsentation des Wechsels zur Annahme und zur Zahlung; Protest Mangels Annahme und Mangels Zahlung. — Vergl. A. L. R. II. 8. § 963.; Allg. Deutsche Wechselordnung Art. 18. 25.

Rechtsgr. **904.** — IV. Senat. 30. Juni 1857. (XXV. 316.)

Zur Begründung des Wechsel-Regresses in dem Falle der seitens des Bezogenen verweigerten Zahlung des Wechsels kann weder die Präsentation zur Annahme die Präsentation zur Zahlung, noch auch der Protest Mangels Annahme den Protest Mangels Zahlung erübrigen.

B. Wechselprotest nach eröffnetem Konkurse. — Vergl. Art. **29.** dieser Wechselordnung.

Rechtsgr. **905.** — IV. Senat. 19. Juli 1859. (XXXIII. 348.)

Die Eröffnung des Konkurses über das Vermögen des Acceptanten schließt bezüglich des Wechselregresses gegen den Aussteller die Nothwendigkeit des Wechselsprotestes Mangels Zahlung nicht aus.

Siehe auch Rechtsgrundsätze 845. 891. 892. 937. 938. 965. 970. (Einführungsgesetz vom 15. Februar 1850 § 4.; Allgem. Deutsche Wechselordnung Art. 24. 28. No. 3., Art. 82. 88. No. 3., Art. 91.)

Art. **42.** Erlaß des Protestes:

A. Auftrag des Wechselziehers, Zahlung des Wechsels nicht zu leisten.

Rechtsgr. **906.** — V. Senat. 21. Februar 1859. (XXXVI. 256.)

Der Auftrag des Ziehers an den Bezogenen: „Zahlung am Verfalltage nicht zu leisten," — steht der Aufforderung: „keinen Protest erheben zu lassen," nicht gleich.

B. Entbindung von der Protesterhebung durch den Acceptanten.

Rechtsgr. **907.** — IV. Senat. 19. Juli 1859. (XXXIII. 348.)

Die nach Art. 42. der Allg. Deutschen Wechsel-Ordnung dem Wechsel-Verpflichteten gestattete Entbindung von der Protest-Erhebung kann nicht vom Acceptanten, gegen den protestirt wird, ausgehen.

Art **43.** Präsentation domizilirter Wechsel zur Zahlung und Protest Mangels Zahlung:

A. **Nothwendigkeit des Protestes Mangels Zahlung hinsichtlich des Indossatars eines bei dem Traffanten selbst domizilirten Wechsels. Vergl. Art. 24. 99. dieser Wechselordnung.**

Rechtsgr. 908. — IV. Senat. 6. November 1860. (XXXIX. 151.)

Der Wechsel-Anspruch, welchen der vom Aussteller verschiedene Eigenthümer — der Indossatar — eines an eigene Order des Ausstellers gezogenen, bei diesem selbst domizilirten Wechsels gegen den Acceptanten erhebt, ist durch rechtzeitige, wegen Mangels Zahlung erfolgte Protest-Erhebung beim Domiziliaten bedingt, ohne Unterschied, ob der Aussteller den Wechsel vor oder nach dem Verfalltage girirt hat.

B. Wirkung der Durchstreichung des Domizilirungsvermerkes auf dem trassirt eigenen Wechsel.

Rechtsgr. 909. — IV. Senat. 16. September 1858. (XXXIX. 1.)

Der Umstand, daß der Domizilvermerk auf dem trassirt eignen Wechsel zur Zeit der Fälligkeit des Wechsels ausgestrichen ist, entbindet den letzten Inhaber von der Protest-Aufnahme gegen den Domiziliaten, ohne dem von Hause aus gültigen Wechsel seine Gültigkeit zu nehmen.*

Siehe auch Rechtsgrundsätze 875. 891. 910. 965. 979. (Art. 6. No. 8., Art. 24. 44. 88. No. 3., 99. dieser Wechselordnung.)

Art. 44. Erhaltung des Wechselrechts des Ausstellers eines domizilirten Wechsels gegen den Acceptanten. Vergl. Art. 43. dieser Wechselordnung.

Rechtsgr. 910. — IV. Senat. 19. Juli 1860; 6. November 1860. (XXXIX. 19. 151.)

Ist der Aussteller des von dem Bezogenen acceptirten Wechsels zugleich Domiziliat, und der Wechsel ohne Weiterbegebung in seinen Händen geblieben; so bedarf es zur Erhaltung des Wechselrechts gegen den Acceptanten der Protest-Erhebung Mangels Zahlung bei dem Domiziliaten nicht.

Siehe auch Rechtsgrundsatz 979. (Art. 99. dieser Wechselordnung.)

Art. 45. Benachrichtigung des Indossanten von dem gegen denselben als Acceptanten erhobenen Wechselproteste.

Rechtsgr. 911. — IV. Senat. 19. Juli 1859. (XXXIV. 212.)

Der behufs des Wechselregresses des Inhabers oder In-

* Vergl. dagegen die Note Bd. 39. S. 1. des Archivs für Rechtsfälle.

dossatars an den Vormann gesetzlich vorgeschriebenen Benachrichtigung des Letzteren von der Mangels Zahlung gegen den Acceptanten geschehenen Erhebung des Protestes bedarf es auch dann, wenn dieser Vormann zugleich der Acceptant dieses Wechsels ist.

Art. 47. Benachrichtigung von der Protesterhebung bei einem Indossament ohne Ortsbezeichnung.

Rechtsgr. 912. — IV. Senat. 5. April 1859. (XXXIII. 114.)

Ein Indossant, welcher die Ortsbezeichnung unterläßt, verzichtet dadurch auf die sonst vorgeschriebene rechtszeitige Benachrichtigung von der Protest-Erhebung, — gleichviel, ob er gleichzeitig der Aussteller des Wechsels ist, und sich aus dem Ort der Ausstellung auf den Wohnort des Indossanten schließen läßt.

Art. 49. Wechselregreß Mangels Zahlung bei erfolgter Streichung des Acceptes. — Vergl. Art. 50. 54. dieser Wechselordnung.

Rechtsgr. 913. — IV. Senat. 12. Oktober 1858. (XXX. 315.)

Eine ohne Zuthun des Wechsel-Inhabers erfolgte Streichung des Accepts bleibt auf das Regreßrecht desselben gegen die Vordermänner ohne allen Einfluß.

Art. 50. Siehe Rechtsgrundsätze 892. 913. 915. (Art. 28. No. 3., Art. 49. 51. dieser Wechselordnung.)

— No. 1. Siehe Rechtsgrundsatz 858. (Art. 4. No. 2. dieser Wechselordnung.)

Art. 51. Umfang des Regreßanspruchs des Indossanten:

A. Kosten des Regreß-Vorprozesses.

Rechtsgr. 914. — IV. Senat. 7. Januar 1858. (XXVII. 246.)

Sind die Kosten des Regreß-Vorprozesses auf Grund des Art. 51. der Allgem. Deutschen Wechsel-Ordnung zu erstatten?

B. Regreßanspruch des Indossatars nach Verfall. — Vergl. Art. 12. 50. dieser Wechselordnung.

Rechtsgr. 915. — IV. Senat. 17. Juli 1858. (XXVIII. 361.)

Der Inhaber des Wechsels, welcher denselben erst nach bewirktem Proteste durch Blankogiro erworben hat, ist sechs Procent Zinsen, sowie Provision und Protestkosten zu fordern berechtigt.

Siehe auch Rechtsgrundsätze 892. 1150-1153. (Art. 28. No. 3. dieser Wechselordnung; Konkursordnung vom 8. Mai 1855 § 8.)

Art. 54. Siehe Rechtsgrundsatz 913. (Art. 49. dieser Wechselordnung.)
Art. 55. Siehe Rechtsgrundsätze 898-900. 903. (Art. 36. 39. dieser Wechselordnung.)

IX. Intervention.

1. Ehrenannahme.

Art. 56. Nothadresse auf den Zahlungsort:

A. Nothadresse an den Aussteller eines Wechsels an eigene Order. — Vergl. Art. 36. ff. dieser Wechselordnung.

Rechtsgr. 916. — IV. Senat. 15. November 1860. (XXXVIII. 362.)

Die Nothadresse an den Aussteller des an eigene Order gezogenen Wechsels und seine Erklärung, für sein erstes Giro zu interveniren, ist von dem Wechsel-Inhaber zu beachten.

B. Vermerk des Daseins der Nothadresse am Zahlungsorte. — Vergl. Art. 62. dieser Wechselordnung.

Rechtsgr. 917. — IV. Senat. 15. November 1860. (XXXVIII. 362.)

Es ist nur nothwendig, daß das Dasein der Noth-Adresse am Zahlungsort aus dem Wechsel selbst hervorgehe; eine ausdrückliche Aufführung des gedachten Ortes bei dem Vermerke der Adresse ist nicht erforderlich.

C. Wirkung der Ehrenzahlung durch einen nicht im Wechselverbande stehenden Dritten. — Vergl. A. L. R. I. 16. §§ 46. ff.; Allg. Deutsche Wechselordnung Art. 57. ff.

Rechtsgr. 918. — IV. Senat. 16. und 23. Oktober 1860. (XXXVIII. 326.)

Ein nicht im Wechselverbande stehender Dritter, welcher den protestirten Wechsel durch die an den Inhaber geleistete

Zahlung an sich bringt, ist nicht nach den über die Intervention in den Art. 56–65. der Allgem. Deutschen Wechsel-Ordnung gegebenen Vorschriften, sondern nach den Regeln des Civilrechts — §§ 46. ff. I. 16. des Allgem. Landrechts — zu beurtheilen.

Art. 57. ff. Siehe Rechtsgrundsatz 918. (Art. 56. dieser Wechselordnung.)

2. Ehrenzahlung.

Art. 62. Bemerkung des „Erfolges" der Vorlegung des Wechsels an die Nothadressen und den Ehrenacceptanten in dem Proteste Mangels Zahlung.

Rechtsgr. 919. — IV. Senat. 15. November 1860. (XXXVIII. 363.)

Unter den Worten des Art. 62. der Allgem. Deutschen Wechsel-Ordnung „und den Erfolg im Proteste" ist nur zu verstehen: ob die Zahlung wirklich geleistet worden, oder nicht.

Siehe auch Rechtsgrundsatz 917. (Art. 56. dieser Wechselordnung.)

XI. Abhanden gekommene Wechsel.

Art. 73. Wechselklage aus amortisirten gezogenen Wechseln gegen den Acceptanten; Einreden des Verklagten. — Vergl. A. L. R. II. 8. § 1171.; Einführungsgesetz vom 15. Februar 1850 § 2.; Allg. Deutsche Wechselordnung Art. 82.

Rechtsgr. 920. — IV. Senat. 4. November 1858. (XXXI. 116.)

a) Der Eigenthümer eines abhanden gekommenen gezogenen Wechsels kann nach erfolgter Amortisation desselben durch gerichtliches Erkenntniß seinen Anspruch auf Zahlung des Wechsel-Betrages ohne alle Sicherheitsbestellung gegen den Acceptanten im Wechselprozeß verfolgen, insofern der Acceptant der Acceptation geständig oder überführt ist.

b) Durch das Amortisations-Erkenntniß wird nur die Legitimation des klagenden Verlierers des Wechsels erbracht; sonstige Einwendungen des in Anspruch genommenen Acceptanten unterliegen der Beurtheilung nach Art. 82. der Allg. Deutschen Wechsel-Ordnung.

Siehe auch Rechtsgrundsatz 977. (Art. 98. No. 9. dieser Wechselordnung.)

Art. 74. Deposition der Wechselsumme eines abhanden gekommenen Wechsels.

Rechtsgr. 921. — IV. Senat. 15. September 1857. (XXVI. 185.)

Der Art. 74. der Allgem. Deutschen Wechsel-Ordnung ist auch für die deponirte Wechselsumme maaßgebend, mag die Deposition immerhin im Interesse Desjenigen erfolgt sein, welcher den Wechsel verloren hat.

Siehe auch Rechtsgrundsatz 933. (Art. 82. dieser Wechselordnung.)

XII. Falsche Wechsel.

Art. 76. Siehe Rechtsgrundsatz 933. (Art. 82. dieser Wechselordnung.)

XIII. Wechselverjährung.

Art. 77-80. 82. Entsagung der Wechselverjährung durch Vertrag. — Vergl. A. L. R. I. 9. §§ 565. 566.

Rechtsgr. 922. -- IV. Senat. 4. September 1860. (XXXVIII. 208.)

Auch der Wechselverjährung kann vor ihrem Ablauf durch gerichtlichen Akt rechtsgültig entsagt werden.*

Siehe auch Rechtsgrundsätze 952. 1150-1153. 1205-1209. (Art. 83. dieser Wechselordnung; Konkursordnung §§ 8. 199.)

Art. 79. 80. Verjährung der Wechselregreßansprüche des Indossanten: A. Anfang der Verjährung der Wechselregreßklage.

Rechtsgr. 923. — IV. Senat. 21. September 1858. (XXXI. 11.)

Dem im Art. 79. der Allgem. Deutschen Wechsel-Ordnung erwähnten Tage der Zahlung steht der Tag der Wechsel-Einlösung überhaupt, gleichviel ob sie durch Zahlung im eigentlichen Sinne, oder durch Rimesse oder sonst erfolgt, als Anfangspunkt der Verjährung gleich.

B. Begründung der nach Ablauf der Frist des Art 78. von dem Indossanten angestellten Wechselregreßklage.

* Vergl. dagegen die Anmerkung Bd. 38. S. 208. des Archivs für Rechtsfälle.

Rechtsgr. 924. — IV. Senat. 21. Mai 1859. (XXXIII. 241.)

Der Indossant, welcher nach Ablauf der im Art. 78. der Allgem. Deutschen Wechsel-Ordnung bestimmten Frist Regreß gegen den Aussteller oder Vormann geltend macht, muß nachweisen, daß er den Wechsel von seinem Hintermann zu einer Zeit eingelöst habe, wo der Wechsel noch nicht verjährt war.

C. Unterbrechung der Wechselverjährung durch Anstellung der Wechselklage. — Vergl. A. G. O. I. 27. § 4.

Rechtsgr. 925. — IV. Senat. 11. September 1860. (XL. 12.)

Die rechtzeitig insinuirte Wechselklage unterbricht die Verjährung nach § 80. der Allgem. Deutschen Wechsel-Ordnung auch dann, wenn derselben gewisse nothwendige Legitimations-Urkunden fehlen.

D. Unterbrechung der Verjährung der Wechselregreßansprüche durch Ediktal-Citation. — Vergl. A. G. O. I. 7. § 48.

Rechtsgr. 926. — IV. Senat. 12. Oktober 1858. (XXX. 315.)

Die Ediktal-Citation steht der Klagebehändigung des Art. 80. der Allgem. Deutschen Wechsel-Ordnung gleich.

E. Wieder-Anfang der durch Behändigung der Klage im Hauptprozesse unterbrochenen Verjährung der Wechselregreßansprüche mit Rücksicht auf die im Hauptprozesse verworfene Nichtigkeitsbeschwerde. — Vergl. Verordnung vom 14. Dezember 1833 §§ 10. 17.

Rechtsgr. 927. — IV. Senat. 5. April 1859. (XXXIII. 114.)

Die durch Behändigung der Streitverkündigung im Hauptprozesse unterbrochene Verjährung der Wechsel-Regreßklage fängt im Falle der erfolgten Einlegung der Nichtigkeitsbeschwerde erst vom Tage des die Nichtigkeitsbeschwerde zurückweisenden Ober-Tribunals-Urtheils von Neuem zu laufen an, und ist daher in dieser Hinsicht der Tag der Rechtskraft des angefochten gewesenen Urtheils nicht entscheidend.

F. Wirkung der Verjährung der Wechselregreßklage des letzten Wechsel-Inhabers und der Einlösung eines verjährten Wechsels.

Rechtsgr. 928. — IV. Senat. 11. November 1858. (XXXI. 136.)

a) Der weitere Regreß seitens des den Wechsel einlösenden oder auf Zahlung verklagten Indossanten nach Art. 79. der Allgem. Deutschen Wechsel-Ordnung ist durch die Ausübung des Regresses seitens des letzten Inhabers innerhalb der im Art. 78. vorgeschriebenen Frist bedingt, — dergestalt, daß die in der Person des letzten Wechsel-Inhabers nach Art. 78. vollendete Regreßverjährung an sich kraft des Gesetzes eine Befreiung nicht blos eines bestimmten Vormannes, sondern aller Indossanten und Garanten bewirkt, insofern nicht gegen sie die Verjährung besonders in geeigneter Weise unterbrochen, oder deren Lauf gehemmt ist.

b) Durch die nach eingetretener Verjährung des Wechsels in der Person des letzten Wechselinhabers von Einem seiner Vormänner erfolgte Einlösung dieses Wechsels erlangt daher dieser Vormann keinen Regreß-Anspruch an seine weiteren Vormänner.

G. Wirkung der Wechselverjährung auf den Wechselregreß gegen den Unterzeichner einer Wechselerklärung als angeblichen Bevollmächtigten eines Dritten. — Vergl. A. L. R. I. 9. §§ 512. 516.; Allgem. Deutsche Wechselordnung Art. 95.

Rechtsgr. 929. — IV. Senat. 21. September 1858. (XXXI. 12.)

Durch die Wechselverjährung geht der Wechselregreß auch gegen Denjenigen, welcher eine Wechsel-Erklärung als Bevollmächtigter eines Andern, jedoch ohne wirkliche Vollmacht desselben, unterschrieben hat, verloren.

Siehe auch Rechtsgrunds. 922. 1150-1153. 1205-1209. (Art. 77. dieser Wechselordnung; Konkursordnung vom 8. Mai 1855 §§ 8. 199.)

XIV. Klagerecht des Wechselgläubigers.

Art. 81. Mitunterzeichnung eines trocknen Wechsels nach Verfall, insbesondere durch eine Frau.

Rechtsgr. 930. — IV. Senat. 3. März 1859. (XXXII. 326.)

a) Die wechselmäßige Wirkung der Mitunterzeichnung eines trocknen Wechsels wird dadurch nicht ausgeschlossen, daß die Mitunterzeichnung erst nach der Verfallzeit des noch nicht verjährten Wechsels bewirkt ist.

b) Die mitunterzeichnende Frau kann nicht einwenden: sie sei nur Bürgin, es seien die für ihre Bürgschaft vorgeschriebenen Förmlichkeiten nicht beobachtet.

Siehe auch Rechtsgrundsätze 880. 884. 885. 936. 939. 945-947. (Art. 12. 21. 82. dieser Wechselordnung.)

Art. 82. Einreden des Wechselschuldners im Wechselprozesse:
A. Civilrechtliche Einreden gegen den unmittelbaren Vormann.

Rechtsgr. 931. — Feriensenat. 12. August 1857. (XXV. 359.)

Gegen den unmittelbaren Vormann sind alle civilrechtlichen, liquide zu machenden Einwendungen zulässig, namentlich ist gegen ihn auch die Einrede statthaft, daß die Parteien etwas Anderes beabsichtigt haben, als was der Buchstabe des Wechselpapiers erkennen läßt, oder aus demselben an sich gefolgert werden dürfte.

B. Einrede der Fälschung der Wechselurkunde:
— überhaupt.

Rechtsgr. 932. — IV. Senat. 15. November 1859. (XXXIV. 357.)

Die aus Verfälschungen einer Urkunde, aus welcher Wechselrechte hergeleitet werden, entnommenen, nach den allgemeinen Grundsätzen des Civilrechts als begründet sich darstellenden Einreden fallen unter die Kategorie des Art. 82. der Allgem. Deutschen Wechsel-Ordnung.

— insbesondere Einwand der Unächtheit des Giro seitens des Ausstellers eines an eigene Order gezogenen Wechsels. — Vergl. Art. 10. 14. 36. 74. 76. dieser Wechselordnung.

Rechtsgr. 933. — IV. Senat. 23. Mai 1854. (XXXVI. 1.)

Der Einwand des Ausstellers des an eigne Order gezogenen Wechsels, daß das einzige auf dem Wechsel befindliche, auf den Kläger lautende Giro unächt sei, ist erheblich.

C. Einrede der nicht entstandenen Hauptverbindlichkeit seitens des

Acceptanten eines Depotwechsels, dem Wechselzieher gegenüber. — Vergl. Art. 4. 9. 22. dieser Wechselordnung.

Rechtsgr. 934. — IV. Senat. 17. Juli 1858. (XXIX. 323.)

Dem Indossatar eines Depotwechsels kann der Acceptant nicht die Einrede entgegenstellen, es sei die Verbindlichkeit nicht entstanden, zu deren Deckung der Wechsel dem Zieher gegeben worden, und es sei dieser Nachweis zur Begründung der Klage nothwendig.

D. Einrede der Befriedigung des Klägers durch einen anderen Korrealschuldner.

Rechtsgr. 935. — IV. Senat. 11. Juli 1857. (XXV. 342.)

a) Haben sich mehrere Wechselschuldner in einem Wechsel gemeinschaftlich für dieselbe Summe verpflichtet, so kann jeder Korreus dem klagenden Gläubiger entgegenstellen, daß er durch einen anderen Korreus bereits befriedigt worden ist.

b) Es ändert hierin Nichts, wenngleich der klagende Gläubiger sich noch in dem Besitz des Wechsels befindet.

E. Einrede der Zahlung. — Vergl. Art. 81. dieser Wechselordnung. — Berufung des Acceptanten auf die Zahlung des Wechsels durch den Aussteller.

Rechtsgr. 936. — IV. Senat. 7. Juli 1859. (XXXIII. 195.)

Bei gezogenen Wechseln kommt die durch den Aussteller bewirkte Zahlung dem Acceptanten nicht ohne Weiteres zu statten.

— Berufung des Vormannes auf die Zahlung durch den Acceptanten, dem klagenden Indossatar gegenüber. — Vergl. Art. 9. 10. 14. 41. dieser Wechselordnung.

Rechtsgr. 937. — IV. Senat. 23. Oktober 1856. (XXXIV. 1.)

Ein im Regreßwege in Anspruch genommener Vormann kann dem klagenden Indossatar gegenüber nicht einwenden: Acceptant habe dem Kläger die Giro-Valuta gegeben und mit ihm verabredet, daß er den Wechsel protestire und die eingeklagte Wechselsumme an ihn, den Acceptanten, abführe.

— Berufung des Vordermanns auf die durch einen Zwischen-Indossatar und -Indossanten geleistete Zahlung, dem Hintermann gegenüber. — Vergl. Art. 36. 41. dieser Wechselordnung.

Rechtsgr. 938. — IV. Senat 29. September 1859. (XXXIV. 277.)

Der von einem Hintermann auf Grund des überreichten Wechsels und des beigebrachten, wider den Acceptanten wegen Mangels Zahlung erhobenen, Protestes wechselmäßig belangte Vordermann kann dem Ersteren die bloße Einrede, daß derselbe durch einen zwischen ihnen stehenden Indossatar und Indossanten befriedigt sei, nicht entgegensetzen.

— Berufung des Ausstellers auf die Zahlung durch den Acceptanten, dem Inhaber des Wechsels gegenüber. — Vergl. A. L. R. I. 16. § 43.; Art. 81. dieser Wechselordnung.

Rechtsgr. 939. — IV. Senat. 8. Mai 1858. (XXVIII. 297.)

Ist bei der seitens des Acceptanten geleisteten Zahlung bezweckt worden, das durch den Wechsel begründete Schuldverhältniß überhaupt aufzuheben, so kann der Aussteller die Einrede der durch den Acceptanten bewirkten Zahlung dem Wechsel-Inhaber entgegensetzen.

Rechtsgr. 940. — IV. Senat. 29. Januar 1861. (XL. 191.)

Der verklagte Wechsel-Aussteller kann gegen den klagenden Wechsel-Inhaber nicht einwenden:

Kläger sei vom Acceptanten bezahlt, und es sei ausdrücklich verabredet, die Zahlung solle das durch den Wechsel bezweckte Schuldverhältniß überhaupt aufheben.

Ein solches Abkommen hat keine Kraft, wenn ihm nicht durch Rückgabe des Wechsels oder Notirung der Quittung auf dem Wechsel als Zahlung des Acceptanten Wirksamkeit gegeben worden ist.

— Berufung des Ausstellers und Indossanten eines an eigene Order gezogenen Wechsels auf die Zahlung durch einen andern Wechselverpflichteten, insbesondere den Acceptanten.

Rechtsgr. **941**. — IV. Senat. 24. Januar 1859. (XXXII. 161.)

Der in Anspruch genommene Aussteller und Indossant des an eigene Order gezogenen Wechsels kann nur auf eine solche Zahlung, die er selbst dem Kläger geleistet hat, sich unbedingt berufen, auf die von einem anderen Wechselverpflichteten, insbesondere auch dem Acceptanten, an den Kläger in Bezug auf das streitige Wechselgeschäft geleistete Zahlung aber einen Einwand dann nicht begründen, wenn der Kläger nach Form und Inhalt des in seinem Besitze gebliebenen Wechsels der Wechselgläubiger geblieben, und die Verpflichtung des Verklagten aus dem Wechsel nach dessen Inhalt noch als bestehend zu erachten ist.

F. Einrede der Kompensation; Berufung des mitverklagten Ausstellers auf diese Einrede des Acceptanten. — Vergl. A. L. R. I. 5. §§ 424. ff.

Rechtsgr. **942**. — IV. Senat. 12. Oktober 1858. (XXIX. 363.)

Die von dem Acceptanten mit Erfolg vorgeschützte Einrede der Kompensation kommt dem mitverklagten Aussteller des Wechsels nicht zu statten.

G. Einrede des Vergleichs.

Rechtsgr. **943**. — IV. Senat. 9. Dezember 1858. (XXXIII. 10.)

Der verklagte Wechselzieher kann dem klagenden Wechselinhaber im Wechselprozeß den Einwand entgegensetzen, der Kläger habe mit dem Acceptanten, wenn auch nur mündlich, sich dahin verglichen, daß der Verklagte durch die von dem Acceptanten bewirkte Zahlung bestimmter Prozente liberirt sein solle; er, Verklagter, sei diesem Vergleiche beigetreten.

H. Einreden aus dem der Wechselausstellung zum Grunde liegenden Rechtsgeschäfte.

Rechtsgr. **944**. — IV. Senat. 31. März 1859. (XXXIV. 29.)

Die Befugniß des Wechselschuldners zu Einwendungen,

die nicht aus dem Wechselrechte selbst hervorgehen, sondern ihm nur gegen den jedesmaligen Kläger zustehen, kann auch bei trockenen Wechseln nur dann zur Geltung gelangen, wenn der Aussteller das der Wechselausstellung zum Grunde liegende Rechtsgeschäft darlegt und dadurch die richterliche Beurtheilung über die Erheblichkeit jener Einwendungen möglich macht.

J. Einrede der nicht erhaltenen Wechselvaluta. — Vergl. Art. 4. 14. 23. 81. dieser Wechselordnung.

Rechtsgr. 945. — IV. Senat. 8. Mai 1858. (XXX. 26)

Die Einrede der nicht erhaltenen Valuta gehört nicht zu denjenigen im Art. 82. der Allg. Deutschen Wechsel-Ordnung zugelassenen Einreden, „welche aus dem Wechselrechte selbst hervorgehen", vielmehr kann diese Einrede nur fundirt werden, insofern sie sich unter die zweite Alternative des Art. 82., nämlich: „Einreden, welche unmittelbar gegen den jedesmaligen Kläger zustehen", subsumiren läßt.

K. Einrede der nicht erhaltenen Wechselvaluta seitens des Ausstellers eines trockenen Wechsels, dem Wechselnehmer gegenüber. — Vergl. Art. 81. 96. 98. No. 1. dieser Wechselordnung.
— überhaupt:

Rechtsgr. 946. — IV. Senat. 31. März 1859. (XXXIV. 29.)

Die Einrede des Ausstellers eines trockenen Wechsels dem Remittenten gegenüber: er habe, obgleich es im Wechsel heiße: „Valuta baar erhalten," Valuta weder baar noch überhaupt erhalten, ist nur dann erheblich, wenn er zugleich behauptet und unter Beweis stellt, daß die Zahlung einer bestimmten Valuta die Bedingung der Wechsel-Ausstellung gewesen sei.

— insbesondere hinsichtlich der Zahlung durch Einen der mehreren Unterzeichner des Wechsels und dessen Mitunterzeichnung durch eine Frauensperson. — Vergl. A. L. R. I. 14. §§ 232. 233.

Rechtsgr. 947. — IV. Senat. 2. September 1858. (XXX. 196.)

Die Einrede der nicht erhaltenen Valuta seitens des Ausstellers eines trockenen Wechsels ist zwar dem Wechselnehmer gegenüber zulässig; hat aber Einer der mehreren Unterzeichner des trockenen Wechsels die Valuta empfangen, so können die übrigen Unterzeichner die Einrede der nicht empfangenen Valuta dem Wechselnehmer nicht entgegenstellen, der Wechsel mag in der Einzahl oder in der Mehrzahl ausgestellt sein. — Dieser Grundsatz gilt auch in dem Falle, wenn eine Frauensperson den trockenen Wechsel mitunterzeichnet hat.

L. Einrede der Ungültigkeit des dem Wechsel zu Grunde liegenden Rechtsgeschäfts wegen mangelnder schriftlicher oder gerichtlicher Form desselben, und Einreden aus dem Materiellen dieses Geschäfts, z. B. des Betruges, Wuchers, Verletzung über die Hälfte. — Vergl. A. L. R. I. 5. §§ 131. 146. 156. ff.

Rechtsgr. 948. — IV. Senat. 29. Juni 1858. (XXVIII. 336.)

a) Eben die Gültigkeit des Wechsels ohne den Ausdruck der causa debendi hat zur Folge, daß rücksichtlich des dem Wechsel zu Grunde liegenden Geschäfts diejenigen Einwendungen unzulässig sind, welche aus der für dieses Geschäft sonst erforderlichen schriftlichen oder gerichtlichen Form entnommen werden. Die aus dem Materiellen des Geschäfts entnommenen Einreden, z. B. Betrug, Wucher, Verletzung über die Hälfte, bleiben dagegen auch ferner zulässig.

b) Liegt daher dem Wechsel ein Kauf, eine Bürgschaft oder eine Schenkung zum Grunde, so schadet die fehlende schriftliche Abfassung des Kauf-, Bürgschafts- und Schenkungs-Vertrages deren Gültigkeit nicht, und es ist mithin nicht gestattet, etwa im Separatprozesse aus diesem Grunde die Rückzahlung der Wechselsumme zu verlangen.

M. Einrede der Simulation.

Rechtsgr 949. — IV. Senat. 22. Dezember 1857. (XXVIII. 160.)

Die Einrede der Simulation, insbesondere auch der Simulation eines Indossaments, ist im Wechselprozeß alsdann zulässig, wenn sie auf die Einrede des dolus hinausläuft, und dem Verklagten unmittelbar gegen den Kläger zusteht.

N. Einrede des dolus.

Rechtsgr. 950. — IV. Senat. 22. November 1860. (XL. 62.)

Im Wechselprozesse steht die Einrede des dolus dem verklagten Wechselschuldner auch gegen den klagenden Indossatar zu, wenn Jener über die Wechselschuld einen, wenngleich bedingten Vergleich mit dem Indossanten des Klägers geschlossen hat, dies dem Kläger vor oder bei der Erwerbung des Wechsels bekannt war, und der Vergleich hiernächst perfekt geworden ist.

O. Beurtheilung der Erheblichkeit der an sich zulässigen Einreden.

Rechtsgr. 951. — IV. Senat. 22. Oktober 1857. (XXVI. 301).

Nicht aus dem Art. 82. der Allg. Deutschen Wechsel-Ordnung, sondern aus denjenigen Gesetzen, welche die konkrete Materie beherrschen, ist zu beurtheilen, ob die im Wechselprozeß vorgeführte Einrede durchgreift.

Siehe auch Rechtsgrundsätze 848. 865. 869. 870. 886. 903. 920. 922. 1149. 1214. 1280. (Allg. Deutsche Wechsel-Ordnung Art. 1. 4. No. 5., Art. 39. 73. 77.; Konkurs-Ordnung §§ 1. 230.; Code de commerce art. 110.)

Art. 83. Entschädigungsanspruch des Inhabers eines verjährten und präjudizirten Wechsels gegen den Aussteller oder den Acceptanten:

A. Anspruch aus dem in Wechselform ausgestellten Schuldschein nach eingetretener Verjährung desselben als Wechsel. — Vergl. Art. 77. 98. No. 10., Art. 100. dieser Wechsel-Ordnung.

Rechtsgr. 952. — V. Senat. 12. Oktober 1858. (XXXII. 47.)

Wenn ein eigner Wechsel zugleich den gesetzlichen Erfordernissen eines Schuldscheins entspricht, so darf, wenngleich durch Verjährung seine Wechselkraft erloschen ist, bei Verfolgung der civilrechtlichen Ansprüche des Inhabers dennoch auf seinen Inhalt zurückgegangen werden.

B. Begründung der Bereicherungsklage aus einem präjudizirten Wechsel gegen den Aussteller.

Rechtsgr. 953. — IV. Senat. 6. Dezember 1859. (XXXVI. 61.)

Zur Begründung der Bereicherungsklage aus einem präjudizirten Wechsel genügt nicht schon der Beweis, daß der Kläger als Wechsel-Inhaber eine Valuta gezahlt, und der verklagte Aussteller und Indossant eine solche empfangen, es ist vielmehr auch der Nachweis erforderlich, daß der Aussteller den Wechsel gegen Empfang einer Valuta durch die ursprüngliche Ausstellung oder ein Indossament begeben habe, ohne dem Bezogenen die Deckung zu überweisen.

C. Voraussatzung der Bereicherungsklage des Inhabers des präjudizirten Wechsels. — Vergl. A. L. R. I. 13. § 272., II. 8. §§ 974. 1054.

Rechtsgr. 954. — IV. Senat. 4. Februar 1858. (XXVIII. 177.)

Die Bereicherungsklage des Inhabers eines präjudizirten Wechsels gegen den Aussteller oder Acceptanten setzt eine positive Bereicherung derselben zum Schaden des klagenden Inhabers voraus.

XV. Ausländische Gesetzgebung.

Art. 84. ff. Beurtheilung der Gültigkeit eines ausländischen Wechsels und des Umfangs der materiellen Folgen der darin enthaltenen Wechselerklärung; Wechselexekution nach den Gesetzen des inländischen Prozeßgerichts aus dem Judikate in Betreff eines ausländischen, z. B. eines in Kurhessen ausgestellten Wechsels. — Vergl. Kurhessische Resolution vom 5. April 1723; Kurhessische Kontrakten-Ordnung vom 9. Januar 1732 § 11.

Rechtsgr. 955. — IV. Senat. 11. Mai 1858. (XXIX. 291.)

Die Art. 84–86. der Allg. Deutschen Wechsel-Ordnung wollen nur die formelle Seite des Wechsels, nicht aber auch zugleich den Umfang der materiellen Folgen der Wechsel-Erklärung nach den Gesetzen des Auslandes beurtheilt wissen. Der Schuldner muß deshalb die in dem Prozeßgericht gesetzliche, wechselmäßige Exekution aus dem Judikate in Betreff eines im Auslande, z. B. in Kurhessen ausgestellten Wechsels gegen sich ergehen lassen.

Art. 85. Beurtheilung der wesentlichen Erfordernisse eines ausländischen Wechsels und jeder anderen ausländischen Wechselerklärung:

A. Beurtheilung der Gültigkeit eines im Auslande ausgestellten Schriftstücks als Wechsel.

Rechtsgr. 956. — IV. Senat. 17. Juli 1858. (XXVIII. 361.)

Die Frage, ob ein im Auslande ausgestelltes, der im Inlande angestellten Klage zum Grunde liegendes Schriftstück ein gültiger Wechsel sei, ist nach den Gesetzen des Auslandes zu beurtheilen.

B. Beurtheilung der Verpflichtung des Wechselziehers nach den Gesetzen des Ortes der Wechselausstellung.

Rechtsgr. 957. — V. Senat. 21. Februar 1859. (XXXVI. 256.)

Die Verpflichtung des Trassanten ist nach den Gesetzen desjenigen Ortes, an welchem der Wechsel ausgestellt ist, nicht nach den Gesetzen desjenigen Ortes, an welchem die Zahlung des Wechsels zu leisten ist, zu beurtheilen.

C. Beurtheilung der inländischen Operationen mit einem ausländischen Wechsel; insbesondere Erwerbung eines im Auslande protestirten ausländischen Wechsels im Inlande durch Blankogiro. — Vergl. Art. 9. 12. 36. dieser Wechsel-Ordnung.

Rechtsgr. 958. — IV. Senat. 17. Juli 1858. (XXVIII. 361.)

Die inländischen Operationen mit einem ausländischen Wechsel unterliegen der Beurtheilung nach inländischen Gesetzen.

Daher kann auch ein ausländischer Wechsel nach im Auslande erhobenem Proteste im Inlande durch Blanko-Giro erworben werden.

D. Beurtheilung der Gültigkeit einzelner bestimmter ausländischer Wechsel. — Vergl. Art. 4. No. 1., Art. 96. No. 1. dieser Wechsel-Ordnung; Code de Commerce art. 187. 188.
— Amerika; Promissory-Note.

Rechtsgr. 959. — IV. Senat. 10. Juli 1860. (XXXVII. 39.)

Nach amerikanischem Rechte ist zur Gültigkeit einer Promissory-Note als Wechsel die in diese Urkunde aufzunehmende Benennung derselben als Wechsel nicht erforderlich.

— Massachusetts; Promissory-Note.

Rechtsgr. 960. — IV. Senat. 10. Juli 1860. (XXXVII. 339.)

Eine in Massachusetts ausgestellte Promissory-Note ist, insofern sie deren daselbst vorgeschriebenen Erfordernissen entspricht, im Gebiete der Allg. Deutschen Wechsel-Ordnung als eigener Wechsel zu behandeln; die Wechselhaft findet aus derselben nicht statt.

Siehe auch Rechtsgrundsätze 873. 1280. (Art. 4. No. 6. dieser Wechsel-Ordnung; Code de Commerce art. 110.)

XVI. Protest.

Art. 88. Erfordernisse eines Protestes:

— Ueberhaupt; Behebung von Verschiedenheiten und Unregelmäßigkeiten in der Protesturkunde durch nachträgliche Atteste. — Vergl. A. L. R. II. 8. § 1037.; Allg. Deutsche Wechsel-Ordnung Art. 90.; A. G. O. I. 10. § 117., 14. § 1., III. 7. § 78.; Notariats-Ordnung vom 11. Juli 1845 § 23.

Rechtsgr. 961. — IV. Senat. 31. März 1857. (XXV. 31.)

Die Protest-Urkunde muß durch sich selbst die Beobachtung der Wechselsolennitäten für Jedermann klar, bestimmt und unzweifelhaft erkennbar machen; es ist daher nicht zulässig, etwaige Verschiedenheiten und Unregelmäßigkeiten in dieser Beziehung durch nachträgliche Atteste zu beheben.

Siehe auch Rechtsgrundsätze 845. 970. (Einführungsgesetz vom 15. Februar 1850 § 4.; Allg. Deutsche Wechsel-Ordnung Art. 91.)

— No. 1. Erforderniß der wörtlichen Abschrift des Wechsels;

A. Form des Wechselprotestes über mehrere gleichzeitig präsentirte und nicht bezahlte Wechsel. — Vergl. A. L. R. II. 8. § 1040.

Rechtsgr. 962. — IV. Senat. 21. September 1858. (XXXI. 11.)

Die Aufnahme nur Einer Protest-Urkunde über mehrere zu gleicher Zeit präsentirte und nicht bezahlte Wechsel kann zwar für unzulässig nicht erachtet werden; es muß dieselbe jedoch eine vollständige, wörtliche Abschrift jedes einzelnen Wechsels enthalten, und reicht daher eine Beschreibung der betreffenden Wechsel unter Berücksichtigung der einzelnen Abweichungen derselben nicht hin.

B. Ungültigkeit eines Wechselprotestes wegen Abweichungen in der Wechselabschrift.

Rechtsgr. 963. — IV. Senat. 4. November 1858. (XXXI. 101.)

Der Wechselprotest ist ungültig, wenn die dem Proteste eingerückte Wechselabschrift von dem Originalwechsel insofern abweicht, als das auf dem Wechsel befindliche Indossament in jener Abschrift mit Einschluß der Unterschrift durchstrichen ist, während die letztere auf dem Originalwechsel noch besteht.

C. Unzulässigkeit der Berichtigung von Schreibfehlern in der Protest-Urkunde durch nachträgliche Atteste. — Vergl. A. G. O. I. **10**. § **117**., **14**. § **1**., **III**. **7**. § 78.; Notariats-Ordnung vom **11**. Juli **1845** § 23.

Rechtsgr. 964. — IV. Senat. 31. März 1857. (XXV. 31.)

Es ist unzulässig, angebliche Schreibfehler in der Protest-Urkunde durch nachträgliche Atteste zu verbessern.

— No. 2. Siehe Rechtsgrundsatz 970. (Art. **91**. dieser Wechselordnung.)

— No. 3. Erforderniß der Angabe des Begehrens an den Protestaten und dessen Antwort. — Vergl. Art. **41**. **43**. dieser Wechselordnung.

Rechtsgr. 965. — IV. Senat. 26. Juni 1858. (XXX. 141.)

Es bedarf keiner ausdrücklichen Erwähnung im Proteste, ob der Zahlungspräsentat vom protestirenden Beamten angetroffen worden sei; vielmehr reicht es aus, wenn die Protest-Urkunde außer Zweifel stellt, ob der zur Zahlung Aufzufordernde am Zahlungsorte angetroffen worden ist, oder nicht.

— No. 4. Erforderniß der Angabe des Ortes der an den Protestaten ergangenen Aufforderung.

Rechtsgr. 966. — IV. Senat. 14. Februar 1860. (XXXVII. 44.)

Zur Gültigkeit des Protestes ist nicht erforderlich, daß derselbe ergebe, ob der Wechsel dem angeblichen Substituten des Bezogenen in der Wohnung oder in dem Geschäftslokale des Substituten vorgelegt worden.

Siehe auch Rechtsgrundsätze 969. 970. (Art. 91. dieser Wechselordnung.)

— No. 5. Erforderniß der Erwähnung in Betreff der Ehrenannahme oder Ehrenzahlung.

Rechtsgr. 967. — IV. Senat. 28. Januar 1858. (XXVII. 254.)

Das Wort: „und“ (geleistet wird) im Art. 88. No. 5. der Allgem. Deutschen Wechsel-Ordnung hat die Bedeutung von „oder“.

Art. 90. Siehe Rechtsgrundsatz 961. (Art. 88. dieser Wechselordnung.)

XVII. Ort und Zeit für die Präsentation und andere im Wechselverkehr vorkommende Handlungen.

Art. 91. Vornahme der Handlung in dem Geschäftslokale, beziehungsweise der Wohnung der betreffenden Person:

A. Begriff der „Wohnung.“ — Vergl. Art. 4. No. 8. dieser Wechselordnung.

Rechtsgr. 968. — IV. Senat. 29. September 1859. (XXXIV. 277.)

Die Protest-Erhebung in der aus dem Wechsel ersichtlichen Wohnung des Trassaten ist, wenn er daselbst nur wirklich gewohnt hat, für genügend zu erachten; der Inhaber des Wechsels oder der protestirende Notar sind daher zu weiteren Schritten behufs Ermittelung der neuen Wohnung des Trassaten nicht verpflichtet.

B. Erfordernisse hinsichtlich der Angabe des Orts des aufgenommenen Wechselprotestes. — Vergl. Art. 88. No. 4. dieser Wechselordnung.

Rechtsgr. 969. — IV. Senat. 20. März 1860. (XXXVII. 127.)

Zur Gültigkeit des Wechselprotestes genügt es, wenn in der Protest-Urkunde als Ort des aufgenommenen Protestes die Wohnung der betreffenden Person angegeben, und bedarf es daher der Angabe der Gründe nicht, warum nicht in deren Geschäftslokal protestirt worden ist.

C. Person des Protestaten und deren Wohnung bei einem Platzwechsel. — Vergl. Art. 41. 88. No. 2. und 4. dieser Wechselordnung.

Rechtsgr. 970. — IV. Senat. 27. März 1858. (XXVII. 337.)

Bei einem Platzwechsel reicht aus, wenn nur bei und gegen den durch den Wechsel mit der Zahlung Beauftragten Protest erhoben wird.

D. Unbekannte Wohnung des Wechselverpflichteten.

Rechtsgr. 971. — IV. Senat. 5. Oktober 1858. (XXIX. 357.)

Die Schlußbestimmung des Art. 91. der Allg. Deutschen Wechsel-Ordnung beschränkt sich lediglich auf den Fall, wenn der Bezogene in dem Zahlungsorte völlig unbekannt, und wenn es für den Wechsel-Inhaber gänzlich ungewiß ist, ob der Bezogene in dem Orte ein Geschäftslokal oder eine Wohnung habe, auch je gehabt habe, jener mithin den Bezogenen nirgends aufsuchen kann, ist aber keinesweges auf den Fall zu beziehen, wenn der Wechsel-Inhaber den Bezogenen in dessen letzter, unstreitigen Wohnung nicht anwesend findet und über die Ursache der Abwesenheit von den daselbst anwesenden Personen eine Antwort erhält, die darauf schließen läßt, daß der Bezogene diese Wohnung aufgegeben, wohl gar den Ort gänzlich verlassen habe.

E. Polizeiliche Auskunft.

Rechtsgr. 972. — IV. Senat. 8. Mai 1858. (XXXIV. 6.)

Im Fall des Art. 91. Alinea 2. der Allgem. Deutschen Wechsel-Ordnung kommt es nicht auf die Person des Beamten der Polizeibehörde an, durch den die Auskunft ertheilt worden, sondern auf die Zuverlässigkeit dieser Auskunft.

Siehe auch Rechtsgrundsätze 844. 882. (Einführungsgesetz vom 6. Januar 1849 § 5.; Allg. Deutsche Wechselordnung Art. 20.)

Art. 92. Begriff eines Allgemeinen Feiertages.

Rechtsgr. 973. — IV. Senat. 7. Januar 1858. (XXVII. 246.)

Was sind allgemeine Feiertage nach Art. 92. der Allg. Deutschen Wechsel-Ordnung?

XVIII. Mangelhafte Unterschriften.

Art. **94**. Wechsel schreibensunerfahrener Personen.

Rechtsgr. **974**. — IV. Senat. 22. März 1859. (XXXII. 343.)

Eine Notariats-Urkunde, in welcher sich die von einem schreibensunfähigen Wechsel-Aussteller an Stelle der Unterschrift gemachten Zeichen nicht im Original beglaubigt finden, ist zur Begründung der Wechselklage nicht geeignet.

Es ändert hieran Nichts, daß der Verklagte vor Gericht den Wechsel ausdrücklich als richtig anerkannt hat, da der Richter von Amtswegen prüfen muß, ob der Urkunde die gesetzlichen Erfordernisse eines Wechsels beiwohnen.

Art. **95**. Siehe Rechtsgrundsatz 929. (Art. 79. dieser Wechselordnung.)

Dritter Abschnitt. Von eigenen Wechseln.

Art. **96**. Wesentliche Erfordernisse eines trockenen Wechsels:

— überhaupt: Siehe Rechtsgrundsätze **869**. **946**. **947**. (Art. **4**. No. **5**., Art. **82**. dieser Wechselordnung.)

— No. **1**. Siehe Rechtsgrundsätze 959. 960. (Art. 85. dieser Wechselordnung.)

— No. **2**. Siehe Rechtsgrundsätze 857. 858. (Art. 4. No. 2. dieser Wechselordnung.)

— No. **3**. Ungültigkeit des Eigenwechsels an eigne Order des Ausstellers; Indossament desselben. — Vergl. A. L. R. II. 8. § 1189.; Allg. Deutsche Wechselordnung Art. 6. 98.

Rechtsgr. **975**. — IV. Senat. 22. Oktober 1857. (XXVI. 298.)

Der an eigne Order des Ausstellers gestellte Eigenwechsel ist für einen wirklichen und wirksamen Wechsel nicht zu erachten und wird dies auch nicht durch Indossament; der Eigenwechsel erfordert vielmehr Verschiedenheit der Person des Ausstellers und Gläubigers.

Siehe auch Rechtsgrundsatz 874. (Art. 4. No. 7. dieser Wechselordnung.)

— No. **4**. Siehe Rechtsgrundsätze 862. 863. (Art. 4. No. 4. dieser Wechselordnung.)

— No. 5. Siehe Rechtsgrundsätze 866-868. (Art. 4. No. 5. dieser Wechselordnung.)

Art. 98. Anwendbarkeit gesetzlicher Vorschriften für gezogene Wechsel auch auf eigene Wechsel:

— überhaupt: Siehe Rechtsgrundsätze 874. 975. (Art. 4. No. 7., Art. 96. No. 3. dieser Wechselordnung.)

— No. 1. Siehe Rechtsgrundsätze 946. 947. (Art. 82. dieser Wechselordnung.)

— No. 2. Siehe Rechtsgrundsatz 877. (Art. 9. dieser Wechselordnung.)

— No. 3. Festsetzung des Zahlungstages eines domizilirten trockenen Wechsels mit einer bestimmten Zeit nach Sicht durch Präsentation desselben zur Annahme; Unzulässigkeit der Wiederholung dieser Präsentation behufs Herbeiführung eines späteren Zahlungstages. — Vergl. Art. 19. 20. 99. dieser Wechselordnung.

Rechtsgr. 976. — IV. Senat. 19. Juli 1859. (XXXIV. 221.)

Der Wechselinhaber ist nicht berechtigt, die einmal erfolgte, in wechselrechtlicher Form konstatirte und in das Leben getretene Präsentation eines domizilirten trockenen Wechsels mit einer bestimmten Zeit nach Sicht zur Annahme zu ignoriren und die Präsentation zur Annahme, beziehungsweise die Protest-Erhebung wiederholt vorzunehmen, um dadurch an die Stelle des bereits für alle Wechsel-Interessenten fixirten Zahlungstages einen neuen, nach der wiederholten Präsentation zur Annahme zu bemessenden Verfalltag herbeizuführen.

— No. 4. Siehe Rechtsgrundsatz 979. (Art. 99. dieser Wechselordnung.)

— No. 5. Siehe Rechtsgrundsatz 882. (Art. 20. dieser Wechselordnung.)

No. 9. Sicherheitsbestellung bei Einklagung eines verloren gegangenen trocknen Wechsels nach Einleitung des Amortisationsverfahrens. — Vergl. Art. 39. 73. dieser Wechselordnung.

Rechtsgr. 977. — IV. Senat. 6. September 1855. (XXXII. 1.)

Nach Einleitung des Amortisationsverfahrens wegen eines verloren gegangenen trockenen Wechsels kann der Inhaber von dem Aussteller die auf den Wechsel noch restirende Summe fordern, wenn er nur bis zur Höhe dieser geforderten Restsumme, nicht der ganzen Wechselsumme, Sicherheit bestellt.

No. 10. Siehe Rechtsgrundsätze 845. 952. (Einführungsgesetz vom 15. Februar 1850 § 4.; Allg. Deutsche Wechselordnung Art. 83.)

Art. 99. Präsentation eigener, domizilirter Wechsel zur Zahlung und Protest Mangels Zahlung bei denselben:

A. Berechtigung des Besitzers des domizilirten eigenen Wechsels zur Erhebung des Protestes Mangels Zahlung.

Rechtsgr. 978. — IV. Senat. 5. Oktober 1858. (XXXI. 23.)

Zur Erhaltung des Wechsel-Anspruchs gegen den Aussteller eines domizilirten eigenen Wechsels im Falle dessen Nichtzahlung genügt überhaupt die rechtzeitige Erhebung des Protestes Mangels Zahlung, es mag dieselbe auf Veranlassung Desjenigen, welcher nach Art. 36. der Allg. Deutschen Wechsel-Ordnung als Eigenthümer des Wechsels zu erachten ist, oder auf Veranlassung eines Dritten geschehen, welcher den Wechsel zur Verfallzeit im Besitze hat.

B. Unnöthigkeit der Präsentation zur Zahlung und der Protest-Erhebung bei domizilirten eigenen Wechseln ohne benannten Domiziliaten mit einer bestimmten Zeit nach Sicht. — Vergl. Art. 23. 25. 29. 43. 44. 98. No. 4. dieser Wechselordnung.

Rechtsgr. 979. — IV. Senat. 8. Mai 1858. (XXXIV. 5.)

Eigene domizilirte Wechsel mit einer bestimmten Zeit nach Sicht ohne benannten Domiziliaten brauchen zur Erhaltung des Wechselrechts gegen den Aussteller dem Letztern an demjenigen Orte, wohin der Wechsel domizilirt ist, zur Zahlung nicht präsentirt und nicht protestirt zu werden.

Siehe auch Rechtsgrundsätze 908. 976. (Art. 43. und 98. No. 3. dieser Wechselordnung.)

Art. 100. Siehe Rechtsgrundsatz 952. (Art. 83. dieser Wechselordnung.)

Gesetz vom 14. April 1851 über die Einführung des Strafgesetzbuchs für die Preußischen Staaten.

Erster Abschnitt. Allgemeine Bestimmungen.

Art. 2. Siehe Rechtsgrundsatz 1373. (Reglement vom 15. September 1798 § 2. No. 4.)

Art. 9. Siehe Rechtsgrundsatz 118. (A. L. R. I. 5. § 301.)

Zweiter Abschnitt. Bestimmung über die Kompetenz und das Verfahren in Strafsachen.

Art. 16. Siehe Rechtsgrundsatz 1642. (Preßgesetz vom 12. Mai 1851 § 37.)

Art. 18. Schiedsmanns-Attest behufs Zulassung der Klage über Ehrverletzung und leichte Mißhandlungen:

A. der minderjährigen Dienstboten. — Vergl. A. G. O. I. 2. §§ 8. 13.; Kabinetsorders No. 1365. vom 4. Juli 1832 und 5. Dezember 1835.

Rechtsgr. 980. — Senat für Strafsachen, Abth. I. (XXXVII. 68.)

Bei Injurienklagen der im Dienste Anderer befindlichen Minderjährigen ist für die Anwendung des Art. 18. des Einführungsgesetzes vom 14. April 1851 der Aufenthaltsort des Klägers erheblich.

B. der Minderjährigen über 16 Jahre und der Kinder unter väterlicher Gewalt. — Vergl. Gesetz No. 3245. vom 11. März 1850 § 9.; Strafgesetzbuch §§ 54. 152. 343.

Rechtsgr. 981. — Senat für Strafsachen, Abth. II. (XXXV. 221.)

Minderjährige im Alter von mehr als 16 Jahren und unter väterlicher Gewalt stehende Kinder sind berechtigt, auf die Bestrafung der ihnen widerfahrenen Ehrenkränkung und Beleidigung selbstständig zu verzichten, und deshalb auch befugt, zum Zwecke eines Vergleichs-Versuchs die schiedsmännische Vermittelung selbstständig nachzusuchen und wahrzunehmen.

C. In Betreff einer anzustellenden Widerklage.

Rechtsgr. 982. — Senat für Strafsachen, Abth. I. (XXXVIII. 81.)

Zur Widerklage wegen Ehrverletzung bedarf es der Beibringung eines Schiedsmanns-Attestes nicht.

D. Wirkung einer bedingten Aussöhnung.

Rechtsgr. 983. — Senat für Strafsachen, Abth. I. (XXXVIII. 292.)

Eine Erfolglosigkeit der nachgesuchten Vermittelung des Schiedsmannes in Injuriensachen ist dann nicht anzunehmen, wenn die Parteien sich unter einer von dem Beleidiger zu erfüllenden Bedingung, z. B. daß derselbe die Beleidigung vor Zeugen zurücknehme und eine Geldsumme zu einem bestimmten frommen Zwecke zahle, ausgesöhnt haben.

Siehe auch Rechtsgrundsätze 984. 1002. (Strafgesetzbuch §§ 50. 343.)

Strafgesetzbuch für die Preußischen Staaten vom 14. April 1851.

Einleitende Bestimmungen.

§ 1. Siehe Rechtsgrundsätze 632. 986-990. (A. L. R. II. 1. § 704.; Strafgesetzbuch § 152.)

§ 4. No. 3. Siehe Rechtsgrundsätze 986-990. (§ 152. dieses Strafgesetzbuches.)

Theil I. Von der Bestrafung der Verbrechen und Vergehen im Allgemeinen.

Titel 1. Von den Strafen.

§ 11. Siehe Rechtsgrundsätze 632. 633. 1080. 1081. (A. L. R. II. 1. § 704.; A. G. O. I. 13. § 25.)

§ 12. No. 4. Siehe Rechtsgrundsätze 1080. 1081. (A. G. O. I. 13. § 25.)

§ 16. Siehe Rechtsgrundsatz 632. (A. L. R. II. 1. § 704.)

Titel 3. Von der Theilnahme an einem Verbrechen oder Vergehen.

§ **34**. Siehe Rechtsgrundsatz **1642**. (Preß-Gesetz vom **12**. Mai **1851** § 37.)

Titel 4. Von den Gründen, welche die Strafe ausschließen oder mildern.

§ **46**. Alinea **2**. Siehe Rechtsgrundsatz **985**. (§ **50**. dieses Strafgesetzbuchs.)

§ **50**. Verjährung der nur auf Antrag einer Privatperson zu bestrafenden Vergehen und Verbrechen:

A. Unterbrechung der Verjährung der Injurienklage durch mündliche Nachsuchung eines Sühnetermins bei dem Schiedsmann. — Vergl. A. L. R. I. **9**. §§ **551**. ff.; Einführungsgesetz zum Strafgesetzbuch Art. **18**.; Strafgesetzbuch § **343**.

Rechtsgr. **984**. — Senat für Strafsachen, Abth I. 5. März 1858. (**XXVII. 298.**)

Die auch nur mündlich bei dem Schiedsmann wiederholten Anträge auf Anberaumung des Sühnetermins unterbrechen die Verjährung der Injurienklage.

B. Verjährung der Privatklage wegen Real-Injurien. — Vergl. § **46**. Alinea **2**., §§ **160**. **161**. **187**. **189**. dieses Strafgesetzbuchs.

Rechtsgr. **985**. — Senat für Strafsachen, Abth. I. 21. April 1858. (**XXIX. 269.**)

a) Der § 50. des Strafgesetzbuchs bestimmt ausnahmsweise eine dreimonatliche Präklusivfrist für diejenigen Fälle eines Verbrechens oder Vergehens, welche nur auf Antrag einer zu diesem berechtigten Person verfolgt werden können, läßt es aber in allen übrigen Fällen, also auch in denen, welche auch durch Privatpersonen verfolgt werden können, bei der allgemeinen Regel des § 46. des Strafgesetzbuchs.

b) Daher verjährt die Privatklage wegen Real-Injurien in 5 Jahren, wenn der Verklagte einer Mißhandlung, die eine vierzehntägige Krankheit zur Folge gehabt hat, beschuldigt ist.

Siehe auch Rechtsgrundsatz **997**. (§ **159**. dieses Strafgesetzbuchs.)

§ 54. Siehe Rechtsgrundsatz 981. (Einführungsgesetz zum Strafgesetzbuch Art. 18.)

Theil II. Von den eigentlichen Verbrechen und Vergehen und deren Bestrafung.

Titel 6. Vergehen wider die öffentliche Ordnung.

§ 102. Siehe Rechtsgrundsatz 995. (§ 154. dieses Strafgesetzbuchs.)

Titel 9. Falsche Beschuldigung.

§ 133. Siehe Rechtsgrundsatz 991. (§ 154. dieses Strafgesetzbuchs.)

Titel 13. Verletzungen der Ehre.

§ 152. Oeffentliche oder schriftliche Beleidigung; Vollendung einer schriftlichen Beleidigung durch einen nach dem Auslande gerichteten Brief. — Vergl. §§ 1. 4. No. 3. dieses Strafgesetzbuchs; Gesetze vom 11. März 1850 § 8. und vom 3. Mai 1852 Art. 101-103.

A. Durch einen an den Beleidigten selbst gerichteten Brief.

Rechtsgr. 986. — Senat für Strafsachen, Abth I. 25. Juni 1858. (XXX. 138.)

Wenn der eine Beleidigung enthaltende Brief im Auslande empfangen ist, so wird die Beleidigung im Auslande vollendet.

B. Durch den an einen Dritten gerichteten Brief.

Rechtsgr. 987. — Senat für Strafsachen, Abth. I. 26. September 1860. (XXXIX. 77.)

a) Die in einem, im Inlande geschriebenen, nach dem Auslande gerichteten Briefe enthaltene Beleidigung ist für vollendet zu erachten, sobald das Schreiben an den Adressaten gelangt, gleichviel, ob dieser selbst oder ein Dritter der Beleidigte ist.

b) In Betreff der Strafbarkeit dieser Beleidigung entscheiden die Strafgesetze des Auslandes.

C. Feststellung einer strafbaren schriftlichen Beleidigung.

Rechtsgr. 988. — Senat für Strafsachen, Abth. I. 29. Januar 1858. (XXX. 9.)

Die Festsetzung, daß in einem Schreiben nach Ton und Inhalt eine strafbare Beleidigung enthalten sei, ist thatsächlicher Natur.

D. Feststellung der Oeffentlichkeit einer Beleidigung oder Verläumdung. — Vergl. §§ 156. 163. dieses Strafgesetzbuchs.

Rechtsgr. 989. — Senat für Strafsachen, Abth. II. 7. Juli 1859. (XXXIV. 143.)

a) Die Feststellung, ob eine Beleidigung oder Verläumdung in einem bestimmten Falle als eine öffentliche zu betrachten sei, ist thatsächlicher Natur.

b) Zur Oeffentlichkeit der Beleidigung ist eine Verbreitung der beleidigenden Schrift allgemein im Publikum nicht ausschließlich maaßgebend.

E. Verhängung der Strafe einer einfachen schriftlichen Beleidigung statt der angerufenen Strafe der Verläumdung. — Vergl. § 156. dieses Strafgesetzbuchs; A. G. O. I. 10. § 5a.

Rechtsgr. 990. — Senat für Strafsachen, Abth. II. 7. Juli 1859. (XXXIV. 142.)

Wenn der erkennende Richter in dem festgestellten Thatbestande zwar nicht die vom Kläger behauptete schriftliche Verläumdung, wohl aber eine einfache schriftliche Beleidigung findet, und daher statt der angerufenen, im § 156. des Strafgesetzbuchs angedrohten schwereren Strafe der Verläumdung auf die geringere Strafe der nicht qualifizirten schriftlichen Beleidigung des § 152. daselbst erkennt, so trifft ihn weder der Vorwurf des Abweichens von dem Klagefundamente, noch auch der des Erkennens über den Klageantrag hinaus.

Siehe auch Rechtsgrundsätze 981. 995. 1001. (Einführungsgesetz zum Strafgesetzbuch § 18.; Strafgesetzbuch §§ 156. 343.)

§ 154. Bedingte Strafbarkeit tadelnder Urtheile über wissenschaftliche Leistungen und Aeußerungen zur Ausführung oder Vertheidigung von Gerechtsamen:

A. Anwendbarkeit des § 154. auf alle Arten von Ehrverletzung, insbesondere auf die Verläumdung. — Vergl. §§ 133. 156. dieses Strafgesetzbuchs.

Rechtsgr. 991. — Senat für Strafsachen, Abth. I. 15. September 1858; Abth. II. 7. Juli 1859, 20. September 1860. (XXX. 223.; XXXIV. 142.; XXXIX. 64.)

a) Die Vorschrift des § 154. des Strafgesetzbuchs findet auf alle Arten der Beleidigung, insbesondere auch auf die Verläumdung — § 156. daselbst — Anwendung.

b) Wer daher bei einer Behörde auf rechtmäßigem Wege, um Hülfe zu suchen, Etwas behauptet, was einen Andern in der öffentlichen Meinung dem Hasse und der Verachtung aussetzt, begeht dadurch allein eine Verläumdung nicht, insofern er die behauptete Thatsache für wahr hielt.

c) Sind aber vor einer öffentlichen Behörde in einer Beschwerde oder Vertheidigung dergleichen unwahre Thatsachen wider besseres Wissen vorgebracht, so kann dies Vorbringen im Falle einer Strafbarkeit jener Handlungen die Natur einer strafbaren falschen Anschuldigung, sonst aber die Natur einer Verläumdung annehmen.

B. Anwendbarkeit des § 154. des Strafgesetzbuchs auf den Fall der Vertheidigung von Gerechtsamen sowohl seitens eines Beamten in amtlicher Stellung, als seitens einer Privatperson.

Rechtsgr. 992. — Senat für Strafsachen, Abth. I. 22. Oktober 1858. (XXXI. 79.)

Der § 154. des Strafgesetzbuches verlangt zu seiner Anwendung nicht, daß die angeblich ehrverletzenden Aeußerungen von einem Beamten in seiner amtlichen Eigenschaft ausgegangen sein müssen, er greift vielmehr auch dann Platz, wenn diese Aeußerungen von Privatpersonen herrühren.

C. Beurtheilung der Strafbarkeit der verletzenden Aeußerung mit Rücksicht auf die Ueberzeugung von der Zweckmäßigkeit des angewendeten Mittels.

Rechtsgr. 993. — Senat für Strafsachen, Abth. I. 10. Febr. 1860. (XXXVII. 42.)

Bei der Frage: ob behufs der Vertheidigung der Gerechtsame im Sinne des § 154. des Strafgesetzbuchs gehandelt worden, kommt es nur darauf an, ob in gutem Glauben und mit der Ueberzeugung, daß das angewendete Mittel dem Zweck entspreche, gehandelt worden ist.

§ **156.** Verläumdung:

A. Begriff der Verläumdung.

Rechtsgr. **994.** — Senat für Strafsachen, Abth. II. 7. Juli 1859. (XXXIV. 142.)

Der Begriff der Verläumdung erfordert die Behauptung oder Verbreitung unwahrer ehrenrühriger „Thatsachen,“ im Gegensatze zu bloßen allgemeinen ehrenrührigen Urtheilen, Ansichten oder Meinungen.

B. Bestrafung wegen Verläumdung auf gerügte Ehrenkränkung überhaupt. — Vergl. §§ **102. 152.** dieses Strafgesetzbuchs.

Rechtsgr. **995.** — Senat für Strafsachen, Abth. I. 12. Mai 1858. (XXVIII. 306.)

Ist die Ehrenkränkung gerügt, so liegt darin keine Ueberschreitung des Klageantrages, daß der Richter wegen Verläumdung straft.

C. Beweislast bei angeblichen Verläumdungen in Berichten der Untergebenen an ihre Vorgesetzten hinsichtlich der Wahrheit der behaupteten Thatsachen.

Rechtsgr. **996.** — Senat für Strafsachen, Abth. I. 18. Januar 1861. (XL. 131.)

Die Regel des § 157. des Strafgesetzbuches, daß der angebliche Verläumder die Wahrheit seiner behaupteten Thatsachen beweisen muß, gilt auch hinsichtlich der in Berichten der Untergebenen an ihre Vorgesetzten untergelaufenen Verläumdungen.

Siehe auch Rechtsgrundsätze **989-991. 1643. 1644.** (§§ **152. 154.** dieses Strafgesetzbuchs; Gesetz vom **3.** Mai **1852** § **101.**)

§§ **157. 158.** Siehe Rechtsgrundsätze **1223. 1643. 1644.** (Kriminal-Ordnung § **392.**; Gesetz vom **3.** Mai **1852** § **101.**)

§ **159.** Aussetzung des Verfahrens in Betreff der Verläumdungsklage im Falle der Strafbarkeit der behaupteten oder verbreiteten Thatsachen bis zur Beendigung der desfallsigen Untersuchung:

A. Ausschließung der Anwendbarkeit dieses § **159.** nach Ablauf der dreimonatlichen Rügefrist. — Vergl. §§ **50. 343.** dieses Strafgesetzbuchs.

Rechtsgr. 997. — Senat für Strafsachen, Abth. I. 16. Februar 1859. (XXXII. 263.)

Der § 159. des Strafgesetzbuchs setzt voraus, daß das Verfahren über die Verläumdung wenigstens rechtzeitig, d. h. vor Ablauf der gesetzlichen Rügefrist resp. Verjährung, anhängig gemacht ist.

B. Ausschließung des Einwandes der Wahrheit bei der Verläumdungsklage durch Freisprechung des Verläumdungsklägers im Strafverfahren. — Vergl. Code pénal art. 372.

Rechtsgr. 998. — Senat für Strafsachen, Abth. II. 15. Dezember 1859. (XXXVI. 88.)

Der im Allgemeinen zulässige Einwand der Wahrheit der behaupteten oder verbreiteten, mit Strafe bedrohten Handlung seitens des Verläumdungs-Verklagten wird durch die im Strafverfahren erfolgte Freisprechung des Verläumdungsklägers unbedingt und ohne Rücksicht darauf abgeschnitten, ob die Freisprechung schon vor Verbreitung der in Rede stehenden Thatsachen, oder erst nach derselben erfolgt ist.

§§ 160. 161. Siehe Rechtsgrundsatz 985. (§ 50. dieses Strafgesetzbuchs.)

§ 163. Veröffentlichung des Straf-Urtheils auf Kosten des Beleidigers durch die Zeitungen.

Rechtsgr. 999. — Senat für Strafsachen, Abth. I. 29. Januar 1858. (XXVII. 257.)

Die Wahl der Blätter, durch welche die Veröffentlichung des Straf-Urtheils bei Ehrenkränkungen zu erfolgen hat, ist reglementarischer Natur und lediglich dem freien Ermessen des Richters überlassen.

Siehe auch Rechtsgrundsatz 989. (§ 152. dieses Strafgesetzbuchs.)

Titel 16. Körperverletzung.

§ 187. Körperverletzung eines Schulkindes durch Ueberschreitung des Züchtigungsrechts seitens des Schullehrers. — Vergl. Kabinetsorder vom 14. Mai 1825 No. 6.

Rechtsgr. 1000. — Senat für Strafsachen, Abth. II. 8. November 1860. (XXXIX. 181.)

Gegen einen Schullehrer findet wegen Ueberschreitung

des Züchtigungsrechts resp. wegen Mißhandlung eine gerichtliche Strafe in Gemäßheit des § 187. des Strafgesetzbuchs nur dann statt, wenn eine der Gesundheit nachtheilige wirkliche Verletzung desselben festgestellt worden ist.

Siehe auch Rechtsgrundsatz 985. (§ 50. dieses Strafgesetzbuchs.)

§ **189**. Siehe Rechtsgrundsatz 985. (§ 50. dieses Strafgesetzbuchs.)

Titel 25. Strafbarer Eigennutz.

§ **263**. Siehe Rechtsgrundsätze **117**. **118**. (A. L. R. I. **5**. §§ 292. 301.)

§ **269**. Siehe Rechtsgrundsatz **1264**. (Code Napoléon art. 1382.)

§ **270**. Siehe Rechtsgrundsatz **1372**. (Verordnung vom 17. Juli 1797 § 1.)

Theil III. Von den Uebertretungen.

Titel 1. Von der Bestrafung der Uebertretungen im Allgemeinen.

§ **339**. Siehe Rechtsgrundsatz **1002**. (§ 343. dieses Strafgesetzbuchs.)

Titel 3. Uebertretungen in Beziehung auf die persönliche Sicherheit, Ehre und Freiheit.

§ **343**. Bestrafung und Verjährung einer Beleidigung:

A. Injurien unter Eheleuten. — Vergl. §§ **152**. ff. dieses Strafgesetzbuchs.

Rechtsgr. **1001**. — Senat für Straffachen, Abth. I. 10. Februar 1860. (XXXVII. 42.)

Injurien unter Eheleuten sind nicht straflos.

B. Natur der Rügefrist bei Injurien; Verjährung der Injurienklage. — Vergl. A. L. R. I. **9**. §§ **551**. **554**.; Einführungsgesetz zum Strafgesetzbuch Art. 18.; Strafgesetzbuch § 339.

Rechtsgr. **1002**. — Senat für Straffachen, Abth. I. 25. Februar 1859. (XXXII. 321.)

a) Die Rügefrist des § 343. Absatz 3. des Strafgesetzbuchs wird auch gewahrt, wenn der Strafantrag bei dem kompetenten Richter ohne Produktion des Schiedsmanns-Attestes kundgegeben wird.

b) Diese Frist ist keine Verjährungsfrist im eigentlichen Sinne, sondern eine außerhalb dieses gesetzlichen Begriffes liegende Präklusivfrist, deren Verabsäumung der weiteren Verfolgung des Klagerechtes entgegensteht.

c) Die Natur einer solchen Präklusivfrist bringt es mit sich, daß, wenn sie einmal innegehalten worden, von ihrem Ablauf nicht mehr die Rede sein kann.

d) Ob die Verjährung einer einfachen, im Civilprozeß zu rügenden Beleidigung eingetreten ist, ist nur nach civilrechtlichen Grundsätzen zu beurtheilen.

e) Es läuft daher die neue Verjährung für eine zur Zeit abgewiesene Injurienklage vom Tage der Rechtskraft des abweisenden Urtheils.

Siehe auch Rechtsgrundsätze 981. 984. 997. (Einführungsgesetz zum Strafgesetzbuch Art. 18.; Strafgesetzbuch §§ 50. 159.)

§ 345. No. 12. Siehe Rechtsgrundsatz 1499. (Eisenbahngesetz vom 3. November 1838 § 25.)

Allgemeine Gerichts-Ordnung.

Theil I. Prozeß-Ordnung.

Einleitung.

§ 1. Siehe Rechtsgrundsätze 768. 805. 817. 1393. 1491. 1504. 1520. 1636. (A. L. R. II. 14. § 79., 16. §§ 154. 265.; Vorfluth-Edikt vom 15. November 1811 § 15.; Kabinetsorder vom 19. Juni 1836 No. 1.; Eisenbahngesetz vom 3. November 1838 § 35.; Gesetz No. 2273. vom 11. Mai 1842 § 1.; Gesetz No. 3391. vom 12. Mai 1851 § 8.)

§ **16**. Siehe Rechtsgrundsätze **1051**. **1539**. (A. G. O. I. **10**. § 53.; Armenpflegegesetz vom **31**. Dezember **1842** § 9.)

§§ **65**. **66**. Folgen und Wirksamkeit rechtskräftiger richterlicher Entscheidungen. — Vergl. A. G. O. I. **16**. § 1.

A. in Betreff der Verfolgung desselben Anspruchs mit einer anderen Art der Klage.

Rechtsgr. **1003**. — III. Senat. 16. September 1859. (XXXV. 65.)

Die Wirkung der rechtskräftigen Entscheidung ist nicht davon abhängig, ob eine und dieselbe Art der Klage in dem früheren und in dem späteren Prozesse vorliege; es kommt vielmehr auf den Inhalt der früheren Entscheidung an.

B. in Betreff des Inhalts des Urtheils-Tenors. — Vergl. A. G. O. I. **13**. § 38.

Rechtsgr. **1004**. — IV. Senat. 16. Juli 1859. (XXXV. 35.)

Macht nicht die Gültigkeit oder Existenz eines Vertrages den Gegenstand des Tenors des rechtskräftigen Erkenntnisses aus, so steht dem aus jenem Vertrage hergeleiteten neuen, von dem abgewiesenen verschiedenen Klageantrage der Einwand der rechtskräftigen Entscheidung auch dann nicht entgegen, wenn in den Gründen jenes Judikats die Existenz des Vertrags verneint worden ist.

C. in Betreff des streitig gewesenen Rechtsverhältnisses:
— Wirkung der zurückgewiesenen Klage auf Aberkennung des Eigenthums auf die demnächstige Eigenthumsklage. — Vergl. A. G. O. I. **28**. § **14**., **32**. § 2.

Rechtsgr. **1005**. — III. Senat. 16. September 1859. (XXXV. 65.)

a) Nach den Grundsätzen von der rechtskräftigen Entscheidung darf die Sache, das Recht, worüber in dem dispositiven Theile des rechtskräftigen Erkenntnisses entschieden worden, nicht von Neuem von demselben Gesichtspunkte, demselben Klagegrunde aus wieder in Frage gestellt werden.

b) Ist daher in beiden Prozessen das Eigenthum desselben Grundstücks streitig gewesen, und Kläger im Vorprozesse mit seinem Antrage, dem Verklagten sein Eigenthumsrecht abzuerkennen, abgewiesen worden; so kann Kläger in dem späteren Prozesse das Eigenthum dieses Grundstücks nicht mehr für sich in Anspruch nehmen.

— Wirkung der zurückgewiesenen Klage aus den gesetzlichen Bestimmungen wegen der Folgen eines Vertrages auf die demnächstige Klage aus den desfallsigen vertragsmäßigen Bestimmungen.

Rechtsgr. 1006. — III. Senat. 21. Februar 1859. (XXXII. 301.)

Ist die im Vorprozeß zurückgewiesene Klage auf Zurückzahlung des Kaufgeldes darauf, daß der Verklagte die verkaufte Sache nicht erworben und nicht besessen, in Verbindung mit den hierfür maaßgebenden gesetzlichen Folgen gestützt gewesen; so steht der neuen, auf Zurückzahlung eines Theiles dieses Kaufgeldes gerichteten und auf eine für den Fall, daß der Verklagte zur Veräußerung außer Stande gewesen, besonders getroffene vertragsmäßige Bestimmung gestützten Klage die Einrede der rechtskräftigen Entscheidung nicht entgegen.

— Wirkung der wegen Beweisfälligkeit hinsichtlich des Klagefundaments, z. B. des Kaufvertrages, zurückgewiesenen Klage auf die Klage aus einem anderen Fundamente, z. B. der nützlichen Verwendung. — Vergl. A. L. R. I. 13. § 277.

Rechtsgr. 1007. — IV. Senat. 28. Oktober 1856. (XXVI. 24.)

Wenn in dem Vorprozesse der Kläger mit seiner auf Kauf begründeten Klage auch nur als beweisfällig abgewiesen ist, so kann seine jetzt auf nützliche Verwendung begründete Klage nicht zurückgewiesen werden. Der nicht bewiesene Klagegrund gilt als nicht vorhanden.

D. in Betreff der nur von Einem Theile gegen das Appellations-Erkenntniß eingelegten Revision.

Rechtsgr. 1008. — III. Senat. 15. Februar 1858. (XXIX. 106.)

Wer sich bei dem ergangenen Urtheil beruhigt, darf die Festsetzungen desselben auch insoweit nicht angreifen, als damit nur die Herbeiführung der Bestätigung des zweiten Urtheils und der Festsetzung der dort fixirten Gesammtsumme bezweckt wird.

Siehe auch Rechtsgrundsätze 423. 675. 1069-1071. 1076. 1091. 1105. 1131. 1132. 1218. (A. L. R. I. **15**. § 1., II. **2**. § 628.; A. G. O. I. **10**. §§ 309. 310. 311 b. 377., **16**. § 1., **24**. § 5., **40**. § 51.; Konkurs-Ordnung § 392.)

§ **75**. Siehe Rechtsgrundsatz 1520. (Gesetz No. 2273. vom 11. Mai 1842 § 1.)

Titel 1. Von den Personen, welche vor Gericht klagen oder belangt werden können.

§§ **13**. **14**. Fähigkeit eines großjährigen, in väterlicher Gewalt stehenden Sohnes, vor Gericht zu erscheinen; Nichtigkeit eines gegen denselben ohne Zuziehung des Vaters zum Prozesse ergangenen Judikats. — Vergl. A. L. R. II. **2**. §§ 125. 131. 165.; A. G. O. I. **16**. § 2. No. 4. 11.; Corpus Juris Fridericianum von 1781 Buch I. Theil 1. Tit. 4. § 9.; Dig. **5**. 1. Lex 57.

Rechtsgr. **1009**. – IV. Senat. 3. November 1857. (XXVIII. 58.)

a) Volljährige, in väterlicher Gewalt stehende Personen können in allen ihren Angelegenheiten selbst vor Gericht auftreten, ausgenommen in solchen Angelegenheiten, welche das nicht freie Vermögen betreffen, in welchen es des Beitritts des Vaters bedarf. Dieselben können daher aus einfachen Kontraktsklagen auch dann belangt werden, wenn sie noch kein freies Vermögen besitzen.

b) Gegen das wegen Nichterscheinens des verklagten großjährigen, in der väterlichen Gewalt stehenden Sohnes ergangene und rechtskräftig gewordene Kontumazial-Erkenntniß steht dem Sohne nach erlangter Selbstständigkeit die Nichtigkeitsklage nicht zu.

§ **21**. Appellation der Ehefrau bei einem Streite über ihr eingebrachtes Vermögen. — Vergl. Reskript vom 29. September 1838.

Rechtsgr. **1010.** — **IV.** Senat. 4. Dezember **1860.** (**XXXIX. 265.**)

Die von der Ehefrau bei dem Streite mit einem Dritten über ihr eingebrachtes Vermögen ohne Beitritt des Ehemannes, wenngleich ohne Bescheinigung der Weigerung seines Beitritts, erfolgte Einlegung der Appellation kann nicht ohne Weiteres für nicht devolvirt erachtet werden, vielmehr ist das im § 21. I. 1. der Allgem. Gerichts-Ordnung vorgeschriebene Verfahren zu beobachten.

§§ **35-37.** Kumulation der Klagen mehrerer Mitberechtigten.

Rechtsgr. **1011.** — **IV.** Senat. 22. Juni 1858. (**XXXII. 32.**)

Die §§ 35—37. I. 1. der Allg. Gerichts-Ordnung, betreffend die Zulässigkeit der Kumulation der Klagen mehrerer Mitberechtigten, — setzen voraus, daß die Kläger nur Anerkennung des ihnen gemeinschaftlich gegen den oder die Verklagten zustehenden Rechts verlangen, nicht aber zugleich den zwischen ihnen über ihre Antheile an diesem Rechte obwaltenden Streit in demselben Prozesse entschieden wissen wollen.

Titel 2. Von dem Gerichtsstande.

§ **6.** Siehe Rechtsgrundsatz **1402.** (Verordnung vom **20.** Juni **1817** § **3.**)

§§ **8.** ff. Siehe Rechtsgrundsätze **980. 1129.** (Einführungsgesetz zum Strafgesetzbuch Art. **18.**; A. G. O. I. **40.** Anhang § **288.** zu § **22.**)

§§ **9.** ff. Begründung des ordentlichen persönlichen Gerichtsstandes durch beständigen Wohnsitz:

A. hinsichtlich der in Preußen sich niederlassenden Fremden. — Vergl. §§ **26. 27.** dieses Titels; Gesetz No. **2319.** vom **31.** Dezember **1842** § **15.**

Rechtsgr. **1012.** — I. Senat. 24. Juni 1859. (**XXXIV. 99.**)

Fremden, welche im Begriff stehen, sich in Preußen niederzulassen, ist das Forum ihres Aufenthaltortes als ordentlicher Gerichtsstand zugewiesen.

B. hinsichtlich eines Ausländers bei der Handels-Niederlassung desselben in Preußen.

Rechtsgr. 1013. — IV. Senat. 16. Juli 1857. (XXVI. 132.)

Durch die Handels-Niederlassung eines Ausländers an einem Orte des Inlandes wird für sich allein noch nicht dessen Wohnsitz daselbst begründet.

C. hinsichtlich eines Inländers durch den Betrieb einer Fabrik.

Rechtsgr. 1014. — IV. Senat. 1. Oktober 1857. (XXVI. 233.)

Der Betrieb einer Fabrik ist zwar dem Betriebe eines Gewerbes im Sinne des § 9. I. 2. der Allgem. Gerichts-Ordnung gleich zu achten; zur Begründung des persönlichen Gerichtsstandes des Fabrikbesitzers an dem Orte dieser Fabrik reicht aber der Betrieb der Fabrik für dessen Rechnung für sich allein nicht aus, vielmehr ist dazu auch noch sein dauernder Aufenthalt daselbst erforderlich.

Siehe auch Rechtsgrundsatz 1129. (A. G. O. I. 40., Anh. § 288. zu § 22.)

§ 13. Siehe Rechtsgrundsätze 16. 827. 980. (A. L. R. Einl. § 23., II. 18. § 63.; Einführungsgesetz zum Strafgesetzbuch Art. 18.)

§§ 18. 21. Siehe Rechtsgrundsatz 16. (A. L. R. Einl. § 23.)

§ 20. Siehe Rechtsgrundsatz 1547. (Armenpflegegesetz vom 31. Dezember 1842 § 21.)

§ 22. Begriff eines Vagabunden.

Rechtsgr. 1015. — IV. Senat. 5. März 1861. (XL. 330.)

Der § 22. I. 2. der Allgem. Gerichts-Ordnung setzt nicht nothwendig voraus, daß das Umherirren innerhalb der Grenzen des Preußischen Staates stattfindet.

§ 25. Gerichtsstand eines Vagabunden:

A. im Falle eines Arrestschlages.

Rechtsgr. 1016. — IV. Senat. 5. März 1861. (XL. 330.)

Die Kompetenz eines Gerichts rücksichtlich der Klage gegen einen Vagabunden wird durch die erst nach eröffnetem Erkenntnisse erfolgte Anlegung des Arrestes nicht begründet.

B. im Falle der Bestellung eines Abwesenheits-Kurators. — Vergl. A. L. R. II. 18. § 63.; A. G. O. I. 7. § 13.

Rechtsgr. **1017.** — IV. Senat. 5. März 1861. (XL. 330.)

Das Gericht, welches berufen ist, dem Vagabunden einen Kurator zu bestellen, und einen solchen wirklich bestellt hat, ist als dasjenige Forum zu betrachten, bei welchem dieser Recht nehmen muß, ohne daß es des Arrestschlages bedarf.

§§ **26. 27.** Siehe Rechtsgrundsatz 1012. (§ 9. dieses Titels.)
§ **28.** Siehe Rechtsgrundsätze 1022-1024. 1115. (A. G. O. I. **2.** § 160., **29.** § 88.)
§ **87.** Siehe Rechtsgrundsatz 1129. (A. G. O. I. **40.** Anhang § 288. zu § 22.)
§§ **111-115.** Dinglicher Gerichtsstand:
A. Ausschließlichkeit desselben. — Vergl. A. G. O. I. **19.** §§ **16. 17.**; Corp. Jur. Frid. Buch I. Theil 4. Titel 2. §§ **14. 15.**

Rechtsgr. **1018.** — III. Senat. 7. März 1859. (XXXIII. 44.)

Nach Preußischem Rechte ist der dingliche Gerichtsstand ein ausschließlicher, und findet daher bei der Befolgung dinglicher Ansprüche auf unbewegliche Sachen eine Konkurrenz des persönlichen Gerichtsstandes nicht statt.

B. Begründung desselben hinsichtlich der Klage eines Muthers auf Anerkennung seines Anspruchs auf vorzugsweise Beleihung.

Rechtsgr. **1019.** — III. Senat. 7. März 1859. (XXXIII. 44.)

Hinsichtlich der Klage eines Muthers gegen einen anderen Muther auf Anerkennung seines Anspruchs auf vorzugsweise Beleihung ist der dingliche Gerichtsstand begründet.

C. Begründung des dinglichen Gerichtsstandes durch Ansprüche aus Handlungen eines Fabrikbesitzers als solchen.

Rechtsgr. **1020.** — IV. Senat. 1. Oktober 1857. (XXVI. 233.)

In dem dinglichen Gerichtsstande der Fabrik können gegen deren Besitzer auch solche persönliche Klagen angestellt werden, welche Ansprüche aus Handlungen zum Gegenstand haben, die von ihm in seiner Eigenschaft als Besitzer dieser Fabrik, als Grundbesitzer vorgenommen sind. Daher ist dieser Gerichtsstand auch hinsichtlich einer Klage auf Vergütung der fehlenden Quantität verkauften, in der Fabrik entbehrlichen oder unbrauchbaren Brucheisens begründet.

§ **114.**, Anh. § **34.** zu § **114.**, § **119.** Begründung des Gerichtsstandes eines Einwohners der Deutschen Bundesstaaten durch Arrest vor Preußischen Gerichten. — Vergl. Verordnung vom 7. Juli 1819.

Rechtsgr. **1021.** — IV. Senat. 22. Oktober 1857. (XXVIII. 49.)

Durch die Verordnung vom 7. Juli 1819 ist nur der § 34. des Anhangs zur Allgem. Gerichts-Ordnung in Ansehung der Einwohner der Deutschen Bundesstaaten aufgehoben, weshalb die letztern der Bestimmung des § 119. I. 2. der Allgem. Gerichts-Ordnung unterworfen geblieben sind.

§ **128.**, Anh. § **37.** zu § 128. Siehe Rechtsgrundsatz 1129. (A. G. O. I. **40.** Anh. § 288. zu § 22.)

§ **130.** Siehe Rechtsgrundsatz 1402. (Verordnung vom 20. Juni 1817 § 3.)

§§ **160. 161.** Außerordentlicher Gerichtsstand wegen freiwilliger Prorogation. — Vergl. § 28. dieses Titels.

A. Begründung der Kompetenz der Preußischen Gerichte in Betreff eines Ausländers durch freiwillige Prorogation mittelst Klagebeantwortung.

Rechtsgr. **1022.** — IV. Senat. 21. Mai 1850. (XXXIII. 239.)

Auch Ausländer begründen durch freiwillige Prorogation mittelst der auf erfolgte Vorladung eingereichten Klage-Beantwortung die Kompetenz der Preußischen Gerichte.

B. Unerheblichkeit eines bloßen Prorogationsgesuchs zur Begründung dieses Gerichtsstandes.

Rechtsgr. **1023.** — IV. Senat. 22. Oktober 1857. (XXVIII. 50.)

Nur die wirkliche Beantwortung der Klage, nicht schon die Einreichung eines Prorogationsgesuchs, begründet eine Prorogation des Gerichtsstandes.

C. Prorogation des Gerichtsstandes gegenüber dem vertragsmäßigen Recht auf Entscheidung durch ein Schiedsgericht. — Vergl. §§ **167.** ff. dieses Titels.

Rechtsgr. 1024. — IV. Senat. 26. April 1860. (XXXVII. 206.)

Der Grundsatz des § 160. I. 2. der Allgem. Gerichts-Ordnung, betreffend die freiwillige Prorogation des Gerichtsstandes bei unterlassener Rüge der Inkompetenz dieses Gerichts in der Klagebeantwortung, findet auf den Fall des vertragsmäßigen Rechts auf Entscheidung durch ein Schiedsgericht keine Anwendung.

Siehe auch Rechtsgrundsatz 1468. (Verordnung vom 14. Dezember 1833 § 5. No. 8.)

§§ **167.** ff. Entscheidung eines Rechtsstreites durch Schiedsrichter:

A. Klage auf Bestellung eines Schiedsrichters. — Vergl. A. L. R. Einl. § 89.

Rechtsgr. **1025.** — III. Senat. 14. Dezember 1857. (XXVII. 205.)

Wenn in den Gesetzen unter Ausschließung des Rechtsweges dem Betheiligten das Recht auf Anrufung einer schiedsrichterlichen Entscheidung beigelegt ist, so ist auch die Klage desselben auf Bestellung eines Schiedsrichters zulässig.

B. Rechtliche Natur des Vertrages mit den Schiedsrichtern (des Rezeptum); Klage auf Erfüllung gegen die Schiedsrichter. — Vergl. A. L. R. I. **11.** §§ 869. ff.; Dig. **4.** 8. Lex 3. 15., Lex 27. § 4.

Rechtsgr. **1026.** — IV. Senat. 26. November 1857. (XXVII. 158.)

a) Der Vertrag der kompromittirenden Parteien mit dem Schiedsrichter — das Rezeptum — ist ein Vertrag über Handlungen.

b) Ist daher eine Vergütung für die Handlungen des Schiedsrichters nicht versprochen worden, so findet gegen denselben eine Klage auf Erfüllung des Vertrages nicht statt: die Vorschrift des Römischen Rechts über die Erzwingbarkeit des Schiedsspruchs gegen den Schiedsrichter, welcher die Fällung desselben übernommen hat, ist in dem Preußischen Rechte nicht wiederholt.

C. Wesen des Schiedsrichterspruches. — Vergl. Dig. **4.** 8. Lex 1.

Rechtsgr. 1027. — IV. Senat. 24. September 1857. (XXVII. 59.)

Das Wesen eines Schiedsspruches besteht sowohl nach dem Römischen Rechte, als nach dem Allgem. Landrechte in der Entscheidung eines Rechtsstreites wie durch einen Richterspruch.

Siehe auch Rechtsgrundsätze 59. 135. 1024. 1408. 1636. 1637. (A. L. R. I. 4. § 100., 5. § 364.; § 160. dieses Titels; Berliner Kaufmannschafts-Statut vom 2. März 1820 § 36.; Gesetz No. 3391. vom 12. Mai 1851 § 8.)

§ 169. u. Anh. § 41. zu § 169. Personen, welche zu Schiedsrichtern bestellt werden können:

A. Bestellung eines Ausländers zum Schiedsrichter.

Rechtsgr. 1028. — IV. Senat. 26. Oktober 1858. (XXX. 339.)

Diejenige Partei, welche selbst einen Ausländer zum Schiedsrichter bestellt hat, kann sich auf § 41. des Anhangs zum § 169. I. 2. der Allgem. Gerichts-Ordnung nicht berufen.

Siehe auch Rechtsgrundsatz 1032. (§ 172. dieses Titels.)

B. Unzulässigkeit der Bestellung einer Behörde zum Schiedsrichter. — Siehe das Nachwort Band 38. Seite 22. ff. des Archivs für Rechtsfälle und die Rechtsgrundsätze 1277-1279. (Code Napoléon art. 1006.)

§ 171. Prozessualisches Verfahren vor Schiedsrichtern:

A. Ueberhaupt. — Vergl. Verordnungen vom 1. Juni 1833 und 21. Juli 1846.

Rechtsgr. 1029. — IV. Senat. 22. Mai 1860. (XXXVIII. 28.)

Auch für das prozessualische Verfahren vor Schiedsrichtern sind die Vorschriften der Gesetze vom 1. Juni 1833 und 21. Juli 1846 maaßgebend.

B. Vor kaufmännischen Schiedsrichtern, insbesondere wegen des Streites über ein kaufmännisches Kommissionsgeschäft. — Vergl. § 172. No. 2. dieses Titels.

Rechtsgr. 1030. — IV. Senat. 2. Februar 1861. (XXXIX. 347.)

Sind Kaufleute als Schiedsrichter bestellt, so können sie

bei ihrer Entscheidung auch auf kaufmännische Grundsätze, welche mit positiven Gesetzen nicht in Widerspruch stehen, namentlich auf kaufmännische Usanzen bei dem kaufmännischen Kommissions-Geschäfte, Rücksicht nehmen.

C. Kontumazialverfahren. — Vergl. § 172. No. 1. dieses Titels.

Rechtsgr. 1031. — IV. Senat. 2. Februar 1861. (XXXIX. 347.)

Auch Schiedsrichter dürfen aus dem Nichterscheinen des Verklagten und aus der verweigerten Erklärung auf die Klage Kontumazial-Präjudize herleiten.

§ 172. Nichtigkeit eines Schiedsrichterspruches:
— No. 1. Nichtigkeit wegen gar nicht Hörens der Parteien oder unterlassener Erörterung offenbar erheblicher Thatsachen:

A. Anfechtung des Schiedsrichterspruches wegen Theilnahme eines ausländischen Schiedsrichters an demselben. — Vergl. §§ 169. 172. No. 2. dieses Titels.

Rechtsgr. 1032. — IV. Senat. 26. Oktober 1858. (XXX. 339.)

Der Umstand, daß Einer der Schiedsrichter gegen § 41. des Anhangs zum § 169. I. 2. der Allg. Gerichts-Ordnung ein Ausländer ist, hat die Nichtigkeit des Schiedsspruchs nach § 172. I. 2. a. a. O. nicht zur Folge.*

B. Wirkung des Verfahrens nach den älteren Vorschriften der A. G. O. — Vergl. Verordnungen vom 1. Juni 1833 und 21. Juli 1846.

Rechtsgr. 1033. — IV. Senat. 22. Mai 1860. (XXXVIII. 28.)

Die Verhandlung des Prozesses nach dem alten Verfahren der Allgem. Gerichts-Ordnung statt nach dem neueren Verfahren in Gemäßheit der Verordnungen vom 1. Juni 1833 und 21. Juli 1846 hat eine Nichtigkeit des Schiedsrichterspruches nicht zu Folge.

— No. 2. Nichtigkeit wegen Verletzung eines den Fall ganz klar entscheidenden Landesgesetzes; Anfechtung des Schiedsrichterspruchs wegen Verletzung eines aus den Gesetzen abzuleitenden Rechtsgrundsatzes.

* Vergl. dagegen Allgem. Gerichts-Ordnung I. 16. § 2. No. 2.

Rechtsgr. 1034. — IV. Senat. 26. Oktober 1858. (XXX. 339.)

Die behauptete Verletzung eines aus dem Gesetz blos abzuleitenden Rechtsgrundsatzes unterliegt nicht der Anwendung des § 172. No. 2. a. a. O., nach welchem der Schiedsspruch nichtig ist, wenn gegen ein ganz klar entscheidendes Landesgesetz erkannt worden ist.

Siehe auch Rechtsgrundsatz 1030. (§ 171. dieses Titels.)

Titel 3. Von der Pflicht der Parteien, die Instruktion ihrer Prozesse persönlich abzuwarten, und inwiefern sie sich dabei rechtlicher Beistände oder Bevollmächtigter bedienen können.

§§ **28-30.** Siehe Rechtsgrundsatz **1591.** (Verordnung vom **21.** Juli 1846 § 16.)

§ **31.** Siehe Rechtsgrundsätze 1073. 1466. (A. G. O. I. **10.** § 314.; Verordnung vom 14. Dezember 1833 § 5. No. 1.)

§ **54.** Siehe Rechtsgrundsatz 1591. (Verordnung vom 21. Juli 1846 § 16.)

§ **62.** Legitimation des Geranten einer Sozietät zur Vertretung derselben in Prozessen nach Eröffnung des Konkurses über dessen eigenes Vermögen und erfolgter Entlassung desselben aus seiner Stellung als Geschäftsführer der Gesellschaft. — Vergl. A. L. R. I. **13.** §§ 92. ff.; Kokurs-Ordnung § 8. Alinea 1., §§ 310. ff.

Rechtsgr. 1035. — IV. Senat. 10. Juni 1858. (XXX. 74.)

Der zur Vertretung der Sozietät nach Außen hin von der Gesellschaft ernannte Gerant kann zur Vertretung derselben in Prozessen nicht mehr für legitimirt erachtet werden, nachdem er gleichzeitig mit der Eröffnung des Konkurses über sein eigenes Vermögen durch Beschluß des Verwaltungsrathes der Gesellschaft aus seiner Stellung als Geschäftsführer derselben entlassen worden ist.

Titel 4. Von der Anmeldung der Klage, und was dabei zu beobachten ist.

§§ **2. 14. 16.** Siehe Rechtsgrundsatz 258. (A. L. R. I. **9.** § 551.)

Titel 5. Von Aufnehmung und Instruktion der Klage selbst, und was dabei zu beobachten.

§ **4.** Information über die aufzunehmende Klage:

— **No. 6.** Legitimationspunkt. — Vergl. A. G. O. I. **6.** § 9.

A. Berichtigung des Legitimationspunktes, auch während des Laufes des Prozesses, von Amtswegen.

Rechtsgr. **1036.** — II. Senat. 17. Juli 1860. (XXXVIII. 188.)

Auf die Berichtigung des Legitimationspunktes hat der Prozeßrichter von Amtswegen Bedacht zu nehmen.

B. Berücksichtigung des Einwandes der mangelnden Aktiv- oder Passivlegitimation seitens des erkennenden Richters von Amtswegen. — Vergl. Deklaration vom 6. April 1839 Art. 3. No. 1.

Rechtsgr. **1037.** — I. Senat. 25. März 1859. (XXXIII. 103.)

Der Präjudizial-Einwand der mangelnden Aktiv- und Passivlegitimation kann von dem erkennenden Richter von Amtswegen aufgestellt und berücksichtigt werden.

C. Verpflichtung des erkennenden Richters zur Vorhaltung der bemerkten Legitimationsmängel und Bewilligung einer Frist zu deren Abstellung.

Rechtsgr. **1038.** — II. Senat. 17. Juli 1860. (XXXVIII. 188.)

Finden sich hinterher Mängel der Legitimation, so darf der Kläger nicht ohne Weiteres für nicht legitimirt erachtet werden, vielmehr hat der Richter diese Legitimationsmängel der Partei vorzuhalten und die zur Beschaffung der erforderlichen Ausweise nöthige Frist zu gewähren.

Siehe auch Rechtsgrundsätze **242.** 325. (A. L. R. I. **9.** § 482., **11.** § 395.)

— **No. 8.** Siehe Rechtsgrundsatz 785. (A. L. R. II. **16.** § 112.)

§§ **17. 20.** Wirkung der unrichtigen Bezeichnung des streitigen Rechtsverhältnisses und der unrichtigen Fassung des Antrages in der Klage.

Rechtsgr. **1039.** — III. Senat. 21. September 1860. (XXXVIII. 227.)

a) Hat der Kläger die der Klage zum Grunde liegenden Thatsachen vorgetragen, so darf die Klage nicht deshalb verworfen werden, weil die gewählte Bezeichnung des Rechtsverhältnisses eine irrige ist.

b) Die unrichtige Fassung des Antrages hindert den Richter nicht, die Entscheidung der unter den Parteien konstatirten Streitfrage zu treffen.

Siehe auch Rechtsgrundsätze 1085. 1086. (A. G. O. I. 13. § 43.)

§ **23**. Siehe Rechtsgrundsätze **1049. 1050. 1084. 1085.** (A. G. O. I. **10**. § 5a., **13**. § 43.)

§ **29**. Siehe Rechtsgrundsatz 1098. (A. G. O. I. **19**. § 16.)

Titel 6. Von der Verordnung auf die Klage.

§ **9**. Siehe Rechtsgrundsätze **1036-1038**. (A. G. O. I. **5**. § **4**. No. 6.)

§ **10**. Umleitung der Form des Prozeßverfahrens, insbesondere des Verfahrens für schleunige Bausachen, in das gewöhnliche Verfahren; Appellationsfrist. — Vergl. A. G. O. I. **42**. §§ 34. ff.; Prozeßverordnung vom **21**. Juli **1846** §§ **13**. **27**.

Rechtsgr. **1040**. — II. Senat. 4. Oktober 1859. (XXXV. 138.)

a) In derjenigen Form des Verfahrens, in welcher ein Prozeß eingeleitet worden, muß derselbe zu Ende gebracht werden. Nur der Richter der höheren Instanz kann, wenn er das eingeleitete Prozeßverfahren nicht angemessen erachtet, in seinem Urtheil dasselbe zurück und den Kläger zu einem andern Verfahren verweisen.

b) Daher greift, wenn der Prozeß erster Instanz nach dem Verfahren für schleunige Bausachen verhandelt worden ist, die dreitägige Frist zur Einlegung der Appellation auch dann Platz, wenn der Appellationsrichter den Prozeß in das gewöhnliche Verfahren eingeleitet hat.

Titel 7. Von der Abfassung und Insinuation gerichtlicher Verordnungen.

§§ **12-14**. **43**. **47a**. **48**. Natur dieser Vorschriften. — Vergl. Verordnung vom **14**. Dezember **1833** § **4**. No. **2**.

Rechtsgr. 1041. — IV. Senat. 12. Oktober 1858. (XXX. 315.)

Die §§ 12–14. 43. 47a. 48. I. 7. der Allgem. Gerichts-Ordnung sind prozessualischer Natur und als wesentliche Prozeßvorschriften nicht anzuerkennen.

§ 13. Siehe Rechtsgrundsätze 827. 1017. 1041. (A. L. R. II. 18. § 63.; A. G. O. I. 2. § 25., 7. § 12.)

§ 14. Siehe Rechtsgrundsatz 1041. (§ 12. dieses Titels.)

§§ 19. ff. Siehe Rechtsgrundsätze 1090. 1464. (A. G. O. I. 16. § 1.; Verordnung vom 14. Dezember 1833 § 4. No. 2.)

§ 20. Ort der Insinuation einer Vorladung an eine Handelsgesellschaft.

Rechtsgr. 1042. — IV. Senat. 19. Juli 1859. (XXXIV. 212.)

Zur Rechtsgültigkeit der Insinuation einer Vorladung an eine Handelsgesellschaft genügt deren in dem Innern des Geschäftslokals der Gesellschaft in Abwesenheit ihrer Vertreter und Geschäftsführer in hinreichend ersichtlicher Weise geschehene Anheftung.

§§ 37. ff. Bescheinigung der erfolgten Insinuation. — Vergl. A. G. O. I. 13. § 10. No. 6.

Rechtsgr. 1043. — III. Senat. 24. April 1857. (XXV. 80.)

Die Beifügung eines Behändigungsscheines und dessen Unterschrift hat nur zum Zweck, die erfolgte Behändigung außer Zweifel zu stellen; kann daher dieser Nachweiß auf andere Art geführt werden, so kommt es nicht wesentlich darauf an, ob gerade die in den §§ 37. ff. I. 7. der Allg. Gerichts-Ordnung enthaltenen Vorschriften genau befolgt sind; namentlich muß der amtseidlichen Anzeige des insinuirenden Boten volle Beweiskraft beigemessen werden.

§§ 43. 47a. Siehe Rechtsgrundsatz 1041. (§ 12. dieses Titels.)

§ 48. Wirkung einer Citation:

— Litt. b. Rechtshängigkeit;

A. Begriff der Rechtshängigkeit.

Rechtsgr. 1044. — III. Senat. 31. Januar 1859. (XXXII. 179.)

Ueber die Frage, ob Rechtshängigkeit vorhanden sei, entscheidet nicht die bloße Aehnlichkeit oder Gleichartigkeit des Klageantrages, sondern die Gleichheit und Idendität des Anspruches.

B. Rechtliche Natur des Einwandes der Rechtshängigkeit. — Vergl. A. G. O. I. 13. § 38.

Rechtsgr. **1045.** — III. Senat. 28. Juni 1858. (XXX. 147.)

Den Appellations-Richter, welcher wegen Litispendenz die Klage ohne weiteren Zusatz, nicht zur Zeit, abweist, trifft nicht der Vorwurf des Verkennens der rechtlichen Natur dieses Einwandes, sofern nur aus den Gründen dieses Erkenntnisses hervorgeht, daß die Abweisung wegen Litispendenz erfolgt ist.

— Litt. c. Litigiösität der in Anspruch genommenen Sache.

Rechtsgr. **1046.** — IV. Senat. 27. April 1858. (XXX. 15.)

Unter „Sache" im § 48c. I. 7. der Allgem. Gerichts-Ordnung, welche durch die gehörig erfolgte Vorladung litigiös wird, und auf welche die Wirkungen der Litigiösität Anwendung finden, sind auch Rechte zu verstehen.

Siehe auch Rechtsgrundsätze **926. 1041.** (Allg. Deutsche Wechsel-Ordnung Art. 79.; A. G. O. I. **7.** § **12.**)

§ **50.** Siehe Rechtsgrundsatz **268.** (A. L. R. I. **9.** § 603.)

Titel 8. Von Anberaumung und Verlegung der Termine, und von den rechtlichen Folgen des ungehorsamen Ausbleibens.

§§ **14-16.** Verurtheilung des Verklagten auf Grund der Einräumung der Klage:

A. Agnitions-Resolution im Schwängerungsprozesse.

Rechtsgr. **1047.** — I. Senat. 10. Oktober 1860. (XL. 27.)

Wird im Schwängerungsprozeß zwar die Vaterschaft anerkannt, über die aus derselben abgeleiteten Forderungen aber eine Erklärung nicht abgegeben, so ist eine Agnitions-Resolution nicht abzufassen.

B. Appellation gegen das auf den Grund eines Anerkenntnisses ergangene verurtheilende Erkenntniß.

Rechtsgr. 1048. — IV. Senat. 15. November 1860. (XXXIX. 211.)

Hat der Verklagte von den aus getrennten Rechtsgeschäften vom Kläger geltend gemachten, an sich verschiedenen, jedoch in Einem Anspruch zusammengefaßten Forderungen nur einige anerkannt, so findet gegen das über den Anspruch in seiner Totalität ergangene Erkenntniß, bei vorhandener appellabelen Summe, auch dann nicht die Nichtigkeitsbeschwerde, sondern die Appellation statt, wenn die Beschwerde lediglich gegen die Verurtheilung zur Zahlung der anerkannten Forderungen gerichtet ist.

Titel 10. Von der Instruktion der Sache zum Definitiv-Erkenntnisse.

§ 5a. Anbringung neuer Thatsachen im Verlaufe des Prozesses. — Vergl. A. G. O. I. 5. § 23.

A. Natur der Vorschrift wegen Unzulässigkeit der Veränderung des Klagefundaments. — Vergl. Verordnung vom 14. Dezember 1833 § 4. No. 2.; Deklaration vom 6. April 1839 Art. 3. No. 1.

Rechtsgr. 1049. — III. Senat. 14. Januar 1859. (XXXIII. 24.)

Der § 5a. I. 10. der Allgem. Gerichts-Ordnung, betreffend die Unzulässigkeit der Veränderung des Klagefundaments im nämlichen Prozesse, enthält eine Prozeßvorschrift, welche nicht zu den wesentlichen im Sinne des § 5. der Verordnung vom 14. Dezember 1833 und des Art. 3. der Deklaration vom 6. April 1839 gehört.*

B. Zulässigkeit neuer, wenngleich erst während des Verlaufes des Prozesses in erster Instanz stattgefundener Thatsachen zum Beweise des Klagefundaments im Ehescheidungsprozesse. — Vergl. A. G. O. I. 40. § 49. am Schluß; Verordnung vom 28. Juni 1844 § 39.

* Vergl. Bd. 1. (2. Ausgabe) S. 304. No. 924. und dagegen Bd. 2. S. 310. No. 852. dieser Rechtsgrundsätze.

Rechtgr. **1050.** — I. Senat. 16. Dezember 1857. (XXVIII. 145.)

Zum Beweise des Ehescheidungsgrundes können neue Thatsachen bis zum Schlusse der ersten Instanz vorgebracht werden, ohne Unterschied, ob dieselben schon vor Anstellung der Klage oder erst im Verlaufe des Prozesses stattgefunden haben.*

Siehe auch Rechtsgrundsätze 990. 1084. 1085. (Strafgesetzbuch § 152.; A. G. O. I. **13.** § 43.)

§ **19.**, Anhang §§ **68-73.** zu § **19.** Siehe Rechtsgrundsatz 105. (A. L. R. I. **5.** § 172.)

— Anhang § **75.** zu § **19.** Siehe Rechtsgrundsatz 1448. (Verordnung vom 1. Juni 1833 § 36.)

§ **27 c.** Siehe Rechtsgrundsätze 1053. 1473. (§ 82. dieses Titels; Gesetz vom 14. Dezember 1833 § 5. No. 10 c.)

§§ **53. 54.** Anwendung ausländischer Gesetze:

A. Beweis und Beweislast in Betreff ausländischer Gesetze. — Vergl. A. G. O. I. Einl. § 16.

Rechtsgr. **1051.** — Senat für Strafsachen, Abth. I. 25. Juni 1858. (XXX. 138.)

Der Grundsatz des § 53. I. 10. der Allgem. Gerichts-Ordnung findet auch auf Injurienprozesse Anwendung, und ist der Beweis nicht von Amtswegen vom Richter zu erheben, sondern von den Parteien zu führen.

B. Auslegung der Gutachten ausländischer Rechtsgelehrten über die Strafbarkeit einer Handlung nach den ausländischen Gesetzen. — Vergl. Verordnung vom 14. Dezember 1833 § 4. No. 1.

Rechtsgr. **1052.** — Senat für Strafsachen, Abth. I. 30. März 1860. (XXXVII. 150.)

Die Auslegung des Gutachtens ausländischer Rechtsgelehrten, daß dem Beklagten nach dem zur Anwendung kommenden ausländischen Rechte keine strafbare Ehrverletzung zur Last falle, enthält eine thatsächliche Feststellung.

Siehe auch Rechtsgrundsätze 20. 1462. (A. L. R. Einleitung § 49.; Verordnung vom 14. Dezember 1833 § 4. No. 1.)

§ **82.** Rechtliche Natur eines Zugeständnisses; Beweiskraft eines be-

* Vergl. Bd. 1. S. 305. No. 926. dieser Rechtsgrundsätze.

bingten oder beschränkten (qualifizirten) Zugeständnisses. — Vergl. § 27c. dieses Titels.

Rechtsgr. 1053. — IV. Senat. 14. Juli 1859. (XXXIV. 189.)

a) Das Zugeständniß einer Partei ist zu den Beweismitteln zu zählen.

b) Es läßt sich eine für alle Fälle durchgreifende Regel, daß dem qualifizirten Zugeständnisse nur soweit, als die beigefügte Beschränkung reicht, Beweiskraft beizumessen, darüber hinaus aber unbedingt abzusprechen sei, nicht aufstellen.*

Siehe auch Rechtsgrundsätze 1423. 1473. (Gesetze vom 21. April 1825 Nr. 939. § 15. und vom 14. Dezember 1833 § 5. No. 10c.)

§ 85. Civilrechtliche Wirkung des von einem mündigen Minorennen vor dem Strafrichter abgelegten Geständnisses. — Vergl. §§ 262. 263. dieses Titels.

Rechtsgr. 1054. — III. Senat. 4., 30. November und 9. Dezember 1859. (XXXV. 324.)

Ein vor dem Strafrichter von dem bereits mündigen Angeschuldigten abgegebenes Geständniß ist trotz der Minorennität des Gestehenden auch civilrechtlich wirksam.

§ 88b. Siehe Rechtsgrundsätze 168. 1423. (A. L. R. I. 7. § 58.; Gesetz No. 939. vom 21. April 1825 § 15.)

§ 91. Antrag gegen die Königlichen Regierungen auf Edition von Urkunden.

Rechtsgr. 1055. — I. Senat. 22. Februar 1858. (XXIX. 149.)

Die Königlichen Regierungen können zur Edition von Verwaltungs-Instruktionen nicht angehalten werden.

§ 113. Siehe Rechtsgrundsätze 162. 320. 516. (A. L. R. I. 7. § 15., 11. § 393., 20. § 281.)

§ 117. Siehe Rechtsgrundsätze 961. 964. (Allgem. Deutsche Wechsel-Ordnung Art. 88.)

§ 123. Siehe Rechtsgrundsatz 1340. (Oels'sche Landesordnung von 1617 Thl. 2. Art. 1.)

* Siehe Bd. 2. S. 312. No. 859. und dagegen daselbst No. 860. dieser Rechtsgrundsätze, sowie die Anmerkung Bd. 34. S. 189. des Archivs für Rechtsfälle.

§ **126**. Einwand des Betruges und des wesentlichen Irrthums gegen gerichtliche Urkunden.

Rechtsgr. **1056**. — III. Senat. 24. Oktober 1860. (XL. 37.)

Der Einwand des Betruges und des wesentlichen Irrthums ist auch gegen gerichtliche Urkunden zulässig.

§ **128**. Siehe Rechtsgrundsatz 670. (A. L. R. II. **2**. § 596.)

§ **135**. Siehe Rechtsgrundsatz 893. (Allgem. Deutsche Wechsel-Ordnung Art. 29.)

§ **136**. Siehe Rechtsgrundsatz 869. (Allg. Deutsche Wechsel-Ordnung Art. 4. No. 5.)

§§ **138-140**. **158 a**. Rekognition einer Privat-Cession seitens des Schuldners. — Vergl. A. L. R. I. **11**. §§ 395. 402. 414.

Rechtsgr. **1057**. — III. Senat. 4. Februar 1861. (XL. 229.)

Der Schuldner der cedirten Forderung ist nicht verpflichtet, eine von seinem Gläubiger ausgestellte Privatcession entweder zu rekognosciren, oder den Diffessionseid nach den §§ 138. ff. I. 10. der Allgem. Gerichts-Ordnung zu leisten; er kann vielmehr verlangen, daß die Cession entweder in beglaubigter Form vorgelegt, oder deren Aechtheit auf andere Art nachgewiesen werde.

§ **145**. Natur der Vorschrift in Betreff des Beweises gegen die angebotene Diffession. — Vergl. Verordnung vom **14**. Dezember 1833 § **4**. No. **2**.)

Rechtsgr. **1058**. — IV. Senat. 31. Januar 1860. (XXXVI. 199.)

Der § 145. I. 10. der Allgem. Gerichts-Ordnung enthält nur eine nicht wesentliche Prozeßvorschrift im Sinne der Verordnung über die Nichtigkeitsbeschwerde.

§ **158 a**. Siehe Rechtsgrundsatz 1058. (§ 138. dieses Titels.)

§ **168**. Siehe Rechtsgrundsatz 710. (A. L. R. II. **8**. § 597.)

§ **203**. No. **2**. und **4**., Anhang § **84**. zu § **203**. No. **4**. Beweiskraft amtseidlicher Gutachten. — Vergl. Verordnung vom **14**. Dezember 1833 § 5. No. 10c.

Rechtsgr. **1059**. — IV. Senat. 15. November 1859. (XXXVII. 33.)

Einem unzulässiger Weise auf den Amtseid genommenen Gutachten mangelt die Beweiskraft nicht völlig.

§ **227.** No. **6. 7.** Siehe Rechtsgrundsätze 632.. 1080. (A. L. R. II. 1. § 704.; A. G. O. I. **13.** § 25.)

§§ **252. 253.** Deferirte Eide:

A. Eideszuschiebung über den Abschluß eines Rechtsgeschäftes.

Rechtsgr. **1060.** — III. Senat. 13. Januar 1860. (XXXVI. 144.)

Der Abschluß eines Rechtsgeschäftes, namentlich eines Kaufvertrages, ist eine Thatsache, über welche, wie über jede andere Thatsache, die Eidesdelation gestattet ist.

B. Wirkung der zur Ungebühr erfolgten Abnahme eines nur eventuell deferirten Eides. — Vergl. A. G. O. I. **10.** §§ 297. 305., **13.** § 10. No. 8.

Rechtsgr. **1061.** — III. Senat. 10. September 1858. (XXIX. 331.)

Die in erster Instanz zur Ungebühr erfolgte Abnahme eines eventualiter zugeschobenen Eides beseitigt nicht für die zweite Instanz das Beneficium novorum hinsichtlich des prinzipaliter angetretenen Beweises.

C. Wirkung der Nichtberücksichtigung eines eventuell deferirten Eides. — Vergl. § 297. dieses Titels.; Extra Dec. Grat. Lib. 2. Tit. 19. cap. 2.; Verordnung vom 14. Dezember 1833 § 5. No. 2.

Rechtsgr. **1062.** — III. Senat. 19. November 1858. (XXX. 361.)

Hat der erkennende Richter einen eventuell deferirten und acceptirten Eid aus dem Grunde nicht berücksichtigt, weil der Deferent auf die Eidesdelation nach erfolgter Aufnahme der prinzipalen Beweismittel nicht zurückgekommen ist, so ist dieser Verstoß durch § 5. No. 2. der Verordnung vom 14. Dezember 1833 nicht anzugreifen.

§§ **263. 264.** Siehe Rechtsgrundsatz 1054. (§ 85. dieses Titels.)

§ **269.** Siehe Rechtsgrundsatz 699. (A. L. R. II. **8.** § 497.)

§§ **276. 277.** Siehe Rechtsgrundsatz 1077. (§ 377. dieses Titels.)

§ **279.** Siehe Rechtsgrundsatz 1096. (A. G. O. I. **17.** § 19.)

§ **293.** Verhältniß des Cedenten zu dem ihn adzitirenden Schuldner.

Rechtsgr. **1063.** — IV. Senat. 22. März 1860. (XXXVI. 348.)

Zwischen dem cedirenden Gläubiger und dem ihn adzititenden debitor cessus besteht im Sinne des § 293. I. 10. der Allgem. Gerichts-Ordnung kein Litiskonsortium.

§§ **295-297.** Annahme angetragener und zurückgeschobener Eide. — Vergl. Verordnungen vom 1. Juni 1833 §§ 44. 45. 49. und vom 21. Juli 1846 §§ 9. 20. 22.

A. Folgen der Nichterklärung über die Annahme oder Zurückschiebung des über die Vollziehung des Beischlafs in Schwängerungssachen zugeschobenen Eides. — Vergl. Gesetz vom 24. April 1854 §§ 16. 17.

Rechtsgr. **1064**. — I. Senat. 22. November 1859. (XXXVI. 27.)

In Schwängerungssachen ist die allgemeine Kontumazialfolge des § 297. I. 10. der Allgem. Gerichts-Ordnung für den Fall der Nichterklärung über die Annahme oder Zurückschiebung des über die Vollziehung des Beischlafs zugeschobenen Eides ausgeschlossen.

B. Frist zur Erklärung über die Annahme eines in der Appellations-Rechtfertigung referirten Eides.

Rechtsgr. **1065**. — I. Senat. 7. Dezember 1857. (XXVI. 347.)

Die erst im Audienztermin zweiter Instanz abgegebene Erklärung über die Acceptation eines bereits in der Appellations-Rechtfertigung referirten Eides ist nicht verspätet und sogar dann überflüssig, wenn der Deferent sofort bei der Delation sich für den Fall der Zurückschiebung dieses Eides zu dessen Ableistung bereit erklärt hat.

C. Vorbehaltene Erklärung über die Annahme eines deferirten Eides.

Rechtsgr. **1066**. — IV. Senat. 7. Juli 1859. (XXXIV. 148.)

Hat die Partei, welcher im Audienztermine ein Eid deferirt worden, die Erklärung über dessen Annahme sich zwar vorbehalten, hiernächst aber nicht abgegeben, so ist anzunehmen, daß sie den Eid nicht schwören könne oder wolle, ohne daß es einer vorherigen richterlichen Aufforderung zur Abgebung dieser Erklärung bedarf.

D. Nichtigkeitsbeschwerde wegen Nichtberücksichtigung der erst im Verhandlungstermin zweiter Instanz erklärten Annahme eines in der

Appellations-Rechtfertigungsschrift deferirten Eides. — Vergl. Verordnung vom 14. Dezember 1833 § 5. No. 2.

Rechtsgr. 1067. — IV. Senat. 8. Mai 1860. (XXXVII. 221.)

Dem Richter, welcher die erst in dem Verhandlungs-Termine zweiter Instanz erklärte Annahme des dem Appellaten in der Appellations-Rechtfertigungsschrift deferirten Eides als nach Ablauf der Appellations-Beantwortungsfrist abgegeben für verspätet erklärt, fällt ein prozessualischer Verstoß nach § 5. No. 2. der Verordnung vom 14. Dezember 1833 nicht zur Last.

Siehe auch Rechtsgrundsätze 1061. 1062. (§ 252. dieses Titels.)

§ **298**. Benennung neuer Zeugen in zweiter Instanz nach in erster Instanz erfolgter eventueller Eidesdelation. — Vergl. Verordnung vom 14. Dezember 1833 § 5. No. 2.

Rechtsgr. 1068. — I. Senat. 28. Oktober 1859. (XXXIV. 343.)

Der Umstand, daß eine Partei zum Beweise ihrer Behauptung sich in erster Instanz zunächst auf bestimmte Zeugen berufen, und sodann, nach deren Vernehmung, am Schluß der ersten Instanz sich der eventuellen Eidesdelation an die Gegenpartei bedient hat, steht der Berechtigung der ersteren, in zweiter Instanz über die streitige Thatsache noch neue Zeugen zu benennen, nicht entgegen.

§ **305**. Siehe Rechtsgrundsatz 1061. (§ 252. dieses Titels.)

§§ **309. 315. 316**. Purifikations-Resolution auf Ableistung eines Parteien-Eides in einer anderen als der vorgeschriebenen Form; Natur dieser Vorschriften. — Vergl. A. G. O. I. Einleitung §§ 65. 66., 16. § 1.; Verordnung vom 14. Dezember 1833 § 4. No. 1. 2.; Deklaration vom 6. April 1839 Art. 3.

Rechtsgr. 1069. — IV. Senat. 22. April 1858. (XXIX. 271.)

a) Ist der einer Partei rechtskräftig zuerkannte Eid von derselben zwar in einer anderen Form, jedoch über denselben Gegenstand richtig und vollständig abgeleistet worden, so verstößt die demgemäß abgefaßte Purifikations-Resolution nicht gegen die Rechtsgrundsätze von der rechtskräftigen Entscheidung.

b) Die Vorschriften der §§ 309. 315. 316. I. 10. der Allgem. Gerichts-Ordnung über die Form der Parteien-Eide gehören nicht zu den wesentlichen Prozeßvorschriften, deren Verletzung die Nichtigkeit nach sich zieht.

§ **310.** Rechtsgrundsätze in den Vorschriften über Eidesleistungen; Abänderung der rechtskräftig feststehenden Norm eines Erfüllungseides; Nichtigkeit einer Purifikatoria. — Vergl. A. L. R. Einleit. § **91.**; A. G. O. I. Einl. §§ **65. 66.**, **16.** § **1.**, **22.** § **45.**; Verordnung vom **14.** Dezember **1833** § **4.** No. **1.**

Rechtsgr. **1070.** — I. Senat. 11. Februar 1859. (XXXII. 237.)

a) Der auch bei nothwendigen Eiden anwendbare § 310. I. 10. der Allgem. Gerichts-Ordnung, betreffend die Zulässigkeit der Beschwörung eines geringeren Betrages statt des in der Eidesnorm ausgedrückten größeren Betrages, erscheint nur als eine Anwendung des allgemeinen Grundsatzes des § 91. der Einleitung zum Allgem. Landrecht und enthält daher einen Rechtsgrundsatz.

b) Gegen diese Rechtsgrundsätze, sowie gegen den Rechtsgrundsatz von der rechtskräftigen Entscheidung verstößt der Purifikations-Richter, welcher das Erbieten der zu einem Erfüllungseide verstatteten Partei zur Beschwörung eines geringeren, als des in der Eidesnorm ausgedrückten, Betrages der Forderung für unstatthaft, daher diese Partei für nicht schwören wollend erachtet und demgemäß das rechtskräftige Urtheil purifizirt; die Purifikatoria unterliegt deshalb der Vernichtung.

§ **311 b.** Purifizirung eines Erkenntnisses nach dem Nichtschwörungsfalle des ganzen Eides, nachdem die mit dem Eide belegte Partei das eine in der Eidesnorm enthaltene Moment zugestanden, und sich zur eidlichen Ablehnung des andern bereit erklärt hat. — Vergl. A. G. O. Einl. §§ **65. 66.**, **22.** § **45.**

Rechtsgr. **1071.** — IV. Senat. 9. September 1858. (XXX. 209.)

Der Richter, welcher ein hypothetisches Erkenntniß nach dem Nichtschwörungsfalle des ganzen über mehrere Thatsachen sich verhaltenden Eides purifizirt, obwohl dasselbe nicht ausdrücklich ausspricht, daß die Folgen des erkannten Eides nur an die Leistung desselben in seiner Totalität geknüpft sein sollen, und obwohl die mit dem Eide betraute Partei die eine jener Thatsachen nach beschrittener Rechtskraft des Erkenntnisses zugestanden, und sich zur eidlichen Ablehnung der andern bereit erklärt hatte, verletzt den Grundsatz von der rechtskräftig entschiedenen Sache.

§ **314**. Verfahren bei Ableistung des Eides. — Vergl. A. L. R. I. 13. § 100.; Verordnung vom 14. Dezember 1833 § 5. No. 1. 2.; Deklaration vom 6. April 1839 Art 3. No. 1.

A. Begründung der Nichtigkeitsbeschwerde wegen Nichtvorladung der Partei behufs Eidesleistung zum Schwörungstermin.

Rechtsgr. **1072**. — IV. Senat. 28. Juni 1859. (XXXIII. 326.)

Die Nichtigkeitsbeschwerde wegen Verletzung einer wesentlichen Prozeßvorschrift hinsichtlich der Vorladung des Mandatars der Partei statt dieser selbst behufs Ableistung eines Eides zum Schwörungstermin ist nicht begründet, wenn nicht zugleich gegen die Feststellung des Appellations-Richters, daß die Partei selbst vorgeladen worden, ein Angriff erhoben ist.*

B. Vorladung der Partei zum Schwörungstermin im Wechselprozesse. — Vergl. A. G. O. I. 3. § 31.

Rechtsgr. **1073**. — IV. Senat. 14. April 1859. (XXXIII. 162.)

a) Auch im Wechselprozeß ist, soweit nicht die §§ 21. bis 24. I. 27. der Allgem. Gerichts-Ordnung über den Wechsel-Diffessionseid Platz greifen, die Partei direkt zum Schwörungstermin vorzuladen.

b) Dadurch, daß der zum Schwörungstermin allein vorgeladene Anwalt in demselben erscheint und die Mängel der Ladung nicht rügt, werden diese nicht gedeckt.

Siehe auch Rechtsgrundsatz 1466. (Verordnung vom 14. Dezember 1833. § 5. No. 1.)

* Vergl. dagegen die Anmerkung Bd. 33. S. 326. des Archivs für Rechtsfälle.

§ 376. Erbieten des Acceptanten zur Diffession der Wechsel-Unterschrift in dem Hauptprozeß nach in Kontumaziam erfolgter Feststellung derselben im Vorprozesse auf Sicherheitsbestellung. — Vergl. Allgem. Deutsche Wechsel-Ordnung Art. 29.; A. G. O. I. 10. § 135.

Rechtsgr. 1074. — IV. Senat. 17. April 1858. (XXXII. 29.)

Dem angeblichen Wechsel-Acceptanten, dessen Unterschrift in dem Verfahren auf Sicherheitsbestellung vor Verfall aus dem Grunde für ächt angenommen worden, weil er in dem zur Diffession anberaumten Termin ausgeblieben, und welcher deshalb zur Sicherstellung verurtheilt worden ist, steht dieses Urtheil dennoch nicht entgegen, wenn er, auf Zahlung wechselmäßig belangt, zur eidlichen Diffession des Accepts sich erbietet.

Siehe auch Rechtsgrundsatz 893. (Allg. Deutsche Wechsel-Ordnung Art. 29.)

§ 377. Wirkung des abgeleisteten Eides. — Vergl. A. G. O. I. 16. § 1.

A. Nachträgliche Entscheidung über die Folgen theilweiser Leistung des mehreren Streitgenossen auferlegten Eides.

Rechtsgr. 1075. — I. Senat. 10. Juli 1857. (XXVI. 103.)

Ist der, mehreren Streitgenossen in dem rechtskräftigen Erkenntnisse auferlegte, Eid von einigen derselben geleistet, von anderen aber verweigert, über diesen Fall aber und dessen Folgen in dem hypothetischen Erkenntnisse Nichts bestimmt worden, so kann dasselbe zwar nicht purifizirt werden, vielmehr ist über diese Folgen der theilweisen Leistung und Nichtleistung des Eides mit den Parteien vorerst noch weiter zu verhandeln; demnächst aber sind diese Folgen durch Erkenntniß, vorbehaltlich der Rechtsmittel, sofort auszusprechen.

B. Purifikation des, einen Schreibfehler in der Eidesnorm enthaltenden Urtheils auf erfolgte Ableistung des normirten Eides. — Vergl. A. G. O. I. Einl. §§ 65. 66.

Rechtsgr. 1076. — IV. Senat. 3. September 1857. (XXVI. 145.)

Ist nicht der in Wahrheit erkannte Eid abgeleistet, so ist

das Urtheil nicht zu purifiziren, mag sich immerhin in dem Tenor des Urtheils ein Schreibfehler finden, und diesem gemäß die Eidesleistung erfolgt sein.

C. Rechtsmittel gegen eine Purifikations-Resolution; Grenzen der Statthaftigkeit der letzteren. — Vergl. §§ 276. 277. dieses Titels; Verordnung vom 14. Dezember 1833 § 7.

Rechtsgr. 1077. — III. Senat. 12. Dezember 1860. (XL. 98.)

a) Hat der Richter seine Entscheidung sowohl im Tenor als auch in den Gründen deutlich als eine Purifikations-Resolution bezeichnet, so ist dagegen auch dann die Nichtigkeitsbeschwerde zulässig, wenn der Richter sich auf Prüfungen und Erörterungen eingelassen hat, welche die Grenzen der Purifikations-Resolution überschreiten.

b) Hat das purifizirte Urtheil auf einen Eid für die sämmtlichen Kläger erkannt, so ist dasselbe nicht zu purifiziren, wenn Einer derselben die Ableistung des Eides verweigert und nur eine eidesstattliche Erklärung abgiebt.

Titel 13. Von Abfassung und Publikation der Erkenntnisse.

§ 1. Siehe Rechtsgrundsatz 828. (A. L. R. II. 18. § 200.)

§§ 8. ff. Siehe Rechtsgrundsatz 1085. (§ 43. dieses Titels.)

§§ 9. ff. Siehe Rechtsgrundsatz 1664. (Gesetz vom 24. April 1854 § 16.)

§ 10. Völlig erwiesene Thatsachen:

— No. 3. 4. Natur der Vorschrift über die Wirkung des Beweises durch Zeugen. — Vergl. Verordnung vom 14. Dezember 1833 § 5. No. 10c.; Deklaration vom 6. April 1839 Art. 3. No. 5.

Rechtsgr. 1078. — II. Senat. 27. September 1860. (XXXVIII. 250.)

Der Satz: Nur durch die übereinstimmenden Aussagen zweier Zeugen wird juristische Wahrheit begründet, — ist kein Rechtsgrundsatz, sondern eine im Sinne des Nichtigkeitsgesetzes nicht wesentliche Prozeßvorschrift.

— No. 4. Zeugenbeweis bei Gegenständen nicht über 50 Rthlr. an Werth.

Rechtsgr. 1079. — III. Senat. 8. Dezember 1858. (XXXII. 72.)

Die Aussage nur Eines Zeugen über einen Gegenstand von 50 Rthlrn. oder weniger giebt auch in Prozessen über mehr als 50 Rthlr. einen vollen Beweis.

— No. 6. Siehe Rechtsgrundsatz 1043. (A. G. O. I. 7. § 37.)
— No. 8. Siehe Rechtsgrundsatz 1061. (A. G. O. I. 10. § 252.)
§ 11. Siehe Rechtsgrundsatz 828. (A. L. R. II. 18. § 200.)
§ 25. Unfähigkeit zur Verstattung zu einem Erfüllungs- oder Reinigungseide. — Vergl. Strafgesetzbuch §§ 11. 12. No. 4.; A. G. O. I. 10. § 227. No. 6. 7.

A. wegen Verlustes der bürgerlichen Ehrenrechte.

Rechtsgr. 1080. — I. Senat. 19. Oktober 1860. (XXXVIII. 319.)

Auch der Verlust der bürgerlichen Ehrenrechte hat die Unfähigkeit, zu einem Erfüllungs- oder Reinigungseide verstattet zu werden, zur Folge.

B. Wirkung der Verstattung der zu einer Zuchthausstrafe verurtheilten Prozeßpartei zu einem nothwendigen Eide. — Vergl. Verordnung vom 14. Dezember 1833 § 5. No. 10 c.

Rechtsgr. 1081. — IV. Senat. 16. Juni 1859. (XXXIV. 80.)

Die Verstattung der zu einer Zuchthausstrafe verurtheilten Prozeßpartei zu einem nothwendigen Eide ist mit der Nichtigkeitsbeschwerde nicht anzufechten.

§ 27. Siehe Rechtsgrundsatz 1539. (Armenpflegegesetz vom 31. Dezember 1842 § 9.)
§ 28. Verletzung des Rechtsgrundsatzes, daß keine Thatsachen und Veränderungen vermuthet werden.

Rechtsgr. 1082. — III. Senat. 22. Januar 1860. (XXXVII. 35.)

Eine Verletzung des Rechtsgrundsatzes: „daß keine Thatsachen und keine Veränderungen vermuthet werden", liegt nur dann vor, wenn dieser Rechtssatz selbst verkannt, also entweder etwas demselben geradehin Zuwiderlaufendes behauptet, oder doch, obwohl nach Lage der Akten und den von dem Richter selbst angenommenen thatsächlichen Voraussetzungen die Erfordernisse zur Anwendung des Rechtssatzes vorlagen, dennoch eine Thatsache oder Veränderung als eingetreten vermuthet worden ist.

Siehe auch Rechtsgrundsätze 149. 203. 247. 651. 891. 1085. 1103. 1539. (A. L. R. I. **6**. § 12., **7**. § 175. 184., **9**. § 512., II. **2**. § 210.; Allg. Deutsche Wechsel-Ordnung Art. 24.; A. G. O. I. **13**. § 43., **24**. § 3.; Armenpflegegesetz vom 31. Dezember 1833 § 9.)

Anhang § **106**. zu § **28**. Siehe Rechtsgrundsätze 651. 891. (A. L. R. II. **2**. § 210.; Allg. Deutsche Wechsel-Ordnung Art. 24.)

§ **38**. Ausschließung der Rechtskraft der Entscheidungsgründe.

Rechtsgr. **1083**. — IV. Senat. 18. Januar 1859. (XXXII. 140.)

Bloße Entscheidungsgründe, wenngleich sie zur Erläuterung des Urtheils-Tenors dienen, können doch niemals in dem Sinne die Kraft eines Urtheils haben, daß den darin ausgesprochenen Ansichten Rechtskraft beigelegt werden müßte.

Siehe Rechtsgrundsätze 1004. 1045. 1130. (A. G. O. I. Einl. § 65., **7**. § 48b., **40**. § 51.)

§ **40**. Siehe Rechtsgrundsätze 1088. 1098. (A. G. O. I. **14**. § 63., **19**. § 16.)

§ **43**. Abweisung angebrachtermaaßen. — Vergl. A. G. O. I. **5**. §§ 17. 23., **10**. § 5a., **14**. § 11.

A. Unzulässigkeit der Abweisung angebrachtermaaßen bei nicht bewiesenem Klagefundamente.

Rechtsgr. **1084**. — IV. Senat. 4. Februar 1858. (XXIX. 70.)

Ist das Klagefundament des erhobenen Anspruchs für nicht bewiesen zu erachten, so ist letzterer nicht angebrachtermaaßen, sondern völlig abzuweisen.

B. Unstatthaftigkeit der Abweisung der auf einem bestimmten Fundamente gegründeten unsubstanziirten Klage blos angebrachtermaaßen. — Vergl. A. G. O. I. **5**. § 4., **13**. §§ 8. ff. 28.

Rechtsgr. **1085**. — II. Senat. 17. Juli 1860. (XXXVIII. 188.)

Es ist gesetzlich nicht gestattet, einem Kläger, der seine,

auf einem bestimmten Fundamente gegründete Klage nicht gehörig substanziirt hat, die anderweite Möglichkeit dazu ohne besonderen Grund durch eine bloße Abweisung „angebrachtermaaßen“ offen zu halten.

C. Wirkung der Abweisung angebrachtermaaßen. — Vergl. A. G. O. I. 5. § 4.

Rechtsgr. 1086. — IV. Senat. 4. Februar 1858. (XXIX. 70.)

a) Eine Abweisung „angebrachtermaaßen“ kann nur in Verbindung mit deren Gründen aufgefaßt werden.

b) Hat der Appellations-Richter das die Klage in angebrachter Art abweisende Erkenntniß erster Instanz auf die Appellation des Klägers aus dem Grunde bestätigt, weil die völlige Abweisung desselben gerechtfertigt erschien, so ist der in dem neuen Prozesse vom Verklagten erhobene Einwand der rechtskräftigen Entscheidung nur nach dem im Vorprozesse ergangenen Erkenntnisse erster Instanz, nicht nach den Gründen des Erkenntnisses zweiter Instanz zu beurtheilen.

c) Die Abweisung „angebrachtermaaßen“ aus dem Grunde, weil das Klagefundament nicht hinreichend präzisirt und motivirt worden sei, steht der Geltendmachung desselben Klagefundamentes unter Nachholung jenes Mangels in dem neuen Prozesse nicht entgegen.

Titel 14. Von Appellationen, und wie mit der Instruktion derselben zu verfahren.

§ 1. Siehe Rechtsgrundsätze 961. 964. (Allg. Deutsche Wechsel-Ordnung Art. 88.)

§ 3. No. 2. Siehe Rechtsgrundsatz 1102. (A. G. O. I. 23. § 28.)

§§ 11. Wirkung der Ausschließung der gemeinschaftlichen Rechtswohlthat der Appellation auf die eventuelle Rechtskraft des Erkenntnisses wegen der Nebenpunkte.

Rechtsgr. 1087. — I. Senat. 18. Juni 1860. (XXXVII. 292.)

Wird in erster Instanz dem verklagten angeblichen

Schwängerer der Eid auferlegt, und für den Nichtleistungsfall die Höhe des Alimentensatzes festgesetzt, so steht dieser Satz gegen den nicht appellirenden Verklagten auch dann rechtskräftig fest, wenn auf die Appellation der Klägerin in dem zweiten Urtheil auf einen Eid für die Klägerin erkannt wird.

Siehe auch Rechtsgrundsätze 1084. 1085. (A. G. O. I. 13. § 43.)

§ **49**. Siehe Rechtsgrundsatz 1109. (A. G. O. I. **27**. § 31.)

§ **60**. Siehe Rechtsgrundsatz 1391. (Kultur-Edikt vom **14**. September 1811 § 38.)

§ **63**. Anweisung zur Abfassung des Erkenntnisses, insbesondere bei mangelnder eventueller Entscheidung erster Instanz über die Höhe der bestrittenen Forderung. — Vergl. A. G. O. **I. 13**. § **40**.; Verordnung vom **14**. Dezember 1833 § **4**. No. **2**.; Deklaration vom 6. April 1839.

Rechtsgr. **1088**. — IV. Senat. 19. Oktober 1858. (XXXI. 68.)

Die Bestimmung rücksichtlich der Zurückweisung der Entscheidung über die bestrittene Höhe der Forderung in die erste Instanz enthält keine wesentliche Prozeßvorschrift im Sinne der Gesetze über die Nichtigkeitsbeschwerde.

Anhang § **125**. zu § **77**. Siehe Rechtsgrundsatz **1109**. (A. G. O. I. **27**. § 31.)

Titel 15. Von Revisionen, und wie dabei zu verfahren.

§ **2**. Siehe Rechtsgrundsatz **1568**. (Verordnung No. **2370**. vom **21**. Juli **1843** § **1**.)

§§ **10**. **11**. Berücksichtigung neuer Thatsachen in der Revisions-Instanz in Ehescheidungssachen. — Vergl. Gesetz vom **20**. März **1854** § **3**.

Rechtsgr. **1089**. — I. Senat. 14. November 1859. (XXXVI. 8.)

Der Grundsatz: „daß in Ehescheidungssachen Thatsachen, welche auf die Beurtheilung der Verschuldung der Parteien an sich von Einfluß sind, berücksichtigt werden müssen, selbst wenn sie erst in der Revisions-Instanz vorgebracht worden,

— findet nur Anwendung, wo die Sache zum ersten Male in die Revisions-Instanz gelangt.

Titel 16. Von den Wirkungen eines rechtskräftigen Urtheils.

§ 1. Wirkungen eines rechtskräftigen Urtheils:

A. Nothwendigkeit der Insinuation des Urtheils; Prozeßvorschrift. — Vergl. A. G. O. I. 7. §§ 19. ff.; Verordnungen vom 1. Juni 1833 §§ 37. 40., vom 14. Dezember 1833 § 4. No. 2., und vom 5. Mai 1838 § 3. No. 6.

Rechtsgr. 1090. — IV. Senat. 7. Juli 1857. (XXV. 327.)

a) Ein nicht insinuirtes Urtheil geht gegen Denjenigen, gegen welchen es ergangen, nicht in Rechtskraft über.

b) Der Satz: das Fällen eines Urtheils hat die Wirkung, daß die im Tenor benannten Personen Parteien geworden sind, selbst wenn eine vorschriftsmäßige Insinuation der Klage nicht stattgefunden hat, — enthält, wenn richtig, nur eine unwesentliche Prozeßvorschrift.

B. Purifikatoria vor Rechtskraft des purifizirten Erkenntnisses. — Vergl. A. G. O. I. Einl. §§ 65. 66.; Verordnung vom 14. Dezember 1833 § 4. No. 1.

Rechtsgr. 1091. — I. Senat. 26. Juni 1857. (XXV. 298.)

Der Satz: daß eine Purifikations-Resolution nur bei vorhandener Rechtskraft des zu purifizirenden Erkenntnisses zu erlassen, ist als ein Rechtsgrundsatz anzusehen.

Siehe auch Rechtgrundsätze 423. 479. 699. 1003. 1069. 1070. 1075 bis 1077. 1105. 1218. 1464. (A. L. R. I. 15. § 1., 17. § 53., II. 8. § 497.; A. G. O. I. Einl. § 65., 10. §§ 309. 310. 377., 24. § 5.; Konkurs-Ordnung § 392.; Verordnung vom 14. Dezember 1833 § 4. No. 2.)

§ 2. Nullität eines Urtheils:

— No. 1., § 5. Begründung der Nullitätsklage wegen bestochener Zeugen.

Rechtsgr. 1092. — I. Senat. 2. Mai 1859. (XXXIII. 166.)

a) Zur Begründung der Nullitätsklage wegen bestochener Zeugen genügt das ergangene Straf-Erkenntniß, und bedarf es daher einer nochmaligen Feststellung des Verbrechens des falschen Zeugnisses in dem Civilverfahren nicht.

b) Unter den im § 2. No. 1. I. 16. der Allgem. Gerichts-Ordnung gedachten „bestochenen Zeugen" sind nicht blos solche Zeugen, welche durch einen Andern zur Ablegung des falschen Zeugnisses vermocht worden sind, sondern überhaupt falsche Zeugen zu verstehen, selbst, wenn dieselben lediglich aus eigenem Beweggrunde das falsche Zeugniß abgelegt haben.

— No. 4., § 11. Bestellung eines Kurators des verklagten Minorennen von dem Prozeßrichter zweiter Instanz bei Nullität des ersten Urtheils. — Vergl. Kabinetsorder No. 1365. vom 4. Juli 1832 No. 1. 3.

Rechtsgr. 1093. — I. Senat. 4. Dezember 1857. (XXVI. 340.)

Stellt sich die Minorennität des in erster Instanz ohne Beistand des Vaters Verklagten in zweiter Instanz heraus, so darf der Appellations-Richter nicht die Nullität des ersten Urtheils übergehen. Er darf nicht, wozu nur der erste Richter befugt war, einen Kurator bestellen und demnächst sofort in der Sache erkennen.

Siehe auch Rechtsgrundsatz 1009. (A. G. O. I. 1. § 13.)

— No. 5. Siehe Rechtsgrundsatz 1591. (Verordnung vom 21. Juli 1846 § 16.)

§ 5. Siehe Rechtsgrundsatz 1092. (§ 2. No. 1. dieses Titels.)

§ 11. Natur der Vorschrift in Betreff der Appellation wegen Nullität und zugleich wegen der Entscheidung in der Sache selbst. — Vergl. Verordnung vom 14. Dezember 1833 § 4. No. 2.

Rechtsgr. 1094. — II. Senat. 13. Dezember 1859. (XXXV. 345.)

Der § 11. I. 16. der Allgem. Gerichts-Ordnung ist zu den wesentlichen Prozeßvorschriften nicht zu rechnen.

Siehe auch Rechtsgrundsatz 1093. (§ 2. No. 4. dieses Titels.)

§ 24. Siehe Rechtsgrundsatz 462. (A. L. R. I. 16. § 359.)

Titel 17. Von der Litisdenunziation, Adzitation und Nomination.

§§ 19-27. Rechtliche Folgen der Litisdenunziation:
A. im Falle der Assistenzleistung.

Rechtsgr. 1095. — IV. Senat. 4. Oktober 1860. (XXXVIII. 268.)

Die Bestimmung des § 19. I. 17. der Allgem. Gerichts-Ordnung, — betreffend die rechtlichen Folgen der richtig insinuirten Litisdenunziation, — ist gegen den Verklagten als frühern Litisdenunziaten auch dann anwendbar, wenn er im Hauptprozesse dem Kläger und Litisdenunzianten Assistenz geleistet und mit ihm gemeinschaftliche Sache gemacht hat.

B Eidesantrag an den Cedenten des Klägers seitens des verklagten Schuldners. — Vergl. A. G. O. I. 10. § 279.

Rechtsgr. 1096. — IV. Senat. 4. April 1857; 22. März 1860. (XXV. 52.; XXXVI. 349.)

Die Befugniß des von dem Cessionar belangten Schuldners, dem Cedenten einen Eid zu deferiren, findet nur dann statt, wenn der letztere im Wege der Adzitation oder Litisdenunzation zum Prozesse zugezogen und Partei geworden ist.

C. Verjährung der Regreßklage des Litisdenunzianten. — Vergl. A. L. R. I. 9. § 554.; A. G. O. I. 17. § 31.

Rechtsgr. 1097. — IV. Senat. 17. November 1859. (XXXVI. 18.)

Zur Abwendung der Verjährung muß der vom Litisdenunzianten angemeldete Regreßprozeß innerhalb derjenigen Frist eingeleitet werden, innerhalb welcher der Anspruch selbst verjährt. — Diese Verjährung beginnt ihren Lauf von dem Zeitpunkte, in welchem das im Vorprozesse ergangene Erkenntniß rechtskräftig geworden ist.

§ 31. Siehe Rechtsgrundsatz 1097. (§ 19. dieses Titels.)
§ 34. Siehe Rechtsgrundsatz 537. (A. L. R. I. 21. § 82.)

Titel 19. Von der Rekonvention oder Widerklage.

§ 16. Gerichtsstand der Widerklage. — Vergl. A. G. O. I. 5. § 29., 13. § 40., 27. §§ 52. 53., 28. § 13.; Cod. 3. 1. Lex 10.

Rechtsgr. 1098. — III. Senat. 11. Juli 1860. (XXXVIII. 171.)

Der Gerichtsstand der Widerklage ist auch in Betreff der anzustellenden neuen Klage wegen des im Vorprozesse zur Geltendmachung in einem besonderen Prozesse vorbehaltenen Betrages der dort blos ihrem Rechtsgrunde nach streitig gewesenen Gegenforderung begründet.

Siehe auch Rechtsgrundsatz 1018. (A. G. O. I. 2. § 111.)

§ 17. Siehe Rechtsgrundsatz 1018. (A. G. O. I. 2. § 111.)

Titel 21. Von Kautionen.

§ 3. Siehe Rechtsgrundsatz 1583. (Verordnung vom 21. Juli 1846 § 5.)

Titel 22. Von den in einem Prozesse vorkommenden nothwendigen Eiden.

§§ 1. ff. Siehe Rechtsgrundsatz 1664. (Gesetz vom 24. April 1854 § 16.)

§ 10. Fälle der Statthaftigkeit des Schätzungseides.

Rechtsgr. 1099. — I. Senat. 4. März 1859. (XXXIII. 33.)

Der § 10. I. 22. der Allgem. Gerichts-Ordnung in Betreff der Fälle der Statthaftigkeit des Schätzungs-Eides, nimmt nicht darauf Rücksicht, daß die Gründe der nicht zu bewirkenden Ermittelung des Schadens in einem Versehen des Beschädigten liegen mögen.

§ 16. Verstattung des Konkursverwalters zum Schätzungseide.

Rechtsgr. 1100. — I. Senat. 4. März 1859. (XXXIII. 34.)

Der § 16. I. 22. der Allg. Gerichts-Ordnung, in Betreff der Personen, welche zum Schätzungseide zu verstatten, findet auch auf den Verwalter einer Konkursmasse Anwendung.

§ 28. Siehe Rechtsgrundsatz 660. (A. L. R. II. 2. § 433.)

§ 45. Siehe Rechtsgrundsätze 1070. 1071. (A. G. O. I. 10. §§ 310. 311b.)

Titel 23. Von Kosten, Strafen, Schäden, Zinsen, Früchten und Abnutzungen.

§ 3. No. 2., § 6. Ausschließung der Nichtigkeitsbeschwerde in Betreff der Abwägung des Kostenpunktes. — Vergl. Verordnung vom 14. Dezember 1833 § 4. No. 1.

Rechtsgr. 1101. — I. Senat. 22. Januar 1858. (XXVII. 252.)

Die Abwägung des Kostenpunktes gehört nicht in den Bereich der Nichtigkeitsbeschwerde, und ist dort namentlich nicht eine Verletzung der §§ 6. und 3. No. 2. I. 23. der Allgem. Gerichts-Ordnung zu rügen.

§ 28. Appellations-, beziehungsweise Rekursverfahren wegen Beschwerden gegen die gerichtliche Festsetzung der von einer Partei dem Gegentheil zu erstattenden außergerichtlichen Kosten. — Vergl. A. G. O. I. 14. § 3. No. 2.; Deklaration vom 6. April 1839 Art. 1. No. 3.; Gesetz vom 10. Mai 1851 § 4.

Rechtsgr. 1102. — III. Senat. 6. Mai 1859. (XXXIII. 189.)

Die Verfügung des Gerichts, durch welche die von einer Partei dem Gegentheil zu erstattenden außergerichtlichen Kosten festgesetzt sind, kann auf die Beschwerde des letzteren nicht durch einfache Dekretur, sondern nur im Wege der Appellation, beziehungsweise des Rekursverfahrens, durch förmliches Erkenntniß oder förmliche Resolution aufgehoben oder abgeändert werden.

Titel 24. Von der Vollstreckung der Exekution.

§ 3., Anh. § 148. zu § 3. Zeitfrist für die Exekutionsfähigkeit eines Judikats im Falle fruchtlos vollstreckter Exekution:

A. Begriff der Fruchtlosigkeit der vollstreckten Exekution. — Vergl. A. G. O. I. 13. § 28.

Rechtsgr. 1103. — I. Senat. 4. April 1860. (XXXVII. 159.)

Der § 148. des Anhangs zur Allgem. Gerichts-Ordnung findet auch dann Anwendung, wenn die Exekution in ein bestimmtes Vermögensobjekt fruchtlos vollstreckt ist und der Schuldner erklärt hat, sonstiges Vermögen nicht zu besitzen.

B. Begränzung der Exekutionsfähigkeit des Urtheils auf einen Zeitraum von fünf Jahren. — Vergl. A. G. O. I. 28. § 14. und Anh. § 195. zu § 14.; Verordnung vom 1. Juni 1833 § 1. No. 4.

Rechtsgr. 1104. — Ober-Tribunal. (Beschwerdesache.) 1. Februar 1859. (XXXVIII. 1.)

Die Exekution aus einem rechtskräftigen Erkenntnisse kann nach Ablauf von 5 Jahren seit dem Tage der Rechtskraft dieses Erkenntnisses auch dann nicht mehr nachgesucht werden, wenn inzwischen die Exekution fruchtlos vollstreckt worden ist.

§ 5. Vollstreckung der Exekution gegen den Schuldner; Anfechtungsklage des Gläubigers gegen den dritten Besitzer des Exekutionsobjekts. — Vergl. A. G. O. I. Einl. §§ 65. 66., 16. § 1.; Inst. 4. 6. § 6.

Rechtsgr. 1105. — IV. Senat. 25. Januar 1859. (XXXII. 165.)

Schon vor dem Gesetze vom 9. Mai 1855 war jeder Gläubiger auch außer den Fällen des Gesetzes vom 26. April 1835 befugt, ein von seinem zahlungsunfähigen Schuldner in der Absicht, ihm ein Exekutions-Objekt zu entziehen, geschlossenes Scheingeschäft anzufechten.

Zur desfallsigen Legitimation des Gläubigers genügt ein gegen den Schuldner erstrittenes, vollstreckbares Judikat, und steht dem Gläubiger daher ein zum Nachtheil des Schuldners auf dessen Anfechtungsklage gegen den Dritten ergangenes Judikat nicht entgegen.

§ 9. Litigiösität eines auf den guten Glauben des Hypothekenbuchs erworbenen Grundstücks. — Vergl. A. L. R. I. 10. §§ 7. ff.; Allg. Hypotheken-Ordnung II. § 92.

Rechtsgr. 1106. — III. Senat. 16. April 1858. (XXIX. 258.)

Der in dem § 9. I. 24. der Allgem. Gerichts-Ordnung ausgesprochene Grundsatz von der Litigiösität muß dem der

§§ 7. ff. I. 10. des Allgem. Landrechts weichen und findet daher keine Anwendung, wenn Jemand die in Streit befangene unbewegliche Sache von dem eingetragenen Besitzer derselben auf den guten Glauben des Hypothekenbuches redlicher Weise erworben hat.*

Siehe auch Rechtsgrundsatz 1405. (Verordnung vom 20. Juni 1817 § 169.)

§ **21**. Siehe Rechtsgrundsatz 1478. (Subhastationsverordnung vom 4. März 1834 § 6.)

§§ **48**. ff. **56**. Siehe Rechtsgrundsatz 1475. (Exekutionsverordnung vom 4. März 1834 § 9.)

§§ **68-70**. Siehe Rechtsgrundsatz 822. (A. L. R. II. **16**. § 335.)

§ **101**. Siehe Rechtsgrundsätze 828. 1276. (A. L. R. II. **16**. § 335.; Code de procedûre art. 557.)

§§ **124**. **129**. **130**. Siehe Rechtsgrundsatz 528. (A. L. R. I. **20**. § 480.)

Titel 27. Vom Wechselprozesse.

§ **4**. Siehe Rechtsgrundsatz 925. (Allgem. Deutsche Wechsel-Ordnung Art. 79.)

§§ **16**. **22**. **28**. **39**. Prorogation der Termine in Wechselsachen in erster und zweiter Instanz.

Rechtsgr. 1107. — IV. Senat. 4. November 1858. (XXXI. 116.)

Die Vorschrift des § 16. I. 27. der Allgem. Gerichts-Ordnung, — betreffend die Unzulässigkeit der Prorogation der Termine in Wechselsachen, — gilt nur für die erste Instanz und nur von Prorogations-Gesuchen des Verklagten, wogegen nach den §§ 22. und 28. Prorogationen der Termine auf Antrag des Klägers, namentlich bei Eidesdelationen, zulässig sind, und eben diese Vorschriften auch für das Verfahren in zweiter Instanz Anwendung finden.

§§ **21**. **39**. Natur dieser Vorschriften. — Vergl. Verordnung vom 14. Dezember 1833 § 4. No. 2.

* Vergl. dagegen Bd. 2. S. 72. No. 195. dieser Rechtsgrundsätze.

Rechtsgr. 1108. — IV. Senat. 31. Januar 1860. (XXXVI. 199.)

Die §§ 21. 39. I. 27. der Allgem. Gerichts-Ordnung enthalten keine wesentliche Prozeßvorschriften im Sinne der Nichtigkeitsbeschwerde.

§ 29. Siehe Rechtsgrundsätze 1111. 1112. (A. G. O. I. 27. § 52., 28. § 14.)

§§ 31. 32. Appellationsbeschwerden im Wechselprozesse; Diffesion des Wechselaccepts in zweiter Instanz. — Vergl. A. G. O. I. 14. § 49. und Anh. § 125. zu § 77.

Rechtsgr. 1109. — IV. Senat. 1. Mai 1858. (XXVIII. 277.)

a) Auch im Wechselprozeß ist der Verklagte, gegen welchen sein Accept in erster Instanz in Kontumaziam für rekognoszirt erachtet worden, noch in zweiter Instanz zur Diffession berechtigt.

b) Der § 32. I. 27. der Allgem. Gerichts-Ordnung zählt nur Beispiele auf, ohne andere Einreden auszuschließen.

§ 39. Siehe Rechtsgrundsätze 1107. 1108. (§§ 16. 21. dieses Titels.)

§ 45. Vorläufige Entscheidung gegen Einen der Mitverklagten in dritter Instanz. — Vergl. A. L. R. I. 5. §§ 424. ff.

Rechtsgr. 1110. — IV. Senat. 12. Oktober 1858. (XXIX. 363.)

Es ist zulässig, gegen den Aussteller des Wechsels in dritter Instanz sofort zu erkennen, wenngleich wegen des mitverklagten Acceptanten die Sache in die zweite Instanz zurückzuweisen ist.

Siehe auch Rechtsgrundsatz 855. (Allg. Deutsche Wechselordnung Art. 2.)

§ 51. Siehe Rechtsgrundsatz 855. (Allgem. Deutsche Wechsel-Ordnung Art. 2.)

§§ 52-54. Wechselseparatum nach ergangenem Kontumazial-Erkenntniß im Wechselprozesse. — Vergl. § 29. dieses Titels.

Rechtsgr. 1111. — IV. Senat. 15. März 1860. (XXXVI. 315.)

Der Wechselverklagte ist, trotz seiner Kontumaz wegen Nichterscheinens im Klagebeantwortungs-Termin, zur Anstellung des Wechselseparatums berechtigt.

Siehe auch Rechtsgrundsätze 1098. 1112. (A. G. O. I. 19. § 16., 28. § 14.)

Titel 28. Von exekutivischen Prozessen, und von der Klage aus einem Judikate.

§ **1.** (marg.), § **2.** No. **7.** Siehe Rechtsgrundsatz 1139. (A. G. O. I. **50.** Anh. § 366. zu § 471.)

§ **13.** Siehe Rechtsgrundsätze 1098. 1444. (A. G. O. I. **19.** § 16.; Verordnung vom 1. Juni 1833 § 3.)

§ **14.**, Anh. § **195.** zu § **14.** Einrede gegen die Judikatsklage aus einem Wechsel-Urtheile und einem rechtskräftigen Mandate im Mandatsprozesse. — Vergl. A. G. O. I. **27.** §§ 29. 52.; Verordnung vom 1. Juni 1833 § 1. No. 3., § 3. Alinea 5.

Rechtsgr. **1112.** — IV. Senat. 13. Dezember 1860. (XXXIX. 290.)

Gegen die Judikatsklage aus einem Wechsel-Urtheile und einem rechtskräftigen Mandate im Mandatsprozesse sind alle im Vorprozeß nicht erhobenen oder nicht erwiesenen Einreden zulässig.

Siehe auch Rechtsgrundsätze 1005. 1104. (A. G. O. I. Einl. § 65., **24.** § 3.)

§ **52.** Siehe Rechtsgrundsatz 1444. (Verordnung vom 1. Juni 1833 § 3.)

Titel 29. Von Arresten, und wie dabei zu verfahren.

§ **12.** Arrestgesuch nach bereits im Wege der Exekution erlangter Hypothek. — Vergl. A. L. R. I. **20.** §§ 22. 23.; Exekutionsverordnung vom 4. März 1834 § 22.

Rechtsgr. **1113.** — I. Senat. 6. Juni 1859. (XXXIII. 282.)

Der § 12. I. 29. der Allgem. Gerichts-Ordnung hat nur den Fall vor Augen: in welchem dem Gläubiger eine Hypothek vertragsmäßig von dem Schuldner bestellt worden, und derselbe noch vor der Fälligkeit, resp. vor einem exekutorischen Urtheil, von dem Schuldner die Bestellung einer anderweitigen oder größeren Sicherheit ohne Führung des Nachweises verlangt, daß in Folge eingetretener Umstände die bestellte Hypothek die anfänglich davon erwartete Sichercherheit nicht mehr gewähre. Dagegen ist der Gläubiger, welcher lediglich auf den Grund eines vollstreckbaren Erkenntnisses eine Hypothek auf das Grundstück seines Schuldners erlangt hat, befugt, unter Aufgebung dieser Hypothek durch anderweiten Arrestschlag sich Sicherheit zu verschaffen.

Siehe auch Rechtsgrundsatz 521. (A. L. R. I. 20. § 442.)

§ 30. Siehe Rechtsgrundsatz 1276. (Code de procedure art. 557.)
§§ 47-49. Siehe Rechtsgrundsatz 822. (A. L. R. II. 16. § 335.)
§ 53. Siehe Rechtsgrundsatz 1276. (Code de procedure art. 557.)
§§ 81-85. 87. Wirkungen des Arrestes.

Rechtsgr. 1114. — IV. Senat. 10. September 1857. (XXVII. 18.)

Wenn zwei Gläubiger desselben Schuldners, obwohl zu verschiedenen Zeiten, auf dessen Forderung an einen Dritten Arrest ausgebracht haben, und demnächst der eine Gläubiger eine Ueberweisung der Forderung erlangt hat, so macht der Schuldner der überwiesenen Forderung durch Zahlung der Schuld an den andern Gläubiger sich nur insofern regreßpflichtig, als jenem erweislich ein prioritätischer Anspruch auf die Forderung zusteht.

§ 88. Begründung des Gerichtsstandes gegen Fremde durch Arrestschlag. — Vergl. A. G. O. I. 2. § 28.

Rechtsgr. 1115. — IV. Senat. 18. September 1860. (XXXVIII. 226.)

Der § 88. I. 29. der Allgem. Gerichts-Ordnung ist nur auf durchreisende Fremde zu beziehen.

Titel 31. Vom Verfahren im Possessorio summarissimo und in Spoliensachen.

§§ 1-3. Schutz im Sach- und Rechtsbesitze. — Vergl. A. L. R. I. 7. §§ 1. ff. 50. 78. 81. 82.

Rechtsgr. 1116. — III. Senat. 21. September 1860. (XXXVIII. 227.)

Der nach dem Klagevortrag im Rechtsbesitze gestörte

Kläger ist in demselben zu schützen, wenngleich er Schutz im Sachbesitze beantragt hat.

Siehe auch Rechtsgrundsätze 187. 188. 193. 199. 200. 201. (A. L. R. I. 7. §§ 150. 154.)

§ 4. Erörterung des Rechts zum Besitze im Possessorienprozesse:

A. Erörterung einer früheren vertragsmäßigen Feststellung des Besitzes. — Vergl. A. L. R. I. 7. § 150.

Rechtsgr. 1117. — III. Senat. 21. Mai 1858. (XXX. 40.)

Es enthält keine Ueberschreitung der Grenzen des Possessorienprozesses, wenn der Richter über die streitigen Grenzverhältnisse im Prozesse Beweis erhebt, demnächst aber bei seiner Entscheidung eine frühere Feststellung zur Grundlage nimmt, bei welcher sich die Parteien unter Ablehnung einer genaueren Vermessung beruhigt und also darnach die wechselseitigen Besitzverhältnisse für festgestellt angenommen hatten.

B. Erörterung des Rechts zum Besitze durch Ermittelung der eingetretenen Unmöglichkeit der ferneren Ausübung desselben. — Vergl. A. L. R. I. 7. § 150., 22. § 43.; A. G. O. I. 31. § 16.

Rechtsgr. 1118. — III. Senat. 3. Februar 1858. (XXIX. 50.)

Im Possessorienprozeß ist auch die Frage: ob das Recht zum Besitze erloschen sei, in dem Falle zur Erörterung zu ziehen, wenn gleichzeitig mit dem Erlöschen des Rechts zum Besitz der Besitz selbst wegen fernerer Unmöglichkeit der Ausübung desselben sein Ende gefunden hat.

Siehe auch Rechtsgrundsatz 190. (A. L. R. I. 7. § 150.)

§§ 9. ff. Siehe Rechtsgrundsatz 1584. (Verordnung vom 21. Juli 1846 § 13. No. 6.)

§ 14. Einrede des seitens des Klägers auf offenbar unredliche oder sonst fehlerhafte Art erlangten Besitzes:

A. Fehlerhaftigkeit des Besitzes durch eine erst nach dem Erwerbe desselben eingetretene Unredlichkeit.

Rechtsgr. 1119. — III. Senat. 10. Mai 1858. (XXIX. 289.)

Die offenbare Unredlichkeit gilt auch dann als Fehlerhaftigkeit des Besitzes, wenn sie erst nach dem Erwerb desselben eingetreten ist.

B. Störende Handlung als Ausfluß eines Rechts. — Vergl. A. L. R. I. 7. §§ 150. 151.

Rechtsgr. 1120. — III. Senat. 27. September 1858. (XXX. 276.)

Im Possessorienprozesse ist auch das Recht des Verklagten zur Vornahme der als besitzstörend bezeichneten Handlung zur Erörterung zu ziehen, wenn es sich um die Feststellung der wesentlichen Voraussetzung der Besitzstörungsklage — der widerrechtlichen Störung — handelt.*

Siehe auch Rechtsgrundsatz 190. (A. L. R. I. 7. § 150.)

§ 16. Siehe Rechtsgrundsatz 1118. (§ 4. dieses Titels.)

§ 17. Natur dieser Vorschrift. — Vergl. Verordnung vom 14. Dezember 1833 § 4. No. 1.

Rechtsgr. 1121. — III. Senat. 25. Januar 1861. (XL. 155.)

Der § 17. I. 31. der Allgem. Gerichts-Ordnung, — betreffend die Beschränkung des Possessorien-Erkenntnisses auf die Frage wegen des Besitzstandes unter Ausschließung der Frage wegen des Schadenersatzes, enthält keinen Rechtsgrundsatz.

§ 18. Anstellung des Possessorienprozesses während der Anhängigkeit des Petitorienprozesses. — Vergl. A. L. R. I. 7. § 150.

Rechtsgr. 1122. — III. Senat. 27. Januar 1860. (XXXVI. 179.)

In dem Begriff und der Bedeutung der Rechtshängigkeit liegt nicht, daß nicht neben dem über das Recht selbst schwebenden Petitorienprozesse auch eine Possessorienklage zum Schutze eben dieses Rechtes angestellt werden könnte.

Anh. § 214. zu § 18. Restitution gegen Kontumazialbescheide in Possessoriensachen. — Vergl. Verordnung vom 21. Juli 1846 § 31.

Rechtsgr. 1123. — III. Senat. 30. Januar 1860. (XXXVI. 196.)

Der § 214. des Anhangs zu § 18. I. 31. der Allgem.

* Vergl. dagegen die Bemerkungen von Strohn Band 18. Seite 360. ff. des Archivs für Rechtsfälle und die Bemerkung unter No. 37. der Zusammenstellung im Justiz-Ministerial-Blatt für 1854 S. 106. ff.

Gerichts-Ordnung, wegen der beschränkten Zulässigkeit der Restitution gegen Kontumazialbescheide in Possessoriensachen, ist durch den § 31. der Verordnung vom 21. Juli 1846 nicht aufgehoben worden.

Titel 32. Von Diffamations- und Provokationsprozessen.

§§ 1-3. Begründung der Diffamationsklage:
A. Gegenstand derselben.

Rechtsgr. 1124. — III. Senat. 9. November 1860. (XXXIX. 197.)

a) Nicht wegen der Behauptung der Nichtexistenz eines Rechts des Andern, sondern nur wegen des Berühmens eines Anspruchs an denselben findet die Diffamationsklage statt.

b) Daher ist der Hauseigenthümer, welcher behauptet, daß der Wohnungsberechtigte nicht befugt sei, dritte Personen in der Wohnung aufzunehmen, als Diffamant nicht zu erachten.

Rechtsgr. 1125. — III. Senat. 1. Dezember 1858. (XXX. 364.)

Wer eine ihm bestellte Kaution unter dem Vorgeben zurückbehält, daß ihm der Kautionsleister in Höhe der Kaution eine Summe aus dem ursprünglichen Geschäft schulde, von dem läßt sich nicht sagen, daß er sich seines Anspruches rühme.

B. Begriff des „Rühmens“ seitens des Diffamanten. — §§ 8. 10. 18. dieses Titels.

Rechtsgr. 1126. — III. Senat. 6. Juni 1859. (XXXIII. 287.)

Unter dem im § 1. I. 32. der Allgem. Gerichts-Ordnung gedachten „Rühmen“ ist ein Mehreres nicht zu verstehen, als daß der Diffamant unter Umständen, wo seine Aeußerung zur Kenntniß des Provokanten kommen konnte, behauptet hat, an diesen einen Anspruch zu haben, welchen derselbe nicht anerkennt.

Siehe auch Rechtsgrundsätze 529. 1005. (A. L. R. I. 20. § 521.; A. G. O. I. Einl. § 65.)

§§ **8. 10. 18.** Siehe Rechtsgrundsatz 1126. (§ **1.** dieses Titels.)

Titel 34. Vom Verfahren in Injuriensachen.

Anh. §§ **229. 232.** zu § **16.** Siehe Rechtsgrundsätze 1223. 1292. (Kriminal-Ordnung § 392.; Dig. **12.** 2. Lex 3. § **1.**)

Titel 38. Von dem Verfahren bei der Erklärung eines Menschen für einen Blödsinnigen oder Verschwender.

§ **6.** Verfahren bei Untersuchung des Gemüthszustandes des Provokaten im Blödsinnigkeitsverfahren.

Rechtsgr. **1127.** — I. Senat. 27. Februar 1860. (XXXVI. 284.)

Bei der Untersuchung des Gemüthszustandes des Provokaten im Blödsinnigkeitsverfahren bedarf es der besonderen Unterredung des Gerichts-Deputirten mit dem Provokaten nicht.

§ **12.** Legitimation der Ehefrau zu dem Antrage auf Prodigalitäts-Erklärung ihres Ehemannes. — Vergl. A. L. R. I. **12.** §§ 27-29. 626., II. **1.** §§ 174. 225. 262. 438. 500. 621. 623., **2.** § **64.**

Rechtsgr. **1128.** — I. Senat. 16. April 1858. (XXVIII. 258.)

Die Ehefrau ist zu dem Antrage auf Prodigalitäts-Erklärung ihres Ehemannes legitimirt, auch wenn sie mit demselben nicht in der Gütergemeinschaft lebt.

Titel 39. Von vormundschaftlichen Prozessen.

§§ **13.** ff. Siehe Rechtsgrundsatz 840. (A. L. R. II. **18.** § 919.)

Titel 40. Vom Verfahren in Sponsalien- und Ehesachen.

Anh. § **288.** zu § **22.**, § **36.** Gerichtsstand der Ehescheidungsklage überhaupt, und insbesondere der Klage wegen böswilliger Verlassung nach erfolgter Auswanderung des Ehemannes unter Zurücklassung der

Ehefrau. — Vergl. A. G. O. I. **2.** §§ 8-12. 87. 128. und Anh. § 37. zu § 128.; Verordnung vom 2. Januar 1849 § 12.; Verfassungs-Urkunde vom 31. Januar 1850 § 11.

Rechtsgr. 1129. — I. Senat. 30. November 1860. (XXXIX. 242.)

a) Nach Preußischem Rechte ist eine Ehescheidungsklage in dem Girichtsstande desjenigen Ortes anzustellen, wo der Ehemann seinen beständigen Wohnsitz genommen hat.

b) Daher ist im Falle der wenngleich ohne Konsens der Regierung erfolgten Auswanderung des Ehemannes nach Amerika gegen die in Preußen zurückgebliebene Ehefrau die Ehescheidungsklage wegen böslicher Verlassung in dessen neuem Wohnsitze im Auslande anzustellen.

§ **49.** am Schlusse. Siehe Rechtsgrundsatz 1050. (A. G. O. I. **10.** § 5a.)

§ **51.**, Anh. § **293.** zu § **51.** Feststellung der Schuldfrage im Ehescheidungsprozesse:

A. Appellation lediglich wegen der Schuldfrage. — Vergl. A. L. R. II. **1.** § 745.; A. G. O. I. **13.** § 38.; Verordnung vom 8. Juni 1844 § 7.

Rechtsgr. 1130. — I. Senat. 11. November 1859. (XXXV. 272.)

Die von dem Verklagten, welcher der Klage auf Trennung der Ehe, und daß er für den allein schuldigen Theil erklärt werde, in erster Instanz widersprochen hat, gegen das Beides aussprechende Erkenntniß blos deshalb, weil er für den allein schuldigen Theil erklärt worden, eingelegte Appellation erscheint zulässig, wenngleich das Erkenntniß hinsichtlich des Ausspruchs auf Ehetrennung rechtskräftig geworden ist.

B. Verlust des im Ehescheidungsprozeß nicht geltend gemachten Anspruchs des geschiedenen unschuldigen Ehegatten auf Abfindung aus dem Vermögen des für den allein schuldigen Theil erklärten anderen Ehegatten. — Vergl. A. L. R. II. **1.** §§ 743. 745. 766. 783. 811. 813.; A. G. O. I. Einl. §§ 65. 66.

— ältere Ansicht:

Rechtsgr. **1131.** — I. Senat. 11. September 1857. (XXX. 1.)

Ist im Ehescheidungsprozesse dem Antrage des einen Ehegatten gemäß zwar auf Trennung der Ehe erkannt, auch der andere Ehegatte für den schuldigen Theil erklärt, jedoch, in Ermangelung eines darauf gerichteten Antrages, nicht in eine Ehescheidungsstrafe verurtheilt worden, so kann der unschuldige Ehegatte sein Recht auf Ehescheidungsstrafe in einem besonderen Verfahren nicht mehr geltend machen.

— jüngere Ansicht:

Rechtsgr. **1132.** — I. Senat. 22. Januar 1858. (XXX. 6.)

Ist im Ehescheidungsprozesse dem Antrage des einen Ehegatten gemäß zwar auf Trennung der Ehe erkannt, auch der andere Ehegatte für den schuldigen Theil erklärt, jedoch, in Ermangelung eines darauf gerichteten Antrages, nicht in eine Ehescheidungsstrafe verurtheilt worden, so kann der unschuldige Ehegatte sein Recht auf Ehescheidungsstrafe noch in einem besonderen Prozesse geltend machen.

§ **52**. Siehe Rechtsgrundsatz 634. (A. L. R. II. **1.** § 743. 744.)

Titel 41. Von Unterthanenprozessen.

Anh. § **295.** zu § **64.** Siehe Rechtsgrundsatz 632. (A. L. R. II. **1.** § 704.)

Titel 42. Von Grenz- und Bausachen.

§§ **1.** ff. Siehe Rechtsgrundsätze 491-493. (A. L. R. I. **17.** § 372.)
§§ **34.** ff. Siehe Rechtsgrundsätze 1040. 1514. (A. G. O. I. **6.** § 10.; Deklaration vom 6. April 1839 Art. 14. Litt. d.)

Titel 45. Von Rechnungssachen.

§§ **15. 16.** Begriff eines Verwaltungsdefekts; Siehe Rechtsgrundsatz 1161. (Konkurs-Ordnung § 79.)

Titel 50. Von Konkursen, und wie dabei zu verfahren.

§§ **34-36**. Siehe Rechtsgrundsatz **241**. (A. L. R. I. **9**. § **446**.)

Anh. § **321**. zu § **46**. Siehe Rechtsgrundsatz **1182**. (Konkurs-Ordnung § 103. No. 2.)

§ **103**. Natur der Vorschrift wegen vollständiger Ausmittelung der Ansprüche im Konkurse. — Vergl. Verordnung vom **14**. Dezember 1833 § 4. No. 1.

Rechtsgr. **1133**. — IV. Senat. 27. Mai 1858. (XXX. 49.)

Der § 135. I. 50. der Allgem. Gerichts-Ordnung enthält einen Rechtsgrundsatz, soweit darin die vollständige Ausmittelung sämmtlicher von den Konkursgläubigern erhobenen Ansprüche in dem Konkursverfahren vorgeschrieben, und die Verweisung der einen oder andern Forderung ad separatum für unzulässig erklärt wird.

§ **153**. Siehe Rechtsgrundsatz **1164**. (Konkurs-Ordnung § 84. No. 2.)

§ **267**. Rang-Ordnung der persönlichen Gläubiger bei einem, neben dem im Auslande eröffneten Universal-Konkurse, im Inlande eröffneten Spezial-Konkurse.

Rechtgr. **1134**. — IV. Senat. 16. Juli 1857. (XXVI. 131.)

Nach den Grundsätzen über die eintretende Kollision verschiedener Territorial-Gesetzgebungen ist, wenn einmal, neben dem in einem andern Lande eröffneten Universal-Konkurse, ein Spezial-Konkurs zulässig ist und stattfindet, in dem letzteren die Rang-Ordnung der dabei zur Berücksichtigung kommenden persönlichen Gläubiger (also abgesehen von Pfandrechten) nach den am Orte des Konkursgerichts, mithin am Orte des Gerichts dieses Spezial-Konkurses, geltenden Gesetzen zu bestimmen.

§§ **295**. **356**. **360**. **396**. **398-400**. **488**. Vorrechte des Fiskus im Konkurse; ausländischer Fiskus.

Rechtsgr. **1135**. — IV. Senat. 16. Juli 1857. (XXVI. 132.)

Die dem Fiskus in dem Konkurse nach der Allgem. Gerichts-Ordnung wegen seiner Forderungen an den Gemeinschuldner zustehenden Vorzugsrechte erscheinen lediglich als ein dem Preußischen Staate rücksichtlich seines Vermögens den eigenen Staatsangehörigen gegenüber zustehendes persönliches Privilegium. Diese Vorzugsrechte kann daher bei einem im Inlande anhängigen Konkurse ein auswärtiger Staat für sein Vermögen, beim Mangel eines besonderen Staatsvertrages, nicht geltend machen.

§ **356**. Siehe Rechtsgrundsatz 1135. (§ 295. dieses Titels.)
§ **359**. Siehe Rechtsgrundsatz 1146. (A. G. O. II. **6**. § 15. No. 4.)
§ **360**. Siehe Rechtsgrundsatz 1135. (§ 295. dieses Titels.)
§ **383**. Siehe Rechtsgrundsatz 725. (A. L. R. II. **8**. § 2452.)
§ **387**. Siehe Rechtsgrundsatz 1137. (§ 452. dieses Titels.)
§§ **396. 398-400**. Siehe Rechtsgrundsatz 1135. (§ 295. dieses Titels.)
§ **402**. Siehe Rechtsgrundsatz 1161. (Konkurs-Ordnung § 79.)
§ **404**. Siehe Rechtsgrundsatz 1146. (A. G. O. II. **6**. § 15. No. 4.)
§ **405**. Siehe Rechtsgrundsatz 1161. (Konkurs-Ordnung § 79.)
§ **417. 418**. Siehe Rechtsgrundsatz 646. (A. L. R. II. **2**. § 177.)
§§ **424. 425**. Siehe Rechtsgrundsatz 351. (A. L. R. I. **11**. § 971.)
§§ **447-449**. Zeitpunkt der Entstehung des Pfandrechts bei der Beschlagnahme einer Forderung im Wege der Exekution. — Vergl. Exekutionsverordnung vom 4. März 1834 § 15.; Gesetz vom 20. März 1854 § 18. Alinea 3.

Rechtsgr. **1136**. — IV. Senat. 11. Oktober 1859. (XXXIV. 318.)

Bei Beschlagnahme einer Forderung im Wege der Exekution ist für die Entstehung des Pfandrechts nicht der Tag der an den Schuldner, sondern der Tag der an den Exequendus behändigten Verfügung maaßgebend.

§§ **452**. ff. Vorzugsrecht der sechsten Klasse für die in der dritten Klasse ausgefallenen Hypothekenforderungen. — Vergl. § 387. dieses Titels; Gräflich Lippesche Hypotheken-Ordnung vom 12. März 1771 §§ 7. 12.

Rechtsgr. **1137**. — IV. Senat. 23. Juni 1857. (XXV. 284.)

Der § 452. I. 50. der Allgem. Gerichts-Ordnung, — welcher den Inhabern eingetragener Forderungen, soweit sie ihre Befriedigung in der dritten Klasse nicht erhalten können, die sechste Klasse bewilligt, setzt Preußische Hypothekenbücher voraus.

§§ **454. 488.** Vorzugsrecht eingetragener, gerichtlich rekognoszirter Schuldverschreibungen.

Rechtsgr. 1138. — IV. Senat. 23. Juni 1857. (XXV. 284.)

Gerichtlich rekognoszirte, wenngleich in das Hypothekenbuch eingetragene Schuldverschreibungen haben im Konkurse nach der Allgem. Gerichts-Ordnung nicht die Priotität der gerichtlich aufgenommenen oder gerichtlich konfirmirten Urkunden. Sie begründen daher nicht das Vorrecht der sechsten Klasse.

Anh. § **366.** zu § **471.** Vorzugsrecht der sechsten Klasse auch für ausländische, an einem Orte, wo kein Wechselrecht gilt, in Wechselform ausgestellte Schuldurkunden. — Vergl. A. L. R. I. **11.** § 751.; A. G. O. I. **28.** § 1. (Marginale) und § 2. No. 7.

Rechtsgr. 1139. — IV. Senat. 16. Juli 1857. (XXVI. 132.)

Auch der von einem Ausländer im Auslande an einem Orte, wo kein Wechselrecht gilt, in Wechselform ausgestellten Schuld-Urkunde gebührt bei einem im Inlande eröffneten und nach Vorschrift der Allgem. Gerichts-Ordnung behandelten Konkurse das den privilegirten Schuldinstrumenten eingeräumte Vorzugsrecht der sechsten Klasse, und erstreckt sich dies Vorzugsrecht auch auf die vorbedungenen Zinsen.

§ **476.** Siehe Rechtsgrundsatz 1202. (Konkursordnung § 197. Alinea 1.)

§ **488.** Siehe Rechtsgrundsätze 1135. 1138. (§§ 295. 454. dieses Titels.)

§§ **520.** ff. Siehe Rechtsgrundsatz 470. (A. L. R. I. **16.** Anh. § 52. zu § 484.)

§§ **521-523.** Siehe Rechtsgrundsatz 525. (A. L. R. I. **20.** § 468.)

§ **666.** Siehe Rechtsgrundsatz 351. (A. L. R. I. **11.** § 971.)

Titel 51. Von Liquidationsprozessen und Aufbietungen.

§§ **12-15. 42. 43.** Siehe Rechtsgrundsatz 351. (A. L. R. I. **11.** § 971.)

§ **57.** Siehe Rechtsgrundsatz 658. (A. L. R. II. **2.** § 395.)

§§ **64.** ff. Siehe Rechtsgrundsatz 241. (A. L. R. I. **9.** § 446.)

§§ 100. ff. Präklusion im Aufgebotsverfahren:
A. Präklusion eines Servitutberechtigten. — Vergl. A. L. R. I. 22. §§ 18. ff. und Anh. § 58. zu § 18.; Cirkularverordnung vom 30. Dezember 1798 Abschnitt 2.

Rechtsgr. 1140. — II. Senat. 6. und 18. Dezember 1860. (XXXIX. 307.)

Die vor der Cirkular-Verordnung vom 30. Dezember 1798 erfolgte allgemeine Präklusion der im Aufgebotsverfahren sich nicht gemeldet habenden Realprätendenten kann nur die unbekannten, nicht die dem Extrahenten bekannten Realprätendenten hinsichtlich einer Grundgerechtigkeit treffen, selbst wenn in dem Präklusions-Urtheil die Ansprüche der bekannten Realprätendenten nicht ausdrücklich vorbehalten sind.

B. Präklusion unbekannter Realprätendenten des subhastirten Grundstücks. — Vergl. Subhastationsverordnung vom 4. März 1834 § 7.

Rechtsgr. 1141. — II. Senat. 23. und 28. Februar 1860. (XXXVI. 292.)

a) Als unbekannte Realprätendenten des nothwendig subhastirten Grundstücks sind nur diejenigen Realprätendenten nicht anzusehen, welche aus dem Hypothekenscheine oder der Anzeige des Extrahenten der Subhastation zu ersehen sind, oder in dem Termine sich gemeldet haben.

b) Die Vorschrift des § 105. I. 51. der Allgem. Gerichts-Ordnung wegen des Vorbehaltes der bekannten und der angemeldeten Forderungen im Präklusions-Urtheil ist nur eine Instruktion für den Richter bei Abfassung des Urtheils, eine Maaßregel der Zweckmäßigkeit, nicht aber die Bedingung des Fortbestehens oder des Erlöschens der bekannten Realforderungen.

Daher sind die bekannten Realprätendenten durch das Präklusions-Erkenntniß auch dann nicht für präkludirt zu erachten, wenn ihnen ihre Rechte nicht ausdrücklich vorbehalten sind.

Titel 52. Vom Subhastationsprozesse.

§ 5. Siehe Rechtsgrundsatz 1476. (Subhastationsverordnung vom 4. März 1834 § 2. No. 2.)

§§ 9. 58. Zurückweisung des Subhastations-Antrages durch Erkenntniß. Ausschließliche Kompetenz des Richters der belegenen Sache zur Abfassung des Adjudikationsbescheides. — Vergl. A. L. R. II. 17. § 56.; Subhastationsverordnung vom 4. März 1834 § 7.

Rechtsgr. 1142. — III. Senat. 4. Juli 1860. (XXXVIII. 99.)

a) Liegt ein Streit der Subhastations-Interessenten über die Zulässigkeit des Subhastations-Antrages und über Statthaftigkeit des Zuschlages an den Meistbietenden nicht vor, so kann die Frage: ob der Zuschlag zu ertheilen oder zu versagen sei? nicht zum Gegenstande eines Erkenntnisses gemacht, die Zurückweisung des Subhastations-Antrages vielmehr durch eine Verfügung ausgesprochen werden.

b) Zur Abfassung des Adjudikations-Bescheides ist nicht der Richter höherer Instanz, sondern nur der Richter der belegenen Sache für kompetent zu erachten.

§ 12. Wirkung der bei Abschätzung eines subhastirten Ritterguts erfolgten Mitabschätzung einer erledigten bäuerlichen Stelle. — Vergl. A. L. R. II. 7. §§ 14. 15.; Konstitution vom 14. Juli 1749; Deklaration vom 29. Mai 1816 § 77.; Ablöse-Gesetz vom 2. März 1850 § 77.

Rechtsgr. 1143. — III. Senat. 14. März 1859. (XXXII. 337.)

Daraus allein, daß die erledigte bäuerliche Stelle bei Abschätzung des subhastirten Ritterguts mit abgeschätzt worden ist, kann nicht gefolgert werden, daß dieselbe ebenfalls Gegenstand der Subhastation und des Zuschlages gewesen sei.

§ 25. Siehe Rechtsgrundsatz 1478. (Subhastationsverordnung vom 4. März 1834 § 6.)

§§ 26. 27. Siehe Rechtsgrundsatz 1482. (Subhastationsverordnung vom 4. März 1834 § 11.)

Anh. § 407. zu § 60. Siehe Rechtsgrundsatz 82. (A. L. R. I. 5. § 127.)

§ 61. Siehe Rechtsgrundsatz 155. (A. L. R. I. 6. § 54.)

Theil II. Von dem gerichtlichen Verfahren in nicht streitigen Angelegenheiten.

Titel 1. Von Handlungen der freiwilligen Gerichtsbarkeit überhaupt, und was dazu gehöre.

§ 3. Siehe Rechtsgrundsatz 19. (A. L. R. Einl. § 32.)

§ 10. No. 5. Gültigkeit notarieller Ehe- und Erbverträge auch rücksichtlich der darin enthaltenen letztwilligen Verfügungen zu Gunsten dritter Personen. — Vergl. A. L. R. I. 12. §§ 617. 621. ff. 634. 646.

Rechtsgr. 1144. — IV. Senat. 9. November 1857. (XXVII. 92.)

Die notarielle Form eines Ehe- und Erbvertrages genügt nicht blos zur Gültigkeit letztwilliger Verfügungen des einen der Brautleute zu Gunsten des andern, sondern auch zur Gültigkeit letztwilliger Verfügungen zu Gunsten dritter Personen.

Titel 2. Von dem Verfahren bei den Handlungen der freiwilligen Gerichtsbarkeit überhaupt.

Anh. § 421. zu § 17. Siehe Rechtsgrundsatz 105. (A. L. R. I. 5. § 172.)

§§ 45. ff. Siehe Rechtsgrundsatz 19. (A. L. R. Einl. § 32.)

Titel 6. Von dem Verfahren bei der Aufnehmung gerichtlicher Taxen.

§§ 14. ff. Aufnahme der Taxe eines Landgutes; Kapitalisirung der jährlichen Nutzungs- und Verlust-Beträge bei Ertragstaxen. — Vergl. A. L. R. I. 11. § 841.; Eisenbahn-Gesetz vom 3. November 1838 § 15.

Rechtsgr. 1145. — III. Senat. 31. Januar 1859. (XXXII. 182. 183.)

a) Bei der Aufnahme einer Ertragstaxe gehört nur die Ermittelung der jährlichen Ertrags- und Verlustbeträge, nicht aber die Feststellung des Fußes in Betreff der Kapitalisirung dieser Beträge, zu dem technischen Geschäfte der Sachverständigen.

b) Jährliche Nutzungs- und Verlustbeträge bei Abschätzung der zum Zweck des Eisenbahnbaues expropriirten Grundstücke sind in der Regel, falls nicht provinzielle Gesetze zur Anwendung kommen, nicht zu vier, sondern zu fünf Prozent, d. i. nicht mit der 25fachen, sondern der 20fachen Erhöhung zu kapitalisiren.

§ 15. Aufnahme der Taxe eines städtischen Gebäudes: — No. 4. Abzug des zu kapitalisirenden Betrags der Feuersozietätsbeiträge bei Aufnahme der Taxe des Grundstücks. -- Vergl. A. L. R. I. 2. § 126., 11. §§ 180. ff.; A. G. O. I. 50. §§ 359. 404.; Allg. Hypothekenordnung I. § 48.; Justizministerial-Reskript vom 17. August 1841; Städte-Feuersozietäts-Reglement vom 22. August 1853 § 10.

Rechtsgr. 1146. — III. Senat. 20. November 1857. (XXVIII. 100.)

Feuersozietätsbeiträge gehören, wenn der Eigenthümer des Grundstücks gesetzlich verpflichtet ist, der Feuersozietät beizutreten, zu den auf dem Grundstücke ruhenden Lasten, deren zu kapitalisirender Betrag bei Aufnahme der Taxe von dem Materialien- und Ertragswerth in Abzug zu bringen ist.

— No. 5. 6. Gebäudewerth bei Expropriationen.

Rechtsgr. 1147. — III. Senat. 15. Februar 1858. (XXIX. 106.)

Der Werth der expropiirten Gebäude ist nach einem Durchschnitte des Miethsertrages und des Materialienwerthes zu würdigen.

Theil III. Von den Pflichten der bei der Justiz angesetzten Personen.

Titel 7. Von dem Amte der Justizkommissarien und Notarien.

§ 42. Siehe Rechtsgrundsatz 1591. (Verordnung vom 21. Juli 1846 § 17.)

§ 78. Siehe Rechtsgrundsätze 961. 964. (Allg. Deutsche Wechsel-Ordnung Art. 88.)

Gesetz, betreffend die Einführung der Konkurs-Ordnung in den Landestheilen, in welchen das Allgem. Landrecht und die Allgem. Gerichts-Ordnung Gültigkeit haben, vom 8. Mai 1855.

(Gesetz-Sammlung S. 317.)

Art. 1. Siehe Rechtsgrundsatz 1219. (Konkurs-Ordnung § 392.)

Art. 2. Siehe Rechtsgrundsätze 351. 1169. (A. L. R. I. 11. § 971.; Konkurs-Ordnung § 88.)

Art. 7. Anfechtung der von einer Ehefrau mit ihrem später in Konkurs gerathenen Ehemanne, einem Handelsmanne, geschlossenen Verträge. — Vergl. Konkurs-Ordnung §§ 100. 101. No. 3. § 102. No. 3.

Rechtsgr. 1148. — IV. Senat. 22. April 1858. (XXVII. 351.)

Die Ehefrau eines Handelsmannes durfte bis zum Ablauf der ihr durch den Art. 7. des Einführungsgesetzes vom 8. Mai 1855 gewährten Frist zu dem dort gedachten Zweck mit ihrem Ehemann, dem späteren Kridar, kontrahiren, ohne daß diese Kontrakte der Anfechtung aus den §§ 100. 101. No. 3., § 102. No. 3. und § 103. No. 4. der Konkurs-Ordnung unterliegen.

Siehe auch Rechtsgrundsätze 1163. 1169. (Konkurs-Ordnung § 80. Alinea 2., § 88.)

Art. 11. Siehe Rechtgrundsatz 351. (A. L. R. I. 11. § 971.)

Justiz-Ministerial-Instruktion für die Gerichte, betreffend die Ausführung der Konkurs-Ordnung, vom 31. August 1855.

(Justiz-Ministerial-Blatt S. 259.)

---

§ 39. Siehe Rechtsgrundsatz 1193. (Konkurs-Ordnung § 191. Alinea 3.)

Konkurs-Ordnung vom 8. Mai 1855.

Titel I. Von den Rechtsverhältnissen im Konkurse.

Erster Abschnitt. Gegenstand und Wirkungen des Konkurses im Allgemeinen.

§§ **1-4. 8. 9. 86. 292.** Geltendmachung von Wechsel-Ansprüchen im Konkurse des Wechselschuldners. — Vergl. Allg. Deutsche Wechsel-Ordnung Art. 82.

Rechtsgr. **1149.** — IV. Senat. 11. Oktober 1860. (XXXVIII. 295. 304.)

a) Aus der Konkurs-Eröffnung folgt nicht, daß das Rechtsverhältniß, welches der Kridar durch Ausstellung des Wechsels eingegangen ist, für erloschen, und der Inhaber des Wechsels für verpflichtet gelten müsse, unter Aufgebung seines Wechselrechts seinen Anspruch aus dem dem Wechsel zum Grunde liegenden Sach- und Rechtsverhältniß herzuleiten.

b) Im Konkurse sind gegen Wechselansprüche auch solche Einreden, welche sich für den Wechselprozeß nicht eignen, zur Erörterung und Entscheidung zu ziehen.

Siehe auch Rechtsgrundsätze 526. 853. 1150-1153. 1166. 1215. (A. L. R. I. **20.** § 475.; Allg. Deutsche Wechsel-Ordnung Art. 1.; Konkurs-Ordnung §§ 8. 86. 292.)

§ **5.** Siehe Rechtsgrundsatz 853. (Allgem. Deutsche Wechsel-Ordnung Art. 1.)

§ **8. Alinea 1.** Einfluß der Konkurs-Eröffnung auf die Wechselverjährung. — Vergl. A. L. R. I. **9.** §§ **516. 517. 528.**; Allg. Deutsche Wechsel-Ordnung Art. **51. 77-80.**; Konkurs-Ordnung §§ **1. 4. 9. 280.**

A. Hinderniß des Anfangs der Wechselverjährung durch die Konkurs-Eröffnung und des Laufes derselben während der Dauer des Konkurses.

Rechtsgr. **1150.** — IV. Senat. 18. Dezember 1858; 17. Mai 1859. (XXXI. 348.; XXXIII. 215.)

Der Konkurs ist seinem Wesen und seiner Wirkung nach ein die Verfolgung der Wechselklage gegen den Gemeinschuldner ausschließendes Hinderniß. Daher findet während der Dauer des Konkurses der Anfang und der Lauf der Wechselverjährung nicht statt.

Rechtsgr. 1151. — IV. Senat. 14. Dezember 1858. (XXXI. 341.)

Eine Verjährung der Wechsel-Regreßansprüche ist so lange ausgeschlossen, als der Indossant verhindert ist, eine Wechselklage gegen den verhafteten Vormann selbst anzustellen, d. h. nach den §§ 8. u. 9. der Konkurs-Ordnung bis zur Beendigung des über das Vermögen des letzteren anhängigen Konkurses, und ist daher die Geltendmachung des Anspruchs bei dem Konkurse über das Vermögen des Regreßpflichtigen auf die Verjährung gegen ihn selbst ohne Einfluß.

B. Unstatthaftigkeit der Wechselverjährung der Konkursmasse gegenüber. — Vergl. §§ 82. 164. ff. 197. 229. 230. 255. dieser Konkurs-Ordnung.

Rechtsgr. 1152. — IV. Senat. 17. Mai 1859; 26. Juni 1860. (XXXIII. 215.; XXXVIII. 77.)

Während des Konkurses tritt die wechselrechtliche Verjährung auch der Konkursmasse gegenüber nicht ein, und kann daher der Massenverwalter aus ihr keinen Einwand geltend machen.

C. Unterbrechung der Wechselverjährung durch die Eröffnung des Konkurses.

Rechtsgr. 1153. — IV. Senat. 24. Januar 1859; 17. Mai 1859. (XXXII. 161.; XXXIII. 215.)

Die Eröffnung des Konkurses über das Vermögen des Wechselschuldners unterbricht den Lauf der Wechselverjährung.

Siehe auch Rechtsgrundsätze 1035. 1149. 1166. 1215. (A. G. O. I. 3. § 62.; Konkurs-Ordnung §§ 1. 86. 292.)

8. Alinea 2. 3. Einführung eines Rechtsmittels nach der Konkurs-Eröffnung durch den Gemeinschuldner.

Rechtsgr. 1154. — IV. Senat. 16. November 1858. (XXXI. 148.)

Ein von dem Gemeinschuldner noch vor der Konkurs-

Eröffnung angemeldetes und nach der Konkurs-Eröffnung eingeführtes Rechtsmittel ist für die Gläubigerschaft blos darum nicht ohne rechtliche Wirkung, weil es nicht von dem Verwalter der Masse eingeführt, sondern von demselben nur durch weitere Verfolgung des Rechtsmittels nachträglich genehmigt worden ist.

§ 9. Exekutionen gegen den Gemeinschuldner während des Konkurses.

Rechtsgr. 1155. — IV. Senat. 20. Oktober 1859. (XXXIV. 328.)

Der § 9. der Konkurs-Ordnung bezieht sich nur auf solche Gläubiger, deren Forderungen aus der Zeit vor der Konkurs-Eröffnung herstammen.

Siehe auch Rechtsgrundsätze 1149. 1150-1153. 1166. 1205-1209. (§§ 1. 8. 86. 199. Alinea 3. dieser Konkurs-Ordnung.)

Zweiter Abschnitt. Wirkung der Konkurs-Eröffnung auf die vor derselben von dem Gemeinschuldner eingegangenen Rechtsgeschäfte.

§ 16. Aufhebung noch nicht erfüllter Geschäfte durch Eröffnung des Konkurses.

Rechtsgr. 1156. — IV. Senat. 20. November 1860. (XXXIX. 218.)

Das Wahlrecht des § 16. der Konkurs-Ordnung wird der Gläubigerschaft weder dadurch, daß die Erfüllung von der einen oder der anderen Seite bereits theilweise erfolgt ist, noch dadurch entzogen, daß die Klage auf Erfüllung bereits vor Eröffnung des Konkurses angestrengt war.

§§ 17. 99. Ansprüche aus Lieferungsgeschäften des Kridars über fungible, marktgängige Sachen nach Beendigung des Konkurses durch Akkord.

Rechtsgr. 1157. — IV. Senat. 9. Oktober 1860. (XXXVIII. 285.)

Die Wirkung des § 17. der Konkurs-Ordnung vom 8. Mai 1855, — nach welcher die Erfüllung von Lieferungsgeschäften des Kridars über fungible, marktgängige Sachen für den Fall des Eintrittes des Erfüllungstages nach der Konkurs-Eröffnung untersagt, und nur ein Entschädigungs-

Anspruch nach der Differenz des Kontrakts- und des Markt-preises am Erfüllungstage nachgelassen ist, — wird durch die in Folge des Akkordes eintretende Beendigung des Konkurses nicht beseitigt.

Dritter Abschnitt. Vindikations-Ansprüche.

§ **26**. Vindikation im Konkurse seitens des Absenders der bei dem Spediteur für den Kridar lagernden Waaren.

Rechtsgr. **1158**. — IV. Senat. 6. Oktober 1859. (XXXIV. 309.)

Der Absender der Waaren kann auf den Grund des Retentionsrechts, welches von dem Spediteur an den bei ihm für den späteren Kridar lagernden Waaren diesem gegenüber geltend gemacht worden ist, sich auf den § 26. der Konkurs-Ordnung nicht berufen.

Vierter Abschnitt. Ansprüche der Gläubiger auf abgesonderte Befriedigung.

§ **33**. No. **6**. Siehe Rechtsgrundsatz 725. (A. L. R. II. **8**. § **2452**.) — No. **9**. Siehe Rechtsgrundsatz 351. (A. L. R. I. **11**. § 971.)

§§ **36**. **291**. Auseinandersetzung einer vertragsmäßigen Gemeinschaft im Falle der Konkurs-Eröffnung. — Vergl. A. L. R. I. **17**. §§ **293**. ff.

Rechtsgr. **1159**. — V. Senat. 30. März 1858. (XXVIII. 216.)

Hinsichtlich des Geschäftsbetriebes während des Verfahrens über die Auseinandersetzung einer vertragsmäßigen Gemeinschaft, welche durch die Konkurs-Eröffnung über das Vermögen eines Theilhabers nothwendig geworden ist, dienen, in Ermangelung besonderer gesetzlicher Vorschriften, die §§ 293. ff. I. 17. des Allgem. Landrechts zur Richtschnur.

§§ **38**. **39**. Siehe Rechtsgrundsatz 526. (A. L. R. I. **20**. § 475.)

Fünfter Abschnitt. Ansprüche der Massegläubiger.

§§ **40**. **41**. No. **2**. Siehe Rechtsgrundsatz 1221. (§ 420. dieser Konkurs-Ordnung.)

Sechster Abschnitt. Rang-Ordnung der Realgläubiger in Beziehung auf Immobilien.

§§ **46.** ff. Siehe Rechtsgrundsatz **1221.** (§ 420. dieser Konkurs-Ordnung.)
§ **56.** Siehe Rechtsgrundsatz 525. (A. L. R. I. **20.** § 468.)
§§ **57. 58.** Siehe Rechtsgrundsatz 1221. (§ 420. dieser Konkurs-Ordnung.)

Achter Abschnitt. Rang-Ordnung der Konkursgläubiger.

§§ **72-81. 116. 122. 124. 125.** Einfluß der Art des eröffneten Konkurses auf das Vorrecht eines Gläubigers, insbesondere Vorrecht der Illatenforderung der Ehefrau des Gemeinschuldners im kaufmännischen Konkurse.

Rechtsgr. **1160.** — IV. Senat. 11. Januar 1859. (XXXII. 130.)

a) Die Art des eröffneten Konkurses ist in Ansehung des Vorrechts eines Gläubigers nicht unbedingt entscheidend.

b) Insbesondere kann die Ehefrau des Gemeinschuldners auch im Falle der Eröffnung des kaufmännischen Konkurses das Vorrecht für ihre Illatenforderung beanspruchen, wenn sie die Eigenschaft des Gemeinschuldners als eines Handelsmannes, Schiffsrheders oder Fabrikbesitzers mit Erfolg zu kontestiren vermag.

Siehe auch Rechtsgrundsatz **1671.** (Gesetz vom 9. Mai 1855 § 15.)

§ **79.** Begriff eines Verwaltungs-Defektes sowie des Ausdrucks: Kirchenvermögen; Vorrecht der Ansprüche wegen des Pfarrvermögens hinsichtlich der Verwaltungs-Defekte des Gemeinschuldners. — Vergl. A. L. R. II. **11.** §§ 228-234. 618. 774.; A. G. O. I. **45.** §§ 15. 16., **50.** §§ 402. 405.; Verordnung vom **24.** Januar 1844 § 10.

Rechtsgr. **1161.** — IV. Senat. 4. Februar 1858. (XXIX. 62.)

a) Der Begriff: „Defekt" bezeichnet Alles, was ein Rechnungsleger verwaltungsmäßig seinem Prinzipale zu gewähren hat, von ihm jedoch nicht gewährt worden ist, — ohne Rücksicht auf die Art oder den Grund der dabei obwaltenden Verschuldung, und auch in dem Falle, wenn der Verwalter nicht bestimmte einzelne Sachen, sondern nur Sachen derselben Gattung nachzuweisen hat.

b) Unter dem Ausdruck: „Vermögen der Kirche“ im § 79. der Konkurs-Ordnung vom 8. Januar 1855 ist auch das dazu gehörige Pfarrvermögen, sofern von dessen Substanz die Rede ist, als miteingeschlossen zu betrachten.

Siehe auch Rechtsgrundsatz 1160. (§ 72. dieses Titels.)

§ 80. Vorrechte der Kinder, Pflegefohlenen und der Ehefrau des Gemeinschuldners:

— Alinea 1. Privilegien der Kinder und Pflegebefohlenen; Erbtheilung als Verwaltungsakt. — Vergl. A. L. R. II. 2. § 169.

Rechtsgr. 1162. — IV. Senat. 29. Oktober 1857. (XXVI. 318.)

Die Erbtheilung stellt einen Verwaltungsakt im Sinne des § 80. der Konkurs-Ordnung dar. Hat hierbei der Kridar seine eigenen Schulden dadurch getilgt, daß er seinem Gläubiger, dem Miterben seines Sohnes, die diesem angefallene Erbschaft überlassen hat, so liegt der Fall des § 169. II. 2. des Allgem. Landrechts vor, und es steht daher dem Sohne die hierdurch bedingte Priorität des § 80. der Konkurs-Ordnung auf Höhe seines gedachten Erbtheils zu.

— Alinea 2. Vorrecht der Ehefrau des Gemeinschuldners wegen ihrer Illatenforderung, mit Ausnahme der Ehefrauen von Handelsleuten, Schiffsrhedern und Fabrikbesitzern; Nichteigenschaft der Müller als Fabrikbesitzer oder Handelsleute. — Vergl. A. L. R. II. 8. §§ 407. 408.; Einführungsgesetz vom 8. Mai 1855 Art. 7.

Rechtsgr. 1163. — IV. Senat. 11. Januar 1859. (XXXII. 115.)

Müller sind nicht unter die „Fabrikbesitzer“ des § 80. der Konkurs-Ordnung zu rechnen, und auch nicht zu den „Handelsleuten“ im Sinne jenes Gesetzes, wenn sie auch von ihnen selbst fabrizirtes Mehl oder von ihnen selbst fabrizirte Oelkuchen auf ihrer Mühle verkaufen.

Siehe auch Rechtsgrundsätze 646. 1160. (A. L. R. II. 2. § 177.; Konkurs-Ordnung § 72.)

§ 81. Siehe Rechtsgrundsätze 1152. 1160. (§§ 8. 72. dieser Konkurs-Ordnung.)

§ 82. Siehe Rechtgrundsatz 1202. (§ 197. dieser Konkurs-Ordnung.)

§ **83**. No. **1**. Siehe Rechtgrundsatz **1164**. (§ **84**. No. **2**. dieser Konkurs-Ordnung.)

§ **84**. Im Konkurse nicht geltend zu machende Forderungen:
— No. **1**. Siehe Rechtsgrundsatz **1202**. (§ **197**. dieser Konkurs-Ordnung.)
— No. **2**. Rechte des Gläubigers im Konkurse wegen der in sistirten Prozessen vorgeschossenen Gerichtskosten. — Vergl. A. G. O. I. **50**. § **153**.; Konkurs-Ordnung § 83. No. 1.

Rechtsgr. **1164**. — IV. Senat. 15. Juni 1858. (**XXVIII. 330.**)

Die einem Gläubiger in den durch die Konkurs-Eröffnung sistirten Prozessen zwar bereits erwachsenen, dem Gemeinschuldner jedoch noch nicht durch richterlichen Spruch zur Last gelegten Kosten können in dem Konkurse auch in dem Falle nicht geltend gemacht werden, wenn hiernächst die Forderungen selbst von dem Verwalter der Konkursmasse als richtig anerkannt worden sind.

— No. **3**. Geltendmachung des Anspruchs des Sohnes des Gemeinschuldners auf die versprochene baare Mitgift. — Vergl. A. L. R. I. **11**. §§ **1046**. **1047**., II. **2**. §§ **232**. ff. **243**.

Rechtsgr. **1165**. — IV. Senat. 7. September 1858. (**XXX. 206.**)

Das Versprechen des Gemeinschuldners, seinem Sohne außer einer standesmäßigen Natural-Aussteuer und häuslichen Einrichtung eine baare Mitgift von bestimmtem Betrage mitzugeben, ist nicht im Sinne des § 84. No. 3. der Konkurs-Ordnung als aus Freigebigkeit entspringend zu betrachten.

§ **86**. Ansprüche an den Gemeinschuldner aus von demselben gegebenen Deckungswechseln und Gefälligkeitsaccepten:
A. Liquidirung des Betrages der Ansprüche aus Deckungswechseln. — Vergl. Allg. Deutsche Wechsel-Ordnung Art. **4**. **9**. **22**.; Konkurs-Ordnung §§ **1-4**. **8**. **9**.

Rechtsgr. **1166**. — IV. Senat. 11. Oktober 1860. (**XXXVIII. 295.**)

Der Inhaber von Deckungswechseln kann im Konkurse des Gebers nur denjenigen Betrag liquidiren, welchen er an die Gläubiger der Hauptwechsel gezahlt hat.

B. Rückgriff der einen Konkursmasse an die andere aus Gefälligkeits-accepten. — Vergl. § 87. dieser Konkurs-Ordnung.

Rechtsgr. 1167. — IV. Senat. 24. April 1860. (XXXVII. 192.)

Die allgemeine Vorschrift des § 87. der Konkurs-Ordnung, daß die Konkursmassen als Solidarschuldner keinen Rückgriff gegen einander haben, findet keine Anwendung, wenn der Anspruch des einen Gemeinschuldners sich nicht auf das solidarische Haftbarkeitsverhältniß mehrerer Wechselverpflichteten stützt, derselbe vielmehr zufolge besonderen Abkommens mit dem anderen Gemeinschuldner Wechsel für denselben aus Gefälligkeit und gegen dessen Versprechen acceptirt hat, daß Letzterer diese Wechsel zur Verfallzeit einlösen oder dem Ersteren vorher die erforderliche Deckung gewähren werde.

Siehe auch Rechtgrundsatz 1149. (§ 1. dieser Konkurs-Ordnung.)

§ 87. Wirkung der theilweisen Befriedigung eines Gläubigers von dem einen Korrealschuldner auf dessen weitere Befriedigung aus der Konkursmasse des anderen Korrealschuldners.

Rechtsgr. 1168. — IV. Senat. 30. Oktober 1860. (XXXIX. 128.)

Der Grundsatz des §. 87. der Konkurs-Ordnung besteht darin, daß es den übrigen Konkursgläubigern nicht zu Gute kommen soll, wenn Ein Gläubiger mehrere correi debendi hat; daß also der Gläubiger zwar im Ganzen nie mehr zu erheben hat, als den Betrag seiner Forderung, daß aber, hiervon abgesehen, das antheilige Verhältniß, nach welchem er aus der Masse des Einen correus zu befriedigen, nach dem Betrage der ganzen Forderung zu berechnen ist, ohne Rücksicht auf eine Theilzahlung.

Siehe auch Rechtsgrundsatz 1167. (§ 86. dieser Konkurs-Ordnung.)

Neunter Abschnitt. Ansprüche der Ehefrau des Gemeinschuldners.

§§ 88-90. Gewöhnliche Vindikations- und Interventionsprozesse der Ehefrau des Gemeinschuldners. — Vergl. Einführungsgesetz vom 8. Mai 1855 Art. 2. 7.

Rechtsgr. 1169. — III. Senat. 29. Januar 1858. (XXVII. 250.)

Durch die §§ 88—90. der Konkurs-Ordnung und den Art. II. des Einführungsgesetzes vom 8. Mai 1855 sind für gewöhnliche Vindikations- oder Interventionsprozesse die bisherigen materiellen Vorschriften über die Rechte der Ehefrau nicht verändert.

Zehnter Abschnitt. Kompensation.

§ 96. No. 3. Zulässigkeit der Kompensation erst später fällig werdender Forderungen im Konkurse:

A. Erforderniß der Entstehung des Rechtsgrundes der Forderungen vor Eröffnung des Konkurses. — Vergl. § 97. No. 2. dieser Konkurs-Ordnung.

Rechtsgr. 1170. — IV. Senat. 5. Januar 1860. (XXXVI. 129.)

In Betreff des Grundsatzes, daß es zum Zwecke der Kompensation im Konkurse nicht der gleichzeitigen Fälligkeit der beiderseitigen Forderungen bedarf, kommt es nur darauf an, daß der Rechtsgrund der Forderung und Gegenforderung bereits vor der Konkurs-Eröffnung entstanden ist.

B. Kompensationsbefugniß des Bürgen des Gemeinschuldners. — Vergl. A. L. R. I. 4. §§ 102. 103., 13. §§ 5. ff., 14. §§ 200. 338. ff. 356., 16. §§ 301. 347. 359-361.; Inst. 3. 20. § 6.

Rechtsgr. 1171. — III. Senat. 25. November 1859. (XXXV. 301.)

Der Bürge, welcher die Bürgschaft auf Ersuchen des Hauptschuldners geleistet hat, ist im Falle des Konkurses über das Vermögen des Hauptschuldners berechtigt, seine liquide Schuld an dieselbe zur Wahrung der Wirkung der Kompensation auf Höhe dessen, was er in Folge der Bürgschaft dem Gläubiger werde zahlen oder hingeben müssen, zu einer besonderen Depositalmasse zu zahlen, und er kann die bereits eingetretene Wirkung der Kompensation auf Höhe dessen in Anspruch nehmen, was er, wenn auch erst nach der Konkurs-Eröffnung, dem Gläubiger bereits gezahlt oder an ihn sonst, z. B. durch Ausstellung einer Schuld-Urkunde, an Vermögenswerth hingegeben hat.

§ 97. Unzulässigkeit der Kompensation im Konkurse:
A. Während des Konkurses:
— No. 2. Kompensation mit der Forderung aus einem erst nach Eröffnung des Konkurses eingelösten Wechsel.

Rechtsgr. 1172. — IV. Senat. 30. Oktober 1860. (XXXIX. 136.)

Aus der erst nach Eröffnung des Konkurses über das Vermögen des Gläubigers erfolgten Einlösung des Wechsels seitens des Schuldners der Masse folgt für sich allein noch nicht, daß der aus dieser Einlösung begründete Gegenanspruch an den Kridar im Sinne des § 97. No. 2. der Konkurs-Ordnung erst nach der Konkurseröffnung erlangt sei. Vielmehr ist in Ansehung jedes einzelnen Wechsels, auf welchen die Kompensationsforderung gestützt wird, zu erörtern: ob dieselbe nach den gegebenen Accepten und Indossamenten und den sonstigen konkreten Umständen bereits zu einer Zeit bestanden habe, daß sie zur Kompensation geeignet sich darstellt.*

Siehe auch Rechtsgrundsatz 1170. (§ 96. No. 3. dieser Konkurs-Ordnung.)

B. Nach beendigtem Konkurse, insbesondere nach Beendigung des Konkurses durch Akkord. — Vergl. §§ 124. 197-199. 210. 273. 274. 276. 278. dieser Konkurs-Ordnung.

Rechtsgr. 1173. — IV. Senat. 16. Februar 1860. (XXXVI. 216.)

Der Satz: „daß dem Gemeinschuldner gegenüber, sobald derselbe durch Aufhebung des Konkursverfahrens sein Vermögen zurück erhalten, die im § 97. der Konkurs-Ordnung enthaltenen Beschränkungen der Kompensationsbefugniß niemals gelten," ist in dieser Allgemeinheit als Rechtsregel nicht anzuerkennen, und demselben namentlich der Fall der Beendigung des Konkurses durch Akkord nicht unterzuordnen.

Rechtsgr. 1174. — IV. Senat. 16. Februar 1860. (XXXVI. 211.)

Erfolgt die Beendigung des Konkurses im Wege des Akkords, so wird hierdurch für den nicht bevorzugten Gläu-

* Vergl. dagegen Bd. 2. S. 354. No. 966. dieser Rechtsgrundsätze.

biger, welcher zugleich Schuldner ist, die ihm nach § 97. der Konkurs-Ordnung abgängige Befugniß zur Kompensation nicht hergestellt.

Eilfter Abschnitt. Befugniß der Gläubiger zur Anfechtung der vor der Konkurs-Eröffnung vorgefallenen Rechtshandlungen.

§ 99. Siehe Rechtgrundsatz 1157. (§ 17. dieser Konkurs-Ordnung.)

§ 100. Anfechtung einer von dem Gemeinschuldner vor der Konkurs-Eröffnung geleisteten Zahlung wegen Kenntniß von der Zahlungseinstellung, von der gerichtlichen Anzeige, von der Vermögens-Unzulänglichkeit, oder von dem Antrage auf Konkurs-Eröffnung.

Rechtsgr. 1175. — IV. Senat. 16. Februar 1858. (XXVIII. 190.)

Der § 100. der Konkurs-Ordnung knüpft die Anfechtbarkeit der Zahlung nicht an die Kenntniß von der materiellen Unzulänglichkeit des Vermögens; es müssen vielmehr die konkreten drei Fälle des § 100. Alinea 1. vorliegen.

Siehe auch Rechtsgrundsätze 1148. 1181-1183. (Einführungsgesetz vom 8. Mai 1855 Art. 7.; Konkurs-Ordnung § 103. No. 1. 2., § 122.)

§ 101. Anfechtung von Rechtshandlungen des Gemeinschuldners, welche seit dem Tage der Zahlungseinstellung oder der Anzeige der Vermögens-Unzulänglichkeit, oder des Antrags auf Konkurs-Eröffnung, oder innerhalb der nächstvorhergegangenen zehn Tage vorgenommen worden sind;

— überhaupt:

A. Abschluß dieser Rechtshandlungen am Tage der Zahlungseinstellung.

Rechtsgr. 1176. — IV. Senat. 15. September 1859. (XXXIV. 236.)

a) Daß das streitige Rechtsgeschäft nicht nach, sondern an dem Tage der Zahlungseinstellung abgeschlossen ist, steht der Anwendung des § 101. der Konkurs-Ordnung nicht entgegen.

b) Die Worte des § 101. der Konkurs-Ordnung: „oder innerhalb der nächst vorhergegangenen zehn Tage,“ gehen auf alle drei vorher im § 101. genannten Zeitabschnitte.

B. Anfechtung eines Cessionsgeschäftes. — Vergl. A. L. R. I. 11. §§ 242. 376.

Rechtsgr. 1177. — IV. Senat. 15. September 1859. (XXXIV. 237.)

Die an den Gläubiger des hiernächst in Konkurs gerathenen Cedenten geschehene Cession der dem Letzteren gegen einen Dritten zustehenden Aktivforderung, unter Anrechnung der Cessionsvaluta auf die Gegenforderung des Cessionars, unterliegt der Anfechtung auf den Grund des § 101. der Konkurs-Ordnung.

— No. 1. Anfechtung einer Pfand- und Hypothekenbestellung im Konkurse.

Rechtsgr. 1178. — IV. Senat. 21. Dezember 1860. (XL. 112.)

Der § 101. No. 1. der Konkurs-Ordnung vom 8. Mai 1855, — betreffend die Anfechtbarkeit einer innerhalb zehn Tagen vor dem Antrage auf Konkurs-Eröffnung erfolgten Pfand- und Hypothekenbestellung, — findet überall da keine Anwendung, wo der Gläubiger ein Recht auf Bestellung der Hypothek bereits erworben hatte und der Schuldner nur in Gefolge der für ihn bestehenden Verpflichtung die Hypothek eingeräumt hat.

Siehe auch Rechtsgrundsatz 1182. (§ 103. No. 2. dieser Konkurs-Ordnung.)

— No. 3. Siehe Rechtgrundsatz 1148. (Einführungsgesetz vom 8. Mai 1855 Art. 7.)

Siehe auch Rechtsgrundsätze 69. 1181. 1183. (A. L. R. I. 5. § 37.; Konkurs-Ordnung § 103. No. 1. § 122.)

§ 102. Anfechtung von Rechtshandlungen des Gemeinschuldners, welche seit dem Tage der Zahlungseinstellung, oder der Anzeige der Vermögens-Unzulänglichkeit, oder des Antrags auf Konkurs-Eröffnung, oder innerhalb der nächstvorhergegangenen zwei Jahre vorgenommen worden sind.

— No. 2. Siehe Rechtsgrundsatz 69. (A. L. R. I. 5. § 37.)

— No. 3. Veräußerungen unter einem lästigen Titel an den anderen Ehegatten und an nahe Verwandte:

A. behufs Tilgung einer Schuld.

Rechtsgr. 1179. — IV. Senat. 15. September 1859. (XXXIV. 238.)

Unter den „Veräußerungen unter einem lästigen Titel" im § 102. No. 3. der Konkurs-Ordnung sind Veräußerungen zur Tilgung einer Schuld zwischen dem Schuldner und Gläubiger nicht zu verstehen.

B. Pfandbestellungen. — Vergl. Gesetz vom 9. Mai 1855 § 5. No. 3.

Rechtsgr. 1180. — IV. Senat. 11. November 1859. (XXXV. 213.)

Pfandbestellungen gehören nicht zu den Veräußerungen des § 102. No. 3. der Konkurs-Ordnung.

Siehe auch Rechtsgrundsätze 69. 1148. (A. L. R. I. 5. § 37.; Einführungsgesetz vom 8. Mai 1855 Art. 7.)

§ 103. Anfechtung von Rechtshandlungen, Quittungen, Anerkenntnissen und Zugeständnissen, Entscheidungen und Mandate, — ohne Zeitbeschränkung.

— No. 1. Zahlung an den Gläubiger in baarem Gelde oder durch Hingabe an Zahlungsstatt. — Vergl. §§ 100. 101. dieser Konkurs-Ordnung.

Rechtsgr. 1181. — IV. Senat. 16. Februar 1858. (XXVIII. 190.)

Der Fall des § 103. No. 1. der Konkurs-Ordnung liegt nicht vor, wenn der Gläubiger, obgleich ihm die Vermögensunzulänglichkeit seines Schuldners bereits bekannt war, Zahlung, sei es baar oder durch Hingabe an Zahlungsstatt, angenommen hat.

— No. 2. Richterliche Erkenntnisse, Exekutionsvollstreckungen und insbesondere richterliches Pfandrecht bei stattgefundenen Kollusionen, als anfechtbare Rechtshandlungen. — Vergl. A. G. O. I. 50. Anhang § 321. zu § 46.; Konkurs-Ordnung §§ 100. 101. No. 1.; Code Napoléon art. 2102. No. 2.; Code de commerce art. 441-443.; Dig. 42. 8. Lex 3. § 1., Lex 6. §§ 6. 7., Lex 24.

Rechtsgr. 1182. — IV. Senat. 18. März 1858. (XXVIII. 197.)

a) Eine Verurtheilung des Gemeinschuldners durch richterliches Erkenntniß und die in Folge derselben stattgehabte Exekutionsvollstreckung ist als eine Handlung, mithin auch als eine Rechtshandlung des Gemeinschuldners nur dann anzusehen, wenn jene Entscheidung und die darauf folgende Exekutionsvollstreckung durch Kollusionen des Gemeinschuldners mit dem Gläubiger, zu dessen Gunsten jene ergangen, herbeigeführt ist, oder der Gemeinschuldner in Folge solcher Kollusionen wenigstens zur Gratifikation dieses Gläubigers sich hat verurtheilen und exequiren lassen.

b) Eine solche Kollusion ist in dem Umstande allein, daß der Gläubiger zur Zeit des im Wege der Exekution konstituirten richterlichen Pfandrechts von der Zahlungs-Einstellung resp. Insolvenz des Gemeinschuldners Kenntniß gehabt hat, nicht enthalten.

— No. 3. Siehe Rechtsgrundsatz 69. (A. L. R. I. 5. § 37.)

Titel 2. Von dem Verfahren im kaufmännischen Konkurse.

Zweiter Abschnitt. Von der Eröffnung des Konkurses.

§ **116**. Siehe Rechtsgrundsatz **1160**. (§ **72**. dieser Konkurs-Ordnung.)

§ **122**. Anfechtung der Eröffnung des kaufmännischen Konkurses rücksichtlich der Folgen des Zahlungs-Einstellungs-Tages. — Vergl. §§ **100**. **101**. **124**. **125**. dieser Konkurs-Ordnung.

Rechtsgr. **1183**. — IV. Senat. 16. Juli 1859. (XXXIII. 336.)

Die geschehene Eröffnung des kaufmännischen Konkurses kann rücksichtlich der Folge des zu bestimmenden Zahlungs-Einstellungs-Tages von den dabei Betheiligten zur prozessualischen Kontestation gezogen werden.

Siehe auch Rechtsgrundsatz **1160**. (§ **72**. dieser Konkurs-Ordnung.)

§ **123**. Siehe Rechtsgrundsätze **1188**. **1212**. (§§ **183**. **199**. Alinea **7**. dieser Konkurs-Ordnung.)

§ **124**. Anfechtung des Beschlusses auf Eröffnung des Konkurses.

— Alinea **1**. Anfechtung der Art des zu eröffnenden Konkurses seitens eines Gläubigers. — Vergl. §§ **125**. **322**. **333**. dieser Konkurs-Ordnung.

Rechtsgr. **1184**. — IV. Senat. 11. Januar 1859. (XXXII. 129.)

Die Art der Konkurs-Eröffnung kann durch einen Gläubiger nicht zur Kontestation gebracht werden zu dem Zwecke, um die Umwandlung des kaufmännischen in einen gemeinen Konkurs zu erlangen.

Siehe auch Rechtgrundsätze 1160. 1183. (§§ 72. 122. dieser Konkurs-Ordnung.)

— Alinea 3. Verfahren wegen Wiederaufhebung des Konkurses; Rechtsmittelfrist. — Vergl. §§ 125. 300. dieser Konkurs-Ordnung; Verordnung vom 21. Juli 1846 §§ 13. 27.

Rechtsgr. 1185. — IV. Senat. 9. März 1858. (XXVII. 300.)

a) Das die Wiederaufhebung des Konkurses betreffende Verfahren ist in allen Instanzen der schleunige Prozeß.

b) Daher sind die Rechtsmittel der Appellation und der Nichtigkeitsbeschwerde binnen drei Tagen nach Behändigung des angefochtenen Erkenntnisses bei dem Gerichte erster Instanz anzumelden und einzuführen.

Siehe auch Rechtsgrundsatz 1173. (§ 97. dieser Konkurs-Ordnung.)

§ 125. Richterliche Entscheidung über die erfolgte Feststellung des Zahlungs-Einstellungstages im kaufmännischen Konkurse.

Rechtsgr. 1186. — IV. Senat. 15. September 1859. (XXXIV. 237.)

Die durch Beschluß des Konkursgerichts erfolgte Feststellung des Zahlungs-Einstellungs-Tages kann nur auf dem im § 125. der Konkurs-Ordnung vorgeschriebenen Wege zur richterlichen Entscheidung gebracht werden.

Siehe auch Rechtsgrundsätze 1160. 1183-1185. (§§ 72. 122. 124. Alinea 1. 3. dieser Konkurs-Ordnung.)

Dritter Abschnitt. Von dem gerichtlichen Kommissar und dem einstweiligen Verwalter der Masse.

§ 131. Siehe Rechtsgrundsätze 526. 1211. (A. L. R. I. 20. § 475.; Konkurs-Ordnung § 199. Alinea 6.)

Sechster Abschnitt. Von der Berufung der Konkurs-Gläubiger und Prüfung der Ansprüche derselben.

§§ 164. ff. Siehe Rechtsgrundsatz 1152. (§ 8. dieser Konkurs-Ordnung.)

§§ 168-173. Anerkenntniß in der tabellarischen Uebersicht beim Konkurse

Rechtsgr. 1187. — IV. Senat. 13. September 1860. (XXXVIII. 215.)

Der in der tabellarischen Uebersicht des Prüfungstermins im Konkurse enthaltene Vermerk hinsichtlich des Vorrechts einer angemeldeten Forderung als unstreitig hat die Bedeutung eines ausdrücklichen, definitiven, die Gläubiger bindenden Anerkenntnisses.

Siebenter Abschnitt. Von dem Akkorde.

I. Von der Zulässigkeit und dem Abschlusse des Akkordes.

§§ **181.** ff. Siehe Rechtsgrundsätze 1189-1192. (§§ 185. 187. dieser Konkurs-Ordnung.)

§ **183.** Alinea 1. Bekanntmachung des Akkord-Termins durch Anschlag an der Gerichtsstelle. — Vergl. §§ 123. 193. No. 1. dieser Konkurs-Ordnung.

Rechtsgr. 1188. — IV. Senat. 24. Juni 1858. (XXVIII. 333.)

Der Termin zur Verhandlung über den Akkord ist durch Anschlag an der Gerichtsstelle bekannt zu machen.

Siehe auch Rechtsgrundsatz 1189. (§ 185. dieser Konkurs-Ordnung.)

§ **185.** Zuziehung der Gläubiger zu dem Akkordverfahren im Konkurse. — Vergl. §§ 181. ff. 193. No. 1. § 196. dieser Konkurs-Ordnung.

Rechtsgr. 1189. — IV. Senat. 11. Februar 1858. (XXVIII. 183.)

Zur Theilnahme an den Verhandlungen über den Akkord im Konkurse, auf welchen der Kridar erst nach Abhaltung des ersten Prüfungstermins angetragen hat, sind auch die Inhaber der erst nach dem ersten Prüfungstermine angemeldeten und bis zum Termine zur Verhaudlung über den Akkord festgestellten Forderungen zuzulassen.

Siehe auch Rechtsgrundsatz 1200. (§ 197. Alinea 1. dieser Konkurs-Ordnung.)

§ **186.** No. 3. Siehe Rechtsgrundsätze 1205-1209. (§ 199. Alinea 4. dieser Konkurs-Ordnung.)

§ **187.** Wiederholung der Verhandlung über den im ersten Termin nicht zu Stande gekommenen Akkord in einem neuen Termine. — Vergl. §§ 181. 211. dieser Konkurs-Ordnung.

A. Wiederaufnahme des Akkordverfahrens im Konkurse auf Antrag des Gemeinschuldners.

Rechtsgr. **1190**. — IV. Senat. 20. November 1858. (XXXI. 170.)

Der § 187. der Konkurs-Ordnung vom 8. Mai 1855 steht der von dem Gemeinschuldner nach Abhaltung des ersten und zweiten Termins beantragten Wiederaufnahme des Akkordverfahrens nicht entgegen.

B. Wiederholter Akkordvorschlag nach rechtskräftiger Verwerfung des ersten Akkordes.

Rechtsgr. **1191**. — IV. Senat. 12. Juli 1860. (XXXVII. 345.)

a) Wird der erste Akkord, als den Interessen der Gläubiger nicht günstig, rechtskräftig verworfen, so ist einem neuen Akkordvorschlage mit günstigeren Bedingungen die Einrede der rechtskräftigen Entscheidung nicht entgegenzusetzen.

b) Die Vorbringung von neuen Akkordvorschlägen ist, so lange nicht die Ausschüttung der Masse verfügt ist, gestattet.

§ **189**. Unzulässigkeit des Antrages des flüchtig gewesenen Gemeinschuldners auf Schließung eines Akkordes.

Rechtsgr. **1192**. — IV. Senat. 16. Juli 1859. (XXXIII. 340.)

Die Unzulässigkeit des Antrages auf Schließung eines Akkordes seitens des flüchtig gewordenen Gemeinschuldners wird durch dessen spätere Rückkehr nicht wieder aufgehoben.

Siehe auch Rechtsgrundsatz **1199**. (§ **195**. dieser Konkurs-Ordnung.)

II. Von der gerichtlichen Bestätigung des Akkordes.

§ **191**. Alinea **3**. Feststellung der faktischen Umstände im Akkordverfahren. — Vergl. Instruktion zur Konkurs-Ordnung vom 6. August 1855 § 39.

Rechtsgr. **1193**. — IV. Senat. 10. Juli 1858. (XXX. 182.)

Das Akkordverfahren ist kein streng prozessualisches, und der Richter ist daher bei Feststellung der faktischen Umstände an bestimmte Beweisregeln nicht gebunden.

§ **193**. Versagung der Bestätigung des Akkordes:

— No. 1. Siehe Rechtsgrundsätze 1188. 1189. (§§ 183. 185. dieser Konkurs-Ordnung.)

— No. 2. wegen heimlicher Begünstigung eines Gläubigers; bewilligte Eintragung einer Hypothek. — Vergl. § 203. Al. 1. dieser Konkurs-Ordnung.

Rechtsgr. 1194. — IV. Senat. 12. Juni 1860. (XXXVII. 350.)

Durch die von dem Kridar bewilligte Eintragung einer Hypothek wird die heimliche Begünstigung eines Gläubigers nicht bewirkt.

— No. 3. wegen Benachtheiligung des Interesse der öffentlichen Ordnung:

A. Begriff des Interesse der öffentlichen Ordnung.

Rechtsgr. 1195. — IV. Senat. 10. Juli 1858. (XXX. 182.)

Unter dem Interesse der öffentlichen Ordnung im § 193. No. 3. der Konkurs-Ordnung sind nicht lediglich ähnliche Vergehen, wie die in den §§ 97–120. 261. des Strafgesetzbuchs unter Strafe gestellten zu verstehen. Vielmehr fällt jenes Interesse mit den allgemeinen Interessen des Staats, der bürgerlichen Gesellschaft und der Sittlichkeit zusammen.

B. Beseitigung des Widerspruchs eines Gläubigers gegen den Akkord durch dessen Begünstigung mittelst eines Cessionsgeschäfts.

Rechtsgr. 1196. — IV. Senat. 19. Juli 1860. (XXXVIII. 206.)

Auch die einem Gläubiger, behufs Beseitigung dessen Widerspruchs gegen den Akkord, in der Form eines Cessionsgeschäfts, durch Zahung einer die Hebung im Konkurse übersteigenden Cessionsvaluta und unter Substitution eines dem Akkorde beitretenden Cessionars, vor den übrigen Gläubigern gewährte Begünstigung verstößt, wenn bei dem Widerspruche jenes Gläubigers die gesetzlichen Erfordernisse zum Akkorde nicht vorhanden gewesen sein würden, gegen die öffentliche Ordnung und ist daher ein Grund zur Versagung der Bestätigung des Akkordes.

C. Fahrlässige Verheimlichung eines Vermögensstückes. — Vergl. § 203. Al. 1. dieser Konkurs-Ordnung.

Rechtsgr. **1197.** — IV. Senat. 12. Juli 1860. (XXXVII. 350.)

Wird ein Vermögensstück nur aus Fahrlässigkeit verheimlicht, so ist dies kein Grund, den Akkord im Interesse der öffentlichen Ordnung die Bestätigung zu versagen.

D. Gefälligkeitsaccepte und die Möglichkeit der Kontrahirung neuer Schulden.

Rechtsgr. **1198.** — IV. Senat. 23. Februar 1860. (XXXVII. 51.)

a) Die Annahme, daß die ohne Deckung geschehene Ausstellung von Gefälligkeits-Accepten in Beziehung auf die öffentliche Ordnung absolut etwas nicht zu Rechtfertigendes und daher in jedem Falle ein Grund zur Versagung der Bestätigung des Akkordes im Konkurse über das Vermögen des Ausstellers sei, enthält eine unrichtige Auffassung des Begriffes der öffentlichen Ordnung.

b) Es ist unzulässig, die bloße Möglichkeit, daß von dem Kridar neue Schulden kontrahirt werden möchten, als gegen die öffentliche Ordnung verstoßend aufzufassen und deshalb dem Akkorde die Bestätigung zu versagen.

§ **195.** Rechtsmittel gegen das den Akkord im Konkurse bestätigende Appellations-Urtheil; Einlegung des Rechtsmittels durch den Verwalter der Masse. — Vergl. § 189. dieser Konkurs-Ordnung.

Rechtsgr. **1199.** — IV. Senat. 5. November 1857. (XXVI. 328.)

Gegen das den Akkord bestätigende Appellations-Urtheil ist überhaupt nur die Nichtigkeitsbeschwerde zulässig. Es ist jedoch unstatthaft, daß der Verwalter der Masse allein dieses Rechtsmittel einlegt.

Siehe auch Rechtsgrundsatz 1593. (Verordnung vom 21. Juli 1846 § 18.)

§ **196.** Siehe Rechtsgrundsatz 1189. (§ 185. dieser Konkurs-Ordnung.)

III. Von den Wirkungen des bestätigten Akkords.

§ **197.** Alinea 1. Rechtliche Natur des Akkords als Vergleich für alle Konkurs-Gläubiger, auch wenn sie ihre Forderungen im Konkurse nicht angemeldet und an dem Akkordbeschlusse nicht Theil genommen haben, jedoch mit Ausnahme der bevorzugten, der Masse-, der Pfand- und Hypotheken- und der mit einem anderen Absonderungsrecht versehenen Gläubiger:

A. Beschränkte Natur des Akkords als Vergleich. — Vergl. A. L. R. I. 16. § 405.; Konkurs-Ordnung §§ 185. 199.

Rechtsgr. 1200. — IV. Senat. 7. Juni 1859. (XXXIII. 291.)

Der Akkord berührt weder die innere Beschaffenheit der Ansprüche der Gläubiger, noch auch ist er auf die Feststellung dieser Ansprüche von Einfluß. Er enthält überhaupt keinen neuen Rechtsgrund und ist in diesem Sinne als ein Vergleich nicht anzusehen.

B. Wirkung des Akkords für die Gläubiger einer vor dem Konkurse von dem Kridar verkauften Handlungsfirma.

Rechtsgr. 1201. — IV. Senat. 18. Oktober 1860. (XXXIX. 101.)

Der Akkord ist auch für die Gläubiger einer vor dem Konkurse von dem Kridar verkauften Firma maaßgebend, mögen diese Gläubiger auch nicht in der Lage gewesen sein, ihre Rechte in jenem Konkurse wahrzunehmen.

C. Wirkung des Akkords in Betreff der von dem Gemeinschuldner zu entrichtenden fiskalischen Geldstrafen. — Vergl. A. G. O. I. 50. § 476.; Konkurs-Ordnung §§ 82. 84. No. 1., § 178.

Rechtsgr. 1202. — IV. Senat. 26. Februar 1861. (XL. 308.)

In Betreff der zu entrichtenden Geldstrafen ist Fiskus den Konkursgläubigern nicht beizuzählen und somit nicht dem Akkord unterworfen.

Siehe auch Rechtsgrundsätze 1152. 1173. 1205-1209. (§§ 8. 97. 199. Alinea 4. dieser Konkurs-Ordnung.)

§ 198. Alinea 2. Ausschließung der Wirkungen des Akkords auf die Rechte der Konkursgläubiger gegen die solidarischen Mitschuldner und Bürgen des Gemeinschuldners, insbesondere gegen die Vordermänner der Wechselinhaber.

Rechtsgr. 1203. — IV. Senat. 12. Oktober 1858. (XXX. 315.)

Der § 198. der Konkurs-Ordnung, — nach welchem die Rechte der Gläubiger gegen die solidarischen Mitschuldner und **Bürgen** des Gemeinschuldners durch den Akkord nicht berührt werden, — findet auch auf die Vordermänner des Wechsel-Inhabers Anwendung.

Siehe auch Rechtsgrundsätze 902. 903. 1173. (Allg. Deutsche Wechsel-Ordnung Art. 39.; Konkurs-Ordnung § 97.)

§ **199**. Wirkung des durch Akkord beendigten Konkurses auf das Verwaltungs- und Verfügungsrecht des Gemeinschuldners und die weitere Verfolgbarkeit der Ansprüche der Gläubiger:

— Alinea **3**. Beginn der Wirkung der unterlassenen Ausübung von Rechten und prozessualischen Befugnissen des Gemeinschuldners. — Vergl. § 199. Alinea 7. und § 318. dieser Konkurs-Ordnung.

Rechtsgr. **1204**. — IV. Senat. 19. März 1861. (XL. 356.)

Dem Kridar ist der Verlust von Rechten und die Wirkung der unterlassenen Ausübung prozessualischer Befugnisse erst vom Tage der angeordneten öffentlichen Bekanntmachung des Akkordes zuzurechnen.

— Alinea **4**. Verjährung der Forderungen der Wechselgläubiger. — — Vergl. A. L. R. I. **9**. §§ 516. 517. 528. 545., **16**. §§ 453. ff.; Allg. Deutsche Wechsel-Ordnung Art. 78-80.; Konkurs-Ordnung §§ 8. 9. 186. 197. 199. Alinea 7., §§ 201. 229. 280.

A. Allgemeiner Grundsatz des Ablaufes der ganzen Verjährungsfrist seit Beendigung des Konkurses.

Rechtsgr. **1205**. — IV. Senat. 24. Januar 1859. (XXXII. 162.)

Zur Begründung der Einrede der Wechselverjährung seitens des nach Beendigung des Konkurses über sein Vermögen durch Akkord in Anspruch genommenen Wechselschuldners ist der Ablauf der **ganzen** Verjährungsfrist seit Bekanntmachung der Aufhebung des Konkurses bis zur Anstellung der Wechselklage erforderlich.

B. Ausschließung der Verjährung der im Konkurse **anerkannten** Wechselforderungen.

Rechtsgr. **1206**. — IV. Senat. 7. Juni 1859. (XXXIII. 290.)

Der Einwand der Wechselverjährung ist, insoweit es sich um Beitreibung der Akkord-Rate handelt, zwar hinsichtlich der in dem Konkurse anerkannten oder sonst festgestellten Wechselforderungen, nicht aber hinsichtlich der daselbst nicht anerkannten und auch sonst nicht festgestellten Forderungen ausgeschlossen.

C. Anfang der Verjährung der im Konkurse nicht anerkannten Wechselforderungen:

— erste Ansicht: Anfang dieser Verjährung vom Tage des beendigten Konkurses.

Rechtgr. **1207**. — IV. Senat. 7. Juni 1859. (XXXIII. 291.)

a) Die Wechselverjährung der im Konkurse nicht anerkannten Wechselforderungen beginnt im Falle der Beendigung des Konkurses durch Akkord mit dem Tage der erfolgten öffentlichen Bekanntmachung der Aufhebung des Konkurses.

b) Der Beginn der Verjährung der in dem Prüfungs-Termine nicht anerkannten Wechselforderungen ist von der wirklich geschehenen Zufertigung der danach den Gläubigern zu ertheilenden Abschriften, sowie von der geschehenen Zurückgabe der überreichten Urkunden nicht abhängig.

— zweite Ansicht: Anfang der Verjährung spätestens resp. vom Tage der Fälligkeit der ersten Akkordrate.

Rechtsgr. **1208**. — IV. Senat. 12. Februar 1859; 28. Mai 1859. (XXXII. 243.; XXXIII. 265.)

Im Falle der Beendigung des Konkurses durch Akkord tritt spätestens mit der Fälligkeit der ersten Akkord-Rate für die Wechselgläubiger, deren Forderungen noch nicht festgestellt sind, die Pflicht zur Klage ein, so daß von diesem Termine die Wechselverjährung zu laufen beginnt.

Rechtsgr. **1209**. — IV. Senat. 28. Juni 1860. (XXXVIII. 83.)

In Betreff der in dem Konkurse über das Vermögen des Wechselschuldners nicht anerkannten Wechselforderungen beginnt, nach erfolgter Beendigung des Konkurses durch Akkord, mit der Fälligkeit der ersten Akkord-Rate auch die Verjährung für die später fällig werdenden Raten.

— Alinea 6. Uebergang der anhängigen Prozesse auf den Gemeinschuldner nach durch Akkord beendigtem Konkurse:

A. Beurtheilung der Zulässigkeit des Rechtsmittels mit Rücksicht auf den Streitgegenstand des Spezialprozesses gegen die Konkursmasse nach abgeschlossenem Akkorde.

Rechtsgr. 1210. — IV. Senat. 24. April 1860. (XXXVII. 192.)

Der Streitgegenstand eines Spezialprozesses gegen die Konkursmasse: Festsetzung der eingeklagten Summe als Forderung des Klägers, — erleidet durch den Abschluß eines Akkordes, insofern der Kläger den Klageantrag nicht etwa selbst herabsetzt, keine Veränderung, weshalb auch nach abgeschlossenem Akkorde die ganze Summe jener Forderung in Betreff der Zulässigkeit des Rechtsmittels maaßgebend ist. Es macht hierbei keinen Unterschied, wenngleich aus der Konkursmasse ein die Summe des zulässigen Rechtsmittels erreichender Betrag nicht erzielt werden kann.

B. Wirkung des nach Beendigung des Konkurses durch Akkord von dem Konkursverwalter in einem Spezialprozesse angemeldeten Rechtsmittels der Appellation. — Vergl. A. L. R. I. 13. § 239.; Konkurs-Ordnung § 131.

Rechtsgr. 1211. — IV. Senat. 19. März 1861. (XL. 356.)

Das nach Beendigung des Konkurses durch Akkord von dem Konkursverwalter in einem Spezialprozesse angemeldete und eingeführte Rechtsmittel der Appellation erlangt durch die wenngleich erst nach Ablauf der Frist seitens des rehabilitirten Kridars erfolgte Genehmigung rechtliche Wirksamkeit.

— Alinea 7. Bekanntmachung der Beendigung des Konkurses durch Akkord und Schlußvertheilung. — Vergl. §§ 123. 277. dieser Konkurs-Ordnung.

Rechtsgr. 1212. — IV. Senat. 28. Mai 1859; 20. März 1860. (XXX. 265.; XXXVI. 331.)

Die Art der öffentlichen Bekanntmachung der Beendigung des Konkurses durch Akkord und durch Schlußvertheilung ist dem fakultativen Ermessen des Gerichts überlassen; der Aushang an der Gerichtsstelle ist nicht nothwendig.

Siehe auch Rechtsgrundsätze 1173. 1200. 1204-1209. (§§ 97. 197. 199. Alinea 4. dieser Konkurs-Ordnung.)

§§ **200. 201.** Siehe Rechtgrundsätze 1205-1209. (§ 199. Alinea 4. dieser Konkurs-Ordnung.)

IV. Von der Nichtigkeit des Akkords.

§ **203.** Alinea 1. Siehe Rechtgrundsätze 1194. 1197. (§ 193. No. 2. dieser Konkurs-Ordnung.)

VI. Von außergerichtlichen Vergleichen.

§ **210.** Siehe Rechtsgrundsatz 1173. (§ 97. dieser Konkurs-Ordnung.)

Achter Abschnitt. Von dem definitiven Verwalter der Masse und dem Verwaltungsrathe.

§ **211.** Siehe Rechtsgrundsätze 1190. 1191. (§ 187. dieser Konkurs-Ordnung.)

Zehnter Abschnitt. Von der Feststellung der streitigen Forderungen der Konkursgläubiger.

§§ **229. 230.** Betreibung der streitigen Forderungen der Gläubiger in Spezialprozessen:

A. Abweisung einer Klage angebrachtermaaßen in Konkurs-Spezial-Prozessen.

Rechtsgr. **1213.** — IV. Senat. 8. September 1860. (XXXVIII. 212.)

Der Grundsatz der alten Konkurs-Ordnung: daß eine Abweisung nicht gehörig substanziirter Klagen in angebrachter Art unzulässig sei, ist in der neuen Konkurs-Ordnung verlassen worden.

B. Einrede des Wechselverpflichteten in Konkurs-Spezialprozessen. — Vergl. Allg. Deutsche Wechselordnung Art. 82.

Rechtsgr. **1214.** — IV. Senat. 30. Oktober 1860; 29. Januar 1861. (XXXIX. 128.; XL. 191.)

Im Konkurse schließt das Verfahren in den Spezialprozessen die Anwendbarkeit der nur auf den Wechselprozeß bezüglichen Vorschriften über die Liquidität der Einrede aus, nicht aber die materielle Vorschrift des Art. 82. der Allgem Deutschen Wechsel-Ordnung über die Zulässigkeit von Einreden einer Wechselverpflichtung gegenüber.

Siehe auch Rechtsgrundsätze 1152. 1205-1209. (§ 8. Alinea 1., § 199. Alinea 4. dieser Konkurs-Ordnung.)

Vierzehnter Abschnitt. Von der Beendigung des Konkurses.

§§ **273. 274. 276.** Siehe Rechtsgrundsatz 1173. (§ 97. dieser Konkurs-Ordnung.)

§ **277.** Siehe Rechtsgrundsatz 1212. (§ 199. Alinea 7. dieser Konkurs-Ordnung.)

§ **278.** Siehe Rechtsgrundsatz 1173. (§ 97. dieser Konkurs-Ordnung.)

§ **280.** Siehe Rechtsgrundsätze 1150-1153. 1205-1209. (§§ 8. 199. Alinea 4. und § 292. dieser Konkurs-Ordnung.)

Fünfzehnter Abschnitt. Besondere Bestimmungen.

II. Für den Konkurs über das Vermögen von Handelsgesellschaften.

§ **291.** Siehe Rechtsgrundsatz 1159. (§ 36. dieser Konkurs-Ordnung.)

III. Verfahren über das inländische Vermögen eines ausländischen Gemeinschuldners.

§§ **292-294.** Zulässigkeit der Klage gegen den Kridar bei einem inländischen Gerichte während des im Auslande schwebenden Konkurses. — Vergl. §§ 1. 8. 9. 280. 333. dieser Konkurs-Ordnung.

Rechtsgr. **1215.** — IV. Senat. 11. Mai 1858. (XXIX. 291.)

So lange über das inländische Vermögen des Kridars kein Partikular-Konkurs eröffnet, oder die Auslieferung des inländischen Vermögens an das ausländische Konkursgericht nicht erfolgt ist, ist die Anstellung einer besonderen Klage gegen den zur Zeit den inländischen Gesetzen unterworfenen Kridar zulässig.

Siehe auch Rechtsgrundsatz 1149. (§ 1. dieser Konkurs-Ordnung.)

Achtzehnter Abschnitt. Von den Folgen des Konkurses in Beziehung auf die Person des Gemeinschuldners.

§ **300.** Siehe Rechtsgrundsatz 1185. (§ 124. Alinea 3. dieser Konkurs-Ordnung.)

§§ **310.** ff. Siehe Rechtsgrundsatz **1035.** (A. G. O. I. **3.** § **62.**)
§ **318.** Siehe Rechtsgrundsatz **1204.** (§ **199.** Alinea 3. dieser Konkurs-Ordnung.)

Titel 3. Von dem Verfahren im gemeinen Konkurse.

Erster Abschnitt. Von der Eröffnung des Konkurses.

§§ **322. 323. 330.** Siehe Rechtsgrundsatz **1184.** (§ **124.** Alinea **1.** dieser Konkurs-Ordnung.)

Zweiter Abschnitt. Von dem Verfahren im Konkurse.

§ **333.** Siehe Rechtsgrundsätze **1184. 1215.** (§ **124.** Alinea **1.** § **292.** dieser Konkurs-Ordnung.)

Titel 4. Von dem erbschaftlichen Liquidationsverfahren.

§§ **354. 360.** Anfechtung der Verfügungen einzelner Benefizialerben über Nachlaßgegenstände dritten Personen gegenüber seitens des Verwalters des später eröffneten Konkurses. — Vergl. A. L. R. I. **9.** §§ 367. 368. **443.** ff., **17.** §§ **10. 115.**; Verordnung vom **28.** März 1840 §§ **1.** ff.

Rechtsgr. **1216.** — **IV.** Senat. **11.** September **1860.** (**XXXIX. 44.**)

Nach Eröffnung des Konkurses über den Nachlaß ist der Verwalter der Konkursmasse nicht berechtigt, die vorher von einem der Benefizialerben vorgenommene Veräußerung von Nachlaßgegenständen anzufechten.

Titel 5. Von dem Prioritätsverfahren in der Exekutions-Instanz.

Dritter Abschnitt. Von der Vertheilung der Kaufgelder bei nothwendigen Subhastationen.

§ **386.** Alinea **2.** Vorladung „der nicht eingetragenen Realgläubiger“ zum Kaufgeldervertheilungs-Termin. — **Vergl.** §§ **388. 390. 405. 414.** dieser Konkurs-Ordnung.

Rechtsgr. 1217. — IV. Senat. 17. Mai 1859. (XXXIII. 213.)

Unter den „nicht eingetragenen Realgläubigern“ des § 386. der Konkurs-Ordnung sind Inhaber von eingetragenen Hypotheken-Kapitalien, welche ihre Cession im Hypothekenbuch nicht haben notiren lassen, nicht zu verstehen.

§§ **392.** ff. Berechtigung der Realgläubiger zur Anfechtung der Forderungen der Mitgläubiger:

A. Legitimation der Realgläubiger zur Bestreitung bereits rechtskräftig feststehender Forderungen der Mitgläubiger. — Vergl. A. G. O. I. Einl. § 66., 16. § 1.

Rechtsgr. 1218. — IV. Senat. 15. März 1859. (XXXIII. 61.)

Die Legitimation der Realgläubiger zur Bestreitung einzelner bereits rechtskräftig feststehender Forderungen der Mitgläubiger erstreckt sich nur auf die Fälle, wenn der gegen den Schuldner ergangenen rechtskräftigen Entscheidung solche Umstände zum Grunde liegen, aus welchen auf die dem anderen Theile bekannt gewesene Absicht des Schuldners, sie nur zum Schein oder zur Bevortheilung der Gläubiger gegen sich ergehen zu lassen, geschlossen werden darf.

B. Legitimation nacheingetragener Hypothekengläubiger zur Anfechtung voreingetragener Hypotheken im Kaufgelder-Vertheilungsverfahren. — Vergl. Subhastationsverordnung vom 4. März 1834 §§ 16. ff.; Einführungsgesetz zur Konkurs-Ordnung Art. 1.

Rechtsgr. 1219. — IV. Senat. 8. November 1859. (XXXV. 228.)

Bei dem Verfahren wegen der Vertheilung der Kaufgelder eines nach Einführung der Konkurs-Ordnung vom 8. Mai 1855 subhastirten Grundstücks sind die nachstehenden Hypothekengläubiger auch dann, wenn sie vor Einführung dieser Konkurs-Ordnung eingetragen worden, berechtigt, die Verität und Rechtsgültigkeit einer vorstehenden, conjunctim auf mehrere Grundstücke eingetragenen Hypothek anzufechten.

§ **395.** Verhaftung mehrerer Grundstücke für dieselbe, ungetheilte Forderung.

Rechtsgr. **1220**. — III. Senat. 9. Juli 1859. (XXXIV. 168.)

Der § 395. der Konkurs-Ordnung ist nicht auf den Fall zu beschränken, wenn die mehreren Grundstücke demselben Eigenthümer und derzeitigen Exequenden gehören.

Fünfter Abschnitt. Von der Vertheilung der Revenüen von Immobilien.

§ **420**. Erstattung der Sequestrationskosten aus der Kaufgeldermasse bei erfolgter Subhastation außerhalb des Konkurses. — Vergl. §§ **40**. **41**. No. **2**., §§ **46**. **57**. **58**. **383**. **416**. dieser Konkurs-Ordnung.

Rechtsgr. **1221**. — III. Senat. 4. Juli 1860. (XXXVII. 324.)

Aus den §§ 40. 41. No. 2., §§ 46. 57. 58. 383. 416. 420. der Konkurs-Ordnung folgt nicht, daß die durch die Revenuen nicht gedeckten Sequestrationskosten auch dann aus der Kaufgeldermasse zu erstatten sind, wenn die Subhastation demnächst außerhalb des Konkurses erfolgt ist.

Titel 6. Von der gerichtlichen Zahlungsstundung und von der Rechtswohlthat der Kompetenz.

Zweiter Abschnitt. Von der Rechtswohlthat der Kompetenz.

§ **434**. Kompetenz des Gemeinschuldners aus fortlaufenden Einkünften.

Rechtsgr. **1222**. — IV. Senat. 11. Januar 1859. (XXXIII. 18.)

a) Der Ausdruck „fortlaufende Einkünfte“ des § 434. der Konkurs-Ordnung vom 8. Mai 1855 ist nicht auf eigentliche Renten zu beschränken und auch auf Einnahmen jährlicher Zinsen eines Kapitals zu beziehen, welches der Substanz nach nicht zur Disposition des Schuldners und seiner Gläubiger steht.

b) Das Wort: „Freigebigkeit“ im § 434. a. a. O. bildet den Gegensatz des „lästigen Vertrages“ und paßt auf jede Erbeinsetzung oder letztwillige Verfügung, auch wenn der Honorirte ein Pflichttheilsberechtigter ist.

Kriminal-Ordnung vom 11. Dezember 1805.

§ **392**. Eid in Injuriensachen im Bezirke des Justiz-Senats zu Ehrenbreitstein. — Vergl. Strafgesetzbuch § 157.; A. G. O. I. **34**. Anh. §§ 229. 232. zu § 16.; Kabinetsorders vom 1. Februar 1811 und 11. Oktober 1831; Verordnung vom 21. Juli 1849 §§ 37. 39.

Rechtsgr. **1223**. — Senat für Strafsachen, Abth. II. 25. November 1858. (XXXIV. 16.)

Auch für den Bezirk des Justiz-Senats zu Ehrenbreitstein ist der Eid in Injuriensachen ein unzulässiges Beweismittel.

Siehe auch Rechtsgrundsatz 1295. (Dig. **12**. 2. Lex 3. § 1.)

Allgemeine Hypotheken-Ordnung.

Titel 1. Von der Form und Einrichtung der Hypothekenbücher überhaupt.

§§ **14**. ff. Siehe Rechtsgrundsatz 615. (A. L. R. II. **1**. § 378.)

§§ **34**. ff. Siehe Rechtsgrundsatz 37. (A. L. R. I. **2**. § 44.)

§ **48**. Siehe Rechtsgrundsätze 315. 753. 1146. 1227. (A. L. R. I. **11**. § 342., II. **11**. § 857.; A. G. O. II. **6**. § 15. No. 4.; Allg. Hypotheken-Ordnung II. § 100.)

§ **49**. Entschuldbarkeit der Unkenntniß einer in das Hypothekenbuch eingetragenen Last. — Vergl. A. L. R. I. **4**. § 19., **22**. § 53.

Rechtsgr. **1224**. — II. Senat. 29. November 1859. (XXXV. 317.)

Die gesetzliche Regel: daß Niemand sich mit der Unkenntniß einer nach § 49. I. der Hypotheken-Ordnung in das Hypothekenbuch eingetragenen Last entschuldigen kann, — ist auf speziell eingetragene Lasten zu beschränken.

Siehe auch Rechtsgrundsätze 46. 315. 517. 1227. (A. L. R. I. **2**. § 134., **11**. § 342., **20**. § 408.; Allgem. Hypotheken-Ordnung II. § 100.)

Titel 2. Von Verwaltung des Hypothekenwesens und Führung der Bücher bei den Oberkollegiis.

§§ **7. 8.** Siehe Rechtsgrundsatz **1225.** (§ 30. dieses Titels.)

§ **18.** Siehe Rechtsgrundsätze 258. 518. **1225. 1226.** (A. L. R. I. **9.** § 551., **20.** § 418.; Allg. Hypothekenordnung II. § 30.)

§ **30.** Eintragung eines Arrestes in das Hypothekenbuch. — Vergl. § 7. 8. 18. dieses Titels.

A. Präsentation des Arrestgesuchs zu den Hypothekenakten vor Verhängung des Arrestes durch den Prozeßrichter. — Vergl. Allgem. Hypothekenordnung III. § 13.

Rechtsgr. **1225.** — IV. Senat. 11. Februar 1858. (XXVII. 270.)

Für einen im Hypothekenbuch zu vermerkenden Arrest bildet die den Arrest verhängende Verfügung des Prozeß-Richters das Memoriale, worauf erst die Eintragung des Arrestes dekretirt werden kann. Die vor dem Datum dieser Verfügung erfolgte Präsentation des Arrestgesuchs zu den Grundakten ist ohne rechtliche Bedeutung.

B. Wirkung der Präsentation der Requisition des Prozeßrichters auf Eintragung eines Arrestes zu den Hypothekenakten auf die Rechte des neuen Erwerbers des Grundstücks. — Vergl. Exekutionsverordnung vom **4.** März **1834** § **22.**

Rechtsgr. **1226.** — III. Senat. 27. Juni 1859. (XXXIV. 102.)

a) Bei begründeten Arrestschlägen ist die Präsentation der Requisition des Prozeßrichters zu den Hypotheken-Akten, nicht die Eintragung selbst, in Kollisionsfällen entscheidend.

b) Jene Präsentation ist jedoch nur dann entscheidend, wenn die Eintragung daraus wirklich später erfolgt ist, nicht aber in dem Falle, wenn auf Grund des ergänzten Gesuches, das später von Neuem präsentirt worden, die Eintragung geschehen ist.

Siehe auch Rechtsgrundsatz 520. (A. L. R. I. **20.** § 433.)

§ **83.** Siehe Rechtsgrundsatz 517. (A. L. R. I. **20.** § 408.)

§ **92.** Siehe Rechtsgrundsatz 1106. (A. G. O. I. **24.** § 9.)

§ **93.** Siehe Rechtsgrundsatz 314. (A. L. R. I. **11.** § 342.)

§ **100.** Fortdauer der Grundgerechtigkeiten bei der nothwendigen Subhastation. — Vergl. A. L. R. I. **7**. §§ **111**. ff. **126**. ff., **11**. §§ **175**. **179**. **183**. **186**. **342**.; Allgem. Hypotheken-Ordnung I. §§ **48**. **49**.

Rechtsgr. **1227**. — II. Senat. 21. Juni 1860. (XXXVII. 298.)

Grundgerechtigkeiten gehen durch die nothwendige Subhastation des dienenden Grundstücks nicht unter.

Siehe auch Rechtsgrundsatz 315. (A. L. R. I. **11**. § 100.)

§ **107**. Siehe Rechtsgrundsatz 518. (A. L. R. I. **20**. § 418.)
§ **159**. Siehe Rechtsgrundsatz 525. (A. L. R. I. **20**. § 468.)
§§ **169**. ff. Siehe Rechtsgrundsatz 507. (A. L. R. I. **20**. § 11.)
§§ **202**. ff. Siehe Rechtsgrundsatz 530. (A. L. R. I. **20**. § 522.)
§§ **205**. ff. **210**. **213**. Anwendbarkeit des § **205**. II. der Allg. Hypotheken-Ordnung und des § **15**. des Hypothekengesetzes vom **24**. Mai 1853 auf konventionelle Hypotheken. — Vergl. A. L. R. I. **11**. §§ **393**. **394**., **20**. §§ **513**. **514**. **522**. **523**.; Hypothekengesetz vom **24**. Mai 1853 § **15**.

Rechtsgr. **1228**. — III. Senat. 9. Juni 1858. (XXX. 68.)

Die Vorschrift des § 205. II. der Hypotheken-Ordnung sowie die des § 15. der Hypotheken-Novelle vom 24. Mai 1853, betreffend das Verfahren bei der Cession einer eingetragenen gesetzlichen oder stillschweigenden Hypothek, ist auch bei konventionellen Hypotheken anzuwenden, und gehört deshalb auch bei diesen zur Beobachtung der gesetzlichen Vorschriften im Sinne des § 522. I. 20. des Allgem. Landrechts, daß vor der Cession eine zur Eintragung sich qualifizirende Schuld-Urkunde ausgestellt werde.

§§ **241**. ff. Siehe Rechtsgrundsatz **472**. (A. L. R. I. **16**. Anh. § 52. zu § 484.)
§§ **289**. **298**. **299**. Siehe Rechtsgrundsatz 259. (A. L. R. I. **9**. § 551.)
§ **301**. Siehe Rechtsgrundsatz 51. (A. L. R. I. **4**. § 19.)

Titel 3. Vom Verfahren in Hypothekensachen bei Untergerichten.

§ **13**. Siehe Rechtsgrundsatz **1225**. (Allgem. Hypotheken-Ordnung II. § 30.)

Titel 4. Wie bei Anlegung neuer Hypothekenbücher zu verfahren.

§ 29. Siehe Rechtsgrundsatz 517. (A. L. R. I. 20. § 408.)

Allgemeine Depositul-Ordnung.

Titel 1. Allgemeine Regeln des Verfahrens in Deposital-Sachen.

§§ 21. 22. Siehe Rechtsgrundsätze 409. 730. (A. L. R. I. 14. § 99., II. 9. § 68.)

§ 38. Siehe Rechtsgrundsatz 832. (A. L. R. II. 18. § 474.)

Corpus juris Fridericianum.

(Berlin, 1781.)

Buch I. Theil 1. Tit. 4. § 9. Siehe Rechtsgrundsatz 1009. (A. G. O. I. 1. § 13.)

Buch I. Theil 4. Tit. 2. §§ 14. 15. Siehe Rechtsgrundsatz 1018. (A. G. O. I. 2. § 111.)

Buch I. Theil 4. Tit. 12. § 76. Siehe Rechtsgrundsatz 351. (A. L. R. I. 11. § 971.)

Ostpreußisches Provinzialrecht.

(Berlin, 1801-1802.)

Zusatz 213. § 13. (Zum A. L. R. II. 11. §§ 858. 859. 891. 921. 937.) Kleine Kalende in Ostpreußen.

Rechtsgr. 1229. — I. Senat. 11. September 1857. (XXVI. 179.)

Wenn mehrere bäuerliche Wirthschaften bei Gelegenheit

der Separation unter Einem Besitzer in Eine Haushaltung zusammengezogen werden, so ist dennoch die ortsübliche kleine Kalende an den Prediger und Organisten nach wie vor in der Mehrzahl zu entrichten.

Zusatz **226**. § **1**. (Zum A. L. R. II. **15**. §§ 12-15.) Siehe Rechtsgrundsatz 1357. (Wegereglement vom **24**. Juni **1764**. § 9.)

Westpreußisches Provinzialrecht.

(Von 1844.)

§§ **51-57**. Katholische Kirche in Westpreußen; Verpflichtung katholischer Grundbesitzer zur Entrichtung von Meßkorn an die Pfarrer der evangelischen Kirche.

Rechtsgr. **1230**. — I. Senat. 22. Juni 1857. (XXV. 229.)

Liegen nur sonst die Bedingungen der §§ 51–57. des Westpreußischen Provinzialrechtes vor, so muß ein Westpreußischer Grundbesitzer, auch wenn er katholisch ist und Abgaben an die katholische Kirche entrichten muß, an den Pfarrer der evangelischen Kirche das ortsgewöhnliche Meßkorn liefern.

§ **71**. Observanz hinsichtlich der unentgeltlichen Entnahme von Erde zu Deicharbeiten aus den Außendeichen, nach dem Westpreußischen Provinzialrecht und dem Danziger Statut. — Vergl. A. L. R. Einl. §§ **54**. ff. 74. 75., II. **15**. §§ 63-66.; Patent vom **19**. April **1844** §§ 3. 5.; Danziger Deich-Statut vom **12**. Januar **1857** § **12**.; Gesetz vom **16**. **Februar** **1857** § **3**.

Rechtsgr. **1231**. — III. Senat. 4. Januar 1861. (XL. 120.)

a) Der § 71. des Westpreußischen Provinzialrechts und der § 12. des Statuts des Deichverbandes des Danziger Werders vom 12. Januar 1857 umfassen auch die durch Gewohnheit begründeten Rechte und Pflichten der Mitglieder der früheren Deichgenossenschaften.

b) Daher ist das durch Gewohnheit begründete Recht der Deichgenossen, die Erde zu den Deicharbeiten aus den Außendeichen unentgeltlich zu entnehmen, für die Zukunft für aufrecht erhalten zu erachten.*

Entwurf des Danziger Partikularrechts.

(Berlin, 1837.)

§ 77. Beweiskraft der Danziger Erbbücher. — Vergl. Kulmisches Recht Buch 4. Tit. 5. Kap. 7.

Rechtsgr. 1232. — II. Senat. 4. November 1858. (XXXI. 103.)

Die in dem Erbbuche der Stadt Danzig erfolgte Eintragung der Besitzrechte beweist das Eigenthum des Besitzers nicht.

Provinzialrecht des Herzogthums Neuvorpommern und des Fürstenthums Rügen.

(Greifswald, 1836.)

Theil I. Abth. 1. § 4. (Zum A. L. R. Einl. § 6.) Gerichtsgebrauch als Gewohnheitsrecht und resp. als gültige Entscheidungsquelle. — Vergl. Dig. 1. 3. Lex 38.; Cod. 4. 1. Lex 12. § 5., 7. 45. Lex 13., 8. 10. Lex 3., 9. 35. Lex 11.

Rechtsgr. 1233. — V. Senat. 13. April 1858. (XXVIII. 240.)

Für Neuvorpommern und Rügen ist eine Gewohnheit nur dann, wenn von der höchsten Instanz die Feststellung derselben für richtig gehalten und zugleich die Gewohnheit und Praxis als zu Recht bestehend anerkannt ist, eine gültige Entscheidungsquelle.

* Vergl. dagegen den Rechtsgrundsatz 23. Seite 8. dieses Bandes.

Theil **I.** Abth. **3.** § 959. (Zum A. L. R. II. **11.** § 395.) Siehe Rechtsgrundsatz 1326. (Pommersche Kirchenordnung von 1535 Theil II. „vom Predigt-Amt.")

Theil **I.** Abth. **4.** § 1876. (Zum A. L. R. II. **18.** § 736.), und Motive im Theil V. zu § 1876. Beendigung der Vormundschaft über minderjährige Pflegebefohlene weiblichen Geschlechts in Neuvorpommern und Rügen durch Verheirathung. — Vergl. A. L. R. II. **18.** § 736.

Rechtsgr. **1234.** — V. Senat. 21. Juni 1859. (XXXIII. 315.)

In dem Herzogthum Neuvorpommern und dem Fürstenthum Rügen hört durch die Verheirathung einer Pflegebefohlenen weiblichen Geschlechts die bisher über sie geführte Vormundschaft, ihrer Minderjährigkeit ungeachtet, gänzlich auf, und zwar auch dann, wenn dieselbe mit oder nach Aufhebung der Vormundschaft einem anderen, nicht dieselben Bestimmungen enthaltenden, Recht unterworfen wird.

Theil **II.** S. **238.** Siehe Rechtsgrundsatz 376. (A. L. R. I. **12.** § 621.)

Theil **V.** Motive zu § 1876. Siehe Rechtsgrundsatz 1234. (Theil I. Abth. 4. § 1876. dieses Provinzialrechts.)

Jus culmense ex ultima revisione, oder das vollständige Kulmische Recht.

(Danzig, 1767.)

Buch **IV.** Tit. **5.** Kap. **7.** Siehe Rechtsgrundsatz 1232. (Entwurf des Danziger Partikularrechts von 1837 § 77.)

Revidirtes Lübisches Recht.

(Ausgabe von Kollius, Hamburg, 1586.)

Buch **I.** Tit. **8.** Art. **2.** Anfechtung eines „Gebäudes" nach Lübischem Recht.

Rechtsgr. 1235. — V. Senat. 20. Dezember 1859. (XXXVI. 112.)

a) Das Wort „Gebäude" im Art. 2. I. 8. des Lübischen Rechts ist von jeder Bau-Anlage, mithin auch von einem Wasserlaufe, einer Abzugsrinne, zu verstehen.

b) Durch dies Gesetz wird nicht blos die Erlöschung des Rechts auf Seiten des dienenden, sondern auch die Ersitzung des Rechts auf Seiten des herrschenden Grundstücks herbeigeführt.

Buch **III.** Tit. **1.** Art. **10.** Siehe Rechtsgrundsatz **1241.** (Rüthener und Gesecker Statutarrecht.)

Buch **III.** Tit. **12.** Art. **13.** Anlegung einer neuen Feuerstätte ꝛc. in dem Hause des Nachbars, nach Lübischem Rechte. — Vergl. A. L. R. I. **8.** §§ 69. 133.

Rechtsgr. 1236. — II. Senat. 8. November 1860. (XXXIX. 183.)

Die Vorschrift des Art. 13. III. 12. des Lübischen Rechts, — betreffend die Anlegung neuer Gänge, Wohnkeller, Fenster, Thüren, Schure, Schornsteine oder Feuerstätten in dem Hause des Nachbars, — findet keine Anwendung, wenn eine solche Anlage erweislich dem benachbarten Grundstücke nicht gefährlich oder schädlich ist, und der Nachbar durch dieselbe in seinen Eigenthumsrechten nicht beeinträchtigt wird.

Revidirter Entwurf des Provinzialrechts des Herzogthums Schlesien und der Grafschaft Glatz.

(Berlin, 1841.)

§ **29.** und Motive S. **19.** Siehe Rechtsgrundsatz **341.** (A. L. I. **11.** § 804.)

§§ **536.** ff. und Motive S. **257.** Siehe Rechtsgrundsatz **1336.** (Synodus pragensis vom Jahre 1605.)

Entwurf des Provinzialrechts der Kurmark Brandenburg.

(Dr. v. Scholtz und Hermensdorff, das bestehende Provinzialrecht der Kurmark Brandenburg. Zweite Ausgabe, Berlin 1854.)

§§ **444. 451.** und Motive, Theil **II.** S. **322.** Observanz hinsichtlich der Beiträge zu den Kirchenbauten in der Kurmark Brandenburg, insbesondere Beitragspflicht der Rittergutsbesitzer und der Filialgemeinden. — Vergl. A. L. R. II. **11.** § 710.; Kabinetsorder vom 3. Januar 1699.

Rechtsgr. **1237.** — I. Senat. 21. März 1859. (XXXIII. 81.)

a) Nach dem Kurmärkischen Provinzialrecht beträgt der Beitrag eines beitragspflichtigen Mitgliedes der Filialgemeinden der Hauptkirche — d. h. der für beständig zur Hauptkirche eingepfarrten Gemeinden — die Hälfte desjenigen Beitrages, welchen ein Beitragspflichtiger gleicher Qualität in der Hauptgemeinde zu zahlen hat.

b) Eingepfarrte Rittergutsbesitzer, die nicht zugleich Patrone der Kirche sind, sind den Meistbetheiligten in der Hauptgemeinde gleichzustellen, und haben daher, wenn sie außerhalb wohnen, die Hälfte des ganzen Beitrages eines Meistbetheiligten zu leisten.

Revidirter Entwurf des Provinzialrechts des Fürstenthums Eichsfeld.

(Berlin, 1837.)

§ **244.** Siehe Rechtsgrundsatz 1337. (Eichsfeld'sche Kirchen-Ordnung von 1605.)

Entwurf des Statutar- und Gewohnheitsrechts des Herzogthums Westphalen.

(Seibertz, Statutar- und Gewohnheitsrechte des Herzogthums Westphalen. Arnsberg 1839.)

Zusatz III. § 65. Siehe Rechtsgrundsatz 831. (A. L. R. II. 18. § 376.)

Rüthener und Gesecker Statutarrecht von 1310.

(Seibertz, Statutar- und Gewohnheitsrechte des Herzogthums Westphalen, S. 357.)

Art. 41. Eheliche Gütergemeinschaft:

A. Dispositionsbefugniß des überlebenden Ehegatten nach dem Rüthener Statutarrechte.

Rechtsgr. 1238. — I. Senat. 19. Oktober 1857. (XXVI. 280).

Nach Rüthener Statutarrecht kann der überlebende Ehegatte während der fortgesetzten Gütergemeinschaft das gesammte gemeinschaftliche Vermögen durch Uebertragsvertrag an Eins seiner Kinder, unter einseitiger Bestimmung der Abfindungen der übrigen Kinder, übertragen.*

B. Dispositionsbefugnisse des überlebenden Ehegatten nach dem Gesecker Gewohnheitsrechte.

Rechtsgr. 1239. — I. Senat. 19. Oktober 1857. (XXVI. 290.)

Nach dem Gewohnheitsrechte der Stadt Gesecke kann der überlebende Ehegatte während der fortgesetzten Gütergemeinschaft das gesammte gemeinschaftliche Vermögen durch Uebertragungsvertrag an Eins seiner Kinder, unter einseitiger Bestimmung der Abfindungen der übrigen Kinder, übertragen.

C. Pflichten des überlebenden Ehegatten nach dem Rüthener Statutarrechte.

* Vergl. dagegen Bd. 2. S. 365. Nr. 979. dieser Rechtsgrundsätze.

Rechtsgr. **1240.** — I. Senat. 24. Juni 1857. (XXV. 288.)

Der überlebende Ehegatte, welcher mit den Kindern die Gütergemeinschaft nach dem Rüthener Statutarrecht fortsetzt, hat nicht die Pflichten des Ehemannes in stehender Ehe.

D. Umfang der Verhaftung der Wittwe für die von dem verstorbenen Manne während der Ehe gemachten Schulden, nach dem Rudener und Gesecker Statutarrechte. — Vergl. A. L. R. I. **17.** § **127.**, II. **1.** § 380.; Revidirtes Lübisches Recht Buch 3. Tit. 1. Art. 10.

Rechtsgr. **1241.** — IV. Senat. 9. Juli 1857. (XXV. 333.)

a) Nach der Rudener und Gesecker ehelichen Gütergemeinschaft ist, nach Trennung einer kinderlosen Ehe durch den Tod des Mannes, die Wittwe über den Betrag des gemeinschaftlichen Vermögens hinaus für die von dem verstorbenen Manne während der Ehe gemachten Schulden nicht verhaftet.

b) Nach der Rudener und Gesecker ehelichen Gütergemeinschaft ist bei Auflösung einer kinderlosen Ehe die überlebende Wittwe nicht als die alleinige Erbin des Mannes, vielmehr sind dessen nächste Verwandte als ihre Miterben anzusehen.

Daher können wegen der von dem Manne während der Ehe kontrahirten Schulden die Wittwe und jene Intestaterben nur gemeinschaftlich in Anspruch genommen werden.

Revidirter Entwurf des Provinzialrechts des Fürstenthums Paderborn.

(Berlin, 1841.)

§§ **44. 45.** und Motive S. **25.** ff. Heimfallspflichtigkeit der Paderborner Meiergüter; Vererbungsgrundsätze bei denselben. — Vergl. Fürstlich Paderbornsche Meierordnung vom **23.** Dezember **1765** § **22.**; Gesetz No. 938. vom **21.** April **1825** § **37.**; Deklaration vom **24.** November **1833.**

Rechtsgr. **1242**. — I. Senat. 11. Februar 1861. (XL. 260.)

Die Meiergüter des Fürstenthums Paderborn sind dem gutsherrlichen Heimfallsrechte im Sinne des § 37. des Gesetzes No. 938. vom 21. April 1825 unterworfen und unterliegen daher den früheren Vererbungsgrundsätzen bei heimfallspflichtigen Gütern.

§ **86**., Motive S. **67**. Einseitige Dispositionsbefugnisse des Ehemannes nach der Minden=Ravensbergischen und Paderborner ehelichen Gütergemeinschaft. — Vergl. A. L. R. II. **1**. § 377.

Rechtsgr. **1243**. — I. Senat. 31. Mai 1858. (XXVIII. 317.)

Die nach der Minden=Ravensbergischen und Paderborner ehelichen Gütergemeinschaft dem Ehemanne zustehende Dispositionsbefugniß über den Inbegriff des gütergemeinschaftlichen Vermögens setzt voraus, daß die von dem Dritten zu entrichtende Gegenleistung beiden Eheleuten gemeinschaftlich zukomme, mithin der fortbestehenden Gütergemeinschaft zufließe, nicht aber dem Ehemann allein, bezüglich einem Dritten Vortheile gewähre.

Revidirter Entwurf des Provinzialrechts der Grafschaft Mark, der Stadt und der Grafschaft Dortmund und der Städte Soest und Lippstadt.

(Berlin, 1836.)

§ **28**., Motive S. 40. Gesetzlicher Nießbrauch der überlebenden Ehefrau nach dem Provinzialrechte der Grafschaft Mark. — Vergl. Untergerichts=Instruktion vom 23. August 1749 § 34.; Hofreskript vom 18. Januar 1796; Verordnung vom 8. Januar 1816.

Rechtsgr. **1244**. — III. Senat. 6. Juli 1857. (XXVI. 91.)

Nach dem in der Grafschaft Mark geltenden Provinzialrechte steht der überlebenden Ehefrau, welche mit ihrem Ehemanne in der Kleve=Märkischen Gütergemeinschaft gelebt hat, auf den Grund des Gesetzes der Nießbrauch an der den

Kindern zustehenden Hälfte bis zu deren Majorennität oder Verheirathung gegen die Last der Erziehung zu.

§ 54. Begründung der ehelichen Gütergemeinschaft nach dem Dortmunder Statutarrecht. — Vergl. A. L. R. II. 1. §§ 495. ff.; Raths-Ordnung von 1751 § 62.; Geschichtliche Darstellung § 115. in v. Kamptz, Jahrbücher Band 19. S. 117.

Rechtsgr. 1245. — I. Senat. 18. April 1850. (XXXIII. 151.)

Die in der Stadt und Grafschaft Dortmund geltende statutarrechtliche eheliche Gütergemeinschaft ist durch die Geburt eines in der Ehe erzeugten Kindes bedingt. — Diese Bedingung wird durch die bloße Legitimation eines vor der Ehe erzeugten Kindes durch die nachfolgende Heirath der natürlichen Eltern nicht erfüllt.

Motive S. 54. 57-60. Siehe Rechtsgrundsatz 623. (A. L. R. II. 1. § 634.)

Revidirter Entwurf des Duisburger Statutarrechts
(von 1837).

§§ 31-44. Verhaftung des überlebenden Ehegatten für die Schulden der gütergemeinschaftlichen Ehe, nach dem Duisburger Statutarrechte. — Vergl. A. L. R. II. 1. §§ 360. 380. 391. 661.

Rechtsgr. 1246. — IV. Senat. 27. Oktober 1857. (XXVIII. 54.)

Nach dem Duisburger Statutarrecht ist die überlebende Wittwe für die, von dem mit Hinterlassung von Kindern verstorbenen Ehemann in stehender Ehe kontrahirten, Mobiliarschulden nicht persönlich, sondern nur mit dem aus der Ehe auf sie gediehenen Mobiliarvermögen verhaftet.

Code Napoléon.

Art. **6**. Siehe Rechtsgrundsätze **1265. 1278.** (**Code Napoléon Art. 1782.; Code de procedûre civile art. 1006.**)

Art. **137**. Siehe Rechtsgrundsatz **1256.** (**art. 1008.** dieses **Code.**)

Art. **334**. Siehe Rechtsgrundsatz **1260.** (**art. 1131.** dieses **Code.**)

Art. **340**. Siehe Rechtsgrundsätze **15. 1260.** (**A. L. R. Einl. § 23.; Code Napoléon art. 1131.**)

Art. **390**. Bevormundung unehelicher Kinder.

Rechtsgr. **1247**. — V. Senat. 11. Mai 1858. (**XXVIII. 304.**)

Zur Uebernahme der Vormundschaft über ein uneheliches Kind ist zunächst die Mutter berechtigt.

Art. **529. 530.** Unzulässigkeit der vertragsmäßigen Begründung und der Ersitzung des Erbpachtsrechts, nach Französischem Rechte. — **Vergl. Dekret vom 18. u. 29. Dezember 1790 Art. 1. 2.**

Rechtsgr. **1248**. — II. Senat. 15. März 1860. (**XXXVI. 320.**)

Unter der Herrschaft der Französischen Gesetzgebung ist die vertragsmäßige Begründung und die Ersitzung eines Erbpachtsrechts, z. B. an ein ehemals eigenbehöriges Kolonat, gesetzlich nicht zulässig gewesen.

Art. **538**. Bestimmung eines Flußbettes; Veränderung des Flußbettes durch Wasserbauten.

Rechtsgr. **1249**. — V. Senat. 22. März 1859. (**XXXIII. 90. 91.**)

Das Flußbett kann nach dem Punkte der Vertiefung bestimmt werden, bis zu welchem der Wasserspiegel bei gewöhnlicher voller Strömung des Flusses bei dem h ö c h s t e n g e w ö h n l i c h e n Wasserstand sich zu erheben pflegt.

b) Der Umstand, daß die Ueberrieselung der Distrikte durch die Wasserbauten des Fiskus hervorgerufen worden, kann ein Recht auf Schadensersatz begründen; er ist aber nicht geeignet, diese nun einmal zum Flußbett gewordenen Distrikte dem öffentlichen Eigenthum zu entziehen.

Art. **557**. Vollendung der Alluvion. — **Vergl. Art. 560.** dieses **Code.**

Rechtsgr. **1250.** — V. Senat. 22. März 1859. (XXXIII. 91.)

Vor vollendeter Alluvion ist ein Recht des Uferbesitzers auf dieselbe nicht existent; sie ist erst dann vollendet, wenn sie eine die Flußbettlinie übersteigende Höhe erreicht hat.

Art. **560.** Siehe Rechtsgrundsätze 1250. 1256. (art. 557. 1008. dieses Code.)

Art. **645.** Rechtsweg hinsichtlich der Berechtigung zur Stauung und Hinderung des Abflusses des Wassers eines nicht schiffbaren Flusses, sowie zur Erweiterung einer Schleuse in demselben, nach Rheinischem Rechte. — Vergl. Ruralgesetz vom 28. September und 6. Oktober 1791 Tit. 2. Art. 16.; Gesetze vom 14. Floréal XI. (4. Mai 1803) und 16. September 1807 Art. 33.; Kaiserliche Dekrete vom 12. April und 2. Juli 1812; Ressort-Reglement vom 20. Juli 1818 §§ 1. 2. No. 3. 4.. § 20.

Rechtsgr. **1251.** — V. Senat. 8. Februar 1859. (XXXII. 202.)

Eine Klage, dahin gerichtet:

zu erkennen, daß der Verklagte nicht berechtigt sei, das Wasser eines nicht schiffbaren Flusses zu stauen, den Abfluß zu hindern, eine Schleuse zu erweitern,

ist nach Rheinischem Rechte der Kompetenz der Gerichte nicht entzogen.

Art. **661.** Rechte des Eigenthümers eines Grundstücks auf Erwerbung des Miteigenthums der Scheidemauer des Nachbars.

Rechtsgr. **1252.** — V. Senat. 18. Mai 1858. (XXVIII. 307.)

Der Art. 661. des Bürgerlichen Gesetzbuchs unterstellt einen Nachbar, welcher mit einem freien Raum an die Mauer anstößt; nicht aber einen solchen, dessen Mauer oder Fachwand an die fremde Mauer grenzt.

Art. **674.** Gesetzliche Vorschriften in Betreff der Anlegung von Düngergruben und anderen, den Gebäuden schädlichen Anlagen.

Rechtsgr. **1253.** — II. Senat. 14. Oktober 1858. (XXXI. 47.)

Auch die Anlegung von Düngergruben an einer gemeinschaftlichen oder fremden Mauer gehört zu den im Art. 674. des Code Napoléon bezeichneten Gegenständen, hinsichtlich welcher die besonderen Verordnungen zur Sicherheit des Nachbars gegen Schaden und das Herkommen zur Anwendung kommen.

Art. 691. Unvordenkliche Verjährung der nicht in die Augen fallenden und der nicht fortwährenden Servituten in dem Gebiete des ehemaligen Großherzogthums Berg, insbesondere im ehemaligen Fürstenthum Siegen. — Vergl. Naussau-Katzenelnbogensche Gerichts- und Landesordnung vom 1. Mai 1616 Theil 6. Kap. 1. No. 15. 16. 18.; Oranien-Nassauisches Patent vom 20. Dezember 1813.

Rechtsgr. 1254. — II. Senat. 18. März 1858. (XXIX. 235.)

a) In dem Gebiete des ehemaligen Großherzogthums Berg kann vom 1. Januar 1810 anfänglich hinsichtlich der Erwerbung einer nicht in die Augen fallenden und einer nicht fortwährenden Servitut Niemand sich auf außerordentlichen Besitz berufen, welcher in demselben sich nicht bereits vor dem 1. Januar 1810 befunden hat.

b) In dem ehemaligen Fürstenthum Siegen ist die Vollendung der außerordentlichen Verjährung einer solchen Servitut auf den Grund der Nassau-Katzenelnbogenschen Gerichts- und Landes-Ordnung vom 1. Mai 1616 durch die Einführung des Code Napoléon am 1. Januar 1810 dergestalt unterbrochen worden, daß hiernächst nach Wiedereinführung jener Landes-Ordnung am 1. Januar 1814 eine neue außerordentliche Verjährung hat beginnen müssen.

Art. 883. Ungültigkeit der von Einem der Miterben bestellten Hypothek bei Ansteigerung des Grundstücks durch einen Dritten im Theilungsverfahren, nach Rheinischem Recht. — Vergl. Art. 2205. dieses Code.

Rechtsgr. 1255. — V. Senat. 21. Dezember 1858. (XXXI. 367.)

Wenn bei einer im Theilungsverfahren stattfindenden Lizitation ein Dritter — Nichterbe — Ansteigerer des Erbschafts-Grundstücks wird, so werden die gegen Einen der Miterben auf dessen ideellen Antheil an diesem Grundstücke eingetragenen Hypotheken ungültig.

Siehe auch Rechtsgrundsatz 1269. (Art. 2204. dieses Code.)

Art. 1004. 1006. Siehe Rechtsgrundsatz 1256. (Art. 1008. dieses Code.)

Art. 1008. Besitznahme des Nachlasses ohne Präsidialbefehl seitens des Universallegatars auf Grund eines von dem Testator eigenhändig geschriebenen oder mystischen Testaments. — Vergl. Code Napoléon art. 137. 560. 1004. 1006. 2228. 2251. 2262.

Rechtsgr. 1256. — I. Senat. 20. Februar 1860. (XXXVI. 244.)

Die Nichtbeachtung des Art. 1008. des Code civil ist im Französischen Gesetze mit keinem besonderen Rechtsnachtheil bedroht.

Art. 1109. 1117. Einfluß des Betruges, des Zwanges und des Irrthums auf die Gültigkeit der Rechtsgeschäfte, nach dem Römischen und dem Französischen Rechte. — Vergl. Cod. 4. 44. Lex 10.

Rechtsgr. 1257. — V. Senat. 3. April 1855. (XXXVII. 1.)

a) Die römisch-rechtliche Ansicht, — nach welcher die Klage aus dem dolus nicht auf die Sache wirken, und demnach der durch ein Rechtsgeschäft Betrogene nur persönliche Rechte gegen den Betrüger erlangen soll, — ist in dem Code Napoléon nicht anerkannt, vielmehr stellt derselbe in Beziehung auf die Gültigkeit des Konsenses den Betrug mit dem Zwange und dem Irrthum auf gleiche Linie.

b) Daher findet nach dem Code Napoléon auch in Betreff der Reszission eines Vertrages wegen Arglist jene beschränkte römisch-rechtliche Wirkung des Betruges nicht statt.

Art. 1110. Siehe Rechtsgrundsatz 1423. (Gesetz No. 939. vom 2. April 1825 § 15.)

Art. 1117. Siehe Rechtsgrundsatz 1257. (Art. 1109. dieses Code.)

Art. 1131-1134. 1376. Verpflichtungsgrund bei Verträgen:

A. Unerlaubter Verpflichtungsgrund. — Vergl. Dig. 12. 5. Lex 8.; Cod. 4. 7. Lex 2.

Rechtsgr. 1258. — V. Senat. 16. Juni 1857. (XXVI. 63.)

Bei einem ex utraque parte auf einer turpis causa beruhenden Vertrag ist jede Klage, auch die auf Erstattung der Auslagen, Rückgabe des Empfangenen u. s. w., ausgeschlossen.

B. Vermuthung für die Rechtmäßigkeit des nicht angegebenen Verpflichtungsgrundes. — Vergl. A. L. R. I. 5. § 131.

Rechtsgr. 1259. — V. Senat. 29. September 1857. (XXVI. 218.)

a) Die Thatsache der Verpflichtung begründet die Vermuthung, daß sie einen rechtmäßigen Verpflichtungsgrund habe.

b) Der Berechtigte ist daher von dem Nachweis der causa entbunden, und der Verpflichtete hat den Mangel der causa zu erweisen, ohne daß es darauf ankommt, daß das Versprechen schriftlich oder mündlich abgegeben ist.

C. Wirkung eines Alimentationsversprechens bei Unterstellung der unehelichen Vaterschaft. — Vergl. Art. 334. 340. 1358-1360. dieses Code.

Rechtsgr. 1260. — V. Senat. 29. September 1857. (XXVI. 219.)

Wenn der sich Verpflichtende auch nur in der Unterstellung seiner unehelichen Vaterschaft ein Alimentationsversprechen gegeben hat, so bietet diese Unterstellung dennoch eine hinreichende und gesetzliche causa obligationis dar.

Siehe auch Rechtsgrundsätze 1265. 1266. 1278. 1279. 1423. 1517. (Code Nap. art. 1782. 1833.; Code de procedûre civ. art. 1006.; Gesetz No. 939. vom 21. April 1825 § 15.; Gesetz vom 13. Mai 1840.)

Art. 1139. 1146. 1184. Erforderniß der Sommation (Aufforderung).

Rechtsgr 1261. — V. Senat. 7. Dezember 1858. (XXXI. 311.)

Die Sommation ist an besondere äußere Förmlichkeiten nicht geknüpft; ihr Inhalt muß sich dagegen nach ihrem Zwecke und Gegenstande richten. Daher ist es nur Gegenstand der thatsächlichen Beurtheilung, ob im einzelnen Falle eine genügende und gültige Aufforderung vorhanden ist.

Art. 1166. Klage des Gläubigers gegen den Schuldner seines Schuldners.

Rechtsgr. 1262. — V. Senat. 5. Januar 1858. (XXVII. 232.)

Der Gläubiger, welcher gegen einen Dritten die Rechte seines Schuldners klagend geltend macht, braucht diesen seinen Schuldner nicht als Beklagten in den Prozeß hineinzuziehen.

Art. 1172. Siehe Rechtsgrundsatz 1265. (Art. 1782. dieses Code.)
Art. 1184. Siehe Rechtsgrundsatz 1261. (Art. 1139. dieses Code.)
Art. 1273. 1275. Beweismittel in Betreff einer Novation in Handelssachen, nach Rheinischem Recht.

Rechtsgr. 1263. — V. Senat. 4. Mai 1858. (XXX. 18.)

Die Handelsgesetze enthalten keine Ausnahmen für die allgemeinen Regeln über die Novation; die Vorschrift, wonach in Handelssachen der Beweis durch Zeugen und Präsumtionen, ohne Rücksicht auf die Höhe des Gegenstandes, zulässig ist, bleibt folglich außer Betracht.

Art. 1358-1360. Siehe Rechtsgrundsatz 1260. (Art. 1131. dieses Code.)
Art. 1376. Siehe Rechtsgrundsätze 1258-1260. (Art. 1131. dieses Code.)
Art. 1382. Schadensersatz wegen Führung einer fremden Handlungsfirma, nach Rheinischem Rechte. — Vergl. Strafgesetzbuch § 269.; Gesetze vom 4. Juli 1840, vom 18. August 1847 und Gesetz No. 4002. vom 24. April 1854.

Rechtsgr. 1264. — V. Senat. 28. September 1858. (XXXVII. 13.)

Auch nach Rheinischem Rechte ist Derjenige, welcher bei der Fabrikation gleichartiger Waaren und bei dem Handel mit denselben sich einer bereits an demselben Orte bestehenden Firma bedient, wegen dieses Eingriffs in die Rechte des Eigenthümers dieser Firma demselben zum Schadensersatz verpflichtet.

Art. 1387. 1527. 1627. 1643. Siehe Rechtsgrundsatz 1265. (Art. 1782. dieses Code.)
Art. 1782. ff. Verhaftung der Dampfschleppschifffahrts-Gesellschaft für Beschädigungen an den geschleppten Schiffen. — Vergl. Cod. Nap. art. 6. 1133. 1172. 1387. 1527. 1627. 1634.; Code de commerce art. 98. 103. 105. 398.; Dig. 2. 14. Lex 27. §§ 3. 4., 4. 9. Lex 2. § 7., 16. 3. Lex 1. §§ 6. 7. 10., 35. 1. Lex 72. § 3., 50. 17. Lex 23.; Cod. 2. 3. Lex 6.

Rechtsgr. 1265. — V. Senat. 30. März 1858. (XXVIII. 226.)

Ist die Gewahrsam des zu schleppenden Schiffes nach faktischer Feststellung auf den Remorqueur nicht übergegangen, so ist die Vertrags-Klausel:

Die Gesellschaft, deren Kapitän und Mannschaft haften für keinen dem geschleppten Schiff zugestoßenen Unfall oder Beschädigung, wenn nicht diese durch vorsätzliches Verschulden zugefügt oder herbeigeführt worden sind. Der Beschädigte hat sich dann an den unmittelbaren Beschädiger zu halten und kann die Gesellschaft nicht in Anspruch nehmen,

zulässig und bindend.

Art. **1833.** Wirkung eines Gesellschaftsvertrages über den Abschluß von Differenzgeschäften. — Vergl. Art. **1131. 1133. 1964. 1965.** dieses Code.

Rechtsgr. **1266.** — V. Senat. 16. März 1858. (XXVII. 305.)

a) Ein Gesellschaftsvertrag, welcher den Abschluß von reinen Differenzgeschäften zum Zweck hat, beruht auf einer unerlaubten causa.

b) Die Klage auf Zurückerstattung von Auslagen, welche in Folge eines solchen Vertrages gemacht worden, ist unzulässig.

c) Es würde dem Geist des Gesetzes widersprechen, wenn es Demjenigen, welcher in Folge eines solchen Sozietätsvertrages für einen Anderen gespielt und auf dessen Auftrag die eingetretenen Verluste gezahlt hat, gestattet sein sollte, von seinem Sozius und Mandanten die Rückerstattung des an den Dritten gezahlten Spiel- und Wettpreises gerichtlich zu verlangen.

Art. **1964. 1965.** Natur und Wirkung reiner Differenzgeschäfte.

Rechtsgr. **1267.** — V. Senat. 16. März 1858. (XXVII. 304.)

a) Reine Differenzgeschäfte sind solche, bei welchen das Kaufgeschäft nur die Form, die Gewinnung der Differenz aber das Wesen und der einzige Zweck des Geschäfts ist, — wobei also auf die Differenz zwischen Schluß und Verfalltag spekulirt wird.

b) Reine Differenzgeschäfte haben nach Französischem

Recht die Natur des gemißbilligten Spiels und der Wette und sind nicht klagbar.

c) Die Preußische Gesetzgebung hat hierin Nichts geändert.

Siehe auch Rechtsgrundsatz 1266. (Art. 1833. dieses Code.)

Art. 2102. No. 2. Siehe Rechtsgrundsatz 1182. (Konkurs-Ordnung § 103. No. 2.)

Art. 2123. 2128. Siehe Rechtsgrundsatz 1275. (Code de proc. civ. Art. 546.)

Art. 2169. Erfordernisse der Sommation (Aufforderung) behufs Einleitung der Subhastation, nach Rheinischem Rechte. — Vergl. Code de procédure civ. art. 1030.

Rechtsgr. **1268.** — V. Senat. 9. November 1858. (XXXI. 130.)

Zum Wesen der im Art. 2169. des Code Napoléon verordneten, das einzuleitende Subhastations-Verfahren eröffnenden Sommation gehört, daß dem Drittbesitzer dasjenige Grundstück bezeichnet werde, welches als hypothezirt in Anspruch genommen werden soll.

Art. 2204. 2205. Subhastation des ideellen Antheils eines Miterben an einem Nachlaßgrundstücke. — Vergl. Art. 883. dieses Code.

Rechtsgr. **1269.** — V. Senat. 8. Februar 1859. (XXXII. 212.)

a) Der Art. 2205. des Bürgerlichen Gesetzbuches findet auch dann Anwendung, wenn die Beschlagnahme nicht den ideellen Theil, sondern das ganze Grundstück umfaßt.

b) Auch der Miterbe, gegen welchen subhastirt ist, darf eine Einrede aus dem Art. 2205. des Bürgerlichen Gesetzbuches entgegensetzen.

Siehe auch Rechtsgrundsatz 1255. (Art. 883. dieses Code.)

Art. 2228. Siehe Rechtsgrundsatz 1256. (Art. 1008. dieses Code.)

Art. 2251-2257. Ausschließung der Verjährung wegen Verhinderung an der Geltendmachung des Rechts, nach Französischem Rechte.

Rechtsgr. **1270.** — V. Senat. 5. Juni 1860. (XXXVII. 268.)

Der Code Napoléon stellt eine generelle Vorschrift,

welche dem Satz entspricht: „Agere non valenti non currit praescriptio," nicht auf.

Dieser Satz muß auf solche Fälle beschränkt werden, für welche er entweder im Code Napoléon eine positive Sanktion erhalten hat, oder in denen der Gläubiger durch ein ausdrückliches Verbotsgesetz oder durch absolute Unmöglichkeit an der Geltendmachung seiner Rechte verhindert worden ist.

Siehe auch Rechtsgrundsatz 1256. (Art. 1008. dieses Code.)

Art. **2262**. Siehe Rechtsgrundsatz 1256. (Art. 1008. dieses Code.)

Art. **2274**. Einfluß des Ortes, wo die Obligation ihren Sitz hat, auf die Klageverjährung.

Rechtsgr. **1271**. — V. Senat. 12. Oktober 1858. (XXX. 301.)

Für die Klageverjährung von Forderungen entscheidet der Ort, wo die Obligation ihren Sitz hat.

Code de procédure civile.

Art. **15**. Friedensrichterliche Peremtion.

Rechtsgr. **1272**. — V. Senat. 29. November 1859. (XXXIX. 4.)

Auf den Vortheil der friedensrichterlichen Peremtion kann sowohl ausdrücklich, als stillschweigend verzichtet werden.

Art. **47**. Siehe Rechtsgrundsatz 1273. (Art. 378. dieses Code.)

Art. **363**. Siehe Rechtsgrundsätze 1273. 1274. (Art. 378. dieses Code.)

Art. **371**. **378**. Siehe Rechtsgrundsatz 1274. (Art. 378. dieses Code.)

Art. **378**. ff. **385**-**388**. Rekusation des erkennenden Richters. — Vergl. Art. 363. dieses Code.

A. Natur der Rekusation en masse; kompetente Behörde zur Entscheidung über das Verweisungsgesuch. — Vergl. Art. **47**. dieses Code.

Rechtsgr. **1273**. — V. Senat. 8. Dezember 1857. (XXVII. 192.)

a) Die Rekusation en masse hat nicht die Natur eines

Gesuches um Verweisung wegen gesetzmäßigen Verdachts und unterliegt deren Bedingungen nicht.

b) Werden sämmtliche Richter des kompetenten Gerichts rekusirt, so hat dessen unmittelbar vorgesetzte Behörde über die Rekusationen zu entscheiden.

B. Kompetente Behörde zur Entscheidung auf das Verweisungsgesuch wegen gesetzmäßigen Verdachts. — Vergl. Art. 371. 373. 391. 509. dieses Code; Dekret vom 27. November und 1. Dezember 1790 Art. 2.; Konstitution vom 22. Frimaire VIII. (13. Dezember 1799) Art. 65.

Rechtsgr. 1274. — V. Senat. 10. November und 8. Dezember 1857. (XXVII. 189. 192.)

a) Ein Verweisungsgesuch, gegründet auf gesetzmäßigen Verdacht gegen den erkennenden Richter, — ist nicht an den Kassationshof, sondern an die dem erkennenden und perhorreszirten Richter unmittelbar vorgesetzte Gerichtsbehörde zu richten, und ist von dieser das Urtheil zu erlassen.

b) Der Art. 391. der Bürgerlichen Prozeß-Ordnung sieht nur den Fall vor, wenn die Entscheidung von einem Gericht erster Instanz ergangen ist.

Art. 391. 509. Siehe Rechtsgrundsatz 1274. (Art. 378. dieses Code.)

Art. 546. Wirkung eines ausländischen Urtheils gegen einen Bewohner der Rheinprovinz, insbesondere im Falle des auf einen eventuell zugeschobenen Eid lautenden Urtheilstenors. — Vergl. Code Napoléon Art. 2123. 2128.; Ordonnanz vom Januar 1629 Art. 121.

Rechtsgr. 1275. — V. Senat. 12. Oktober 1858. (XXX. 300.)

a) Einem im Auslande gegen einen Bewohner der Rheinprovinz ergangenen Urtheil kommt im Inlande die Kraft der rechtskräftigen Entscheidung nicht zu.

b) Es ändert hierin Nichts, daß das ausländische Urtheil auf einen eventualiter zugeschobenen Eid erkannt hat, da dieser die Natur eines freiwilligen Vergleiches nicht hat.

Art. 557-559. 563. Wirkung der Zustellung des Arrest-Dekrets eines ausländischen Gerichts an einen unter der Herrschaft der Rheinpreußischen Gesetze wohnenden Dritt-Arrestaten. — Vergl. A. G. O. I. 24. § 101., 29. §§ 30. 53.

Rechtsgr. 1276. — V. Senat. 11. Januar 1859. (XXXII. 118.)

Wird dem unter Rheinpreußischen Gesetzen lebenden Dritt-Arrestaten nur ein Arrest-Dekret eines altländischen Gerichts zugestellt, so wird er durch dieses Dekret nicht berechtigt, dem Zahlung begehrenden Cessionar seines Gläubigers entgegenzusetzen, daß er durch dieses Dekret verhindert werde, Zahlung zu leisten.

Art. 1003. Siehe Rechtsgrundsätze 1278. 1279. (Art. 1006. dieses Code.)

Art. 1006. Erforderniß eines Kompromißvertrages:

A. in Betreff des Streitgegenstandes; Zulässigkeit des Kompromisses in Betreff des Streites über den Verlust der Pension eines Beamten wegen eines verübten Vergehens.

Rechtsgr. 1277. — V. Senat. 8. und 22. Februar 1859. (XXXII. 219.)

Der ordentliche Rechtsweg in Betreff der Frage:

ob eine Rückgewähr der geleisteten Pensionsbeiträge an den Beamten stattfindet, oder

ob ein den Verlust der Pension nach sich ziehendes Vergehen des Beamten vorliegt?

kann durch Kompromiß ausgeschlossen werden; ein solches Kompromiß verstößt nicht gegen die öffentliche Ordnung.

B. in Betreff der Person der Schiedsrichter und deren Benennung; Uebertragung der Rechtssprechung an eine Behörde, insbesondere in Betreff des Verlustes der Pension eines Eisenbahnbeamten wegen Vergehens an den Handelsminister. — Vergl. A. G. O. I. 2. § 169.; Code Napoléon art. 6. 1133.; Code d'instruction crim. art. 3.; Dekret vom 16. und 24. August 1790 Tit. II. Art. 13.; Eisenbahngesetz vom 3. November 1838 § 3.; Kabinetsorder vom 4. März 1850; Reglement für die Beamten-Pensions-Kasse der Aachen-Düsseldorf-Ruhrorter Eisenbahngesellschaft § 37.

— ältere Ansicht:

Rechtsgr. 1278. — V. Senat. 8. und 22. Februar 1859. (XXXII. 220.)

Ein Kompromißvertrag auf Uebertragung der Rechtssprechung an eine Behörde, namentlich in Betreff des Verlustes der Pension eines Eisenbahnbeamten wegen eines Vergehens an den Handelsminister, ist gültig.

— neuere Ansicht:

Rechtsgr. 1279. — V. Senat. 13. Dezember 1859. (XXXVIII. 12.)

Die im Wege des Kompromisses bewirkte Uebertragung der Rechtssprechung an eine Behörde ist sowohl nach der Vorschrift des Art. 1006. des Code de procédure, als überhaupt mit der öffentlichen Ordnung unvereinbar.

Art. **1030**. Siehe Rechtsgrundsatz 1268. (Code Napoléon art. 2169.)

Code de commerce.

Art. **98. 103. 105.** Siehe Rechtsgrundsatz 1265. (Code Napoléon art. 1782.)

Art. **110. 112.** Einrede der Acceptation eines bloßen, unausgefüllt gewesenen Wechselformulars im Wechselprozesse, nach Französischem Rechte. — Vergl. Allg. Deutsche Wechsel-Ordnung Art. 4. No. 5., Art. 21. 23. 82. 85.

Rechtsgr. 1280. — IV. Senat. 24. September 1859. (XXXV. 116.)

Auch nach dem Französischen Rechte ist die Einrede des Wechsel-Acceptanten, ein bloßes unausgefülltes, insbesondere mit keinem Datum versehenes Wechselformular acceptirt zu haben, im Wechselprozeß, wenn ein vollständiger Wechsel vorliegt, nicht blos dem klagenden Indossatar, sondern auch, abgesehen von dem Falle des dolus, dem Aussteller gegenüber unzulässig.

Es macht hierbei keinen Unterschied, wenn die Ausfüllung des Wechselformulars nicht von dem Aussteller selbst, sondern von einem Blanko-Indossatar geschehen ist.

Art. 174. Ungültigkeit des Wechselprotestes wegen Mangelhaftigkeit der darin aufzunehmenden Abschriften, nach Französischem Rechte.

Rechtsgr. 1281. — IV. Senat. 29. April 1858. (XXVIII. 266.)

Aus der Vorschrift des Art. 174. des Code de commerce, — betreffend die in dem Proteste aufzunehmende Abschrift des Wechsels, des Accepts, der Indossamente und Rekommandationen, — folgt, ihrer Tendenz gemäß, die Ungültigkeit eines in Frankreich erhobenen Protestes nur insoweit, als derselbe die Identität des protestirten Wechsels mit demjenigen, aus welchem ein Anspruch erhoben wird, zweifelhaft läßt.

Art. 187. 188. Siehe Rechtsgrundsätze 959. 960. (Allgem. Deutsche Wechsel-Ordnung Art. 85.)

Art. 398. Siehe Rechtsgrundsatz 1265. (Code Napoléon art. 1782.)

Art. 441. Siehe Rechtsgrundsatz 1181. (Konkurs-Ordnung § 103. No. 2.)

Art. 442. Siehe Rechtsgrundsätze 1181. 1282. (Konkurs-Ordnung § 103. No. 2.; Code de comm. art. 562.)

Art. 443. Siehe Rechtsgrundsatz 1181. (Konkurs-Ordnung § 103. No. 2.)

Art. 562. Beendigung des Fallimentsverfahrens. — Vergl. Art. 442. dieses Code.

Rechtsgr. 1282. — V. Senat. 5. Januar 1858. (XXVII. 232.)

Mit der im Art. 562. des Handelsgesetzbuchs angeordneten Schlußrechnung ist das Falliments-Verfahren beendet. Es hört dann die Entziehung der Vermögens-Verwaltung des Falliten auf; ebenso die Beschränkung der Gläubiger in der persönlichen Verfolgung ihrer Rechte gegen den Falliten. Zwischen demjenigen Vermögen, welches der Fallit zur Zeit der Falliments-Eröffnung bereits besessen, und demjenigen Vermögen, welches er erst später erworben, findet ein Unterschied nicht statt.

Siehe auch Rechtsgrundsätze 1278. 1279. (Code de procedûre art. 1006.)

Code d'instruction criminelle.

Art. 3. Siehe Rechtsgrundsätze 1278. 1279. (Code de procédûre civ. art. 1006.)

Code pénal.

Art. 372. Siehe Rechtsgrundsatz 998. (Strafgesetzbuch § 159.)

Osnabrücker Gewohnheitsrecht.

(Kloentrupp, Alphab. Handbuch der besonderen Rechte und Gewohnheiten des Hochstifts Osnabrück, Osnabrück 1793.)

Bd. 2. S. 62. No. 35. Dispositionsbefugniß des überlebenden Ehegatten nach dem Gewohnheitsrechte des Amtes Reckenberg in der Provinz Westphalen.

Rechtsgr. 1283. — I. Senat. 5. Februar 1858. (XXIX. 75.)

Nach dem Gewohnheitsrechte des Amtes Reckenberg in der Provinz Westphalen ist der überlebende Ehegatte bei beerbter Ehe allein und ohne Zuziehung der mit ihm die Gütergemeinschaft fortsetzenden Kinder zur Abschließung von Vermögens-Uebertragungs-Verträgen unter lästigem Titel befugt.

Würtembergisches Landrecht.

Theil I. Tit. 79. § 3. Begründung des Gerichtsstandes der Hauptsache durch den des Arrestes in dem Fürstenthum Hohenzollern-Sigmaringen. — Vergl. Jurisdiktionsvertrag vom 10. Mai 1827 Art. 14.

Rechtsgr. 1284. — V. Senat. 7. September 1858. (XXX. 200.)

Nach der in dem früheren Fürstenthum Hohenzollern-Sigmaringen bestehenden Praxis ist der Gerichtsstand in der Hauptsache durch den des Arrestes begründet.

Englisches Recht.

Stempelakte des 5. und 6. Regierungs-Jahres von Wilhelm und Maria:
— Kap. 21. Siehe Rechtsgrundsatz 78. (A. L. R. I. 5. § 111.)
Parlamentsakte des 5. und 6. Regierungs-Jahres der Königin Victoria:
— Kap. 79. Siehe Rechtsgrundsatz 78. (A. L. R. I. 5. § 111.)

Corpus juris civilis.

1. Institutiones.

Lib. 1. Tit. 21. de auctoritate tutorum:
— pr. Siehe Rechtsgrundsatz 67. (A. L. R. I. 5. § 10.)
Lib. 2. Tit. 6. de usucapionibus et longi temporis possessionibus:
— § 14. Unstatthaftigkeit der Vindikation der durch den Fiskus verkauften unbeweglichen Sachen seitens eines Dritten. — Vergl. A. L. R. I. 15. § 42.; Dig. 49. 14. Lex 2.; Cod. 7. 37. Lex 2. 3.

Rechtsgr. 1285. — V. Senat. 18. Januar 1859. (XXXII. 144.)

Nach dem in Deutschland geltenden Gemeinen Recht sind auch unbewegliche Sachen, welche von dem Fiskus verkauft worden, keiner Vindikation unterworfen.

Lib. 3. Tit. 19. de inutilibus stipulationibus:
— § 9. Siehe Rechtsgrundsatz 67. (A. L. R. I. 5. § 10.)
Lib. 3. Tit. 20. de fideijussoribus:
— § 6. Siehe Rechtsgrundsätze 413. 1171. (A. L. R. I. 14. § 200.; Konkurs-Ordnung § 96. No. 3.)

Lib. **3**. Tit. **23**. de emptione et venditione:

— § **1**. Siehe Rechtsgrundsatz 59. (A. L. R. I. **4**. § 100.)

Lib. **3**. Tit. **24**. de locatione et conductione:

— § **1**. Siehe Rechtsgrundsatz 59. (A. L. R. I. **4**. § 100.)

Lib. **4**. Tit. **6**. de actionibus:

— § **6**. Erforderniß der Konkurs-Eröffnung für die Zulässigkeit der actio Pauliana; Fälle der Konkurs-Eröffnung. — Vergl. Dig. **42**. 5. Lex 25., **42**. 8. Lex 1. pr., Lex 6. §§ 7. 14., Lex 8. § 4., Lex 9. 10. §§ 1. 6. 16. 18., Lex 25. § 7.; Cod. 7. 75. Lex 5.

Rechtsgr. **1286**. — V. Senat. 16. November 1858. (XXXI. 151.)

a) Die actio Pauliana in dem heutigen gemeinrechtlichen Schuldverfahren setzt als nothwendiges Erforderniß ihrer Zulässigkeit, und zwar ohne Ausnahme in allen Fällen, die stattgefundene Eröffnung des Konkurses über das Vermögen des Schuldners, dessen Rechtshandlungen angefochten werden sollen, voraus.

b) Die Konkurs-Eröffnung findet auch in den Fällen des Vorhandenseins nur Eines Gläubigers und des Mangels an einem zur Zeit in den Händen des Schuldners befindlichen Vermögen statt.

Siehe auch Rechtsgrundsatz 1105. (A. G. O. I. **24**. § 5.)

— § **30**. Siehe Rechtsgrundsatz 395. (A. L. R. I. **13**. § 63.)

2. Digesta.

Lib. **1**. Tit. **3**. de legibus senatusque consultis et longa consuetudine:

— Lex **38**. Siehe Rechtsgrundsatz 1233. (Neuvorpommersches Provinzialrecht.)

— Lex **39**. Entstehung eines Gewohnheitsrechts aus Irrthum und gegen den Grundgedanken des betreffenden Rechtssystems:

A. Im Allgemeinen. — Vergl. Nov. **134**. cap. 1.

Rechtsgr. **1287**. — I. Senat. 19. Oktober 1857. (XXVI. 280.)

Der Beweis, daß die Gewohnheit ursprünglich einem bloßen Irrthum ihre Entstehung verdankt, kann daraus nicht geführt werden, daß die Gewohnheit dem regelmäßigen Rechtssystem nicht entspricht.

B. Insbesondere in Betreff der Dispositionsbefugnisse des überlebenden Ehegatten bei bestandener ehelicher Gütergemeinschaft. — Vergl. Cod. 8. 53. Lex 1. 2.

Rechtsgr. 1288. — I. Senat. 19. Oktober 1857. (XXVI. 290.)

In Betreff des Instituts der ehelichen Gütergemeinschaft, insbesondere in Betreff der Befugniß des überlebenden Ehegatten, kommt es in Ermangelung geschriebener Gesetze lediglich auf das Gewohnheitsrecht der betreffenden Gegend an, wenngleich die einzelnen Satzungen desselben mit dem, dem ganzen Institute innewohnenden Grundgedanken nicht in Uebereinstimmung zu bringen sind.

Lib. 1. Tit. 5. de statu hominum:
— Lex 19., Lex 26. Siehe Rechtsgrundsatz 15. (A. L. R. Einleitung § 23.)

Lib. 2. Tit. 14. de pactis:
— Lex 27. §§ 3. 4. Siehe Rechtsgrundsatz 1265. (Code Napoléon Art. 1782.)

Lib. 3. Tit. 5. de negotiis gestis:
— Lex 6. §§ 2-4., Lex 21. § 3., Lex 28. Klage des Geschäftsherrn gegen den von einem Dritten beauftragten Geschäftsführer. — Vergl. Cod. 2. 19. Lex 4. 6. 14.

Rechtsgr. 1289. — V. Senat. 26. Februar 1861. (XL. 312.)

Die actio negotiorum gestorum directa steht dem Geschäftsherrn auch dann gegen den Geschäftsführer zu, wenn sich dieser der Geschäftsführung in Folge des Auftrages eines Dritten unterzogen hat.

Lib. 4. Tit. 8. de receptis, qui arbitrium receperunt, ut sententiam dicant:
— Lex 1. Siehe Rechtsgrundsatz 1027. (A. G. O. I. 2. § 167.)
— Lex 3., Lex 15., Lex 27. § 4. Siehe Rechtsgrundsatz 1026. (A. G. O. I. 2. § 167.)

Lib. 4. Tit. 9. nautae, caupones, stabularii ut recepta restituant:
— Lex 2. § 7. Siehe Rechtsgrundsatz 1265. (Code Napoléon Art. 1782.)

Lib. 5. Tit. 1. de Judiciis et ubi quisque agere vel conveniri debeat:
— Lex 57. Siehe Rechtsgrundsatz 1009. (A. G. O. I. 1. § 13.)

— Lex 73. § 3. Siehe Rechtsgrundsatz 1602. (Verordnung No. 3153. vom 21. Juli 1849 § 7.)
— Lex 74. § 1. Siehe Rechtsgrundsatz 1604. (Verordnung No. 3153. vom 21. Juli 1849 § 39.)
Lib. 5. Tit. 2. de inofficioso testamento:
— Lex 8. § 8., Lex 17. pr., Lex 19., Lex 21. § 2., Lex 27. § 3. Querela nullitatis testamenti als Präjudizialklage. — Vergl. Cod. 3. 28. Lex 24., 3. 31. Lex 3.

Rechtsgr. 1290. — V. Senat. 24. Januar 1860. (XXXVI. 153.)

Die nur auf Ungültigkeit eines Testaments gerichtete Querela nullitatis testamenti ist als solche prozessualisch nicht statthaft und nicht dazu geeignet, ein blos präparatorisches Verfahren für die demnächst zu erhebende Erbschaftsklage herbeizuführen.

— Lex 27. § 3. Siehe Rechtsgrundsatz 1307. (Dig. 50. 16. Lex 43.)
Lib. 7. Tit. 1. de usufructu et quemadmodum quis utatur fruatur:
— Lex 10. 13. § 4. Siehe Rechtsgrundsatz 534. (A. L. R. I. 21. § 25.)
Lib. 7. Tit. 4. quibus modis ususfructus vel usus amittitur:
— Lex 15. Siehe Rechtsgrundsatz 579. (A. L. R. I. 22. § 43.)
Lib. 7. Tit. 8. de usu et habitatione:
— Lex 22. Siehe Rechtsgrundsatz 534. (A. L. R. I. 21. § 25.)
Lib. 8. Tit. 1. de servitutibus:
— Lex 14. pr. Siehe Rechtsgrundsatz 1193. (Dig. 8. 5. Lex 10. pr.)
— Lex 16. Siehe Rechtsgrundsatz 505. (A. L. R. I. 19. § 22.)
Lib. 8. Tit. 2. de servitutibus praediorum urbanorum:
— Lex 18. Verhaftung des Fiskus für den durch die Versehen seiner Vertreter verursachten Schaden überhaupt, und insbesondere bei baulichen Anlagen, nach dem Gemeinen Rechte. — Vergl. Dig. 9. 2. Lex 27. § 10., 43. 15. Lex un. § 5.

Rechtsgr. 1291. — V. Senat 27. September 1859. (XXXVII. 29.)

a) Durch die ideelle (moralische) Persönlichkeit des Fiskus wird die Haftbarkeit desselben für die Versehen seiner Vertreter, wenigstens in den Fällen, wo es sich nicht um eigentliche Regierungsakte handelt, nicht ausgeschlossen.

b) Daher ist Fiskus, wenn er als Eigenthümer auf seinem Grund und Boden durch seine Baubeamten eine bauliche Anlage machen läßt, in Bezug auf die aus dieser Anlage für den Grundnachbar hervorgehenden schädlichen Folgen ebenso zu beurtheilen, wie jede physische Person, welche auf ihrem Eigenthum durch einen Dritten eine solche Anlage hat errichten lassen.

c) Ist demnach der entstandene Schaden aus einer schlechten Fundamentirung und fehlerhaften Konstruktion der baulichen Anlage des Fiskus hervorgegangen, so kann derselbe seine Verbindlichkeit zum Schadensersatz nur durch den Nachweis abwenden, daß bei der Ausführung der Anlage gegen seinen Willen und gegen sein Wissen gehandelt worden sei, und ihn ein Versehen überhaupt nicht treffen könne.

Lib. 8. Tit. 5. Si servitus vindicetur vel ad alium pertinere negetur: — Lex 2. pr. Guter Glaube bei der Verjährung der Servituten, nach Gemeinem Rechte. — Vergl. Cod. 3. 34. Lex 1. 2.

Rechtsgr. 1292. — II. Senat. 19. Mai 1859. (XXXIII. 223.)

Auch nach Gemeinem Rechte ist zur Erwerbung von Servituten durch Verjährung bona fides erforderlich, die bloße Ausübung derselben nec vi, nec clam, nec precario genügt nicht.

— Lex 8. § 5. Siehe Rechtsgrundsatz 28. (A. L. R. Einl. § 93.)
— Lex 10. pr. Beweis der Erwerbung einer diskontinuirlichen Servitut, nach Gemeinem Römischen Rechte. — Vergl. Dig. 8. 1. Lex 14. pr., 39. 3. Lex 26., 43. 19. Lex 5. § 3., 43. 20. Lex 3. § 4.; Cod. 3. 34. Lex 1. 2., 7. 33. Lex 12. § 4.; Extra Decr. Grat. 2. 13. Cap. 1.

Rechtsgr. 1293. — II. Senat. 20. September 1859. (XXXV. 74.)

a) Nach dem Gemeinen Römischen Rechte ist zum Beweise der Erwerbung einer diskontinuirlichen Servitut durch die — zehn- oder zwanzigjährige — Verjährung der Nachweis einer dergestalt fortgesetzten Ausübung erforderlich, daß dieselbe die richterliche Ueberzeugung einer für ununterbrochen zu erachtenden Ausübung während des ganzen Zeitraums gewährt.

b) Eines Beweises dafür, daß die Servitut in jedem Jahre ausgeübt worden, und daß keine Gelegenheit unbenutzt geblieben, bedarf es nicht.

Lib. 8. Tit. 6. Quemadmodum servitutes amittuntur:
— Lex 3. Siehe Rechtsgrundsatz 579. (A. L. R. I. 22. § 43.)
— Lex 5., Lex 20. Siehe Rechtsgrundsatz 505. (A. L. R. I. 19. § 22.)
Lib. 9. Tit. 2. ad Legem aquiliam:
— Lex 27. § 10. Siehe Rechtsgrundsatz 1291. (Dig. 8. 2. Lex 18.)
Lib. 10. Tit. 1. Finium regundorum:
— Lex 4. §§ 2. 9. Siehe Rechtsgrundsatz 750. (A. L. R. II. 11. § 778.)
— Lex 4. §§ 10. 11., Lex 5. Siehe Rechtsgrundsatz 491. (A. L. R. I. 17. § 372.)
Lib. 11. Tit. 7. de religiosis, et sumtibus funerum, et ut funus ducere liceat:
— Lex 12. pr. Klage auf Einräumung einer nothwendigen Servitut, insbesondere einer Wegegerechtigkeit, nach Gemeinem Rechte.

Rechtsgr. 1294. — V. Senat. 27. September 1859. (XXXV. 122.)

a) Auch nach Gemeinem Römischen Rechte ist der Richter befugt, auf Antrag des Eigenthümers des einen Grundstücks gegen verhältnißmäßige Entschädigung das Grundstück des Andern mit einer Servitut zu beschweren, wenn ohne diese Servitut Jenem sein Eigenthum unnütz sein würde.

b) Zur Begründung der Klage auf Einräumung eines Nothweges genügt die Verneinung einer bestehenden Wegegerechtigkeit und die Behauptung, daß der verlangte Nothweg, unter Berücksichtigung der ganzen Feldmark und der Besitzverhältnisse aller anderen Adjazenten der Enklave, der am wenigsten schädliche sei. Es bedarf daher des Nachweises nicht, daß die bisherige Wegebenutzung von den betreffenden Grundbesitzern mit Recht bestritten werde.

Lib. 12. Tit. 2. de Jurejurando sive vonluntario, sive necessario, sive judiciali:
— Lex 3. §§ 1. 2., Lex 13. § 2., Lex 28. §§ 5-7., Lex 34. pr. Unzulässigkeit des Eides in Injuriensachen. — Vergl. A. G. O. I.

34. Anhang §§ 229. 232. zu § 16.; Kriminal-Ordnung § 392.; Kabinetsorders vom 1. Februar 1811 und 11. Oktober 1831.; Verordnung vom 21. Juli 1849 §§ 37. 39.

Rechtsgr. 1295. — Senat für Strafsachen, Abth. II. 25. November 1858. (XXXIV. 16.)

Die Lex 3. §§ 1. 2., Lex 13. § 2., Lex 28. §§ 5–7., Lex 34. pr. Dig. 12. 2. de jure jurando sind für den Bezirk des Justiz-Senats zu Ehrenbreitstein als derogirt zu betrachten.

Lib. 12. Tit. 5. De condictione ob turpem vel injustam causam:
— Lex 8. Siehe Rechtsgrundsatz 1258. (Code Napoléon Art. 1131.)
Lib. 13. Tit. 1. de condictione furtiva:
— Lex 8. Siehe Rechtsgrundsatz 185. (A. L. R. I. 7. § 137.)
— Lex 17. Siehe Rechtsgrundsatz 1296. (Dig. 13. 3. Lex 4.)
Lib. 13. Tit. 3. de condictione triticiaria:
— Lex 4. Klage auf Erfüllung von Zeitkaufsverträgen über vertretbare Sachen, nach Preußischem und Gemeinem Rechte. — Vergl. A. L. R. I. 5. §§ 271. 285. ff. 360. ff.; Dig. 13. 1. Lex 17., 13. 3. Lex 3., 19. 1. Lex 3. § 3.; Exekutionsverordnung vom 4. März 1834 § 9.

Rechtsgr. 1296. — IV. Senat. 7. April 1857. (XXV. 56.)

a) Auch nach Gemeinem Rechte kann bei Zeitkäufen fungibler Sachen der Käufer nach Ablauf der Lieferungszeit auf Erfüllung klagen, wenn er seinerseits nicht in Verzug ist.

b) Wenn bei Zeitkäufen über vertretbare marktgängige Waaren der säumige Verkäufer zur Erfüllung verurtheilt ist, so besteht nach Preußischem wie nach Gemeinem Rechte das Interesse des Käufers in der Differenz des verabredeten Preises und des zur Lieferungszeit gegoltenen Marktpreises, und ist der Käufer nicht ohne Weiteres berechtigt, die Differenz zwischen dem zur Zeit des Exekutionsmandates stattfindenden Marktpreise und dem kontraktlichen Preise zu fordern.

Lib. 13. Tit. 5. de pecunia constituta:
— Lex 1. pr. Abrechnung als causa debendi und constitum debiti

proprii. — Vergl. Dig. 22. 3. Lex 25. § 4.; Cod. 4. 30. Lex 5. 13.; Extra Decret. Grat. 2. 22. Cap. 14.

Rechtsgr. 1297. — V. Senat. 19. Oktober 1858. (XXX. 327.)

In der Angabe: „nach gepflogener Abrechnung," ist die causa debendi genügend bezeichnet, ohne daß es der Bezeichnung der Rechtsgeschäfte, worüber abgerechnet worden, bedarf.

Lib. 16. Tit. 1. ad S. C. Vellejanum:
— Lex 1. Siehe Rechtsgrundsatz 848. (Allg. Deutsche Wechselordnung Art. 1.)
Lib. 16. Tit. 3. depositi vel contra:
— Lex 1. §§ 6. 7. 10. Siehe Rechtsgrundsatz 1265. (Code Napoléon Art. 1782.)
— Lex 12. Siehe Rechtsgrundsatz 409. (A. L. R. I. 14. § 99.)
Lib. 17. Tit. 2. pro Socio:
— Lex 76. ff. Siehe Rechtsgrundsatz 59. (A. L. R. I. 4. § 100.)
Lib. 18. Tit. 1. de contrahenda emtione, et de pactis inter emtorem et venditorem compositis, et quae res venire non possunt:
— Lex 8. Siehe Rechtsgrundsatz 311. (A. L. R. I. 11. § 331.)
Lib. 18. Tit. 6. de periculo et commodo rei venditae:
— Lex 18. § 1. Sicherheitsbestellung wegen Eviktions-Ansprüche des Käufers. — Vergl. Cod. 8. 45. Lex 24.

Rechtsgr. 1298. — V. Senat. 20. Dezember 1859. (XXXVI. 110.)

Die dem Käufer wegen des geltend zu machenden Evikitions-Anspruches zu stellende Sicherheit richtet sich nach der Höhe des Anspruches.

Lib. 19. Tit. 1. de actionibus emti et venditi:
— Lex 3. § 3. Siehe Rechtsgrundsätze 19. 1296. (A. L. R. Einl. § 32.; Dig. 13. 3. Lex 4.)
— Lex 13. § 29. Siehe Rechtsgrundsatz 67. (A. L. R. I. 5. § 10.)
— Lex 17. § 2., Lex 52. § 3. Siehe Rechtsgrundsatz 19. (A. L. R. Einl. § 32.)
Lib. 19. Tit. 2. locati, conducti:
— Lex 44. Siehe Rechtsgrundsatz 505. (A. L. R. I. 19. § 22.)
Lit. 20. Tit. 5. de distractione pignorum et hypothecarum:
— Lex 10. Verlust der Hypothek eines Konkursgläubigers durch Ver-

fügung über den Erlös aus einer früheren Veräußerung, nach Gemeinem Rechte. — Vergl. Dig. **21.** 3. Lex 3. § 1.

Rechtsgr. 1299. — V. Senat. 5. November 1857. (XXVI. 322.)

Der Pfandgläubiger, welcher im Konkurse über den Erlös aus einer früheren Veräußerung verfügt, verliert seine Hypothek, mag er immerhin salva causa pignoris verfügen.

Lib. **21.** Tit. **1.** de aedilicio edicto et redhibitione, et quanti minoris:
— Lex **4.** §§ **3. 4.**, Lex **23.** § **1.**, Lex **30.** § **1.**, Lex **60.** Wandelklage bei dem Pferdehandel:

A. Anstellung dieser Klage wegen Dummkollers, nach dem Gemeinen Rechte.

Rechtsgr. 1300. — IV. Senat. 17. September 1859. (XXXV. 69.)

Auch nach dem Gemeinen Rechte findet beim Pferdehandel wegen Dummkollers die Wandelklage statt.

B. Begründung des Anspruchs des Käufers auf Erstattung der Fütterungskosten. — Vergl. A. L. R. I. **5.** § 337., **7.** §§ **204.** ff. **212. 218.**, **11.** § 198.

Rechtsgr. 1301. — IV. Senat. 17. September 1859. (XXXV. 69.)

Zur Begründung des Anspruchs des klagenden Käufers auf Erstattung der Fütterungskosten ist der Nachweis erforderlich, daß die verwendeten Kosten dem verklagten Verkäufer einen Vortheil gewährt haben.

— Lex **23.** § **7.** Siehe Rechtsgrundsatz 123. (A. L. R. I. **5.** § 325.)
— Lex **30.** § **1.** Siehe Rechtsgrundsätze 1300. 1301. (Lex **4.** § 3. dieses Titels.)
— Lex **31.** § **22.** Siehe Rechtsgrundsatz 311. (A. L. R. I. **11.** § 331.)
— Lex **60.** Siehe Rechtsgrundsätze 1300. 1301. (Lex **4.** § 3. dieses Titels.)

Lib. **21.** Tit. **3.** de exceptione rei venditae et traditae:
— Lex **3.** § **1.** Siehe Rechtsgrundsatz 1299. (Dig. **20.** 5. Lex 10.)

Lib. **22.** Tit. **1.** de usuris, et fructibus, et causis, et omnibus accessionibus, et mora:
— Lex **16.** § **1.** Gleichzeitige Nutzung des Kaufgeldes und der Sache, bei Cessionen.

Rechtsgr. 1302. — V. Senat. 3. Mai 1859. (XXXIII. 173.)

Der Grundsatz: daß kein Käufer Sache und Kaufgeld zugleich nutzen kann, ist nur auf den Kauf körperlicher fruchttragender Sachen, nicht auf die Cession eines Pachtrechtes anwendbar.

— Lex 18. § 1. Aufhebung der Zinsverbindlichkeit durch Deposition. — Vergl. Cod. 4. 32. Lex 2.

Rechtsgr. 1303. — V. Senat. 3. Mai 1859. (XXXIII. 173.)

Gerechtfertigte Deposition des Kaufpreises bildet ebenso, wie die Kreditirung desselben, einen Ausschließungsgrund der Zinsverbindlichkeit des Käufers.

Lib. 22. Tit. 3. de probationibus et praesumtionibus:
— Lex 25. § 4. Siehe Rechtsgrundsatz 1297. (Dig. 18. 5. Lex 1. pr.)
Lib. 24. Tit. 1. de donationibus inter virum et uxorem:
— Lex 13. § 2. Siehe Rechtsgrundsatz 1304. (Dig. 33. 2. Lex 16.)
Lib. 26. Tit. 8. de auctoritate et consensu tutorum et curatorum:
— Lex 9. pr. Siehe Rechtsgrundsatz 67. (A. L. R. I. 5. § 10.)
Lib. 30. de legatis et fideicommissis (I.)
— Lex 86. § 4. Siehe Rechtsgrundsatz 1305. (Dig. 43. 18. Lex 2.)
Lib. 32. de legatis et fideicommissis (III.):
— Lex 16. 17. Siehe Rechtsgrundsatz 1319. (Extra Decr. Grat. 3. 36. Cap. 3.)
— Lex 91. § 3. Siehe Rechtsgrundsatz 19. (A. L. R. Einl. § 32.)
Lib. 33. Tit. 1. de annuis legatis et fideicommissis:
— Lex 21. § 3. Siehe Rechtsgrundsätze 1304. 1319. (Dig. 33. 2. Lex 16.; Extr. Decr. Grat. 3. 36. Cap. 3.)
Lib. 33. Tit. 2. de usu, et usufructu, et reditu, et habitatione, et operis per lagatum vel fideicommissum datis:
— Lex 16. 17. Rechtliche Wirkung des bei Zuwendungen unter Lebendigen und von Todeswegen dem Empfänger auferlegten modus qualificatus und modus simplex; Konversion des modus. — Vergl. A. L. R. I. 12. § 511.; Dig. 24. 1. Lex 13. § 2., 33. 1. Lex 21. § 3., 35. 1. Lex 71. pr., 39. 5. Lex 2. § 7., 50. 8. Lex 4.

Rechtgr. 1304. — I. Senat. 21. Dezember 1857. (XXVIII. 150. 151.)

a) Nach Gemeinem Rechte begründet der bei Zuwendungen unter Lebenden und von Todeswegen dem Empfänger auferlegte modus nur dann, wenn er — als modus qualificatus — zum Vortheil des Erklärenden selbst oder eines Dritten gereichen soll, eine erzwingbare Verpflichtung zur Erfüllung, wogegen die Erfüllung des modus, welcher — als modus simplex — den alleinigen Vortheil des Empfängers bezweckt, in dessen Willkür gesetzt ist.

b) Ob in einem einzelnen Falle ein modus simplex oder qualificatus vorliege, ist im Zweifel nach der aus den Umständen zu entnehmenden Absicht des Erklärenden, ob derselbe lediglich das Interesse des Empfängers oder daneben den Vortheil eines Andern im Auge gehabt hat, festzustellen.

c) Die Vornahme der nach Gemeinem Rechte bei Verordnungen von Todeswegen im Falle der Unmöglichkeit der Erfüllung des modus zulässigen Konversion kann nur unter Zuziehung und Genehmigung des damit belasteten Empfängers erfolgen.

Lib. **35**. Tit. **1**. de conditionibus, et demonstrationibus, et causis, et modis eorum, quae in testamento scribuntur:
— Lex **71**. pr. Siehe Rechtsgrundsätze **1304**. 1319. (Dig. **33**. 2. Lex 16.; Extr. Decr. Grat. **3**. 36. Cap. 3.)
— Lex **72**. § **3**. Siehe Rechtsgrundsatz **1265**. (Code Napoléon Art. 1782.)
Lib. **37**. Tit. **9**. de ventere in possessionem mittendo, et curatore ejus:
— Lex **1**. § **19**. Siehe Rechtsgrundsatz 1307. (Dig. **50**. 16. Lex 43.)
Lib. **37**. Tit. **10**. de carboniano edicto:
— Lex **6**. § **5**. Siehe Rechtsgrundsatz 1307. (Dig. **50**. 16. Lex 43.)
Lib. **39**. Tit. **2**. de damno infecto et de sugrundis et protectionibus:
— Lex **19**. pr. Siehe Rechtsgrundsatz 1305. (Dig. **43**. 18. Lex 2.)
Lib. **39**. Tit. **3**. de aqua et aquae pluviae arcendae:
— Lex **26**. Siehe Rechtsgrundsatz 1293. (Dig. **8**. 5. Lex 10. pr.)
Lib. **39**. Tit. **5**. de donationibus:
— Lex. **2**. § **7**. Siehe Rechtsgrundsätze **1304**. **1319**. (Dig. **33**. 2. Lex 16.; Extra Decr. Grat. **3**. 36. Cap. 3.)
Lib. **41**. Lit. **2**. de acquirenda vel amittenda possessione:
— Lex **3** § **1**. Siehe Rechtsgrundsatz **800**. (A. L. R. II. **16**. § **154**.)

Lib. **42**. Tit. **1**. de re judicata, et de effectu sententiarum, et de interlocutionibus:

— Lex **26**. Siehe Rechtsgrundsatz **901**. (Allg. Deutsche Wechselordnung Art. 39.)

Lib. **42**. Tit. **5**. de rebus auctoritate judicis possidendis seu vendundis:

— Lex **25**. Siehe Rechtsgrundsatz **1286**. (Inst. **4**. 6. § 6.)

Lib. **42**. Tit. **8**. quae in fraudem creditorum facta sunt, ut restituantur:

— Lex **1**. pr. Siehe Rechtsgrundsatz **1286**. (Inst. **4**. 6. § 6.)

— Lex **3**. § **1**., Lex **6**. § **6**. Siehe Rechtsgrundsatz **1182**. (Konkurs-Ordnung § 103. No. 2.)

— Lex **6**. **7**. Siehe Rechtsgrundsätze **1182**. **1286**. (Konkurs-Ordnung § 103. No. **2**.; Inst. **4**. 6. § 6.)

— Lex **6**. § **14**., Lex **8**. § **4**., Lex **9**. **10**. §§ **1**. **6**. **16**. **18**. Siehe Rechtsgrundsatz **1286**. (Inst. **4**. 6. § 6.)

— Lex **24**. in fine. Siehe Rechtsgrundsatz **1182**. (Konkurs-Ordnung § 103. No. 2.)

— Lex **25**. § **7**. Siehe Rechtsgrundsatz **1286**. (Inst. **4**. 6. § 6.)

Lib. **43**. Tit. **15**. de ripa munienda:

— Lex un. § **5**. Siehe Rechtsgrundsatz **1291**. (Dig. **8**. 2. Lex 18.)

Lib. **43**. Tit. **18**. de superficiebus:

— Lex **2**. Berechtigung des Superfiziars des Gemeinen Rechts zur Provokation auf Ablösung der Reallasten. — Vergl. A. L. R. I. **22**. §§ 243. ff.; Dig. **30**. de legat (I). Lex **86**. § 4., **39**. 2. Lex 19. pr.; Bergisches Dekret vom **12**. Dezember 1808; Französisch-Hanseatisches Dekret vom **9**. Dezember 1811 Art. 1. ff.; Gesetz No. 940. vom **25**. April 1825 §§ **15**. **16**.; Ablöse-Ordnung vom 2. März 1850 § **2**. No. 2. 3. § 5.

Rechtsgr. **1305**. — II. Senat. **29**. November 1859. (XXXVI. 39.)

a) Die Superfizies ist gemeinrechtlich ein vererbliches dingliches Recht auf vollständige eigenthumsgleiche Benutzung eines auf fremdem Boden bestehenden, daher auch in fremdem Eigenthum befindlichen Gebäudes; wobei jedoch dasselbe auch an einem erst zu errichtenden Gebäude, nämlich mit Ueberlassung des Bodens zu diesem Zwecke unter Vorbehalt des Eigenthums, eingeräumt werden kann.

b) Die Superfizies des Gemeinen Rechts ist gesetzlich in volles Eigenthum verwandelt, und ist daher der Superfiziar die Ablösung der Reallasten zu beantragen berechtigt.

Lib. **43**. Tit. **19**. de itinere actuque privato:
— Lex **5**. § **3**. Siehe Rechtsgrundsatz 1293. (Dig. **8**. **5**. Lex 10. pr.)
Lib. **43**. Tit. **20**. de aqua quotidiana et aestiva:
— Lex **3**. § **4**. Siehe Rechtsgrundsatz 1293. (Dig. **8**. 5. Lex 10. pr.)
Lib. **44**. Tit. **7**. de obligationibus et actionibus:
— Lex **35**. Siehe Rechtsgrundsatz 185. (A. L. R. I. **7**. § **137**.)
Lib. **46**. Tit. **1**. de fidejussoribus et mandatoribus:
— Lex **13**. Siehe Rechtsgrundsatz 414. (A. L. R. I. **14**. § 215.)
— Lex **17**. **36**. Siehe Rechtsgrundsatz 420. (A. L. R. I. **14**. § 338.)
— Lex **41**. **62**. Befreiung des Bürgen durch selbstverschuldete Verluste des Gläubigers.

Rechtsgr. **1306**. — V. Senat. 23. März 1858. (**XXVII**. 331.)

a) Bei der fideijussio indemnitatis wird der Bürge durch selbstverschuldete Verluste des Gläubigers liberirt.

b) Auch bei der gewöhnlichen Bürgschaft darf dem Gläubiger keine culpa in exigendo zur Last fallen, welche dem Bürgen das ihm zustehende beneficium excussionis vereitelt.

Lib. **46**. Tit. **3**. de solutionibus et liberationibus:
— Lex **44**. Siehe Rechtsgrundsatz 449. (A. L. R. I. **16**. § **235**.)
Lib. **49**. Tit. **1**. de appellationibus et relationibus:
— Lex **28**. pr. Siehe Rechtsgrundsatz 1602. (Verordnung vom 21. Juli 1849 § 16.)
Lib. **49**. Tit. **14**. de jure fisci:
— Lex **2**. Siehe Rechtsgrundsatz 1285. (Inst. **2**. 6. § 14.)
Lib. **50**. Tit. **1**. ad municipalem et de incolis:
— Lex **28**. Siehe Rechtsgrundsatz **1604**. (Verordnung No. 3153 vom 21. Juli 1849 § 39.)
Lib. **50**. Tit. **8**. de administratione rerum ad civitates pertinentium:
— Lex **4**. Siehe Rechtsgrundsätze 1304. 1319. (Dig. **33**. **2**. Lex 16.; Extr. Decr. Grat. **3**. 36. Cap. 3.)
Lib. **50**. Tit. **16**. de verborum significatione:
— Lex **30**. Siehe Rechtsgrundsatz 534. (A. L. R. I. **21**. § 25.)
— Lex **43-45**. **234**. § **2**. Nicht bestehende Verbindlichkeit des Alimentationsverpflichteten zur Bezahlung von Prozeßkosten. — Vergl. A. L. R. II. **1** § 726.; Dig. **5**. **2**. Lex 27. § 3., **37**. 9. Lex 1. § 19., **37**. 10. Lex **6**. § 5.; Cod. **7**. 19. Lex 7.; Extr. Decr. Grat. **5**. 1. Cap. **11**.

Rechtsgr. **1307**. — I. Senat. 24. Juni 1857. (XXV. 288.)

Prozeßkosten fallen nicht unter den gemeinrechtlichen Begriff der Alimente.

— Lex **61**. Siehe Rechtsgrundsatz **669**. (A. L. R. II. **2**. § 484.)
Lib. **50**. Tit. **17**. de diversis regulis juris antiqui:
— Lex **23**. Siehe Rechtsgrundsatz 1265. (Code Napoléon Art. 1782.)

3. Codex.

Lib. **1**. Tit. **2**. de sacrosanctis ecclesiis et de rebus et privilegiis earum:
— Lex **1**. **19**. **23**. Erbeseinsetzung nicht existenter Stiftungen, nach Gemeinem Rechte. — Vergl. A. L. R. I. **12**. § 43., II. **19**. §§ 36. ff.; Cod. **1**. 3. Lex **24**. 28. 35. 46. 49.; Nov. 131. Cap. **11**. 15.; Gesetz vom 13. Mai 1833 § 4.; Kabinetsorder vom 23. Mai 1845.

Rechtsgr. **1308**. — I. Senat. 29. November 1858. (XXXI. 204.)

a) Nach Römischem Recht ist die pia causa, der fromme Zweck der Stiftung, auf der Basis des zu diesem Zweck vorhandenen Vermögens als dasjenige Moment anzusehen, an welches durch die Fiktion des Rechts die künstliche Persönlichkeit der Stiftung geknüpft wird.

b) Nach Gemeinem Rechte ist die Erbeseinsetzung auch einer erst durch das Testament errichteten milden Stiftung — pia causa — für rechtsbeständig zu erachten.

Lib. **1**. Tit. **3**. de episcopis et clericis:
— Lex **24**. **28**. **35**. **46**. **49**. Siehe Rechtsgrundsatz 1308. (Cod. **1**. 2. Lex 1.)
Lib. **2**. Tit. **3**. de pactis:
— Lex **6**. Siehe Rechtsgrundsatz 1265. (Code Napoléon Art. 1782.)
Lib. **2**. Tit. **4**. de Transactionibus:
— Lex **42**. Siehe Rechtsgrundsatz **465**. (A. L. R. I. **16**. § 418.)
Lib. **2**. Tit. **19**. de negotiis gestis:
— Lex **4**. **6**. **14**. Siehe Rechtsgrundsatz 1289. (Dig. **3**. 5. Lex 6. § 2.)
Lib. **3**. Tit. **1**. de Judicis:
— Lex **10**. Siehe Rechtsgrundsatz 1098. (A. G. O. I. **19**. § 16.)
Lib. **3**. Tit. **6**. qui legitimam personam in judiciis habeant vel non:
— Lex **1**. **2**. Vertretung Minderjähriger in Schwängerungs- und

Alimentensachen, nach Gemeinem Rechte, insbesondere in Neuvorpommern. — Vergl. Cod. 5. 34. Lex 11.

Rechtsgr. 1309. — V. Senat. 28. Februar 1860. (XXXVII. 65.)

Die Vorschrift des Gemeinen Rechts, — wonach Minderjährige in Ehesachen, ohne Zuziehung ihrer Kuratoren, selbstständig als Kläger und als Beklagte vor Gericht auftreten können, — ist auf Schwängerungs- und Alimentensachen nicht auszudehnen, und gilt dies insbesondere auch in Neuvorpommern.

Lib. 3. Tit. 28. de inofficioso testamento:
— Lex 24. Siehe Rechtsgrundsatz 1290. (Dig. 5. 2. Lex 8. § 8.)
Lib. 3. Tit. 31. de petitione hereditatis:
— Lex 3. Siehe Rechtsgrundsatz 1290. (Dig. 5. 2. Lex 8. § 8.)
Lib. 3. Tit. 34. de servitutibus et aqua:
— Lex 1. 2. Siehe Rechtsgrundsätze 1292. 1293. (Dig. 8. 5. Lex 2. pr., Lex 10. pr.)
Lib. 4. Tit. 1. de rebus creditis et jurejurando:
— Lex 12. § 5. Siehe Rechtsgrundsatz 1233. (Neuvorpommersches Provinzialrecht.)
Lib. 4. Tit. 7. de condictione ob turpem causam:
— Lex 2. Siehe Rechtsgrundsatz 1258. (Code Napoléon Art. 1131.)
Lib. 4. Tit. 29. ad S. C. Vellejanum:
— Lex 1. ff. Siehe Rechtsgrundsatz 848. (Allgem. Deutsche Wechsel-Ordnung Art. 1.)
Lib. 4. Tit. 30. de non numerata pecunia:
— Lex 5. 13. Siehe Rechtsgrundsatz 1297. (Dig. 13. 5. Lex 1. pr.)
Lib. 4. Tit. 31. de compensationibus:
— Lex 14. § 1. Siehe Rechtsgrundsatz 395. (A. L. R. I. 13. § 63.)
Lib. 4. Tit. 32. de usuris:
— Lex 2. Siehe Rechtsgrundsatz 1303. (Dig. 22. 1. Lex 18. § 1.)
— Lex 5. Siehe Rechtsgrundsatz 1313. (Cod. 7. 39. Lex 7. § 6.)
Lib. 4. Tit. 35. Mandati:
— Lex 7. Siehe Rechtsgrundsatz 414. (A. L. R. I. 14. § 215.)
— Lex 22. 23. Einrede aus der Lex Anastasiana gegen die Klage bei einem inländischen Gerichte aus einer im Auslande unter der Herrschaft jenes Gesetzes erfolgten Cession. — Vergl. A. L. R. I. 5. § 111., 11. § 391.

Rechtsgr. 1310. — IV. Senat. 16. November 1858. (XXX. 353.)

Der in Preußen wohnende debitor cessus hat keinen Anspruch auf eine aus der Lex Anastasiana zu entnehmende Einrede, wenngleich die Cession im Auslande, wo diese Lex Geltung hat, geschlossen, und dort der Wohnsitz des Cedenten ist.

Lib. 4. Tit. 44. de rescindenda venditione:
— Lex 2. 8. Verletzung über die Hälfte bei Innominat-Kontrakten.

Rechtsgr. 1311. — V. Senat. 15. Juli 1856. (XXVII. 1.)

Die Anfechtung wegen Verletzung über die Hälfte ist bei den Innominatverträgen statthaft.

— Lex 10. Siehe Rechtsgrundsatz 1257. (Code Napoléon Art. 1109.)
Lib. 4. Tit. 51. de rebus alienis non alienandis:
— Lex ult. Siehe Rechtsgrundsatz 1343. (Kurkölnische Rechtsordnung vom 16. März 1663 Tit. 12. § 2.)
Lib. 4. Tit. 58. de aedilitiis actionibus:
— Lex 4. Siehe Rechtsgrundsatz 311. (A. L. R. I. 11. § 331.)
Lib. 5. Tit. 14. de pactis conventis tam super dole, quam super donatione ante nuptias et paraphernis:
— Lex 5. Siehe Rechtsgrundsatz 669. (A. L. R. II. 2. § 484.)
Lib. 5. Tit. 34. qui dare tutores vel curatores et qui dari non possunt:
— Lex 11. Siehe Rechtsgrundsatz 1309. (Cod. 3. 6. Lex 1.)
Lib. 6. Tit. 23. de testamentis et quemadmodum testamenta ordinentur:
— Lex 16. § 1. Konvalescenz der Testamente sowie der Prälegate und Legate durch Anerkennung seitens der Intestaterben, nach Gemeinem Rechte. — Vergl. Cod. 6. 42. Lex 2. 23. 32.

Rechtsgr. 1312. — V. Senat. 30. Oktober 1860. (XXXVIII. 341.)

a) Die Konvalescenz des Testaments durch Anerkennung seitens des Intestaterben tritt nach dem Gemeinen Rechte nur bei rescissibelen, nicht bei von Anfang an nichtigen und ungültigen Testamenten ein.

b) Zur Konvalescenz von in ungültiger Form angeordneten Prälegaten und Legaten genügt nach dem Gemeinen Rechte die Anerkennung der Verordnung seitens der Intestaterben, ohne daß es der Acceptation dieser Erklärungen seitens der Honorirten bedarf.

c) Bei theilbaren Prälegaten und Legaten ist nach dem Gemeinen Rechte deren Anerkennung auch seitens nur Einiger der mehreren Intestaterben gegen dieselben nach Verhältniß deren Erbtheile von Wirksamkeit.

Lib. 6. Tit. 42. de fideicommissis:

— Lex 2. 23. 32. Siehe Rechtsgrundsatz 1312. (Cod. 6. 23. Lex 16. § 1.)

Lib. 7. Tit. 19. de ordine cognitionum:

— Lex 7. Siehe Rechtsgrundsatz 1307. (Dig. 50. 16. Lex 43.)

Lib. 7. Tit. 33. de praescriptione longi temporis X. vel XX. annorum:

— Lex 12. § 4. Siehe Rechtsgrundsatz 1293. (Dig. 8. 5. Lex 10. pr.)

Lib. 7. Tit. 37. de quadriennii praescriptione:

— Lex 2. 3. Siehe Rechtsgrundsatz 1285. (Inst. 2. 6. § 14.)

Lib. 7. Tit. 39. de praescriptione XXX. vel XL. annorum:

— Lex 7. § 6. Verjährung gegen den Nießbraucher, insbesondere Verjährung des Rechts auf den höheren Betrag der zu einem kirchlichen Benefizium gehörenden kirchlichen Rente durch Entrichtung eines geringeren Betrages an den Benefiziaten. — Vergl. A. L. R. I. 9. §§ 509. 629., 16. §§ 143. 145., 21. §§ 91. 92.; Cod. 4. 32. Lex 5.

Rechtsgr. 1313. — I. Senat. 2. März 1860. (XXXVII. 75.)

Nach Gemeinem Rechte geht dadurch, daß die zu einem kirchlichen Benefizium gehörige kirchliche Rente an den Benefiziaten seit rechtsverjährter Zeit zu einem geringeren, als dem ursprünglichen Betrage von dem Schuldner entrichtet und von dem Benefiziaten angenommen worden, für das Benefizium die Befugniß verloren, die Rente von dem Schuldner in dem ursprünglich höheren Betrage zu verlangen.*

— Lex 8. § 4. Beweislast hinsichtlich des Einwandes der Verjährung eines verzinslichen Darlehns.

Rechtsgr. 1314. — V. Senat. 17. April 1860. (XXXVII. 175.)

Bei einem verzinslichen Darlehn hat der Gläubiger, um

* Vergl. Bd. I. S. 179. Nr. 545. dieser Rechtsgrundsätze.

den Einwand der Verjährung zu beseitigen, die Zinszahlung darzuthun; es ist nicht Sache des Schuldners, die Nichtzahlung der Zinsen zu beweisen.

Lib. 7. Tit. 45. de sententiis et interlocutionibus omnium Judicum:
— Lex 13. Siehe Rechtsgrundsatz 1233. (Neuvorpommersches Provinzialrecht.)

Lib 7. Tit. 47. de sententiis, quae pro eo, quod interest, proferuntur:
— Lex un. Entschädigung wegen Nichterfüllung der Obligationen, nach dem Gemeinen Rechte. — Vergl. Reichs-Deputationsabschied von 1600 § 139.

Rechtsgr. 1315. — V. Senat. 26. Juni 1860. (XXXVII. 313.)

a) Die Lex un. Cod. 7. 47. ist durch den § 139. des Reichsdeputations-Abschiedes von 1600 nicht aufgehoben.

b) Sie bezieht sich auf die Nichterfüllung aller bereits bestehenden Obligationen, und ist daher auf die Nichterfüllung der durch Verträge entstandenen Obligationen nicht zu beschränken und nur dann ausgeschlossen, wenn erst durch die Schaden bringende Handlung selbst eine Obligation entsteht, und somit der Schadensersatz selbst den prinzipalen Gegenstand der Forderung bildet.

c) Ihre Anwendbarkeit ist auch nicht auf eine certa res sive pecunia beschränkt, sie gilt vielmehr überall, wo eine nicht erfüllte Obligation vorliegt, deren Objekt zu Gelde veranschlagt werden kann.

d) Außer der schuldigen Leistung kann nur der einmalige volle Betrag desselben als Interesse gefordert werden.

Lib. 7. Tit. 65. Quorum appellationes non recipiuntur:
— Lex 1. Siehe Rechtsgrundsatz 1602. (Verordnung No. 3153. vom 21. Juli 1849 § 16.)

Lib 7. Tit. 75. de revocandis his, quae in fraudem creditorum alienata sunt:
— Lex 5. Siehe Rechtsgrundsatz 1286. (Inst. 4. 6. § 6.)

Lib. 8. Tit. 10. de aedificiis privatis:
— Lex 3. Siehe Rechtsgrundsatz 1233. (Neuvorpommersches Provinzialrecht.)

Lib. 8. Tit. 36. de exceptionibus seu praescriptionibus:
— Lex 13. Siehe Rechtsgrundsatz 1604. (Verordnung No. 3153. vom 21. Juli 1849 § 39.)
Lib. 8. Tit. 39. de inutilibus stipulationibus:
— Lex 4. Siehe Rechtsgrundsatz 669. (A. L. R. II. 2. § 484.)
Lib. 8. Tit. 41. de fideijussoribus et mandatoribus:
— Lex 2. 11. 14. Siehe Rechtsgrundsatz 420. (A. L. R. I. 14. § 338.)
Lib. 8. Tit. 45. de evictionibus:
— Lex 24. Siehe Rechtsgrundsatz 1298. (Dig. 18. 6. Lex 18. § 1.)
Lib. 8. Tit. 53. quae sit longa consuetudo:
— Lex 1. 2. Siehe Rechtsgrundsatz 1288. (Dig. 1. 3. Lex 39.)
Lib. 8. Tit. 56. de revocandis donationibus:
— Lex 8. Siehe Rechtsgrundsatz 353. (A. L. R. I. 11. § 1140.)
Lib. 9. Tit. 35. de injuriis:
— Lex 11. in fine. Siehe Rechtsgrundsatz 1233. (Neuvorpommersches Provinzialrecht.)
Lib. 12. Tit. 1. de dignitatibus:
— Lex 13. Siehe Rechtsgrundsatz 1322. (Rezeß vom 27. Dezember 1508.)

4. Novellae.

Nov. 4. ut creditores primo debitores principales conveniant etc.:
— Cap. 1. Unterschied zwischen der gewöhnlichen Bürgschaft und der fideijussio indemnitatis.

Rechtsgr. 1316. — V. Senat. 23. März 1858. (XXVII. 331.)

Der Unterschied zwischen der gewöhnlichen Bürgschaft und der fideijussio indemnitatis ist durch Nov. 4. Cap. 1. nicht aufgehoben.

Siehe auch Rechtsgrundsatz 414. (A. L. R. I. 14. § 215.)

Nov. 18. ut legitima portio liberorum, si quatuor sunt liberi etc.:
— Cap. 5. Siehe Rechtsgrundsatz 1317. (Nov. 89. Cap. 12. § 4.)
Nov. 89. de naturalibus liberis:
— Cap. 12. §§ 4. 6. Erbrecht der unehelichen Kinder in den Nachlaß des Vaters, nach Gemeinem Recht. — Vergl. A. L. R. II. 2. §§ 647. ff.; Nov. 18. Cap. 5.; Extra Decr. Grat. 4. 7. Cap. 5., 4. 17. Cap. 6.

Rechtsgr. 1317. — I. Senat. 23. Oktober 1857. (XXVI. 305.)

Nach Gemeinem Rechte steht weder den natürlichen, von

dem Vater nicht ausdrücklich anerkannten Kindern, noch auch ihrer Mutter ein Erbrecht auf den Nachlaß des natürlichen Vaters zu.

Siehe auch Rechtsgrundsatz 15. (A. L. R. Einleitung § 23.)

Nov. 115. ut cum de appellatione cognoscitur etc.:
— Cap. 3. Siehe Rechtsgrundsatz 357. (A. L. R. I. 12. § 4.)
Nov. 119. ut donatio propter nuptias specialis sit contractus, et de aliis capitulibus:
— Cap. 7. Siehe Rechtsgrundsatz 1318. (Extra Decr. 2. 26. Cap. 5.)
Nov. 131. de ecclesiasticis canonibus et privilegiis sanctissimarum ecclesiarum:
— Cap. 11. 15. Siehe Rechtsgrundsatz 1308. (Cod. 1. 2. Lex 1.)
Nov. 134. de vicariis, et feminis adulteris, aliisque capitibus:
— Cap. 1. Siehe Rechtsgrundsatz 1287. (Dig. 1. 3. Lex 39.)

5. Feudorum Libri.

Lib. 2. Tit. 8. de investitura de re aliena facta:
— § 3. Siehe Rechtsgrundsatz 494b. (A. L. R. I. 18. § 266.)
Lib. 2. Tit. 45. An agnatus vel filius defuncti possit retinere feudum repudiata hereditate:
— Si contigerit. Siehe Rechtsgrundsatz 494b. (A. L. R. I. 18. § 266.)

Corpus juris canonici.

1. Decretum Gratiani.

Pars II. causa X. quaest. 1. can. 5. 6. Siehe Rechtsgrundsatz 1319. (Extr. Decr. Grat. 3. 36. Cap. 3.)

2. Libri V. extra Decretum Gratiani. (Decretales Gregorii IX.)

Lib. 1. Tit. 31. de officio Judicis ordinarii:
— Cap. 5. 6. Siehe Rechtsgrundsatz 1319. (Extra Decr. 3. 36. Cap. 3.)

Lib. 2. Tit. 13. de restitutione spoliatorum:
— Cap. 1. Siehe Rechtsgrundsatz 1293. (Dig. 8. 5. Lex 10. pr.)
Lib. 2. Tit. 19. de probationibus:
— Cap. 2. Siehe Rechtsgrundsatz 1062. (A. G. O. I. 10. § 252.)
Lib. 2. Tit. 22. de fide instrumentorum:
— Cap. 14. Siehe Rechtsgrundsatz 1297. (Dig. 13. 5. Lex 1. pr.)
Lib. 2. Tit. 26. de praescriptionibus:
— Cap. 5. 20. Theilveräußerung einer untheilbaren Gerechtigkeit bei Veräußerung des ganzen berechtigten Grundstücks; Verjährung der Eigenthumsklage nach dem Gemeinen Rechte. — Vergl. Nov. 119. Cap. 7.

Rechtsgr. 1318. — II. Senat. 24. Januar 1861. (XL. 133.)

a) Wird bei Veräußerung eines Grundstücks die mit demselben verbundene untheilbare Gerechtigkeit nur zum Theil mitveräußert, so geht das Eigenthum der ganzen Gerechtigkeit auch dann nicht auf den Käufer über, wenn diese Theilveräußerung observanzmäßig oder statutarrechtlich unzulässig ist.

b) Nach dem Gemeinen Rechte wird die Eigenthumsklage, möge dieselbe Sachen — res corporales — oder dingliche Rechte zum Gegenstand haben, durch die erlöschende Verjährung nicht aufgehoben, wenn der Verklagte sich in mala fide befindet.

Lib. 3. Tit. 36. de religiosis domibus, ut episcopo sint subjectae:
— Cap. 3. 6. Bischöfliches Recht der Konversion des kirchlichen Zweckes letztwilliger Zuwendungen. — Vergl. Dig. 32. Lex 16. 17., 33. 1. Lex 21. § 3., 35. 1. Lex 71. pr., 39. 5. Lex 2. § 7., 50. 8. Lex 4.; Decr. Grat. Pars II. causa 10. quaest. 1. can. 5. 6.; Conc. Trid. sessio 22. cap. 8. 9.

Rechtsgr. 1319. — I. Senat. 21. Dezember 1857. (XXVIII. 150.)

In dem bischöflichen Rechte der Oberaufsicht über die Institute und das Vermögen der Kirche — der Lex dioecesiam — ist die Befugniß, letztwilligen Dispositionen zu kirchlichen Zwecken eine von dem Willen des Stifters gänzlich abweichende Richtung zu geben, nicht enthalten.

Lib. 4. Tit. 7. de eo, qui duxit in matrimonium quam polluit per adulterium:

— Cap. 5. in fine. Siehe Rechtsgrundsätze 15. 1317. (A. L. R. Einl. § 23.; Nov. 89. Cap. 12. § 4.)

Lib. 4. Tit. 17. qui fillii sint legitimi:

— Cap. 6. Siehe Rechtsgrundsatz 1317. (Nov. 89. Cap. 12. § 4.)

Lib. 5. Tit. 1. de accusationibus, inquisitionibus et denunciationibus:

— Cap. 11. Siehe Rechtsgrundsatz 1307. (Dig. 50. 16. Lex 43.)

3. Lib. VI. Decretalium. (D. Bonifacii Papae VIII.)

Lib. 1. Tit. 18. de pactis:

— Cap. 2. Siehe Rechtsgrundsatz 669. (A. L. R. II. 2. § 484.)

4. Extravagantes communes.

Lib. 5. Tit. 9. de poenitentiis et remissionibus:

— Cap. 5. Dispensation von dem Klostergelübde. — Vergl. A. L. R. II. 11. §§ 1174. 1178. 1179. 1209.; Conc. Trid. Sess. 25. Cap. 9.

Rechtsgr. 1320. — III. Senat. 4. Februar 1861. (XL. 229.)

Nach Kanonischem Rechte steht die Macht, von dem Klostergelübde zu dispensiren, allein dem Papste zu.

Concilium Tridentinum (von 1563).

(Emminghaus, Corp. Jur. Germ., Zweite Auflage, Jena 1844, Theil 1. S. 325.)

Sessio 21. de reformatione:

— Cap. 7. Eigenschaft der Kirchenglocken und Kirchen-Uhren als Zubehör der Kirchengebäude; Verpflichtung des Patrons und Zehntherrn zu Herstellung derselben.

Rechtsgr. 1321. — V. Senat. 5. Februar 1861. (XXXIX. 351.)

a) Die Glocken und Kirchenuhren der katholischen Kirchen gehören zu den Pertinenzien der Kirchengebäude.

b) Daher hat bei dem Unvermögen der Kirchenfabrik der Patron, beziehungsweise der Zehntherr, die zersprungenen Kirchenglocken und Uhrtafeln wieder herzustellen.

Sessio 22. de reformatione:
— Cap. 8. 9. Siehe Rechtsgrundsatz 1319. (Extra Decr. Grat. 3. 36. Cap. 3.)
Sessio 25. de regularibus:
— Cap. 9. Siehe Rechtsgrundsätze 758. 1320. (A. L. R. II. 11. § 1180.; Extrav. com. 5. 9. Cap. 5.)

Einzelne Gesetze und Verordnungen.

1504, Sonnabend nach Purificationis Mariae (Februar 3. und 18.) Kollowratischer Vertrag zwischen denen Herren Fürsten und Ständen in Schlesien mit der Geistlichkeit des hohen Stifts ad St. Johannem zu Breslau. (Suarez, Sammlung Schlesischer Gesetze, Breslau 1771, Bd. 1. S. 4.; Wentzel, Provinzialrecht des Herzogthums Schlesien, Breslau 1839, S. 202.)
— No. 4. Siehe Rechtsgrundsatz 753. (A. L. R. II. 11. § 857.)

1508, vom Tage Johannis des Evangelisten. (Dezember 27.) Vertrag des Kurfürsten Joachim I. mit den Städten Berlin und Köln wegen der Gerichte. (v. Raumer, Codex Diplomaticus Brandenburgensis continuatus, Berlin und Elbing, 1833, Theil 2. S. 241.)
— „Alle Erbfälle von unächten Leuten." Rechte des landesherrlichen Fiskus auf erblose Verlassenschaften der in Berlin verstorbenen unächten Personen. — Vergl. A. L. R. II. 1. 192. 193. 738.; Cod. 12. 1. Lex 13.

Rechtsgr. 1322. — I. Senat. 24. Juni 1859. (XXXIV. 94.)

Das in dem Rezesse vom 27. Dezember 1508 dem Landesherrn vorbehaltene Recht auf die erblosen Verlassenschaften der in Berlin verstorbenen unächten (unehelich geborenen) Personen wird durch deren stattgehabte Verheirathung nicht ausgeschlossen.

1522, Mittwoch nach Sonntag Jubilate. Verordnung des Herzogs von Kleve und Grafen von der Mark in Betreff der Eigengebung der Unterthanen. (Scotti, Sammlung der Kleve-Märkischen Gesetze und Verordnungen, Düsseldorf 1826, Bd. 1. S. 51.)
— Eigenbehörigkeit in der Grafschaft Mark. — Vergl. Münsterische

Eigenthumsordnung vom 10. Mai 1770. I. 2. § 9.; Bergisches Dekret vom 12. Dezember 1808.

Rechtsgr. 1323. — II. Senat. 11. Mai 1858. (XXX. 29.)

In der Grafschaft Mark hat die Leibeigenschaft existirt.

Rechtsgr. 1324. — II. Senat. 16. September 1858. (XXX. 224.)

a) In der Grafschaft Mark ist durch die Verordnung des Herzogs von Kleve und Grafen von der Mark von 1522 weder die Leibeigenschaft da, wo sie bestand, aufgehoben, noch auch sind durch dieselbe die Nachkommen der Leibeigenen frei geworden.

b) Dem Gutsherrn, welcher behauptet, daß der Kolon mit Verletzung der Verordnung von 1522 als freier Unterthan des Herzogs sich ihm zu eigen begeben habe, liegt die Last des Beweises ob.

1527, Mittwoch nach Franzisci. Konstitution, Willkör und Ordnung der Erbfälle und andere Sachen, wie damit durch die ganze Mark Brandenburg und zugehörenden Landen hinfüro soll gehalten werden. (Mylius, Corp. Const. March. Theil 2. Theil 1. No. 3. Kol. 19.; Rabe, Sammlung Preußischer Gesetze, Bd. 1. Abth. 1. S. 2.)

— „Erbfälle zwischen Eheleuten“. Erbrecht des überlebenden Ehegatten nach dem Provinzialrecht der Kur- und Neumark Brandenburg. — Vergl. A. L. R. I. 9. § 401., II. 1. §§ 490. 491. 495. ff.; Erbschafts-Edikt vom 30. April 1765 Abth. 2. §§ 1-4.

Rechtsgr. 1325. — IV. Senat. 7. Juli 1860. (XXXVIII. 130.)

Nach dem Provinzialrecht der Kur- und Neumark Brandenburg hat der überlebende Ehegatte die Wahl, ob er die Erbschaft aus dem Testamente ausschlagen, oder aus dem Testamente oder aus dem Statute antreten will; in dem letzteren Falle muß er sein eigenes Vermögen einwerfen und bekommt dann als Erbtheil die Hälfte.

Siehe auch Rechtsgrundsatz 1358. (Erbschafts-Edikt vom 30. April 1765 Abth. 2. § 1.)

1530. Ordnung und Reformation guter Polizei im Heiligen Römischen Reich. (Neue Sammlung der Reichsabschiede, Frankfurt 1747, Theil 2. S. 332.; Lünig, Teutsches Reichs-Archiv, Leipzig 1763,

Bd. 2. S. 566.; Emminghaus, Corp. Jur. Germ., Zweite Aufl., Jena 1844, S. 163.)
— Tit. 26. „Von wücherlichen Kontrakten“:
— § 8. Siehe Rechtsgrundsatz 110. (A. L. R. I. 5. § 185.)

1534, Montag vor Palmarum. (April 1.). Bergwerkvertrag Königs Ferdinand I. mit den Böhmischen Ständen. (Schmidt, Chronologische Sammlung, Abth. 1. Bd. 1. S. 168.; Kollektion der den Statum des Markgrafthums Oberlausitz betreffenden Sachen, Budissin 1770-1774., Bd. 2. S. 294.)
— Siehe Rechtsgrundsatz 1329. (Bergwerksvertrag vom 18. September 1575.)

1535. Kirchenordnung im Lande zu Pommern. (Greiffswald 1731.)
— Theil 2. „Vom Predigt-Amt und Predigen.“ Rechte der Kirche auf die Einkünfte der Pfarre während der Pfarrvakanz und Berechtigung des Kirchenpatrons zu deren Einziehung, nach Neuvorpommerschem Provinzialrecht. — Vergl. Neuvorpommersches Provinzialrecht § 959.

Rechtsgr. **1326**. — V. Senat. 26. Februar 1861. (XL. 312.)

Nach Neuvorpommerschem Provinzialrecht gehören während der Pfarrvakanz die Einkünfte der Pfarre der Kirche und sind vom Patron einzuziehen.

1546. Freitig nach Jubilate. Beschluß der Schlesischen Fürsten und Stände. (Schickfuß, Neue vermehrte Schlesische Chronika, Leipzig 1625, Buch III. S. 181.)
— Schlußbestimmung „wegen des Wuchers.“ Siehe Rechtsgrundsatz 341. (A. L. R. I. 11. § 804.)

1559, September 1. Nassau-Katzenelnbogische Bergordnung. (Zweite Auflage, Wetzlar 1711.; v. Wagnern, Corp. jur. metall. Leipzig 1791., S. 767.; Brassert, Bergordnungen der Preußischen Lande, Köln 1858, S. 3.)
— Art. 9. 10. 16. Rechte des ersten Finders. — Vergl. A. L. R. Einl. §§ 1. 2., II. 16. §§ 154. 155.; Publ.-Patent vom 21. Juni 1825 §§ 1-3.

Rechtsgr. **1327**. — III. Senat. 14. November 1860. (XXXIX. 206.)

a) Nach der Naussau-Katzenelnbogenschen Bergordnung ist Derjenige, welcher von der nach derselben bestehenden gesetzlichen Freiheit, zu schürfen, Gebrauch gemacht und gefunden hat, kein blos zufälliger Finder, sondern dem mit einem Schürfschein versehenen Finder im Allgemeinen gleich zu erachten. Daher ist sein Recht auf Verleihung schon durch die Auffindung, nicht aber erst durch die in Folge derselben eingelegte Muthung begründet.

b) Der Finder muß jedoch, bei Verlust seines Rechts, binnen vier Wochen nach gemachtem Funde schriftliche Muthung bei der Bergbehörde nachsuchen.

Siehe auch Bemerkungen von Strohn über Bedingungen und Wirkungen der bergrechtlichen Muthung und Beleihung im Archiv für Rechtsfälle, Bd. 33. S. 351. ff.

1570. Reichsabschied. (Neue Sammlung der Reichsabschiede, Theil 3. S. 286.; Lünig, Reichsarchiv, Bd. 2. S. 191.; Emminghaus, Corp. Jur. Germ. S. 367.)

— § **84**. Begründung des Gerichtsstandes für die Hauptsache durch die Anlegung des Arrestes gegen Ausländer, — nach Gemeinem Rechte, insbesondere in dem ehemaligen Fürstenthum Hohenzollern-Sigmaringen. — Vergl. Reichsabschied von **1594** § 81.

Rechtsgr. **1328**. — V. Senat. 7. September 1858. (XXX. 200.)

a) Wenn auch gemeinrechtlich der Gerichtsstand des Arrestes für sich allein keine Kompetenz für die Entscheidung in der Hauptsache begründet, so tritt doch eine Ausnahme hiervon ein, wenn der Arrest gegen einen Ausländer angelegt worden ist, und das in der Hauptsache kompetente auswärtige Gericht die Rechtspflege verweigert.

b) Einer solchen Verweigerung ist schon eine Erschwerung der Rechtsverfolgung gleich zu achten, wenn dieselbe von der Art ist, daß sie die Erlangung des Rechtszuspruches nach den Umständen ausschließt, und also in der Wirkung einer wirklichen Rechtsverweigerung ganz gleich steht.

1575, Dienstag nach Mätthäi. (September 18.) Bergwerks-Vergleich Kaisers Maximilian II. mit den Böhmischen Ständen. (Schmidt, Chronol. Samml. Abth. 1. Bd. 3. S. 293. ff.; Kollektion der den Statum der Oberlausitz betreffenden Sachen, Bd. 2. S. 300.)

— Gültigkeit der Böhmischen Bergwerksverträge von 1534 und 1575 in der Oberlausitz; Recht der Gutsherrschaften daselbst hinsichtlich der s. g. geringeren Metalle, namentlich des Eisensteins, auch auf den Rustikalländereien. — Vergl. Bergwerksvertrag von 1534.

Rechtsgr. 1329. — III. Senat. 5. und 17. Februar 1858. (XXIX. 128.)

a) In der Oberlausitz sind die s. g. Bergwerksverträge König Ferdinands I. vom Montag vor Palmarum 1534 und Kaiser Maximilians II. vom 18. September 1575 durch Observanz rezipirt.

b) Das den Gutsherrschaften in der Oberlausitz durch die vorgedachten Bergwerksverträge zugestandene Recht hinsichtlich der s. g. geringeren Metalle, namentlich des Eisens, erstreckt sich auch auf die in ihrem gutsherrlichen Bereich gelegenen Rustikalländereien.

Siehe auch Rechtsgrundsatz 779. (A. L. R. II. 16. § 72.)

1577, Februar 5. Bergwerksordnung Kaisers Rudolph II. vor das Herzogthum Schlesien. (von Wagnern, Corp. Jur. Met. S. 1297.; Brachvogel, Sammlung Schlesischer Statuten, Breslau 1728, Bd. 3. S. 700.
— Siehe Rechtsgrundsatz 779. (A. L. R. II. 16. § 72.)

1582, März 26. Kaiserliches Mandat, betreffend die Bestätigung des Beschlusses der Schlesischen Fürsten und Stände wegen Bestimmung des Zinsfußes auf sechs Prozent. (Schickfuß, Neue vermehrte Schlesische Chronika, Buch I. S. 229.)
— Siehe Rechtsgrundsatz 341. (A. L. R. I. 11. § 804.)

1589, Juni 12. Kursächsische Bergordnung. (Lünig, Cod. Aug., Theil 2. S. 186.; Schaffrath, Codex Saxonicus, Bd. 1. S. 169.; Brassert, Bergordnungen S. 337.)
— Art. III. Siehe Rechtsgrundsatz 798. (A. L. R. II. 16. § 154.)

1592, Januar 18. Polizei-Ordnung der Haupt- und Residenz-Stadt Münster. (Schlüter, Provinzialrecht der Provinz Westphalen, Bd. 1. S. 117. ff.)
— Kap. 5. Siehe Rechtsgrundsätze 1330. 1338. 1339. (Kap. 7. § 1. dieser Polizei-Ordnung; Adjektum 2. vom Dezember 1607.)
— Kap. 6. Siehe Rechtsgrundsatz 372. (A. L. R. I. 12. § 611.)

— Kap. 7. Von Schicht und Theilung, so von dem Letztlebenden der Eheleuten den gesammten Kindern geschehen soll.

— §§ 1-5. 19. 21. Eheliche Gütergemeinschaft:

I. während bestehender Ehe; Einseitige Dispositionsbefugnisse beider Eheleute. — Vergl. Adjektum vom 20. Dezember 1601 zu Kap. 6. und Adjektum 2. vom Dezember 1607 zu Kap. 5. dieser Polizeiordnung; Münsterische Erbpachts-Ordnung vom 21. September 1783 Theil I. Tit. 7. § 30.

A. über Hauptbestandtheile des gemeinschaftlichen Vermögens.

Rechtsgr. 1330. — III. Senat. 9. Juli 1860. (XXXVIII. 138.)

Die nach der Münsterischen Gütergemeinschaft in stehender Ehe jedem der Ehegatten zustehende ausgedehnte Verfügungsgewalt über die Bestandtheile des gemeinschaftlichen Vermögens ist ein durch das Wesen der Gütergemeinschaft selbst beschränktes Recht und darf nicht dahin gemißbraucht werden, daß durch Verträge über Hauptbestandtheile des Vermögens auf eine dem andern Kontrahenten erkennbare Weise die Zwecke der Gütergemeinschaft vereitelt werden.*

B. über den ganzen Inbegriff des gemeinschaftlichen Vermögens.

Rechtsgr. 1331. — I. Senat. 31. Mai 1858. (XXVIII. 317.)

Ein in der provinziellen Gütergemeinschaft des Fürstenthums Münster lebender Ehegatte ist nicht für befugt zu erachten, einseitig, ohne Vorwissen und Willen des andern Ehegatten, eine Veräußerung des ganzen Inbegriffs des gemeinschaftlichen Vermögens vorzunehmen.

II. Nach Trennung der Ehe durch den Tod:

— A. Sofortiges Erb- und Miteigenthumsrecht der Kinder.

Rechtsgr. 1332. — III. Senat. 27. März 1857. (XXV. 22.)

Nach den Grundsätzen der Münsterischen statutarischen Gütergemeinschaft erhalten die aus einer beerbten Ehe vorhandenen Kinder mit dem Tode des einen Ehegatten keineswegs blos eine sichere Hoffnung zur künftigen Erbfolge (spem

* Vergl. dagegen Bd. 1. S. 378. No. 1116. dieser Rechtsgrundsätze.

certam succedendi), vielmehr sogleich und **ipso jure** ein wirkliches Erb- und Miteigenthumsrecht.

— B. Dispositionsrechte des überlebenden Ehegatten bei beerbter Ehe; — überhaupt:

Rechtsgr. **1333.** — I. Senat. 17. September 1860. (XXXIX. 61.)

Nach den Grundsätzen der Münsterischen ehelichen Gütergemeinschaft ist zwar der mit den Kindern in Gemeinschaft bleibende überlebende Ehegatte nicht befugt, unter Lebenden über die ganze gemeinschaftliche Vermögensmasse als Inbegriff einseitig, ohne Zuziehung der Kinder, zu verfügen; wohl aber ist er berechtigt, bestimmte Gegenstände dieses Vermögens, namentlich auch Grundstücke, einseitig zu veräußern, wenngleich dadurch der ganze Bestand des Vermögens erschöpft wird.

— insbesondere durch Uebertragung des gesammten gütergemeinschaftlichen Vermögens durch einen Vitalitienvertrag; Anfechtung dieses Vertrages seitens der Kinder. — Vergl. A. L. R. I. **9.** § **350.**, **11.** Anh. § **19.** zu § **646.**

Rechtsgr. **1334.** — I. Senat. 20. September 1858. (XXX. 236.)

a) Nach den Grundsätzen der Münsterischen ehelichen Gütergemeinschaft kann die Uebertragung des gesammten Vermögens seitens des letztlebenden Ehegatten durch einen Vitalitienvertrag ohne Zuziehung der Kinder nur vorbehaltlich des Miteigenthums der letzteren an dem beim Absterben des erstverstorbenen Ehegatten vorhandenen gemeinsamen Vermögen geschehen, und ist deshalb ein solcher Uebertragungs-Vertrag, insoweit der überlebende Ehegatte darin durch die einseitig, ohne Zustimmung der Kinder festgesetzte Abfindung derselben über deren Miteigenthum verfügt hat, für die Kinder nicht rechtsverbindlich.

b) Auch schon bei Lebzeiten des überlebenden Ehegatten sind die Kinder befugt, von dem Uebernehmer des Vermögens die Anerkennung ihres Miteigenthums, und diesem Miteigenthum gegenüber die Unverbindlichkeits-Erklärung des Ueber-trags-Vertrages zu verlangen.

C. Verhaftung der Kinder für die, die Gütergemeinschaft angehenden Schulden vor erfolgter Schichtung und bei geschlossenem Einkindschaftsvertrage. — Vergl. A. L. R. I. **17.** §§ 127. 131., II. **1.** §§ 360. ff. 661., **2.** §§ 725. 738.

Rechtsgr. **1335.** — III. Senat. 27. März 1857. (XXV. 22.)

a) Nach den Grundsätzen der Münsterischen ehelichen Gütergemeinschaft sind vor erfolgter Schichtung mit dem überlebenden Ehegatten die nicht abgeschichteten Erben für Schulden und Ansprüche, welche die Gütergemeinschaft angehen, persönlich nicht verantwortlich, werden es vielmehr erst in Folge definitiver Schichtung des gemeinschaftlichen Vermögens und der Ausantwortung ihres Antheils an demselben nach Höhe des Erhaltenen.

b) Eine Schichtung in diesem Sinne ist noch nicht vorhanden, wenn bei Eingehung einer anderweiten Ehe das erbende Kind in die Einkindschaft aufgenommen, und das ihm gemäß §§ 725. 726. II. 2. des Allgem. Landrechts beschiedene Voraus auf die Grundstücke des überlebenden Ehegatten eingetragen worden ist.

Siehe auch Rechtsgrundsatz 666. (A. L. R. II. **2.** § 440.)

— §§ **10. 11.** Siehe Rechtsgrundsatz 372. (A. L. R. I. **12.** § 611.)

— §§ **19. 21.** Siehe Rechtsgrundsätze 1331-1335. (Kap. 7. § 1. dieser Polizei-Ordnung.)

— Kap. **20.** Siehe Rechtsgrundsatz 215. (A. L. R. I. **8.** § 125.)

1594. Reichsabschied. (Neue Sammlung der Reichsabschiede, Theil 3. S. 418.; Emminghaus, Corp. Jur. Germ. Theil 1. S. 410.)

— § **81.** Siehe Rechtsgrundsatz 1328. (Reichsabschied von 1570. § 84.)

1600. Reichsdeputationsabschied. (Neue Sammlung der Reichsabschiede, Theil 3. S. 471.; Emminghaus, Corp. Jur. Germ. Theil 1. S. 417.)

— § **139.** Siehe Rechtgrundsatz 1315. (Cod. 7. 47. Lex un.)

1601, Dezember 20. Adjektum 2. zu Kap. 6. der Münsterischen Polizei-

Ordnung vom 18. Januar 1592. (Schlüter, Provinzialrecht der Provinz Westphalen, Bd. 1. S. 123.)

— Siehe Rechtsgrundsätze 372. 1330. 1331. (A. L. R. I. **12**. § **611**.; Münsterische Polizei-Ordnung vom 18. Januar 1592 Kap. 7. § 1.)

1605, Sonnabend nach Purifikationis Mariä. Synodus pragensis. (v. Friedenberg, Tractatus etc. oder Abhandlung von denen in Schlesien üblichen Rechten, Breslau 1738, Lib. 1. Cap. 10. § 50.; Weingarten, Codex No. 230. S. 351.)

— Erbrecht der katholischen Kirche in den Nachlaß des Pfarrers, nach dem Provinzialrecht der Grafschaft Glatz. — Vergl. A. L. R. II. **11**. § **101**.; Revidirter Entwurf des Provinzialrechts des Herzogthums Schlesien und der Grafschaft Glatz S. **227**.; Deklaration vom 14. Januar **1664**; Edikt vom 21. Juni 1753 No. III. IV.; Konklusum der Gesetzkommission vom 9. Juni 1795; Gesetz vom **11**. Juli 1845.

Rechtsgr. **1336**. — I. Senat. 11. Januar 1861. (XXXIX. 340.)

Nach dem Provinzialrecht der Grafschaft Glatz steht der katholischen Kirche, bei welcher der ohne Testament verstorbene Pfarrer angestellt war, ein Erbrecht auf den dritten Theil, jedoch nur desjenigen Vermögens zu, welches der Pfarrer aus den Einkünften seines geistlichen Amtes erworben hat, und insofern die Summe nicht 500 Rthlr. übersteigt.

1605. Kirchenordnung für das Fürstenthum Eichsfeld. (Hartmann, Provinzialrecht des Fürstenthums Eichsfeld, Berlin 1835, S. 405.)

— Befreiung der Patrone im Fürstenthum Eichsfeld von Beiträgen zu Kirchen-, Pfarr- und Schulbauten. — Vergl. A. L. R. II. **11**. §§ 710. 712. 731. 788-790., **12**. § 37.; Revidirter Entwurf des Provinzialrechts des Fürstenthums Eichsfeld § **244**.; Mainz'sche Kirchenordnung von 1669 Kap. 20. § 4.; Charta visitatoria pro Eichsfeldia von 1668 und 1767 §§ 15. 16.; Publikations-Patente vom 24. März 1803 § 2. und vom 9. September 1814 § 2.; Gesetz No. 2742. vom 21. Juli 1846 § 6.

• Rechtsgr. **1337**. — I. Senat. 3. Oktober 1859. (XXXIV. 299.)

Nach dem Provinzialrecht des Fürstenthums Eichsfeld haben die Patrone nicht die Verpflichtung, in Ermangelung eines hinlänglichen Kirchenvermögens zu dem Bau der Kirchen, Pfarren und Schulen beizutragen; diese Verpflichtung liegt vielmehr den Gemeinden ob.

1607, in Decembri. Adjektum 2. zu Kap. 5. der Münsterischen Polizei-Ordnung vom 18. Januar 1592. (Schlüter, Provinzialrecht der Provinz Westphalen, Bd. 1. S. 121.)

— Mitverhaftung des in der Münsterischen ehelichen Gütergemeinschaft lebenden Ehegatten für die vorehelichen Schulden des anderen Ehegatten:

A. Befreiung von dieser Mitverhaftung durch Separation der Güter in noch bestehender und in durch den Tod getrennter kinderloser Ehe.

Rechtsgr. **1338**. — IV. Senat. 25. März 1858. (XXIX. 241.)

a) Der Grundsatz der Münsterischen ehelichen Gütergemeinschaft:

daß der eine Ehegatte die vorehelichen Schulden des andern Ehegatten zu tragen nicht verpflichtet, vielmehr, ohne den Nachweis förmlicher Güter-Separation führen zu brauchen, berechtigt ist, sein eingebrachtes Gut und die Hälfte der ehelichen Errungenschaft für sich zu behalten, und nur verbunden, das Uebrige, nämlich das Eingebrachte des verschuldeten Ehegatten und die andere Hälfte der Errungenschaft, den Gläubigern desselben zu überlassen,

findet nur Anwendung bei noch bestehender und bei durch den Tod getrennter kinderloser Ehe.

b) Dagegen ist nach der Münsterischen ehelichen Gütergemeinschaft im Falle der durch den Tod getrennten beerbten Ehe der überlebende Ehegatte Miterbe des Verstorbenen und als solcher für die vorehelichen Schulden des letzteren persönlich mit verhaftet.

B. Gemeinschaftliche Verhaftung für die vorehelichen Schulden des verstorbenen Ehegatten seitens des überlebenden Ehegatten und der Kinder der bestandenen Ehe.

Rechtsgr. **1339**. — III. Senat. 28. September und 5. Oktober 1857. (XXVIII. 9.)

Bei beerbter Ehe ist auch bei bestandener Münsterischer ehelicher Gütergemeinschaft der in dem Besitz und der Verwaltung des ganzen Nachlasses des verstorbenen Ehegatten sich befindende überlebende Ehegatte in Gemeinschaft mit der Kindern dieser Ehe verpflichtet, sich auf die Klage wegen einer vorehelichen Schuld des verstorbenen Ehegatten einzulassen.

Sehe auch Rechtsgrundsätze 1330. 1331. (Münsterische Polizei-Ordnung vom 18. Januar 1592 Kap. 7. § 1.)

1616, Mai 1. Nassau-Katzenelnbogische Landes-Ordnung. (Zweite Auflage, Wetzlar 1711.)

— Teil **6**. Kap. **1**. „Von Verjährungen"; No. **15**. **16**. **18**. Siehe Rehtgrundsatz 1254. (Code Napoléon Art. 691.)

1617, April 27. Fürstlich Oels'nische Landesordnung. (Suarez, Samml. Bd. 1. S. 391.; Brachvogel, Privilegien und Statuten des Landes Schlesien, Breslau 1734, Theil 4. S. 1023.)

— Th. **2**. Art. **1**. „Von Kaufen und Verkaufen liegender Gründe." Charakter der Oeffentlichkeit der gutsherrlich-konfirmirten und in die Schöppenbücher eingetragenen Verträge in Schlesien. — Vergl. A. L. R. I. **10**. § 123.

Rechtsgr. **1340**. — II. Senat. 17. Juli 1860. (XXXVIII. 194.)

Die in Schlesien vor Publikation der Allgem. Gerichts-Ordnung von den Gutsherrschaften, als Gerichtsherren, konfirmirten und sodann in die Schöppenbücher eingetragenen Verräge haben, wenngleich sie weder notariell, noch gerichtich abgeschlossen worden, dennoch den Charakter der Oeffentlichkeit.

1624. Bau-Ordnung der Stadt Alten-Stettin. (Geschriebenes Original im Stettiner Magistrats-Archiv.)

— Tit. **1**. § **2**. Erhöhung der Schornsteine.

Rechtsgr. **1341**. — II. Senat. 6. Dezember 1860. (XL. 81.)

a) Die Bestimmung des § 2. Tit. 1. der Stettiner Bau-Ordnung von 1624, — betreffend die unbedingte Verpflichtung des Eigenthümers des niedrigeren Hauses zur Erhöhung seines Schornsteins in der dort angegebenen Art, — enthält eine allgemeine baupolizeiliche Anordnung, welcher der Eigenthümer des niedrigeren Hauses nachzukommen schuldig ist, ohne Rücksicht darauf, ob der Eigenthümer des höheren

Hauses darauf dringt, oder nicht; der Letztere muß sich dagegen die Befestigung des Schornsteins an seinem Hause gefallen lassen.

b) Der § 2. a. a. O. setzt zwar den Fall zweier unmittelbar neben einander stehenden Häuser voraus; jedoch ist dieser Paragraph nicht auf den Fall zu beschränken, wenn der Schornstein unmittelbar an die Mauer der Nachbars stößt.

1629, Januar. Ordonnance sur les plaintes des États assemblés à Paris. (Graeff, Chronol. Samml. S. 1120.)

— Art. **121**. Siehe Rechtsgrundsatz 1275. (Code de procédure civ. Art. **546**.)

1635, Mai 30. Traditionsrezeß, die Abtretung des Markgrafthums Ober- und Nieder-Lausitz von der Krone Böhmen an das Kurfürstenthum Sachsen betreffend. (Schaffrath, Codex Saxonicus, Bd. 1. S. 285.)

— Aufhebung dieses Gesetzes. — Vergl. Publikations-Patent vom 9. November 1816.

Rechtsgr. **1342**. — I. Senat. 21. Dezember 1857. (XXVII. 228.)

Der Traditionsrezeß vom 30. Mai 1635 ist, als allgemeines Landesgesetz, für aufgehobeu zu erachten.

1652, Juni 8. Kurmärkisch-Brandenburgischer Landtagsrezeß. (Corp. Const. March. Theil VI. Kol. 419.)

— Siehe Rechtsgrundsatz **696**. (A. L. R. II. **7**. § 37. No. 1.)

1663, März 16. Erz-Stifts Cölnische Rechtsordnung Maximilian Heinrichs. (Schlüter, Provinzialrecht der Provinz Westphalen, Bd. 3. S. 149.)

— Tit. **12**. § **2**. Dispositionsrechte des Ehemannes über liegende Gründe nach der statutarischen ehelichen Gütergemeinschaft im Veste Recklinghausen, insbesondere erbliche Verleihung des Rechts zum Lehmgraben. — Vergl. A. L. R. I. **21**. § 187., **22**. § 241.; Erläuterungen einiger zweifelhaften Stellen der kurkölnischen Rechtsordnung, vom **22**. Mai 1767 zu Titel **12**. § 2.; Cod. **4**. 51. Lex ult.

Rechtsgr. **1343**. — II. Senat. 5. Mai 1857. (XXV. 92.)

Nach dem Vestischen Statutarrecht ist zur Rechtsbeständdigkeit der von dem Ehemanne geschehenen erblichen Verleihung des Rechts zum Lehmgraben die Zuziehung der Ehefrau nothwendig.

1664, Januar 14. Deklaration des Synodus pragensis von 1605. (v. Friedenberg, Tractatus Lib. 1. Cap. 10. § 50.; v. Weingarten, Codex Ferdinandeo-Leopoldino, Prag. 1720, No. 230. S. 351.)
— Siehe Rechtsgrundsatz 1336. (Synodus pragensis von 1605.)

1668. Aufs neue umgefertigte, vermehrte und verbesserte Bau-Ordnung der Stadt Breslau. (Korn, Edikten-Sammlung, Bd. 15. S. 256.)
— „Wasserläufte" und „Gerinne." Siehe Rechtsgrundsatz 211. (A. L. R. I. 8. § 102.)

1669, Januar 2. Kurkölnische Bergordnung. (v. Wagnern, Corp. Jur. Metall. S. 813.; Brassert, Bergordnungen, S. 515.)
— Theil **3**. Art. **1**. **6**. Distriktsverleihung bei nesterweise gelagerten Fossilien. — Vergl. A. L. R. II. **16**. §§ 156. 157.; Gesetz vom 1. Juli 1821; Kabinetsorders vom 1. September 1842 und vom 12. August 1854.

Rechtsgr. **1344**. — III. Senat. 30. April 1858. (XXVIII. 269.)

Die in der Kur-Kölnischen Berg-Ordnung enthaltenen Vorschriften über die gestattete Feldeslänge finden auf nesterweise gelagerte Fossilien, namentlich das Rasen-Erz, keine Anwendung.*

Siehe auch Bemerkungen von Strohn im Archiv für Rechtsfälle, Bd. 33. S. 351. ff.

— Theil **3**. Art. **9**. **10**. Verlust des Bergwerks-Eigenthums wegen Nichtbetriebs. — Vergl. A. L. R. II. **16**. §§ 188. ff.

Rechtsgr. **1345**. — III. Senat. 1. Dezember 1858. (XXXI. 279.)

a) Nach der Kur-Kölnischen Berg-Ordnung tritt der Verlust des Bergwerks-Eigenthums wegen Nichtbetriebes auch ohne förmliche Frei-Erkennung von selbst dadurch ein, daß eine Grube ein ganzes Jahr lang — d. h. 1/4 Jahr, nach

* Vergl. dagegen Präjudiz No. 2226. (III. Senat) vom 2. Juli 1850, Entscheidungen Bd. 20. S. 402.

welchen die Frei-Erkennung erfolgen kann und soll, und noch $^3/_4$ Jahre hinterher — unbebaut gelegen hat.

b) Das unbebaut Liegenbleiben während eines ganzen Jahres hat nicht stattgehabt, wenn die Grube während dieser Zeit nur nicht ganz unbebaut gelegen hat.

c) Zur Abwendung des Verlustes des Bergwerks-Eigenthums wegen Nichtbetriebes genügt der von den säumigen Gewerken in den, nach dem ersten Quartal folgenden, nächsten drei Quartalen erfolgte Wiederangriff des Baues, und ist eine neue Muthung wenigstens dann nicht erforderlich, wenn eine Frei-Erkennung nach dem ersten Quartale nicht stattgefunden hat.

Siehe auch Rechtsgrundsatz 816. (A. L. R. II. **16**. § 188.)

— Theil **12**. Art. **6**. Siehe Rechtsgrundsatz 816. (A. L. R. II. **16**. § 188.)

1669, September 18. Kurmainz'sche Kirchenordnung. (Hartmann, Provinzialrecht des Fürstenthums Eichsfeld, S. 405.)

— Kap. **20**. § **4**. Siehe Rechtsgrundsatz 1337. (Eichsfeld'sche Kirchenordnung von 1605.)

1669, Dezember 15. Klassifikations-Ordnung. (Dehnert, Sammlung Pommerscher Landes-Urkunden, Bd. 3. S. 273.)

— Klagbarkeit einer präkludirten Nachlaßforderung gegen die Erben; Separations- und Vorzugsrecht der bona avita.

Rechtsgr. **1346**. — V. Senat. 13. April 1858. (XXVIII. 241.)

a) Die Präklusion einer in dem Nachlaßproklamationsverfahren in Neuvorpommern und Rügen auf das Proklama nicht angemeldeten Nachlaßforderung hat nicht deren Verlust gegen die Erben, sondern nur den Verlust des Separationsrechts zur Folge.

b) Durch die Präklusoria wird nur die Zahl der sogenannten credita avita und deren Recht festgestellt, nicht nur die Separation des Nachlasses aus dem Vermögen des Erben zu fordern, sondern auch eine bevorzugte Befriedigung vor den sämmtlichen eignen Gläubigern des Erben für sich in Anspruch zu nehmen.

1686, November 4. Edikt, die eheliche Gütergemeinschaft in dem Herzogthum Kleve und der Grafschaft Mark betreffend. (Scotti, Samml. der Kleve-Märkischen Gesetze und Verordnungen, Theil 1. S. 592.)
— Siehe Rechtsgrundsätze 1397-1399. (Verordnung vom 8. Januar 1816 § 1.)

1699, Januar 3. Kabinetsorder, die Beiträge der Filialgemeinden zu den Kirchenbauten betreffend. (v. Hymen, Beiträge, Bd. 7. S. 343.)
— Siehe Rechtsgrundsatz 1237. (Entwurf des Kurmärkischen Provinzialrechts, II. Ausgabe, Motive zu Theil 2. S. 322.)

1702, Dezember 16. Flecken-, Dorf- und Acker-Ordnung. (Mylius, Corp. Const. March. Thl. 5. Abth. 3. S. 227.; Rabe, Sammlung, Bd. 1. Abth. 1. S. 238.)
— § 6. Siehe Rechtsgrundsatz 696. (A. L. R. II. 7. § 37. No. 1.)

1704, November 26. Kaiserliches Patent de mercede proxenetica. (v. Weingarten, Codex Ferdinandeo-Leopoldino, No. 615. S. 649.; Suarez, Sammlung, Thl. 1. S. 101.)
— Siehe Rechtsgrundsatz 341. (A. L. R. I. 11. § 804.)

1715, August 28. Ordinatio Clementina archiepiscopalis circa reparationes ecclesiarum et aedium pastoralium. (Schlüter, Westphälisches Provinzialrecht, Bd. 3. S. 168.; Scotti, Kölnische Verordnungen I. Abth. 1. S. 603.)
— § 2. Verpflichtung des Großzehntherrn in dem Herzogthum Westphalen zu den Reparaturkosten der Kirchen. — Vergl. A. L. R. II. 11. §§ 710. 711.; Publikations-Patent vom 21. Juni 1825 §§ 2. 3.

Rechtsgr. 1347. — I. Senat. 10. September 1858. (XXX. 216.)

a) Die Verordnung des Kurfürsten Clemens August von Köln vom 28. August 1715, — wonach die decimatores majores provisionaliter die Reparaturkosten der Kirchen hergeben sollen, muß auch jetzt noch in dem Herzogthum Westphallen in Anwendung kommen.

b) Der Ausdruck "decimatores totius parochiae" im § 2. dieser Verordnung kann nicht so gedeutet werden, daß sich das Zehntrecht des Großzehntherrn nothwendig über das ganze Areal des Pfarrsprengels erstrecken muß, sondern es sind darunter alle Inhaber eines großen Zehntens innerhalb des Pfarrsprengels zu verstehen.

1717, Juni **23**. Teich- und Ufer-Ordnung in der Lebusischen Niederung an der Oder. (Corp. Const. March. Thl. 4. Abth. 2. Kol. 303. No. 18.)

— Kap. 3. Siehe Rechtsgrundsatz 23. (A. L. R. Einl. § 75.)

1717, Juni 30. Lehns-Assekuranz für die Ritterschaft in der Kurmark Brandenburg. (Corp. Const. March. Thl. 2. Abth. 5. Kol. 93.; Rabe, Samml., Bd. 1. Abth. 1. S. 441.)

— §§ 1. 4. Errichtung neuer Lehne und Einführung der lehnrechtlichen Erbfolge, sowie des agnatischen Verhältnisses bei anderen Gütern in der Mark Brandenburg.

Rechtsgr. 1348. — I. Senat. 7. November 1859. (XXXIV. 346.)

a) Auch seit Allodifikation der Kurmärkischen Lehne durch die Lehns-Assekuration vom 30. Juni 1717 haben durch des Königs Majestät neue Lehne errichtet, und haben seitdem auch allodifizirte Lehne durch Einverleibung von Pertinenzien erweitert werden können.

b) Ebensowenig steht diese Lehns-Assekuration der Einführung der lehnrechtlichen Erbfolge und des agnatischen Verhältnisses für andere Güter entgegen.

1719, März 21. Jülich-Bergische Bergordnung. (Brassert, Bergordnungen, S. 759.)

— Art. 4. ff. Siehe Bemerkungen von Strohn im Archiv für Rechtsfälle, Bd. 33. S. 351.

1721. Friederichs Wilhelms, Königes in Preußen, Verbessertes Landrecht des Königreichs Preußen. (Königsberg 1721.)

— Theil II. Buch 4. Tit. 9. Art. 2. § 2. Vertragsmäßige Festsetzung einer kürzeren Privationsfrist bei Erbzinsverträgen.

Rechtsgr. 1349. — II. Senat. 9. Juli 1859. (XXXIV. 161.)

In der Natur des Erbzinsverhältnisses wird durch die vertragsmäßige Festsetzung einer kürzeren Frist für den Eintritt der gesetzlichen Privationsbefugniß Nichts geändert.

1727, Dezember **1**. Königlich Preußisches Seerecht. (Königsberg in Preußen 1728.)
— Kap. **9**. Abschnitt **3**. Art. **26**. Siehe Rechtsgrundsatz 723. (A. L. R. II. **8**. § 1931.)

1733. Polizei-Ordnung für das Herzogthum Westphalen.
— Tit. **21**. § **6**. Begriff der Sohlstätte eines Bauergutes.

Rechtsgr. **1350**. — II. Senat. 21. April 1857. (XXV. 70.)

Die Sohlstätte eines Bauerngutes besteht aus dem Hofraume und den darauf befindlichen Hofesgebäuden.

1734, August **26**. Des Abts Benedikt zu Werden und Helmstaedt Werdensche Landesordnung. (v. Kamptz, Jahrb. Bd. **29**. S. **243**.)
— Art. **12**. ff. Eheliche Gütergemeinschaft. — Vergl. Deklaration vom 21. Januar **1779**.

A. Wirkung der einseitigen Veräußerung eines zur Werdenschen ehelichen Gütergemeinschaft gehörigen Grundstücks. — Vergl. A. L. R. II. **1**. §§ 378. 380.

Rechtsgr. **1351**. — III. Senat. 15. November 1858. (XXXI. 146.)

Auch nach der in dem Gebiete der ehemaligen Abtei Werden geltenden ehelichen Gütergemeinschaft kann ein gütergemeinschaftliches Grundstück gültig nur von beiden Eheleuten verkauft werden, und hat der einseitige Verkauf auch für den veräußernden Ehegatten keine verbindliche Kraft.

B. Gleiche Erbrechte der Kinder beider Ehen in den Nachlaß des gemeinschaftlichen und des unirten Parens. — Vergl. A. L. R. II. **2**. §§ **717**. ff. **731**. ff.

Rechtsgr. **1352**. — I. Senat. 19. Dezember 1859. (XXXV. 347.)

Auch nach der Werdenschen ehelichen Gütergemeinschaft werden durch den unter der Herrschaft des Allgem. Landrechts geschlossenen Einkindschaftsvertrag gleiche Erbrechte der Kinder beider Ehen in den Nachlaß ihres gemeinschaftlichen Parens ebensowohl, als in den des unirten Parens begründet.

1739, Mai **9**. Revidirte Kirchenordnung im Herzogthum Magdeburg, wie auch in der Grafschaft Mansfeld, Magdeburgischer Holzit. (Magdeburg 1739.)

— Kap. 15. § 2., Kap. 32. § 7. Verpflichtung der Kirche zur Gewährung einer Wohnung für die Pfarrwittwen, nach Sächsischem Provinzialrechte. — Vergl. A. L. R. II. 11. §§ 710. ff. 788. ff. 793 bis 795.

Rechtsgr. 1353. — I. Senat. 11. November 1859. (XXXV. 345.)

Nach Sächsischem Provinzialrecht ist die Kirche, soweit die Einkünfte des Kirchen-Aerars ausreichen, gesetzlich verpflichtet, den Pfarrwittwen eine Wohnung in einem Prediger-Wittwen-Hause oder, in deren Ermangelung, eine Wohnungs-Entschädigung zu gewähren.

1741, November 26. Königlich Preußische Eigenthums-Ordnung des Fürstenthums Minden und der Grafschaft Ravensberg (Rabe, Samml., Bd. 1. Abth. 2. S. 154.; Schlüter, Provinzialrecht der Grafschaft Tecklenburg, S. 121.; Wigand, Provinzialrecht, Bd. 2. S. 382. ff.)

— Kap. 11. §§ 1. 10. 11. Siehe Rechtsgrundsätze 1398. 1431. (Verordnung vom 8. Januar 1816; Gesetz No. 939. vom 21. April 1825 § 24.)

— Kap. 11. § 10., Kap. 12. §§ 8. 9. Rechte des Mahlzählers und Interimswirthes. — Vergl. Münsterische Eigenthums-Ordnung vom 10. Mai 1770 Theil 2. Tit. 9. §§ 13-15.

Rechtsgr. 1354. — III. Senat. 19. November 1860. (XL. 59.)

Sowohl der Mahlzähler in dem Fürstenthun Paderborn, als auch der Interimswirth überhaupt ist der rechtmäßige Vertreter der Gerechtsame des Hofes.

1746, Dezember 20. Edikt, wie es mit Räumung der Flüse „und der Vorfluth" in Schlesien und der Grafschaft Glatz gehalten werden soll. (Korn, Schlesische Edikten-Samml., Bd. 2. S. 392.)

— §§ 3-5. Siehe Rechtsgrundsatz 207. (A. L. R. I. 8. § 99.)

1747, Dezember 14. Schlesisches Edikt wegen Ausrottung der Bettler und andern liederlichen Gesindels. (Korn, Edikten-Samml. Bd. 2. S. 540.)

— Armenpflege der Gutsherrschaften in Schlesien. — Vergl. Armenpflegegesetz vom 31. Dezember 1842 §§ 1. ff.; Verordnung vom

2. Januar 1849 § 1.; Verfassungs-Urkunde vom 31. Januar 1850 Art. 42.

Rechtsgr. 1355. — I. Senat. 16. April 1858. (XXVII. 343.)

a) Das für Schlesien unter dem 14. Dezember 1747 erlassene Edikt ist neben dem Armenpflege-Gesetz von 31. Dezember 1842 in Kraft verblieben.

b) Die Gutsherrschaft und die bäuerliche Gemeinde bilden somit einen Ortsverband, und muß das Dominium zur Unterstützung der auf Rustikalgrundstücken verarmten Personen beitragen.

c) Der Art. 42. der Verfassungs-Urkunde vom 31. Januar 1850 und der § 1. der Verordnung vom 2. Januar 1849 haben hierin Nichts geändert.

1749, Juli 14. Konstitution wegen des Verbots der Einziehung von Bauergütern oder der dazu gehörigen Pertinenzien zu den adligen Dominiis in dem Herzogthum Schlesien. (Korn, Edikten-Samml. von 1748-1750 S. 517.)

— Siehe Rechtsgrundsatz 1143. (A. G. O. I. **52**. § 12.)

1749, August 23. Instruktion vor die (Kleve-Märkischen) Untergerichte. (Kleve, gedruckt bei Sitzmann 1749; Scotti, Samml. Kleve-Märkischer Gesetze und Verordnungen, Thl. 2. S. 1367.)

— § **34**. No. **3**. **4**. Siehe Rechtsgrundsatz 1244. (Revidirter Entwurf des Provinzialrechts der Grafschaft Mark § 28.)

1750, April 17. Revidirtes General-Privilegium und Reglement vor die Judenschaft im Königreich Preußen, der Mark Brandenburg, den Herzogthümern und Fürstenthümern Magdeburg, Kleve, Hinterpommern, Krossen, Halberstadt, Minden, Camin und Meurs; ingleichen den Graf- und Herrschaften Mark, Ravensberg, Hohenstein, Tecklenburg, Lingen, Lauenburg und Bütow. (Nov. Corp. Const. Bd. 1. S. 917. No. 2., Bd. 2. S. 115. No. 65.; Rabe, Samml., Bd. 1. Abth. 2. S. 265.)

— Siehe Rechtsgrundsatz 1397. (Verordnung vom 8. Januar 1816 § 1.)

1751. Raths-, Gerichts- und Sportel-Ordnung der Reichsstadt Dortmund. (v. Kamptz, Jahrb., Bd. 19. S. 116. ff.)

— § **62**. Siehe Rechtsgrundsatz 1245. (Revidirter Entwurf des Provinzialrechts der Grafschaft Mark § 54.)

1753, Juni **21**. Edikt, wie es mit den an geistliche Stifter, Kirchen und pia corpora geschehenen Vermächtnissen und anderen Zuwendungen gehalten werden soll. (Suarez, Samml., Bd. 2. S. 656.; Korn, Edikten-Samml. IV. S. 912.; Rabe, Samml., Bd. 1. Abth. 2. S. 317.)

— No. III. IV. Siehe Rechtsgrundsatz **1336**. (Synodus pragensis von 1605.)

— No. VI. XI. Siehe Rechtsgrundsätze 758. 759. (A. L. R. II. **11**. §§ 1180. 1199.)

1755, Februar 7. Dorf-Ordnung für das Fürstenthum Minden und die Grafschaften Ravensberg, Tecklenburg und Lingen. (Nov. Corp. Const. Bd. 1. S. 739. No. 16.; Rabe, Samml., Bd. 1. Abth. 2. S. 388.; Schlüter, Provinzialrecht der Provinz Westphalen, Bd. 2. S. 158.)

— § **29**. Dispositionsrechte des überlebenden Ehegatten nach der Minden-Ravensbergischen ehelichen Gütergemeinschaft. — Vergl. A. L. R. I. **13**. §§ 142-144., **14**. § 109., **17**. §§ 10. 11., II. **1**. §§ 634. 637. 638. 653.

Rechtsgr. **1356**. — I. Senat. 11. Mai 1860. (XXXVII. 223.)

a) Nach dem Kondominialprinzip der Minden-Ravensbergischen ehelichen Gütergemeinschaft ist der überlebende, die Gütergemeinschaft mit den Kindern fortsetzende Ehegatte nicht befugt, über den ganzen Inbegriff des gemeinschaftlichen Vermögens als solchen und über die Quoten der Kinder an demselben einseitig zu verfügen.

b) Hat derselbe jedoch — ohne förmliche Schichtung unter Zuziehung gesetzlicher Vertreter der minderjährigen Kinder — das gesammte Vermögen Einem der Kinder gegen Gewährung der Leibzucht und Uebernahme der näher bestimmten Abfindungen dieser Kinder eigenthümlich übertragen: so kommen hierbei nicht die Vorschriften über die Veräußerung der Grundstücke Pflegebefohlener, sondern die Vorschriften für den Fall der Ueberschreitung der Befugnisse eines Verwalters, beziehungsweise Mandatars, und wegen der hinzugekommenen Genehmigung zur Anwendung.

Siehe auch Rechtsgrundsatz **625**. (A. L. R. II. **1**. § 638.)

1763, Februar 15. Hubertsburger Friede. (Korn, Edikten-Samml., S. 186.)

— Art. **14**. Siehe Rechtsgrundsatz 758. (A. L. R. II. **11**. § **1180**.)

1764, Juni **24**. Wegereglement in dem Königreiche Preußen. (Rabe, Samml., Bd. **1**. Abth. 3. S. 33.)

— § **9**. Brückenbaulast nach dem Ostpreußischen Provinzialrechte. — Vergl. A. L. R. II. **15**. §§ 53. 54.; Ostpreußisches Provinzialrecht Zusatz **226**. § **1**.

Rechtsgr. **1357**. — **III**. Senat. 7. Januar 1861. (**XXXIX. 334.**)

Der § 9. des Wege-Reglements vom 24. Juni 1764 bezieht sich nicht auf Brücken über öffentliche Flüsse.

1765, April **30**. Allgemeine Verordnung, wie es bei Erbschafts-Anfällen zu halten; desgleichen die Erbfolge zwischen Eheleuten in der Mark Brandenburg nach der Constitutio Joachimica von **1527** betreffend. (Nov. Corp. Const. Tom. 3. Kol. 713. ff. No. **42**.; Rabe, Samml., Bd. 1. Abth. 3. S. **102**.)

— Abth. **2**. §§ **1-3**. **7**. **11**. **12**. Fristen zur Erklärung über die Antretung oder Entsagung der Erbschaft und zur Einreichung des Inventars; Verlust der Rechtswohlthat des Inventars; Vererblichkeit des Wahlrechts und der Rechtswohlthat, nach Kur- und Neumärkischem Provinzialrecht. — Vergl. A. L. R. I. **9**. § **427**.; Joachim'sche Konstitution vom Mittwoch nach Franzisci **1527**.

Rechtsgr. **1358**. — **IV**. Senat. 7. Juli 1860. (**XXXVIII. 130. 131.**)

a) Die in dem Allg. Landrechte vorgeschriebenen Fristen zur Erklärung über die Antretung oder Entsagung der Erbschaft und zur Einreichung des Inventars finden mit gleicher Wirkung bei deren Versäumniß auf den Nachlaß eines Ehegatten in der Kur- und Neumark nicht Anwendung, vielmehr gelten in dieser Beziehung die besonderen Bestimmungen des Erbschafts-Edikts vom 30. April 1765.

b) Daher gilt der überlebende Märkische Ehegatte, welcher die Ueberlegungsfrist verstreichen läßt, ohne sich zu erklären, zwar den Erbschaftsgläubigern gegenüber als Benefizialerbe; der Rechtswohltat des Inventars geht er aber durch versäumte Einreichung des Inventars nicht ohne Weiteres verlustig, vielmehr bedarf es hierzu eines auf desfallsige besonderen dere Provokation der Erbschaftsgläubiger ergangenen, ihn der Rechtswohlthat verlustig erklärenden Erkenntnisses. — Der § 427. I. 9. des Allgem. Landrechts bleibt demnach außer Anwendung.

c) Verstirbt der letztlebende Märkische Ehegatte, ohne des Wahlrechts oder der Rechtswohlthat verlustig gegangen zu sein, so gehen beide Rechte auf seine Erben über.

Siehe auch Rechtsgrundsatz 1325. (Const. Joachimica von 1527, Mittwoch nach Franzisci.)

1765, August 1. Edikt wegen Verstattung der in dem Herzogthum Schlesien und der Grafschaft Glatz mit unbeweglichen Gütern angesessenen Vasallen und Unterthanen zu einem dreijährigen Indult und Beschränkung des Zinssatzes auf 6 Prozent. (Korn, Edikten-Samml. Bd. 8. S. 715.)

— § **6**. Siehe Rechtsgrundsatz **341**. (A. L. R. I. **11**. § 804.)

1765, Dezember 23. Fürstlich Paderbornsche Meier-Ordnung. (Hochfürstlich Paderborn'sche Landes-Verordnungen, Paderborn 1787, Thl. 3. S. 254.)

— § **22**. Siehe Rechtsgrundsatz **1242**. (Revidirter Entwurf des Paderborner Provinzialrechts, § **44**.)

1766, April 29. Revidirte Bergordnung für das Herzogthum Kleve, Fürstenthum Mörs und die Grafschaft Mark. (Nov. Corp. Const. Tom. 4. Kol. 317. ff. No. 39.; v. Wagnern, Corp. Jur Met. S. 1262.; Rabe, Samml., Bd. 1. Abth. 3. S. 168.; Scotti, Samml. Kleve-Märkischer Provinzial-Gesetze, Thl. 3. S. 1697.; Brassert, Bergordnungen, S. 815.)

— Kap. **1**. §§ **1-3**. Siehe Rechtsgrundsätze 798. 799. (A. L. R. II. **16**. § 154.)

— Kap. **2**. Siehe §§ **1**. ff. Rechtsgrundsätze 813. 823. (A. L. R. II. **16**. §§ 158. 352.); Bemerkungen von Strohn im Archiv für Rechtsfälle Bd. 33. S. 351.

— Kap. **2**. § **2**. Siehe Rechtsgrundsätze 811-813. (A. L. R. **I**. **16**. §§ 156. 158.)

— Kap. **10**. § **1**. Vorrecht der Gewerken hinsichtlich der von denselben überfahrenen Gänge und Flötze.

Rechtsgr. **1359**. — III. Senat. 27. Januar 1860. (XXXVI. 185.)

Die Bestimmung des Kap. 10. § 1. der Kleve-Märkischen Berg-Ordnung vom 29. April 1766, welcher verordnet:

„Wenn Gewerken in ihren Maaßen mit Stollen, Strecken, Querschlägen oder andern Gebäuden, Gänge und Klüfte überfahren, so soll, den Gewerken zum Nutzen, darauf ausgelänget werden; wo aber dieselben verlassen und von Andern mit Muthen gesuchet werden, so soll sie der Bergmeister nicht verleihen, sondern dieselben den Gewerken oder ihren Vorstehern, welche sie überfahren haben, durch einen Geschwornen anbieten lassen;"

bezieht sich nur auf den Gang-, nicht auf den Flötzbergbau.

— Kap. **30**. §§ **1-3**. Verpflichtung des Grundherrn zur Tragung des durch den Bergbau verursachten Schadens nach der Kleve-Märkischen Bergordnung; Umfang dieser Verpflichtung. — Vergl. Deklaration vom **13**. September **1777**.

Rechtsgr. **1360**. — III. Senat. 11. Januar 1858. (**XXIX**. 16.)

Nach der Kleve-Märkischen Berg-Ordnung und der Deklaration vom 13. September 1777 muß, wenn in Folge des Bergbaues durch das Einstürzen eines alten Schachtes so bedeutende Senkungen entstehen, daß aus polizeilichen Rücksichten eine Einfriedigung erforderlich wird, der Grundherr, welcher das Traddefaß erhalten hat, auch diesen durch den Bergbau verursachten Schaden an seinem Grund und Boden tragen, und es fallen ihm mithin die Kosten der Einfriedigung zur Last.

Siehe auch Rechtsgrundsatz 535. (A. L. R. I. **21**. § 37.)

— Kap. **33**. § **1**. Siehe Rechtsgrundsätze 819. **1639**. (A. L. R. II. **16**. § 274.; Gesetz vom **12**. Mai **1851** § **18**. No. **5**.)

— Kap. **35**. § **1**. Siehe Rechtsgrundsatz **1639**. (Gesetz vom **12**. Mai **1851** § **18**. No. 5.)

— Kap. **37**. §§ **1**. **2**. Siehe Rechtsgrundsätze 819. 1639. (A. L. R. II. **16**. § 274.; Gesetz vom 12. Mai 1851 § 18. No. 5.)

— Kap. **72**. Siehe Rechtsgrundsatz 782. (A. L. R. II. **16**. § 109.)

— Kap. **73**. § **1**. Siehe Rechtsgrundsatz 780. (A. L. R. II. **16**. § 98.)

— Kap. **81**. § **2**. Siehe Rechtsgrundsatz 822. (A. L. R. II. **16**. § 335.)

1767. Charta visitatoria pro Eichsfeldia. (Hartmann, Provinzialrecht des Fürstenthums Eichsfeld, S. 425.)

— §§ **15**. **16**. Siehe Rechtsgrundsatz 1337. (Eichsfeld'sche Kirchen-Ordnung von 1605.)

1767, Januar 11. Landstraßen- und Wege-Reglement für das Herzogthum Schlesien und die Grafschaft Glatz. (Korn, Edikten-Samml. Bd. 10. S. 3.)

— §§ **6**. **7**. Siehe Rechtsgrundsatz 1374. (Publikandum vom 26. Oktober 1802.)

— § **15**. Entschädigungsanspruch des Schlesischen Grundbesitzers, welcher Land zur Verbreiterung eines Weges hat hergeben müssen, an den zur Instandsetzung der öffentlichen Straßen Verpflichteten. — Vergl. A. L. R. II. **15**. §§ 18. 19.

Rechtsgr. **1361**. — III. Senat. 28. Juni 1858. (XXX. 144.)

Nach dem Schlesischen Landstraßen- und Wege-Reglement vom 11. Januar 1767 hat der benachbarte Grundbesitzer, welcher das Land zur Verbreiterung des Weges hat hergeben müssen, Anspruch auf Entschädigung, und die Verpflichtung, diese Entschädigung zu gewähren, kann nur Denjenigen treffen, welcher in Beziehung auf die Instandsetzung der öffentlichen Straßen der eigentliche Verpflichtete ist.

1767, Mai 22. Erläuterungen einiger zweifelhafter Stellen der Kurkölnischen Rechtsordnung. (Schlüter, Westphälisches Provinzialrecht, Bd. 3. S. 208.)

— zu Tit. **12**. § **2**. Siehe Rechtsgrundsatz 1343. (Kurkölnische Rechtsordnung vom 16. März 1663 Tit. 12. § 2.)

1768, Februar (13.) 24. Warschauer Traktat wegen der Dissidenten in Polen. (de Martens, Recueil de traités, Gottingue, 1791, Tom. I. 391. 555.)

— Art. **2**. **7**. **8**. Siehe Rechtsgrundsatz 754. (A. L. R. II. **11**. § 860.)

1768, März 23. Revidirte und erweiterte Instruktion für sämmtliche Untergerichte und Untergerichts-Advokaten des Fürstenthums Minden und der Grafschaft Ravensberg, ingleichen für das Amt Tecklenburg und das Deputationsgericht zu Lingen. (Nov. Corp. Const. Tom. 4. Kol. 2057. No. 21.; Wiegand, Minden-Ravensbergisches Provinzialrecht, Bd. 2. S. 66.)

— § 27. No. 7. Nachschichtung bei bestandener Paderborner ehelichen Gütergemeinschaft.

Rechtsgr. 1362. — I. Senat. 21. Oktober 1859. (XXXV. 180.)

Nach den Grundsätzen des ehelichen Güterrechts des Fürstenthums Paderborn ist hinsichtlich des, bei der nach dem Tode des einen Ehegatten von dem überlebenden Ehegatten vorgenommenen Schichtung, ungetheilt gebliebenen Vermögensstücks eine communio prorogata nicht für fortbestanden anzunehmen, vielmehr sind den abgeschichteten Kindern nur ihre Antheile an dem gemeinschaftlich gebliebenen Vermögensstück zuzuweisen.

1769, Januar 7. Wege-Ordnung für die Grafschaft Mark.
— § 8. Beflößung mittelst Ableitung des Regen- und Quellwassers über oder durch einen Weg, in der Grafschaft Mark. — Vergl. A. L. R. I. 9. § 664.)

Rechtsgr. 1363. — III. Senat. 16. April 1860. (XXXVII. 170.)

Der § 8. der Wege-Ordnung für die Grafschaft Mark vom 7. Januar 1769 enthält kein Verbot der Beflößung mittelst Ableitung des Regen- und Quellwassers über oder durch einen Weg.

1769, Januar 23. Teich-, Ufer-, Graben- und Wege-Ordnung für das Oderbruch in der Mittel- und Neumark. (Rabe, Samml. Bd. 1. Abth. 3. S. 429.)
— Kap. 14. Siehe Rechtsgrundsatz 696. (A. L. R. II. 7. § 37.)

1769, Juni 5. Revidirte Bergordnung vor das souveräne Herzogthum Schlesien und vor die Grafschaft Glatz. (Nov. Corp. Const. Tom. 4. alte Aufl. Kol. 5827. No. 43. und neue Aufl. Kol. 5449.; Korn'sche Edikten-Sammlung Bd. 11. S. 89.; v. Wagnern, Corp. Jur. Met. S. 1332.; Brassert, Bergordnungen, S. 935.)
— Kap. 1. § 1. Siehe Rechtsgrundsatz 779. (A. L. R. II. 16. § 72.)
— Kap. 1. § 2. Siehe Rechtsgrundsätze 557. 579. (A. L. R. I. 21. § 629., II. 16. § 72.)
— Kap. 1. § 3. Siehe Rechtsgrundsätze 779. 790. 791. (A. L. R. II. 16. § 72. 125.)

— **Kap. 1. § 4.** Siehe Rechtsgrundsatz 779. (A. L. R. II. **16.** § 72.)
— **Kap. 3.** ff. Siehe Bemerkungen von Strohn im Archiv für Rechtsfälle, Bd. 33. S. 351.
— **Kap. 13., Kap. 14. § 2., Kap. 19. § 2.** Siehe Rechtsgrundsatz 824. (A. L. R. II. **16.** § 423. litt. c.)
— **Kap. 31. § 1.** Siehe Rechtsgrundsatz 788. (A. L. R. II. **16.** § 117.)
— **Kap. 75.** Siehe Rechtsgrundsatz 780. (A. L. R. II. **16.** § 98.)

1770, Februar 8. Edikt, daß alle Kontrakte, Verträge und Versprechungen, deren Gegenstand die Summe von 50 Thlr. übersteigt, vom 1. Oktober 1770 an schriftlich errichtet werden, widrigenfalls aber unverbindlich sein sollen. (N. C. C. March. Bd. 4. S. 666.; Rabe, Samml. Bd. 1. Abth. 4. S. 1.)
— Siehe Rechtsgrundsatz 710. (A. L. R. II. **8.** § 597.)

1770, Mai 10. Fürstlich Münsterische Eigenthums-Ordnung. (v. Kamptz, Jahrb. Bd. 29. S. 276.; Schlüter, Provinzialrecht, Bd. 1. S. 257.)
— **Theil I. Tit. 2. § 1.** Siehe Rechtsgrundsatz 1419. (Gesetz No. 939. vom 21. April 1825 § 3.)
— **Theil I. Tit. 2. §§ 7. 9.** Siehe Rechtsgrundsätze 1324. 1419. 1423. (Kleve-Märkische Verordnung vom Sontag Jubilate 1522; Gesetz No. 939. vom 21. April 1825 §§ 3. 15.)
— **Theil I. Tit. 5. § 4.** Siehe Rechtsgrundsatz 1423. (Gesetz No. 939. vom 21. April 1825 § 15.)
— **Theil II. Tit. 2. § 1.** Siehe Rechtsgrundsatz 1610. (Ablösegesetz vom 2. März 1850 § 2. No. 2.)
— **Theil II. Tit. 3. § 12.** Rechte des Kolonen an den Kolonats-Holzungen. — Vergl. Gesetz No. 939. vom 21. April 1825 § 32.

Rechtsgr. **1364.** — II. Senat. 11. September 1860. (XXXIX. 36.)

Nach der Münsterischen Eigenthums-Ordnung wird die in dem Gewinnbriefe eines Kolonen bezeichnete Pertinenz-Eigenschaft eines Schlagholzbusches zu dem Kolonate dadurch nicht alterirt, daß das ausschließliche Recht des Kolonen auf das Unterholz und das Kopfbuchenholz, sowie auf die abgängigen Kopfbuchenstämme begrenzt ist, in dem Busche sich aber auch hochstämmige Eichen befinden. Vielmehr sind auch diese Eichen zu dem Schlagholze zu rechnen.

Siehe auch Rechtsgrundsatz 1432. (Gesetz No. 939. vom 21. April 1825 § 32.)

— Theil **II**. Tit. **5**. §§ **1**. ff. Siehe Rechtsgrundsatz **1419**. (Gesetz No. 939. vom 21. April 1825 § 3.)
— Theil **II**. Tit. **6**. §§ **1**. ff. Siehe Rechtsgrundsatz **1423**. (Gesetz No. 939. vom 21. April 1825 § 15.)
— Theil **II**. Tit. **9**. § **2**. Siehe Rechtsgrundsatz **1437**. (Gesetz No. 940. vom 21. April 1825 § 23.)
— Theil **II**. Tit. **9**. §§ **13-15**. Siehe Rechtsgrundsatz **1354**. (Minden-Ravensbergische Eigenthums-Ordnung vom 26. November 1741 Kap. 11. § 10.)

1772, Dezember 7. Revidirte Bergordnung für das Herzogthum Magdeburg, Fürstenthum Halberstadt, die Grafschaften Mannsfeld, Hohenstein und Reinstein, auch inkorporirte Herrschaften. (Nov. Corp. Const. Tom. V[b]. pag. 621. ff.; Rabe, Samml. Bd. **1**. Abth. **4**. S. **446**.; Bassert, Bergordnungen, S. 1071.)
— Kap. **3**. ff. Siehe Bemerkungen von Strohn im Archiv für Rechtsfälle, Bd. 3. S. 351.

1775, Dezember 3. Forst-Ordnung für Ostpreußen und Litthauen. (Rabe, Samml. Bd. **1**. Abth. 6. S. 81.)
— Tit. **3**. § **6**. Siehe Rechtsgrundsatz 572. (A. L. R. I. **22**. § 13.)

1775, Dezember 16. Kabinetsorder betreffend die Rechtsverhältnisse der vom Staate auf adelichen Gütern in Pommern angesetzten Kolonisten. (Rabe, Samml. Bd. 13. S. 140.)
— § **1**. Rechtsverhältnisse der Besitzer der Meliorationsgüter in Pommern. — Vergl. Reskript vom 20. Mai 1817; Publikanda vom 9. und 24. Juni 1817.

Rechtsgr. **1365**. — Plenarbeschluß vom 5. Oktober 1857. (**XXVIII. 12.**)

Der Besitz eines Pommerschen Meliorationsgutes im Jahre 1817 ist für sich allein nicht entscheidend, um den damaligen Inhabern oder ihren Rechtsnachfolgern, ohne Rücksicht auf den Titel, das Eigenthum daran nach den Bedingungen des Meliorationsgeschäftes zu sichern, und den Gutsbesitern (Gutsherren) die Befugniß zu entziehen, auf den Tite der Inhaber zurückzugehen, namentlich bloße Zeitpächter kontaktmäßig zu entsetzen.

— § **2**. Anspruch des Meliorations-Kolonisten in Pommern an den Gutsbesitzer wegen geschehener Wiedereinziehung des Meliorationhofes. — Vergl. A. L. R. I. 5. § 270.

Rechtsgr. 1366. — II. Senat. 8. Juli 1858. (XXX. 174.)

Hat der Besitzer eines adelichen Gutes in Pommern seiner vertragsmäßigen Verpflichtung, gegen Empfang des Meliorationskapitals einen Kolonisten anzusetzen, unter Hergabe eines bestimmten Areals und dessen Verleihung zu Erbzinsgutsrechten einmal genügt, so kann von ihm die Erfüllung dieser vertragsmäßigen Verpflichtung, auch wenn der Meliorationshof hiernächst von ihm wieder zum Gute eingezogen worden, nicht nochmals beansprucht werden.

1777, August 28. Mühlen-Ordnung für das souveräne Herzogthum Schlesien und die Grafschaft Glatz. (Korn, Schlesische Edikten-Samml. Bd. 15. S. 278.)

— § 2. Siehe Rechtsgrundsatz 207. (A. L. R. I. 8. § 99.)

1777. September 13. Deklaration des § 3. Kap. 30. der Kleve-Märkischen Bergordnung vom 29. April 1766, betreffend die dem Grundeigenthümer angewiesenen Trabbekohlen. (N. C. C. Tom. 6. S. 907. No. 42.; Scotti, Samml. Kleve-Märkischer Provinzialgesetze, Theil 4. S. 2113.; Rabe, Samml. Bd. 1. Abth. 6. S. 225.; Brassert, Bergordnungen, S. 859.)

— Siehe Rechtsgrundsätze 535. 1360. (A. L. R. I. 21. § 37.; Kleve-Märkische Bergordnung vom 29. April 1766 Kap. 30. § 1.)

1779, Januar 21. Deklaration der Landesordnung der Abtei Werden vom 26. August 1734. (v. Kamptz, Jahrb. Bd. 29. S. 252.)

— Siehe Rechtsgrundsätze 1351. 1352. (Landesordnung vom 26. August 1734.)

1783, September 21. Fürstl. Münsterische Erbpachtsordnung. (Schlüter, Provinzialrecht, Bd. 1. S. 338.)

— Vorbericht, Art. 4. Ausschließung der Anwendung der Münsterischen Erbpachtsordnung auf einzelne Grundstücke und Pertinenzien. — Vergl. Additionalverordnung vom 12. Dezember 1785.

Rechtsgr. 1367. — II. Senat. 29. November 1859. (XXXVI. 39.)

Die Münsterische Erbpachts-Ordnung vom 21. September 1785 findet nur auf kleinere oder größere Bauerngüter, nicht aber auf zu Erbpachtsrechten verliehene einzelne Pertinenzien oder Grundstücke Anwendung.

— Theil I. Tit. 7. § 30. Siehe Rechtsgrundsätze 1330. 1331. (Münsterische Polizeiordnung vom 18. Januar 1592 Kap. 7. § 1.)

— Theil II. Tit. 1. §§ 40. 41. Siehe Rechtsgrundsätze 1423. 1436. 1610. 1611. (Gesetz No. 939. vom 21. April 1825 § 15. und No. 940. § 21.; Ablösegesetz vom 2. März 1850 § 2. No. 2.)

— Theil II. Tit. 2. §§ 49. ff., Tit. 4. §§ 71-74., Tit. 5. §§ 76. 77., 6. § 80. Siehe Rechtsgrundsatz 1423. (Gesetz No. 939. vom 21. April 1825 § 15.)

— Theil II. Tit. 9. §§ 139. 142. Siehe Rechtsgrundsätze 1610. 1611. (Ablösegesetz vom 2. März 1850 § 2. No. 2.)

1785, Januar 20. Instruktion für die Haupt-Urbarien-Kommission in Breslau und Glogau. (Korn, Schlesische Edikten-Samml. Bd. 18. S. 265. 292.)

— Sectio III. § 33. Hauptzweck der Schlesischen Urbarien. — Vergl. Anleitung zur Einrichtung der Urbarien vom 4. März 1785.

Rechtsgr. **1368**. — III. Senat. 12. Dezember 1857. (XXVIII. 143.)

Der Hauptzweck der Schlesischen Urbarien bestand in der Regelung und Feststellung der gegenseitigen Rechte und Pflichten zwischen den Gutsherrschaften und deren Unterthanen resp bäuerlichen Besitzern.

1785, März 4. Anleitung, wie die Schlesischen Urbarien der Allerhöchsten Intention gemäß vollständig einzurichten. (Korn, Schlesische Edikten-Samml. Bd. 18. S. 292.)

— Siehe Rechtsgrundsatz 1368. (Instruktion vom 20. Januar 1785. Sectio III. § 33.)

1785, Dezember 12. Additionalverordnung zur Fürstlich Münsterischen Erbpachtsordnung. (Schlüter, Provinzialrecht, Bd. 1. S. 395.)

— Siehe Rechtsgrundsatz 1367. (Münsterische Erbpachtsordnung vom 21. September 1783, Vorbericht Art. 4.)

1786, Februar 23. Verordnung wegen Reinhaltung der Straßen, und in Betreff des Aheflusses der Stadt Münster. (Schlüter, Provinzialrecht, Bd. 1. S. 396.)

— § 17. Siehe Rechtsgrundsatz 215. (A. L. R. I. 8. § 125.)

1789, April 4. Entscheidung der Gesetzkommission, betreffend die Befugniß eines überlebenden Ehegatten in dem Fürstenthum Minden, welcher mit den Kindern die Gütergemeinschaft fortgesetzt hat, letztwillig zu verfügen. (Rabe, Samml. Bd. 1. Abth. 7. S. 757.)
— Siehe Rechtsgrundsatz 625. (A. L. R. II. 1. § 638.)

1790, August 16. und 24. Décret sur l'ordre judiciaire. (v. Daniels, Handbuch I. S. 268.; Gräff, Chronol. Samml. S. 109.)
— Tit. 2. Art. 13. Siehe Rechtsgrundsätze 1278. 1279. (Code de proc. civ. art. 1006.)
— Tit. 3. Art. 9. Appellable Summe nach Rheinischem Rechte. — Vergl. Gesetze vom 7. Juni 1821 § 1. und 11. Mai 1843 § 1.

Rechtsgr. 1369. — V. Senat. 3. April 1860. (XXXVII. 152.)

a) Die Berufbarkeit richtet sich nicht nach der vom ersten Richter zuerkannten, sondern nach der vom Kläger eingeklagten resp. im Schlußantrag begehrten Summe.

b) Es ist nicht von Einfluß, daß der Verklagte einen Theil der eingeklagten Summe anerkannt, zur Zahlung angeboten und nur den an und für sich nicht appellabelen Rest kontestirt hat.

1790, November 27. und Dezember 1. Décret portant institution d'un tribunal de cassation. (Gräff, Chronol. Samml. S. 138.)
— Art. 2. Siehe Rechtsgrundsatz 1274. (Code de procédure civile, art. 378.)

1790, Dezember 18. und 29. Décret relatif au rachat des rentes foncières, (Gräff, Chronol. Samml. S. 139.)
— Art. 1. 2. Siehe Rechtsgrundsatz 1248. (Code Napoléon art. 529.)

1791, September 28. und Oktober 6. Französisches Ruralgesetz. (Gräff, Chronol. Samml. S. 202.)
— Tit. 2. Art. 16. Siehe Rechtsgrundsatz 1251. (Code Nepoléon art. 645.)

1792, Februar 12. Kanton-Reglement, nach welchem in den Königlichen Staaten, jedoch mit Ausschluß des souveränen Herzogthums Schlesien und der Grafschaft Glatz, bei Ergänzung der Regimenter mit Einländern in Friedenszeiten verfahren werden soll. (Rabe, Samml. Bd. 2. S. 237.)
— Siehe Rechtsgrundsatz 598. (A. L. R. II. 1. § 30.)

1792 April 18. Edikt über die Verbindlichkeit der Unterthanen in der Kurmark Brandenburg in Ansehung des Chausseebaues, wie sie deshalb zu entschädigen sind, und was sonst dabei beobachtet werden soll. (N C. C. Tom. 9. Kol. 934.; Rabe, Samml. Bd. 2. S. 299.)

— Sihe Rechtsgrundsätze 696. 1438. (A. L. R. II. 7. § 37.; Kabinetsorder vom 11. Juni 1825.)

1793, Juli 14. Edikt, daß bei denen katholischen Kirchen in Schlesien und der Grafschaft Glatz taugliche Kirchenvorsteher bestellt, das Kirchenvermögen gut verwaltet, und die Kirchenrechnungen zur rechten Zeit gelegt und abgenommen werden sollen. (Korn, Neue Edikten-Samml. Bd. 4. S. 416.)

— Nr. II. 1. Siehe Rechtsgrundsatz 736. (A. L. R. II. 11. § 156.)

1795, Juni 9. Entscheidung der Gesetzkommission, betreffend das Erbrecht des Patrons in den Nachlaß des Pfarrers in der Grafschaft Glatz. (Stengel und Eisenberg, Bd. 1. S. 369.; Rabe, Samml. Bd. 3. S. 123.)

— Siehe Rechtsgrundsatz 1336. (Synodus pragensis von 1605.)

1796, Januar 18. Reskript des Großkanzlers an das Klevische Pupillen-Kollegium über verschiedene Gegenstände des Vormundschaftsrechts. (Rabe, Samml. Bd. 3. S. 237.; v. Rönne, S. 81.)

— Siehe Rechtsgrundsatz 1244. (Rev. Entwurf des Provinzialrechts der Grafschaft Mark, § 28.)

1797, Juli 1. Kurfürstlich Sächsischer Befehl, die Entscheidung einiger zweifelhaften Lehnrechtsfragen betreffend. (Schaffrath, Codex Saxonicus, Bd. 1. S. 1290.; Cod. Aug. II. Cont. 1. pag. 1180.)

— Nr. 3. Succession der bloßen Mitbelehnten und Wirkung des Lehnsparons nach Sächsischem Lehnrecht. — Vergl. A. L. R. I. 18. §§ 395. 396.

Rechtsgr. 1370. — I. Senat. 23. Mai 1859. (XXXIII. 248.)

a) Wenn da, wo Sächsisches Lehnrecht gilt, bei der Succession in den Lehnsantheil eines ohne lehnsfähige Deszendenz verstorbenen Mitbesitzers den coinvestitis compossessoribus der Vorzug vor den bloßen Mitbelehnten gebühren soll, so ist solches restriktiv nur auf den Fall zu beziehen, wenn die Mitbelehnten — oder deren Vorfahren — sich früher auch im Mitbesitze befunden, ihren Antheil am Lehn aber den übrigen Mitbesitzern der nämlichen Linie unter Vorbehalt der gesammten Hand abgetreten haben.

b) Hinsichtlich künftiger, nach der Wirkung des Lehnspardons eintretender Dispositionen gebührt dem Pardonnirten die Stellung eines Mitbelehnten.

Die Lehnsbesitzer finden daher durch diese Stellung des Pardonnirten sich beschränkter, als während der Lehnsversäumniß.

c) Den Mitbelehnten bleibt auch nach der Wirkung des Lehnspardons zwar als jus quaesitum die gleichzeitig ertheilte gesammte Hand, also auch das dominium utile nebst dem damit verbundenen Successionsrecht an den Antheilen eines Jeden der übrigen Mitbesitzer. Dieses jus quaesitum begreift aber nicht die Befugniß in sich, in einer in concreto schon bestimmten Ordnung und Quote in einen solchen Antheil zu succediren.

1797, Juli **14**. Verordnung gegen verschiedene Mißbräuche bei gerichtlichen und anderen öffentlichen Subhastationen und Versteigerungen. (Nov. Corp. Const. Tom. **10**. S. **1313**. No. **55**.; Rabe, Samml., Bd. **4**. S. **204**.)

— §§ **1**. ff. Mißbräuche bei Subhastationen:

A. Beschränkung der Unverbindlichkeit des mißbräuchlichen Vertrages auf den Abstandsvertrag selbst mit Ausschluß der Adjudikatoria. — Vergl. A. L. R. I. **11**. §§ **340**. ff.

Rechtsgr. **1871**. — III. Senat. 17. Oktober 1859. (XXXV. 163.)

Durch die Verordnung vom 14. Juli 1797 gegen verschiedene Mißbräuche bei gerichtlichen und anderen öffentlichen Subhastationen und Versteigerungen sind nur die dort bezeichneten Abstandsverträge selbst ausdrücklich für unverbindlich erklärt; die Aufhebung der ergangenen Adjudikatoria kann wegen eines solchen Vertrages nicht verlangt werden.

B. Unverbindlichkeit der Cession der Hypothekenforderung des zurücktretenden Kauflustigen. — Siehe Strafgesetzbuch § 270.

Rechtsgr. 1372. — IV. Senat. 24. Januar 1861. (XL. 151.)

Die Cession der Hypothekenforderung des zurücktretenden Kauflustigen, zu deren Deckung die Subhastation Aussicht giebt, an einen anderen Kauflustigen, und die Ausbedingung der entsprechenden Cessionsvaluta ist für einen besonderen Vortheil im Sinne des § 1. der Verordnung vom 14. Juli 1797 nicht zu erachten.

1798, Januar 23. Gutachten der Gesetzkommission, betreffend die Ansprüche des Pfarrers, als Nießbrauchers der Pfarrländereien, auf die bei Kohlenbergwerken dem Grundeigenthümer in der Kleve-Märkischen Bergordnung vom 29. April 1766 statt des Grundkuxes angewiesenen Traddekohlen. (Rabe, Samml. Bd. 5. S. 28.)

— Siehe Rechtsgrundsatz 535. (A. L. R. I. 21. § 37.)

1798, September 15. Reglement wegen Anordnung einer immediaten Forst- und Baukommission bei den Kriegs- und Domänen-Kammern in jeder Provinz, excl. in Schlesien, Süd- und Neu-Ostpreußen und den Fränkischen Fürstenthümern. (Nov. Corp. Const. Bd. 10. S. 1737. No. 70.)

— §§ 1. 2. No. 4. Anwendung dieses Regulativs hinsichtlich der Ausübung der Freibauholzgerechtigkeit in den Forsten des Kronfideikommisses; fortdauernde Gültigkeit und Anwendung der Strafbestimmungen des § 2. No. 4. desselben. — Vergl. A. L. R. Einleitung §§ 21. 59., I. 5. § 301., II. 14. §§ 11. 12.; Einführungsgesetz zum Strafgesetzbuch Art. 2.; Verordnung vom 17. Januar 1820 No. 3.; Kabinetsorder vom 26. Januar 1835; Verfassungs-Urkunde vom 31. Januar 1850 Art. 59.

Rechtsgr. 1373. — II. Senat. 10. September 1857. (XXVI. 170. 171.)

a) Das Reglement vom 15. September 1798 ist auch auf die zu dem Kron-Fideikommisse gehörigen Forsten anwendbar.

b) Die Strafbestimmungen des § 2. No. 4. des Reglements vom 15. September 1798 gehen den betreffenden Vorschriften des Allgem. Landrechts vor und haben noch jetzt gesetzliche Kraft.

c) Bei Abmessung der Strafe des vierfachen Holzwerths nach § 2. No. 4. a. a. O. ist der wirkliche Holzwerth mit

Einschluß des von dem Berechtigten entrichteten Stammgeldes maaßgebend.

d) Diese Strafe ist in allen Fällen verwirkt, in welchen nicht nach dem Anschlage gebaut ist.

1798, Dezember 30. Cirkular-Verordnung wegen genauerer Bestimmung verschiedener, in dem Allg. Landrechte und der Allg. Gerichtsordnung enthaltenen Vorschriften. (Nov. Corp. Const. Tom. 10. pag. 1834. No. 95.; Rabe, Samml. Bd. 5. S. 261.)

— Abschn. 2. Siehe Rechtsgrundsatz 1140. (Allg. Gerichts-Ordnung I. 51. § 100.)

1799, Dezember 13. (22. Frimaire VIII.) Constitution de la république française. (Graeff, Chron. Samml. S. 417.)

— Art. 65. Siehe Rechtsgrundsatz 1274. (Code de procédure civile Art. 378.)

1802, Oktober 26. Publikandum wegen Verminderung des Chausseegeldes in Schlesien. (Korn, Edikten-Samml. Bd. 10. S. 3.)

— Verpflichtung zur Unterhaltung der Wege und Brücken in Schlesien. — Vergl. A. L. R. II. 15. §§ 11. 54.; Wege-Reglement vom 11. Januar 1767 §§ 6. 7.

Rechtsgr. 1374. — III. Senat. 13. Juli 1860. (XXXVII. 352.)

In Schlesien liegt die Unterhaltung der nicht chaussirten Landstraßen und Wege, sowie der auf denselben befindlichen Brücken, den nach dem Provizialrechte dazu Verpflichteten, die Unterhaltung der in Chausseen umgewandelten Landstraßen aber und der auf denselben befindlichen, dem fiskalischen Wegezoll unterliegenden Brücken dem Fiskus ob.

1803, Februar 25. Reichs-Deputations-Hauptschluß. (Meyer, Corp. Jur. conf. Germ., Bd. 1. S. 29.; Emminghaus, Corp. Jur. Germ., S. 612.)

— § 52. Verpflichtung des Fiskus auf Erstattung der auf die Option von ihm eingezogener Kurien seitens der verstorbenen Domkapitulare verwendeten Baugelder.

Rechtsgr. 1375. — I. Senat. 24. November 1858. (XXXI. 183.)

a) Unter den in dem § 52. des Reichsdeputations-Hauptschlusses vom 25. Februar 1803 erwähnten, von den Domkapitularen auf die Option ihrer Häuser gemachten, und nach ihrem Tode ihren Erben von dem Landesherrn zu erstattenden Auslagen sind die auf den Neubau oder die Wiederherstellung der Amtswohnungen (Kurien) verwendeten Kosten zu verstehen.

l) Durch das den Domkapitularen statutenmäßig zustehende Recht zur Ernennung des Nachfolgers in ihre durch Option erworbenen Kurien wird die im § 52. a. a. O. gedacht Verpflichtung des landesherrlichen Fiskus, den Erben jener Domkapitulare die auf den Erwerb ihrer Kurien durch Option gemachten Auslagen zu erstatten, nicht beseitigt.

c) Diese Erstattungsverbindlichkeit des landesherrlichen Fiskus wird auch dadurch nicht aufgehoben, daß der Domkapitular die verwendeten Baugelder von dem Domkapitel als en Darlehn gezahlt erhalten hatte.

d Auch dem Umstand, daß nach den Statuten des Domkapites zur Option einer verfallenen Kurie die Verwendung einer bestimmten Summe als mindester Betrag erforderlich war, steht dem Anspruche der Erben des Domkapitulars auf Erstattung sämmtlicher wirklich verwendeter Baukosten nicht entgegen.

1803, März **24**. Patent wegen Einführung des Allgem. Landrechts in das Fürstenthum Eichsfeld, die Städte Mühlhausen, Nordhausen und Erfur und das Erfurter Gebiet. (Rabe, Samml., Bd. 7. S. 333.)
— § 2. Siehe Rechtsgrundsatz 1337. (Eichsfeld'sche Kirchenordnung von 1605.)

1803, Mai **4**. (14. Floreal XI.) Loi relatif au curage des canaux et rivièrs non navigables. (Graeff, Chronol. Samml. S. 510.)
— Siehe Rechtsgrundsatz 1251. (Code Napoléon Art. 645.)

1803, Juni **15**. Verordnung wegen der Chausseebauten in der Neumark Brandenburg. (Rabe, Samml. Bd. 13. S. 562.; Berliner Intelligenzblatt vom 7. 8. 9. Januar 1804.)
— Siehe Rechtsgrundsatz 696. (A. L. R. II. 7. § 37.)

1804, Oktober **27**. Deklaration wegen Ueberlassung des Grund und

Bodens an die bergbautreibenden Gewerken zur Anlage der Abfuhrwege und Niederlagen. (Rabe, Samml., Bd. 8. S. 202.)
— §§ 1. ff. Siehe Rechtsgrundsätze 197. 782. (A. L. R. I. 7. § 150., II. 16. § 109.)

1806, Januar 20. Kabinetsorder, betreffend die Einschränkung der Besitzfähigkeit der Berg-Offizianten hinsichtlich der Erwerbung von Bergantheilen. (Graeff, Handbuch des Preußischen Bergrechts, Anhang S. 34.)
— Siehe Rechtsgrundsatz 792. (A. L. R. II. 16. § 138.)

1806, Juni 17. Kabinetsorder, das Forum der Königlichen Prinzen in Gesindesachen und bei Realklagen betreffend. (Rabe, Samml. Bd. 8. S. 613. und 614.)
— Siehe Rechtsgrundsatz 1629. (Gesetz vom 26. April 1851 Art. 3. No. 1.)

1807, Februar 16. Décret contenant le tarif des frais et depens pour le ressort de la cour d'appel de Paris. (Graeff, Chronol. Samml., S. 608.)
— Art. 146. Siehe Rechtgrundsatz 1376. (Decret relatif vom 16. Februar 1807 Art. 6.)

1807, Februar 16. Décret relatif à la liquidation des depens. (Graeff, Chronol. Samml., S. 610.)
— Art. 6. Kassations-Rekurs gegen ein Urtheil über die Opposition gegen eine Kostenfestsetzung; Gegenbeweis gegen die Kostenliquidation. — Vergl. Kostentarif vom 16. Februar 1807 Art. 146.

Rechtsgr. 1376. — V. Senat. 18. Mai 1858. (XXX. 35.)

a) Der Kassations-Rekurs ist auch gegen ein Urtheil über die Opposition gegen eine Kostenfestsetzung zulässig.

b) Der Art. 146. des Kostentarifs vom 16. Februar 1807 schließt die Gegenpartei nicht von dem Beweise aus, daß die Reise nicht lediglich des Prozesses wegen, sondern auch zu anderen Zwecken unternommen worden sei.

1807, September 16. Loi qui détermine le cas où deux arrêts de la cour de cassation peuvent donner lieu. (Graeff, Chronol. Samml. S. 629.)
— Art. 33. Siehe Rechtsgrundsatz 1251. (Code Napoléon art. 645.)

1807, Oktober 9. Edikt, den erleichterten Besitz und den freien Gebrauch des Grundeigenthums, sowie die persönlichen Verhältnisse der Landbewohner betreffend. (Nov. Corp. Const. Tom. 12. S. 251.; Rabe, Samml. Bd. 9. S. 85.; Ges.-Samml. S. 172. ff.)

§ 3. Siehe Rechtsgrundsätze 480. 498. (A. L. R. I. 17. § 60., 18. § 710.)

1808, November 27. Kabinetsorder, betreffend die Beschränkung der Berg-Offizianten hinsichtlich der Erwerbung von Bergantheilen nach der Kabinetsorder vom 20. Januar 1806. (Graeff, Handbuch, Anhang S. 34.)

— Siehe Rechtsgrundsatz 792. (A. L. R. II. 16. § 138.)

1808, November 19. Ordnung für sämmtliche Städte der Preußischen Monarchie. (Rabe, Samml. Bd. 9. S. 321.; Ges.-Samml. S. 324.)

— § 189. Lizitation von Grundstücken einer Stadtgemeinde. — Vergl. A. L. R. I. 3. § 41., 5. §§ 109. 110. 185., 11. § 348. No. 3., II. 6. §§ 83. 84.; Zusatzbestimmungen zur Städte-Ordnung vom 4. und 14. Juli 1832; Subhastations-Verordnung vom 4. März 1834 § 8.

Rechtsgr. 1377. — III. Senat. 6. Mai 1859. (XXXIII. 184.)

Wird bei der Lizitation von Grundstücken einer Stadtgemeinde die für die Anberaumung des Lizitationstermins verordnete Frist nicht innegehalten, so ist die Lizitation für nicht erfolgt, die Veräußerung als ohne öffentliche Lizitation vorgenommen zu erachten.

— § 197. Wahl der Magistrats-Unterbeamten; Ausstellungen der Stadtverordneten gegen diese Wahl. — Vergl. Städte-Ordnung vom 30. Mai 1853 § 56. No. 6.

Rechtsgr. 1378. — I. Senat. 5. März 1858. (XXIX. 186.)

Die ohne Beachtung der erheblichen Ausstellungen der Stadtverordneten von dem Magistrate vorgenommene Wahl eines Unterbeamten ist als eine gültige, die Stadtgemeinde verpflichtende, nicht anzusehen.

1808, Dezember 12. Großherzoglich Bergisches Dekret, die Aufhebung der Leibeigenschaft betreffend. (Gesetz-Bülletin, Bd. 1. S. 182.; Temme, Samml. S. 57.)

— Siehe Rechtsgrundsätze 1305. 1324. 1610. 1611. (Dig. 43. 18 Lex 2.; Kleve-Märkische Verordnung von 1522; Ablösegesetz vom 2. März 1850 § 2. No. 2.)

1808, Dezember 26. Verordnung wegen verbesserter Einrichtung der Provinzial-, Polizei- und Finanzbehörden. (N. C. C. Tom. 12. pag. 679.; Rabe, Samml. Bd. 9. S. 467.; Ges.-Samml. S. 464.)
— §§ **41. 42.** Siehe Rechtsgrundsätze 768. 1491. (A. L. R. II. **14.** § 79.; Verordnung No. 1719. vom 19. Juni 1836 No. 1.)

1809, März 28. Kabinetsorder, betreffend das Inkolat rücksichtlich der Ausländer, welche im Preußischen Staate Güter erwerben wollen, und die zur Erwerbung adlicher Güter oder Domänen-Vorwerke seitens eines Ausländers erforderliche Spezial-Konzession. (Rabe, Samml., Bd. 10. S. 77.)
— Siehe Rechtsgrundsatz 282. (A. L. R. I. **11.** § 19.)

1809, April 4. Cirkular-Reskript der Ministerien des Innern und der Justiz an sämmtliche Landeskollegien wegen der von Ausländern zu erwerbenden adlichen Güter und Domänen-Vorwerke. (Rabe, Samml. Bd. 10. S. 77.)
— Siehe Rechtsgrundsatz 282. (A. L. R. I. **11.** § 19.)

1809, September 25. Kabinetsorder, betreffend die Aufhebung der Beschränkungen der Soldaten im Gebrauche des Eigenthums. (Rabe, Samml. Bd. 10. S. 155.; Ges.-Samml. S. 584.)
— Siehe Rechtsgrundsatz 852. (Allg. Deutsche Wechsel-Ordnung Art. 1.)

1809, Dezember 9. Verordnung wegen Mortifikation der an einen gewissen Inhaber, und wegen des öffentlichen Aufgebots der an jeden Inhaber ausgestellten Privat-Schuldverschreibungen und Urkunden. (Nov. Corp. Const. Tom. XII. S. 909.; Rabe, Samml., Bd. 10. S. 217.; Matthis, Bd. 9. S. 16.)
— §§ **1. 2.** Siehe Rechtsgrundsätze 515. 516. (A. L. R. I. **11.** § 394., **20.** § 281.)

1809, Dezember 11. Deklaration des § 44. der Städte-Ordnung vom 9. November 1808 in Betreff des Beitrages der Schutzverwandten zu den städtischen Lasten und Pflichten. (Rabe, Samml., Bd. 10. S. 220.; Ges.-Samml. S. 623.)
— Siehe Rechtsgrundsatz 1415. (Gesetz vom 11. Juli 1822 § 1.)

1810, August 30. Kabinetsorder wegen der Frist, nach welcher die öffentliche Vorladung eines, wegen eines Verbrechens entwichenen Ehegatten auf den Antrag des Verlassenen geschehen kann. (Rabe, Samml. Bd. 10. S. 414.; Edikten-Samml. von 1810 S. 1069.)
— Siehe Rechtsgrundsatz 632. (A. L. R. II. **1.** § 704.)

1810, Oktober 27. Verordnung No. 1. über die Erscheinung und den Verkauf der neuen Gesetz-Sammlung. (Rabe, Samml. Bd. 10. S. 442.; Ges.-Samml. S. 1.)

— Siehe Rechtsgrundsatz 9. (A. L. R. Einl. § 10.)

1810, November 2. Edikt über die Einführung einer allgemeinen Gewerbesteuer. (Ges.-Samml. S. 79.)

— § **21**. Siehe Rechtsgrundsatz 729. (A. L. R. II. **10**. § 1.)

1810, November 8. Gesinde-Ordnung für sämmtliche Provinzen der Preußischen Monarchie. (Ges.-Samml. S. 101.)

— §§ **1**. ff. Siehe Rechtsgrundsätze 687. 690. (A. L. R. II. **5**. § 177.)

— § **77**. Injurienklage des Gesindes gegen Wirthschafts-Inspektoren. — Vergl. Gesetz vom **24**. April **1854** §§ **1**. **2**.

Rechtsgr. **1379**. — Senat für Strafsachen, Abth. II. 8. Juli 1859. (XXXV. 33.)

Wirthschafts-Inspektoren und Inspektorinnen, welche, wegen nicht stattfindender Kommunikation zwischen dem Gutsbesitzer und dem Gesinde, ausschließlich die Wirthschaftsbehörde für das männliche und weibliche Gesinde vorstellen, sind bei Injurienklagen des Gesindes im Sinne des § 77. der Gesinde-Ordnung als die Herrschaft desselben zu betrachten.

— § **101**. Rechtsverhältniß des lebenslänglich angestellten Gesindes, insbesondere eines Privatförsters. — Vergl. A. L. R. I. **5**. §§ 277. ff. 378. 408. 410.; **9**. § 418., **11**. § 894., II. **5**. §§ 177. 186.; Gesetz No. 653. vom 7. Juni 1821 § **20**.

Rechtsgr. **1380**. — I. Senat. 30. September 1859. (XXXV. 128.)

Die Vorschrift des § 101. der Gesinde-Ordnung, — nach welchem der Tod des Familienhauptes ein zulässiger Grund zur Entlassung des Gesindes ist, — setzt voraus, daß der Tod des Dienstherrn nach der zu vermuthenden Absicht beider Theile den Dienstvertrag habe lösen sollen; dieselbe findet daher auf den Fall einer durch den Dienstvertrag lebenslänglich erfolgten Anstellung, z. B. eines vereideten Privatförsters, keine Anwendung.

Siehe auch Rechtsgrundsatz 691. (A. L. R. II. **5**. § 177.)

— § **117**. Entlassung des Gesindes wegen Schmähung der Dienstherrschaft.

Rechtsgr. **1381**. — I. Senat. 4. Januar 1861. (XXXIX. 328.)

Auch solche Schmähungen, welche sich das Gesinde bezüglich auf die Dienstherrschaft in deren Abwesenheit Dritten gegenüber gestattet, fallen unter den § 117. der Gesinde-Ordnung vom 8. November 1810.

— § **125**. Entlassung des Gesindes wegen wiederholten Verlassens des Hauses zur Nachtzeit.

Rechtsgr. **1382**. — I. Senat. 24. September 1860. (XXXVIII. 247.)

Unter dem Hause im Sinne des § 125. der Gesinde-Ordnung vom 8. November 1810 ist nur dasjenige Haus zu verstehen, welches dem Gesinde zum Aufenthalte während der Nacht angewiesen ist, gleichviel, ob die Herrschaft mit in demselben wohnt, oder ob dasselbe von dem Wohnhause der Herrschaft entfernt liegt.

— § **160**. Rechtliche Folgen der ohne rechtlichen Grund geschehenen Entlassung des Gesindes:

A. Auslegung des § **160**. dieser Gesinde-Ordnung.

Rechtsgr. **1383**. — IV. Senat. 15. Juni 1858. (XXX. 109.)

Der § **160**. der Gesinde-Ordnung ist einschränkend auszulegen.

B. Ausschließung der Vermittelung der Polizeibehörde durch erklärte Aufhebung des Dienstvertrages auch seitens des entlassenen Gesindes.

Rechtsgr. **1384**. — IV. Senat. 21. April 1857. (XXV. 67.)

Die in dem § 160. der Gesinde-Ordnung vom 8. November 1810 bezeichnete obrigkeitliche Hülfe setzt voraus, daß das ohne rechtlichen Grund entlassene Gesinde selbst in den Dienst wieder einzutreten bereit ist; sie ist daher von selbst ausgeschlossen, wenn das Gesinde ohne gesetzmäßigen Grund erklärt hat, in den Dienst nicht wieder eintreten, den Kontrakt auch seinerseits aufheben zu wollen.

C. Unzulässigkeit der Vorbringung neuer Entlassungsgründe seitens der Dienstherrschaft bei dem gerichtlichen Verfahren.

Rechtsgr. 1385. — I. Senat. 30. September 1859. (XXXV. 127.)

Hinsichtlich der Zulässigkeit des gerichtlichen Verfahrens wegen der Ansprüche des entlassenen Gesindes ist lediglich auf die von der Dienstherrschaft zur Zeit der Entlassung angegebenen Gründe Rücksicht zu nehmen.

D. Vermittelung der Polizeibehörde behufs Wiederaufnahme des von dem Nachfolger in den Besitz des Gutes, insbesondere von dem Fideikommiß=Nachfolger, entlassenen Gesindes.

Rechtsgr. 1386. — I. Senat. 30. September 1859. (XXXV. 127.)

Für die Einwirkung der Polizeibehörde zur Beibehaltung des Gesindes im Dienste ist keine Gelegenheit geboten, wenn der nachfolgende Besitzer des Gutes den von seinem Vorbesitzer geschlossenen Dienstvertrag aus dem Grunde zu erfüllen weigert, weil das Recht des Vorbesitzers auf dessen Lebenszeit eingeschränkt war.

Daher findet nach dem Tode des Fideikommißbesitzers eine polizeiliche Vermittelung behufs Beibehaltung des Gesindes seitens des Fideikommißnachfolgers nicht statt.

Siehe Rechtsgrundsätze 688. 689. (A. L. R. II. 4. § 177.)

§ 163. Berücksichtigung des zu erlangen gewesenen anderweiten Unterkommens des ohne rechtlichen Grund entlassenen Gesindes bei der Feststellung des Entschädigungsanspruchs desselben:

A. Beweislast hinsichtlich des anderweiten Unterkommens.

Rechtsgr. 1387. — IV. Senat. 22. Februar 1859. (XXXII. 305.)

Zur Begründung der Entschädigungsklage des ohne gesetzlichen Grund entlassenen Gesindes ist der Nachweis, daß dasselbe vor Ablauf der Dienstzeit eine andere Stelle nicht gefunden habe oder nicht habe finden können, nicht erforderlich; vielmehr liegt der Dienstherrschaft der Beweis des Gegentheils ob.

B. Voraussetzung bei der Anwendung des § 163. der Gesinde=Ordnung auf Hausoffizianten.

Rechtsgr. 1388. — IV. Senat. 15. Juni 1858. (XXX. 109.)

Der § 163. der Gesinde-Ordnung setzt bei seiner Anwendung auf Hausoffizianten voraus, daß die neue Stelle der früheren konform ist.

Siehe Rechtsgrundsätze 688. 689. (A. L. R. II. 4. § 177.)

1811, Februar 1. Kabinetsorder wegen Aufhebung der Privatgenugthuung bei Injurienklagen. (Ges.-Samml. S. 149.)

— Siehe Rechtsgrundsätze 1223. 1295. (Kriminal-Ordnung § 392.; Dig. 12. 2. Lex 3. § 1.)

1811, März 18. Verordnung, betreffend die Freiheit der Unteroffiziere und gemeinen Soldaten, über ihr Vermögen zu verfügen. (Ges.-Samml. für 1812 S. 5.)

— Siehe Rechtsgrundsatz 852. (Allg. Deutsche Wechsel-Ordnung Art. 1.)

1811, März 28. Verordnung über die Einrichtung der Amtsblätter in den Regierungs-Departements und über die Publikation der Gesetze und Verfügungen durch dieselben und durch die allgemeine Gesetz-Sammlung. (Ges.-Samml. S. 165.)

— Siehe Rechtsgrundsatz 9. (A. L. R. Einl. § 10.)

1811, September 7. Gesetz No. 51. über die polizeilichen Verhältnisse der Gewerke in Bezug auf das Edikt vom 2. November 1810 wegen Einführung einer allgemeinen Gewerbesteuer. (Ges.-Samml. S. 263.)

— §§ 103. 104. Siehe Rechtsgrundsatz 729. (A. L. R. II. 10. § 1.)

1811, September 13. Großherzoglich Bergisches Dekret, die abgeschafften Rechte und Abgaben betreffend. (Temme, Samml. S. 66.; Graeff, Chron. Samml. S. 820.)

— Art. 5. Siehe Rechtsgrundsatz 169. (A. L. R. I. 7. § 70.)

— Art. 12-14. Siehe Rechtsgrundsätze 1418. 1610. 1611. (Gesetz No. 939. vom 21. April 1825 § 1.; Ablöse-Gesetz vom 2. März 1850 § 2. No. 2.)

1811. September 14. Edikt No. 52., die Regulirung der gutsherrlichen und bäuerlichen Verhältnisse betreffend. (Ges.-Samml. S. 281.)

— §§ 1. 4. 37. 38. Umfang des Eigenthums der bäuerlichen Wirthe nach erfolgter ediktmäßiger Regulirung des gutsherrlich-bäuerlichen Verhältnisses. — Vergl. Verordnung No. 430. vom 20. Juni 1817 § 170.

Rechtsgr. 1389. — II. Senat. 22. März 1859. (XXXVIII. 4.)

a) Das Regulirungs-Edikt vom 14. September 1811 hat dn betreffenden bäuerlichen Wirthen nur das Recht verliehn, auf Regulirung ihrer Besitzverhältnisse nach Maaßgabe ds Ediktes zu dringen und in Folge derselben die Verleihung des Eigenthums Dessen, was ihnen ediktmäßig zufallen kann, zu verlangen.

b) Daher können die bäuerlichen Wirthe den Eigenthumserwerb anderer Grundstücke und anderer Gerechtigkeiten, als ihnen n dem Regulirungs-Rezesse überwiesen worden, nicht geltent machen.

— § 57. Siehe Rechtsgrundsatz 1622. (Ablösegesetz vom 2. März 1850 § 74.)

1811, September 14. Edikt No. 53. zur Beförderung der Landeskultur. (Ges.-Samml. S. 300.)

— §§ 27-29. Schonung und Forstkultur der Waldblößen dem Weideberechtigten gegenüber.

Rechtsgr. 1390. — II. Senat. 1. Dezember 1857. (XXVIII. 118.)

De Schonung und Forstkultur sind dem Weideberechtigten gegenüber auch Waldblößen unterworfen, selbst wenn sie vom Waldeigenthümer bisher nicht zur Holzgewinnung, sonderr nur als Wiese oder Rohrung benutzt worden sind.

Siehe auch Rechtsgrundsatz 596. (A. L. R. I. 22. § 241.)

— § 38. Nothwendige Eigenschaften eines Sachverständigen in agrarischen Angelegenheiten. — Vergl. A. G. O. I. 14. § 60.

Rechtsgr. 1391. — III. Senat. 3. Juli 1857. (XXVI. 83.)

Den § 38. des Kultur-Edikts vom 14. September 1811 steht de Berücksichtigung von Gutachten anderer Sachverständigen in nicht agrarischen Angelegenheiten nicht entgegen, sofern dieselben nur sonst nach Inhalt und Begründung ihrer Gutachten keine Veranlassung zu ihrer Bemängelung darbieten.

1811, Oktber 14. Kabinetsorder wegen Pensionirung der städtischen

Beamten. (Rumpf, Städte-Ordnung § 161. No. 6.; v. Kamptz, Jahrbücher, Bd. 23. S. 188.)

— Siehe Rechtgrundsatz 1439. (Revidirte Städte-Ordnung vom 17. März 1831 § 101.)

1811, November 15. Gesetz wegen des Wasserstaues bei Mühlen und Verschaffung von Vorfluth. (Ges.-Samml. S. 352.)

— §§ 1. ff. Siehe Rechtsgrundsatz 210. (A. L. R. I. 8. § 102.)

— § 10. Negatorien- und Schadensklage in Betreff der von der Polizei-Behörde interimistisch angeordneten Räumung eines Grabens. — Vergl. A. L. R. I. 6. §§ 10. ff., 8. § 100.; Gesetz vom 11. Mai 1842 §§ 1. ff.

Rechtsgr. 1392. — III. Senat. 25. September 1857. (XXVII. 64.)

a) Wenn auf Ansuchen einer Privatperson die Polizeibehörde eine interimistische Verfügung an den Besitzer eines Grundstücks auf Räumung eines über dasselbe führenden Grabens erlassen hat, so ist die im Rechtswege zu erhebende Negatorienklage des sich beschwert fühlenden Grundbesitzers gegen Denjenigen zu richten, welcher die polizeiliche Verfügung veranlaßt hat.

b) Der Rechtsweg gegen eine solche interimistische polizeiliche Verfügung ist nicht blos in Betreff der Verpflichtung zur Räumung des Grabens, sondern auch in Betreff des aus dieser Räumung entstandenen Schadens gestattet.

Siehe auch Rechtsgrundsatz 210. (A. L. R. I. 8. § 102.)

§§ 15. ff. Rechtsweg in Betreff der Negatorienklage des belasteten Grundeigenthümers gegen den Vorfluth-Bedürftigen. — Vergl. A. L. R. Einleitung § 89.; A. G. O. I. Einleitung § 1.

Rechtsgr. 1393. — II. Senat. 22. Mai 1860. (XXXVIII. 29.)

Hat der Vorfluth-Bedürftige mit Vorbeigehung der zuständigen Behörde sich selbst die Vorfluth geschafft, so ist der Rechtsweg in Betreff der Negatorienklage des belasteten Eigenthümers gestattet.

Siehe auch Rechtsgrundsatz 210. (A. L. R. I. 8. § 102.)

1811, Dezember 9. Französisch-Hanseatisches Dekret wegen Aufhebung der Lehne. (Temme, Samml. S. 95.)

— **Art. 1. ff.** Siehe Rechtsgrundsatz **1305.** (Dig. **43. 18.** Lex **2.**)
— **Art. 99.** Siehe Rechtsgrundsätze **1610. 1611.** (Ablösegesetz vom 2. März 1850 § 2. No. 2.)

1812, März **11.** **Edikt, betreffend die bürgerlichen Verhältnisse der Juden in dem Preußischen Staate.** (Ges.-Samml. S. 17.)
— § **15.** Siehe Rechtsgrundsatz 738. (A. L. R. II. **11.** § 261.)

1812, April **12.** Décret portant annullation pour cause d'incompetence d'une arrêté. (Graeff, Samml., S. 895.)
— Siehe Rechtsgrundsatz **1251.** (Code Napoléon art. 645.)

1812, Juli 2. Décret annullation de deux arrêtés du préfet de la Creuse. (Graeff, Samml. S. 902.)
— Siehe Rechtsgrundsatz **1251.** (Code Napoléon art. 645.)

1812, November 7. u. 9. **Herzoglich Nassauisches Edikt, betreffend die freie Benutzung der Ackerländereien.**
— §§ **1. 8.** **Pferchen der Schafe im Nassauischen.**

Rechtgr. 1394. — V. Senat. 7. Juli 1857. (XXV. 326.)

Nach dem Nassauischen Edikt vom 7. und 9. November 1812 ist der Eigenthümer ohne Rücksicht auf bestehende Hude- und Weideberechtigungen befugt, sein Grundstück nicht blos mit eigenen, sondern auch mit fremden Schafen zu pferchen.

1813, April 19. **Kabinetsorder, betreffend die zwischen verschiedenen Kontrahenten bestehenden Verträge, welche die gesetzlich gegebene Gewerbefreiheit beschränken.** (Ges.-Samml. S. 69.)
— Siehe Rechtsgrundsatz **48.** (A. L. R. I. **4.** § 5.)

1813, Dezember 20. **Oranien-Nassauisches Patent wegen Wiedereinführung der früher bestandenen Gesetze.** (Oranien-Nassauisches Verordnungs- und Intelligenzblatt für **1814** S. 2.)
— Siehe Rechtsgrundsatz **1254.** (Code Napoléon art. 691.)

1814, September 9. **Patent wegen Wiedereinführung des Allg. Landrechts und der Allg. Gerichts-Ordnung in die von den Preußischen Staaten getrennt gewesenen, mit denselben wiedervereinigten Provinzen.** (Ges.-Samml. S. 89.)
— § **2.** Siehe Rechtsgrundsätze **1337. 1397. 1418.** (Eichsfeld'sche

Kirchenordnung von 1605; Verordnung vom 8. Januar 1816 § 1.; Gesetz No. 939. vom 21. April 1825 § 1.)

1815, Mai 5. Kabinetsorder wegen Suspension der gutsherrlich-bäuerlichen Prozesse in den mit der Monarchie wiedervereinigten Provinzen. (v. Kamptz, Jahrbücher, Heft 10. S. 8.; Lette und v. Rönne, die Landes-Kultur-Gesetzgebung, Berlin 1854, Band 2. Abth. 1. S. 898.)

— Siehe Rechtsgrundsatz 169. (A. L. R. I. 7. § 70.)

1815, Mai 22. Patent No. 298. wegen Einrichtung des Hypothekenwesens in den mit den Preußischen Staaten wiedervereinigten Provinzen jenseits der Elbe und Weser. (Ges.-Samml. S. 185.)

— §§ **3. 9. 12.** Präklusion der zum Hypothekenbuche nicht angemeldeten Realansprüche:

A. Erlöschung deren objektiven Dinglichkeit; Kenntniß des neuen Erwerbers von dem früheren Realanspruche. — Vergl. A. L. R. I. **2.** § 126., **5.** § 75., **11.** § 183., **19.** § 5.; Hypothekenpatent vom 25. Mai 1818 § 4.

Rechtsgr. **1395**. — I. Senat. 19. November 1858. (XXXI. 161.)

a) Durch die unterlassene Anmeldung eines Real-Anspruchs zum Hypothekenbuch innerhalb der Präklusivfrist der Hypotheken-Patente vom 22. Mai 1815 und 25. Mai 1818 ist die objektive Dinglichkeit dieses Anspruchs dergestalt erloschen, daß dieselbe nur durch eine neue Begründung wieder hergestellt werden kann.

b) Daher hat der Umstand allein, daß bei dem nach Ablauf jener Präkusivfrist erfolgten Verkaufe des belastet gewesenen Grundstücks der Käufer Kenntniß von dem früheren Real-Anspruch hatte, dessen Verpflichtung zur Uebernahme dieses Real-Anspruchs nicht zur Folge.

Siehe auch Rechtsgrundsatz 504. (A. L. R. I. **19.** § 5.)

B. Neue Entstehung einer Reallast nach eingetretener Präklusion wegen versäumter Anmeldung innerhalb der Präklusivfrist.

Rechtsgr. **1396**. — I. Senat. 12. Oktober 1857. (XXVIII. 43.)

Die in dem Hypothekenpatente vom 22. Mai 1815 ausgesprochene Präklusion der innerhalb der Frist zum Hypothekenbuche nicht angemeldeten Realansprüche schließt gegen dritte Besitzer eine fernere Entstehung von Reallasten auf jede nach den eingeführten Preußischen Gesetzen zulässige Weise, namentlich auch durch eine nach Ablauf der Präklusivfrist begonnene und vollendete Verjährung, nicht aus.

1815, Juni 8. Deutsche Bundesakte. (Ges.-Samml. für 1818 Anh. Seite 143.)

— **Art. 14.** Siehe Rechtsgrundsatz **1606**. (Ablöse-Gesetz vom 2. März 1850 § 1.)

— **Art. 18. No. 1.** Siehe Rechtsgrundsatz **282**. (A. L. R. I. **11.** § 19.)

1815, Juni 21. Verordnung No. 291., betreffend die Verhältnisse der vormals unmittelbaren Deutschen Reichsstände in den Preußischen Staaten. (Ges.-Samml. S. 105.)

— **No. 8.** Siehe Rechtsgrundsatz **1606**. (Ablöse-Gesetz vom 2. März 1850 § 1.)

1815, September 6. Kabinets-Order wegen der Einwirkung des Chefs der Justiz in die formellen Verfügungen der Gerichtsbehörden. (Ges.-Samml. S. 198.)

— Siehe Rechtsgrundsatz **1501**. (Eisenbahn-Gesetz vom 3. November 1838 § 25.)

1816, Januar 8. Verordnung in Betreff der ehelichen Gütergemeinschaft in den Westphälischen Provinzen und in dem Herzogthum Kleve. (Ges.-Samml. S. 97.)

— **§ 1.** Wiederherstellung der Gültigkeit der auf die eheliche Gütergemeinschaft sich beziehenden Provinzialgesetze sowohl nach dem Territorial-Umfange, als auch nach den denselben unterworfen gewesenen Personen:

A. Ueberhaupt und insbesondere rücksichtlich der Juden. — Vergl. A. L. R. II. **1.** §§ 210. ff.; Edikt vom 4. November 1686; General-Judenprivilegium vom 17. April 1750; Publ.-Patent vom 9. September 1814 § 2.; Kabinetsorder vom 8. August 1830.

Rechtsgr. 1397. — IV. Senat. 14. Mai 1857. (XXV. 104.)

a) Hinsichtlich der durch die Verordnung vom 8. Januar 1816 in den Westphälischen Provinzen und in dem Herzogthum Kleve wieder hergestellten allgemeinen ehelichen Gütergemeinschaft ist die Gültigkeit der früheren Provinzialgesetze nicht blos nach dem Territorial-Umfange, sondern auch nach den Personen, welche früher denselben unterworfen waren, hergestellt worden.

b) Seit dem Patent vom 8. September 1814 finden die Preußischen allgemeinen ehelichen Güterrechte in den Westphälischen Provinzen bei den Juden Anwendung, insofern diese nicht zu denjenigen gehören, bei welchen die provinzielle Gütergemeinschaft als fortdauernd gültig gesetzlich anerkannt worden ist.

c) Im Herzogthum Kleve und der Grafschaft Mark findet die provinzielle eheliche Gütergemeinschaft bei den nach Erlaß der Verordnung vom 8. Januar 1816 geschlossenen Ehen jüdischer Einwohner nicht statt.

B. Ausschließung der auf einem, in der Grafschaft Tecklenburg belegenen ehemals eigenbehörigen, dem Heimfallsrechte noch unterworfenen Kolonate geheiratheten Eheleute von der provinziellen ehelichen Gütergemeinschaft. — Vergl. Minden-Ravensbergische Eigenthums-Ordnung vom 26. November 1741 Kap. 11. § 1. 10. 11.; Gesetz No. 939. vom 21. April 1825 § 24.; Deklaration vom 24. November 1833; Kabinetsorder vom 1. August 1835.

Rechtsgr. 1398. — I. Senat. 5. Februar 1858. (XXIX. 80.)

Die durch die Verordnung vom 8. Januar 1816 in den Westphälischen Provinzen wiedereingeführte eheliche Gütergemeinschaft ist in der Grafschaft Tecklenburg auch unter solchen Eheleuten nicht ins Leben gerufen worden, welche sich daselbst nach Aufhebung des Leibeigenthums auf einem ehemals eigenbehörigen, dem Heimfallsrechte noch unterworfenen Kolonate verheirathet haben.

C. Nicht erfolgte Wiederherstellung des wechselseitigen Erbrechts abgeschichteter Kinder nach dem Paderborner Statutarrechte.

Rechtsgr. 1399. — I. Senat. 21. Oktober 1859. (XXXV. 180.)

Der durch die fremdherrliche Gesetzgebung aufgehobene Rechtsgrundsatz des Statutarrechts des Fürstenthums Paderborn, — nach welchem die abgeschichteten Kinder sich untereinander mit Ausschluß des Ueberlebenden der Eltern beerben, — ist durch die Verordnung vom 8. Januar 1816 nicht wiederhergestellt worden.

Siehe auch Rechtsgrundsatz 1244. (Rev. Entwurf des Provinzialrechts der Grafschaft Mark § 28.)

1816, April **14**. Kabinetsorder, betreffend die Verzeichnung unehelicher Kinder im Kirchenbuche. (v. Kamptz, Annalen Bd. 3. S. 95.)
— Siehe Rechtsgrundsatz 670. (A. L. R. II. **2**. § 596.)

1816, Mai **29**. Deklaration No. 359. des Edikts vom **14**. September **1811** wegen Regulirung der gutsherrlich-bäuerlichen Verhältnisse. (Ges.-Samml. S. 154.)
— Art. **76**. Vereinigung erledigter Hofstellen mit dem Rittergute. — Vergl. A. L. R. I. **2**. § 42.; Ablösegesetz vom **2**. März 1850 § 77.

Rechtsgr. **1400**. — III. Senat. 14. März 1859. (XXXII. 338.)

Aus der den Gutsherren vermöge der neueren Gesetzgebung zustehenden Befugniß, einen erledigten Bauerhof einzuziehen und dessen Realitäten mit den Vorwerksländereien zu vereinigen, ist nicht zu folgern, daß diese Vereinigung von selbst als rechtliche Folge der Erledigung des Hofes eintrete. Diese Vereinigung ist auch aus der bloßen Thatsache der Bewirthschaftung jener Realitäten mit den gutsherrlichen Ländereien noch nicht zu folgern; vielmehr muß auch die Absicht des Rittergutsbesitzers auf dauernde Vereinigung und Zusammenschmelzung beider Besitzungen gerichtet sein.

— Art. **77**. Siehe Rechtsgrundsatz 1143. (A. G. O. I. **52**. § 12.)
— Art. **96**. Siehe Rechtsgrundsatz 40. (A. L. R. I. **2**. § 107.)
— Art. **101**. Siehe Rechtsgrundsatz 1622. (Ablösegesetz vom **2**. März 1850 § 74.)

1816, August 30. Verordnung wegen Verwaltung des Patronatsrechts über christliche Kirchen auf solchen Gütern, die sich in dem Besitzthum jüdischer Glaubensgenossen befinden. (Ges.-Samml. S. 207.)
— No. **5**. Siehe Rechtsgrundsatz 738. (A. L. R. II. **11**. § 261.)

1816, November 16. Patent wegen Wiedereinführung der Preußischen Gesetze in das Großherzogthum Posen. (Ges.-Samml. S. 225.)

— §§ 1. ff. Siehe Rechtsgrundsatz 1342. (Traditions-Rezeß vom 30. Mai 1635.)

1817, Februar 9. Verordnung, betreffend die Justizverwaltung im Großherzogthum Posen. (Ges.-Samml. S. 37.)

— § 146. Polnische Sprache bei der mündlichen Verhandlung in dem Audienztermine. — Vergl. Kabinetsorder vom 15. Januar 1841; Prozeß-Verordnung vom 21. Juli 1846 § 39.; Verfassungs-Urkunde vom 31. Januar 1850 Art. 4.

Rechtsgr. 1401. — III. Senat. 19. Januar 1859. (XXXII. 147.)

Wo die Verordnung vom 9. Februar 1817 gilt, darf, wenn in deutscher Sprache geklagt ist, der Verklagte polnischen Vortrag nicht halten, mag er immerhin nur der polnischen Sprache mächtig sein.

1817, März 18. Kabinetsorder, die Aufbringung des Schulzengehaltes in den Domänen-Dörfern betreffend. (v. Kamptz, Annalen Bd. 13. S. 312.)

— Siehe Rechtsgrundsatz 698. (A. L. R. II. 7. § 72.)

1817, Mai 20. Reskript des Ministeriums des Innern, betreffend die Rechtsverhältnisse der Besitzer der Meliorationsgüter in Pommern. (v. Kamptz, Annalen Bd. 1. Heft 2. S. 69.)

— Siehe Rechtsgrundsatz 1365. (Kabinets-Order vom 16. Dezember 1775.)

1817, Juni 9. Publikanda der Regierungen in Stettin, die Rechtsverhältnisse der Besitzer der Meliorationsgüter betreffend. (v. Kamptz, Annalen Bd. 1, Heft 2. S. 67.)

— Siehe Rechtsgrundsatz 1365. (Kabinets-Order vom 16. Dezember 1775.)

1817, Juni 20. Verordnung No. 430. wegen Organisation der Generalkommissionen und der Revisionskollegien zur Regulirnng der gutsherrlichen und bäuerlichen Verhältnisse, ingleichen wegen des Geschäftsbetriebes bei diesen Behörden. (Ges.-Samml. S. 161.)

— §§ 8. 9. 36. Kompetenz der General-Kommissionen in Possessoriensachen. — Vergl. A. G. O. I. 2. §§ 6. 130.; Verordnung vom 30. Juni 1834 §§ 7. 9. 36.

Rechtsgr. 1402. — III. Senat. 3. Februar 1860. (XXXVI. 204.)

Die Kompetenz der General-Kommissionen umfaßt auch

die Regulirung des Besitzstandes in den bei ihnen anhängigen Auseinandersetzungs- und Ablösungssachen. Diese Kompetenz der General-Kommissionen erstreckt sich auch auf die bei dem Gericht bereits rechtshängigen Possessoriensachen.

— § 158. Rechtliche Natur des Auseinandersetzungsrezesses als Vergleich. — Vergl. A. L. R. I. **16.** § 405.

Rechtsgr. **1403.** — II. Senat. 20. November 1860. (XXXIX. 220.)

Der Auseinandersetzungs-Rezeß ist seinem Wesen nach ein Vergleich und mithin ein lästiger Vertrag.

— § 169. Wirkung des Auseinandersetzungsrezesses:

A. Uebertragung des Eigenthums. — Vergl. Regulirungsgesetz vom 8. April 1823 § 76.

Rechtsgr. **1404.** — II. Senat. 20. November 1860. (XXXIX. 220.)

Es bedarf zur Uebertragung des Eigenthums auf den Grund des Auseinandersetzungsrezesses an den den Interessenten wirklich zugewiesenen Antheilen der Besitznehmung nicht.

B. Verbindlichkeit der Singular-Successoren der ursprünglichen Interessenten hinsichtlich der Erfüllung des durch den Rezeß geschlossenen Vergleichs und eventueller Herausgabe der Antheile. — Vergl. A. G. O. I. **24.** § 9.; Kabinetsorder vom 18. Dezember 1841.

Rechtsgr. **1405.** — II. Senat. 20. November 1860. (XXXIX. 220.)

Auch solche Singular-Successoren der ursprünglichen Interessenten, welche Antheile derselben in Folge lästigen Vertrages erworben haben, müssen den durch den bestätigten Rezeß geschlossenen Vergleich erfüllen und daher, wenn bei der Zutheilung der Antheile in Gemäßheit des Rezesses erhebliche Irrthümer vorgefallen sind, die betreffenden Antheile herausgeben.

— § 170. Erlöschung der im Ablöserezeß übergangenen Reallasten. — Vergl. A. L. R. I. **4.** § 57.; **16.** § 381.; Ablösegesetz vom 2. März 1850 §§ **94. 95.**; Rentenbankgesetz vom 2. März 1850 §§ **8. 58.** No. **2.**; Mühlen-Ablöse-Gesetz vom 11. März 1850 §§ **2. 6.**

Rechtsgr. **1406**. — II. Senat. 20. Dezember 1859. (XXXVI. 116.)

Eine auf demselben Grundstücke haftende, in dem Ablöserezeß übergangene ablösbare Reallast ist nur dann für erloschen zu erachten, wenn zwischen ihr und dem Gegenstande der stattgehabten Regulirung Konnexität obwaltet.

Siehe auch Rechtsgrundsatz **1398**. (Regulirungs-Edikt vom **14.** September **1811** § **1.**)

— § **189.** Siehe Rechtsgrundsatz **1456.** (Verordnung vom **14.** Dezember **1833** § **2.**)

1818, Mai **25.** Verordnung wegen Einführung des Allg. Landrechts und der Allg. Gerichtsordnung in die mit den Preußischen Staaten vereinigten, zwischen den älteren Provinzen belegenen Distrikten und Ortschaften, und wegen Einführung des Hypothekenwesens in denselben. (Ges.-Samml. S. **45.**)

— § **4.** Siehe Rechtsgrundsatz **1395.** (Publ.-Patent vom **22.** Mai **1815** § **3.**)

1818, Juli **20.** Verordnung über die gegenseitige Kompetenz der Regierungen und Gerichte. (Gräff, Chronol. Samml. S. **1083.**)

— §§ **1. 2.** No. **3. 4.**, § **20.** Siehe Rechtsgrundsatz **1251.** (Code Napoléon Art. **645.**)

1819, Mai **6.** Kabinetsorder, betreffend die Rechte und Pflichten der bäuerlichen Wirthe im Großherzogthum Posen und in den mit Westpreußen vereinigten Distrikten. (Ges.-Samml. S. **153.**)

— Siehe Rechtgrundsatz **1621.** (Ablösegesetz vom **2.** März **1850** § **74.**)

1819, Juni **9.** Verordnung wegen Erklärung einiger zweifelhaften Bestimmungen der Edikte vom **14.** September **1811** und **29.** Mai **1816**, die Regulirung der gutsherrlichen und bäuerlichen Verhältnisse betreffend. (Ges.-Samml. S. **151.**)

— § **3.** Siehe Rechtgrundsatz **1622.** (Ablösegesetz vom **2.** März **1850** § **74.**)

1819, Juli **7.** Verordnung wegen Aufhebung des § **34.** des Anhangs zur Allgem. Gerichts-Ordnung in Beziehung auf die Staaten des Deutschen Bundes. (Ges.-Samml. S. **212.**)

— Siehe Rechtsgrundsatz **1021.** (A. G. O. I. **2.** § **114.**)

1820, Januar **17.** Verordnung No. **577.** wegen der künftigen Behandlung des gesammten Staatsschuldenwesens. (Ges.-Samml. S. **9.**)

— No. III. Siehe Rechtsgrundsatz 1373. (Reglement vom 15. September 1798 § 1.)

1820, März 2. Statut für die Kaufmannschaft zu Berlin. (Ges.-Samml. S. 46.)

— §§ 2. 3. Rechte und Pflichten der in Berlin wohnenden, der Berliner Korporation der Kaufleute nicht beigetretenen Kaufleute, insbesondere der Inhaber einer nur mündlich errichteten, nicht inkorporirten Handelsgesellschaft. — Vergl. A. L. R. II. 8. §§ 501. 617. 625. 626. 629. 633. 720.

Rechtsgr. 1407. — IV. Senat. 17. April 1860. (XXXVII. 171. 172.)

a) Die Erfüllung der kaufmännischen Pflichten eines Handeltreibenden in Berlin ist von dessen Aufnahme in die kaufmännische Korporation daselbst nicht abhängig.

b) Daher findet der Grundsatz:

daß jedes Mitglied einer wenngleich nur durch mündlichen Vertrag errichteten und nicht öffentlich bekanntgemachten Handelsgesellschaft, z. B. eines Speditionsgeschäfts, dennoch aus den von dem einen Gesellschafter unter der Handlungsfirma eingegangenen Geschäften, namentlich auch aus dessen Wechsel-Accepten, mitverpflichtet wird,

auch auf die Mitglieder einer solchen in Berlin errichteten, nicht inkorporirten Handelsgesellschaft Anwendung.

Siehe Rechtsgrundsatz 707. (A. L. R. II. 8. § 569.)

— § 36. Begründung der Kompetenz der schiedsrichterlichen Kommission der Aeltesten der Kaufmannschaft in Berlin. — Vergl. A. L. R. Einl. § 79.; A. G. O. I. 2. §§ 167. ff.

Rechtsgr. 1408. — IV. Senat. 2. Mai 1861. (XL. 363.)

Zur Begründung der Kompetenz der schiedsrichterlichen Kommission der Aeltesten der Kaufmannschaft in Berlin bedarf es eines darauf gerichteten, vor Einleitung des Prozesses von den Parteien geschlossenen Vertrages.

1820, Mai 30. Instruktion No. 607. wegen Ausführung des Edikts vom 21. Juni 1815, die Verhältnisse der vormals unmittelbaren Deutschen Reichsstände in der Preußischen Monarchie betreffend. (Ges.-Samml. S. 81.)

— § 5. Siehe Rechtsgrundsatz **1606**. (Ablösegesetz vom 2. März 1850 § 1.)

— § 14. Privilegirter persönlicher und privilegirter dinglicher Gerichtsstand der Standesherren. — Vergl. Verordnung vom 12. November 1855 § 2.

Rechtsgr. **1409**. — V. Senat. 24. Januar 1860. (XXXVI. 164.)

Die Standesherren und die Mitglieder ihrer Familien haben nicht blos einen persönlich privilegirten, sondern auch in Bezug auf ihre standesherrlichen Besitzungen und die denselben anklebenden Gerechtsame einen dinglich privilegirten Gerichtsstand bei dem betreffenden Appellationsgerichte.

1820, Mai 30. Gesetz No. **619**. über die Einrichtung des Abgabenwesens. (Ges.=Samml. S. **134**.)

— § **1**. Litt. g. Natur der Klassensteuer.

Rechtsgr. **1410**. — III. Senat. 22. Mai 1857. (XXV. 124.)

Die Klassensteuer ist eine persönliche, den Grundbesitz als solchen nicht berührende Steuer.

1820, Juni 16. Verordnung, die Erwerbung und Ausübung der Realrechte auf Grundstücke, insbesondere Hypothekenrechte, bei nicht vollständig eingerichtetem Hypothekenwesen, betreffend. (Ges.=Samml. S. 106.)

— §§ **3-6**. Siehe Rechtsgrundsatz **444**. (A. L. R. I. **16**. §§ 178. 179.)

1821, April 4. Justizmininisterial=Reskript über das Verfahren bei Umschreibung und Realisirung von Staatsschuldverschreibungen. (v. Kamptz, Jahrb. Bd. 17. S. 104.)

— Siehe Rechtsgrundsatz 832. (A. L. R. II. **18**. § 474.)

1821, April 23. Gesetz wegen Aufhebung der Verlautbarung und Bestätigung der Verträge über unbewegliche Güter. (Ges.=Samml. S. 43.)

— Siehe Rechtsgrundsatz 19. (A. L. R. Einl. § 32.)

1821, Juni 7. Gemeinheitstheilungs=Ordnung. (Ges.=Samml S. 53.)

— § **17**. Siehe Rechtsgrundsatz 589. (A. L. R. I. **22**. § 92.)

— §§ **34**. ff. Siehe Rechtsgrundsatz 587. (A. L. R. I. **22**. § 90.)

— § **147**. Siehe Rechtsgrundsatz 595. (A. L. R. I. **22**. § 210.)

— § **164**. Errichtung einer Wegegerechtigkeit.

Rechtsgr. 1411. — II. Senat. 8. September 1859. (XXXV. 38.)

Der § 164. der Gemeinheitstheilungs-Ordnung vom 7. Juni 1821 ist auf Wegegerechtigkeiten nicht anwendbar.

Siehe auch Rechtsgrundsätze 775. 1518. (A. L. R. II. 15. § 38.; Gesetz vom 21. März 1841. §§ 3. 4.)

1821, Juni 7. Gesetz No. 653. wegen Untersuchung und Bestrafung des Holzdiebstahls. (Ges.-Samml. S. 89.)

— § 20. Siehe Rechtsgrundsätze 691. 1380. (A. L. R. II. 5. § 177.; Gesindeordnung vom 8. November 1810 § 101.)

1821, Juni 7. Verordnung No. 659. über die Kompetenz der Friedensgerichte in den Rheinprovinzen. (Ges.-Samml. S. 101.)

— § 1. Siehe Rechtsgrundsatz 1369. (Gesetz vom 16. und 24. August 1790 Tit. III. Art. 9.)

1821, Juli 1. Gesetz, die Verleihung des Bergwerkseigenthums auf Flötzen betreffend. (Ges.-Samml. S. 106.)

— § 1. Siehe Rechtsgrundsätze 781. 807. 823. 1344. (A. L. R. II. 16. §§ 106. 156. 352.; Kurkölnische Bergordnung vom 2. Januar 1669 Theil 3. Art. 1.)

— § 2. Siehe Rechtsgrundsätze 811. 812. 815. (A. L. R. II. 16. §§ 156. 169.)

— §§ 3. 5. Siehe Rechtsgrundsätze 781. 815. (A. L. R. II. 16. §§ 106. 169.)

1821, Dezember 17. Kabinets-Order, betreffend die Aufbringung der Beiträge zur Verzinsung und allmähligen Tilgung der Neumärkischen Provinzial-Kriegsschuld. (Frankfurter Amtsblatt für 1822 S. 282.)

— Natur der Neumärkischen Kriegsschuldensteuer als persönliche Steuer; Freiheit eines Guts-Pächters daselbst von dieser Steuer. — Vergl. Kabinetsorder vom 30. Juli 1822.; Bekanntmachung vom 8. August 1822 § 12.

Rechtsgr. 1412. — III. Senat. 22. Mai 1857. (XXV. 124.)

Auch die Neumärkische Kriegsschuldensteuer ist eine persönliche Steuer und daher von den Gutspächtern nicht zu tragen.

1822, März 7. Gesetz No. 709. wegen der Stempelsteuer. (Ges.-Samml. S. 57.)

— §§ 2. 5. 22. Stempelpflichtigkeit schriftlicher Verträge; Genehmigung der seitens eines Andern mit einem Dritten geschlossenen Geschäfte. — Vergl. Tarif zu diesem Stempelgesetz unter den Worten: „Verträge" und „Kaufverträge"; Kabinetsorder vom 19. Juni 1834; Verordnung vom 14. Dezember 1833 § 4. No. 1.

Rechtsgr. 1413. — IV. Senat. 20. Dezember 1860. (XXXIX. 310.)

Die Stempelpflichtigkeit eines schriftlichen Vertrages ist durch dessen vollständigen gültigen Abschluß, also auch durch die Vertragsfähigkeit der Kontrahenten bedingt.

Dieser Grundsatz ist ein Rechtsgrundsatz.

1822, Juli 4. Gesetz No. 735., betreffend den Verkauf ausstehender Forderungen und Kours habender Schuldpapiere im Wege der Exekution. (Ges.-Samml. S. 178.)

— §§ 1-3. Siehe Rechtsgrundsatz 822. (A. L. R. II. 16. § 335.)

— § 4. Vorladung des Exequendus zu dem gegen den assignirten Schuldner angestellten Prozesse.

Rechtsgr. 1414. — IV. Senat. 5. Juni 1858. (XXIX. 315.)

Der Gläubiger ist nicht verpflichtet, den Exequendus zu dem Prozesse wider den überwiesenen Schuldner des Exequendus mit vorladen zu lassen.

— § 6. Siehe Rechtsgrundsätze 519. 530. (A. L. R. I. 20. §§ 423. 522.)

— §§ 18. 19. Siehe Rechtsgrundsatz 302. (A. L. R. I. 11. § 218.)

1822, Juli 11. Gesetz, betreffend die Heranziehung der Staatsdiener zu den Gemeindelasten. (Ges.-Samml. S. 184.)

— §§ 1-13. Heranziehung der Staatsdiener zu den Gemeindelasten; Erforderniß der Erhebung der Kommunalsteuer-Beiträge in Form einer allgemeinen Einkommensteuer behufs der Besteuerung der Beamten-Besoldungen, insbesondere durch Zuschläge zur Klassen- und klassifizirten Einkommen-Steuer; Heranziehung der Beamten-Besoldungen zu dieser Besteuerung nur zur Hälfte. Gleichzeitige Erhebung von Grundsteuer-Zuschlägen außer der allgemeinen Kommunal-Einkommensteuer. — Vergl. Deklaration vom 11. Dezember 1809; Revidirte Städte-Ordnung vom 17. März 1831 § 39.; Kabinets-Order vom 14. Mai 1832; Gemeinde-Ordnung vom 11. März 1850 §§ 3. 156.; Städte-Ordnung vom 19. März 1856 § 4.; Cirkular-Verfügung vom 2. Juli 1856 und Bescheid vom 18. August 1856.

Rechtsgr. 1415. — II. Senat. 12. Oktober 1858. (XXX. 293.)

a) Die Grundsätze des Gesetzes vom 11. Juli 1822 über die Heranziehung der Staatsdiener zu den Gemeinde-Lasten sind neben und ungeachtet der Einführung der Gemeinde-Ordnung vom 11. März 1850 als fortdauernd und gültig anzusehen.

b) Die Erhebung der Kommunalsteuerbeiträge in Form einer allgemeinen Einkommensteuer ist zur Besteuerung der Besoldungen der Beamten erforderlich.

c) Die Erhebung der Kommunalsteuern durch Zuschläge zur Klassen- und klassifizirten Einkommensteuer ist eine allgemeine Kommunal-Einkommensteuer.

d) Zu der durch Zuschlag zur klassifizirten Einkommen-Steuer aufzubringenden Kommunalsteuer kann nur die Hälfte der Beamtenbesoldungen herangezogen werden.

e) Dadurch, daß außer den Zuschlägen zur Klassen- und klassifizirten Einkommensteuer noch Grundsteuer-Zuschläge zur Befriedigung der Kommunal-Bedürfnisse erhoben werden, wird in Ansehung jener Einkommensteuer die Anwendung der Grundsätze der §§ 1. u. 2. des Gesetzes vom 11. Juli 1822 nicht ausgeschlossen.

1822, Juli 30. Kabinetsorder, betreffend die Aufbringung der Beiträge zur Verzinsung und allmählichen Tilgung der Neumärkischen Kriegsschuld. (Frankfurter Amtsblatt für 1822 S. 282.)
— Siehe Rechtsgrundsatz **1412**. (Kabinetsorder vom **17.** Dezember **1821.**)

1823, April 8. Gesetz wegen Regulirung der gutsherrlichen und bäuerlichen Verhältnisse im Großherzogthum Posen, den mit Westpreußen wieder vereinigten Distrikten, dem Kulm- und Michelauschen Kreise und in dem Landgebiete der Stadt Thorn. (Ges.-Samml. S. **49.**)
— §§ **2-4.** Siehe Rechtsgrundsatz **1621.** (Ablösegesetz vom **2.** März **1850** § **74.**)
— § **76.** Siehe Rechtsgrundsatz **1404.** (Verordnung vom **20.** Juni **1817** § **169.**)
— § **99.** Siehe Rechtsgrundsatz **621.** (Ablösegesetz vom **2.** März **1850** § **74.**)

1824, April 3. Deklaration No. **856**. des § **52**. des Anhangs zum Allg. Landrechte in Betreff der von dem Eigenthümer eines Grundstücks bezahlten, annoch ungelöschten Hypothekenforderungen. (Ges.-Samml. S. 77.)

— Quittung des Hypothekengläubigers über die von dem Besitzer des verpfändeten Grundstücks geleistete Zahlung der eingetragenen Forderung. — Vergl. A. L. R. I. **20**. § 91.

Rechtsgr. **1416**. — III. Senat. 24. September 1858. (XXIX. 351.)

Die gerichtliche oder notarielle Form der Quittung des Hypothekengläubigers ist zur Uebertragung des Eigenthums der Hypothekenforderung, welche der Besitzer des verpfändeten Grundstücks bezahlt hat, auf letzteren nicht erforderlich.

Siehe auch Rechtsgrundsätze **469-472**. **519**. (A. L. R. Einl. § **10**., I. **16**. Anh. § **52**. zu § **484**., **20**. § **423**.)

1824, Juni 5. Kabinetsorder, die pensionirten Servisbeamten betreffend. (v. Kamptz, Jahrb. Bd. **23**. S. 187.)

— Siehe Rechtsgrundsatz **1439**. (Rev. Städte-Ordnung vom 17. März 1831 § 101.)

1825, April **21**. Kabinetsorder No. **937**., in Bezug auf die unter demselben Datum erlassenen Gesetze über die gutsherrlich-bäuerlichen Verhältnisse im vormaligen Königreiche Westphalen, Großherzogthum Berg und Französisch-Hanseatischen oder Lippe-Departement. (Ges.-Samml. S. 73.)

— Siehe Rechtsgrundsatz **169**. (A. L. R. I. **7**. § 70.)

1825, April **21**. Gesetz No. **938**. über die den Grundbesitz betreffenden Rechtsverhältnisse und über die Realberechtigungen in den Landestheilen, welche vormals eine Zeit lang zum Königreiche Westphalen gehört haben. (Ges.-Samml. S. 74.)

— §§ **3-5**. **16**. **44**. **51**. **56**. **58-60**. **67**. Beweislast hinsichtlich des Befreiungs- und Aufhebungsgrundes einer bisher bestandenen Verbindlichkeit, insbesondere in Betreff der steuerartigen Natur der Bedeabgaben, z. B. der Herbstbeden, im ehemaligen Königreich Westphalen. — Vergl. Verfassungs-Urkunden vom 5. Dezember **1848** Art. **40**. und vom 31. Januar 1850 Art. **42**.; Ablöse-Gesetz vom **2**. März 1850 § 3. No. **10**.

Rechtsgr. **1417**. — II. Senat. 18. Februar 1858. (XXIX. 116.)

a) In den zu dem ehemaligen Königreich Westphalen gehörenden Landestheilen liegt dem Verpflichteten, welcher die

Befreiung von einer bisher bestandenen Verbindlichkeit auf Grund einer Eigenschaft oder einer Thatsache behauptet, an welche das Gesetz die Aufhebung der Verbindlichkeit geknüpft hat, die Beweislast hinsichtlich dieses gesetzlichen Befreiungs- oder Aufhebebungs-Grundes ob. Es macht hierbei keinen Unterschied, wenngleich die Leistung nicht auf Grundbesitz haftet.

b) Der bloße Name einer Abgabe als Orbar, Orböhde, Orbete hat nur dann einen die steuerartige Natur derselben bezeichnenden Werth, wenn sich demselben thatsächliche Prämissen anschließen, welche deren Eigenschaft als eine aus landesherrlichen, gutsherrlichen und grundherrlichen Rechten abgeleitete Abgabe erkennen lassen. — Auch der Name „Herbstbede" begründet weder einen Beweis noch eine Vermuthung für die Annahme einer solchen Eigenschaft.

— § **15**. Siehe Rechtsgrundsatz **1423**. (Gesetz No. 939. vom 21. April 1825 § 15.)

— § **16**. Siehe Rechtsgrundsatz 1417. (§ 3. dieses Gesetzes.)

— § **37**. Siehe Rechtsgrundsatz 1242. (Rev. Entwurf des Paderborner Provinzialrechts S. 25.)

— § **41**. Siehe Rechtsgrundsatz 1610. (Ablösegesetz vom 2. März 1850 § 2. No. 2.)

— §§ **44. 51. 56. 58-60. 67.** Siehe Rechtsgrundsatz 1417. (§ 3. dieses Titels.)

1825, April 21. Gesetz No. 939. über die den Grundbesitz betreffenden Rechtsverhältnisse und über die Realberechtigungen in den Landestheilen, welche zu dem ehemaligen Großherzogthum Berg eine Zeit lang gehört haben. (Ges.-Samml. S. 94.)

— §§ **1. 2.** Gewohnheitsrecht zum Beweise des erblichen Besitzrechts der bäuerlichen Besitzer in der Soester Börde. — Vergl. Bergisches Dekret vom 13. September 1811 Art. 12. 13.; Publ.-Patent vom 9. September 1814 § 2.

Rechtsgr. 1418. — II. Senat. 21. Februar 1861. (XL. 285.)

Neben dem Gesetze No. 939. vom 21. April 1825 ist einem Gewohnheitsrechte, nach welchem den in der Soester

Börde wohnenden Bauern, gegen Zahlung des Gewinngeldes und einer gleichförmigen Pacht, erbliches Besitzrecht an ihren Kolonaten zugestanden, — rechtliche Wirksamkeit nicht beizulegen.

— §§ **3. 15-23.** Beweis der ursprünglichen Verleihung des Kolonats nach Leibeigenthumsrechten durch einen Gewinnbrief. — Vergl. Münsterische Eigenthums-Ordnung vom **10.** Mai **1770** Theil **1.** Tit. **2.** §§ **1. 7. 9.**, Theil **2.** Tit. **5.** §§ **1.** ff.

Rechtsgr. **1419.** — II. Senat. 16. September 1858. (XXX. 224.)

Der einem Kolonen von dem Gutsherrn ertheilte Gewinnbrief, in welchem die Qualifikation dieses Gewinnes nach Leibeigenthumsrecht unzweideutig bezeichnet und beurkundet ist, rechtfertigt mit voller Wirkung den Schluß auf ursprüngliche Verleihung des Kolonats zu Leibeigenthumsrechten, wenngleich der über die erste Verleihung vollzogene Urvertrag nicht vorgelegt ist.

§§ **15. 21. 22.** Erbliches Besitzrecht:

A. Erbliches Besitzrecht an Leib- und Zeitgewinngütern; — Begriff dieser Güter.

Rechtsgr. **1420.** — II. Senat. 18. Dezember 1856. (XXXII. 4.)

a) Unter Leibgewinngüter sind die auf Lebenszeit eines oder mehrerer Gewinnträger, unter Zeitgewinngüter die auf eine bestimmte Zeit (Gewinnperiode) gegen Entrichtung eines Gewinngeldes und mit der Verpflichtung zu Leistungen an Geld, Naturalien und Diensten verliehenen Bauergüter zu verstehen.

b) Erb-Leibgewinngüter dagegen sind solche, bei denen für die Erben in den Gewinnbriefen die Zulassung zum Gewinn ohne Beschränkung zugesichert war, und an denen daher den Besitzern ein unzweifelhaftes erbliches Besitzrecht zustand; das letztere gilt auch hinsichtlich der nach Eigenthums- (Leibeigenthums-) oder Hofesrecht, oder auf Grund eines nicht unter die Bestimmung des § 21. dieses Gesetzes fallenden Erbpachtsrechtes verliehenen Kolonaten.

B. Bedeutungslosigkeit der mit einem erblichen Besitzrechte des Kolonen unvereinbarlichen Klauseln des Gewinnbriefes bei dem Nachweise der bestandenen Eigenbehörigkeit. — Vergl. A. L. R. I. 16. §§ 381. 393.

Rechtsgr. 1421. — II. Senat. 11. Mai 1858. (XXX. 30.)

Klauseln des dem Kolonen von dem Gutsherrn ertheilten Gewinnbriefes, welche mit einem erblichen Besitzrechte des ersteren unvereinbarlich sind, verlieren durch den Beweis der bestandenen Eigenbehörigkeit ihre Bedeutung, insofern dieselben nicht zugleich die besonderen Erfordernisse einer rechtsgültigen Entsagung des Kolonen enthalten.

C. Bedeutung der in einem Gewinnbriefe enthaltenen Ausdrücke „Pacht," „in Pacht geben."

Rechtsgr. 1422. — II. Senat. 18. Juni 1857. (XXV. 196.)

Die in einem Gewinnbriefe enthaltenen Ausdrücke: „Pacht", „in Pacht geben" kann bei Leib- und Zeitgewinngütern in dem Fürstenthum Münster nicht als Beweis einer Zeitpacht geltend gemacht werden.

D. Wirkung des Abschlusses eines Zeitpachtsvertrages zwischen dem Gutsherrn und dem bisherigen Kolonen in der Provinz Westphalen; Zugeständniß. — Vergl. A. L. R. I. 5. §§ 1. ff. 185., 7. §§ 71. 73., 10. § 1., 16. § 381.; A. G. O. I. 10. §§ 82. 88b.; Code Napoléon Art. 1110. 1131.; Münsterische Eigenthumsordnung vom 10. Mai 1770 Theil I. Tit. 2. § 7., Tit. 5. § 4., Theil II. Tit. 6. §§ 1. ff.; Münsterische Erbpachtsordnung vom 21. September 1783 Theil II. Tit. 1. § 41., Tit. 2. §§ 49. ff., Tit. 4. §§ 71 bis 74., Tit. 5. §§ 76. 77., Tit. 6. § 80.; Gesetze vom 21. April 1825 No. 938. § 15. und No. 940. § 15.

Rechtsgr. 1423. — II. Senat. 18. Juni 1857. (XXV. 187.)

a) Hinsichtlich der in der Provinz Westphalen belegenen bäuerlichen Grundstücke, welche nach den Gesetzen vom 21. April 1825 Eigenthum ihrer erblichen Besitzer geworden sind, hat durch den Abschluß eines Zeitpachtvertrages zwischen dem Besitzer und dem Gutsherrn, sowie durch ein der nothwendigen Erfordernisse zur Uebertragung des Eigenthums entbehrendes

Zugeständniß oder Anerkenntniß des Besitzers, daß er nicht erblicher Besitzer, sondern nur Zeitpächter sei, dem letzteren das erbliche Besitzrecht nicht verloren gehen und dem Gutsherrn nicht erworben werden können.

b) Behauptet demnach der bäuerliche Besitzer, bei Abschluß des Zeitpachtsvertrages beziehungsweise bei Abgabe des Zugeständnisses oder Anerkenntnisses ein erbliches Besitzrecht gehabt zu haben, so kommt es auf eine Würdigung der Merkmale desselben an, ohne daß es des besonderen Beweises eines Irrthums des bäuerlichen Besitzers bei Abschluß jenes Vertrages beziehungsweise bei Abgabe des Zugeständnisses oder Anerkenntnisses bedarf.

Siehe auch Rechtsgrundsätze **169. 1419. 1434. 1435.** (A. L. R. I. 7. § 70.; § 3. dieses Gesetzes; Gesetz No. 940. vom 21. April 1825 § 15.)

— § **21.** Siehe Rechtsgrundsätze **169. 1419. 1421-1423. 1610.** (A. L. R. I. 7. § 70.; §§ 3. 15. dieses Gesetzes; Ablösegesetz vom 2. März 1850 § 2. No. 2.)

— § **22.** Gesetzlicher Kriterienbeweis hinsichtlich des erblichen Besitzrechts:

A. Beweis der erblichen Verleihung eines Leib- und Zeitgewinngutes; Unzulässigkeit des Zurückgehens auf früher bestandene gewohnheitsrechtliche und provinzialrechtliche Normen.

Rechtsgr. **1424.** — II. Senat. 18. Dezember 1856. (XXXII. 2.)

In denjenigen Landestheilen, welche zur Zeit der Auflösung der Fremdherrschaft zum Großherzogthum Berg gehörten, kann das angeblich mit einem Leib- und Zeitgewinngute verbunden gewesene vererbliche Besitzrecht, in Ermangelung eines direkten Beweises, nur durch den Nachweis der im § 22. des Gesetzes vom 21. April 1825 (No. 939.) aufgeführten Kriterien der Vererblichkeit dargethan werden.*

Rechtsgr. **1425.** — II. Senat. 17. April 1860. (XXXVII. 178.)

In denjenigen Landestheilen, welche zur Zeit der Auf-

* Vergl. dagegen Bd. 2. S. 454. No. 1144. dieser Rechtsgrundsätze und das Nachwort von Strohn Bd. 32. S. 10. ff. des Archivs für Rechtsfälle.

lösung der Fremdherrschaft zum Großherzogthum Berg gehörten, kann die rechtliche Qualität der Leib- und Zeitgewinngüter in Ermangelung eines direkten Beweises nur nach den im § 22. des Gesetzes No. 939. vom 21. April 1825 speziell angegebenen Thatsachen beurtheilt werden, und ist daher ein Zurückgehen auf die rücksichtlich der Besitzrechte der bäuerlichen Wirthe früher bestandenen gewohnheitsrechtlichen und provinzialrechtlichen Normen nicht zulässig.

B. Beweis des erblichen Besitzrechts durch den Beweis der Eigenbehörigkeit.

Rechtsgr. **1426**. — II. Senat. 11. Mai 1858. (XXX. 30.)

In dem durch die Eigenbehörigkeit zwischen dem Gutsherrn und dem Kolonen begründeten Rechtsverhältnisse bildet das erbliche Besitzrecht ein integrirendes Element, und es bedarf deshalb hier eines andern, namentlich des Kriterienbeweises nicht.

C. Bezeichnung eines Kolonats in einem Gewinnbriefe als Leib- und Zeitgewinngut.

Rechtsgr. **1427**. — II. Senat. 11. Mai 1858. (XXX. 29.)

Die in einem Gewinnbriefe enthaltene Bezeichnung eines Westphälischen Kolonates als Leib- oder Zeitgewinngut steht der Eigenschaft desselben als eines eigenbehörigen, sowie dem erblichen Besitzrechte an demselben nicht entgegen.

D. Einzelne gesetzliche Kriterien des erblichen Besitzrechts:
— No. 1. Eigenthum des bäuerlichen Wirthes an den Gebäuden mit Rücksicht auf die demselben in dem Gewinnbriefe auferlegte Baupflicht.

Rechtsgr. **1428**. — II. Senat. 15. Februar 1859; 3. Januar 1860. (XXXII. 261.; XXXVI. 127.)

Die nach § 22. No. 1. des Gesetzes No. 939. vom 21. April 1821 aus der, durch die Besitzer des Kolonats bewirkten Erbauung der Kolonatsgebäude abgeleitete Vermuthung für das Eigenthum des Kolonen an denselben, beziehungsweise das hierdurch begründete erste Kriterium für ein erbliches Besitzrecht des Kolonen an dem Kolonate wird dadurch nicht ausgeschlossen, daß die Erbauung auf Grund einer dem Kolonen in dem Gewinnbriefe auferlegten Verpflichtung erfolgt ist.

— No. 3. Gleichmäßigkeit der Abgaben.

Rechtsgr. **1429**. — II. Senat. 3. Januar 1860. (XXXVI. 127.)

Die verschiedene Höhe des Gewinngeldes für die einzelnen Gewinnperioden widerstreitet nicht dem erblichen Besitzrechte.

— No. 4. Zahlung aller gewöhnlichen und außergewöhnlichen Auflagen.

Rechtsgr. **1430**. — II. Senat. 3. Januar 1860. (XXXVI. 127.)

Zum Beweise des vierten Hauptkriteriums für das erbliche Besitzrecht des Kolonen genügt der Ignoranzeid desselben: daß seine Vorgänger allein alle gewöhnlichen und außergewöhnlichen Auflagen bezahlt haben.

Siehe auch Rechtsgrundsätze 169. 1419. 1421-1423. 1434-1436. 1610. (A. L. R. I. 7. § 70.; Gesetze vom 21. April 1825 No. 939. §§ 3. 15. und No. 940. § 15.; Ablösegesetz vom 2. März 1850 § 2. No. 2.)

— § **24**. Wirkung der Entrichtung des Weinkaufs bei der Aufheirathung auf ein ehemals eigenbehöriges Kolonat in der Grafschaft Tecklenburg. — Vergl. Minden-Ravensbergische Eigenthums-Ordnung vom 26. November 1741 Kap. 11. §§ 1. 10. 11.; Deklaration vom 24. November 1833; Kabinetsorder vom 1. August 1835.

Rechtsgr. **1431**. — I. Senat. 5. Februar 1858. (XXIX. 80.)

Durch die bloße Aufheirathung eines Ehegatten auf ein ehemals eigenbehöriges, dem Heimfallsrechte noch unterworfene Kolonat und durch die Entrichtung des Weinkaufes hat dieser Ehegatte kein Gesammteigenthum an dem Kolonate erworben.

Siehe auch Rechtsgrundsatz 1398. (Verordnung vom 8. Januar 1816 § 1.)

— § **32**. Rechte des Kolonen an den Kolonats-Holzungen nach der

Münsterischen Eigenthums-Ordnung und insbesondere bei der Ablösung. — Vergl. Münsterische Eigenthums-Ordnung vom 10. Mai 1770 Thl. II. Tit. 3. § 12.

Rechtsgr. 1432. — II. Senat. 11. September 1860. (XXXIX. 30.)

Der Erbnießbrauch des Kolonen an den zu dem Kolonate gehörigen Holzungen ist durch das Gesetz vom 21. April 1825 in das volle Eigenthum des Kolonen übergegangen, jedoch sind dem Gutsherrn die ihm bisher vorbehaltenen Nutzungsrechte, als Holzung, Mast, Hütung, in ihrem ganzen Umfange bis zur Ablösung geblieben; bei der Ablösung aber ist der Umfang der Gerechtsame des Gutsherrn und des bäuerlichen Besitzers auszumitteln, und der Antheil des Erstern nach den vorhandenen Verträgen (Gewinnbriefen), Gewohnheiten und Gebräuchen und, in deren Ermangelung, nach den Bestimmungen der Eigenthums-Ordnung festzustellen.

Siehe auch Rechtsgrundsätze 1364. 1434. 1436. (Münsterische Eigenthums-Ordnung vom 10. Mai 1770 Thl. 2. Tit. 3. § 32.; Gesetz No. 940. vom 21. April 1825 § 13.)

— § 91. Siehe Rechtsgrundsatz 169. (A. L. R. I. 7. § 70.)

1825, April 21. Gesetz No. 940. über die den Grundbesitz betreffenden Rechtsverhältnisse in den Landestheilen, welche vormals zu den Französischen Departements eine Zeit lang gehört haben. (Ges.-Samml. S. 112.)

— §§ 1. ff. Bestandenes lehnsherrliches Obereigenthum hinsichtlich des gutsherrlichen Rechts bei Erwerbung des vererblichen Besitzrechts des bäuerlichen Wirths. — Vergl. A. L. R. I. 7. §§ 179-182., 15. § 33.

Rechtsgr. 1433. — II. Senat. 3. März 1859. (XXXII. 329.)

Auch rücksichtlich des Grundbesitzes in den ehemals Französischen Landestheilen der Provinz Westphalen hat ein bezüglich des gutsherrlichen Rechts bestandenes lehnsherrliches Ober-Eigenthum die Erwerbung des vererblichen Besitzrechts des bäuerlichen Wirthes nicht hindern können.*

— §§ 15. ff. 21. 22. Beweis des erblichen Besitzrechts der bäuerlichen

* Vergl. rücksichtlich der Bergischen Landestheile Bd. 2. S. 452. No. 1138. dieser Rechtsgrundsätze.

Wirthe überhaupt und insbesondere mit Rücksicht auf Gewinnbriefe. — Vergl. A. L. R. I. 16. §§ 381. 393.; Gesetz No. 939. vom 21. April 1825 §§ 15. ff. 22.

A. Prüfung des erblichen Besitzrechts nach den provinzialrechtlichen und gemeinrechtlichen Merkmalen.

Rechtsgr. 1434. — II. Senat. 18. Juni 1857. (XXV. 188.)

In den Westphälischen Landestheilen, welche zu den Französischen Departements eine Zeit lang gehört haben, dienen bei Prüfung des erblichen Besitzrechts die provinzial- und gemeinrechtlichen Merkmale zur Richtschnur.

B. Vollständiger Beweis des erblichen Besitzrechts.

Rechtsgr. 1435. — II. Senat. 3. März 1859. (XXXII. 329.)

a) Das Gesetz No. 940. vom 21. April 1825, über die Rechtsverhältnisse des Grundbesitzes in den ehemals Französischen Landestheilen der Provinz Westphalen, welches die Frage über das Vorhandensein eines erblichen Besitzrechts der nicht an positive Kriterien gebundenen richterlichen Beurtheilung anheimgiebt, bedingt für die Annahme dieses erblichen Besitzrechts in keinem Falle einen intensiv stärkeren Beweis, als das Gesetz No. 939. von demselben Tage über die Rechtsverhältnisse des Grundbesitzes in den Westphälischen Landestheilen des ehemaligen Großherzogthums Berg.

b) Daher genügt für den Beweis nach dem Gesetze No. 940. vom 21. April 1825 auch das Vorhandensein der vier Hauptkriterien des § 22. des Gesetzes No. 939. von demselben Tage und eines anderen erheblichen Umstandes an Stelle eines der daselbst gedachten vier Nebenkriterien.

c) Wenn die Erblichkeit des Besitzrechtes des bäuerlichen Wirthes aus sonstigen nachgewiesenen Merkmalen hervorgeht, so steht der Inhalt der auf bestimmte Jahre und auf terminliche Gewinnzahlungen gerichteten Gewinnbriefe der Vererblichkeit des Besitzrechts nicht entgegen.

Siehe auch Rechtsgrundsätze 1305. 1419. 1421-1423. 1610. 1611. (Dig. 43. 18. Lex 2.; Gesetz No. 939. vom 21. April 1825 § 15.; Ablösegesetz vom 2. März 1850 § 2. No. 2.)

— § 21. Gegenbeweis gegen ein erbliches Besitzrecht des bäuerlichen Wirths durch den Inhalt der Gewinnbriefe. — Vergl. Münsterische Erbpachtsordnung vom 21. September 1783 Thl. II. Tit. 1. § 40.

Rechtsgr. 1436. — II. Senat. 12. November 1857. (XXXII. 25.)

Die in dem Pachtvertrage über ein bäuerliches Grundstück enthaltene Bestimmung: daß das Erbe, nachdem die alten Eheleute, Zeller N. N., mit Tode abgegangen seien, deren Sohne und dessen Ehefrau auf ihr beiderseitiges Leben wieder eingethan und verpachtet werde, beweiset die Begründung eines Zeitpachtsvertrages, — wenngleich die obwaltenden sonstigen Umstände die Vermuthung eines erblichen Besitzrechts begründen.*

Siehe auch Rechtsgrundsätze 1610. 1611. (Ablösegesetz vom 2. März 1850 § 2. No. 2.)

— § 23. Vererbung Münsterischer ehemals eigenbehöriger Kolonate. — Vergl. Münsterische Eigenthums-Ordnung vom 10. Mai 1770 Thl. II. Tit. 9. § 2.; Deklaration vom 24. November 1833 und vom 1. August 1835.

Rechtsgr. 1437. — I. Senat. 17. September 1860. (XXXIX. 51.)

Wenn der Wehrfester eines Münsterischen ehemals eigenbehörigen, dem gutsherrlichen Heimfallsrechte noch unterworfenen Kolonats nach Aufhebung der Eigenbehörigkeit gestorben, und der Wittwe bei der Auseinandersetzung mit den Kindern dieser Ehe zwar das Miteigenthum an dem Kolonat zugetheilt, das Kolonat aber gemeinschaftlich geblieben ist; so geht bei ihrem, nach erfolgter Wiederherstellung der früheren Successions-Ordnung in zweiter Ehe erfolgten Tode ihr gedachtes Miteigenthum an dem Kolonate nicht auf ihre Kinder zweiter Ehe über, vielmehr steht den Kindern erster Ehe der vorzügliche Anspruch auf die Succession in das ganze Kolonat zu.

1825, Mai 14. Kabinetsorder, betreffend die Schulzucht in den Pro-

* Vergl. dagegen die Rechtsgrundsätze 1422. 1435. (Gesetze vom 21. April 1825 No. 939. § 15. und No. 940. § 15.) Seite 575. und 580. dieses Bandes.

vinzen, wo das Allg. Landrecht noch nicht eingeführt ist. (Ges.-Samml. S. 149.)
— No. 6. Siehe Rechtsgrundsatz 1000. (Strafgesetzbuch § 187.)

1825, Juni 11. Kabinetsorder, betreffend die Vergütigung für die von Grundbesitzern aus ihren Feldmarken zum Chausseebau hergegebenen Feldsteine, Sand und Kies. (Ges.-Samml. S. 152.)
— Verpflichtung der Grundeigenthümer zur entgeltlichen Hergabe der Materialien zur Unterhaltung der Eisenbahnen und Chausseen überhaupt und insbesondere in der Provinz Posen. — Vergl. A. L. R. II. 15. §§ 17-19.; Edikt vom 18. April 1792; Gesetz vom 3. November 1838 § 9.; Erlasse vom 16. Januar, 28. Februar, 6. März und 23. Juni 1854.

Rechtsgr. 1438. — III. Senat. 29. April 1857. (XXV. 83.)

Die Kabinetsorder vom 11. Juni 1825, betreffend die Vergütigung für die von Grundbesitzern aus ihren Feldmarken zum Chausseebau hergegebenen Feldsteine, Sand und Kies, ist kein allgemeines Landesgesetz, und steht namentlich in der Provinz Posen dem Fiskus das Recht auf unentgeltliche Entnahme der Materialien zum Bau und zur Unterhaltung der Kunststraßen nicht zu.

1825, Juni 21. Patent No. 949. wegen Einführung des Allg. Landrechts und der Allg. Gerichts-Ordnung in das Herzogthum Westphalen. (Ges.-Samml. S. 153.)
— § 1. Siehe Rechtsgrundsätze 534. 831. 1327. (A. L. R. I. 21. § 25., II. 18. § 376.; Nassau-Katzenelnbogische Vergordnung vom 1. September 1559 Art. 9.)
— §§ 2. 3. Siehe Rechtsgrundsätze 1327. 1347. (Nassau-Katzenelnbogische Vergordnung vom 1. September 1559 Art. 9.; Ordinatio Clementina vom 28. August 1715 § 2.)
— § 4. Siehe Rechtsgrundsatz 608. (A. L. R. II. 1. § 231.)

1826, Juli 24. Kabinetsorder, betreffend die öffentliche Gültigkeit der ausschließlich durch die Amtsblätter bekannt gemachten Gesetze. (Ges.-Samml. S. 73.)
— Siehe Rechtsgrundsatz 6. (A. L. R. Einleitung § 10.)

1827, Mai 10. Jurisdiktionsvertrag zwischen dem Königreich Würtemberg und dem Fürstenthum Hohenzollern-Sigmaringen. (Sammlung der Gesetze und Verordnungen für das Fürstenthum Hohenzollern-Sigmaringen, Bd. 3. S. 14.)

— Art. 14. Siehe Rechtsgrundsatz 1284. (Würtembergisches Landrecht Thl. I. Tit. 79. § 3.)

1827, Juni 2. Verordnung wegen Herabsetzung des im Ostpreußischen Provinzialrechte bestimmten Zinssatzes. (Ges.-Samml. S. 76.)

— § 1. Siehe Rechtsgrundsatz 341. (A. L. R. I. 11. § 804.)

1828, März 7. Justiz-Ministerial-Reskript, die Aufmerksamkeit auf die Bekanntmachungen wegen der Geldpapiere betreffend. (v. Kamptz, Jahrb. Bd. 31. S. 160.)

— Siehe Rechtsgrundsatz 832. (A. L. R. II. 18. § 832.)

1828, Mai 10. Kabinetsorder wegen Herabsetzung des Zinsfußes in Westpreußen. (v. Kamptz, Annalen Bd. 12. S. 316.)

— Siehe Rechtsgrundsatz 341. (A. L. R. I. 11. § 804.)

1830, April 30. Kabinetsorder, den Einfluß der Union auf die an die reformirte oder lutherische Konfession geknüpften Stiftungen, Schenkungen oder auf andere Weise erworbene Rechte evangelischer Gemeinden, kirchlichen und Schul-Stellen betreffend. (Ges.-Samml. S. 64.)

— Siehe Rechtsgrundsatz 737. (A. L. R. II. 11. § 261.)

1830, August 8. Kabinetsorder, über die bürgerlichen Verhältnisse der Juden in den neu- und wiedereroberten Provinzen. (Ges.-Samml. S. 116.)

— Siehe Rechtsgrundsatz 1397. (Verordnung vom 8. Januar 1816 § 1.)

1831, März 17. Revidirte Städte-Ordnung für die Preußische Monarchie. (Ges.-Samml. S. 10.)

— § 39. Siehe Rechtsgrundsatz 1415. (Gesetz vom 11. Juli 1822 § 1.)

— § 101. Betrag des Abzugs von der Pension eines städtischen Beamten wegen eines späteren anderweiten Diensteinkommens. — Vergl. Kabinetsorders vom 14. Oktober 1811, vom 5. Juni 1824 und No. 1370. vom 4. Juli 1832.

Rechtsgr. **1439**. — I. Senat. 30. September 1859. (XXXIV. 289.)

Bei einem späteren anderweiten Diensteinkommen des pensionirten städtischen Beamten entscheidet der jedesmalige einzelne Jahresbetrag seines späteren Einkommens, ob und welchen Abzug er von seiner Pension zu erleiden hat.

1831, März 31. Uebereinkunft unter Uferstaaten des Rheins und auf die Schifffahrt dieses Flusses sich beziehende Ordnung. (Ges.-Samml. S. 73.)

— Art. **1**. **14**. **32**. **33**. Nichtbefreiung der Rheinschiffer von der städtischen Einkommensteuer. — Vergl. Rheinische Städte-Ordnung vom 15. Mai 1856 §§ 4. 98.

Rechtsgr. **1440**. — V. Senat. 10. Mai 1859. (XXXIV. 34.)

Die in dem Art. 33. der Rheinschifffahrts-Konvention den Rheinschiffern verliehene Befreiung von gewissen Abgaben erstreckt sich nicht auf die städtische Einkommensteuer.

1831, Oktober 11. Kabinetsorder wegen Einführung der Kriminal-Ordnung in den Bezirk des Justizsenats zu Ehrenbreitstein. (Lottner, Samml. Bd. 3. S. 402.)

— Siehe Rechtsgrundsatz 1223. (Kriminal-Ordnung § 392.; Dig. **12**. 2. Lex 3. § 1.)

1831, Dezember 30. Landtags-Abschied für Schlesien. (Verhandlungen des dritten Provinzial-Landtages des Herzogthums Schlesien. Breslau bei Graß, Barth u. Komp.; Brassert, Bergordnungen, S. 945.)

— **II**. No. **12**. Siehe Rechtsgrundsatz 779. (A. L. R. II. **16**. § 72.)

1832, Mai 14. Kabinetsorder, betreffend die Anwendung des Gesetzes vom 11. Juli 1822, über die Heranziehung der Staatsdiener zu den Gemeindelasten, auf städtische, landschaftliche und andere, nach der Bezeichnung des § 69. II. 10. des Allg. Landrechts als mittelbare Staatsdiener zu betrachtende Beamte. (Ges.-Samml. S. 145.)

— Siehe Rechtsgrundsatz 1415. (Gesetz vom 11. Juli 1822 § 1.)

1832, Juli 4. Kabinetsorder No. 1365. wegen des Gerichtsstandes minderjähriger oder großjähriger, noch unter väterlicher Gewalt stehender Personen, welche sich im Dienste Anderer befinden, sowie dergleichen Lehrlinge, Gesellen, Handlungsdiener, Kunstgehülfen, Hand- und Fabrikarbeiter. (Ges.-Samml. S. 175.)

— überhaupt. Siehe Rechtsgrundsatz 980. (Einführungsgesetz zum Strafgesetzbuch Art. 18.)

— No. **1**. Siehe Rechtsgrundsatz 1093. (A. G. O. I. **16**. § 2. No. 4.)

— No. **2**. Siehe Rechtsgrundsatz 16. (A. L. R. Einl. § 23.)

— No. **3**. Siehe Rechtsgrundsätze 16. 1093. (A. L. R. Einl. § 23.; A. G. O. I. **16**. § 2. No. 4.)

1832, Juli 4. **Kabinetsorder No. 1370.**, die, die Städte-Ordnung vom 19. November 1808 ergänzenden und erläuternden Bestimmungen betreffend. (Ges.-Samml. S. 182.)

— Siehe Rechtsgrundsätze 1377. 1439. (Städte-Ordnung vom 19. November 1808 § 189.; Revidirte Städte-Ordnung vom 17. März 1831 § 101.)

1832, Juli 14. Zusammenstellung nachträglicher Bestimmungen, durch welche die Städte-Ordnung vom 19. November 1808 seit ihrer Bekanntmachung ergänzt und erläutert worden. (Ges.-Samml. S. 182.)

— Zu §§ **159. 161.** Siehe Rechtsgrundsatz 1377. (Städte-Ordnung vom 19. November 1808 § 189.)

1832, August 8. **Verordnung, betreffend die Bestimmungen des Edikts vom 18. April 1792 § 18. No. 15. Litt. a-i, in Bezug auf die Geld-Entschädigung für zum Chausseebau abgetretenen Grund und Boden.** (Ges.-Samml. S. 202.)

— Ueberschrift, Eingang und Litt. c. e. **Entschädigung bei Expropriation zum Chausseebau und zu Eisenbahn-Anlagen; Rechte der Hypothekengläubiger auf dieselbe.** — Vergl. A. L. R. I. **8.** §§ 42. 45., **20.** §§ 443-445. 470. 471. 475. ff.; Gesetz vom 3. November 1838 §§ 8. 15.

Rechtsgr. **1441.** — III. Senat. 9. Juli 1859. (XXXIV. 157.)

a) Der in der Ueberschrift und im Eingange der Verordnung vom 8. August 1832 über die Expropriation von Grundstücken zum Chausseebau gebrauchte Ausdruck: „Geld-Entschädigung für abgetretenen Grund und Boden" hat nicht die Bedeutung, daß hiermit ein Gegensatz gegen die aufstehenden Gebäude, Bäume, Hecken ꝛc. habe angedeutet werden sollen; er umfaßt vielmehr das ganze Grundstück mit den darauf stehenden Gebäuden ꝛc.

b) Die für das zum Chausseebau oder zu einer Eisenbahn-Anlage expropriirte Grundstück mit allen denjenigen Gebäuden, Bäumen, Hecken ꝛc., welche zur Zeit der Expropriation sich darauf befanden, bewilligte Geld-Entschädigung bildet die Summe, aus welcher die auf dem expropriirten Grundstücke eingetragen gestandenen Hypothekenforderungen berichtigt werden müssen.

c) Die Bestimmungen unter Litt. c. und e. der Verordnung vom 8. August 1832 sind nicht dahin zu verstehen, daß, wenn die ganze Entschädigung über 200 Rthlr. bei einem Rittergute und über 10 Rthlr. bei einem andern Grundstücke beträgt, von derselben 200 Rthlr. beziehungsweise 10 Rthlr., ohne auf die eingetragenen Hypotheken Rücksicht zu nehmen, an den Besitzer des Ritterguts oder des andern Grundstücks unmittelbar gezahlt werden dürften.

1833, Mai 13. Gesetz No. 1428. über Schenkungen und letztwillige Zuwendungen an Anstalten und Gesellschaften. (Ges.-Samml. S. 49.) — § **4**. Erforderniß der landesherrlichen Genehmigung milder Stiftungen; Wesen und rückwirkende Kraft derselben; Erbeseinsetzung noch nicht existenter milder Stiftungen. — Vergl. A. L. R. I. **12**. §§ 36. ff., II. **19**. §§ 36. ff.; Kabinetsorder vom 23. Mai 1845.

Rechtsgr. **1442**. — I. Senat. 29. November 1858. (XXXI. 205.)

a) Zur Entstehung einer jeden Stiftung ist nach Preußischem Recht nur insofern die landesherrliche Genehmigung nothwendig, als jede neue Stiftung zu ihrer gültigen Fort-Existenz der landesherrlichen Genehmigung bedarf.

b) Die landesherrliche Genehmigung des Gesetzes vom 13. Mai 1833 ist nur als eine beaufsichtigende Bestätigung, nicht als ein konstitutiver Faktor für die juristische Persönlichkeit der Stiftungen aufzufassen; sie ist nach dieser Seite wesentlich identisch mit der in den §§ 36. ff. II. 19. des Allgem. Landrechts den Behörden überlassenen Prüfung.

c) Diese Genehmigung wirkt zurück auf den Augenblick der Entstehung der genehmigten Stiftung.

Die in einem Testamente zur Erbin eingesetzte noch nicht existente milde Stiftung ist daher vom Todestage des Testators ab erb- und erwerbsfähig.

Siehe auch Rechtsgrundsätze 597. 1308. (A. L. R. I. **23**. § 54.; Cod. **1**. **2**. Lex **1**.)

1833, Mai 13. Gesetz wegen Aufhebung der Zwangs- und Bannrechte in der Provinz Posen. (Ges.-Samml. S. 59.) — Siehe Rechtsgrundsatz 597. (A. L. R. I. **23**. § 54.)

1833, Juni 1. Verordnung No. **1426**. über den Mandats-, den summarischen und den Bagatellprozeß. (Ges.-Samml. S. **37**.)

— überhaupt. Siehe Rechtsgrundsatz **1033**. (A. G. O. § **172**. No. **1**.)

— § **1**. No. **1**. **2**. Mandatsklage auf Zahlung eines verzinslichen Kapitals.

Rechtsgr. **1443**. — III. Senat. 26. März 1858; 12. Dezember 1859. (XXVII. 335.; XXXVI. 84.)

Hängt die sofortige Fälligkeit des Kapitals von der Nichtzahlung der Zinsen ab, so ist zur Begründung der Mandatsklage der urkundliche Beweis dieser Nichtzahlung nothwendig.

— § **1**. No. **3**. Siehe Rechtsgrundsatz **1112**. (A. G. O. I. **28**. § **14**.)

— § **1**. No. **4**. Siehe Rechtsgrundsatz **1104**. (A. G. O. I. **24**. § 3.)

— § **3**. Alinea **3**. **5**. Wirkung des Erkenntnisses auf Aufhebung des Mandats im Mandatsprozesse auf die Klage im ordentlichen Prozesse. — Vergl. A. G. O. I. **28**. §§ **13**. **52**.

Rechtsgr. **1444**. — III. Senat. 7. November 1860. (XXXIX. 173.)

Durch das Erkenntniß auf Aufhebung des im Mandatsprozesse erlassenen Mandats wird dem ordentlichen Prozesse nicht präjudizirt und die Einrede der bereits rechtskräftig entschiedenen Sache nicht begründet.

Siehe auch Rechtsgrundsätze **460**. **1112**. (A. L. R. I. **16**. § 359.; A. G. O. I. **28**. § **14**.)

— § **4**. Neue Einrede im Mandatsprozeß nach Ablauf der Präklusivfrist.

Rechtsgr. **1445**. — III. Senat. 12. Dezember 1859. (XXXVI. 84.)

Im Mandatsprozesse können nach Ablauf der Präklusivfrist, und namentlich in zweiter Instanz, neue Einreden, selbst wenn sie rechtlicher Art sind und aus der Mandatsklage selbst und den derselben zum Grunde liegenden Urkunden hervorgehen, insbesondere die Einrede, daß der Mandatsprozeß nicht begründet sei, weder vorgebracht, noch von Amtswegen berücksichtigt werden.

— § **9**. Siehe Rechtsgrundsatz **1602**. (Verordnung vom **21**. Juli **1849** § **16**.)

— § 14. Siehe Rechtsgrundsätze 1450-1452. (§ 44. dieser Verordnung.)
— § 22. Siehe Rechtsgrundsatz 1447. (§ 36. dieser Verordnung.)
— § 35. Anbringung neuer Beweismittel nach erfolgter Vernichtung des Appellations-Urtheils und Zurückweisung der Sache zur Beweis-Aufnahme in die erste Instanz.

Rechtsgr. 1446. — IV. Senat. 13. Januar 1859. (XXXIII. 22.)

Wird das zweite Urtheil vernichtet und die Sache zur Beweisaufnahme in die erste Instanz verwiesen, so ist der frühere Implorant berechtigt, den Beweis durch früher nicht angegebene Beweismittel zu ergänzen, soweit dies sonst im Laufe der ersten Instanz gesetzlich zulässig ist.

— § 36. Audienzprotokoll; Form und Inhalt desselben:
— im Allgemeinen:

A. Bescheinigung der stattgefundenen Oeffentlichkeit der Sitzung. — Vergl. § 22. dieser Verordnung; Instruktion vom 24. Juli 1833 § 41.; Verfassungs-Urkunde vom 31. Januar 1850 Art. 93.; Gesetz vom 26. April 1851 Art. 11.

Rechtsgr. 1447. — Senat für Strafsachen, Abth. I. 29. Januar 1858. (XXX. 9.)

In dem Audienzprotokolle braucht die Oeffentlichkeit der Verhandlung nicht besonders bescheinigt zu werden.

B. Polnisches Nebenprotokoll. — Vergl. A. G. O. I. 10. Anh. § 75. zu § 19.; Justiz-Ministerial-Reskript vom 30. August 1833; Deklaration vom 26. Januar 1857.

Rechtsgr. 1448. — II. Senat. 24. November 1859. (XXXVI. 30.)

a) Nach dem beschränkten Umfange, in welchem die Parteien über den Inhalt des Protokolls zu hören sind, grenzt sich auch das Recht auf das Nebenprotokoll in fremder Sprache ab.

b) Daher bedarf es, wenn die nur der polnischen Sprache mächtige Prozeßpartei im Audienztermine ohne Mandatar erschienen, und deshalb ein Dolmetscher zugezogen ist, in dem Falle, wenn keine Erklärungen der Parteien aufzuzeichnen sind, und eine Beweisaufnahme nicht stattgefunden hat, der Führung des polnischen Nebenprotokolls nicht.

— insbesondere:
— No. 5. Schlußvermerk; Nichtigkeitsgrund aus dem unterbliebenen Vermerk der erfolgten Vorlesung des Audienzprotokolls. — Vergl. Verordnung vom 14. Dezember 1833 § 5. No. 1.; Deklaration vom 6. April 1839 Art. 3. No. 1.; Instruktion vom 7. April 1839 No. 12.

Rechtsgr. 1449. — III. Senat. 11. Dezember 1857. (XXVI. 354.)

Plenarbeschluß vom 5. Oktober 1857: Der § 5. No. 1. der Verordnung vom 14. Dezember 1833 und der Art. 3. No. 1. der Deklaration vom 6. April 1839 sind auf den Fall nicht anwendbar, wenn der Richter seine angefochtene Entscheidung auf eine aus dem Audienzprotokolle hervorgehende Erklärung des Imploranten gestützt hat, in dem Protokoll aber der Vermerk der erfolgten Vorlesung dieses Theils des Protokolls nicht enthalten ist.*

— §§ 37. 40. Siehe Rechtsgrundsätze 1090. 1464. (A. G. O. I. 16. § 1.; Verordnung vom 14. Dezember 1833 § 4. No. 2.)
— §§ 44. 45. Vorbringung neuer Thatsachen und Beweismittel im Audienztermine zweiter Instanz: — Vergl. § 14. dieser Verordnung; Instruktion vom 24. Juli 1833 § 29.; Verordnungen vom 14. Dezember 1833 § 5. No. 2. und vom 21. Juli 1846 §§ 8. 20.

A. Verspätetes Restitutionsgesuch wegen Minderjährigkeit gegen eine abgelaufene Verjährung im Prozesse.

Rechtsgr. 1450. — II. Senat. 29. Juni 1858. (XXX. 154.)

Das Restitutionsgesuch wegen Minderjährigkeit gegen eine abgelaufene Verjährung ist nach Abschluß derjenigen Verhandlungen, innerhalb deren Grenzen sich nach gesetzlicher Vorschrift der Rechtsstreit in der betreffenden Instanz zu bewegen hat, nicht mehr zulässig.

B. Vorbringung neuer Thatsachen in der Appellations-Rechtfertigungsschrift; Wirkung des darin geschehenen Bestreitens einer von dem Appellanten in erster Instanz zugestandenen Thatsache mit Rücksicht auf die Nichtbeantwortung der Appellation.

Rechtsgr. 1451. — I. Senat. 12. Dezember 1859. (XXXVI. 77.)

Das in der Appellations-Rechtfertigungsschrift geschehene

* Vergl. dagegen Bd. I. S. 429. No. 1209. dieser Rechtsgrundsätze.

Bestreiten einer in erster Instanz vom Appellanten zugestandenen Thatsache enthält keine neue Thatsache im Sinne des § 45. der Verordnung vom 1. Juni 1833.

C. Vorbringung neuer Beweismittel im Audienztermine zweiter Instanz seitens des mit der Appellations-Beantwortung präkludirten Appellaten.

Rechtsgr. **1452**. — I. Senat. 5. Januar 1859. (XXXII. 59.)

Auch im Falle der Präklusion des Appellaten mit der Appellations-Beantwortung kann derselbe noch in dem Audienztermine zweiter Instanz neue Beweismittel über seine Behauptungen erster Instanz beibringen.

Die Annahme des entgegengesetzten Grundsatzes begründet einen Nichtigkeitsgrund nach § 5. No. 2. der Verordnung vom 14. Dezember 1833.

Siehe auch Rechtsgrundsätze 1065-1067. (A. G. O. I. **10**. § 295.)

— § **49**. Siehe Rechtsgrundsätze 1064. 1067. (A. G. O. I. **10**. § 295.)

— § **73**. Nichtzuziehung eines Protokollführers bei dem Audienztermine. — Vergl. Verordnung vom **14**. Dezember **1833** § 5. No. **2**.; Kabinetsorder vom **10**. November **1835**.

Rechtsgr. **1453**. — IV. Senat. 13. Oktober 1857. (XXVI. 267.)

Durch die Nichtzuziehung eines Protokollführers bei dem Audienztermin wird eine wesentliche Prozeßvorschrift nicht verletzt.

1833, Juli **24**. Justiz-Ministerial-Instruktion für die Gerichte zur Ausführung der Verordnung No. **1426**. vom **1**. Juni **1833** über den Mandats-, den summarischen und den Bagatellprozeß. (v. Kamptz, Jahrb. Bd. **41**. S. 437.)

— § **23**. Siehe Rechtsgrundsätze **1591**. **1592**. (Verordnung No. **2729**. vom **21**. Juli **1846** § **17**.)

— §§ **29**. ff. Siehe Rechtsgrundsätze **1450-1452**. (Prozeß-Verordnung vom **1**. Juni **1833** § **44**.)

— § **30**. Siehe Rechtsgrundsatz **1602**. (Verordnung vom **21**. Juli **1849** § **16**.)

— § **41**. Siehe Rechtsgrundsatz **1447**. (Prozeß-Verordnung vom **1**. Juni **1833** § **36**.)

1833, August 22. Polizei-Ordnung für die Häfen und Binnengewässer von Stettin und Swinemünde. (Ges.-Samml. S. 88.)
— Siehe Rechtsgrundsatz 721. (A. L. R. II. 8. § 1911.)

1833, August 30. Justizministerial-Reskript wegen Zuziehung eines Dolmetschers bei der mündlichen Verhandlung in Civilprozessen. (v. Kamptz, Jahrb. Bd. 43. S. 412.)
— Siehe Rechtsgrundsatz 1448. (Prozeßverordnung vom 1. Juni 1833 § 36.)

1833, Oktober 17. Kabinetsorder, die Ausführung der Verordnung vom 1. Juni 1833 über den Mandats-, den summarischen und den Bagatellprozeß betreffend. (Ges.-Samml. S. 119.)
— No. 4. Siehe Rechtsgrundsätze 1591. 1592. (Verordnung No. 2729. vom 21. Juli 1846 § 17.)

1833, November 24. Kabinetsorder, betreffend die Deklaration der §§ 37. und resp. 24. und 23. der Gesetze vom 21. April 1825 über die gutsherrlich-bäuerlichen Verhältnisse. (Ges.-Samml. S. 292.)
— Siehe Rechtsgrundsätze 1242. 1398. 1431. 1437. (Rev. Entwurf des Paderborner Provinzialrechts, S. 25.; Verordnung vom 8. Januar 1816 § 1.; Gesetze vom 21. April 1825 No. 939. § 24., No. 940. § 23.)

1833, Dezember 14. Verordnung über das Rechtsmittel der Revision und der Nichtigkeitsbeschwerde. (Ges.-Samml. S. 302.)
— § 1. Revision in Betreff des Streites über die Mitgliedschaft zu einer kirchlichen Gemeinde.

Rechtsgr. 1454. — I. Senat. 26. Oktober 1857. (XXVII. 87.)

Die Mitgliedschaft zu einer kirchlichen Gemeinde enthält ein Statusrecht, bei welchem in allen Fällen die Revision zulässig ist.

— § 2. Revision wegen eines Gegenstandes des Vermögens von mehr als 500 Thlrn. bei Erkenntnissen verschiedenen Inhalts:

A. Revision wegen Abänderung des ersten Urtheils zum Nachtheil des Appellanten (reformatio in pejus).

Rechtsgr. 1455. — III. Senat. 15. Oktober 1858. (XXXI. 51.)

Ist das erste Urtheil in zweiter Instanz zum Nachtheil des Appellanten abgeändert worden, so ist bei Revisibilität des der Verschiedenheit beider Erkenntnisse unterliegenden Gegenstandes die Revision das zulässige Rechtsmittel.*

B. Revision gegen Erkenntnisse des Revisions-Kollegiums für Landeskultursachen. — Vergl. Verordnung vom 20. Juni 1817 § 189.; Instruktion vom 7. April 1839 No. 4.; Verordnung vom 22. November 1844 § 16.

Rechtsgr. 1456. — II. Senat. 21. Oktober 1858. (XXX. 330.)

Eine solche Verschiedenheit der beiden Vor-Erkenntnisse, wie sie für die Zulässigkeit der Revision erforderlich ist, liegt auch dann vor, wenn das Revisions-Kollegium für Landeskultur-Sachen, ohne vorangegangene Einigung der Parteien, über einen Punkt entscheidet, welcher nicht Gegenstand des ersten Urtheils gewesen ist.

— § 4. Einlegung der Nichtigkeitsbeschwerde durch den Litisdenunziaten, welcher keine Assistenz geleistet hat.

Rechtsgr. 1457. — V. Senat. 26. Februar 1861. (XL. 312.)

Ein Litisdenunziat, welcher an dem entschiedenen Prozeß keinen Theil genommen hat, ist zur Einlegung des außerordentlichen Rechtsmittels der Nichtigkeitsbeschwerde nicht berechtigt.

— § 4. No. 1. Verletzung von Rechtsgrundsätzen:

A. Begründung der Nichtigkeitsbeschwerde wegen Verletzung bestimmter Gesetze.

Rechtsgr. 1458. — I. Senat. 22. Juni 1857. (XXV. 237.)

Eine Nichtigkeitsbeschwerde, welche Verletzung bestimmter Gesetze behauptet, und zu ihrer Begründung auf die früheren Ausführungen und das beigefügte Urtheil eines Gerichts verweist, ist nicht substanziirt.

B. Nichtigkeitsbeschwerde gegen eine Entscheidung, durch welche einem Urtheile die ihm gesetzlich abgehende Rechtskraft zugeschrieben wird.

Rechtsgr. 1459. — IV. Senat. 27. Mai 1858. (XXX. 49.)

Jede Entscheidung, durch welche einem Urtheil die ihm

* Vergl. dagegen Bd. 2. S. 466. No. 1170. dieser Rechtsgrundsätze.

gesetzlich abgehende Rechtskraft, der sie ausschließenden Vorschriften entgegen, zugeschrieben wird, ist als rechtsgrundsatzwidrig zu betrachten, und es genügt in solchem Falle zur Substanziirung der Nichtigkeitsbeschwerde, jene Vorschriften als verletzt zu bezeichnen, ohne daß zugleich eine Verletzung der allgemeinen, auf die Wirkungen der rechtskräftigen Entscheidung sich beziehenden Bestimmungen ausdrücklich gerügt zu sein braucht.

C. Verletzung von Interpretationsregeln. — Vergl. A. L. R. I. 4. §§ 65. 70. 71., 5. §§ 252. 263. 265. 267.

Rechtsgr. 1460. — III. Senat. 19. Juni 1857 und 6. Juli 1860. (XXXVIII. 115.)

Die Verletzung einer Interpretations-Regel, insbesondere der Regeln:

1. daß bei Auslegung des Vertrages zunächst der deutliche und klare Wortinhalt desselben entscheide, — § 65. I. 4., § 252. I. 5. des Allgem. Landrechts;
2. daß die anderweit ausgesprochene Absicht der Kontrahenten nicht entscheidet, wenn der Vertrag vollkommen klar ist, — §§ 70. 71. I. 4., §§ 252. 263. I. 5. des Allg. Landrechts;
3. daß die in dem förmlichen Vertrage ganz übergangenen Bestimmungen der vorher geschlossenen Punktation für aufgehoben zu erachten sind, — § 265. I. 5. des Allg. Landrechts;
4. daß die Auslegung des Vertrages besonders gegen Den zu machen ist, welcher ungewöhnliche Vortheile begehrt, die in Verträgen dieser Art nicht eingeräumt zu werden pflegen, — § 267. I. 5. des Allgem. Landrechts, —

enthält einen Grund der Nichtigkeit des Urtheils.

D. Nichtigkeitsbeschwerde wegen Verletzung von Grundsätzen des ausländischen Rechts. — Vergl. A. G. O. I. 10. § 53.; Verordnung vom 14. Dezember 1833 § 16.

Rechtsgr. 1461. — V. Senat. 20. Dezember 1859. (XXXV. 353.)

Die Verletzung eines ausländischen Gesetzes bietet einen Grund zur Nichtigkeitsbeschwerde nicht dar.*

Rechtsgr. 1462. — Senat für Strafsachen, Abth. I. 30. März 1860. (XXXVII. 150.)

Hat der Appellationsrichter die Gutachten ausländischer Rechtsgelehrten dahin ausgelegt: daß dem Beklagten nach dem zur Anwendung kommenden ausländischen Recht keine strafbare Ehrverletzung zur Last falle, so ist diese Feststellung eine thatsächliche, welche der Kritik durch die Nichtigkeitsbeschwerde entzogen ist.

E. Nichtigkeit eines Urtheils wegen Verletzung der Regeln über die Beweislast. — Vergl. Deklaration vom 6. April 1839 Art. 3.; Instruktion vom 7. April 1839 No. 11.

Rechtsgr. 1463. — I. Senat. 9. Juli 1860. (XXXVIII. 153.)

Die Vorschriften über die Regelung der Beweislast in Civilprozessen enthalten keine bloße Prozeßvorschriften, sondern Rechtsgrundsätze.

Siehe auch Rechtsgrundsätze **26. 1052. 1069. 1070. 1091. 1101. 1121. 1133. 1413. 1461.** (A. L. R. Einl. § **91.**; A. G. O. I. **10.** §§ 53. 309. 310., **16.** § 1., **23.** § 3. No. 2., **31.** § 17., **50.** § 135.; Stempelgesetz vom 7. März 1822 § 2.; Preßgesetz vom 12. Mai 1851 § 27.

— § **4.** No. **2.** Verletzung von wesentlichen Prozeßvorschriften; nicht wesentliche Prozeßvorschriften:

A. Hinsichtlich der Wirkungen eines Urtheils bei nicht vorschriftsmäßig erfolgter Insinuation der Klage. — Vergl. A. G. O. I. **7.** §§ 19. ff., **16.** § 1.; Verordnung No. 1426. vom 1. Juni 1833 §§ 37. 40.; Verordnung vom 5. Mai 1838 § 3.

Rechtsgr. 1464. — IV. Senat. 7. Juli 1857. (XXV. 328.)

Der Satz: Das Fällen eines Urtheils hat die Wirkung, daß die in dem Tenor benannten Personen Prozeß-Parteien geworden sind, selbst wenn eine vorschriftsmäßige Insinuation

* Vergl. dagegen Präjudiz No. 1578a. (III. Senat) vom 17. Mai 1845, Präjudizien-Sammlung I. S. 374.

der Klage nicht stattgefunden hat, — enthält, wenn er auch richtig sein möchte, doch nur eine nicht wesentliche Prozeßvorschrift.

B. Hinsichtlich der in dem angegriffenen Urtheile für unstatthaft erklärten Eidesdelation, insbesondere in Schwängerungssachen. — Vergl. Deklaration vom **6**. April **1839** Art. **3**.; Gesetz vom **24**. April **1854** § **16-18**.

Rechtsgr. **1465**. — I. Senat. 5. Juli 1858. (**XXX**. 165.)

Der Fall, wenn der Richter die Eidesdelation als Beweismittel für unstatthaft erklärt, wiewohl er durch Ermessen der Umstände hätte dahin geführt werden können, die Entscheidung von einem Eide abhängig zu machen, ist nicht zu den wesentlichen Prozeßvorschriften zu zählen.

Siehe auch Rechtsgrundsätze **846**. **1049**. **1058**. **1069**. **1088**. **1090**. **1094**. **1108**. **1593**. **1663**. (Einführungsgesetz zur Allg. Deutschen Wechsel-Ordnung vom **15**. Februar **1850** § **7**.; A. G. O. I. **10**. §§ **5**. **145**. **309**., **14**. § **63**., **16**. §§ **1**. **11**., **27**. §§ **21**. **39**.; Verordnung vom **21**. Juli **1846** § **18**.; Gesetz vom **24**. April **1854** § **16**.)

— § **5**. Fälle der Verletzung einer wesentlichen Prozeßvorschrift:

— § **5**. No. **1**. Verletzung einer wesentlichen Prozeßvorschrift durch Nichthören der Parteien; Anwendung eines Kontumazialpräjudizes wegen Nichterscheinens im Schwörungstermine gegen die dazu nicht persönlich vorgeladene Partei. — Vergl. A. L. R. I. **13**. § **100**.; A. G. O. I. **3**. § **31**., **10**. § **314**.; Verordnung vom **14**. Dezember **1833** § **5**. No. **2**.

Rechtsgr. **1466**. — IV. Senat. 14. April 1859. (**XXXIII**. **162**.)

Die Anwendung des Kontumazialpräjudizes gegen die im Schwörungstermine nicht erschienene Partei enthält, Falls nicht dieselbe persönlich, sondern nur ihr Mandatar dazu vorgeladen worden, die Verletzung einer wesentlichen Prozeßvorschrift.

Siehe auch Rechtsgrundsätze **1072**. **1073**. **1449**. (A. G. O. I. **10**. § **314**.; Prozeß-Verordnung vom **1**. Juni **1833** § **36**. No. **5**.)

— § 5. No. 2. Verletzung einer wesentlichen Prozeßvorschrift durch Androhung eines unrichtigen Präjudizes; Nichtigkeitsbeschwerde wegen Nichtrealisirung des dem Imploraten angedrohten Präjudizes.

Rechtsgr. 1467. — III. Senat. 26. November 1858. (XXX. 362.)

Der § 5. No. 2. der Verordnung vom 14. Dezember 1833 findet auch dann Anwendung, wenn zum Nachtheil des Implorauten das den Imploraten treffende Präjudiz nicht realisirt worden ist.

Siehe auch Rechtsgrundsätze 33. 1062. 1067. 1068. 1072. 1073. 1450-1453. 1466. (A. L. R. I. 1. § 32.; A. G. O. I. 10. §§ 252. 295. 298. 314.; Prozeßverordnung vom 1. Juni 1833 §§ 44. 73.; Verordnung vom 14. Dezember 1833 § 5. No. 1.

— § 5. No. 8. Verletzung einer wesentlichen Prozeßvorschrift durch Nichtberücksichtigung des Einwandes der Inkompetenz; Entscheidung in zweiter Instanz bei fehlendem Erkenntnisse erster Instanz. — Vergl. Allg. Gerichts-Ordnung I. 2. § 160.; Verordnung vom 28. März 1840 § 6.

Rechtsgr. 1468. — I. Senat. 21. Juni 1858. (XXX. 119.)

Der Appellationsrichter, welcher auf einen nothwendigen Eid für mehrere Litiskonsorten erkannt hat, ohne die Folgen des nur theilweis geleisteten Eides festzusetzen, und demnächst nach theilweis stattgehabter Eidesleistung auf Grund der desfallsigen Verhandlungen anderweit definitiv in der Sache erkennt, begeht eine Nichtigkeit in Gemäßheit des § 5. No. 8. des Gesetzes vom 14. Dezember 1833, wenngleich der Einwand der Inkompetenz vom Imploranten nicht rechtzeitig gerügt ist.

— § 5. No. 10. Verletzung einer wesentlichen Prozeßvorschrift durch Entscheidung gegen den klaren Inhalt der Akten; insbesondere:
— No. 10a. durch Nichterwähnung von Thatsachen;
A. Nichtigkeit des Urtheils wegen Omission von Thatsachen in einem Civilprozesse wegen Ehrenkränkung. — Vergl. Deklaration vom 6. April 1839 Art. 3. No. 4.; Gesetze No. 3245. vom 11. März 1850 § 6. und vom 3. Mai 1852 Art. 103.

Rechtsgr. 1469. — Senat für Strafsachen, Abth. I. 20. September 1860. (XXXIX. 64.)

Auch auf Civilprozesse über Ehrenkränkungen findet die Nichtigkeitsbeschwerde wegen Omission erheblicher, unter Angabe von Beweismitteln angeführter Thatsachen und resp. des darüber aufgenommenen oder vorgeschlagenen Beweises statt, jedoch mit der aus der Bestimmung im § 6. des Gesetzes vom 11. März 1850 und aus Art. 103. des Gesetzes vom 3. Mai 1852, sowie aus der Natur und Bedeutung des mündlichen Verfahrens vor dem erkennenden Richter sich ergebenden Modifikation.

B. Nichtigkeitsbeschwerde wegen Nichterwähnung des Inhalts der mit der Klage überreichten Vertragsurkunde. — Vergl. Deklaration vom 6. April 1839 Art. 8.

Rechtsgr. 1470. — I. Senat. 6. Juni 1859. (XXXIV. 62.)

Es liegt keine Omission vor, wenn der Appellations-Richter den Inhalt der mit der Klage überreichten Vertrags-Urkunde nicht weiter mittheilt, als dies in der Klage selbst geschehen ist.

C. Nichtberücksichtigung des Inhaltes einer Eingabe, die keine Prozeßschrift ist; Unerheblichkeit des Umstandes, daß der Inhalt dieser Eingabe im Audienztermine vorgetragen, aber nicht in das Audienzprotokoll aufgenommen ist. — Vergl. Deklaration vom 6. April 1839 Art. 3. No 4.

Rechtsgr. 1471. — III. Senat. 28. Juni 1858. (XXX. 146.)

Eine nach stattgehabtem Schriftwechsel in der Appellations-Instanz von einer Partei zu den Akten eingereichte Eingabe kann als eine zum vorschriftsmäßigen Verfahren gehörige Prozeßschrift im Sinne des § 5. No. 10a. der Verordnung vom 14. Dezember 1833 und des Art. 3. No. 4. der Deklaration vom 6. April 1839 nicht angesehen werden, und selbst wenn im Audienz-Termine der Inhalt dieser Eingabe von der Partei vorgetragen ist, das Audienzprotokoll aber Nichts davon ergiebt, so liegt nicht der Fall vor, daß eine zu Protokoll erklärte erhebliche Thatsache resp. ein zu Protokoll angezeigtes Beweismittel unerwähnt gelassen ist.

— No. **10b.** Würdigung eines Geständnisses in Injuriensachen gegen den wörtlichen Inhalt der Prozeßschrift. — Vergl. Gesetze No. 3245 vom 11. März 1850 § 6. und vom 3. Mai 1852 Art. 103.

Rechtsgr. 1472. — Senat für Strafsachen, Abth. II. 15. September 1859. (XXXV. 59.)

Der § 5. No. 10. Litt. b. der Verordnung vom 14. Dezember 1833 hat für das Civilprozeßverfahren in Injuriensachen für den Fall der Entscheidung auf den Grund eines Geständnisses gegen den wörtlichen Inhalt der betreffenden Prozeßschrift durch den § 6. des Gesetzes vom 11. März 1850 und den Art. 103. des Gesetzes vom 3. Mai 1852 seine Anwendbarkeit verloren.

— No. **10c.** Beilegung der Beweiskraft einem der Beweiskraft gesetzlich völlig ermangelnden Beweismittel; insbesondere bei Theilung eines qualifizirten Zugeständnisses. — Vergl. A. G. O. I. **10.** §§ 27c. 82.; Deklaration vom 6. April 1839 Art. 3.

Rechtsgr. 1473. — IV. Senat. 14. Juli 1859. (XXXIV. 189.)

Die Behauptung: es sei ein qualifizirtes Geständniß gegen den Grundsatz von seiner Untheilbarkeit getheilt worden, besagt nichts anderes, als es sei dem Geständniß die Beweiskraft abgesprochen. Ein solcher Angriff der Nichtigkeitsbeschwerde kann nur zum Ziel führen, wenn er darthut, daß gegen wesentliche Prozeßvorschriften verstoßen sei.

Siehe auch Rechtsgrundsätze 1059. 1078. 1081. (A. G. O. I. **10.** § 203. No. 2., **13.** § 10. No. 3. § 25.)

— No. **10d.** Erkennen über den Klageantrag hinaus.
Siehe Rechtsgrundsatz 901. (Allg. Deutsche Wechsel-Ordnung Art. 39.)

— § 7. Nichtigkeitsbeschwerde gegen Purifikationsresolutionen.
Siehe Rechtsgrundsatz 1077. (A. G. O. I. **10.** § 377.)

— § 10. Vollstreckung eines mit der Nichtigkeitsbeschwerde angreifbaren Erkenntnisses.
Siehe Rechtsgrundsatz 285. 927. (A. L. R. I. **11.** § 65.; Allgem. Deutsche Wechsel-Ordnung Art. 79.)

— § 16. Berücksichtigung des in dem angefochtenen Erkenntnisse festgesetzten Sachverhältnisses; freie Beurtheilung der Sachlage bei der Nichtigkeitsbeschwerde wegen Verletzung der Grundsätze von der rechtskräftigen Entscheidung. — Vergl. Instruktion vom 7. April 1839 No. 8.

Rechtsgr. **1474**. — IV. Senat. 15. April 1858. (XXIX. 248.)

Behauptet die Nichtigkeitsbeschwerde Verletzung der Grundsätze von der rechtskräftigen Entscheidung, so tritt freie Beurtheilung der Sachlage ein.

Siehe auch Rechtsgrundsätze **1461. 1462.** (§ **4.** No. **1.** dieser Verordnung.)

— § 17. Rechtliche Folge der Vernichtung des angefochtenen Erkenntnisses.

Siehe Rechtsgrundsatz 927. (Allgem. Deutsche Wechsel-Ordnung Art. 79.)

1834, März **4**. Verordnung No. **1511**. über die Exekution in Civilsachen. (Ges.-Samml. S. **31**.)

— § **6**. Siehe Rechtsgrundsatz 1595. (Verordnung No. 2729. vom 21. Juli 1846 § 27.)

— § **9**. Feststellung des Werthes der dem Berechtigten nicht gewährten Gegenstände behufs Ermittelung des Betrages des demselben zu leistenden Schadensersatzes. — Vergl. A. L. R. I. **5**. §§ 285. ff., **6**. §§ 7. 10., **16**. §§ 16. ff.; A. G. O. I. **24**. §§ 48. ff. 56.

Rechtsgr. **1475**. — IV. Senat. 26. November 1857. (XXVIII. 103.)

Behufs Feststellung des Werthes der dem Berechtigten nicht gewährten Gegenstände zum Zwecke der Ermittelung des Betrages des demselben zu leistenden Schadensersatzes ist auf den Werth dieser Gegenstände zu der Zeit zu sehen, wo die Verbindlichkeit erfüllt werden mußte, nicht aber auf den Werth zur Zeit der nachgesuchten und vergeblich vollstreckten Exekution.*

Siehe auch Rechtsgrundsatz 1296. (Dig. **13**. 3. Lex 4.)

— §§ **15. 16.** Siehe Rechtsgrundsätze 822. 1136. (A. L. R. II. **16**. § 335.; A. G. O. I. **50**. §§ 447-449.)

* Siehe dagegen Bd. 2. S. 470. No. 1184. dieser Rechtsgrundsätze.

— § 22. Siehe Rechtsgrundsätze 1113. 1226. 1477. (A. G. O. I. 29. § 12.; Hypothekenordnung II. § 30.; Subhastationsverordnung vom 4. März 1834 § 3.)

1834, Februar 28. Kabinetsorder, das Wesen und den Zweck der Union und Agende betreffend. (v. Kamptz, Annalen Bd. 18. S. 74.)

— Siehe Rechtsgrundsatz 737. (A. L. R. II. 11. § 261.)

1834, März 4. Verordnung No. 1512. über den Subhastations- und Kaufgelder-Liquidatiosprozeß. (Ges.-Samml. S. 39.)

— § 2. Siehe Rechtsgrundsatz 627. (A. L. R. II. 1. § 648.)

— § 2. No. 2. Nothwendige Subhastation auf Antrag eines Benefizial-Erben. — Vergl. A. G. O. I. 52. § 5.; Verordnung vom 28. März 1840 §§ 1-4.

Rechtsgr. 1476. — III. Senat. 11. Februar 1861. (XL. 265.)

Der Benefizialerbe ist als solcher nur berechtigt, den dem Erblasser als Miteigenthümer zugestandenen Antheil des mit dritten Personen gemeinschaftlichen Grundstücks, nicht aber das ganze Grundstück zur nothwendigen Subhastation zu bringen.

— § 3. Wirkung der Eintragung des Subhastationsvermerkes. — Vergl. Exekutions-Verordnung vom 4. März 1834 § 22.

Rechtsgr. 1477. — IV. Senat. 17. Dezember 1857. (XXVII. 225.)

Die Eintragung des Subhastationsvermerkes kommt blos persönlichen Gläubigern selbst gegen solche nicht zu statten, deren Forderungen erst nach der Eintragung des Subhastationsvermerkes intabulirt worden sind.

Siehe auch Rechtsgrundsatz 470. (A. L. R. I. 16. Anh. § 52. zu § 484.)

— § 6. Fristbewilligung nach aufgenommener Taxe seitens des Extrahenten der Subhastation. — Vergl. A. G. O. I. 24. § 21., 52. § 25.

Rechtsgr. 1478. — III. Senat. 2. März 1860. (XXXVII. 72.)

Der Prozeßrichter hat nach Ablauf der Fristen der von dem Extrahenten der Subhastation bewilligten Aussetzung der Erlassung des Subhastationspatents den Lizitationstermin anzuberaumen, ohne dazu eines ausdrücklichen Antrags des Extrahenten zu bedürfen.

— § 6. No. 1. Adjudizirung der ideellen Hälfte des zur Subhastation gezogenen Grundstücks. — Vergl. A. L. R. I. 11. §§ 30. 348. No. 2.

Rechtsgr. 1479. — III. Senat. 29. Januar 1858. (XXVII. 263.)

Wird die Subhastation des ganzen Grundstücks eingeleitet und bekannt gemacht, so ist es unzulässig, ohne Weiteres nur die ideelle Hälfte desselben zu adjudiziren, mag immerhin vor dem Lizitationstermin den Interessenten eröffnet sein, daß nur der ideelle Theil ausgeboten werden solle.

— § 7. Siehe Rechtsgrundsätze 1141. 1142. (A. G. O. I. 51. §§ 100. ff., 52. § 9.)

— § 8. Siehe Rechtsgrundsatz 1377. (Städte-Ordnung vom 19. November 1808 § 189.)

— § 9. Benachrichtigung der Subhastations-Interessenten von dem anberaumten Bietungstermine:

A. Berücksichtigung der erst nach Eintragung des Subhastationsvermerkes eingetragenen Gläubiger. — Vergl. A. L. R. I. 11. § 348.

Rechtsgr. 1480. — III. Senat. 2. März 1860. (XXXVII. 72.)

Der Kreis der aus dem Hypothekenbuche ersichtlichen Subhastations-Interessenten ist durch den Tag des Subhastationsvermerks begrenzt, und ist daher die Vorladung später eingetragener Gläubiger, selbst wenn die Mittheilung über diese Eintragung noch vor Erlaß des Subhastations-Patents bei den Subhastations-Akten eingeht, gesetzlich nicht erforderlich.

B. Benachrichtigung des Subhastaten vom Beitritt eines ferneren Extrahenten durch Abschrift der Verfügung.

Rechtsgr. 1481. — III. Senat. 24. April 1857. (XXV. 80.)

a) Wenn nach Einleitung der Subhastation ein zweiter Extrahent derselben beitritt, so muß der Subhastat davon benachrichtigt werden.

b) Diese Benachrichtigung kann durch einfache Abschrift des Dekrets geschehen.

— § 11. Bietungskaution:

A. Bemessung des Betrages der Bietungskaution im Bietungstermine. — Vergl. A. G. O. I. 52. §§ 26. 27.

Rechtsgr. 1482. — III. Senat. 30. November 1860. (XXXIX. 255.)

a) Der im Subhastations-Patent bekannt gemachte Taxwerth ist für den Kautionspunkt zumal dann nicht entscheidend, wenn inzwischen die im Lizitationstermin bekannt gemachte Revision der Taxe nothwendig geworden ist.

b) Die im Lizitationstermin abgegebene Erklärung eines Hypothekengläubigers, daß seine im Hypothekenbuch noch eingetragene Forderung nicht mehr auf jenen Betrag validire, kömmt bei Regulirung des Kautionspunktes nicht in Betracht.

B. Bestellung der Bietungskaution mit einer Hypothekenforderung bei nicht vorhandenem Hypotheken-Instrumente. — Vergl. Hypotheken-Gesetz vom 24. Mai 1853 § 17.

Rechtsgr. 1483. — III. Senat. 23. März 1860. (XXXVI. 354.)

Mit einer eingetragenen Hypotheken-Forderung, für welche ein Hypotheken-Instrument noch nicht gebildet ist, kann im Lizitationstermin Kaution nicht bestellt werden.

C. Berechtigung der Subhastations-Interessenten zur Abstandnahme von der Kautionsforderung und zur Aenderung derselben.

Rechtsgr. 1484. — III. Senat. 11. Oktober 1858. (XXXI. 38.)

Die betheiligten Subhastations-Interessenten sind berechtigt, von ihrer Kautionsforderung wieder abzustehen oder sich mit dem Bieter über eine andere Art der Kaution, als sie das Gesetz auflegt, zu einigen.

— § 13. Kaution des dem Zuschlage widersprechenden Miteigenthümers bei einer Subhastation Theilungs halber.

Rechtsgr. 1485. — III. Senat. 16. Mai 1859. (XXXIII. 212.)

Von dem Erforderniß der Kaution des dem Zuschlage widersprechenden Subhastations-Interessenten ist bei nothwendigen Subhastationen Theilungs halber zu Gunsten der Miteigenthümer keine Ausnahme gemacht.

— §§ **16**. ff. Siehe Rechtsgrundsätze 507. 1219. (A. L. R. I. **20**. § 11.; Konkurs-Ordnung § 392.)

— § **19**. Siehe Rechtsgrundsatz 470. (A. L. R. I. **16**. Anhang § 52. zu § 484.)

1834, Juni 19. Kabinetsorder, betreffend Erläuterung der Vorschriften des Tarifs zum Stempelgesetz vom 7. März 1822 wegen Stempelpflichtigkeit der Punktationen. (Ges.-Samml. S. 81.)

— Siehe Rechtsgrundsatz 1413. (Stempelgesetz vom 7. März 1822 § 2.)

1834, Juni 30. Verordnung No. 1542. wegen des Geschäftsbetriebes in den Angelegenheiten der Gemeinheitstheilungen, Ablösungen und Regulirung der gutsherrlich-bäuerlichen Verhältnisse, als Anhang zu der Verordnung vom 20. Juni 1817 und dem Gesetze vom 7. Juni 1821. (Ges.-Samml. S. 96.)

— §§ **7**. **9**. **36**. Siehe Rechtsgrundsatz 1402. (Verordnung vom 20. Juni 1817 § 3.)

1835, Januar 26. Bekanntmachung der Allerhöchsten Kabinetsorder vom 26. Januar 1835 über die erledigte Verwaltung des Finanz-Ministerii. (Ges.-Samml. S. 10.)

— Siehe Rechtsgrundsatz 1373. (Reglement vom 15. September 1798.)

1835, Februar 7. Kabinetsorder No. 1584., in Betreff des Kleinhandels mit Getränken auf dem Lande und des Gast- und Schankwirthschaftsbetriebes überhaupt, für alle Theile der Monarchie. (Ges.-Samml. S. 18.)

— Siehe Rechtsgrundsatz 597. (A. L. R. I. **23**. § 54.)

1835, März 21. Deklaration des § 54. I. 20. des Allg. Landrechts, betreffend die Uebernahme von Pfand- und Hypothekenschulden. (Ges.-Samml. S. 42.)

— §§ **1**. ff. Siehe Rechtsgrundsätze 469. 510. (A. L. R. I. **16**. Anh. § 52. zu § 484., **20**. § 54.)

1835, April 26. Gesetz über Verträge zahlungsunfähiger Schuldner zum Nachtheil der Gläubiger. (Ges.-Samml. S. 53.)

— §§ **1**. ff. Siehe Rechtsgrundsätze 47. 1668. (A. L. R. I. **3**. § 42.; Gesetz vom 9. Mai 1855 §§ 1. ff.)

— § **2**. Anfechtung eines Veräußerungsvertrages nach § 2. des Gesetzes vom 26. April 1835 im Wege der Einrede. — Vergl. § 10. dieses Gesetzes.

Rechtsgr. 1486. — IV. Senat. 14. Mai 1857. (XXV. 110.)

Die Ungültigkeit der Veräußerung nach § 2. des Gesetzes vom 26. April 1835 kann im Wege der Einrede auch blos dem Erwerber gegenüber ohne Zuziehung des Veräußerers geltend gemacht werden.*

— §§ **4. 7. 10.** Legitimation des Gläubigers eines zahlungsunfähigen Schuldners zur Anfechtung von Veräußerungsverträgen desselben. — — Vergl. Gesetz vom 9. Mai 1855 § 1.

Rechtsgr. 1487. — IV. Senat. 25. Januar 1859. (XXXII. 165.)

Zur Ausübung der nach den Gesetzen vom 26. April 1835 und 9. Mai 1855 dem Gläubiger ertheilten Befugniß, bei der Vermögens-Unzulänglichkeit des Schuldners die von demselben mit den daselbst benannten dritten Personen geschlossenen lästigen Veräußerungsverträge anzufechten, genügt eine durch Exekution gegen den Schuldner vollstreckbare ältere Forderung des Gläubigers, und kann daher der Dritte eine anderweite Bescheinigung des Anspruches des Gläubigers nicht verlangen.

— §§ **9. 10.** Natur der Anfechtungsklage des Gesetzes vom 26. April 1835 im Falle weiterer Veräußerung der Sache seitens des ersten Erwerbers.

Rechtsgr. 1488. — IV. Senat. 15. Februar 1857. (XXV. 362.)

Dadurch, daß der Erwerber weiter veräußert, wird dem Gläubiger zwar sein Anfechtungsrecht gegen denselben nach dem Gesetze vom 26. April 1835 nicht entzogen; jedoch stellt sich seine Klage in Bezug auf das Objekt, worauf dieselbe zu richten ist, als eine auf das Interesse gehende Schadensklage dar.**

Siehe auch Rechtsgrundsätze 1486. 1487. (§§ **2. 4.** dieses Gesetzes.)

1835, August 1. Kabinetsorder, betreffend die Vererbung in den dem Heimfallsrechte unterworfenen Grundstücken. (Ges.-Samml. S. 180.)

* Vergl. Bd. 2. S. 479. No. 1206. und dagegen Bd. 1. S. 448. No. 1269. dieser Rechtsgrundsätze.

** Vergl. Bd. 1. S. 449. No. 1271. dieser Rechtsgrundsätze.

— Siehe Rechtsgrundsätze 1398. 1431. 1437. (Verordnung vom 8. Januar 1816 § 1.; Gesetze vom 21. April 1825 No. 939. § 24., No. 940. § 23.)

1835, November 10. Kabinetsorder, betreffend die Anwendung des § 37. der Verordnung vom 1. Juni 1833 über den Mandats-, summarischen und Bagatellprozeß auf die nicht summarischen Prozeß-Arten. (Ges.-Samml. S. 232.)

— Siehe Rechtsgrundsatz 1453. (Verordnung vom 1. Juni 1833 § 73.)

1835, Dezember 5. Kabinetsorder, betreffend den Gerichtsstand minderjähriger oder großjähriger, noch unter väterlicher Gewalt befindlicher Personen. (Ges.-Samml. S. 294.)

— Siehe Rechtsgrundsätze 16. 980. (A. L. R. Einl. § 23.; Einführungsgesetz zum Strafgesetzbuch Art. 18.)

1836, Januar 5. Reglement No. 1692. für die Provinzial-Feuer-Sozietät der Provinz Westphalen. (Ges.-Samml. S. 49.)

— § 11. Verlust der Versicherungsprämie wegen Doppelversicherung, nach dem Reglement für die Provinzial-Feuer-Sozietät der Provinz Westphalen. — Vergl. A. L. R. II. 8. § 2002.

Rechtsgr. 1489. — IV. Senat. 19. November 1857. (XXVIII. 92.)

Nach dem Provinzial-Feuer-Sozietäts-Reglement für die Provinz Westphalen hat im Fall der Doppelversicherung ein jedes vertretbare Versehen den Verlust des Anspruchs auf die Versicherungsprämie zur Folge.

1836, Januar 19. Verordnung, den Verkehr mit Spanischen und sonstigen, auf jeden Inhaber lautenden Staats- oder Kommunalschuld-Papieren betreffend. (Ges.-Samml. S. 9.)

— § 7. Vermittelung von Geschäften in öffentlichen Schuldpapieren auf jeden Inhaber und nicht voll eingezahlten Aktien 2c. durch Andere als angestellte Mäkler. — Vergl. Verordnung vom 24. Mai 1844 § 5.

Rechtsgr. 1490. — IV. Senat. 9. Juni 1860. (XXXVIII. 39.)

Von den Bestimmungen des § 7. der Verordnung vom 19. Januar 1836 und des § 5. der Verordnung vom 24. Mai 1844 werden nur Diejenigen betroffen, welche zwischen verschiedenen Personen Geschäfte über die in jenen Gesetzen bezeichneten Schuldpapiere auf jeden Inhaber, Aktien-

Promessen und Aktien ꝛc. gegen Entgelt zu Stande bringen, mithin Verrichtungen vornehmen, in denen das Wesen des Makler- oder Agenten-Geschäfts besteht.

Daher finden jene Vorschriften keine Anwendung, wenn Jemand als Kommissionär des einen Theils solche Geschäfte für dessen Rechnung im eigenen Namen abgeschlossen hat.

1836, Juni 19. Kabinetsorder No. **1719**, betreffend die Einziehung der Kirchen-, Pfarr- und Schulabgaben, ingleichen der Forderungen von Medizinal-Personen. (Ges.-Samml. S. 198.)

— No. **1. 3.** Zulässigkeit des Rechtsweges bei Streitigkeiten über die Verpflichtung zur Entrichtung kirchlicher Abgaben. — Vergl. A. L. R. II. **14**. §§ 78. ff.; A. G. O. I. Einleitung § **1**.; Verordnung vom 26. Dezember 1808 §§ **41. 42.**

Rechtsgr. **1491**. — I. Senat. 27. November 1857. (XXVIII. 106.)

Der Rechtsweg in Betreff des Streites über die Verpflichtung zur Entrichtung einer kirchlichen Abgabe ist dadurch allein, daß die Verwaltungsbehörde die administrative Exekution für statthaft erachtet hat, noch nicht ausgeschlossen. Es kommt vielmehr darauf an, ob die Bedingungen der Kabinets-Order vom 19. Juni 1836, daß nämlich die Abgaben an Kirchen und deren Beamte:

1. vermöge einer allgemeinen gesetzlichen, oder
2. vermöge einer auf notorischer Orts- oder Bezirksverfassung beruhenden Verbindlichkeit

zu entrichten sind, vorliegen.

Siehe auch Rechtsgrundsätze 767. 768. (A. L. R. II. **14**. §§ 78. 79.)

— No. **3**. Siehe Rechtsgrundsätze 767-769. 1491. (A. L. R. II. **14**. §§ 78. 79.; No. 1. dieser Kabinetsorder.)

1836, August 18. Gutachten der Ministerien der äußeren Angelegenheiten, des Innern für Gewerbe und des Innern für Polizei, die fernere Gültigkeit der Kabinetsorder vom 28. März **1809** neben der deutschen Bundesakte (Art. 18.) betreffend. (v. Kamptz, Jahrb. Bd. 48. S. 267.)

— Siehe Rechtsgrundsatz 282. (A. L. R. I. **11**. § 19.)

1838, Januar 11. Kabinetsorder wegen öffentlicher Bekanntmachung der Allerhöchst genehmigten Vertheilung der im Ministerium des Innern für die Gewerbe=Angelegenheiten bisher bearbeiteten, nach dessen Auflösung an die anderen Ministerial=Ressorts übergegangenen Geschäfte. (Ges.=Samml. S. 10.)

— Siehe Rechtsgrundsatz 729. (A. L. R. II. **10.** § 1.)

1838, März 31. Gesetz No. 1885. wegen Einführung kürzerer Verjährungsfristen. (Ges.=Samml. S. 249.)

— §§ **1.** ff. Verjährung einer aus verschiedenen Rechtsgeschäften entsprungenen Forderung.

Rechtsgr. **1492.** — III. Senat. 20. September 1859. (XXXIV. 255.)

Das Gesetz vom 31. März 1858 faßt nur objektiv die Qualität der Forderungen und die Personen der Gläubiger ins Auge, ohne zwischen den denselben möglicher Weise kumulativ zur Seite stehenden Fundamenten zu unterscheiden.

— § **1.** No. **1.** Natur des Militärdienstes.

Rechtsgr. **1493.** — IV. Senat. 15. Dezember 1859. (XXXVI. 90.)

Der Militärdienst ist im Sinne der Verordnung vom 31. März 1838 als ein Gewerbe nicht zu betrachten.

Siehe auch Rechtsgrundsatz 7. (A. L. R. Publikations=Patent vom 5. Februar 1794 § 17.)

— § **1.** No. **7.** Kurze Verjährung der Forderungen der Gast= und Speisewirthe bei deren Verfolgung gegen dritte, aus einem andern Grunde, z. B. wegen nützlicher Verwendung, dafür verhaftete Personen; Einfluß der dem Sohne ertheilten Verlängerung der Zahlungsfrist auf die Verjährung gegen den Vater. — Vergl. A. L. R. I. **5.** §§ **424.** 438-440., **9.** § 576., II. **2.** §§ 126. ff.

Rechtsgr. **1494.** — IV. Senat. 15. Dezember 1860. (XXXIX. 302.)

a) Die kurze Verjährung der Forderungen der Gast= und Speisewirthe für Wohnung und Beköstigung findet auch gegen einen Dritten statt, welcher für die Schuld des Empfängers aus einem anderen rechtlichen Grunde, z. B. aus der nützlichen Verwendung, verhaftet ist.

b) Durch die von dem Gläubiger dem noch in der väterlichen Gewalt befindlichen Schuldner bewilligte Zahlungs=

frist wird die Verjährung gegen den Vater wegen des Anspruchs aus der nützlichen Verwendung nicht unterbrochen.

— § 2. No. 5. Kurze Verjährung von Alimenten, insbesondere des Anspruchs der Mutter auf Erstattung der von ihr selbst aufgewendeten Alimente.

Rechtsgr. 1495. — I. Senat. 26. Oktober 1860. (XXXIX. 123.)

a) Die in dem § 2. No. 5. des Gesetzes vom 31. März 1838 vorgeschriebene kurze Verjährung von Alimenten in vier Jahren setzt voraus, daß die Alimente, um deren Einklagung es sich handelt, bereits bei der Einklagung in quali et quanto feststehen.

b) Dadurch, daß die Mutter selbst freiwillig das Kind ernährt hat, und hiernächst von dem natürlichen Vater die in quali et quanto zufolge Judikats feststehenden Alimentenbeträge erstattet verlangt, wird die Alimentennatur dieses Anspruchs nicht geändert, und unterliegt derselbe daher gleichfalls der kurzen Verjährung von 4 Jahren.

c) Dagegen findet diese kurze Verjährung auf Alimente keine Anwendung, die erst mit der Schwängerungsklage nach Ablauf von mehr als vier Jahren seit der Geburt des Kindes eingeklagt sind.

Siehe auch Rechtsgrundsatz 1496. (§ 10. dieses Gesetzes.)

— § 7. Siehe Rechtsgrundsatz 6. (A. L. R. Publikations-Patent vom 5. Februar 1794 Art. 17.)

— § 10. Vierjährige Verjährung nach erfolgter rechtskräftiger Verurtheilung, insbesondere von Alimenten-Rückständen. — Vergl. A. L. R. I. 9. §§ 546. 551. 558. ff.; § 2. No. 5. dieses Gesetzes.

Rechtsgr. 1496. — I. Senat. 4. April 1860; 8. Juni 1860. (XXXVII. 159. u. 279.)

a) Die in dem § 10. des Gesetzes vom 31. März 1838 von der Regel: daß zur Vollendung der nach erfolgter Unterbrechung der kurzen Verjährung begonnenen neuen Verjährung eine der ursprünglichen gleichkommende Frist genüge, — für den Fall der geschehenen rechtskräftigen Verurtheilung wegen des „Anspruches" gemachte Ausnahme bezieht sich nur auf solche Ansprüche, hinsichts welcher schon früher eine Verjährung angefangen hatte, die demnächst durch Anstellung der Klage und rechtskräftige Verurtheilung unterbrochen war, und hinsichts welcher nach dieser rechtskräftigen Verurtheilung eine neue Verjährung begonnen hatte.

b) Daher unterliegen, ungeachtet der Verurtheilung des Verklagten zur künftigen Zahlung fällig werdender Alimenten-Raten, die erst nach diesem ergangenen rechtskräftigen Urtheile fällig gewordenen Alimenten-Raten dennoch der vierjährigen Verjährung.

Siehe auch Rechtsgrundsatz 261. (A. L. R. I. 9. § 558.)

1838, März 31. Deklaration No. 1886. des § 54. I. 6. des Allgem. Landrechts, betreffend die Verjährungsfrist bei einer Schadensersatzforderung. (Ges.-Samml. S. 252.)

— Siehe Rechtsgrundsätze 156. 157. (A. L. R. I. 6. § 54.)

1838, Mai 5. Verordnung wegen Einführung eines gleichmäßigen Verfahrens bei der Insinuation der richterlichen Erkenntnisse und bei Einlegung der Rechtsmittel. (Ges.-Samml. S. 273.)

— § 3. No. 6. Siehe Rechtsgrundsätze 1090. 1464. (A. G. O. I. 16. § 1.; Verordnung vom 14. Dezember 1833 § 4. No. 2.

1838, September 29. Justizministerial-Reskript über die Verpflichtung des Ehemanns zum Beitritt zu den von der Ehefrau über die Substanz des Eingebrachten angestellten Prozessen, und über die Beitreibung der Kosten in denselben. (v. Kamptz, Jahrb. Bd. 52. S. 170.)

— Siehe Rechtsgrundsatz 1010. (A. G. O. I. 1. § 21.)

1838, Oktober 5. und 22. Reskripte der Ministerien der geistlichen Angelegenheiten und der Justiz, betreffend die Sicherung des Status der unehelichen, durch nachfolgende Ehe legitimirten Kinder. (v. Kamptz, Jahrb. Bd. 52. S. 467. 468.)

— Siehe Rechtsgrundsatz 670. (A. L. R. II. 2. § 596.)

1838, November 3. Gesetz über die Eisenbahnunternehmungen. (Ges.-Samml. S. 505.)

— § 3, Siehe Rechtsgrundsätze 1278. 1279. (Code de procédure civile art. 1006.)

— §§ **8-10.** **Nichtberechtigung des Eigenthümers des zu einer Eisenbahn-Unternehmung vorübergehend benutzten Grundstücks, von der Gesellschaft die eigenthümliche Uebernahme des Grundstückes zu verlangen.**

Rechtsgr. **1497.** — III. Senat. 21. Mai 1858. (XXIX. 311.)

Das im § 10. des Eisenbahngesetzes vom 3. November 1838 dem Eigenthümer des Grundstückes eingeräumte Wahlrecht setzt voraus, daß die Eisenbahngesellschaft von dem ihr nach § 8. jenes Gesetzes zustehenden Rechte, die Abtretung des erforderlichen Raumes zu verlangen, Gebrauch gemacht hat. Hat aber die Gesellschaft ein bestimmtes Grundstück nur zu vorübergehenden Zwecken in Benutzung genommen, und von Anfang an nicht zu erkennen gegeben, daß sie ihr Expropriationsrecht darauf ausdehnen wolle, so findet jenes Wahlrecht des Eigenthümers nicht statt.

Siehe auch Rechtsgrundsätze **555.** 1438. **1441.** (A. L. R. I. **21.** § **420.**; Kabinetsorder vom **11.** Juni **1825**; Verordnung vom 8. August **1832**, Ueberschrift.)

— §§ **11.** ff. Entschädigung des Grundbesitzers wegen des in Folge der Expropriation von Gutsparzellen behufs einer Eisenbahnanlage dem Gute entzogenen Wasserbedarfs. — Vergl. A. L. R. I. **11.** §§ 8 bis **11. 841.**

Rechtsgr. **1498.** — III. Senat. 3. Juli 1857. (XXVI. 83.)

a) Behufs Begutachtung und Feststellung des Entschädigungs-Anspruchs eines Gutsbesitzers wegen des demselben in Folge der Verwendung des expropriirten Grundstücks zu einer Eisenbahn-Anlage entzogenen Wasserbedarfs ist auf denjenigen Wasserbedarf Rücksicht zu nehmen, welcher für den bei eigener Bewirthschaft des ganzen Guts erforderlichen Personen- und Viehstand angemessen erscheint.

b) Die Eisenbahngesellschaft ist berechtigt, ihrer Verpflichtung zu fortgesetzter jährlicher Geld-Entschädigung durch Herbeischaffung des Wassers auf künstlichem Wege, z. B. durch Anlegung von Brunnen und durch Wasserleitung, zu begegnen, oder durch Kapitalisirung und Zahlung der festgesetzten Jahres-Entschädigung, und zwar im zwanzigfachen Betrage, sich jeder weiteren Entschädigungs-Verbindlichkeit zu entschlagen.

Siehe auch Rechtsgrundsätze 27. 42. 157. 280. (A. L. R. Einl. § 93., I. 2. § 114., 6. § 54., 11. § 8.)

— § 14. Siehe Rechtsgrundsatz 42. (A. L. R. I. 2. § 114.)

— § 15. Siehe Rechtsgrundsätze 42. 1145. 1441. (A. L. R. I. 2. § 114.; A. G. O. II. 6. § 14.; Verordnung vom 8. August 1832, Ueberschrift.)

— § 25. Entschädigungspflicht der Eisenbahngesellschaften wegen des aus einer mangelhaften Instandhaltung der Bahn oder Transportmittel oder aus einer Nachlässigkeit in der Beförderungsart entstandenen Schadens:

A. Unmittelbare Verhaftung der Eisenbahngesellschaften selbst wegen Ersatzes des aus Unterlassung der ihnen obliegenden Einrichtungen und Sicherungsmaaßregeln entstandenen Schadens. — Vergl. A. L. R. I. 6. § 26., II. 6. § 82.; Strafgesetzbuch § 345. No. 12.

Rechtsgr. 1499. — I. Senat. 13. November 1857. (XXVII. 128.)

Die Eisenbahngesellschaften selbst sind wegen des aus Unterlassung der ihnen gesetzlich obliegenden Einrichtungen und Sicherungsmaaßregeln einem Dritten entstandenen Schadens dem Beschädigten unmittelbar verantwortlich und daher nicht berechtigt, denselben an die Repräsentanten oder Beamten, durch deren Schuld jene Einrichtungen und Sicherungsmaaßregeln nicht getroffen sind, zu verweisen.

B. Verpflichtung zum Ersatz des „bei Beförderung auf der Bahn“ entstandenen Schadens.

Rechtsgr. 1500. — I. Senat. 9. Dezember 1859. (XXXVI. 69.)

a) Der § 25. des Eisenbahngesetzes vom 3. November 1838 spricht ganz allgemein von dem Schaden, welcher bei der Beförderung auf der Bahn entsteht, und macht keinen Unterschied, ob diese Beförderung auf der Bahn mittelst einer Lokomotive, mittelst der Kraft von Pferden, oder wie sonst, erfolgt ist.

b) Die Anwendbarkeit des § 25. a. a. O. ist nicht auf

den Fall beschränkt, daß die Personen- oder Güterzüge sich gerade in Thätigkeit befinden.

C. Verpflichtung des Eisenbahnfiskus zum Ersatz des bei Beförderung auf den Staatseisenbahnen entstandenen Schadens. — Vergl. A. L. R. II. 14. §§ 76. 77.; Kabinetsorder vom 6. September 1815; Verfassungs-Urkunde vom 31. Januar 1850 Art. 86.; Betriebs-Reglement für die Staats-Eisenbahnen vom 18. Juli 1853 § 23.

Rechtsgr. 1501. — I. Senat. 14. Dezember 1857. (XXVI. 359.)

a) Die Vorschrift des § 25. des Eisenbahngesetzes vom 3. November 1838:

Die Gesellschaft ist zum Ersatze verpflichtet für allen Schaden, welcher bei Beförderung auf der Bahn an den auf derselben beförderten Personen und Gütern oder auch an andern Personen und deren Sachen entsteht, —

ist auch auf Staats-Eisenbahnen anwendbar.

b) Durch die Bestimmungen des ministeriellen Betrieb-Reglements für die Staats-Eisenbahnen vom 18. Juli 1853 sind die gesetzlichen Entschädigungs-Ansprüche der Reisenden nach § 25. des Eisenbahngesetzes vom 3. November 1838 nicht aufgehoben worden.

D. Unmittelbare Verhaftung des Eisenbahnfiskus wegen Ersatzes des bei der Beförderung auf der Staats-Eisenbahn entstandenen Schadens.

Rechtsgr. 1502. — IV. Senat. 19. Oktober 1858. (XXXI. 68.)

Auch der Eisenbahnfiskus ist dem § 25. des Eisenbahngesetzes vom 3. November 1838 gemäß verpflichtet zum Ersatze für allen bei Beförderung auf der Staatsbahn an den beförderten Gütern entstandenen Schaden, ohne sich mit dem Einwande schützen zu können, die Beschädigung sei durch die Nachlässigkeit eines seiner Beamten herbeigeführt worden.

E. Umfang der Verpflichtung zum Ersatze „allen Schadens."

Rechtsgr. 1503. — I. Senat. 14. Dezember 1857. (XXVI. 360.)

Die nach § 25. des Eisenbahngesetzes vom 3. November 1838 den Gesellschaften obliegende Verpflichtung, dem so Beschädigten „allen Schaden“ zu ersetzen, erstreckt sich nicht auf die Vergütung des entgangenen Gewinns und der Versäumnißkosten.

§ 35. Ausschließung der Kompetenz der Gerichte hinsichtlich des Streites über die Anwendung des Bahngeld- und Frachttarifs der Eisenbahnen. — Vergl. A. G. O. I. Einl. § 1.

Rechtsgr. 1504. — IV. Senat. 15. November 1860. (XL. 48.)

Die Entscheidung des zwischen einer Privatperson und der Eisenbahngesellschaft entstandenen Streites über die richtige Anwendung des Bahngeld- oder Frachttarifs ist der gerichtlichen Kompetenz auch in dem Falle entzogen, wenn die behauptete Unrechtmäßigkeit des Anspruchs auf die Behauptung der Unrichtigkeit der zur Berechnung gekommenen Ortsentfernungen gegründet wird.

§ 38. Heranziehung der Eisenbahngesellschaften zu den Gemeindelasten.

Rechtsgr. 1505. — I. Senat. 27. Januar 1860. (XXXVI. 173.)

Der § 38. des Eisenbahngesetzes vom 3. November 1838 kann auf die Beiträge zu den Gemeindelasten nicht bezogen werden.

§ 49. Entschädigungsanspruch der Eisenbahn-Gesellschaften an den Fiskus wegen Benachtheiligung durch spätere Gesetze. — Vergl. Städte-Ordnung vom 19. März 1856 § 4.

Rechtsgr. 1506. — I. Senat. 27. Januar 1860. (XXXVI. 172.)

Die Entschädigungs-Verbindlichkeit des Fiskus aus dem § 49. des Gesetzes über die Eisenbahn-Unternehmungen vom 3. November 1838 kann nur auf solche neue gesetzliche Bestimmungen bezogen werden, welche sich als Abänderungen, Ergänzungen oder Zusätze zu diesem Gesetze darstellen.

Die Städte-Ordnung vom 19. März 1856, insbesondere deren § 4., ist als eine solche gesetzliche Bestimmung nicht anzusehen.

1838, November **14**. Kabinetsorder, die Abtretung des Eigenthums an Grund und Boden zu bergbaulichen Zwecken im Bergamts-Bezirk Siegen betreffend. (Ges.-Samml. für 1839 S. 2.)
— Siehe Rechtsgrundsatz 782. (A. L. R. II. **16**. § 109.)

1839, März **17**. Verordnung, den Verkehr auf den Kunststraßen betreffend. (Ges.-Samml. S. 80.)
— §§ **11**. **17**. Verengung eines öffentlichen Flusses durch ein auf demselben versunkenes Schiff.

Rechtsgr. **1507**. — IV. Senat. 25. Februar 1858. (**XXIX**. 153.)

Die ausschließlich von Landstraßen handelnden singulären Vorschriften der §§ 11. u. 17. der Verordnung v. 17. März 1839 lassen eine analoge Anwendung auf öffentliche Flüsse nicht zu.

1839, März **24**. Kabinetsorder, betreffend die Deklaration der Vorschriften der §§ 88. 89. und 139. I. 12. des Allg. Landrechts über die Ernennung des vereideten Protokollführers bei Deputationen zur Auf- und Annahme eines Testaments. (Ges.-Samml. S. 155.)
— Siehe Rechtsgrundsatz 374. (A. L. R. I. **12**. § 617.)

1839, April 6. Deklaration No. 1999. der Verordnung vom **14**. Dezember 1833 über das Rechtsmittel der Revision und der Nichtigkeitsbeschwerde. (Ges.-Samml. S. 126.)
— **Art**. **1**. **No**. **3**. Siehe Rechtsgrunds. 1102. (A. G. O. I. **23**. § 28.)
— **Art**. **3**. Siehe Rechtsgrunds. 33. 1069. 1463. 1465. 1473. (A. L. R. I. **2**. § 32.; A. G. O. I. **10**. § 309.; Verordnung vom 14. Dezember 1833 § 4. No. 1. 2., § 5. No. 10c.
— **Art**. **3**. **No**. **1**. Nichtigkeitsbeschwerde wegen Verwechselung der negativen Litiskontestation mit der wirklichen Einrede. — Vergl. Instruktion vom 7. April 1839 No. 9.

Rechtsgr. **1508**. — IV. Senat. 6. Juli 1858. (**XXX**. 166.)

Die Verwechselung der negativen Litiskontestation mit der eigentlichen Einrede kann mit Erfolg durch die Nichtigkeitsbeschwerde nicht gerügt werden.

Siehe auch Rechtsgrundsätze 1037. 1049. 1072. 1073. 1449. (A. G. O. I. **5**. § **4**. No. **6**., **10**. §§ 5a. 314.; Prozeß-Verordnung vom 1. Juni 1833 § 36. No. 5.)

— Art. 3. No. 2. Entscheidung der Form des Prozesses in erster Instanz in Betreff des zulässigen Rechtsmittels.

Rechtsgr. 1509. — II. Senat. 31. Januar 1861. (XL. 219.)

Bei der formellen Beurtheilung des in zweiter Instanz zulässigen Rechtsmittels ist lediglich die Prozeßart entscheidend, in welcher die Sache eingeleitet und in erster Instanz beendet worden ist.

Siehe auch Rechtsgrundsätze 328. 1514. 1587. 1589. 1590. 1593. 1594. (A. L. R. I. 11. § 420.; Art. 14. Litt. d. dieser Deklaration; Prozeß-Verordnung vom 21. Juli 1846 §§ 15. 17. 18. 27.)

— Art. 3. No. 4. Freie Beurtheilung des Nichtigkeitsrichters bei behaupteter Verletzung einer wesentlichen Prozeßvorschrift durch Nichterwähnung vorgeschlagener Beweismittel.

Rechtsgr. 1510. — III. Senat. 4. Februar 1861. (XL. 252.)

Wird die Nichtigkeitsbeschwerde auf Art. 3. No. 4. der Deklaration vom 6. April 1839 gegründet, so tritt für den Nichtigkeitsrichter freie Beurtheilung ein.*

Siehe auch Rechtsgrundsätze 1469. 1471. (Verordnung vom 14. Dezember 1833 § 5. No. 10a.)

— Art. 3. No. 5. Siehe Rechtsgrundsatz 1078. (A. G. O. I. 13. § 10. No. 3.)

— Art. 7. Siehe Rechtsgrundsätze 1591. 1592. (Prozeß-Verordnung vom 21. Juli 1846 § 17.)

— Art. 8. Genaue Bezeichnung des von zwei vorhandenen Audienzprotokollen bemängelten einen Audienzprotokolls in der Nichtigkeitsbeschwerde.

Rechtsgr. 1511. — III. Senat. 1. Oktober 1858. (XXX. 285.)

Sind zwei Audienzprotokolle in den Akten, so ist es nicht ausreichend, die Verhandlung, aus der eine Erklärung omittirt sein soll, schlechthin als Audienzprotokoll zu bezeichnen, mögen immerhin die omittirten Erklärungen wörtlich in der Nichtigkeitsbeschwerde angegeben sein.

Siehe auch Rechtsgrundsatz 1470. (Verordnung vom 14. Dezember 1833 § 5. No. 10a.)

* Vergl. dagegen Präjudiz No. 1337. (Plenarbeschluß) vom 9. Oktober 1843, Entscheidungen Bd. 9. S. 155. ff.

— Art. 13. Doppelfrist zur Einlegung der Rechtsmittel der Appellation, der Revision, des Rekurses und der Nichtigkeitsbeschwerde:
A. Doppelfrist der Eisenbahngesellschaften.

Rechtsgr. 1512. — III. Senat. 31. Januar 1859. (XXXII. 181.)

Eisenbahngesellschaften haben, als privilegirte Korporationen, die Doppelfrist zur Einlegung der Rechtsmittel der Appellation, Revision, des Rekurses und der Nichtigkeitsbeschwerde.

B. Frist zur Einlegung von Rechtsmitteln seitens des Repräsentanten einer Gewerkschaft resp. des Grubenvorstandes. — Vergl. A. L. R. II. 6. §§ 11. 22., 16. § 265.; Gesetz vom 12. Mai 1851 §§ 1. ff. 18. No. 15., §§ 20. 26.

Rechtsgr. 1513. — III. Senat. 5. Juli 1858. (XXVIII. 346.)

Der Repräsentant einer Gewerkschaft, beziehungsweise der Grubenvorstand, hat auf die Doppelfrist zur Einlegung eines Rechtsmittels selbst in dem Falle keinen Anspruch, wenn sich unter der Gewerkschaft bevormundete Personen befinden.

— Art. 14. Litt. d. Frist zur Anmeldung und Einführung der Nichtigkeitsbeschwerde bei erfolgter Umleitung der Form des Verfahrens in zweiter Instanz. — Vergl. A. G. O. I. 42. §§ 34. 41.; Deklaration vom 6. April 1839 Art. 3. No. 2.; Prozeßverordnung vom 21. Juli 1846 §§ 13. 27.

Rechtsgr. 1514. — II. Senat. 4. Oktober 1859. (XXXV. 139.)

Hat der Appellationsrichter ausdrücklich bestimmt, daß, statt des in erster Instanz beobachteten Verfahrens in schleunigen Bausachen, in der zweiten Instanz das ordentliche Prozeßverfahren stattfinden solle, sich lediglich nach diesem gerichtet und in demselben sein Urtheil abgefaßt; so braucht auch die dreitägige Frist zur Anmeldung und Einführung der Nichtigkeitsbeschwerde nicht beobachtet zu werden.*

1839, April 7. Instruktion zur Ausführung der Verordnung über das Rechtsmittel der Revision und der Nichtigkeitsbeschwerde. (Ges.-Samml. S. 133.)

* Vergl. dagegen das Präjudiz No. 1179. (Plenarbeschluß) vom 5. September 1842, Präjudizien-Sammlung I. S. 425., und Entscheidungen Bd. 8. S. 202.

— **No. 4.** Siehe Rechtsgrundsatz **1456.** (Verordnung vom **14.** Dezember **1833** § **2.**)

— **No. 8.** Siehe Rechtsgrundsatz **1474.** (Verordnung vom **14.** Dezember **1833** § **16.**)

— **No. 9.** Siehe Rechtsgrundsatz **1508.** (Deklaration vom **6.** April **1839** Art. **3.** No. **1.**)

— **No. 11.** Siehe Rechtsgrundsatz **1463.** (Verordnung vom **14.** Dezember **1833** § **4.** No. **1.**)

— **No. 12.** Siehe Rechtsgrundsatz **1449.** (Prozeß-Verordnung vom **1.** Juni **1833** § **36.** No. **5.**)

1840, März 28. Verordnung, betreffend die Befugnisse des Benefizialerben. (Ges.-Samml. S. 103.)

— §§ **1-4.** Siehe Rechtsgrundsätze **478. 1216. 1476.** (A. L. R. I. **17.** § 10.; Konkursordnung § **354.**; Subh.-Verordnung vom **4.** März **1834** § **2.** No. **2.**)

— § **6.** Siehe Rechtsgrundsatz **1468.** (Verordnung vom **14.** Dezember **1833** § **5.** No. **8.**)

1840, Mai 13. Verordnung, den Verkehr mit ausländischen Papieren betreffend. (Ges.-Samml. S. **123.**)

— §§ **1.** ff. Nichtigkeit der nicht sofort Zug um Zug erfüllten Verträge über ausländische, auf jeden Inhaber lautende Staats- und Kommunalschuld-Papiere, oder über Aktien, Obligationen oder sonstige Geldpapiere auswärtiger Gesellschaften oder Institute:

A. Gültigkeit der Pfandverträge über dergleichen ausländische Papiere.

Rechtsgr. **1515.** — V. Senat. 27. November 1858. (**XXXI. 190.**)

Die Verordnung vom 13. Mai 1840 findet auf Pfandverträge keine Anwendung.

B. Später von beiden Theilen völlig erfüllte Geschäfte oder Vergleiche. — Vergl. A. L. R. I. **16.** §§ **160.** ff. **405.**

Rechtsgr. **1516.** — V. Senat. 27. November 1858; IV. Senat. 7. April 1859. (**XXXI. 190.; XXXII. 354.**)

Der § 1. der Verordnung vom 13. Mai 1840 versagt den Kontrahenten nur jede Klage und Exekution auf Vollziehung der dort bezeichneten ungültigen Verträge; daher findet nicht blos auf sofort Zug um Zug, sondern auch auf später von beiden Theilen völlig erfüllte Geschäfte und Vergleiche die gedachte Verordnung keine Anwendung.

C. Klage des Gesellschafters auf Rückerstattung der für den Mitgesellschafter gemachten Auslagen, nach Rheinischem Rechte. — Vergl. Code Napoléon Art. 1131. 1133.

Rechtsgr. 1517. — V. Senat. 16. März 1858. (XXVII. 304.)

a) Die von der Verordnung vom 13. Mai 1840 gemißbilligten Zeitkäufe beruhen auf einer unerlaubten causa.

b) Auch dem Gesellschafter ist daher die Klage auf Rückerstattung der für seinen Mitgesellschafter auf den Grund eines solchen Vertrages gemachten Auslagen versagt.

1840, Juli 4. Gesetz zum Schutze der Waarenbezeichnungen. (Ges.-Samml. S. 224.)

— Siehe Rechtsgrundsatz 1264. (Code Napoléon Art. 1382.)

1840, Dezember 28. Verordnung No. 2131., betreffend die Befreiung der Pfand- und Hypothekengläubiger von der Einlassung in den Konkurs- und erbschaftlichen Liquidationsprozeß. (Ges.-Samml. für 1841 S. 4.)

— § 9. Siehe Rechtsgrundsatz 525. (A. L. R. I. 20. § 468.)

1841, Januar 15. Kabinetsorder, betreffend die bei den Prozeßverhandlungen im Großherzogthum Posen zur Anwendung zu bringende Sprache. (Justizm.-Blatt. S. 47.)

— Siehe Rechtsgrundsatz 1401. (Verordnung vom 9. Februar 1817 § 146.)

1841, März 31. Gesetz wegen Deklaration und näherer Bestimmung des § 164. der Gemeinheitstheilungs-Ordnung vom 7. Juni 1821. (Ges.-Samml. S. 75.)

— §§ 3. 4. Vermuthung für die Ausübung der Weide- und Forstberechtigungen, sowie der Berechtigung zum Plaggen-, Heide- und Bültenhieb auf Grund des § 4. des Gesetzes vom 31. März 1841. — Vergl. Gemeinheitstheilungs-Ordnung vom 7. Juni 1821 § 164.

Rechtsgr 1518. — II. Senat. 16. Dezember 1858. (XXXI. 345.)

Die Vermuthung des § 4. des Gesetzes vom 31. März 1841 vertritt nur den Beweis der Ausübung der Gerechtsame. Sie begreift daher die weitere Vermuthung nicht in sich, daß auch alle thatsächlichen Umstände, ohne welche der Ablauf der Verjährung bei Publikation der Gemeinheitstheilungs-Ordnung nicht denkbar ist, vorhanden gewesen sei.

1841, Juli 14. Kabinetsorder No. 2189., über das Verhältniß der Stromschiffer zu den Befrachtern, sowie zu den Empfängern der Ladungen. (Ges.-Samml. S. 232.)

— Siehe Rechtsgrundsatz 720. (A. L. R. II. 8. § 1734.)

1841, August 17. Justizministerial-Reskript, betreffend die Abschätzung städtischer Grundstücke. (Justizm.-Blatt. S. 256.)

— Siehe Rechtsgrundsatz 1146. (A. G. O. II. 6. § 15. No. 4.)

1841, Oktober 31. Landgemeinde-Ordnung No. 2205. für die Provinz Westphalen. (Ges.-Samml. S. 297.)

— §§ 78. 110. Siehe Rechtsgrundsatz 1523. (Heimathsgesetz vom 31. Dezember 1842 § 8.)

1841, Dezember 18. Kabinetsorder, die Gültigkeit und exekutorische Kraft der von den General-Kommissionen und übrigen Auseinandersetzungsbehörden bestätigten Rezesse. (Ges.-Samml. für 1842 S. 17.)

— Siehe Rechtsgrundsatz 1405. (Verordnung vom 20. Juni 1817 § 169.)

1842, Mai 11. Gesetz No. 2273. über die Zulässigkeit des Rechtsweges in Beziehung auf polizeiliche Verfügungen. (Ges.-Samml. S. 192.)

— § 1. Rechtsweg gegen „polizeiliche Verfügungen":

A. Rechtsweg gegen wegepolizeiliche Verfügungen.

Rechtsgr. 1519. — II. Senat. 22. Dezember 1859. (XXXVI. 122.)

Der § 1. des Gesetzes vom 11. Mai 1842, betreffend die Zulässigkeit des Rechtsweges in Beziehung auf polizeiliche Verfügungen, unterscheidet nicht zwischen einer wegepolizeilichen und sonstigen polizeilichen Verfügung.

B. Unzulässigkeit des Rechtsweges in Betreff der Oeffentlichkeit eines Weges. — Vergl. A. G. O. I. Einleitung §§ 1. 75.; § 4. dieses Gesetzes.

Rechtsgr. 1520. — III. Senat. 20. Januar und 11. April 1860. (XXXVII. 161.)

Ueber die Frage: ob ein Weg als ein öffentlicher anzusehen? ist zwar der Rechtsweg nicht zulässig. Hieraus folgt aber nur, daß im Rechtswege Nichts verlangt werden kann, was der Benutzung des Weges als eines öffentlichen entgegensteht; nicht aber wird dadurch die Frage über das streitige Eigenthumsrecht und Nutzungsrecht an der in Rede stehenden Fläche entschieden.

Siehe auch Rechtsgrundsätze 1392. 1627. 1628. (Vorfluth-Edikt vom 15. November 1811 § 10.; Gesetz No. 3256. vom 11. März 1850 §§ 3. 6. Litt. b.)

— § 2. Siehe Rechtsgrundsätze 1392. 1627. (Vorfluth-Edikt vom 15. November 1811 § 10.; Gesetz No. 3256. vom 11. März 1850 § 3.)

— § 4. Siehe Rechtsgrundsätze 25. 772. 1520. (A. L. R. Einl. § 75., II. 15. § 5.; § 1. dieses Gesetzes.)

— § 5. Siehe Rechtsgrundsätze 769. 1627. (A. L. R. II. 14. § 79.; Gesetz No. 3256. vom 11. März 1850 § 3.)

1842, September 1. Kabinetsorder, betreffend die Muthungen auf nesterartig vorkommende Mineralien. (Graeff, Handbuch des Preuß. Bergrechts, S. 192.)

— Siehe Rechtsgrundsätze 816. 1344. (A. L. R. II. 16. § 188.; Kurkölnische Bergordnung vom 2. Januar 1669 Theil 3. Art. 1.)

1842, Dezember 31. Gesetz No. 2317. (Heimathsgesetz) über die Aufnahme neuanziehender Personen. (Ges.-Samml. für 1843 S. 5.)

— § 1. Berechtigung jedes „selbstständigen" preußischen Unterthans zur Wahl seines Aufenthaltsortes.

Rechtsgr. 1521. — I. Senat. 14. März 1859. (XXXV. 10.)

Der Ausdruck: „selbstständig" im § 1. des Heimathsgesetzes vom 31. Dezember 1842 bezieht sich auf das Vermögen, sich selbst durch eigene Kraft und Mittel zu unterhalten.

Siehe auch Rechtsgrundsätze 1531. 1673. (Armenpflegegesetz vom 31. Dezember 1842 § 1. No. 3.; Ergänzungsgesetz vom 21. Mai 1855 Art. 1.)

— § 5. Siehe Rechtsgrundsätze 1532. 1533. 1673. (Armenpflegegesetz vom 31. Dezember 1842 § 1. No. 3.; Ergänzungsgesetz vom 21. Mai 1855 Art. 1.)

— § 8. Meldung des Neuanziehenden zur Niederlassung bei der Orts-polizei-Obrigkeit; Ertheilung einer Bescheinigung über diese Meldung:

A. Meldung bei der Gutsherrschaft als der Polizei-Obrigkeit. — Vergl. §§ 9. 11. dieses Gesetzes; Armenpflegegesetz vom 31. Dezember 1842 § 1. No. 2.

Rechtsgr. 1522. — I. Senat. 25. November 1859. (XXXVI. 34.)

Einer besonderen polizeilichen Meldung des Neuanziehenden bedarf es nicht, wenn der Gutsherr zugleich die Polizei-Obrigkeit ist und den Neuanziehenden mit Wohnung versieht.

B. Unmittelbare Meldung des Neuanziehenden bei der Ortspolizei-Obrigkeit, insbesondere in der Provinz Westphalen. — Vergl. A. L. R. II. 7. §§ 59. ff.; Armenpflegegesetz vom 31. Dezember 1842 § 1. No. 2.; Westphälische Landgemeinde-Ordnungen vom 31. Oktober 1841 §§ 78. 110. und vom 19. März 1856 §§ 41. 74.

Rechtsgr. 1523. — I. Senat. 7. Oktober 1859. (XXXV. 146.)

a) Nur durch unmittelbare Anmeldung des Neuanziehenden bei der Ortspolizei-Obrigkeit wird der Wohnsitz nach § 8. des Heimathsgesetzes vom 31. Dezember 1842 erworben.

b) Daher genügt in der Provinz Westphalen die Anmeldung bei dem Ortsschulzen oder Gemeinde-Vorsteher nicht, dieselbe ist vielmehr an den Bürgermeister oder Amtmann unmittelbar zu richten.

C. Meldung des Neuanziehenden bei einem Unterbeamten der Polizei-Obrigkeit; Widerspruch des Unterbeamten gegen die Niederlassung. — Vergl. A. L. R. II. 7. §§ 59. ff.; § 10. dieses Gesetzes; Armenpflegegesetz vom 31. Dezember 1842 § 1. No. 2.

Rechtsgr. 1524. — I. Senat. 18. Februar 1861. (XL. 283.)

a) Die Meldung des Neuanziehenden bei einem, zur Annahme und Ueberlieferung der Meldungen beauftragten, Unterbeamten der Polizei-Obrigkeit, z. B. dem Ortsschulzen, steht in der Wirkung der unmittelbaren Meldung bei der Polizei-Obrigkeit völlig gleich.

b) Der seitens dieses Unterbeamten dem Meldenden erklärte Widerspruch gegen die Niederlassung hat keine rechtliche Wirkung.

D. Genehmigung der Niederlassung des Neuanziehenden seitens des Magistrats im Widerspruche mit der Instruktion in einem Gemeindebeschlusse. — Vergl. Städte-Ordnung vom 30. Mai 1853 § 56. No. 8.

Rechtsgr. 1525. — I. Senat. 13. Dezember 1858. (XXXI. 331.)

Zur Begründung des Wohnsitzes des Neuanziehenden reicht die Genehmigung der Niederlassung seitens des Magistrats als Gemeindevorstandes hin, wenngleich diese Genehmigung der in einem Gemeindebeschlusse enthaltenen Instruktion zuwiderläuft.

E. Gestattung der Niederlassung des Neuanziehenden unter Stundung des Einzugsgeldes. — Vergl. Armenpflegegesetz vom 31. Dezember 1842 § 1. No. 2.; Städte-Ordnung vom 30. Mai 1853 § 52.

Rechtsgr. 1526. — I. Senat. 13. Dezember 1858. (XXXI. 331.)

Auch durch die unter der Bedingung der Zahlung eines vorläufig gestundeten Einzugsgeldes gestattete und erfolgte Niederlassung eines Neuanziehenden wird dessen Wohnsitz begründet, wenngleich das Einzugsgeld hiernächst nicht gezahlt wird.

F. Wirkung der Ertheilung einer Aufenthaltskarte auf erfolgte Meldung der Niederlassung.

Rechtsgr. 1527. — I. Senat. 30. November 1860. (XL. 72.)

a) Die Nachsuchung einer Aufenthaltskarte behufs Verweilens des Neuanziehenden an einem Orte auf beschränkte Zeit vertritt nicht die polizeiliche Meldung zum Wohnsitze nach § 8. des Heimathsgesetzes vom 31. Dezember 1842.

b) Hat aber der Neuanziehende sich zur Niederlassung gemeldet, hierauf zwar nur eine Aufenthaltskarte auf eine beschränkte Zeit unter einem Jahre, jedoch demnächst fernere Aufenthaltskarten erhalten und so an diesem Orte seinen Aufenthalt ein Jahr lang fortgesetzt; so hat er hierdurch daselbst einen Wohnsitz erworben.

G. Schriftliche Bescheinigung der Meldung des Neuanziehenden hinsichtlich der Begründung des Wohnsitzes, mit Beziehung auf die Armenpflege. — Vergl. § 11. dieses Gesetzes; Armenpflegegesetz vom 31. Dezember 1842 § 1. No. 2.; Indigenatgesetz vom 31. Dezember 1842 §§ 1. 5. 9.

Rechtsgr. 1528. — I. Senat. 7. März 1859. (XXXIII. 42.)

Plenarbeschluß vom 1. November 1858: In dem Falle des § 1. No. 2. des Armenpflegegesetzes vom 31. Dezember 1842 ist die polizeiliche Meldung des Neuanziehenden zur Erwerbung des Wohnsitzes nicht um deswillen erfolglos, weil eine schriftliche Bescheinigung nicht ertheilt worden ist.*

Siehe auch Rechtsgrundsätze 1531. 1533. 1673. (Armenpflegegesetz vom 31. Dezember 1842 § 1. No. 3.; Ergänzungsgesetz vom 21. Mai 1855 Art. 1.)

— § 9. Siehe Rechtsgrundsatz 1522. (§ 8. dieses Gesetzes.)

— § 10. Siehe Rechtsgrundsatz 1524. (§ 8. dieses Gesetzes.)

— § 11. Siehe Rechtsgrundsätze 1522. 1528. 1533. (§ 8. dieses Gesetzes; Armenpflegegesetz vom 31. Dezember 1842 § 1. No. 3.)

1842, Dezember 31. Gesetz No. 2318. über die Verpflichtung zur Armenpflege. (Ges.=Samml. für 1843. S. 8.)

— § 1. Verpflichtung der Gemeinde zur Fürsorge für einen Armen:

A. Beweislast bei der Klage der Armen=Direktion gegen die Verwandten des Verarmten auf Erstattung der Verwendungen. — Vergl. § 35. dieses Gesetzes; Deklaration No. 2329. vom 21. Juli 1843.

Rechtsgr. 1529. — I. Senat. 1. Februar 1861. (XL. 226.)

Bei Klagen der Armen=Direktion gegen den Verwandten eines Armen auf Erstattung bereits verauslagter Alimente hat der beklagte Verwandte nachzuweisen, daß er zur Zeit der Verauslagung unvermögend gewesen, nicht aber hat die Klägerin den Beweis zu erbringen, daß der Verklagte zu jener Zeit bereits vermögend gewesen sei.

* Vergl. dagegen Bd. 2. S. 495. No. 1244. dieser Rechtsgrundsätze.

B. Gewährung der Reisemittel für einen Verarmten. — Vergl. § 33. dieses Gesetzes.

Rechtsgr. 1530. — I. Senat. 24. September 1858. (XXX. 266.)

Die Gewährung der bloßen Reisemittel an einen Armen ist als Fürsorge für einen Verarmten im Sinne der §§ 1. und 33. des Armenpflege-Gesetzes vom 31. Dezember 1842 nicht zu erachten.

Siehe auch Rechtsgrundsätze 1355. 1543. 1545. 1546. 1550. 1551. (Edikt vom 14. Dezember 1747; §§ 20. 21. 26. dieses Armenpflegegesetzes.)

— § 1. No. 1. Siehe Rechtsgrundsätze 1536. 1537. (§ 5. dieses Gesetzes.)

— § 1. No. 2. Siehe Rechtsgrundsätze 1522-1524. 1526. 1528. 1673. (Heimathsgesetz vom 31. Dezember 1842 § 8.; § 2. dieses Armenpflegegesetzes; Ergänzungsgesetz vom 21. Mai 1855 Art. 1.)

— § 1. No. 3., § 2. Begründung des Hülfsdomizils durch dreijährigen Aufenthalt:

A. Hinderniß des Dienstverhältnisses. -- Vergl. Heimathsgesetz vom 31. Dezember 1842 §§ 1. 8.; Ergänzungsgesetz vom 21. Mai 1855 Art. 1.

Rechtsgr. 1531. — I. Senat. 3. Oktober 1859; 3. Febr. u. 30. Nov. 1860. (XXXV. 136.; XXXVI. 201.; XL. 73.)

Durch einen wenngleich längeren als dreijährigen Aufenthalt an einem Orte wird der Unterstützungswohnsitz alsdann nicht erworben, wenn der Beginn des Aufenthalts durch ein Dienstverhältniß veranlaßt worden ist, und der Aufenthalt nach Abzug der Dienstzeit keine drei Jahre gedauert hat.

B. Verlust des Hülfsdomizils nach eingetretener Großjährigkeit des Verarmten. — Vergl. Heimathsgesetz vom 31. Dezember 1842 § 5.; §§ 4. 20. dieses Armenpflegegesetzes.

Rechtsgr. 1532. — I. Senat. 25. November 1859. (XXXVI. 35.)

Durch den Eintritt der Großjährigkeit wird an dem bisjährigen Hülfsdomizil eines Menschen Nichts geändert; dasselbe geht daher nur durch Begründung eines anderen selbstständigen Wohnsitzes desselben oder durch dreijährige Abwesenheit verloren.

C. Zurückweisung eines Verarmten an die Gemeinde seines früheren Aufenthaltsortes. — Vergl. Heimathsgesetz vom 31. Dezember 1842 §§ 5. 8. 11.; § 4. dieses Armenpflegegesetzes.

Rechtsgr. 1533. — I. Senat. 23. März 1857. (XXV. 5.)

a) Die Jahresfrist des § 5. des Heimathsgesetzes vom 31. Dezember 1842 bezieht sich nicht auf die Fälle des § 1. No. 3. des Armenpflegegesetzes von demselben Datum; vielmehr ist in diesen Fällen die Polizei-Obrigkeit bei vorwaltenden Gründen während der ganzen drei Aufenthaltsjahre zur Zurückweisung des Verarmten zu schreiten befugt.

b) Diese drei Jahre des Aufenthalts sind lediglich nach dem Zeitpunkte des Anfanges des Aufenthalts, nicht erst vom Tage der hervorgetretenen Hülfsbedürftigkeit, zu berechnen.

Siehe auch Rechtsgrundsätze 1542. 1547. (§§ 17. 21. dieses Armenpflegegesetzes.

— §§ 2. 5. Ausschließung eines Wohnsitzes der herrschaftlichen Tagelöhner auf dem Rittergute.

Rechtsgr. 1534. — I. Senat. 7. Dezember 1860. (XL. 92.)

Ob die auf einem Rittergute angezogenen Tagelöhner dem, einen Wohnsitz im Sinne des Armenpflege-Gesetzes vom 31. Dezember 1842 daselbst nicht erlangenden, Gesinde beizurechnen, oder als selbstständige Personen anzusehen sind, ist nach den jedesmaligen thatsächlichen Verhältnissen zu beurtheilen.

Siehe auch Rechtsgrundsätze 1531-1533. (§ 1. No. 3. dieses Gesetzes.)

— § 3. Siehe Rechtsgrundsatz 1543. (§ 20. dieses Gesetzes.)

— § 4. Verlust des Hülfsdomizils durch dreijährige Abwesenheit; Einfluß der Verbüßung einer Freiheitsstrafe des Verarmten während dieser Abwesenheit nach erlangter Großjährigkeit; Strafverbüßung und Detention.

Rechtsgr. 1535. — I. Senat. 21. November 1860. (XXXIX. 228.)

a) Die Bestimmung des § 4. des Armenpflege-Gesetzes vom 31. Dezember 1842, — daß das Heimathsdomizil durch dreijährige Abwesenheit des Verarmten nach erlangter Großjährigkeit dann nicht erlösche, wenn die Abwesenheit durch blos vorübergehende Verhältnisse, insonderheit durch Abbüßung einer zeitigen Freiheitsstrafe ꝛc. veranlaßt worden ist, — erfordert nicht gerade eine solche Strafe, mit deren Verbüßung die Abwesenheit ihren Anfang nehme; vielmehr genügt jede Freiheitsstrafe, welche in der Zeit der Abwesenheit, sei es am Anfange oder im Fortlaufe derselben, abzubüßen gewesen ist.

b) Straf-Abbüßung und Detention sind im Sinne des § 4. a. a. O. für gleichbedeutend zu erachten.

Siehe auch Rechtsgrundsätze 1532. 1533. 1547. (§ 1. No. 3., § 21. dieses Gesetzes.)

— § 5. Verpflichtung der Gutsherrschaften zur Armenpflege. — Vergl. § 1. No. 1. dieses Gesetzes:

A. Erforderniß der ausdrücklichen Erklärung der Gutsherrschaft in Betreff der Aufnahme als Mitglied im Gutsbezirke.

Rechtsgr. 1536. — I. Senat. 7. Dezember 1860. (XL. 93.)

Die Aufnahme als Mitglied im Gutsbezirke erfordert eine ausdrückliche Erklärung des Gutsherrn.

B. Vermiethung einer Wohnung im Gutsbezirke.

Rechtsgr. 1537. — I. Senat. 14. Juni 1858. (XXVIII. 325.)

Die Mitgliedschaft in einem gutsherrlichen Bezirk wird noch nicht durch die Uebergabe einer Wohnung an deren Miether oder an den gutsherrlichen Arbeiter erworben.*

Siehe auch Rechtsgrundsatz 1534. (§ 2. dieses Gesetzes.)

— § 8. Siehe Rechtsgrundsatz 1531. (§ 1. No. 3. dieses Gesetzes.)

— § 9. Verpflichtung der Landarmenverbände zur Armenpflege:

A. Fürsorge für die ausgesetzten Kinder eines hiernächst verstorbenen Vagabunden. — Vergl. A. L. R. II. 2. § 65.; §§ 12. 20. dieses Armenpflegegesetzes.

Rechtsgr. 1538. — I. Senat. 27. September 1858. (XXX. 279.)

Hat der Vater seine Kinder in seinem früheren Wohn-

* Vergl. dagegen Bd. 2. S. 498. No. 1253. dieser Rechtsgrundsätze.

sitze ausgesetzt, diesen aber seit länger als drei Jahren völlig aufgegeben, ohne bis zu seinem Tode einen neuen Wohnsitz zu nehmen: so liegt im Falle der Hülfsbedürftigkeit jener Kinder die desfallsige Fürsorge nicht dem Ortsarmen-Verbande jenes früheren Wohnsitzes, sondern demjenigen Armen-Verbande ob, welcher die Fürsorge hinsichtlich des Vaters zu übernehmen gehabt hätte.

B. Klage des Ortsverbandes gegen den Landarmenverband auf Uebernahme der Armenpflege. — Vergl. A. G. O. I. Einleitung § 16., 13. §§ 27. 28.

Rechtsgr. 1539. — I. Senat. 1. Mai 1857. (XXV. 88)

Der interimistisch von der Landespolizeibehörde zur Armenpflege angeordnete Ortsverband kann den Landarmenverband auf Uebernahme dieser Armenpflege als einer Provinziallast nicht eher belangen, als bis jeder irgend verpflichtete Ortsarmenverband erfolglos beansprucht worden ist.

— § 11. Siehe Rechtsgrundsatz 1533. (§ 1. No. 3. dieses Gesetzes.)

— §§ 12. 22. Armenpflege für das zurückgelassene uneheliche Kind einer Heimathlosen.

Rechtsgr. 1540. — I. Senat. 24. September 1860. (XXXIX. 75.)

a) Unter dem Verarmten nach § 12. des Armenpflege-Gesetzes vom 31. Dezember 1842 ist nicht das zu verpflegende uneheliche Kind, sondern dessen Mutter zu verstehen.

b) Daher ist nicht der Landarmenverband, in welchem das zu verpflegende uneheliche Kind, sondern derjenige Landarmenverband unterstützungspflichtig, in welchem sich die heimathlose Mutter zur Zeit der hervorgetretenen Hülfsbedürftigkeit befindet.

Siehe auch Rechtsgrundsätze 1538. 1541. (§§ 9. 17. dieses Gesetzes.)

— § 17. Verpflichtung der Armenverbände gegen die Ehefrau, Wittwe und Kinder eines Verarmten:

A. Fürsorge für die Familie eines Heimathlosen. — Vergl. §§ 12. 20. dieses Gesetzes.

Rechtsgr. **1541**. — I. Senat. 16. April 1858. (**XXIX**. 255.)

Die Fürsorge für die hülfsbedürftige Familie eines Heimathlosen ist auch dann von dem Landarmenverbande, welchem der letztere angehört, zu übernehmen, wenn seine Familie bei Eintritt ihrer Hülfsbedürftigkeit sich in einem anderen Landarmenverbande aufhält.

B. Hülfsdomizil für die von ihrem Manne verlassene Ehefrau. — Vergl. § **1**. No. **3**. dieses Gesetzes.

Rechtsgr. **1542**. — I. Senat. 15. März 1858. (**XXIX**. 231.)

Das Hülfsdomizil der von ihrem Manne verlassenen Ehefrau wird auch durch fortgesetzten dreijährigen Aufenthalt in dem bisherigen Wohnorte des ersteren begründet.

Siehe auch Rechtsgrundsätze **1545**. **1546**. (§ **21**. dieses Gesetzes.)

— § **18**. Siehe Rechtsgrundsatz **1547**. (§ **21**. dieses Gesetzes.)

— § **20**. Fürsorge für die pflegebedürftig werdenden Kinder der innerhalb Jahresfrist an ihrem neuen Wohnsitze gestorbenen Eltern. — Vergl. §§ **1**. **3**. **21**. dieses Gesetzes; Ergänzungsgesetz vom **21**. Mai **1855** Art. **1**.

Rechtsgr. **1543**. — I. Senat. 3. Oktober 1859. (**XXXIV**. 295.)

Derjenige Ort, an welchem die Eltern der Pflegebefohlenen ihren Wohnsitz begonnen haben, hat, wenngleich der Tod der Eltern vor Ablauf des ersten Jahres erfolgt ist, dennoch die Fürsorge für die Pflegebefohlenen in dem Falle zu übernehmen, wenn dieselben den Wohnsitz fortgesetzt haben, und die Nothwendigkeit der Fürsorge erst nach Ablauf des ersten Jahres eingetreten ist.

Siehe auch Rechtsgrundsätze **1532**. **1538**. **1541**. **1547**. **1549**. (§ **1**. No. **3**., §§ **9**. **17**. **21**. **22**. dieses Gesetzes.)

— § **21**. Uebergang der Fürsorge für die Wittwe und Kinder des Verstorbenen, sowie für die Kinder aus geschiedenen Ehen auf einen andern Armenverband:

A. Armenpflege für die wiederverheirathete Wittwe und deren sowohl minderjährigen, als großjährigen, jedoch unselbstständigen Kinder erster Ehe überhaupt.

Rechtsgr. 1544. — I. Senat. 14. März 1859. (XXXV. 10.)

Unter dem Ausdrucke: „Wittwe" in dem § 21. des Armenpflegegesetzes vom 31. Dezember 1842 ist im Allgemeinen die „Mutter" zu verstehen. — Daher nehmen, wenn nach dem Tode des Ehemannes die Wittwe sich wieder verheirathet hat, ihre Kinder erster Ehe an dem von ihr durch die Wiederverheirathung etwa erlangten neuen Wohnsitze Theil.

Dieser Grundsatz gilt auch hinsichtlich bereits großjähriger, jedoch noch nicht selbstständiger Kinder erster Ehe.

B. Armenpflege hinsichtlich der nach der Wiederverheirathung der Mutter in dem Gerichtsstande ihres verstorbenen Vaters verbliebenen und dort bevormundeten Kinder. — Vergl. §§ 1. 17. dieses Gesetzes.

Rechtsgr. 1545. — I. Senat. 21. Januar 1859. (XXXII. 149.)

Das für die Wittwe durch Eingehung einer zweiten Ehe begründete Hülfsdomizil des Wohnsitzes ihres zweiten Ehemannes geht auch auf deren minderjährige Kinder erster Ehe über, wenngleich denselben der Gerichtsstand ihres Vaters verblieben, und daselbst die Vormundschaft über sie zu führen ist.

C. Armenpflege in Ansehung zugebrachter Kinder, deren Vater außer Landes gewohnt hat, und die selbst nicht Preußische Unterthanen sind. — Vergl. §§ 1. 17. 29. dieses Gesetzes; Indigenatgesetz vom 31. Dezember 1842 § 1. 4.

Rechtsgr. 1546. — I. Senat. 1. Februar 1858. (XXIX. 48.)

Zugebrachte Kinder, deren leiblicher Vater außer Landes gewohnt hat, und die selbst nicht die Eigenschaft Preußischer Unterthanen erlangt haben, theilen nicht den Wohnsitz ihres Stiefvaters und fallen nicht der Armenpflege desjenigen Orts-armen-Verbandes anheim, welcher für die Mutter und die aus der neuen Ehe zu erwartenden Kinder zu sorgen haben würde.

D. Armenpflege in Ansehung der erst nach dem Tode ihrer verwittweten Mutter hülfsbedürftig gewordenen Kinder. — Vergl. A. L. R. II. 2. §§ 64. 65.; A. G. O. I. 2. § 20.; § 1. No. 3., §§ 4. 18. 20. dieses Armenpflegegesetzes.

Rechtsgr. **1547.** — I. Senat. 3. April 1857. (XXV. 48.)

Ist nach dem Tode eines Verarmten die Verpflichtung zur Fürsorge für die Wittwe auf einen anderen Armenverband in Gemäßheit des § 21. des Armenpflegegesetzes vom 31. Dezember 1842 übergegangen, so liegt diesem die Fürsorge für die hinterbliebenen Kinder selbst dann noch ob, wenn die Wittwe gestorben, und die Hülfsbedürftigkeit der Kinder erst nach deren Tode hervorgetreten ist.

E. Armenpflege in Betreff der Kinder einer geschiedenen Ehe. — Vergl. A. L. R. II. 2. § 92.

Rechtsgr. **1548.** — I. Senat. 15. März 1858. (XXIX. 231.)

Das Hülfsdomizil einer geschiedenen Ehefrau hat auch dann die Fürsorge für die Kinder der geschiedenen Ehe zu übernehmen, wenn im Scheidungs-Urtheil der Ehefrau die Erziehung der Kinder zwar nicht ausdrücklich zuerkannt, dieselbe jedoch für den unschuldigen Theil erklärt worden ist.

Siehe auch Rechtsgrundsatz 1543. (§ 20. dieses Gesetzes.)

— § **22.** Verpflichtung zur Armenpflege für uneheliche Kinder. — Vergl. § 20. dieses Gesetzes.

Rechtsgr. **1549.** — I. Senat. 14. September 1857. (XXVII. 37.)

Die Armenpflege in Betreff eines unehelichen Kindes einer pflegebedürftigen Mutter fällt dem zur Verpflegung der letztern verpflichteten Armenverbande auch dann anheim, wenn dieser kein örtlicher, sondern ein Landarmenverband, und das Kind in dem Bezirk eines andern Landarmenverbandes geboren ist.

Siehe auch Rechtsgrundsatz 1540. (§ 12. dieses Gesetzes.)

— § **25.** Siehe Rechtsgrundsatz 1550. (§ 26. dieses Gesetzes.)

— § **26.** Einstweilige Fürsorge für einen Verarmten seitens der Gemeinde oder Gutsherrschaft vorbehaltlich deren Anspruchs an den dazu Verpflichteten. — Vergl. § 1. dieses Gesetzes.

A. Zunächst Feststellung des verpflichteten Armenverbandes. — Vergl. § 25. dieses Gesetzes.

Rechtsgr. 1550. — I. Senat. 29. Oktober 1858. (XXXI. 95.)

Dem Grunde nach sind die Verwandten des Verarmten die Hauptverpflichteten, der Zeit nach dagegen die Armenverbände die Zuerstverpflichteten. Daher ist mit Feststellung des verpflichteten Armenverbandes der Anfang zu machen, und sodann demselben der Regreß an die Verwandten zu überlassen.

B. Einrede eines vorhandenen vermögenden Verwandten des Verarmten bei dem Rechtsstreite zwischen zwei Armenverbänden. — Vergl. Ergänzungsgesetz vom 21. Mai 1855 Art. 3.

Rechtsgr. 1551. — I. Senat. 29. Oktober 1858; V. Senat. 20. März 1860. (XXXI. 95.; XXXVI. 340.)

Bei dem Rechtsstreite zwischen zwei Armenverbänden kann der verklagte Armenverband, welchem die Fürsorge für den Armen in Ermangelung eines privatrechtlich Verpflichteten obliegen würde, aus dem Vorhandensein eines solchen weder einen Grund herleiten zu einem Widerspruch gegen die direkt gegen ihn geltend gemachte Kosten-Ersatzforderung desjenigen Armenverbandes, welcher diese Kosten einstweilen aufgewendet hat, noch auch den Letzteren an den prinzipaliter zur Alimentation Verpflichteten verweisen.

— § 29. Siehe Rechtsgrundsatz 1546. (§ 21. dieses Gesetzes.)

— § 32. Verpflegung kranker Dienstboten; Erkrankung vor Antritt des Dienstes. — Vergl. Ergänzungsgesetz vom 21. Mai 1855 Art. 5.

Rechtsgr. 1552. — I. Senat. 4. Juni 1858. (XXX. 65.)

Der § 32. des Gesetzes über die Armenpflege vom 31. Dezember 1842 setzt voraus, daß die Erkrankung des Gesindes erst während des Dienstes ihren Anfang genommen hat.

— §§ 33. 35. Verfahren bei Streitigkeiten über die Armenpflege; Feststellung der Hülfsbedürftigkeit:

A. Unstatthaftigkeit des Rechtsweges hinsichtlich der Feststellung der Armuth und Hülfsbedürftigkeit eines Menschen; Klage des durch Resolut der Verwaltungs-Behörde zum Unterhalte eines Hülfsbedürftigen herangezogenen Verwandten auf Aufhebung dieses Resoluts wegen eigenen Unvermögens. — Vergl. A. L. R. II. 2. §§ 63. ff. 251., 3. §§ 14. 15.; Deklaration vom 21. Juli 1843; Ergänzungsgesetz vom 21. Mai 1855 Art. 6. 13.

Rechtsgr. 1553. — I. Senat. 24. Februar 1860. (XXXVI. 278.)

a) Ueber die Frage: ob Jemand arm und für sich oder die Seinigen der öffentlichen Fürsorge ganz oder theilweise bedürftig sei, hat nicht der Richter, sondern lediglich die Verwaltungsbehörde zu entscheiden.*

b) Die Klage des zum Unterhalte eines Hülfsbedürftigen durch Resolut der Verwaltungsbehörde herangezogenen Verwandten auf Aufhebung dieses Resoluts kann nicht darauf gestützt werden, daß Kläger selbst ganz oder theilweise von Mitteln zum Unterhalte Derjenigen entblößt sei, deren Unterhalt ihm das Gesetz auferlege.

B. Rechtsweg hinsichtlich der Feststellung der Ursache des entstandenen Bedürfnisses der Fürsorge für einen Armen.

Rechtsgr. 1554. — I. Senat. 27. September 1858. (XXX. 278.)

Die Frage: wodurch das Bedürfniß zur öffentlichen Fürsorge für einen Verarmten entstanden, ist der Beurtheilung und Entscheidung der Gerichte nicht entzogen.

C. Rechtsweg hinsichtlich der Feststellung des Zeitpunktes des in der Vorzeit eingetretenen Unterstützungs-Bedürfnisses.

Rechtsgr. 1555. — I. Senat. 24. September 1858. (XXX. 266.)

Die Frage: in welchem Zeitpunkte der Vorzeit Jemand arm geworden oder das Unterstützungsbedürfniß desselben hervorgetreten sei? ist der Beurtheilung und Entscheidung der Gerichte nicht entzogen.

Siehe auch Rechtsgrundsatz 1530. (§ 1. dieses Gesetzes.)

* Vergl. dagegen Bd. 2. S. 499. No. 1258. dieser Rechtsgrundsätze.

— § 34. Rechtsstreit zwischen verschiedenen Armenverbänden:
A. Gestattung des Rechtsweges hinsichtlich der weiter streitigen Armenpflege nach einmal ergangenem Resolute der Verwaltungsbehörde.

Rechtsgr. 1556. — I. Senat. 25. Februar 1859. (XXXIII. 25.)

Ist einmal wegen der Fürsorge für einen Armen das Resolut der Regierung ergangen, so kann der durch dasselbe für verpflichtet Erklärte gegen Jeden den Weg Rechtens ergreifen, ohne daß er ein weiteres Resolut der Regierung zu erwirken hat.

B. Begründung der Klage auf Verurtheilung des verklagten Armenverbandes zur Uebernahme der Armenpflege und Erstattung der bisher aufgewendeten Kosten. — Vergl. A. L. R. I. 16. §§ 166. ff.; Ergänzungsgesetz vom 21. Mai 1855 Art. 3.

Rechtsgr. 1557. — I. Senat. 26. Februar 1858. (XXIX. 162.)

Der Klageantrag: „die klagende Gemeinde der verklagten Gemeinde gegenüber zu dieser Armenpflege für nicht verpflichtet zu crachten", — ist nicht erschöpfend und daher ungeeignet.

Rechtsgr. 1558. — I. Senat. 23. April 1858. (XXIX. 273.)

Bei dem Streite unter zwei Armenverbänden über die Verpflichtung zur Fürsorge für einen Hülfsbedürftigen genügt zur Begründung der Klage des nach der Resolution der Landespolizeibehörde zur Fürsorge verpflichteten Armenverbandes zwar insofern, als es sich um die fernere Verpflegung handelt, nicht der bloße Nachweis, daß der klagende Armenverband nicht der verpflichtete, vielmehr ist auch der Nachweis erforderlich, daß der verpflichtete Armenverband der wahre und mehr verpflichtete sei; dieses letzteren Nachweises bedarf es aber nicht, insofern es sich lediglich um die Zurückzahlung der von dem Kläger dem Verklagten vorbehaltlich der Rechte erstatteten Kosten der von dem letzteren freiwillig übernommenen Verpflegung handelt.

— § 35. Klagerecht des Armenverbandes gegen den zur Alimentation aus einem privatrechtlichen Verhältnisse Verpflichteten auf Feststellung der Alimentationspflicht für die Zukunft. — Vergl. A. L. R. II. 2. § 64., 3. §§ 14. ff.; Ergänzungsgesetz vom 21. Mai 1855 Art. 6.

Rechtsgr. 1559. — I. Senat. 18. Februar 1859. (XXXII. 274.)

a) Das in dem § 35. des Armenpflege-Gesetzes vom 31. Dezember 1842 gedachte Klagerecht des eventuell zur Fürsorge für einen Armen verpflichteten Armenverbandes gegen die zur Verpflegung gesetzlich verpflichteten Verwandten beruht nicht auf der nützlichen Verwendung, sondern auf dem Rechte des Hülfsbedürftigen gegen den letztern.

b) Daher erstreckt sich dies Klagerecht nicht blos auf die Erstattung der bereits erwachsenen Kosten, sondern auch auf die Feststellung der Alimentations-Verbindlichkeit für die Zukunft.

Siehe auch Rechtsgrundsatz 683. 1529. (A. L. R. II. 3. § 20.; § 1. dieses Armenpflegegesetzes.)

1842, Dezember 31. Gesetz No. 2319. (Indigenatgesetz) über die Erwerbung und den Verlust der Eigenschaft als Preußischer Unterthan, sowie über den Eintritt in fremde Staatsdienste. (Ges.-Samml. für 1843 S. 15.)

— § 1. Siehe Rechtsgrundsätze 1528. 1546. (Heimathsgesetz vom 31. Dezember 1842 § 8.; Armenpflegegesetz vom 31. Dezember 1842 § 21.)

— § 4. Siehe Rechtsgrundsatz 1546. (Armenpflegegesetz vom 31. Dezember 1842 § 21.)

— § 5. Siehe Rechtsgrundsatz 1528. (Heimathsgesetz vom 31. Dezember 1842 § 8.)

— §§ 7. 8. Naturalisation eines Ausländers. — Vergl. Kabinetsorder vom 10. Januar 1848.

Rechtsgr. 1560. — I. Senat. 26. Oktober 1860. (XXXIX. 116.)

Naturalisation und ein bestimmter Niederlassungsort hangen wesentlich und untrennbar zusammen; es kann also ein Ausländer ohne Hinweisung auf einen bestimmten Aufenthaltsort nicht naturalisirt werden.

— § 9. Siehe Rechtsgrundsatz 1528. (Heimathsgesetz vom 31. Dezember 1842 § 8.)

— § 15. Siehe Rechtsgrundsatz 1012. (A. G. O. I. 2. § 9.)

1843, Februar 28. Gesetz über die Benutzung der Privatflüsse. (Ges.-Samml. S. 41.)

— § 1. Recht der Uferbesitzer zur Benutzung des vorüberfließenden Wassers:

A. Anwendbarkeit des Gesetzes vom 28. Februar 1843 auf Anlagen aller Art zur Benutzung von Privatflüssen.

Rechtsgr. **1561**. — II. Senat. 11. September 1860. (XXXIX. 31.)

Das Gesetz vom 28. Februar 1843 bezieht sich nicht lediglich auf Anlagen zur Verbesserung der Bodenkultur, sondern auf Anlagen aller Art, welche zur Benutzung von Privatflüssen gemacht werden; — es ist jedoch bezüglich von Mühlen und Triebwerken nur da anzuwenden, wo eine bisher bestandene Vorschrift ausdrücklich abgeändert wird.

B. Vertrag über die Benutzung des Flußwassers. — Vergl. § 25. No. 5. dieses Gesetzes.

Rechtsgr. **1562**. — IV. Senat. 16. Juli 1857. (XXV. 357.)

Das Recht zur Benutzung des Flußwassers ist ein Privatrecht und somit Gegenstand des Vertrages.

Siehe auch Rechtsgrundsätze 195. 206. 245. 1563. 1565. (A. L. R. I. 7. § 150., 9. §§ 99. 504.; § 13. No. 2., § 23. dieses Gesetzes.)

— § 13. Siehe Rechtsgrundsätze 245. 1565. (A. L. R. I. 9. § 504.; § 23. dieses Gesetzes.)

— § 13. No. 2. Verjährung des Rechts des Ufernachbars, die Rückleitung des aus dem Fluß abgeleiteten Wassers in denselben zu verlangen. — Vergl. A. L. R. I. 8. § 99.; § 1. dieses Gesetzes.

Rechtsgr. **1563**. — III. Senat. 30. September und 30. November 1859. (XXXV. 321.)

Das dem Ufernachbar nach den §§ 1. und 13. No. 2. des Gesetzes vom 28. Februar 1843 zustehende Recht, von dem Besitzer des oberhalb belegenen Grundstücks die Zurückleitung des von demselben vermittelst eines Stauwerkes aus dem Flusse abgeleiteten Wassers in denselben zu verlangen, fällt mit dem ihm schon nach § 99. I. 8. des Allg. Landrechts zugestandenen Rechte auch dann nicht zusammen, wenn ihm die frühere Ableitung des Wassers Nachtheil gebracht hatte. — Daher geht das durch jenes neuere Gesetz verliehene Recht nur durch eine seit der Kraft dieses neuen Gesetzes neu beginnende Verjährung verloren.

Siehe auch Rechtsgrundsatz 206. (A. L. R. I. 9. § 99.)

— § **14**. Siehe Rechtsgrundsatz 206. (A. L. R. I. 9. § 99.)
— § **16**. Siehe Rechtsgrundsätze 195. 245. (A. L. R. I. 7. § 150., 9. § 504.)
— § **16 b**. Widerspruchsrecht der Besitzer von Mühlen und anderen Triebwerken.

Rechtsgr. **1564**. — II. Senat. 11. September 1860. (XXXIX. 31.)

Der § 16b. dieses Gesetzes findet auch auf Anlagen zum Betriebe von Mühlen und anderen Triebwerken Anwendung.

— §§ **19**. ff. Siehe Rechtsgrundsatz 1565. (§ 23. dieses Gesetzes.)
— § **23**. Rechtsweg hinsichtlich des Streites wegen Entziehung des Wassers zum Betriebe eines Triebwerkes durch eine Bewässerungs-Anlage. — Vergl. §§ 1. 13. 19. ff. dieses Gesetzes.

Rechtsgr. **1565**. — III. Senat. 20. Dezember 1858. (XXXI. 364.)

Nur für den Fall einer Provokation auf Vermittelung der Polizeibehörde steht die Entscheidung der Frage: ob durch eine auf Grund der §§ 1. 13. vorgenommene Bewässerungs-Anlage einem zur Zeit der Publikation dieses Gesetzes bestehenden Triebwerke das zum Betriebe in dem bisherigen Umfange nothwendige Wasser entzogen worden, — mit Ausschluß des Rechtsweges der Regierung zu.

— § **25**. No. **5**. Siehe Rechtsgrundsatz **1562**. (§ 1. dieses Gesetzes.)

1843, März 5. Vorläufige Verordnung über die Ausübung der Waldstreuberechtigung. (Ges.-Samml. S. 105.)
— § **1**. Umfang der Anwendbarkeit dieses Gesetzes.

Rechtsgr. **1566**. — III. Senat. 29. März 1858. (XXVIII. 213.)

Das Gesetz vom 5. März 1843 ist nicht lediglich auf die Waldstreuberechtigung als Servitut anwendbar.

— §§ 2-5. Possessorischer Schutz bei Ausübung der Waldstreuberechtigung; Observanz hinsichtlich der Transportmittel.

Rechtsgr. 1567. — III. Senat. 15. Januar 1858. (XXVIII. 165. 166.)

a) Bei der Waldstreuberechtigung ist, selbst der rechtsverjährten Ausübung ungeachtet, die Bestimmung der Jahreszeiten, der Reviere und der Gestalt der Harken den forstpolizeilichen Anordnungen unterworfen, und findet gegen dieselben auch ein im Wege der Possessorienklage nachgesuchter Schutz nicht statt.

b) Der jüngste Besitz hat bei der Waldstreuberechtigung nur insofern Bedeutung und Anspruch auf possessorischen Schutz, als es sich um die Zahl der Tage oder die Transportmittel bei dem Streuholen handelt.

c) Unter der Observanz, nach welcher zufolge § 4. litt. d. der vorläufigen Verordnung vom 5. März 1843 die Transportmittel bei der Waldstreu-Berechtigung bestimmt werden sollen, ist die bisherige Art der Ausübung zu verstehen.

1843, Mai 11. Verordnung, die Kompetenz der Friedensgerichte in der Rheinprovinz betreffend. (Ges.-Samml. S. 181.)

— § 1. Siehe Rechtsgrundsatz 1369. (Gesetz vom 16. und 24. August 1790 Tit. III. Art. 9.)

1843, Juli 21. Deklaration No. 2369. der, die Alimentationspflicht der Verwandten betreffenden §§ 63. und 251. II. 2. und der §§ 14. 15. II. 3. des Allg. Landrechts. (Ges.-Samml. S. 296.)

— Siehe Rechtsgrundsätze 1529. 1553. (Armenpflegegesetz vom 31. Dezember 1842 §§ 1. 33.)

1843, Juli 21. Verordnung No. 2370. über die Grundsätze, wonach der Werth des Streitgegenstandes in Civilprozessen zu berechnen ist. (Ges.-Samml. S. 297.)

— §§ 1. ff. Zulässigkeit der Revision bei irrthümlicher Angabe einer nicht revisibelen Summe. — Vergl. A. G. O. I. 15. § 2.

Rechtsgr. 1568. — III. Senat. 17. Juni 1859. (XXXIII. 311.)

Der Umstand, daß in der Klage aus offenbarem Irrthum des Klägers statt der wirklich vorhandenen revisibelen eine nicht revisibele Summe angegeben ist, steht der Zulässigkeit der Revision nicht entgegen.

Siehe auch Rechtsgrundsatz **1631**. (Gerichtskostengesetz vom **10.** Mai **1851 § 11.**)

— § **5.** Festsetzung des Werthes des Streitgegenstandes in der Revisions-Instanz.

Rechtsgr. **1569.** — II Senat. 8. November 1860. (**XXXIX.** 187.)

Wenn während der Instruktion des Prozesses unter den Parteien über den Werth des Streitgegenstendes eine Einigung zu Stande kommt, so ist dagegen ein in der Revisions-Instanz angetretener Beweis über einen anderen und namentlich einen höheren Betrag des Streitgegenstandes nur dann zulässig, wenn zugleich ein bei Abgabe der früheren Erklärung über den Werth des Streitgegenstandes vorgefallener thatsächlicher Irrthum behauptet und nachgewiesen werden kann.

— § **8.** Rechtsmittel des Rekurses oder der Appellation bei Grundgerechtigkeiten.

Rechtsgr. **1570.** — II. Senat. 6. Dezember 1859. (**XXXVI.** 59.)

a) Grundgerechtigkeiten gehören in der Regel, ohne Rücksicht auf ihren Werth, zu den das Rechtsmittel der Appellation zulassenden Gegenständen.

b) Eine Ausnahme von dieser Regel findet nur alsdann statt, wenn beide Parteien den Werth der Grundgerechtigkeit ausdrücklich zu einem minderen Werthe als 50 Rthlr. angegeben haben, und in dieser Hinsicht eine bestimmte Einigung zwischen denselben stattgefunden hat. — Zu dieser Ausnahme ist der Fall der unterlassenen Erklärung der einen Partei über die desfallsige Angabe der anderen Partei nicht zu rechnen.

— § **10.** Bestimmung der Kompetenz des Richters und der Zulässigkeit der Rechtsmittel auch für den ostrheinischen Landestheil durch den Werth des Streitobjekts bei Streitgenossen. — Vergl. Prozeßverordnung vom **21.** Juli **1849 § 81.**

Rechtsgr. 1571. — V. Senat 13. September 1859. (XXXIV. 229.)

Die Frage, wie bei Streitgenossen der Werth des Streitobjekts in Bezug auf die Kompetenz des Richters und die Zulässigkeit der Rechtsmittel festzustellen, ist auch für den Ost-Rhein durch den § 16. der Verordnung vom 21. Juli 1843 zu entscheiden.

1843, Oktober 13. Gesetz No. **2384.**, das Kassations-Verfahren in Civilsachen bei dem Rheinischen Revisions- und Kassationshofe betreffend. (Ges.-Samml. S. 334.)

— §§ **1. 13.** Kassations-Rekurs wegen unrichtiger Interpretation eines Vertrages auf den Grund eines Rechtsirrthums.

Rechtsgr. 1572. — V. Senat. 8. und 22. Februar 1859. (XXXII. 210.)

Das Resultat der Interpretation der Verträge ist dem Kassations-Rekurse dann nicht entzogen, wenn der Instanzrichter nur durch Rechtsirrthum zu diesem Resultate gelangt ist.

1843, November 9. Gesetz über die Aktiengesellschaften. (Ges.-Samml. S. 341.)

— § **21.** Siehe Rechtsgrundsatz **1598.** (Nachtrag zum Statut der Stargard-Posener Eisenbahngesellschaft vom 8. März 1847 § 7.)

1844, Januar 24. Verordnung No. **2422.** über die Festsetzung und den Ersatz der bei Kassen- und anderen Verwaltungen vorkommenden Defekte. (Ges.-Samml. S. 52.)

— §§ **10. 16.** Feststellung des Defektes eines Beamten; Provokationsklage desselben gegen die Verwaltungsbehörde.

Rechtsgr. 1573. — V. Senat. 6. Oktober 1857. (XXVI. 256.)

Wenn der Beschluß der Verwaltungsbehörde, wodurch sie die Verpflichtung zum Ersatz des Defektes feststellt, den Charakter einer provisorischen Entscheidung hat, so liegt ihr nicht ob, in Folge der Provokation des betreffenden Beamten auf rechtliches Gehör die Klage anzustellen.

Siehe auch Rechtsgrundsätze **1161.** (Konkurs-Ordnung vom 8. Mai 1855 § 79.)

1844, April **19**. Patent No. **2439**. wegen Publikation des Provinzialrechts für Westpreußen. (Ges.-Samml. S. **103**.)

— §§ **3**. **5**. Siehe Rechtsgrundsatz **1231**. (Westpreußisches Provinzialrecht, § **71**.)

1844, Mai **24**. Verordnung, die Eröffnung von Aktien-Zeichnungen für Eisenbahn-Unternehmungen und den Verkehr mit den dafür ausgegebenen Papieren betreffend. (Ges.-Samml. S. **117**.)

— § **3**. Gültigkeit erfüllter Geschäfte und Vergleiche über Aktienpromessen und Quittungsbogen bei Eisenbahnunternehmungen. — Vergl. A. L. R. I. **16**. §§ **160**. ff. **405**.; Verordnung vom **13**. Mai **1840** § **1**.

Rechtsgr. **1574**. — IV. Senat. 17. April 1859. (XXXII. 354.)

Auf völlig erfüllte Geschäfte oder Vergleiche findet die Verordnung vom 24. Mai 1844 keine Anwendung.

— § **5**. Siehe Rechtsgrundsatz **1490**. (Verordnung vom **19**. Januar **1836** § **7**.)

1844, Juni **21**. Kabinetsorder, betreffend den Kleinhandel mit Getränken, und den Gast- und Schankwirthschaftsbetrieb. (Ges.-Samml. S. **214**.)

— Siehe Rechtsgrundsatz **597**. (A. L. R. I. **23**. § **54**.)

1844, Juni **28**. Verordnung über das Verfahren in Ehesachen. (Ges.-Samml. S. **184**.)

— § **7**. Siehe Rechtsgrundsatz **1130**. (A. G. O. I. **40**. § **51**.)

— §§ **10-12**. Kompetenter Geistlicher zum Sühneversuch vor Einleitung des Ehescheidungsprozesses:

A. bei Detention des Ehemannes in einer Strafanstalt.

Rechtsgr. **1575**. — I. Senat. 28. Juni 1861. (XL. 166.)

Wenn der Ehemann zur Verbüßung einer Strafe sich auf einer Straf-Anstalt befindet, so kann der vor Einleitung des Ehescheidungsprozesses erforderliche Sühneversuch von dem Prediger der Straf-Anstalt vorgenommen werden.

B. bei gemischten Ehen.

Rechtsgr. **1576**. — I. Senat. 14. Dezember 1860. (XL. 100.)

Bei einer gemischten Ehe ist die Einleitung der Ehescheidungsklage des katholischen Ehegatten gegen den evangelischen

Ehegatten vor Beibringung eines Attestes über den Sühneversuch seitens des Geistlichen der Konfession des Verklagten nicht zulässig. Ist daher die Einleitung der Klage ohne Beibringung dieses Attestes erfolgt, so ist die Klage durch Erkenntniß auch dann zur Zeit abzuweisen, wenn der Verklagte im Klagebeantwortungs-Termin der Trennung der Ehe widersprochen hat.

— § **39.** Siehe Rechtsgrundsatz 1050. (A. G. O. I. **10.** § 5a.)

— §§ **61. 62.** Geistlicher Sühneversuch behufs Anstellung der Ehescheidungsklage wegen böswilliger Verlassung.

Rechtsgr. 1577. — I. Senat. 25. Juni 1860. (XXXVIII. 73.)

Der behufs der Statthaftigkeit der Ehescheidungsklage wegen böslicher Verlassung erforderliche vorherige Sühneversuch seitens des kompetenten Geistlichen muß von dem persönlichen Gericht direkt veranlaßt sein, und reicht daher ein von dem klagenden Ehegatten, wenngleich zufolge Aufforderung des persönlichen Gerichts, veranlaßter geistlicher Sühneversuch zur Statthaftigkeit der Klage nicht hin.

1844, November 22. Verordnung, betreffend den Geschäftsgang und Instanzenzug bei den Auseinandersetzungsbehörden. (Ges.-Samml. für 1845 S. 19.)

— § **16.** Siehe Rechtsgrundsatz 1456. (Verordnung vom 14. Dezember 1833 § 2.)

1845, Januar 17. Allgemeine Gewerbeordnung. (Ges.-Samml. S. 41.)

— §§ **4. 5. 11.** Siehe Rechtsgrundsatz 597. (A. L. R. I. **23.** § 54.)

— § **16.** Siehe Rechtsgrundsatz 839. (A. L. R. II. **18.** § 807.)

— §§ **53. 55. 64. 65.** Siehe Rechtsgrundsatz 597. (A. L. R. I. **23.** § 54.)

— § **77.** Siehe Rechtsgrundsatz 1599. (Verordnung vom 4. Oktober 1847 § 1.)

— § **92.** Siehe Rechtsgrundsatz 729. (A. L. R. II. **10.** § 1.)

1845, April 25. Deklaration, betreffend die Berechnung der Laudemien von Grundstücken, bei welchen Reallasten abgelöst worden sind. (Ges.-Samml. S. 243.)

— Siehe Rechtsgrundsatz 279. (A. L. R. I. **11.** § 1.)

1845, Mai 23. **Kabinetsorder, betreffend die Eigenschaft einer Familienstiftung als einer juristischen Person.** (Justizministerialblatt S. 179.)
— Siehe Rechtsgrundsätze 1308. **1442**. (Cod. **1**. 2. Lex **1**.; Gesetz vom 13. Mai 1833 § 4.)

1845, Juli **11**. Gesetz No. **2592**. wegen Aufhebung der im Herzogthum Schlesien und der Grafschaft Glatz geltenden besonderen Rechte über die ehelichen Güterverhältnisse und die gesetzliche Erbfolge. (Ges.-Samml. S. 471.)
— Siehe Rechtsgrundsatz 1336. (Synodus pragensis von **1605**.)

1845, Juli **11**. Gesetz No. **2598**. über das Verfahren bei Aufnahme von Notariats-Instrumenten. (Ges.-Samml. S. 487.)
— § **15**. **Ungültigkeit einer Notariats-Urkunde wegen unvollständiger Namensunterschrift der Zeugen.** — Vergl. §§ **41**. **42**. dieses Gesetzes.

Rechtsgr. **1578**. — III. Senat. 8. April 1859. (XXXIII. 117.)

Hat ein Instrumentszeuge das Schlußattest unter der notariellen Verhandlung zwar mit seinem vollständigen Zunamen unterschrieben, jedoch statt seiner ausgeschriebenen Vornamen nur deren Anfangsbuchstaben beigefügt, so hat das Notariats-Instrument nicht die Kraft einer notariellen Urkunde.

— § **23**. Siehe Rechtsgrundsätze **961**. **964**. (Allg. Deutsche Wechsel-Ordnung Art. 88.)
— §§ **41**. **42**. Siehe Rechtsgrundsatz 1578. (§ **15**. dieses Gesetzes.)

1845, Juli 23. Generalkonzession für die von der evangelischen Landeskirche sich getrennt haltenden Lutheraner. (Ges.-Samml. S. 516.)
— §§ **1**. ff. **Austritt aus der evangelischen Landeskirche und Uebertritt zu den Altlutheranern.** — Vergl. Zusammenstellung zu dem Patent vom 30. März 1847, No. 2.

Rechtsgr. **1579**. — I. Senat. 11. November 1859. (XXXIV. 353.)

Damit der Austritt aus der evangelischen Landeskirche und der Uebertritt zu den Altlutheranern rechtliche Folgen habe, wird nicht erfordert, daß der Austritt in einer dem Gesetz vom 30. März 1847 entsprechenden Form erklärt worden sei.

Siehe auch Rechtsgrundsatz 735. (A. L. R. II. **11**. § 56.)

1845, Dezember **11.** Schulordnung für die Elementarschulen der Provinz Preußen. (Ges.-Samml. für **1846** S. **1.**)

— §§ **31. 32.** No. **2. 3. 38. 39. 67. 70.** Legitimation des Schulvorstandes zur Vertretung der Schulsozietät. — Vergl. A. L. R. II. **11.** §§ 170. ff. 757-760., **12.** §§ 18. ff.

Rechtsgr. **1580.** — I. Senat. 17. September 1858. (XXX. 231.)

Der Schulvorstand ist zur Vertretung der auf Zahlung der Kosten der verdungenen Reparaturen und Neubauten der Schulgebäude verklagten Schulsozietät, namentlich in der Provinz Preußen auf Grund der für dieselbe erlassenen Schul-Ordnung, legitimirt.

— § **44.** Schulbaupflicht der Gutsherren in der Provinz Preußen. — Vergl. A. L. R. II. **12.** § 36.

Rechtsgr. **1581.** — I. Senat. 19. Dezember 1859. (XXVI. 93.)

Der § 44. der Schulordnung für die Elementarschulen der Provinz Preußen vom 11. Dezember 1845 regelt die Leistungen der Gutsherren dahin, daß sie das erforderliche Schulbauholz — ganz abgesehen von dessen eigenem Besitze — stets unentgeltlich herzugeben haben.

— §§ **67. 70.** Siehe Rechtsgrundsatz **1580.** (§ **31.** dieser Schulordnung.)

1846, März **4.** Statut der Stargard-Posener-Eisenbahngesellschaft. — (Ges.-Samml. S. **90.**)

— § **30.** Siehe Rechtsgrundsatz **1598.** (Nachtrag zu diesem Statut vom 8. März **1847** § 7.)

1846, April 3. Gesetz, betreffend die Publikation der Gesetze. (Ges.-Samml. S. **151.**)

— Siehe Rechtsgrundsatz 9. (A. L. R. Einl. § **10.**)

1846, April **11.** Verordnung No. **2700.**, betreffend die Beitragspflicht zur Unterhaltung von Kirchen, Pfarr- und Schulgebäuden in dem Markgrafenthum Ober-Lausitz. (Ges.-Samml. S. **164.**)

— §§ **1. 2. 4.** Beitrag des Patrons zu Schulbauten in der Oberlausitz. — Vergl. A. L. R. II. **11.** §§ 789. 790., **12.** § 37.

Rechtsgr. **1582.** — I. Senat. 16. September 1859. (XXXIV. 249.)

Der Kirchenpatron hat in der Oberlausitz das gesetzliche

Drittel der Kosten bei Schulbauten nur dann zu entrichten, wenn die Schule zugleich als Küsterei mit der Kirche in Verbindung steht.

1846, Juli 21. Verordnung No. 2729. über das Verfahren in Civilprozessen. (Ges.-Samml. S. 291.)

— Ueberhaupt. Siehe Rechtsgrundsatz 1033. (A. G. O. I. 2. § 172. No. 1.)

— §§ 5. 6. Erkenntniß über Präjudizial-Einreden, insbesondere in Betreff der fehlenden Kaution eines klagenden Ausländers. — Vergl. A. G. O. I. 21. § 3.

Rechtsgr. 1583. — IV. Senat. 27. Juni 1857. (XXV. 312.)

Ueber die im § 5. der Verordnung vom 21. Juli 1846 gedachten Einreden ist, wenn sie bescheinigt sind, und vom Verklagten auf Verhandlung und Erkenntniß darüber angetragen ist, ohne Unterschied stets in Form eines Erkenntnisses mit Vorbehalt der ordentlichen Rechtsmittel zu befinden.

— § 8. Siehe Rechtsgrundsätze 1450-1452. (Prozeßverordnung vom 1. Juni 1833 § 44.)

— § 9. Siehe Rechtsgrundsätze 1065-1067. (A. G. O. I. 10. § 295.)

— § 13. Siehe Rechtsgrundsätze 1040. 1185. 1514. (A. G. O. I. 6. § 10.; Konkurs-Ordnung § 124. Alinea 3.; Deklaration vom 6. April 1839 § 14. Litt. d.)

— § 13. No. 6. Gestellung auswärtiger Zeugen im Possessorienprozeß. — Vergl. A. G. O. I. 31. §§ 9-14.

Rechtsgr. 1584. — III. Senat. 1. Oktober 1858. (XXX. 285.)

Im Possessorienprozeß darf der Richter sich nicht auf Requisition anderer Gerichte behufs der Vernehmung der nicht seinem Gerichtsstande angehörenden Zeugen einlassen.

— § 15. Anmeldung, Einführung und Rechtfertigung der Rechtsmittel der Appellation, der Revision und Nichtigkeitsbeschwerde:

A. Anmeldung des Rechtsmittels durch den einen Litiskonsorten für den andern Litiskonsorten.

Rechtsgr. 1585. — IV. Senat. 19. November 1857. (XXVIII. 97.)

Die Anmeldung eines Rechtsmittels seitens eines Litiskonsorten kann auch durch einen andern Litiskonsorten geschehen.

B. Anmeldung und Rechtfertigung des Rechtsmittel der Appellation in einer und derselben Schrift, insbesondere im Wechselprozesse. — Vergl. § 27. dieser Verordnung.

Rechtsgr. 1586. — IV. Senat. 17. Juli 1858. (XXX. 194.)

Der Plenarbeschluß vom 6. Dezember 1847, betreffend die Unzulässigkeit der Anmeldung und Rechtfertigung des Rechtsmittels der Appellation in einer und derselben Schrift, betrifft nur das ordentliche Prozeßverfahren, in welchem die Anmeldung und die Rechtfertigung des Rechtsmittels bei verschiedenen Gerichten erfolgt; derselbe findet daher auf das Wechselprozeß-Verfahren keine Anwendung.

— § 16. Inhalt und Form der Appellations-Anmeldungsschrift:
A. Bestimmte Erklärung der Appellations-Anmeldung. — Vergl. Deklaration vom 6. April 1839 Art. 3. No. 2.

Rechtsgr. 1587. — IV. Senat. 15. Februar 1859. (XXXII. 259.)

Die Anzeige: „man werde gegen das erste Urtheil appelliren“, ist für eine genügende Anmeldung der Appellation zu erachten.

B. Unterkreuzung der Appellations-Anmeldungsschrift.

Rechtsgr. 1588. — IV. Senat. 19. November 1857. (XXVIII. 97.)

Auch im Falle der durch einen schreibensunerfahrenen Litiskonsorten erfolgten Anmeldung des Rechtsmittels für einen andern Litiskonsorten genügt die bloße Unterkreuzung der Anmeldungsschrift seitens des Ersteren.

— § 17. Einführung und Rechtfertigung der Appellation:
A. Namensunterschrift des Appellanten blos unter dem Duplikate der Rechtfertigungsschrift. — Vergl. Deklaration vom 6. April 1839 Art. 3. No. 2.

Rechtsgr. 1589. — IV. Senat. 20. Dezember 1859. (XXXVI. 115.)

Zur gesetzlichen Form der Appellations-Rechtfertigungsschrift genügt es, wenn nur das Duplikat dieser Schrift mit der Namens-Unterschrift des Appellanten versehen ist.

Das Gericht ist verpflichtet, entweder das Duplikat bei den Akten zu behalten, oder zu den Akten zu vermerken, daß es, mit der Unterschrift des Appellanten versehen, allen Erfordernissen genüge.

B. Wirkung der Legalisirung einer von der Partei nicht unterschriebenen Appellations-Rechtfertigungsschrift durch einen nicht bevollmächtigten Rechtsanwalt. — Vergl. Deklaration vom 6. April 1839 Art. 3. No. 2.

Rechtsgr. **1590.** — III. Senat. 6. Mai 1859. (XXXIII. 188.)

Es genügt, daß die von der Partei nicht unterschriebene Appellations-Rechtfertigungsschrift von einem nicht bevollmächtigten Anwalt legalisirt worden ist.

C. Wirkung der Einführung und Rechtfertigung der Appellation durch einen, mit keiner schriftlichen Vollmacht versehenen Rechtsanwalt. — Vergl. A. L. R. I. **13.** §§ **119.** ff.; A. G. O. I. **3.** §§ 28 bis **30.** **54.**, **16.** § **2.** No. 5., III. **7.** § **42.**; Instruktion vom **24.** Juli 1833 § **23.**; Kabinetsorder vom 17. Oktober 1833 No. **4.**; Deklaration vom 6. April 1839 Art. 7.

— Nichtverlust dieses Rechtsmittels.

Rechtsgr. **1591.** — II. Senat. 5. Oktober 1858. (XXXI. 19.)

Das von einem lediglich mit einem Substitutions-Blankett des zur Substitution nicht befugten Mandatars erster Instanz, nicht aber mit einer Vollmacht der Partei versehenen und auch im Audienztermine zweiter Instanz sich nicht legitimirenden Rechtsanwalt eingeführte und gerechtfertigte Rechtsmittel der Appellation kann, dem ausdrücklichen Antrage des Appellaten ungeachtet, für nicht devolvirt nicht erachtet werden.

— Verlust des Rechtsmittels.

Rechtsgr. **1592.** — III. Senat. 17. Mai 1858. (XXXI. 1.)

Das von einem weder in erster Instanz für die Partei aufgetretenen, noch in zweiter Instanz mit einer Vollmacht versehenen und auch im Audienztermine sich nicht legitimirenden Rechts-Anwalt eingeführte und gerechtfertigte Rechtsmittel der Appellation ist, Falls auch die persönlich vorgeladene Partei nicht erschienen ist, auf den Antrag des Appellaten für nicht devolvirt zu erachten.

— § **18.** Unrichtige Rubrizirung der Appellations-Rechtfertigungsschrift. — Vergl. Konkurs-Ordnung § **195.** Alinea **4.**; Verordnung vom **14.** Dezember **1833** § **4.** No. **2.**; Deklaration vom **6.** April **1839** Art. **3.** No. **2.**

Rechtsgr. **1593.** — IV. Senat. 23. Februar 1860. (XXXVII. 51.)

Das Rechtsmittel der Appellation wird dadurch, daß statt des Kridars der Verwalter des Konkurses als Appellat im Rubrum der Appellations-Rechtfertigungsschrift bezeichnet worden, nicht unannehmbar.

— § **20.** Siehe Rechtsgrundsätze **1065-1067. 1450-1452.** (A. G. O. I. **10.** § **295.**; Verordnung vom **1.** Juni **1833** § **44.**)

— § **22.** Siehe Rechtsgrundsätze **1065-1067.** (A. G. O. I. **10.** § **295.**)

— § **27.** Anmeldung, Einführung und Rechtfertigung der Rechtsmittel in schleunigen Sachen:

A. Art des Verfahrens bei Mandatsprozessen aus rechtskräftigen Erkenntnissen. — Vergl. Deklaration vom **6.** April **1839** Art. **3.** No. **2.**

Rechtsgr. **1594.** — IV. Senat. 15. April 1859. (XXXIII. 137.)

Der Mandatsprozeß aus rechtskräftigen Erkenntnissen, insbesondere auch aus einem Wechsel-Judikate, gehört nicht zu den im § 27. der Verordnung vom 21. Juli 1846 gedachten schleunigen Prozessen. Daher ist das zwar bei dem Gerichte erster, nicht aber bei dem Gerichte zweiter Instanz eingeführte und gerechtfertigte Rechtsmittel der Appellation für nicht devolvirt zu erachten.

B. Art des Verfahrens auf die Einwendungen gegen die Exekution aus einem Wechsel-Judikate. — Vergl. A. G. O. I. **27.** §§ 8. ff.; Exekutionsverordnung vom **4.** März **1834** § **6.**

Rechtsgr. **1595.** — IV. Senat. 19. Mai 1859. (XXXIII. 232.)

Die Verhandlung über die behufs Abwendung der Exekution aus einer wechselmäßigen Verurtheilung vorgebrachten Einwendungen unterliegt dem für den Wechselprozeß selbst vorschriebenen schleunigen Verfahren.

C. Anberaumung und Prorogation des Audienztermins zweiter Instanz.

Rechtsgr. 1596. — IV. Senat. 4. November 1858. (XXXI. 117.)

Die Anberaumung eines näheren oder entfernteren Termins zur Entgegnung auf die Appellations-Rechtfertigung und zur mündlichen Verhandlung nach § 27. der Verordnung vom 21. Juli 1846 beruhet auf dem durch Berücksichtigung der jedesmal obwaltenden individuellen Umstände geleiteten Ermessen des Appellations-Richters.

Daher ist der Antrag der betreffenden Partei auf Prorogation dieses wegen angeblich obwaltender besonderer Umstände unbedingt zu nahe anberaumten Termins nicht nach den gesetzlichen Grundsätzen über Prorogationen zu beurtheilen; vielmehr hat der Richter nach vorgängiger wiederholter Erwägung, ob sein Ermessen auf einer sicheren und vernünftigen Basis beruht, die bei den zu seiner Kenntniß gebrachten vorwaltenden Umständen zu kurz gegriffene Frist nach Befinden angemessen zu verlängern.

Siehe auch Rechtsgrundsätze 1040. 1185. 1514. 1586. (A. G. O. I. 6. § 10.; Konkurs-Ordnung § 124. Alinea 3.; Deklaration vom 6. April 1839 Art. 14. Litt. d.; § 15. dieser Prozeßverordnung.)

— § 31. Siehe Rechtsgrundsatz 1123. (A. G. O. I. 31. Anh. § 214. zu § 18.)

— § 32. Klage-Kumulation.

Rechtsgr. 1597. — IV. Senat. 22. Juni 1858. (XXXII. 32.)

Eine Klage-Kumulation im Sinne des § 32. der Verordnung vom 21. Juli 1846 liegt auch dann vor, wenn die Interessen der mehreren, aus einem bestimmten, hinter dem Betrage ihrer Gesammtforderungen zurückbleibenden Objekt ihre Befriedigung suchenden Liquidanten von einander abgesonderte Bruchtheile eines Ganzen fordern, welche zusammen das Ganze übersteigen.

Siehe auch Rechtsgrundsatz **1634**. (Kostentarif vom **12**. Mai **1856** § 5. No. 4.)

— § **39**. Siehe Rechtsgrundsatz **1401**. (Verordnung vom 9. Februar 1817 § **146**.)

1846, Juli **21**. Gesetz No. **2742**., betreffend den Bau und die Unterhaltung der Schul- und Küsterhäuser. (Ges.-Samml. S. 393.)

— §§ **3**. **6**. Siehe Rechtsgrundsätze 748. 764. 1337. (A. L. R. II. **11**. § 710., **12**. § 37.; Eichsfeld'sche Kirchenordnung von 1605.)

1847, März 8. Nachtrag zu dem Statut der Stargard-Posener Eisenbahngesellschaft. (Ges.-Samml. S. 178.)

— § **7**. Vertretung der Stargard-Posener Eisenbahngesellschaft durch den Fiskus, beziehungsweise durch die Direktion der Oberschlesischen Eisenbahn, in der Gesammtheit ihrer Vermögens-Interessen. — Vergl. Gesetz vom 9. November 1843 § 21.; Stargard-Posener Statut vom 4. März 1846 § 30.; Allerhöchster Erlaß vom 30. Juni 1851.

Rechtsgr. 1598. — I. Senat. 10. Oktober 1859. (XXXV. 150.)

Fiskus, beziehungsweise die Direktion der Oberschlesischen Eisenbahn, ist berechtigt und verpflichtet, die Stargard-Posener Eisenbahn-Gesellschaft in der Gesammtheit ihrer Vermögens-Interessen zu vertreten.

1847, März 30. Zusammenstellung zu dem Patent No. **2822**., die Bildung neuer Religionsgesellschaften betreffend. (Ges. - Samml. S. 121.)

— No. **2**. Siehe Rechtsgrundsatz 1579. (General - Konzession vom 23. Juli 1845 §§ **1**. ff.)

1847, Juli 23. Gesetz über die Verhältnisse der Juden. (Ges.-Samml. S. 263.)

— § **3**. Siehe Rechtsgrundsatz 738. (A. L. R. II. **11**. § 261.)

1847, Juli 26. Deklaration einiger Vorschriften des Allg. Landrechts und der Gemeinheitstheilungsordnung vom 7. Juni 1821, betreffend das nutzbare Gemeindevermögen. (Ges.-Samml. S. 327.)

— §§ **1**. **2**. Siehe Rechtsgrundsätze 568. 589. 595. 692. (A. L. R. I. **22**. §§ 13. 92. 210., II. **6**. § 72.)

1847, August 18. Verordnung zum Schutze der Fabrikzeichen an Eisen- und Stahlwaaren in der Provinz Westphalen und der Rheinprovinz. (Ges.-Samml. S. 335.)
— Siehe Rechtsgrundsatz **1264**. (Code Napoléon art. 1382.)

1847, Oktober 4. Verordnung über die Marktstandsgelder. (Ges.-Samml. S. 395.)
— §§ **1-5**. Rechtliche Natur der Marktstandsgelder. — Vergl. A. L. R. II. **15**. §§ 88. ff.; Allg. Gewerbe-Ordnung vom 17. Januar 1845 § 77.

Rechtsgr. **1599**. — II. Senat. 11. Juni 1857. (XXV. 161.)

a) Die Marktstandsgelder sind kein Zoll, sondern eine Vergütung für den den Verkäufern überlassenen Raum, mithin ein Miethszins.

b) Das Recht zur Erhebung derselben gehört zu den nutzbaren Privatrechten und ist von einer Verleihungs-Urkunde nicht abhängig.

c) Aus dem Vorhandensein der im § 5. der Verordnung vom 4. Oktober 1847 geforderten faktischen Grundlage folgt noch nicht die Rechtmäßigkeit des Besitzes.

1847, November 1. Feldpolizei-Ordnung für alle Landestheile, in denen das Allg. Landrecht Gesetzeskraft hat, mit Ausschluß der Kreise Rees und Duisburg. (Ges.-Samml. S. 376.)
— §§ **4. 8. 12. 13. 43.** Berechtigung zum Pfandgelde bei mehreren Miteigenthümern des beschädigten Grundstücks. Geringere oder strengere Strafe bei Feldpolizei-Kontraventionen. Verpflichtung zur Entrichtung des Pfandgeldes bei Beschädigung eines Walles durch übertretendes Vieh.

Rechtsgr. **1600**. — III. Senat. 2. Oktober 1857. (XXVI. 248).

a) Das Pfandgeld kann nur seitens desjenigen von mehreren beschädigten Miteigenthümern beansprucht werden, welcher die Pfändung vorgenommen hat.

b) Ob die geringere oder strengere Strafe eintritt, hängt nur davon ab, ob die beschädigende Handlung mit gemeiner Gefahr verbunden ist, keineswegs aber davon, ob die betreffende Erd-Erhöhung, um deren Beschädigung es sich handelt, mit dem Namen Wall bezeichnet, oder Damm genannt ist.

c) Auch für die Beschädigung eines Walles durch übertretendes Vieh ist auf erfolgte Pfändung das Pfandgeld zu entrichten.

d) Die Feldpolizei-Ordnung unterscheidet nicht zwischen einem unbefugter Weise geschehenen Betreten eines fremden Grundstücks und der Ueberschreitung eines zustehenden Rechts.

e) Der § 4. der Feldpolizei-Ordnung verlangt nur, daß das Vieh auf einem fremden Grundstücke, auf welchem solches nicht geweidet werden darf, betroffen wird, ohne Unterschied, ob das Vieh zum Zwecke der Weide, oder zu einem anderen Zwecke, aufgetrieben ist.

1848, Januar 10. Kabinetsorder, betreffend das Verfahren bei der Aufnahme von Ausländern in den diesseitigen Unterthanenverband. (Ges.-Samml. S. 25.)

— Siehe Rechtsgrundsatz 1560. (Indigenatgesetz vom 31. Dezember 1842 § 7.)

1848, Januar 28. Gesetz No. 2933. über das Deichwesen. (Ges.-Samml. S. 54.)

— § **20**. Siehe Rechtsgrundsatz 23. (A. L. R. Einl. § 75.)

1848, Dezember 5. Verfassungs-Urkunde für den Preußischen Staat. (Ges.-Samml. S. 375.)

— Art. 40. Siehe Rechtsgrundsätze 1417. 1626. (Gesetz No. 938. vom 21. April 1825 § 3.; Gesetz No. 3256. vom 11. März 1850 § 1.)

1849, Januar 2. Verordnung über die Aufhebung der Privatgerichtsbarkeit und des eximirten Gerichtsstandes, sowie über die anderweitige Organisation der Gerichte. (Ges.-Samml. S. 1.)

— § **1**. Siehe Rechtsgrundsatz 1355. (Edikt vom 14. Dezember 1747.)

— § **12**. Siehe Rechtsgrundsatz 1129. (A. G. O. I. **40**. Anh. § 288. zu § 22.)

— § **14**. Siehe Rechtsgrundsatz 833. (A. L. R. II. **18**. § 587.)

— § **25**. Zeitweise Uebertragung der richterlichen Geschäfte eines

Appellations-Gerichtsraths auf einen Gerichts-Assessor. — Vergl. Verfassungs-Urkunde vom 31. Januar 1850 Art. 86. 87.; Gesetz vom 26. April 1851 Art. 10.

Rechtsgr. 1601. — IV. Senat. 10. Januar 1861. (XXXIX. 338.)

Die zeitweise Uebertragung der richterlichen Geschäfte eines erkrankten Appellations-Gerichtsraths auf einen Gerichts-Assessor steht mit den Grundsätzen der Art. 86. 87. der Verfassungs-Urkunde vom 31. Januar 1850 nicht im Widerspruch.

1849, Januar 3. Verordnung über die Einführung des mündlichen und öffentlichen Verfahrens mit Geschwornen in Untersuchungssachen. (Ges.-Samml. S. 14.)

— §§ **1. 2. 4-8.** Siehe Rechtsgrundsatz 1642. (Preßgesetz vom 12. Mai 1851 § 37.)

— § **126.** Siehe Rechtgrundsatz 1643. (Gesetz vom 3. Mai 1852 Art. 101.)

1849, Februar 9. Verordnung über die Errichtung von Gewerbe-Räthen und verschiedene Abänderungen der Allg. Gewerbe-Ordnung. (Ges.-Samml. S. 93.)

— § **24.** Siehe Rechtsgrundsatz 729. (A. L. R. II. **10.** § 1.)

1849, Juli 21. Verordnung No. 3153. über das Verfahren in Civilprozessen in den Bezirken des Appellationsgerichts zu Greifswald und des Justizsenats zu Ehrenbreitstein. (Ges.-Samml. S. 307.)

— §§ **7. 11. 12. 15.** Siehe Rechtsgrundsatz 1602. (§ **16.** dieser Verordnung.)

— § **16.** Kontumazial-Urtheil auf die Widerklage nach der Verordnung vom 21. Juli 1849. — Vergl. Dig. **5. 1.** Lex 73. § **3.**, **49. 1.** Lex **28.** pr.; Cod. **7. 65.** Lex **1.**; Prozeßverordnung vom **1.** Juni 1833 § 9.; Instruktion vom **24.** Juli 1833 § 30.; Verordnung No. 3153. vom 21. Juli 1849 §§ 7. 11. 12. 15. 17. 26-28. 47.

Rechtsgr. 1602. — V. Senat. 22. September 1857. (XXXVI. 197.)

Wird dem Kläger die Klagebeantwortung zum Repliziren unter dem Präjudiz des § 16. der Verordnung vom 21. Juli 1849 mitgetheilt, ohne daß ihm für die Nichtbeantwortung der damit verbundenen Widerklage prozessualische Nachtheile angedroht sind, so sind aus der nicht rechtzeitig erfolgten Beantwortung der Widerklage Präjudizien gegen den Widerverklagten nicht herzuleiten.

— §§ 17. 26. Siehe Rechtsgrundsatz 1602. (§ 16. dieser Verordnung.)
— § 27. Appellation gegen Präklusions-Erkenntnisse. — Vergl. §§ 47. 67-69. 76-79. dieser Verordnung.

Rechtsgr. 1603. — V. Senat. 3. Mai 1859. (XXXIII. 174.)

Gegen Präklusions-Erkenntnisse ist das Rechtsmittel der Appellation zulässig.

Siehe auch Rechtsgrundsatz 1602. (§ 16. dieser Verordnung.)

— § 28. Siehe Rechtsgrundsatz 1602. (§ 16. dieser Verordnung.)
— §§ 37-39. Siehe Rechtsgrundsätze 1223. 1295. (Kriminal-Ordnung § 392.; Dig. 12. 2. Lex 3. § 1.)
— § 39. Prorogation der Jurisdiktion des Einzelrichters. — Vergl. Dig. 5. 1. Lex 74. § 1., 50. 1. Lex 28.; Cod. 8. 36. Lex 13.

Rechtsgr. 1604. — V. Senat. 13. September 1859. (XXXIV. 229.)

a) Die Jurisdiktion des Einzelrichters über Geldforderungen von einem höheren Betrage als 50 Rthlr. kann sowohl ausdrücklich als stillschweigend prorogirt werden.

b) Der prorogirte Richter hat den Rechtsstreit nach den ihm gegebenen Prozeßvorschriften zu verhandeln.

— § 46. Anbringung, Rechtfertigung und Zufertigung der Adhäsion.

Rechtsgr. 1605. — V. Senat. 12. April 1859. (XXXIII. 126.)

a) Die accessorische Adhäsion des Appellaten braucht nicht in einem besonderen Schriftsatze gerechtfertigt zu werden, vielmehr erscheint die Appellations-Beantwortung als die geeignete und angemessene Schrift für deren Anmeldung und Rechtfertigung.

b) Die Adhäsion braucht dem Haupt-Appellanten nicht ad excipiendum zugefertigt zu werden.

— § 47. Siehe Rechtsgrundsätze 1602. 1604. (§§ 16. 46. dieser Verordnung.)
— §§ 67-69. 76-79. Siehe Rechtsgrundsatz 1603. (§ 27. dieser Verordnung.)

— § **81**. Siehe Rechtsgrundsatz 1571. (Verordnung No. 2370. vom 21. Juli 1843 § 10.)

1850, Januar 31. Verfassungs=Urkunde des Preußischen Staates. (Ges.=Samml. S. 17.)

— Art. **4**. Siehe Rechtsgrundsätze 160. 495. 598. 1401. (A. L. R. I. **6**. § 112., **18**. § 360., II. **1**. § 30.; Verordnung vom 9. Februar 1817 § 146.)

— Art. **9**. **10**. Siehe Rechtsgrundsatz 761. (A. L. R. II. **11**. § 1199.)

— Art. **11**. Siehe Rechtsgrundsatz 1129. (A. G. O. I. **40**. Anhang § 288. zu § 22.)

— Art. **12**. **15**. **23**. Siehe Rechtsgrundsatz 760. (A. L. R. II. **11**. § 1199.)

— Art. **24**. Siehe Rechtsgrundsatz 762. (A. L. R. II. **12**. § 22.)

— Art. **30**. **31**. Siehe Rechtsgrundsatz 760. (Allgem. Landrecht II. **11**. § 1199.)

— Art. **41**. Siehe Rechtsgrundsatz 1615. (Ablöseordnung vom 2. März 1850 § 3. No. 10.)

— Art. **42**. Siehe Rechtsgrundsätze 1355. 1417. 1626. (Edikt vom 14. Dezember 1747; Gesetz No. 938. vom 21. April 1825 § 3.; Gesetz No. 3256. vom 11. März 1850 § 1.)

— Art. **59**. Siehe Rechtsgrundsatz 1373. (Reglement vom 15. September 1798 § 1.)

— Art. **86**. Siehe Rechtsgrundsätze 1501. 1601. (Eisenbahngesetz vom 3. November 1838 § 25.; Verordnung vom 2. Januar 1849 § 25.)

— Art. **87**. Siehe Rechtsgrundsatz 1601. (Verordnung vom 2. Januar 1849 § 25.)

— Art. **93**. Siehe Rechtsgrundsatz 1447. (Prozeßverordnung vom 1. Juni 1833 § 36.)

— Art. **109**. Siehe Rechtsgrundsatz 761. (A. L. R. II. **11**. § 1199.)

— Art. **110**. **114**. Siehe Rechtsgrundsatz 1626. (Gesetz No. 3256. vom 11. März 1850 § 1.)

1850, März 2. Gesetz No. 3233., betreffend die Ablösung der Reallasten und die Regulirung der gutsherrlichen und bäuerlichen Verhältnisse. (Ges.=Samml. S. 77.)

— §§ **1**. ff. Anwendbarkeit dieser Ablöse=Ordnung auf die Rechtsverhältnisse der Standesherren. — Vergl. Deutsche Bundesakte vom 8. Juni 1815 Art. **14**.; Verordnung No. 291. vom 21. Juni 1815 No. **8**.; Instruktion No. 607. vom 30. Mai 1820 § 5.; Gesetz vom 10. Juni 1854; Verordnung No. 4306. vom 12. November 1855 §§ **1**. ff.

Rechtsgr. 1606. — II. Senat. 29. September 1857. (XXVII. 82.)

Der Ablöse-Ordnung vom 2. März 1850 sind auch die Rechtsverhältnisse der Standesherren unterworfen.

— § 2. Ohne Entschädigung aufgehobene Berechtigungen.
— Siehe Rechtsgrundsatz 498. (A. L. R. I. 18. § 710.)
— § 2. No. 2. Ober-Eigenthum des Guts- oder Grundherrn, des Erbzinsherrn und des Eigenthumsrechts des Erbverpächters:
A. Begriff des guts- oder grundherrlichen Heimfallsrechts.

Rechtsgr. 1607. — II. Senat. 12. Dezember 1857. (XXVIII. 140.)

Die in einem Vertrage, durch welchen die Grundherrschaft Jemandem einen Platz zum Bau eines Hauses und zu einem Garten überlassen hat, enthaltene Bestimmung: daß nach Absterben der Kindeskinder des Bebauers das Haus ohne Entgelt als eigen an die Grundherrschaft zurückverfallen solle, — enthält kein guts- oder grundherrliches Heimfallsrecht im Sinne des § 2. No. 4. des Ablösegesetzes vom 2. März 1850.

B. Dispositionsbeschränkungen des Erbpächters. — Vergl. A. L. R. I. 8. §§ 33. ff. 191.; § 5. dieses Ablösegesetzes.

Rechtsgr. 1608. — II. Senat. 26. Mai 1857. (XXVI. 51.)

Nur solche Dispositions-Beschränkungen des Erbpächters, welche lediglich in dem Erbpachtsverhältnisse ihren Grund haben, und an deren Aufrechthaltung der frühere Erbverpächter kein weiteres rechtliches Interesse hat, sind durch die Uebertragung des Eigenthums auf den Erbpächter erloschen. — Zu Dispositionsbeschränkungen dieser Art sind diejenigen nicht zu rechnen, welche auch bei der Veräußerung des vollen Eigenthums dem Käufer auferlegt werden können.

C. Erbpachtsverhältnisse der Standesherren. — Vergl. Verordnung No. 4307. vom 12. November 1855 § 1.

Rechtsgr. 1609. — II. Senat. 25. Oktober 1859. (XXXIV. 340.)

Die durch das Gesetz vom 2. März 1850 erfolgte Verleihung des vollen Eigenthums an die Erbpächter — unter

Entziehung des Eigenthumsrechts des Erbverpächters — berührt hinsichtlich der Erbpachtsverhältnisse der Standesherren keine Rechte und Vorzüge, deren Wiederherstellung im § 1. der Verordnung No. 4307. vom 12. November 1855 angeordnet worden ist.

D. Rechtsverhältnisse der Besitzer von Leib- und Zeitgewinngütern in der Provinz Westphalen. — Vergl. Code Napoléon Art. 1742.; Münsterische Eigenthums-Ordnung vom 10. Mai 1770 Theil II. Tit. 2. § 1.; Münsterische Erbpachts-Ordnung vom 21. September 1783 Theil II. Tit. 1. §§ 40. 41., Tit. 9. § 139.; Kaiserliche Dekrete vom 12. Dezember 1808, vom 13. September 1811 Tit. 2. Art. 12-14., und vom 9. Dezember 1811 Art. 99.; Gesetze vom 21. April 1825 No. 938 § 41., No. 939. §§ 21. 22., No. 940. §§ 15. 21.

Rechtsgr. 1610. — II. Senat. 22. November 1859. (XXXV. 289.)

Die im Gebiete und unter der Herrschaft des Westphälischen Provinzialrechts auf höchstens drei Vererbungsfälle oder auf eine Zeit von weniger als 100 Jahren verliehenen oder verpachteten Grundstücke und Gerechtigkeiten sind nicht Eigenthum der Besitzer geworden und unterliegen daher nicht den Bestimmungen des § 2. No. 2. des Ablösegesetzes vom 2. März 1850.

E. Zeitpacht auf „vier Generationen oder drei deszendirende Leiber," in den ehemals Französisch-Hanseatischen Landestheilen. — Vergl. Münsterische Erbpachtsordnung vom 21. September 1783 Theil II. Tit. 1. §§ 40. 41., Tit. 9. §§ 139. 142.; Kaiserliche Dekrete vom 12. Dezember 1808, vom 13. September 1811 Art. 13. 14., und vom 9. Dezember 1811 Art. 99.; Gesetz No. 940. vom 21. April 1825 §§ 15. ff. 21.

Rechtsgr. 1611. — II. Senat. 15. November 1860. (XL. 50.)

Die in den ehemals Französisch-Hanseatischen Landestheilen unter der Herrschaft des Westphälischen Provinzialrechts auf „vier Generationen oder drei deszendirende Leiber" verliehenen oder vererbpachteten Grundstücke sind nicht vermöge der neueren Agrargesetzgebung Eigenthum der Besitzer geworden und unterliegen daher nicht den Bestimmungen des § 2. No. 2. des Ablösegesetzes vom 2. März 1850.

Siehe auch Rechtsgrundsätze 108. 580. 789. 1305. (A. L. R. I. 5. § 185., 22. § 43., II. 16. § 118.; Dig. 43. 18. Lex 2.)

— § 2. No. 3. Siehe Rechtsgrundsatz 1305. (Dig. 43. 18. Lex 2.)

— § 3. Ohne Entschädigung ferner aufgehobene Berechtigungen:

— No. 8. Dienste zu persönlichen Bedürfnissen der Gutsherrschaft und ihrer Beamten; Fürstlicher Hofstaat.

Rechtsgr. 1612. — II. Senat. 4. Dezember 1860. (XXXIX. 261.)

Der Ausdruck: „fürstlicher Hofstaat" deutet bei souverainen Fürsten nicht auf gutsherrliche, sondern auf Hof- und Staatsbeamte, und sind daher die für die Bedürfnisse dieser Beamten zu leistenden Dienste zu den durch § 3. No. 8. des Ablösegesetzes vom 2. März 1850 unentgeltlich aufgehobenen Diensten nicht zu rechnen.

— No. 10. Steuerartige, aus dem früheren gutsherrlichen, schutzherrlichen und grundherrlichen Rechte abgeleitete und hergebrachte Abgaben und Leistungen:

A. Bedingung der unentgeldlichen Aufhebung steuerartiger, an ein Domänenamt entrichteter Abgaben.

Rechtsgr. 1613. — II. Senat. 8. Dezember 1857. (XXVIII. 133.)

a) Der Umstand, daß die Abgabe von einem Domänenamt eingezogen worden, und nicht als direkte Steuer auf dem Etat des Staats steht, ist in Betreff der Frage, ob sie nach § 3. No. 10. des Gesetzes vom 2. März 1850 unentgeltlich aufgehoben sei, für sich allein nicht entscheidend.

b) Haben dergleichen Abgaben in der allgemeinen Landesvertheidigung des Fürsten, nicht in einem andern schutzherrlichen, grundherrlichen oder gutsherrlichen Verhältnisse ihren Ursprung, und sind sie auch nicht aus der Privatgerichtsbarkeit entsprungen, so gehören sie zu dem öffentlichen Steuer-Einkommen und sind daher durch § 3. No. 10. des Gesetzes vom 2. März 1850 nicht unentgeltlich aufgehoben.

B. Beweis, daß eine steuerartige Abgabe nicht zum öffentlichen Steuer-Einkommen gehöre.

Rechtsgr. **1614.** — IV. Senat. 8. Dezember 1857. (XXVIII. 137.)

Zum Beweise, daß eine steuerartige Abgabe nicht zum öffentlichen Steuer-Einkommen gehöre und daher gesetzlich aufgehoben sei, genügt in der Regel, daß dem bisher dazu berechtigt Gewesenen ein Recht zur Erhebung von Steuern nicht zugestanden hat. Ist aber die steuerartige Abgabe von jeher für den Landesherrn erhoben worden, so ist darüber, daß dieselbe nicht zu dem öffentlichen Steuer-Einkommen gehöre, ein besonderer Beweis zu führen.

C. Fortbestand der aus dem landesherrlichen Schutz abgeleiteten steuerartigen, jedoch nicht zum öffentlichen Steuereinkommen gehörenden Abgaben, insbesondere bei einem Thronlehen. — Vergl. Verfassungs-Urkunde vom 31. Januar 1850 Art. **41.**; § **6.** dieses Gesetzes.

Rechtsgr. **1615.** — II. Senat. 4. Dezember 1860. (XXXIX. 261.)

a) Steuerartige Abgaben, welche zwar nicht zum öffentlichen Steuereinkommen gehören, jedoch aus den schutzherrlichen Rechten des Landesherrn hergeleitet werden, sind für unentgeltlich aufgehoben nicht zu erachten.

Es ändert hieran Nichts, wenn die Abgabe zu Lehn gegeben ist, und daher das Recht des Staates auf dieselbe bis zum Heimfalle des Lehns ruht.

b) Daher ist die an den Besitzer eines noch bestehenden Thronlehns von einer zu dem Letzteren gehörigen Stadtgemeinde zu entrichtende steuerartige Abgabe für unentgeltlich aufgehoben oder ablösbar nicht zu erachten.

Siehe auch Rechtsgrundsatz **1417.** (Gesetz No. 938. vom 21. April 1825 § 3.)

— § **4.** Siehe Rechtsgrundsätze 480. 498. (A. L. R. I. **17.** § 60., **18.** § 710.)

— § **5.** Siehe Rechtsgrundsätze 498. 580. 789. 1305. 1608. (A. L. R. I. **18.** § 710., **22.** § 43., II. **16.** § 118.; Dig. **43.** 18. Lex 2.; § **2.** No. **2.** dieses Ablösegesetzes.)

— § 6. Ablösbare Reallasten der eigenthümlich oder bisher erbpachts- oder erbzinsweise besessenen Grundstücke, oder Grundgerechtigkeiten:
A. Badeanstalten eines Badeortes.

Rechtsgr. 1616. — II. Senat. 26. Mai 1857. (XXVI. 51.)

Die Verpflichtung des Eigenthümers einer Badeanstalt, dieselbe beizubehalten und namentlich auch zur Benutzung für die Bürger des Badeorts im Stande zu erhalten, denselben gegen einen bestimmten Preis die verlangten Bäder zu gewähren und sie bei dem Baden ordentlich zu bedienen, enthält keine Reallast und unterliegt daher nicht der Ablösung nach § 6. des Ablösegesetzes vom 2. März 1850.

B. Begründung des Antrags eines bäuerlichen Besitzers in der Provinz Westphalen auf Ablösung der Reallasten. — Vergl. A. L. R. I. 7. §§ 175. ff.

Rechtsgr. 1617. — II. Senat. 5. Juli 1859. (XXXIV. 133.)

Auch in der Provinz Westphalen ist zur Begründung des Antrags des Besitzers eines bäuerlichen Grundstücks auf Ablösung der Geldpacht dem Gutsherrn gegenüber der Beweis des Eigenthums oder des erblichen Besitzrechts desselben erforderlich.*

C. Beziehung der Begriffe „Erbpachtskanon" und „Pacht" auf ein vom Gutsherrn abgeleitetes Besitzrecht; Begründung der Aktivlegitimation zur Sache bei der Provokation auf Ablösung von Abgaben. — Vergl. §§ 65. 109. dieses Gesetzes.

Rechtsgr. 1618. — II. Senat. 18. Oktober 1859. (XXXV. 174.)

Aus dem Antrag des Besitzers eines Grundstücks auf Eintragung der auf demselben haftenden Abgaben als „Erbpachtskanon," sowie aus der in dem Quittungsbuche dieses Besitzers geschehenen Bezeichnung dieser Abgaben als „Pacht" wird der Beweis eines vom Gutsherrn abgeleiteten Besitzrechts erbracht.

Daher liegt in diesem Falle dem auf Ablösung der Ab-

* Vergl. dagegen Bd. 2. S. 452. No. 1139. dieser Rechtsgrundsätze und das Nachwort von Strohn Bd. 32. S. 20. und 21. des Archivs für Rechtsfälle.

gaben provozirenden Besitzer ob, behufs seiner Aktiv-Legitimation zur Sache sein Eigenthum oder erbliches Besitzrecht zu erweisen.

Siehe auch Rechtsgrundsätze 500-502. 1615. (A. L. R. I. **19.** § **1.**; § 3. No. 10. dieses Ablösegesetzes.)

— § **40.** Beweis der Laudemialpflicht durch Anerkenntniß in einer öffentlichen Urkunde; Beweis des Betrages der Laudemien, namentlich zu zehn Prozent, durch provinzielles Gewohnheitsrecht in Schlesien. — Vergl. A. L. R. I. **18.** § 720.

Rechtsgr. **1619.** — II. Senat. 17. Juli 1860. (XXXVIII. 195.)

a) Das Anerkenntniß der Laudemialpflicht in einer öffentlichen Urkunde nach § 40. des Ablösegesetzes vom 2. März 1850 braucht, um wirksam zu sein, nicht auch den Betrag zu umfassen.

b) Die Art des Nachweises des Betrages einer Besitzveränderungs-Abgabe bei einem abgabenpflichtigen Gute in Schlesien ist in keiner Weise beschränkt, und ist daher namentlich auch die Berufung auf ein provinzielles Gewohnheitsrecht, und auf den Grund derselben der Anspruch auf zehn Prozent zulässig.

— §§ **44. 60-64.** Siehe Rechtsgrundsatz 279. (A. L. R. I. **11.** § **1.**)

— § **65.** Siehe Rechtsgrundsatz 1618. (§ **6.** dieses Gesetzes.)

— § **66.** Vertragsmäßige Grundsteuer-Vergütung bei Ablösung einer Reallast.

Rechtsgr. **1620.** — II. Senat. 26. November 1857. (XXVII. 165.)

Bei der Ablösung einer Reallast kommt die vertragsmäßig zu leistende Grundsteuervergütung ohne Weiteres in Wegfall.

— § **74.** Regulirungsfähigkeit behufs der Eigenthumsverleihung:

A. Regulirungsfähigkeit ländlicher Stellen überhaupt, insbesondere im Großherzogthum Posen. — Vergl. A. L. R. II. **7.** §§ **14. 15.**; Kabinetsorder vom 6. Mai 1819; Gesetz vom 8. April 1823 §§ **2-4. 99.**

Rechtsgr. 1621. — II. Senat. 19. März 1857. (XXV. 1.)

a) Der § 74. des Ablösegesetzes vom 2. März 1850 ist nicht dahin zu verstehen, daß zur Regulirungsfähigkeit ländlicher zu zeitweisen Nutzungsrechten verliehener Stellen die gesetzliche Verpflichtung zur Wiederbesetzung der Stelle schon vor Verkündung der Kabinets-Order vom 6. Mai 1819 bestanden haben müßte; vielmehr ist jener Termin auf das Erforderniß des Bestehens der Stelle überhaupt zu beziehen.

b) Zur Beurtheilung, ob dies Requisit der gesetzlichen Verpflichtung vorhanden gewesen, kann für die Landestheile, für welche das Gesetz vom 8. April 1823 wegen Regulirung der gutsherrlichen und bäuerlichen Verhältnisse im Großherzogthum Posen 2c. ergangen war, soweit der betreffende Fall in die Zeit der Gültigkeit desselben trifft, auf § 99. dieses Gesetzes zurückgegangen werden.

B. Umwandlung einer unerblichen, katastrirten Dreschgärtnerstelle in Schlesien in ein freies Eigenthum des Gutsbesitzers. — Vergl. Regulirungs-Edikt vom 14. September 1811 § 57.; Deklaration vom 29. Mai 1816 Art. 101.; Verordnung vom 9. Juni 1819 § 3.

Rechtsgr. 1622. — II. Senat. 6. Oktober 1857. (XXVIII. 16.)

Hat der Gutsherr vor dem Gesetze vom 2. März 1850 sein freies Verfügungsrecht über die ihm anheimgefallene Dreschgärtnerstelle auf eine Weise ausgeübt, welche die Fortsetzung des gutsherrlich-bäuerlichen Verhältnisses im Sinne des § 74. a. a. O. ausschloß; so ist dadurch diese Stelle in ein freies Zeitpachtsgut desselben umgeschaffen worden.

C. Wirksamkeit des Anerkenntnisses der Regulirungsfähigkeit einer ländlichen Stelle seitens des Gutsherrn. — Vergl. Deklaration vom 24. Mai 1853 §§ 1. 3.

Rechtsgr. 1623. — II. Senat. 2. April 1857. (XXV. 44.)

a) Die von dem Gutsherrn auf die Provokation lassitischer Wirthe abgegebene Erklärung, daß er die Regulirung zugestehe, kann zwar dahin gedeutet werden, daß der Gutsherr die Thatsachen einräume, auf welche die Provokanten die Regulirungsfähigkeit ihrer Stellen stützen.

b) Wenn sich aber hinterher findet, daß jene Thatsachen gesetzlich nicht genügen, um den Anspruch auf Eigenthumsverleihung zu begründen, so ist der Gutsherr an sein Zugeständniß nicht gebunden; die Regulirung nach dem Gesetze ist sogar unstatthaft, wenn dessen Bedingungen nicht vorhanden sind.

c) Das Einverständniß mit einer Regulirung, welcher nach der früheren Lage der Gesetzgebung mit Grunde nicht widersprochen werden konnte, gehört nicht zu den rechtsgültigen Festsetzungen, von welchen der § 3. der Deklaration vom 24. Mai 1853 spricht.

Siehe auch Rechtsgrundsatz **1648.** (Deklaration vom **24.** Mai **1853** § **1.**)

— § **77.** Siehe Rechtsgrundsätze **1143. 1400.** (A. G. O. I. **52.** § **12.**; Deklaration vom 29. Mai 1816 Art. 76.)

— § **91.** Unwirksamkeit vertragsmäßiger Bestimmungen über die Beschwerung eines Grundstückes mit ablösbaren Reallasten.

Rechtsgr. **1624.** — III. Senat. 21. Februar 1859. (XXXII. 291.)

Die gesetzliche Unwirksamkeit vertragsmäßiger Bestimmungen, wodurch ablösbare Lasten einem Grundstücke auferlegt werden, hat die Ungültigkeit des sonstigen Inhalts des Vertrages auch dann nicht zur Folge, wenn diese Lasten einen von dem Ganzen untrennbaren Bestandtheil des Hauptvertrages, und nicht blos einen mit demselben äußerlich verbundenen Nebenvertrag ausmachen.

— §§ **94. 95.** Siehe Rechtgrundsatz **1406.** (Verordnung No. **436.** vom **20.** Juni **1817** § **170.**)

— § **109.** Siehe Rechtsgrundsatz **1618.** (§ **6.** dieses Gesetzes.)

1850, März 2. Gesetz No. 3234. über die Errichtung der Rentenbanken. (Ges.-Samml. S. 112.)

— § **2.** Siehe Rechtsgrundsatz **279.** (A. L. R. I. **11.** § **1.**)

— § **8.** Siehe Rechtsgrundsatz **1406.** (Verordnung No. **436.** vom **20.** Juni **1817** § **170.**)

— § 18. Siehe Rechtsgrundsätze 500. 501. (A. L. R. I. 19. § 1.)
— § 28. Siehe Rechtsgrundsatz 279. (A. L. R. I. 11. § 1.)
— § 58. No. 2. Siehe Rechtsgrundsatz 1406. (Verordnung No. 436. vom 20. Juni 1817 § 170.)

1850, März 2. Gesetz No. 3235., betreffend die Ergänzung und Abänderung der Gemeinheitstheilungs-Ordnung vom 7. Juni 1821 und einiger anderen über Gemeinheitstheilungen ergangenen Gesetze. (Ges.-Samml. S. 139.)
— Art. 1. No. 7., Art. 12. Siehe Rechtgrundsatz 775. (A. L. R. II. 15. § 38.)

1850, März 11. Gesetz, betreffend die auf Mühlengrundstücken haftenden Reallasten. (Ges.-Samml. S. 146.)
— §§ 2. 6. Siehe Rechtsgrundsatz 1406. (Verordnung No. 436. vom 20. Juni 1817 § 170.)

1850, März 11. Gesetz No. 3245., betreffend die Aufhebung der Zirkularverordnung vom 26. Februar 1799 wegen Bestrafung der Diebstähle und ähnlicher Verbrechen und die Abänderung der Injurienstrafen. (Ges.-Samml. S. 174.)
— § 6. Siehe Rechtsgrundsätze 1469. 1472. 1643. (Verordnung vom 14. Dezember 1833 § 5. No. 10a. und 10b.; Gesetz vom 3. Mai 1852 Art. 101.)
— § 8. Siehe Rechtsgrundsätze 986-990. 1643. (Strafgesetzbuch § 152.; Gesetz vom 3. Mai 1852 Art. 101.)
— § 9. Siehe Rechtsgrundsatz 981. (Einführungsgesetz zum Strafgesetzbuch Art. 18.)

1850, März 11. Gemeinde-Ordnung No. 3254. für den Preußischen Staat. (Ges.-Samml. S. 213.)
— §§ 1. ff. Siehe Rechtsgrundsatz 1626. (Gesetz No. 3256. vom 11. März 1850 § 1.)
— § 3. Siehe Rechtsgrundsatz 1415. (Gesetz vom 11. Juli 1822 § 1.)
— § 58. Siehe Rechtsgrundsatz 1649. (Städte-Ordnung vom 30. Mai 1853 § 62.)
— § 156. Siehe Rechtsgrundsatz 1415. (Gesetz vom 11. Juli 1822 § 1.)
— § 157. Pensionirung eines Bürgermeisters.

Rechtsgr. 1625. — V. Senat. 8. September 1857. (XXVII. 202.)

Die zur Pension verpflichtete Gemeinde hat nicht für die frühere Dienstzeit des Beamten in einer anderen Gemeinde aufzukommen.

1850, März 11. Gesetz No. 3256. über die Polizeiverwaltung. (Ges.-Samml. S. 265.)

— §§ 1. ff. Fortbestehen der gutsherrlichen Polizei; Verpflichtung der Gutsherrschaft zur Salarirung des Dorfschulzen. — Vergl. Verfassungs-Urkunden vom 5. Dezember 1848 Art. 40. und vom 31. Januar 1850 Art. 42. 110. 114.; Gemeinde-Ordnung vom 11. März 1850 §§ 1. ff.; Gesetze No. 3751. vom 24. Mai 1853 und No. 4412. vom 14. April 1856 Art. 1. 2.

Rechtsgr. 1626. — I. Senat. 28. September 1857. (XXVI. 207.)

a) Die Aufhebung der gutsherrlichen Polizei ist durch das Gesetz No. 3256. vom 11. März 1850 über die Polizei-Verwaltung nicht ausgeführt worden: dies Gesetz und die Gemeinde-Ordnung vom nämlichen Tage sind nie in gesetzliche Kraft getreten.*

b) Die früher observanzmäßig bestandene Verpflichtung der Gutsherrschaft, als Inhaberin der Polizeigerichtsbarkeit, zur Salarirung des Dorfschulzen ist durch die neueren Gesetze nicht aufgehoben.

— § 3. Rechtsweg wegen der Verpflichtung zur Tragung der Kosten der örtlichen Polizeiverwaltung; Umfang dieser Verpflichtung. — Vergl. Gesetz No. 2273. vom 11. Mai 1842 §§ 1. 2. 5.

Rechtsgr. 1627. — II. Senat. 14. Juli 1859. (XXXIV. 183.)

a) Die Auslegung des § 3. des Gesetzes vom 11. März 1850 über den Umfang der den Gemeinden aufgelegten Kosten der örtlichen Polizeiverwaltung gebührt den Gerichten.

b) Die Kosten der Beschaffung, Unterhaltung und Wiederherstellung der zur Ausübung der Polizeiverwaltung erforderlichen Lokalien fallen zwar, als Kosten der örtlichen Polizeiverwaltung, den Gemeinden zur Last. Ist jedoch das Gebäude Eigenthum des Fiskus oder eines Privaten, und weder über die Hergabe des Gebäudes zur Polizeiverwaltung, noch auch über die Kosten der Wiederherstellung Etwas ver-

* Vergl. dagegen Bd. 2. S. 534. No. 1348. dieser Rechtsgrundsätze.

einbart, so fallen die Kosten der durch Zufall verursachten Reparaturen dem Eigenthümer des Gebäudes zur Last.

Siehe auch Rechtsgrundsatz 1649. (Städte-Ordnung vom 30. Mai 1853 § 62.)

— § 6. Litt. b. Rechtsweg hinsichtlich des Streites über das Recht der Benutzung eines öffentlichen Fußweges zum Reiten. — Vergl. A. L. R. Einl. § 75., I. 8. §§ 29-32., 22. § 65.; Gesetz No. 2273. vom 11. Mai 1842 § 1.

Rechtsgr. 1628. — II. Senat. 29. November 1860. (XXXIX. 239.)

Die Oeffentlichkeit eines zur Benutzung als Fußweg bestimmten Weges schließt die Zulässigkeit des Rechtsweges über das streitige Recht der gleichzeitigen Benutzung dieses Weges zum Reiten nicht aus.

1850, Juli 18. Geschäfts-Regulativ für die Gerichte erster Instanz. (Justiz-Ministerialblatt S. 232.)

— Siehe Rechtsgrundsatz 833. (A. L. R. II. 18. § 587.)

1851, April 26. Gesetz, betreffend die Zusätze zu der Verordnung vom 2. Januar 1849 über die Aufhebung der Privatgerichtsbarkeit und des eximirten Gerichtsstandes, sowie über die anderweite Organisation der Gerichte. (Ges.-Samml. S. 181.)

— Art. 3. No. 1. Nicht privilegirter dinglicher Gerichtsstand des Herrn Fürsten zu Hohenzollern-Sigmaringen. — Vergl. Kabinetsorder vom 17. Juni 1806; Allerhöchster Erlaß vom 14. August 1852.

Rechtsgr. 1629. — V. Senat. 24. Januar 1860. (XXXVI. 164.)

Dem Herrn Fürsten zu Hohenzollern-Sigmaringen Hoheit steht in Beziehung auf seine in dem Hohenzollernschen Gebiete belegenen Besitzungen ein dinglicher privilegirter Gerichtsstand nicht zu.

— Art. 10. Siehe Rechtsgrundsatz 1601. (Verordnung vom 2. Januar 1849 § 25.)

— Art. 11. Siehe Rechtsgrundsatz 1447. (Prozeßverordnung vom 1. Juni 1833 § 36.)

1851, Mai 10. Gesetz, betreffend den Ansatz und die Erhebung der Gerichtskosten. (Ges.-Samml. S. 622.)

— § 4. Mangelnde Sportelfreiheit des Königlichen Hausfideikommisses.

Rechtsgr. 1630. — II. Senat. 3. Juli 1860. (XXXVIII. 92.)

Dem Königlichen Hausfideikommiß steht die Sportelfreiheit nicht zu.

Siehe auch Rechtsgrundsatz 1102. (A. G. O. I. 23. § 28.)

— § 11. Berechnung des Streitgegenstandes:

A. Rechtsmittel wegen der Entscheidungen erster und zweiter Instanz hinsichtlich der während des Prozesses erwachsenen Zinsen. — Vergl. Verordnung vom 21. Juli 1843 §§ 1. ff.

Rechtsgr. 1631. — III. Senat. 11. September 1857. (XXVII. 23.)

Wenn die während des Prozesses erwachsenen Zinsen selbstständig und für sich allein als Gegenstand der difformen Entscheidung des Appellations-Richters in Betracht kommen, und als solche bis zur Anmeldung des Rechtsmittels ein revisibles Objekt darstellen, so ist die Revision das zuständige Rechtsmittel.

B. Kosten-Ansatz hinsichtlich der einzelnen Liquidate in Konkurs- und Liquidationsprozessen. — Vergl. Tarife zum Gesetz vom 10. Mai 1851 § 12. und zum Gesetz vom 12. Mai 1851 No. 3452. § 5. No. 4.)

Rechtsgr. 1632. — IV. Senat. 22. Juni 1858. (XXXII. 33.)

In Konkurs- und Liquidationsprozessen gilt der Betrag des einzelnen Liquidats, nicht der des Bestandes der Konkurs- oder Liquidationsmasse, als Maaßstab für den Werth des Streitgegenstandes.

— § 12. No. 1. Siehe Rechtsgrundsatz 1634. (Tarif zum Gesetze No. 3452. vom 12. Mai 1851 § 5. No. 4.)

— § 12. No. 3. 4. Siehe Rechtsgrundsatz 1633. (Gesetz No. 3452. vom 12. Mai 1851 § 2.)

1851, Mai 10. Tarif zu dem Gesetze vom 10. Mai 1851 über den Ansatz und die Erhebung der Gerichtskosten. (Ges.-Samml. S. 632.)

— § 12. Siehe Rechtsgrundsatz 1632. (Gesetz vom 10. Mai 1851 § 11.)

— § 12. No. 1. Siehe Rechtsgrundsatz 1634. (Tarif zum Gesetze No. 3452. vom 12. Mai 1851 § 5. No. 4.)

1851, Mai 12. Gesetz No. 3452. über den Ansatz und die Erhebung der Gebühren der Rechtsanwalte. (Ges.-Samml. S. 656.)

— § 2. a. E. Feststellung des Werthes des Streitgegenstandes hinsichtlich der Berechnung der Gebühren der Rechtsanwalte. — Vergl. Gesetz vom 10. Mai 1851 § 12. No. 3. 4.

Rechtgr. 1633. — IV. Senat. 22. Juni 1858. (XXXII. 31.)

a) Die Vorschrift des § 2. des Gesetzes vom 12. Mai 1851, — daß der bei Berechnung der Gebühren der Rechtsanwalte in Betracht kommende Werth des Streitgegenstandes nach den für die Berechnung der Gerichtskosten gegebenen Vorschriften zu bestimmen, und daß in den bei den Gerichtsbehörden anhängigen Sachen die von diesen getroffene Werthsbestimmung auch für jene Gebühren maaßgebend sei, — ist dahin auszulegen, daß nur eine den Grundsätzen des Gesetzes vom 10. Mai 1851 gemäß seitens der Gerichtsbehörden erfolgte Werthsbestimmung auch für die Gebühren der Rechtsanwalte maaßgebend ist.

b) Der Rechtsanwalt kann daher, bei unrichtiger Feststellung des Werths des Streitgegenstandes durch das Gericht, seine Gebühren nach dem wirklichen Werthe des Streitgegenstandes berechnen und im Mandatsprozesse einklagen, und bleibt es dem Mandanten überlassen, den Einwand der gesetzwidrigen Berechnung des Werthes des Streitgegenstandes geltend zu machen.

1851, Mai 12. Tarif zu dem Gesetze No. 3452. über den Ansatz und die Erhebung der Gebühren der Rechtsanwalte. (Ges.-Samml. S. 659.)

— § 5. No. 4. 5., § 9. Feststellung des Streitgegenstandes hinsichtlich der Berechnung der Gebühren der Rechtsanwalte bei kumulirten Klagen. — Vergl. Verordnung vom 21. Juli 1846 § 32.; Tarif zum Gesetze vom 10. Mai 1851 § 12. No. 1.

Rechtsgr. 1634. — IV. Senat. 22. Juni 1858. (XXXII. 32.)

Wenn die Interessen der mehreren Liquidanten, welche aus einem bestimmten, hinter dem Betrage ihrer Gesammtforderungen zurückbleibenden Objekt ihre Befriedigung suchen, von einander abgesonderte Bruchtheile eines Ganzen fordern, welche zusammen das Ganze übersteigen, — so giebt nicht der Gesammtbetrag aller Liquidate, sondern die Höhe der einzelnen Forderungen den Maaßstab für den Ansatz der Kosten. — Es ändert hierin Nichts, wenngleich der Richter über die Ansprüche aller Gruppen in Einem Erkenntnisse entschieden hat.

1851, Mai 12. Gesetz über die Besteuerung der Bergwerke für den ganzen Umfang der Monarchie mit Ausnahme der auf dem linken Rheinufer belegenen Landestheile. (Ges.-Samml. S. 261.)

— §§ **1. 8.** Siehe Rechtsgrundsatz 780. (A. L. R. II. **16.** § 98.)

1851, Mai 12. Gesetz No. 3391. über die Verhältnisse der Miteigenthümer eines Bergwerks für den ganzen Umfang der Monarchie mit Ausnahme der auf dem linken Rheinufer belegenen Landestheile. (Ges.-Samml. S. 265.)

— §§ **1.** ff. Siehe Rechtsgrundsätze 1513. 1635. 1637. 1639. (Deklaration vom 6. April 1839 Art. 13.; §§ 8. 18. No. 5. dieses Gesetzes.)

— § **8.** Ausschließung des Rechtsweges gegen gewerkschaftliche Beschlüsse und Anrufung schiedsrichterlicher Entscheidung:

A. Ausschließung richterlicher Entscheidung über die Zweckmäßigkeit der Feststellungen der Bergbehörde hinsichtlich des allgemeinen Bauplans, des jährlichen Betriebsplans und der Anordnung der Aus- und Verrichtungs-Arbeiten. — Vergl. Regulativ vom **19.** Oktober 1843 §§ **26. 27.**; §§ **6. 18.** No. **1.** dieses Gesetzes.

Rechtsgr. **1635.** — III. Senat. 24. Oktober 1860. (XXXIX. 113.)

Sowohl die Feststellung des allgemeinen Bauplans, als auch die Feststellung des jährlichen Betriebsplans, sowie die Anordnung der erforderlichen Aus- und Verrichtungsarbeiten ist lediglich Sache der Bergbehörden, und hat der Richter über die Zweckmäßigkeit dieser Feststellungen und Anordnungen nicht zu urtheilen.

B. Rechtsweg über die Frage des Vorhandenseins der Bedingungen hinsichtlich der Zulässigkeit der Anrufung schiedsrichterlicher Entscheidung. — Vergl. A. G. O. I. Einl. § **1.**, I. **2.** § **167.**

Rechtsgr. **1636.** — III. Senat. 14. Dezember 1857. (XXVII. 205.)

Ueber die Frage: ob die Bedingungen vorhanden seien, unter deren Voraussetzung der § 8. des Gesetzes vom 12. Mai

1851 das Recht verleiht, schiedsrichterliche Entscheidung gegen einen gewerkschaftlichen Beschluß der Majorität anzurufen, — ist der Rechtsweg zulässig.

C. Unstatthaftigkeit schiedsrichterlicher Entscheidung über den Beschluß der Gewerkschaft auf Bestellung eines Repräsentanten. — Vergl. A. G. O. I. 2. § 167.; §§ 6. 7. 9. 13. 14. 21. dieses Gesetzes.

Rechtsgr. 1637. — III. Senat. 14. Dezember 1857. (XXVII. 205.)

Gegen den Beschluß der Gewerkschaft über die Wahl eines Repräsentanten ist die Anrufung eines schiedsrichterlichen Ausspruches nicht gestattet.*

— §§ 9. 13. 14. Siehe Rechtsgrundsätze 1637. 1639. 1640. (§§ 8. 18. No. 5. und 15. dieses Gesetzes.)

— § 18. Obliegenheiten des Repräsentanten oder Grubenvorstandes. — Siehe Rechtsgrundsatz 476. (A. L. R. I. 17. § 10.)

— § 18. No. 1. Betheiligung des Grubenvorstandes bei der Feststellung der Bergbehörde hinsichtlich des allgemeinen Bauplans, des jährlichen Betriebsplans und der Anordnung der Aus- und Verrichtungs-Arbeiten. — Vergl. Regulativ vom 19. Oktober 1843 §§ 26. 27.

Rechtsgr. 1638. — III. Senat. 24. Oktober 1860. (XXXIX. 113.)

Bei den Feststellungen der Bergbehörde hinsichtlich des allgemeinen Bauplans, des jährlichen Betriebsplans und der Anordnungen der Aus- und Verrichtungsarbeiten ist nur der Grubenvorstand als Vertreter der Grubenbesitzer mit seinen Anträgen und Ansichten zu hören.

Siehe auch Rechtsgrundsatz 1635. (§ 8. dieses Gesetzes.)

— § 18. No. 5. 6. Befugniß des Repräsentanten oder Grubenvorstandes zur Einklagung der rückständigen jährlichen Betriebsgelder. — Vergl. A. L. R. I. 13. §§ 65. ff., 17. §§ 189. ff., II. 16. §§ 274. ff. 292.; Kleve-Märkische Bergordnung vom 29. April 1766 Kap. 33. § 1., Kap. 35. § 1., Kap. 37. §§ 1. 2.; §§ 1-6. 8. 13. ff. dieses Gesetzes.

Rechtsgr. 1639. — III. Senat. 18. Februar 1859. (XXXII. 278.)

Der Repräsentant einer Gewerkschaft ist befugt, die Bei-

* Vergl. dagegen das Nachwort zu diesem Rechtsfall Bd. 27. S. 219. des Archivs für Rechtsfälle.

Beiträge eines säumigen Mitgewerken zu den ausgeschriebenen Betriebskosten im Rechtswege einzuklagen.

— § **18**. No. **15**. Nichtberechtigung des Grubenvorstandes resp. Repräsentanten der Gewerkschaft zur Verfolgung von Ansprüchen der Muthungsinteressenten. — Vergl. A. L. R. II. **16**. §§ 360. 361.; §§ 13. ff. dieses Gesetzes.

Rechtsgr. **1640**. — III. Senat. 24. Februar 1860. (XXXVI. 281.)

Der Grubenvorstand resp. Repräsentant einer Gewerkschaft ist zur Verfolgung der Ansprüche der Muthungs-Interessenten gegen einen derselben aus dem vor der Beleihung unter ihnen bestandenen Rechtsverhältnisse nicht berechtigt.

Siehe auch Rechtsgrundsatz 1513. (Deklaration vom 6. April 1839 Art. 13.)

— § **20**. Siehe Rechtsgrundsatz 1513. (Deklaration vom 6. April 1839 Art. 13.)

— § **21**. Siehe Rechtsgrundsatz 1637. (§ 8. dieses Gesetzes.)

— § **26**. Siehe Rechtsgrundsatz 1513. (Deklaration vom 6. April 1839 Art. 13.)

1851, Mai 12. Gesetz No. 3392. über die Presse. (Ges.-Samml. S. 273.)

— §§ **27**. ff. Bestrafung wegen Preßvergehen in dem Civilprozeßverfahren wegen Ehrverletzung oder Verläumdung. — Vergl. Verordnung vom 14. Dezember 1833 § 4. No. 1.

Rechtsgr. **1641**. — Senat für Strafsachen, Abth. I. 25. November 1857. (XXVII. 156.)

Wenn bei Prozessen wegen Ehrverletzung oder Verläumdung das Verfahren sich in den Formen des Civilprozesses bewegt hat, so begeht der zweite Richter, welcher auf eine Strafe wegen eines Preßvergehens erkennt, einen rechtsgrundsätzlichen Verstoß im Sinne des § 4. No. 1. der Verordnung vom 14. Dezember 1833.

— § **37**. Ausschließung des Injurienprozesses wegen des Preßvergehens eines Redakteurs. — Vergl. Einführungsgesetz zum Strafgesetzbuch Art. 16.; Strafgesetzbuch § 34.; Verordnung vom 3. Januar 1849 §§ 1. 2. 4-8.

Rechtsgr. 1642. — Senat für Strafsachen, Abth. II. 17. September 1857. (XXXIV. 4.)

Das im § 37. des Gesetzes über die Presse bezeichnete Vergehen eines Redakteurs ist von der Civilpartei durch einen Injurienprozeß nicht zu ahnden.

1851, Juni 30. Allerhöchster Erlaß, betreffend die Einsetzung einer Königlichen Eisenbahn-Direktion zu Stettin. (Ges.-Samml. S. 458.)
— Siehe Rechtsgrundsatz 1598. (Nachtrag vom 8. März 1847 zu dem Statut der Stargard-Posener Eisenbahngesellschaft vom 4. März 1846 § 7.)

1852, März 31. Zirkularverfügung des Ministers für Handel, Gewerbe und öffentliche Arbeiten. (Koblenzer Amtsblatt S. 149.)
— § 1. Siehe Rechtsgrundsätze 796. 801. (A. L. R. II. 16. §§ 141. 154.)

1852, Mai 3. Gesetz No. 3544., betreffend die Zusätze zu der Verordnung vom 3. Januar 1849 über die Einführung des mündlichen und öffentlichen Verfahrens mit Geschworenen in Untersuchungssachen. (Ges.-Samml. S. 209.)

Art. 101. Abschn. 2. 3. Art. 103. Rechtsmittel der Appellation. — Vergl. Strafgesetzbuch §§ 156-158.

A. Feststellung und Würdigung des Thatbestandes in zweiter Instanz in Injurienprozessen. — Vergl. A. G. O. I. 14. § 79.; Verordnung vom 3. Januar 1849 § 126.; Gesetz No. 3245. vom 11. März 1850 §§ 6-8.

Rechtsgr. 1643. — Senat für Strafsachen, Abth. I. 12. Mai 1858. (XXVII. 368.)

In den, im Civilprozeßverfahren verhandelten Injuriensachen ist der Appellations-Richter befugt, auch ohne neue Beweisaufnahme von der in erster Instanz in Kontumaziam erfolgten thatsächlichen Feststellung abzuweichen.

B. Wiederholung der Beweisaufnahme in zweiter Instanz behufs Feststellung des Thatbestandes der Verläumdung.

Rechtsgr. 1644. — Senat für Strafsachen, Abth. II. 22. September 1859. (XXXV. 86.)

Hat der Richter erster Instanz nicht den Thatbestand der Verläumdung festgestellt und nicht wegen Verläumdung, sondern nur wegen Beleidigung verurtheilt, so ist der Richter

zweiter Instanz ohne wiederholte Beweisaufnahme nicht befugt, von der thatsächlichen Feststellung des ersten Richters abzuweichen und eine Verläumdung für vorliegend anzunehmen.

Siehe auch Rechtsgrundsätze 986-990. 1469. 1472. (Strafgesetzbuch § 152.; Verordnung vom 14. Dezember 1833 § 5. No. 10a. und No. 10b.)

— § 108. Verletzung wesentlicher Prozeßvorschriften.

Rechtsgr. 1645. — Senat für Strafsachen, Abth. II. 7. Juli 1859. (XXXIV. 142.)

Der Art. 108. des Gesetzes vom 3. Mai 1852 findet auf Civil-Injurienprozesse keine Anwendung.

1852, Juni 2. Gesetz No. 3573., den Diebstahl an Holz und anderen Waldprodukten betreffend. (Ges.-Samml S. 305.)

— § 35. Siehe Rechtsgrundsatz 691. (A. L. R. II. 5. § 177.)

1852, Juni 5. Gesetz No. 3577. über das Postwesen. (Ges.-Samml. S. 345.)

— §§ 1. ff. 13. Umfang der Anwendbarkeit dieses Gesetzes; Schadensersatz wegen Beschädigung von Postgütern durch dritte, fremde Personen. — Vergl. A. L. R. I. 3. §§ 13. 16. 18., 6. §§ 10. 11. 16. 26.

Rechtsgr. 1646. — I. Senat. 20. Dezember 1858. (XXXI. 353.)

Das Postgesetz vom 5. Juni 1852, namentlich auch der § 13. desselben, bezieht sich lediglich auf das Verhältniß der Versender und Reisenden zur Postverwaltung. In Betreff des den Eigenthümern von Postgütern von dritten, fremden Personen zu leistenden Ersatzes wegen des durch widerrechtliche Handlungen derselben an diesen Gütern verursachten Schadens gelten die allgemeinen gesetzlichen Bestimmungen.

— § 18. Verjährung der Entschädigungs-Ansprüche an den Postfiskus.

Rechtsgr. 1647. — I. Senat. 22. Februar 1858. (XXIX. 145.)

Die sechsmonatliche Verjährung des Entschädigungs-Anspruchs gegen die Postverwaltung findet auch hinsichtlich desjenigen höheren Betrages der Entschädigungs-Summe statt, welchen die Postverwaltung, bei Gewährung des bestimmten niederen Betrages derselben, verweigert hat.

1852, August 14. Allerhöchster Erlaß, betreffend die Rechtsverhältnisse der Fürstlich Hohenzollernschen Häuser. (Ges.-Samml. S. 771.)
— Siehe Rechtsgrundsatz 1629. (Gesetz vom 26. April 1851 Art. 3. No. 1.)

1853, Mai 24. Gesetz No. 3751., betreffend die Aufhebung des Artikels 105. der Verfassungs-Urkunde vom 31. Januar 1850. (Ges.-Samml. S. 228.)
— Siehe Rechtsgrundsatz 1626. (Gesetz über die Polizeiverwaltung vom 11. März 1850 § 1.)

1853, Mai 24. Deklaration No. 3756. der §§ 74. und 97. des Gesetzes vom 2. März 1850 über die Ablösung der Reallasten und die Regulirung der gutsherrlichen und bäuerlichen Verhältnisse. (Ges.-Samml. S. 240.)
— § 1. Entrichtung von Schutzgeld als Bedingung der Regulirungsfähigkeit einer Stelle in den Regierungsbezirken Stettin, Cöslin und Danzig. — Vergl. Ablösegesetz vom 2. März 1850 § 74.

Rechtsgr. **1648**. — II. Senat. 2. März 1858. (XXIX. 164.)

In den Regierungsbezirken Stettin, Köslin und Danzig ist die Regulirungsfähigkeit einer Stelle nach der Deklaration vom 24. Mai 1853 nicht anzunehmen, wenn das auf derselben lastende Schutzgeld nicht an den Staat, sondern an die Gutsherrschaft zu entrichten ist.

Siehe auch Rechtsgrundsatz 1623. (Ablösegesetz vom 2. März 1850 § 74.)

1853, Mai 24. Gesetz No. 3804., betreffend einige Abänderungen der Hypothekenordnung vom 20. Dezember 1783. (Ges.-Samml. S. 521.)
— § 14. Siehe Rechtsgrundsatz 507. (A. L. R. I. 20. § 11.)
— § 15. Siehe Rechtsgrundsatz 530. 1228. (A. L. R. I. 20. § 522.; Allg. Hypothekenordnung II. § 205.)
— § 17. Siehe Rechtsgrundsätze 530. 1483. (A. L. R. I. 20. § 522.; Subh.-Verordnung vom 4. März 1834 § 11.)
— §§ 43. ff. Siehe Rechtsgrundsatz 518. (A. L. R. I. 20. § 418.)

1853, Mai 30. Städte-Ordnung für die sechs östlichen Provinzen der Preußischen Monarchie. (Ges.-Samml. S. 261.)

— § **52**. Siehe Rechtsgrundsatz **1526**. (Heimathsgesetz vom **31**. Dezember **1842** § 8.)

— § **56**. No. **6**. Siehe Rechtsgrundsatz 1378. (Städte-Ordnung vom **19**. November **1808** § **197**.)

— § **56**. No. **8**. Siehe Rechtsgrundsatz **1525**. (Heimathsgesetz vom **31**. Dezember **1842** § 8.)

— § **62**. Last der Besoldung des von der Staatsbehörde angestellten Polizei-Anwaltes. — Vergl. Gemeindeordnung vom **11**. März 1850 § 58.; Gesetz über die Polizeiverwaltung vom **11**. März **1850** § 3.

Rechtsgr. **1649**. — **II**. Senat. 22. Februar 1859. (**XXXII**. 307.)

a) Hat die Behörde nur von der Befugniß, die Verrichtungen des Polizei-Anwaltes einem anderen Beamten zu übertragen, Gebrauch gemacht, so fällt die Besoldung dieses Beamten nicht der Gemeinde, sondern dem Staate zur Last.

b) Ist aber diese Uebertragung lediglich zur Genügung der durch die Nothwendigkeit herbeigeführten Verpflichtung der Behörde, jene Funktionen einem andern Beamten zu übertragen, geschehen, so fällt die Besoldung dieses Beamten der Gemeinde zur Last. — Ueber den Fall der Nothwendigkeit steht nur der Behörde die Entscheidung zu.

1853, Juli **18**. Betriebsreglement für die Staats-Eisenbahnen. (Ministerialbl. der innern Verw. 1853 S. **207**.)

— § **23**. Siehe Rechtsgrundsatz **1501**. (Eisenbahngesetz vom 3. November 1838 § 25.)

1853, August **22**. Revidirtes Reglement No. **3448**. für die Feuersozietät der Städte des Regierungsbezirks Königsberg mit Ausnahme der Städte Königsberg und Memel. (Ges.-Samml. S. 766.)

— § **10**. Siehe Rechtsgrundsatz **1146**. (A. G. O. II. **6**. § 15. No. **4**.)

1853, November **14**. Allgemeine Bestimmungen für künftig zu erlassende Deichstatute. (Ges.-Samml. S. 935.)

— § **21**. Siehe Rechtsgrundsatz **23**. (A. L. R. Einl. § 75.)

1854, Januar **16**., Februar 28., März 6., Juni 23. Allerhöchste Erlasse, betreffend die Verleihung der fiskalischen Vorrechte für den Bau einer Chaussee von Bromberg nach Polnisch-Krone, resp. von Czarnikau bis zur Kreisgrenze in der Richtung auf Obrzycko, von Schneidemühl über Uscz bis an die Kreisgrenze und von der Bromberg-Inowraclawer Chaussee bei Walownica bis zur Kreisgrenze in der Richtung auf Labischin. (Ges.-Samml. S. 81. 103. 113. 414.)

— Siehe Rechtsgrundsatz 1438. (Kabinetsorder vom 11. Juni 1825.)

1854, März 20. Gesetz N. 3966., betreffend einige Abänderungen der Vorschriften über das Civilprozeßverfahren und die Exekution in Civilsachen. (Ges.-Samml. S. 115.)

— § 3. Siehe Rechtsgrundsatz 1089. (A. G. O. I. 15. § 10.)

— § 18. Siehe Rechtsgrundsatz 822. (A. L. R. II. 16. § 335.)

— § 18. Alinea 3. Siehe Rechtsgrundsatz 1136. (A. G. O. I. 50. § 447.)

1854, April 24. Gesetz No. 3993., betreffend die Abänderungen des Abschnitts 11. II. 1. und des Abschnitts 9. II. 2. des Allg. Landrechts. (Ges.-Samml. S. 193.)

— §§ 1. ff. Siehe Rechtsgrundsatz 1379. (Gesinde-Ordnung vom 8. November 1810 § 77.)

— § 9. Wegfall der Entschädigungs-Ansprüche einer außerehelich Geschwängerten:

— No. 1. wegen Vollziehung des Beischlafs während der Konzeptionszeit mit Mehreren.

Rechtsgr. **1650**. — I. Senat. 11. April 1859. (XXXV. 14.)

Die Behauptung: die Geschwängerte habe noch andern Männern den Beischlaf gestattet, entspricht nicht dem § 9. No. 1. dieses Gesetzes; vielmehr sind die Namen der andern Konkumbenten anzugeben.

— No. 2. wegen Bescholtenheit; insbesondere:

— No. 2. Litt. a. Annahme von Bezahlung in Geld oder in Geschenken für die Gestattung des Beischlafs. — Vergl. A. L. R. II. 1. § 1026.

Rechtsgr. **1651**. — I. Senat. 6. April 1857. (XXV. 54.)

Jede Geschwängerte, die — sei es vor oder in der Konzeptionszeit — für die Gestattung des Beischlafes Geld oder Geschenke angenommen hat, ist eine nach § 9. No. 2. des Gesetzes vom 24. April 1854 in geschlechtlicher Beziehung bescholtene Person.

Rechtsgr. **1652**. — I. Senat. 9. Mai 1859. (XXXIII. 199.)

Alles Dasjenige, was eine Frauensperson von dem Manne,

dem sie den Beischlaf gestattet, oder gestattet hat, unmittelbar darauf in Gelde oder Geschenken annimmt, ist für eine Bezahlung zu erachten.

— No. 2. Litt. b. Berüchtigung wegen unzüchtigen Lebenswandels.

Rechtsgr. 1653. — I. Senat. 10. September 1860. (XXXIX. 29.)

a) Zur Feststellung der Bescholtenheit der Geschwängerten genügt der Beweis eines unsittlichen Lebenswandels derselben, ohne daß es darauf ankommt, daß dieser Lebenswandel zur öffentlichen Kunde gelangt ist.

b) Daher ist ein Frauenzimmer, welches sich erweislich Männern, wie es die Gelegenheit gerade zuläßt, Preis giebt, für bescholten zu erachten.

Rechtsgr. 1654. — I. Senat. 18. Juli 1859. (XXXIV. 210.)

Ein Frauenzimmer, welches innerhalb dreier Jahre jedem ihrer drei Liebhaber wiederholt den Beischlaf verstattet, ist für bescholten zu erachten.

— No. 2. Litt. c. Schon frühere außereheliche Schwängerung von einem anderen Manne:

A. Ausdrückliche Behauptung dieser Schwängerung von einem anderen Manne.

Rechtsgr. 1655. — I. Senat. 11. April 1859. (XXXV. 14.)

Die Behauptung: die Geschwängerte habe schon einmal außerehelich geboren, — entspricht dem § 2. des Gesetzes vom 24. April 1854 nicht; vielmehr ist zu behaupten, daß die Klägerin von einem Anderen, als dem Verklagten, früher geschwängert worden sei.

B. Behauptung der nicht von dem Verklagten herrührenden früheren Schwängerung.

Rechtsgr. 1656. — I. Senat. 9. Juli 1860. (XXXVIII. 153.)

Zur Begründung des Einwandes der geschlechtlichen Bescholtenheit der Klägerin im Sinne des § 9. No. 2. Litt. c. dieses Gesetzes genügt, außer der zu beweisenden Thatsache einer bereits früher stattgehabten außerehelichen

Schwängerung der Klägerin, die Behauptung: daß die frühere Schwängerung nicht von dem Verklagten herrühre. — Die Klägerin kann diesen Einwand nur durch den von ihr zu erbringenden Beweis beseitigen, daß der Verklagte auch der frühere Schwängerer sei.

C. Entschädigungs-Anspruch einer unter Nothzucht geschwängerten, bereits früher außerehelich von einem anderen Manne geschwängert gewesenen unverheiratheten Frauensperson.

Rechtsgr. **1657**. — I. Senat. 14. Dezember 1860. (XXXIX. 294.)

Unverheirathete Frauenspersonen, welche schon früher außer der Ehe von einem anderen, als dem als Erzeuger des zweiten Kindes bezeichneten Manne geschwängert worden sind, können, gleich den Verheiratheten, auf die in den §§ 1. bis 7. des Gesetzes vom 24. April 1854 bestimmten Entschädigungen Anspruch nicht machen, wenngleich ihre abermalige Schwängerung unter Nothzucht erfolgt ist, und auch dem zweiten Kinde steht ein Alimenten-Anspruch nicht zu.

— No. 2. Litt. **d.** Schon früher begangener Ehebruch.

Rechtsgr. **1658**. — I. Senat. 4. Februar 1859. (XXXV. 6.)

Der § 9. No. 2d. des Gesetzes vom 24. April 1854 setzt voraus, daß die Geschwängerte früher verheirathet gewesen ist und als solche einen Ehebruch begangen hat. Es genügt daher nicht, daß sie früher in unverheirathetem Stande durch Zuhalten mit einem verheiratheten Manne an dem von diesem begangenen Ehebruch sich zur bloßen Mitschuldigen im Sinne des § 140. des Strafgesetzbuches gemacht hat.

Rechtsgr. **1659**. — I. Senat. 7. Januar 1859. (XXXIII. 13.)

Eine geschlechtliche Bescholtenheit der außerehelich Geschwängerten ist auch dann begründet, wenn Letztere sich früher mit dem Schwängerer eines Ehebruchs schuldig gemacht hat.

— No. 2. Litt. **e.** Verführung des jüngeren, noch nicht zwanzig Jahre alten Schwängerers zum Beischlafe.

Rechtsgr. **1660**. — I. Senat. 8. März 1861. (XL. 342.)

Die bloße Altersverschiedenheit genügt für sich allein nicht, um den von dem Schwängerer erhobenen Einwand der Bescholtenheit wegen Verführung zu begründen, vielmehr bedarf es auch des Beweises der wirklich stattgehabten Verführung.

Siehe auch Rechtsgrundsatz **14**. (A. L. R. Einl. § 23.)

— § **13**. Anspruch des unehelichen Kindes:

— No. **2**. Ausdrückliches Anerkenntniß der Vaterschaft in einer öffentlichen Urkunde; Kontumazial-Erkenntniß.

Rechtsgr. **1661**. — I. Senat. 4. März 1859. (XXXII. 333.)

Ein die Vaterschaft des unehelichen Schwängerers aussprechendes Kontumazial-Erkenntniß ist dem Anerkenntniß des § 13. No. 2. des Gesetzes vom 24. April 1854 nicht gleich zu achten.

Siehe auch Rechtsgrundsätze **14**. 677. (A. L. R. Einl. § 23., II. **2**. § 643.)

— § **15**. Beweis der verfrühten Geburt oder aber früheren Erzeugung des unehelichen Kindes im Schwängerungs-Prozesse. — Vergl. A. L. R. II. **1**. §§ 1077. 1078.

Rechtsgr. **1662**. — I. Senat. 2. März 1860. (XXXVII. 70.)

Im Schwängerungsprozesse ist, wenn die Vollziehung des Beischlafs innerhalb der Konzeptionszeit feststeht, der von dem Schwängerer angebotene Beweis und Gegenbeweis in Betreff der körperlichen Beschaffenheit des Kindes bei seiner Geburt und der daraus herzuleitenden Folgerung einer verfrühten Geburt oder einer stattgehabten früheren Erzeugung nicht zulässig.

— §§ **16**-**18**. Eidesanträge über die Thatsache und die Zeit des Beischlafs:

A. Natur dieser Bestimmungen. — Vergl. Verordnung vom **14**. Dezember 1833 § **4**. No. **2**.

Rechtsgr. **1663**. — I. Senat. 5. Juli 1858. (XXX. 165.)

Die §§ 16–18. des Gesetzes vom 24. April 1854 enthalten, als Beweisregeln, nur unwesentliche Prozeßvorschriften.

B. Richterliches Ermessen und positive Beweisregeln bei Abfassung des Erkenntnisses in Schwängerungssachen. — Vergl. A. G. O. I. **13.** §§ 9. ff., **22.** §§ **1.** ff.

Rechtsgr. **1664.** — I. Senat. 18. Juni 1860. (XXXVII. 292.)

Die dem Richter in den §§ 16. ff. des Gesetzes vom 24. April 1854 ertheilte Befugniß hat nur das richterliche Ermessen bei dem Eide über die Thatsache und die Zeit des Beischlafs unter den Parteien zum Gegenstande.

Daher kommen hinsichtlich der Einrede einer Mehrheit von Zuhaltern die positiven Beweisregeln der §§ 9. ff. I. 13. und §§ 1. ff. I. 22. der Allgem. Gerichts-Ordnung zur Anwendung.

Siehe auch Rechtsgrundsatz **1064. 1465.** (A. G. O. I. **10.** § 295.; Verordnung vom **14.** Dezember 1833 § **4.** No. **2.**)

— § **19.** Siehe Rechtsgrundsatz 678. (A. L. R. II. **1.** § 652.)

— § **20.** Selbstständiges Klagerecht der Mutter eines unehelichen Kindes gegen den natürlichen Vater auf Alimentation des Kindes. — Vergl. A. L. R. Einl. § 89.

Rechtsgr. **1665.** — I. Senat. 28. September 1860. (XXXIX. 80.)

Die Mutter des unehelichen Kindes hat gegen den natürlichen Vater desselben ein selbstständiges Klagerecht auf Alimentation des Kindes; ein Klagerecht auf Zuerkennung des eventuellen Erbrechtes steht ihr dagegen nicht zu.

— § **22.** Siehe Rechtsgrundsatz **602.** (A. L. R. II. **1.** § 158.)

1854, April 24. Gesetz No. **4002.**, betreffend einige Abänderungen und Zusätze zu der Verordnung zum Schutze der Fabrikzeichen an Eisen- und Stahlwaaren in der Provinz Westphalen und der Rheinprovinz vom 18. August 1847. (Ges.-Samml. S. 213.)

— Siehe Rechtsgrundsatz **1264.** (Code Napoléon Art. 1382.)

1854, Juni 10. Gesetz, betreffend die Deklaration der Verfassungsurkunde vom **31.** Januar 1850 in Bezug auf die Rechte der mittelbar gewordenen Deutschen Reichsfürsten und Grafen. (Ges.-Samml. S. 363.)

— Siehe Rechtsgrundsatz **1606.** (Ablöse-Ordnung vom **2.** März 1850 § **1.**)

1854, August **12**. Kabinetsorder, betreffend die Muthungen auf nesterartig vorkommenden Mineralien. (Graeff, Handbuch, S. **191**.)
— Siehe Rechtsgrundsatz **1344**. (Kurkölnische Bergordnung vom **2**. Januar **1669** Theil 3. Art. 1.)

1855, Februar **26**. Gesetz, betreffend die Anwendung der Deklaration vom **27**. Oktober **1804** in den Bergwerksbezirken Essen-Werden. (Ges.-Samml. S. 168.)
— Siehe Rechtsgrundsatz 782. (A. L. R. II. **16**. § 109.)

1855, März **25**.* Forstpolizei-Ordnung für das Regierungs-Departement Minden.
— § **5**. Beschränkung der Benutzung des Waldbodens.

Rechtsgr. **1666**. — II. Senat. 12. Oktober 1858. (XXXI. 41.)

Der § 5. der Forstpolizei-Ordnung vom 25. März 1855 enthält keine Beschränkung bereits wohlerworbener Rechte auf Benutzung des Waldbodens.

1855, Mai 9. Gesetz No. **4228**., betreffend die Befugniß der Gläubiger zur Anfechtung der Rechtshandlungen zahlungsunfähiger Schuldner außerhalb des Konkurses für die Landestheile, in welchen das Allg. Landrecht und die Allg. Gerichtsordnung Gesetzeskraft haben. (Ges.-Samml. S. 429.)
— §§ **1**. ff. Bedingungen der Anwendbarkeit dieses Gesetzes:
A. Benachtheiligung des anfechtenden Gläubigers. — Vergl. §§ 5. 7. No. 1. 2., § **13**. dieses Gesetzes.

Rechtsgr. **1667**. — IV. Senat. 10. Januar 1860. (XXXVI. 135.)

Das Gesetz vom 9. Mai 1855 setzt eine Benachtheiligung des anfechtenden Gläubigers voraus.

Eine solche Benachtheiligung liegt nicht vor, wo Demjenigen, zu dessen Gunsten die angefochtene Rechtshandlung vorgenommen ist, ein besseres Recht zusteht, als dem Anfechtenden.

B. Unstatthaftigkeit der Rück-Anwendung der materiellen neuen Rechtsbestimmungen auf frühere Handlungen und Verträge. — Vergl. A. L. R. Publ.-Patent vom **5**. Februar **1794** § **8**., Einl. § **14**., I. **3**. § **42**.; Gesetz vom **26**. April **1835** §§ **1**. ff.; § **17**. dieses Gesetzes.

Rechtsgr. 1668. — IV. Senat. 15. Sept. 1857; 11. Febr. 1858. (XXV. 362.; XXIX. 95.)

a) Die Gültigkeit und Anfechtbarkeit der Rechtsgeschäfte ist lediglich nach den zur Zeit ihrer Entstehung gültigen Gesetzen zu beurtheilen.

b) Das Gesetz vom 9. Mai 1855 ist nicht als eine Deklaration des Gesetzes vom 26. April 1835, sondern als ein ganz neues Gesetz zu betrachten und kann deshalb auf Rechtshandlungen, die vor der Gesetzeskraft dieses Gesetzes vorgenommen sind, nicht angewendet werden.

c) Die materiellen neuen Rechtsbestimmungen des Gesetzes vom 9. Mai 1855, insbesondere auch die über gesetzliche Vermuthungen und in Betreff der Würdigung des Beweises, finden auf frühere Rechtshandlungen und namentlich auf Verträge keine Anwendung.

Siehe auch Rechtsgrundsätze 47. 1487. (A. L. R. I. 3. § 42.; Gesetz vom 26. April 1835 § 4.)

— § 5. Innerhalb zweier Jahre anfechtbare Rechtshandlungen:

— § 5. No. 2. Weitere Cession der auf Grund einer freigebigen Verfügung cedirten Forderung. — Vergl. § 12. dieses Gesetzes.

Rechtsgr. 1669. — IV. Senat. 7. Dezember 1858. (XXXI. 308.)

Hat der Cessionar des Schuldners des anfechtenden Gläubigers die ihm cedirte Forderung an den Sohn jenes Schuldners weiter cedirt, und ist diese weitere Cession lediglich aus einer bei der ersten Cession von dem Schuldner zum Besten des Sohnes vorgenommenen freigebigen Verfügung hervorgegangen, so beruft sich der anfechtende Gläubiger dem Sohne gegenüber mit Recht auf § 5. No. 2. und § 12. des Gesetzes vom 9. Mai 1855.

— § 5. No. 3. Veräußerung unter einem lästigen Titel; Nichtanfechtbarkeit der Pfandverträge.

Rechtsgr. 1670. — IV. Senat. 1. November 1859. (XXXV. 213.)

Pfandbestellungen gehören nicht zu den Veräußerungen des § 5. No. 3. dieses Gesetzes.

Siehe auch Rechtsgrundsätze 1180. 1667. (Konkurs-Ordnung § 102. No. 3.; § 1. dieses Gesetzes.)

— § 7. No. 1. 2. Siehe Rechtsgrundsatz 1667. (§ 1. dieses Gesetzes.)
— § 12. Siehe Rechtsgrundsatz 1669. (§ 5. No. 2. dieses Gesetzes.)
— § 13. Siehe Rechtsgrundsatz 1667. (§ 1. dieses Gesetzes.)
— § 15. Beurtheilung der Priorität der Forderungen des Rückgewährenden an den Schuldner. — Vergl. Konkurs-Ordnung §§ 72-81.

Rechtsgr. 1671. — IV. Senat. 10. Januar 1860. (XXXVI. 135.)

Die in der Konkurs-Ordnung gewissen Forderungen zugebilligten Vorzugsrechte kommen auch außerhalb des Konkurses da zur Geltung, wo eine Kollision mehrerer aus dem Vermögen des gemeinschaftlichen Schuldners ihre Befriedigung suchenden Gläubiger eintritt.

— § 17. Ausschließung der positiven Regeln über die Wirkungen der Beweise.

Rechtsgr. 1672. — IV. Senat. 13. Oktober 1857; 11. Februar 1858. (XXVI. 267.; XXIX. 95.)

Der § 17. dieses Gesetzes, betreffend die Beweislast und die Wirkung der Beweise bei Anfechtungen von Rechtshandlungen zahlungsunfähiger Schuldner, gehört nicht zu den reinen und somit rückwirkenden Prozeßvorschriften.

Siehe auch Rechtsgrundsatz 1668. (§ 1. dieses Gesetzes.)

1855, Mai 21. Gesetz No. 4224. zur Ergänzung der Gesetze vom 31. Dezember 1852 über die Verpflichtung zur Armenpflege und die Aufnahme neuanziehender Personen. (Ges.-Samml. S. 311.)
— Art. 1. Anwendbarkeit des Ergänzungsgesetzes vom 21. Mai 1855 auf frühere Fälle. — Vergl. Heimathsgesetz vom 31. Dezember 1842 §§ 5. 8.; Armenpflegegesetz vom 31. Dezember 1842 § 1. No. 2.; Art. 16. dieses Gesetzes.

Rechtsgr. 1673. — I. Senat. 23. November 1860. (XL. 39.)

Das Gesetz vom 21. Mai 1855 über die Ergänzung des Armenpflege- und des Heimathsgesetzes vom 31. Dezember 1842 ist auch auf den Fall der bereits vor seiner Publikation hervorgetretenen Hülfsbedürftigkeit anwendbar.

Siehe auch Rechtsgrundsätze 1531. 1543. (Armenpflegegesetz vom 31. Dezember 1833 § 1. No. 3., § 20.)

— Art. 3. Siehe Rechtsgrundsätze 1551. 1557. 1558. (Armenpflegegesetz vom 31. Dezember 1842 §§ 26. 34.)

— **Art. 5.** Siehe Rechtsgrundsatz **1552.** (Armenpflegegesetz vom **31.** Dezember **1842** § **32.**)

— **Art. 6.** Siehe Rechtsgrundsätze **1553. 1559.** (Armenpflegegesetz vom **31.** Dezember **1842** §§ **33. 35.**)

— **Art. 13.** Siehe Rechtsgrundsatz **1553.** (Armenpflegegesetz vom **31.** Dezember **1842** § **33.**)

— **Art. 16.** Siehe Rechtsgrundsatz **1673.** (Art. **1.** dieses Gesetzes.)

1855, August **1.** Gesetz, betreffend die Entbürdung der Städte von der Verpflichtung zur Tragung der Kriminalkosten ꝛc. (Ges.-Samml. S. 579.)

— § **1.** Berechnung der von den Städten zu entrichtenden Kriminalkosten-Renten.

Rechtsgr. **1674.** — I. Senat. 8. Juli 1859. (XXXIV. 152.)

Bei Berechnung der von den Städten wegen Entbürdung von der Verpflichtung zur Tragung der Kriminalkosten zu entrichtenden Kriminalkosten-Rente sind auch diejenigen Einnahmen an Früchten der Gerichtsbarkeit und wiedereingezogenen Kriminal- und Haftkosten in Abzug zu bringen, welche in den sechs Jahren 1847 bis 1852 zwar zur Ist-Einnahme der betreffenden gerichtlichen Salarienkassen gekommen, jedoch nicht auch thatsächlich an die städtischen Kämmereikassen abgeführt worden sind.

— §§ **4-6.** Verträge, welche von diesem Gesetze betroffen werden.

Rechtsgr. **1675.** — I. Senat. 22. Februar 1861. (XL. 292.)

Nur diejenigen zwischen dem Staat und den Stadtgemeinden vor dem Erscheinen des Gesetzes vom 1. August 1855 für die Zwecke der Justizverwaltung geschlossenen Verträge, welche die Verhältnisse nicht in dauernder Weise und definitiv regeln, werden durch das Gesetz vom 1. August 1855 betroffen.

1855, November **12.** Verordnung No. 4306., die Wiederherstellung des privilegirten Gerichtsstandes für die mittelbar gewordenen deutschen Reichsfürsten und Grafen betreffend. (Ges.-Samml. S. 686.)

— §§ **1.** ff. Siehe Rechtsgrundsatz **1606.** (Ablösegesetz vom **2.** März **1850** § **1.**)

— § 2. Siehe Rechtsgrundsatz 1409. (Instruktion vom 30. Mai 1820 § 14.)

1855, November 12. Verordnung No. 4307., die Ausführung der in Folge des Gesetzes vom 10. Juni 1854 wegen Deklaration der Verfassungs-Urkunde noch erforderlichen Maaßregeln zur Herstellung des bundesrechtlich gewährleisteten Rechtszustandes der vormals reichsunmittelbaren Fürsten und Grafen betreffend. (Ges.-Samml. S. 688.)

— § 1. Siehe Rechtsgrundsatz 1609. (Ablösegesetz vom 2. März 1850 § 2. No. 2.)

— § 2. Siehe Rechtsgrundsatz 1409. (Instruktion vom 30. Mai 1820 § 14.)

1856, März 19. Städte-Ordnung für die Provinz Westphalen. (Ges.-Samml. S. 237.)

— § 4. Siehe Rechtsgrundsätze 1415. 1506. (Gesetz vom 11. Juli 1822; Eisenbahngesetz vom 3. November 1838 § 49.)

1856, März 19. Landgemeinde-Ordnung für die Provinz Westphalen. (Ges.-Samml. S. 265.)

— §§ 41. 74. Siehe Rechtsgrundsatz 1523. (Heimathsgesetz vom 31. Dezember 1842 § 8.)

1856, April 14. Gesetz No. 4412., betreffend die Abänderung des Art. 42. und die Aufhebung des Art. 114. der Verfassungs-Urkunde vom 31. Januar 1850. (Ges.-Samml. S. 353.)

— Art. 1. 2. Siehe Rechtsgrundsatz 1626. (Gemeinde-Ordnung vom 11. März 1850 § 1.)

1856, Mai 15. Städte-Ordnung für die Rheinprovinz. (Ges.-Samml. S. 406.)

— §§ 4. 98. Siehe Rechtsgrundsatz 1440. (Rheinschifffahrts-Konvention vom 31. März 1831 Art. 1.)

1856, Juni 2. Zirkular-Verfügung der Ministerien des Innern und der Finanzen, betreffend die Besteuerung des Dienst-Einkommens der Beamten. (Staatsanzeiger S. 1215.)

— Siehe Rechtsgrundsatz 1415. (Gesetz vom 11. Juli 1822 § 1.)

1856, August 18. Bescheid der Ministerien des Innern und der Finanzen, betreffend die Beiträge der Staatsdiener zu den Gemeindelasten. (Staatsanzeiger S. 1886.)

— Siehe Rechtsgrundsatz 1415. (Gesetz vom 21. Juli 1822 § 1.)

1857, Januar **12**. Statut des Deichverbandes des Danziger Werders. (Ges.-Samml. S. 61.)
— § **12**. Siehe Rechtsgrundsatz **1231**. (Westpreußisches Provinzialrecht § 71.)

1857, Januar **26**. Gesetz No. **4598**., betreffend die Deklaration der Vorschriften der §§ 75. 87. und **422**. des Anhangs zur Allg. Gerichts-Ordnung. (Ges.-Samml. S. 64.)
— Siehe Rechtsgrundsatz **1448**. (Verordnung No. **1426**. vom **1**. Juni 1833 § 36.)

1857, Februar **16**. Gesetz No. **4606**., betreffend die Einführung des Westpreußischen Provinzialrechts in die Stadt Danzig und deren Gebiet. (Ges.-Samml. S. 87.)
— § **3**. Siehe Rechtsgrundsatz **1231**. (Westpreußisches Provinzialrecht § 71.)

Register.

A.

B.

C.

D.

E.

F.

G.

H.

J.

K.

L.

M.

FSC
www.fsc.org
MIX
Papier | Fördert gute Waldnutzung
FSC® C083411

Kolibri 360 GmbH
Ferdinand-Jühlke-Straße 7
99095 Erfurt, Deutschland
produktsicherheit@kolibri360.de